涨停逻辑

深度解析涨停背后的内在规律

麻道明 / 著

中国宇航出版社
·北京·

内 容 提 要

本书内容围绕涨停板展开，深挖涨停市场逻辑和运行规律，将变幻复杂的图表简单化，将主力背后的意图透明化。全面系统讲解涨停背后的深层逻辑，包括首板逻辑、换手板逻辑、空间板逻辑、卡位板逻辑、烂板逻辑、反包板逻辑、出货板逻辑，对投资者操作涨停板提供全新的思路和方法，引导大家正确掌握涨停板操作技能，构建一套适合自己的涨停板操盘体系，全面提升涨停板操盘能力和技术分析水平，具有较强的实战指导价值。

图书在版编目（CIP）数据

涨停逻辑 ： 深度解析涨停背后的内在规律 / 麻道明著. -- 北京 ： 中国宇航出版社，2022.2(2024.12重印)
ISBN 978-7-5159-2019-1

Ⅰ. ①涨… Ⅱ. ①麻… Ⅲ. ①股票投资－基本知识 Ⅳ. ①F830.91

中国版本图书馆CIP数据核字(2022)第003568号

策划编辑 卢　珊
责任编辑 白希国　　**封面设计** 李　松

出版发行 中国宇航出版社

社　址 北京市阜成路8号　邮　编 100830
（010）68768548
网　址 www.caphbook.com
经　销 新华书店
发行部 （010）68767386　（010）68371900
（010）68767382　（010）88100613（传真）
零售店 读者服务部　（010）68371105
承　印 三河市君旺印务有限公司

版　次 2022年2月第1版
2024年12月第6次印刷
规　格 787×1092
开　本 1/16
印　张 23
字　数 445千字
书　号 ISBN 978-7-5159-2019-1
定　价 69.00元

前　言

停板（涨停板和跌停板）是A股的一大特色。股市中的涨停板是诱人的，连续的涨停板更加吸引人。

股价快速上涨突出表现在涨停板走势中，投资者快速赚钱主要是在涨停板中实现的，最能吸引投资者目光的也是涨停板。因此，研究涨停板，捕捉涨停板，狙击涨停板，就成为许多人的操作重点。当然，主力为了达到自己的目的，也会在涨停板上大做文章。于是，这个市场就变得复杂起来：涨停板扑朔迷离，充满变数；涨停板有真有假，有强有弱；涨停板背后具有深厚的市场逻辑和运行规律。

股市中几乎每天都有涨停板，就看你是否掌握涨停板的逻辑，是否懂得涨停板的规律，是否有追击涨停板的胆量，是否有捕捉涨停板的技术。本书深度剖析涨停板背后的运行逻辑，探寻涨停板内在的市场规律，为大家解开涨停板的技术谜团，直达市场运行本质，帮助大家正确把握涨停板买卖时机，实现短线快速盈利。

全书共分七章，第一章为首板逻辑，重点讲述首板技术分析精要、首板性质、操作策略和经典战法，介绍捕捉首板的方法和技巧，以及如何回避首板操作风险。

第二章为换手板逻辑，重点讲述换手板技术分析精要，换手板的表现形式，哪些位置容易出现分歧，分歧和一致的逻辑关系，分歧转一致的基本模式，以及涨停板晋级、弱转强接力的操作技巧。

第三章为空间板逻辑，重点讲述空间板的概念、性质，如何博弈新空间板，空间板操作技巧和风险，具有赚钱效应的回暖盘面现象分析，新老空间板的关系和介入模式。

第四章为卡位板逻辑，重点讲述卡位板技术精要、运行逻辑、分时走势特征、卡位与被动跟风的关系、卡位空间板的操作逻辑，提高投资者对龙头的认识。

第五章为烂板逻辑，重点讲述烂板概要、市场原理、实盘技巧，烂板的低吸机会，烂板出妖股的逻辑，以及烂板股的弱与强、出与留，帮助投资者捕捉烂板妖股。

第六章为反包板逻辑，重点讲述反包技术精要、首阴反包、低吸技巧，以及反包的基本形式和模式，让投资者利用反包涨停抓住短线机会。

第七章为出货板逻辑，重点讲述龙回头出货逻辑，多头垂死挣扎的盘面表现形式，经典涨停出货方式，常见分时出货形态和涨停诱多出货骗术，让投资者掌握逃顶技术。

本书内容围绕涨停板展开，意在深挖涨停逻辑和市场运行规律，将变幻复杂的图表简单化，将主力背后的意图透明化。如果你致力于通过涨停板达到盈利目的，那么不妨读一读本书，换一种方式思考，或许可以改变你的交易习惯，使你的实盘操作能力有一个新的飞跃。

这是一本非常值得阅读和收藏的证券投资技术分析书籍。投资之路注定有曲折，愿本书能助你跨越每一道坎儿。

麻道明

2021年10月于中国楠溪江畔

目 录

第一章

首板逻辑

第一节　首板技术精要

一、特征和要点

首板就是第一个涨停板，意思是前期一段时间没有出现涨停板，一般时间长于 10 个交易日，股价处于相对较低的筑底阶段或底部位置。

这里所说的首板，专指具有连板潜质的第一个涨停，而非泛指一般性涨停的单板。首板具有以下技术特征和要点。

（1）前期市场调整充分，股价位于低位或阶段性低位，具有连板潜质。

（2）在均线系统已经转多或渐渐转多的前提下，出现近期首个涨停。

（3）技术上具有标志性意义，有突破性、攻击性、加速性的特点。

（4）必须得到成交量放大的支撑（一字板、T 字板除外）。

（5）涨停背后的逻辑，要得到题材、热点的支撑，得到市场的认可和资金合力做多。

二、首板类型

首板涨停具有背后的逻辑，原因各异，性质有别。了解首板类型对实盘操作有重要意义，可以根据不同性质的首板采取相应的操作策略，使自己的操作思路更加灵活多变，不至于生搬硬套。

从原因来看，可分为题材板、公告板、消息板、复牌板等。

从周期来看，可分为启动首板、主升首板、退潮阶段的反弹首板。

从板型来看，可分为一字板、换手板、T 字板等。

从分时走势来看，可分为秒板、拉升板、波段板、推升板、振荡板等。

从性质来看，可分为事件驱动板、整理板、转势板、加速板等。

从概念来看，可分为龙头板、跟风板、情绪板、题材板等。

上述主要首板，后文有选择性地进行重点剖析。

三、首板板型

首板常见的板型有 3 种，即一字板、换手板、T 字板。

如果首板是一字板，一般拉升很快就会结束，参与价值不大。这种板看看就好，或者观察一字板次日之后的走势，再做操作决策。有的个股连续一字板，一旦开板就是短期顶部，参与风险大。比如 2021 年 4 月的常熟汽饰（603035），连拉 3 个一字板后，开板振荡，短线出现调整。

对于换手板，需要看拉升的质量，拉升过程中一波攻击的幅度越高，表明主力做多的决心越强。或者是拉升过程中横盘一段时间，然后直线拉升封板的，也是走势强势的表现。这类个股次日有可能会低开，以修正前一日过大的涨幅，这时就会出现较好的参与机会。

对于涨停开盘，中途开板后又回封的 T 字板，适度开板一段时间，比如 5～30 分钟，下探幅度大的比较好，这种反转的差异可以反映出主力的控盘实力。这类个股可以在第 2 天平开或略微高开的时候参与。对于开板后瞬间封板的个股，虽然股价表现很强势，但次日高开的概率高，不太容易参与。

根据以上分析，挑选板型的重点主要有两个，即充分换手板和下影线较长的 T 字板。

四、首板机会

如何获取强势首板买入机会？根据多年实盘经验总结，笔者认为主要有以下几点。

（1）发现个股：早盘开盘后，从综合排名中迅速浏览涨停股。对于从 0 轴附近直线封板的个股，一看 K 线图，属于首板，形态较好；二看属性，是否是热点板块，是不是跟风上涨。重点选择转势和加速首板。

（2）核心要点：一字板、秒板除外，必须从 0 轴附近直线拉升，曲线越直越好。

（3）涨停时间：最好是开盘 10 分钟内涨停，涨停时间不能超过 10:30。拉升越早越好，越坚决越好，尾盘板要谨慎参与。

（4）排板买入：做出追板的决策后要迅速排板买入，一旦在涨停板位置出现换手或漏水，就是捡漏买入的机会。一般情况下，刚刚强势封板的个股，都有多空分歧的情况，早排板成交的概率就越大。

（5）模式逻辑：个股要有利好消息或是热点风口。对于这种股票，游资会连续用大买单下单，股价也会强势直线涨停，不给散户买入的机会，日后的拉升过程就是换手的过程。

五、首板优势

（1）第一个涨停位置买入，成本相对于连板时买入要低很多，一旦成功连板，可以多获取一部分利润。同时相对于连板买入，在持仓成本方面也有心理优势。

（2）首板位置低，获利盘相对较小，一旦上攻失败，回撤幅度相对于连板会小很多。连板尤其是高位连板，一旦失败，很多都是回跌15%以上的“大面”。对于首板涨停，因为很多个股还没有脱离主力成本区域，失败后很容易回到支撑区域。一般来说，首板上攻失败，亏损幅度多在10%以内，大部分在5%左右，相对于连板失败的回撤幅度具有很大的优势。

（3）首板上攻失败，杀跌不会特别迅速，流动性相对较好，有人接盘，便于出货。连板一旦转势，里面的资金会争相逃离，1分钟就可以直接杀跌5%，给大家的反应时间很短，且一旦转势，流动性基本上处于枯竭局面，下面根本无人承接，导致出货困难。

六、首板劣势

（1）首板个股太多，每天面临无数的冲板回落，个人需要具有综合分析能力，能够瞬间判断相同走势的个股孰优孰劣，因此给人思考的时间较短，把握起来难度大。

（2）首板个股走出主升浪的概率相对于连板小，大部分个股都是冲高回落。操作首板个股更多地是以量取胜，积少成多。正因如此，有人把资金分仓，每天不断地打板，也就是通过分仓来加大自己首板买入连板牛股的概率。

（3）首板很多个股股性较差，潜伏盘较多，筹码结构复杂，盘面走势不稳定，市场关注度不高，冲板后容易炸板。一旦冲板失败，很难得到资金重新拉抬，容错率相对较小。

七、注意事项

（1）投资者一定要掌握足够的首板逻辑，跟踪市场炒作的主流，了解当时市场的炒作偏好，主力喜欢什么就做什么。比如，市场喜欢超跌首板，那么就做超跌低价股；市场喜欢次新股，那么就做次新股；市场喜欢科技股，那么就做科技股。首板结合市场偏好，操作成功率会大大提高。

（2）首板经典的分时走势，基本上都是直线流畅波，拉升气势十足。对于那些分时走势疲软的个股，大家一定要小心。K线最好做两端，要么突破，要么超跌，不要做股性呆滞的箱体盘整、左侧有密集套牢盘以及有大量潜伏盘的个股，这些个股容易被砸。

（3）容易出现牛股的时间段是9:30—9:45和13:00—13:15，这两个黄金时间段都是资金主动出击的时间段，极易出现当日和阶段牛股。在其他时间段拉升的个股，如果不是特别看好，最好先等一等。首板的陷阱比较多，需要多几种方式过滤，排板或者换手二次回封时买入是不错的方法，当然还有其他的。

（4）尽量不要买什么题材都没有的首板，让人看不懂或者逻辑比较牵强的个股首板，因为这些个股对市场的吸引力小，很难得到接力资金的认可。

（5）必须进行充分换手。市场中，几乎所有的妖股都是低位放量换手，而且低位的一两个涨停表现得有些犹豫，封板不够坚决，封板后会反复开板，但后续如果再次涨停，攻击态度就会显得特别坚决，上涨也将加速。低位未经充分换手甚至是一字板上涨的个股，往往是一波到顶的走势，通常难以买进，即使买进也容易被套。这里大家需要注意的是，换手并没有严格的标准，通常来说，小盘股换手率在20%以上是高换手，大盘股可以适当降低要求。

（6）无论选择首板还是连板，都是以狙击市场走势最强个股为目标，有强不选弱。要有宏观把控意识，统筹运用各种分析方法，这样操盘效果会更佳。

第二节 首板盘面性质

股价为什么会涨停？涨停总是有原因的，了解股价涨停逻辑，掌握股价涨停性质，对短线操作非常重要。只有市场定性正确，加上操作得当，才有获利机会。如果定性不当，就会犯原则性错误，这样盈利就很难，甚至可能出现亏损。

市场首板个股很多，盘面运行千姿百态，能够发展为未来大牛股的只是其中极少数，这就意味着多数低位首板个股难以走出大行情。正因为是“首板”，所以后面走势充满许多变数。

这里就首板涨停性质进行详细分析，实盘中首板涨停性质主要有以下几种。

一、消息首板

消息首板就是事件驱动型首板，要求消息重大，引起市场关注。买入首板个股时，个股一定要有充分说服投资者的理由，要有吸引市场的亮点，逻辑要够硬、够新颖，同时题材有持续性，要有发酵扩散的可能。今天可以成为你买入的理由，明天依然大概率会成为别人买入的理由。有足够的吸引力，这是首板的主力战法，实质上就是有重大消息刺激。

这个逻辑必须是大家认可的，这样股价上涨的气势才会强盛。比如，2021 年 3 月中材节能（603126）的“碳交易 + 节能”概念，就成为了市场亮点。又如，受钢铁涨价消息刺激的重庆钢铁（601005），2021 年 4 月股价出现暴涨。还有之前的口罩概念股道恩股份（002838），因新冠肺炎疫情带动公司口罩热销，以及由李子柒引导的网红概念股星期六（002291）股价大涨，都是最好的例子。

如图 1-1 所示，2020 年 2 月 26 日，克劳斯（600579）的股价低位首板涨停后，出现 7 连板行情，它的题材就是生产口罩。由于新冠肺炎疫情突然爆发，口罩需求远超预期，导致该股股价暴涨。由于市场对该题材的认识不够深入，2 月 27 日涨停开盘后，被潜伏资金砸开，但午后主力继续封板，晚上口罩保护概念继续发酵。2 月 28 日，该股再次从涨停价强势开盘，但由于潜伏盘太多，再次被砸开，最终主力强势封板。股价走势如此强势，就是有强逻辑支撑的结果，否则股价难以走强。逻辑强的个股，即使涨停板一时被潜伏资金砸开，也会被市场再次关注，再次封板拉升，从这一点来说，容错率远高于缺少概念支撑的首板个股。

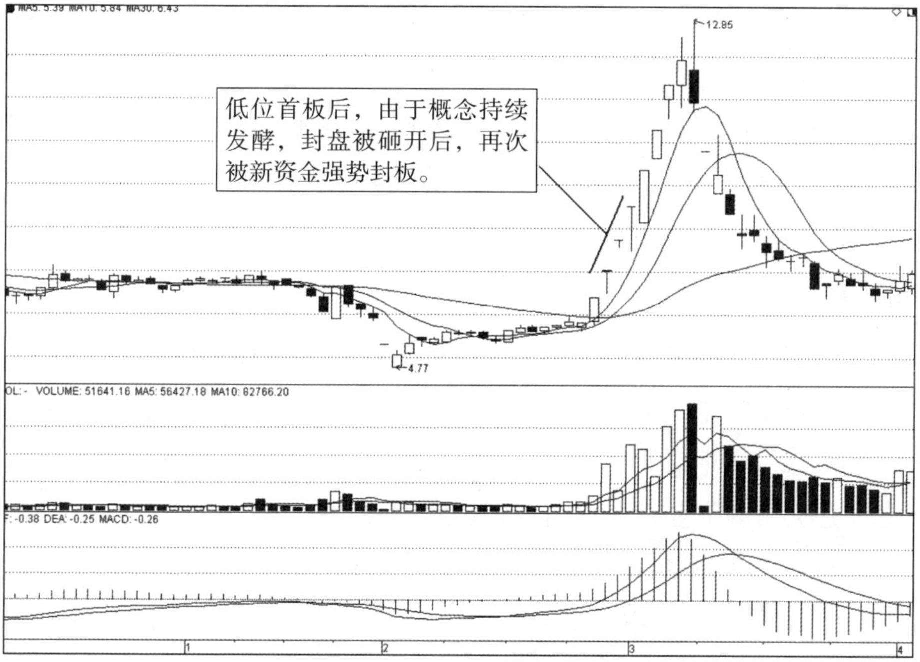

图 1-1　克劳斯（600579）日 K 线图

这类涨停走势往往由利好消息的强度决定。利好消息影响较大时，一般都是一字涨停，没有太好的买入机会；利好消息影响较小时，容易造成冲高回落走势。市场中大部分由利好消息影响的涨停个股，上涨走势往往缺乏持续性，贸然追进不仅享受不到收益，还有可能被套。多数散户缺乏追涨停板的相关知识，对消息面的解读不够全面，很难把握好消息引发的涨停机会。因此，对于这种涨停板，初期还是以观望为好。

二、复牌首板

复牌分两种情况：一种是恢复上市股票，另一种是临时停牌后的复牌股票。

重点关注的是临时停牌后的复牌股票，它是由于某种消息或进行某种活动，可能引起股价大幅波动时，证券交易所暂停其在市场上进行交易，等待结果明确后再复牌。这类股票比较多见，也是大家学习掌握的重点。停牌可能是好事，也可能是坏事。停牌股特别是停牌时间较长的股票复牌后，由于利空释放或利好兑现，大多在首个交易日会大幅上涨。若停牌前后公司基本面变化不大，同期大盘或其他个股跌幅较大，复牌股也会出现补跌行情。

1. 停牌原因

一般来说，股票停牌主要有以下几个原因。

（1）股价走势异常波动。包括：连续 3 个交易日内日收盘价格涨跌幅偏离值累计达到 20% 的；ST 和 *ST 股票连续 3 个交易日内日收盘价格涨跌幅偏离值累计达到 15% 的；连续 3 个交易日内日均换手率与前 5 个交易日的日均换手率比值达到 30 倍，并且该只股票连续 3 个交易日内的累计换手率达到 20% 的。

（2）上市公司有重要信息公布时，如重大资产重组、收购兼并、股权变动等重大事项。

（3）管理层认为，上市公司需要就有关对公司有重大影响的问题进行澄清和公告时。

（4）上市公司涉嫌违规需要进行调查时。

2. 停牌时间

股票停牌多久复牌？停牌时间长短，要视涉及的事情性质来确定。

（1）由于连续涨停或跌停引发的临时停牌，一般停牌一周左右，盘中临时停牌的，一般停牌半小时。

（2）由于重大事项引发的停牌，时间长短不一，一般最长不超过 20 个交易日。

（3）由于上市公司合并引发的停牌，时间长短难以确定，经常会拖延较长时间。

（4）由于澄清媒体报道引发的停牌，时间不会很长，短的次日就会复牌，长的需要几个交易日。

（5）由于公司重组引发的停牌，这可能是停牌时间最长的。

3. 操作技巧

复牌后的股票，其停牌前一天的交易情况，能大致反映出复盘后的行情走势。重大利好的股票在停盘前一天往往是涨停或上涨的，并且成交量很大。重大利空的股票在停盘前往往跌幅很大。

股票停牌原因很多，复牌后的走势也不一样，这一点可以从停牌原因进行分析，大致可参考以下几种情况。

（1）如果停牌之前已经有炒作迹象的，复牌之后一般会大炒一番，但复牌之后很难买进，当然这属于资产重组的情况。

（2）如果停牌只是为了发布一些消息，对公司本身没有重大影响，停牌后的走势表现也会一般。

（3）一般来说，停牌期间若大盘指数上涨，复牌股会有补涨行情；若停牌期间大盘下跌，复牌股也会出现补跌。

（4）如果预期利好消息落空，比如资产重组失败，停牌后可能会出现连续跌停。

股票停牌有好有坏，在实盘中如果没有实质性新题材炒作，主流概念缺失，市场也喜欢炒作一些复牌个股。比如惠程科技（002168），2021 年 4 月 8 日公告撤销风险警示，停牌一天，9 日因策划重大事项停牌一天，两条消息均偏向利多。12 日复牌时平开，盘中两波拉板，可以积极关注，之后股价 3 连板。

复牌股有涨得比较好的，也有下跌的，还有假突破诱多的。比如，深深房 A（000029）停牌 4 年之久，2020 年 1 月 19 日复牌后低开 4.26%，盘中振荡走高，午后拉出首板，吸引不少散户打板参与。可是第 2 天大幅低开，股价冲高回落，当天跌停收盘，此后股价进入中期弱势调整。

4. 不足之处

公告复牌或者借利好涨停的股票，相对妖股接力有一个缺点，因为复牌时的利好是公开的，市场对此就会有估值分析。虽然这个估值各不相同，但在一致性最低价格之前，上涨通常会一步到位。也就是说，通常带利好的股票或者复盘股会一步上涨到位，中途很少开板，开板时入场往往面临短期调整风险。

开板的原因多半是一家独大的主力出货，比如机构或十大流通股东。开板第 2 天，个股走势还会受到其他因素的影响，比如龙虎榜情况、第 2 天集合竞价情况。所以，开板入场带有博弈成分，第 2 天盈利不完全可控。

三、整理首板

股价经过一段上涨或下跌行情后，往往进入短期整理阶段，这时也经常出现首板。这种整理首板由于股价运行趋势不明显，大多属于脉冲走势，所以持续性不强，要谨慎参与。整理首板可分低位整理首板和高位整理首板两种。

（1）低位整理首板也叫企稳首板。股价经过长时间的下跌后，在低位渐渐企稳整理，这个阶段经常出现涨停，但股价上涨持续性不够，技术上也不支持股价上涨。涨停之后，往往会再次回落整理，因此这种涨停本质上只起到企稳作用，属于底部脉冲式走势，不是股价启动上涨的信号。

（2）高位整理首板。股价经过一段时间的上涨后，在高位出现振荡，形成一个整理盘区，这时也经常出现涨停。但此时股价往往难以形成向上突破，甚至成为一种诱多走势。

如图 1–2 所示，晶科科技（601778）的股价出现低位整理首板。该股股价经过持续下跌后渐渐止跌企稳，2020 年 9 月 23 日出现低位首板。那么，如何看待这个首板的性质？是否可以打板入场？这是企稳首板，不宜打板入场。因为技术形态没有得到较好修复，趋势没有转强，30 日均线还处于下行状态中，成交量没有持续放大，所以不支持股价短期持续上涨，后市仍需进一步整理。

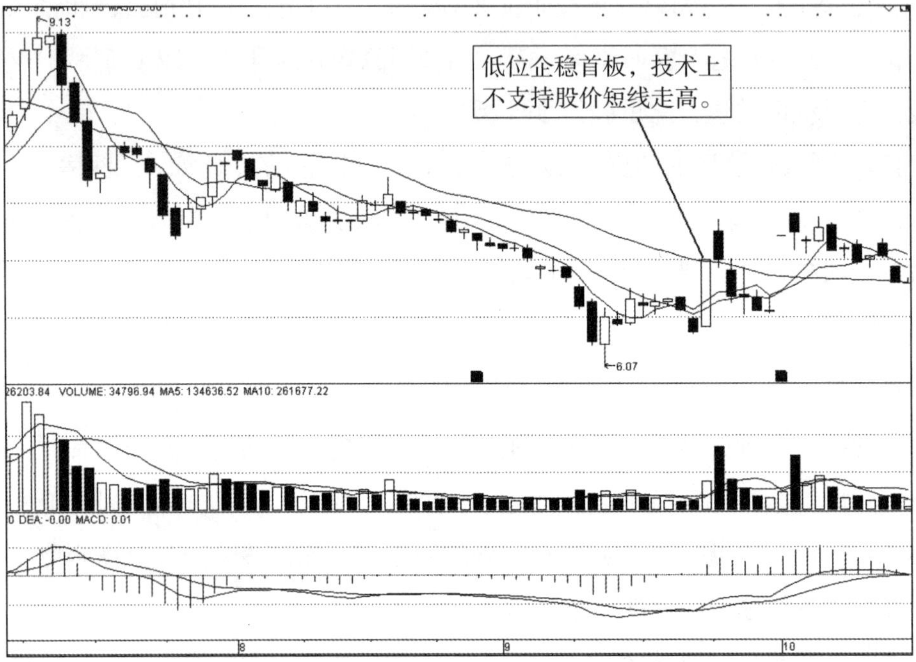

图 1–2 晶科科技（601778）日 K 线图

四、转势首板

转势首板应该重点关注。股价构筑底部后，主力准备工作就绪，技术形态趋向多头，成交量开始放大，盘面渐渐由弱转强，这时出现的涨停具有转势性质，这是短线投资者需要重点关注的个股。

盘面弱势的个股，按道理应该继续弱势调整，但股价转强，拉上涨停，说明有主力控盘，可以跟进。

如图 1–3 所示，长源电力（000966）的股价反弹结束后持续盘跌，之后在低位渐渐企稳，振荡走高，构筑完整的底部区域，主力筹码收集到位。2021 年 3 月 10 日，股价放量拉出首板，脱离底部盘区，均线系统多头发散，盘面由弱转强，技术上具有标志性意义。这说明下方承接有力，股价下跌已经到位，趋势转强，为短线较好的买点。

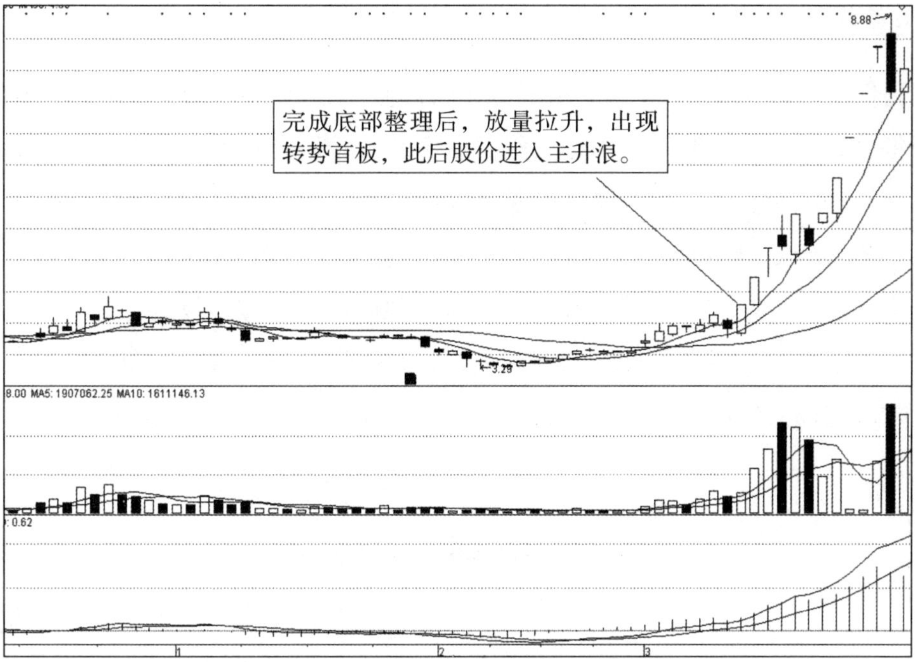

图 1-3　长源电力（000966）日 K 线图

又如图 1-4 所示，星徽精密（现名星徽股份，300464）的主力在底部吸纳了大量低价筹码，完成筑底后，盘面渐渐走强，均线系统多头发散。2020 年 6 月 24 日，股价出现低位放量首板，盘面由弱转强确立，技术上具有标志性意义，接着股价继续拉升，出现 10 连板行情。

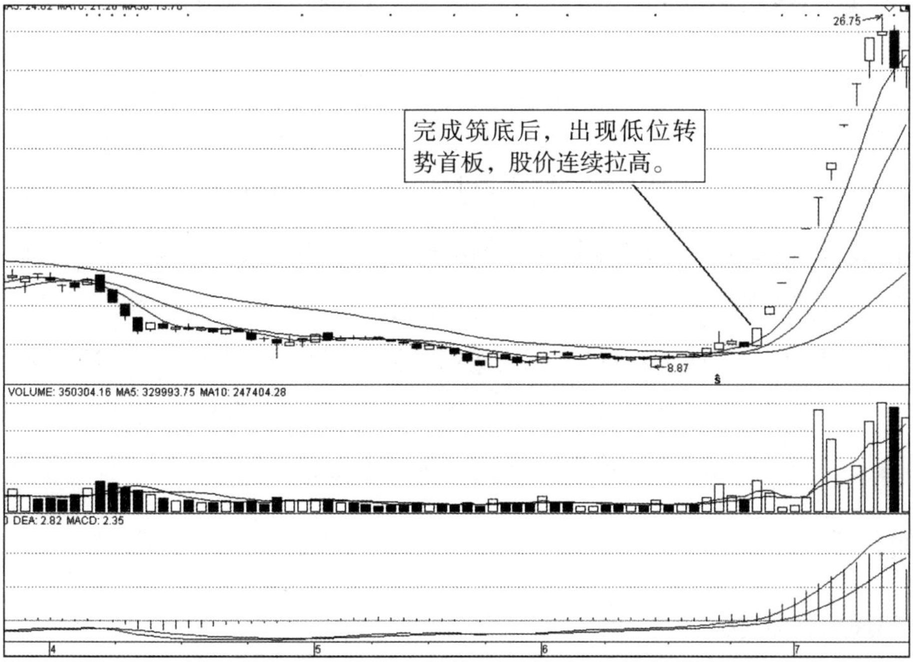

图 1-4　星徽精密（现名星徽股份，300464）日 K 线图

五、加速首板

加速首板也应该重点关注。盘面由弱转强后，均线系统多头发散，技术上支撑股价上涨，题材热点得到认可，持续发酵，市场人气得以提升，股价容易快速上涨。此时出现的首个涨停，具有拉升加速性质，是短线投资者重点狙击的对象。

如图 1–5 所示，锦泓集团（603518）的股价见底后开始起涨，人气慢慢恢复，均线系统转为多头排列。2021 年 4 月 20 日，股价出现低位放量拉升首板，这个涨停具有加速拉升性质，说明主力已经做好拉升的准备工作，有强烈的拉升欲望。加速首板股价上涨具有突破性、攻击性、加速性等特点，随后出现 11 连板。

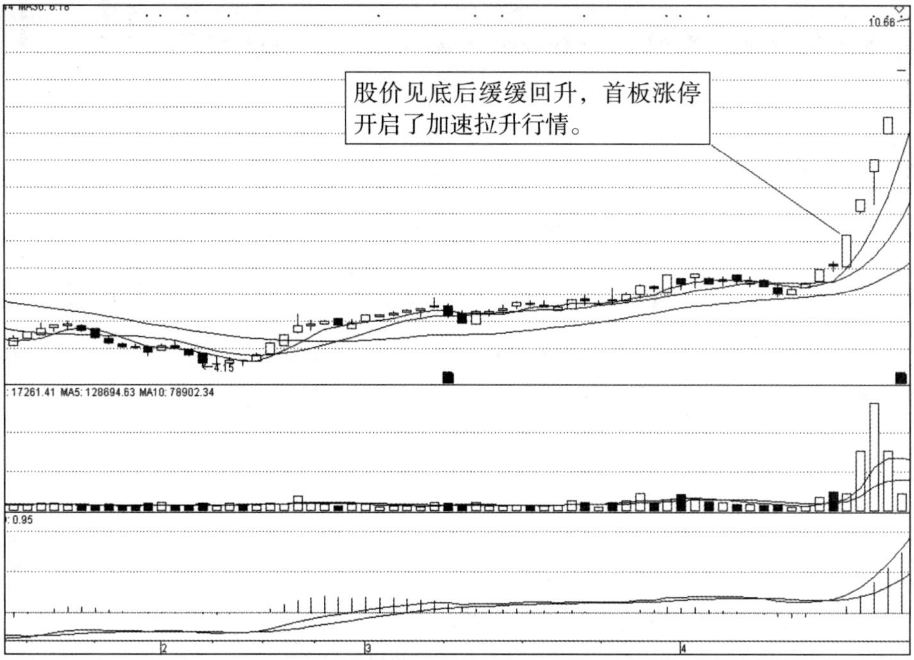

图 1–5　锦泓集团（603518）日 K 线图

这种首板经常出现在洗盘换手结束后的加速阶段。股价成功脱离底部后，出现洗盘换手走势，然后以首板的方式结束调整或形成突破走势，进入主升浪行情。

如图 1–6 所示，2020 年 6 月 29 日，英特集团（000411）的股价开始脱离底部盘区，向上拉升，然后利用前高压力位进行洗盘整理，进一步夯实底部基础。7 月 24 日，股价出现放量首板，形成突破走势，出现 7 连板，这是洗盘结束后开启的一波拉升行情。

六、其他首板

1. 时间周期共振首板

这类涨停板也叫情绪首板，是情绪周期切换的产物，具备较大的研究价值。当上一个

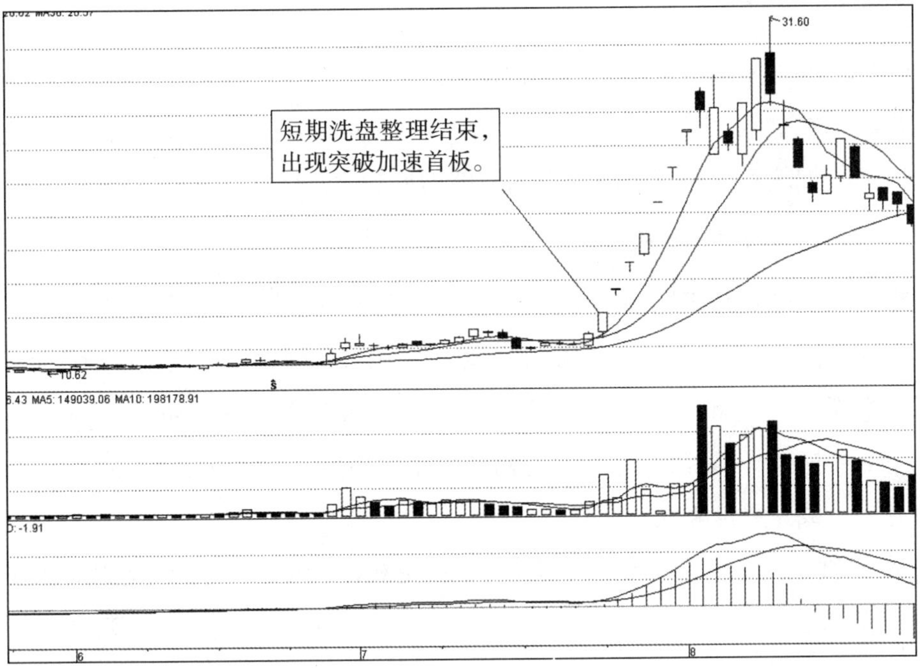

图 1-6 英特集团（000411）日 K 线图

情绪周期退潮至情绪低点附近时，市场需要启动新周期，带动赚钱效应逐步回暖，此时市场就会打造一个逆转市场的情绪板。

实际上，这样的首板不多，市场孕育这样的涨停板需要天时、地利、人和。天时指的是情绪周期处于新旧周期切换的拐点位置。地利指的是这只股票股性如何，比如历史中经常首板被炸，这样的股性就不好；反之，首板封住次数较多，次日又有较高溢价，那么股性就较好。人和指的是买入者对市场的敏感程度，盘中能否反应过来并及时买入。

这类涨停板的产生往往会带动市场情绪迅速回升，并且伴随指数分时图的反转式拉升（即和指数共振拉升或带动指数拉升）。如果买入成功，接下来面临的就是新周期情绪板的大幅溢价，甚至走出连续涨停的走势。

比如，2021 年 3 月 8 日的华银电力（600744）共振首板后取得 7 连板，这就是有色板块退潮后，主力点燃“碳交易 + 电力”板块的首板。3 月 15 日的菲达环保（600526）首板，则是“碳交易 + 环保”的共振。

时间周期共振首板出现时，如果投资者买入失败，通常大部分股票都能反包回本，甚至盈利出局。但如果下跌空间超出自己的承受范围，也需要适时止损，毕竟没有百分之百的事情。一般来说，买入失败有如下两种情况。

（1）首板涨停时带动指数拉升，且尾盘封死涨停，但由于号召力不足，无法带动板块整体启动，指数冲高回落。次日，投资者往往只能享受小幅溢价或者没有溢价，但亏损概率较小。

（2）首板涨停时带动指数拉升，但由于合力不足，尾盘涨停被炸，导致当日冲高回落，不仅没有带动指数上涨，市场中也缺乏个股跟风。次日往往开盘低开，需要及时短线止损。这也就是所谓的炮灰板，先驱是不好当的，但为后起之秀奠定了一定的基础。

2. 助攻市场主线题材的首板

这类涨停板一般是在市场情绪比较高昂时，市场中已经有比较明确的主线题材（同时也意味着上涨空间已经较大），有些资金不愿意再去高位接力，于是选择点火低位新题材。这类情况较难驾驭，不建议新手操作。这类涨停板主要分为如下两种情况。

（1）和平共处，大家都好。新题材和主线题材和平共处，并驾齐驱向上攻击。要求：市场资金充裕，成交量足够大。

（2）和平共处无法维持。新题材诞生后，将主线资金抽走，导致市场出现跷跷板效应。这种情况一般产生于市场人气并不是特别高涨时，市场流动资金有限，无法满足两条线同时上涨。

3. 主线发散题材的首板

这类涨停板相对比较容易把握，只要愿意花时间做功课即可。它也发生在市场有比较清晰的主线攻击题材时，强势主线题材位置较高，踏空资金选择拉升低位补涨的延伸概念，或主线题材龙头所属的其他概念。比如，一段时间市场在炒作新基建的特高压概念时，资金顺势挖掘同为新基建的5G概念。又如，市场炒作特斯拉时，会进而延伸到上游的锂电池。这种模式重在联想，需要投资者能从一个主线题材发散联想出多个延伸概念，然后等待盘中资金点火后跟随即可。

4. 市场轮动型首板

适用于超跌反弹为主线的行情中。操作逻辑：不断挖掘具备超跌反弹特质的股票，在股票低价的时候埋伏。要求：一定要有其他概念与超跌形成叠加效应，比如超跌 + 高送转、超跌 + 次新等。这类股票受利好消息刺激时，股价很容易出现异动。

但是，该类股票炒作往往来得快、去得急，市场炒作有很强的随机性。提前埋伏的个股范围不好确定，成功率也相对较低。

以上就是首板的几种情况，投资者可以根据自身能力选择适合自己的模式来操作。但是需要记住，无论是盈利还是亏损，都要执行自己的交易规则，不能因为成功一次就妄自尊大，也不能因为失败一次就妄自菲薄，投资之路从来不会一帆风顺。

第三节 首板操作策略

一、首板竞价技巧

（1）如果有重大题材或个股利好，可采用竞价排单买入的技巧。找到可能是龙头的个股，在竞价阶段可以以涨停价买入。如果竞价以一字板涨停大量封盘到 9:20，就不要撤单。如果不能封盘或打开涨停、封单逐步减少，就在 9:20 之前撤单。这样可以保证买到，也可以规避风险。

（2）如果板块或个股没有利好消息刺激，可采用跳空高开买入技巧。

首先，9:20 之后快速把所有首板涨停股票看一遍，然后到 9:25 集合竞价结束，选出来的涨停板个股会出现分化，有的会继续大单封盘，有的随着多空博弈会从涨停价回落到只有几个点的涨幅或者绿盘位置。涨幅只有几个点的股票，属于跳空高开，这是要关注的个股。重点是：如果高开 3% 以下，可以考虑是否直接买入。如果高开 5% 左右，可等开盘后观察 5～10 分钟考虑是否买入。如果高开 7% 以上，提前输入涨停价和买入数量，等股价冲击涨停板的瞬间买入。如果高开低走，则在下跌企稳后考虑是否买入，这样就能规避风险。

需要说明的是，9:20 之后委托买入是不能撤单的，也说明封板资金是真的买入。该阶段虽然可能随着多空博弈打开涨停板，形成跳空高开，但已经挂单了，一般来说形成换手涨停的概率较大。就算当天不能换手拉板，第 2 天也会出现拉升自救的可能。

（3）操盘策略非常重要，甚至比选股还要重要。大盘环境不好时，要减少仓位操作，用小仓位试着做。对于前一天买入的股票，如果高开高走，表明符合预期，可以继续持股，不涨停可以卖出。但第二天股价不能翻绿，翻绿的话要马上卖出，优先保住利润及本金（或将亏损控制在 1% 之内）。分仓操作的好处是当天小仓位买入符合要求的首板股票，第 2 天剩余的仓位可以买入当天符合要求的首板股票，滚动操作，风险可控。

总之，选择的股票都是主力资金参与的，所以这种操作模式的胜率在 70% 以上。加上机械式止损，每次操作的盈利平均在 3% 以上。弊端就是频繁操作太辛苦，或者不能严格止损，就会造成大幅亏损甚至被套。

二、首板入场时机

首板买入时机通常有两种：一是首板当日买入，二是首板次日买入。

1. 首板当日买入

在首板当日跟随买入，期望当日封板成功，博弈第 2 天的上涨。这种模式是做股票的顺势和转势：首板硬板做顺势，首板烂板可做转势。

首板当日买入，市场好时经常有高溢价，占有先手优势，2 板可加可减，运气好时经常收获一字板或 T 字板。市场不好时也不会有“大面”，即使低开也经常有翻红拉升机会。

2. 首板次日买入

首板第 2 天根据竞价预期和实盘分时走势情况决定是否参与，以博弈第 3 天的涨幅。这种方法的本质是做“势”的延续，做情绪接力，博弈当日 2 板成功和第 3 天的溢价。这个方法是做股票上涨的惯性，无论盘中如何分歧，最终必须一致封板。

这种做法，市场好时经常会捉到妖股，市场氛围不好时 2 板失败是常事。一旦 2 板失败，经常会吃“大面”。

从风险角度讲，应倾向于第一种方法，因为首板跟随可以穿越牛熊，无论市场强弱，首板永远最安全。一个人是喜欢“欢乐海”的连板接力模式，还是更喜欢佛山“无影脚”的首板王模式，这是个人选择问题，每个人做自己最得心应手的模式即可。任何一种能在市场存活的模式，只要真正吃透，股市就是你的提款机。

三、首板试错策略

1. 首板试错原因

首板作为题材板块的点火板，有的是消息刺激，有的是资金在做题材或筹码博弈，不论什么原因，首板位置是看不出谁最有龙头相的。

但是，为什么大家有必要参与首板的交易呢？为什么很多高手把参与首板称为“试错”？具体有如下几个原因。

（1）在市场情绪共振的拐点需要探路，也就是所谓的“试错”。市场行情往往都是个股强势、板块强势之后才出现市场强势的。如果等到市场强势明确了再下手，市场最好的机会可能就错失了。所以，在市场情绪拐点，有必要“试错”一个题材的首板，去感受市场的情绪变化。

（2）先手的需要。一个强势题材板块往往在点火的首板有机会，从 2 板或 3 板开始，强势的个股就可能出现一字板，这就带来一个问题，如果在首板没有买入，后面就难以买入了。所以，有的强势行情如果不参与首板，就等于没有参与机会了。

（3）任何题材都存在不确定性。看起来不错的题材，不一定就有持续性。同样，差一点的题材，未必就没有机会。因此，需要参与机会较大的题材的首板。

以上是参与首板试错的原因，但并不表示所有题材的首板都需要试错。

2. 首板试错条件

什么条件下的首板需要试错呢？投资者可以关注以下 3 种情况。

（1）指数大跌快要企稳之时，在周期共振的拐点出手，是龙头股战法的重点。

（2）强势市场充分回调之后，市场返回上涨通道。

（3）赚钱效应中，市场会出现多波炒作，有多个题材轮动接力，也就需要新老题材交接，需要做高低切换。

所以，在一些市场机会下，参与首板试错是很有必要的。但首板不可能看出谁最具有龙头相，也就是说首板不是可以随意买卖的，而是有其交易策略。

3. 参与首板的前提

（1）参与首板的必要条件有两个：一是环境与情绪周期适合；二是聚焦主流板块或强势板块，首板必须打在主流板块或强势板块上。

（2）关注启动位置。所谓位置，就是在题材板块中涨停的时间顺序。通常来说，点火阶段率先涨停的个股，主力资金做盘最坚决，准备充分，人气好。如果热点持续，连板的概率是相对较高的。在集合竞价时，就应该观察和准备，打到第一只率先涨停的首板股是最好的。最先涨停的个股称为前排股，而在下午涨停的个股称为后排股或跟风股。一般情况下，下午涨停的跟风股是不能参与的，除非这个题材是因为下午突然放出消息，在下午才开始点火，或者这只股票带有趋势上涨性质，属于已经启动趋势的游庄股。也就是说，首板有机会就打前排最先涨停的个股，坚决不打后排的跟风股。

如果最先涨停的股票是一字板，或者上涨速度太快，首板打不到怎么办？就要在前排的个股中考虑筹码结构、股价与股东等因素有利的股票。

（3）关注个股的筹码结构与形态。前排首板第一股次日上涨的概率是很高的，但是如果追不上前排第一股，在选择前排其他股时，率先涨停的第二股就不一定会比第三股、第四股后续走势强。投资者必须考虑筹码结构、股价、市值、股东结构与 K 线形态等因素，一定要选择并参与形态好、股价低、市值小、上方筹码压力不大、基金占比小或没有基金驻守的个股。投资者首先要重视筹码结构问题、形态问题，如果形态差，上方堆积了较多套牢盘，谁还愿意往上做呢！

（4）持续关注成交量。市场中有一个说法，龙头都是换手上去的。它点出了合力与接力的本质。成交量在龙头股战法中是一个很重要的概念，健康的高换手成交量更能保证龙头股的上涨空间。东方通信、风范股份的成交量都非常高且稳定，量价配合非常漂亮。它们都走出了连板的走势，首板介入获利空间非常大。所以，从首板开始，就应该关注连续高换手的个股。

当然，有的妖龙成交量不会像风范股份那么高，也走出了连续上涨走势，但持续高换手的换手龙在上涨概率上更高。

需要强调的是，其他非主流、次主流板块的首板就不要参与了。打首板一定或只能打主流板块或当日新题材强势板块的个股，这是参与首板的核心逻辑。

做首板的另一个要点是仓位，既然首板的性质是试错，就应该小仓位，使用资金不应该高于 30%。如果在首板上满仓干，是一件极冒险的事。

四、把握题材周期

如何判断新题材值不值得博弈？实盘经验有以下几点。

（1）看大盘指数。如果指数暴跌，新题材逆势上涨的可能性就弱一点。当然，也不排除有强大的逆势走强题材，这要看题材级别大小。如果处于指数大涨期，题材氛围外加指数上扬，那么参与首板的成功率会更高。

（2）看题材级别。题材级别越高越有利，像创投、量子等这些国家政策重点支持的题材，炒作周期都是半年起步。像涨价周期的化工、猪肉、原材料等，持续性也比较好，题材会炒作到预期兑现才结束，属于市场级别。像区块链、5G、芯片、碳交易等，属于行业级别，持续性也还可以。像公司重组、并购等属于公司级别，持续性一般。判断经验就是，题材越是影响大，级别高，炒作就越热烈，持续时间也越长。

（3）观察盘面。当天启动上涨，市场反应往往没有那么快，普通散户消息比较滞后，个股之间的联动以及资金流向，也需要盘后复盘才能逐渐明确。盘中观察，可以直观地看板块涨停家数。通常来说，板块涨停个股低于 5 只时，说明强度一般，10 只同类个股涨停，则说明板块走势很强。

如何参与板块炒作呢？一般就是靠盘感，当天发现新题材直接做首板。就算板块炒作不能持续，第 2 天也会有溢价。如果遇到大级别的题材，出现几个一字板后开板再换手，那就赚大了。但当天做首板难度很大，可以次日选前排个股分析，前排就是最先冲板的、最有影响力的个股，介入方式就是打板。T 字板最好打，弱转强的回封反包板也可以做。

五、首板打板思路

（1）在没有确定操作思路的前提下，只用小资金尝试打板。首板的不确定性太多，有时明明硬板，却没有溢价；有时烂板，收盘却有机构大买；有时买入的那一刻什么都好，收盘却炸板。最好的模式应该是分仓操作首板，分仓会提高做对的概率，减少做错时的亏损。

（2）买入任何一只股票都要有原因，不能无厘头地进行操作，不能为了打板而打板。细节因素就是题材好、板块好、图形好、股性好、量能好、位置好、大盘好、消息面好、上板时间好以及外围环境好，只要有表现积极的因素，就可以打板。这 10 个“好”中，起码要有 5 个才能满仓出击，反之就要减少仓位。

（3）在选股方面，大家都知道做前排个股，可是有时因盯盘而错过前排，这时尽量不要选择普通的后排跟风股，宁愿去做一个板块的中军，或者辨识度和股性好的后排个股。

（4）做首板需要大量的时间复盘和盯盘。敏锐捕捉题材热点，对题材热点第 2 天的持续性进行预判，吸收大量的消息面、基本面信息，甚至挖掘一些目标个股。有了这些准备，才会增强买入的勇气。好的首板基本买不到，买到的容易炸板。

（5）需要良好的心态。心态好坏与性格和经验有关，随着经验不断丰富，心理控制力会逐步增强。可一旦涉及性格，就不是经验能够解决的了。很多时候交易是需要胆量的，比如行情经过较长时间盘整面临突破时，敢不敢加仓买进，就需要一定的胆量。实际交易中连续出现错误时，很少有人能有勇气加大仓位，因为这需要极强的心理承受力。

说到底，无论是走势预测、时机抉择、资金管理还是心态控制，只有结合实际交易才能真正明白它们的含义。若脱离实际交易，就没有任何意义了。

（6）要有执行力。有了交易系统后，关键在于执行。交易看着简单，其实多数人都栽在这里。每天盘中的形势千变万化，心态很容易受到盘面各种因素的影响。比如常说的高抛低吸，高抛就是上冲了一定点位时舍得出场，低吸就是下跌了一定点位时勇于进场。但放到实盘中，多数人就会受到上涨和下跌走势的影响，无法执行最简单的交易。

另外一种情况就是贪念难以控制，大盘涨得好时幻想应该上涨更多，忘记了操作系统中还有止盈的规定，下跌时想着股价再涨回来一点就抛，忘记了及时止损。简单一句话，就是一个好的交易系统，需要有执行力强的投资者运用。

第四节　捕捉首板方法

一、强势板块龙头

龙头能够带动板块上攻，其他股票形成强力助攻，调动市场做多情绪，第 2 天收盘容易出现高溢价。这个操盘方法的重点最好是贴近市场主流，这样更容易得到市场资金的认可。一个龙头拉板，板块能不能被带起来，这和市场环境及板块所处的位置有关。一般来说，能够被龙头带动的板块，都是之前没有炒作过的板块，板块内个股大部分处于超跌状态，该板块之前的市场基础好，人气足，下跌已经到位。

比如，2021 年 3 月 15 日，美邦服饰（002269）开始强势上涨，带动纺织服饰板块的日播时尚（603196）、迎丰股份（605055）等个股走强。2021 年 3 月 16 日，哈三联（002900）开始持续上涨，带动医美板块的新华锦（600735）、杭州解百（600814）等个股走强。

当买不到大龙头时，可关注强势板块的次龙头。龙头打出绝对空间之后，往往是一字板上涨，将普通散户拒之门外，在这种情况下，市场资金就会挖掘跟涨龙头。买不到龙一，可以买龙二，重点是挖掘与龙头属性相关的，能够出现跟风强势板的个股。

比如，2021 年 4 月，金发拉比（002762）连拉 6 个一字板和 1 个 T 字板，这时龙头买不到，可以挖掘安正时尚（603839）、葫芦娃（605199）、华特达因（000915）等跟风强势板。

又如，大北农（002385）出现连续一字板后，2020 年 1 月 3 日，荃银高科（300087）开始跟风强势上涨。再如，2020 年 2 月 3 日，口罩防护的道恩股份（002838）连续拉板，5 天 4 板，龙头难以买到，资金就挖掘出欣龙控股（000955）、嘉麟杰（002486）、奥美医疗（002950）等个股，这些个股随后纷纷走强。

二、题材叠加次新

在近年的实盘操作中，“次新 + 题材”成为市场的宠儿，所以应重视这类个股的首板。

这个操作方法大家应该比较熟悉，这也是各路游资容易达成共识的领域。大家都比较喜欢炒作次新股，当有重磅消息发布时，首先要想到去找叠加次新的个股，同时次新涨停也是炒作资金最喜欢的标的，次新首板龙头容易成为第 2 天被接力的目标。

比如，2021 年 4 月，市场火爆的医美概念走强之后，带动医疗、卫生、保健个股上涨，热景生物（688068）属于“次新 + 医疗健康”概念，因此走了一波非常靓丽的行情。2021 年 3 月，新能源车走强时，有“次新 + 新能源车”概念的合兴股份（605005）和天普股份（605255），表现就十分突出。

参与这类个股的方法是竞价抢筹。该方法有利有弊，很多短线爆发力强的个股来源于“次新 + 题材”，但风险也比较大，尽量在市场转强的时候使用这一战法。参与时注意个股最好叠加市场热点、题材，这样成功率更高，否则容易犯错。要做到这一点，需要大家平时多看、多练、多思考。

三、老龙反弹首板

老龙头调整后反弹拉板，这个逻辑主要是利用之前妖股的人气，短期超跌回踩到位，在市场没有新的主流炒作或者主流炒到高位分化时，比较容易出现龙回头。老龙妖股的超跌反弹大部分是脉冲走势，持续性不强，但是也会出现连板走势的牛股。比如，2021 年 3 月 4 日，郑州煤电（600121）出现反弹，妖气不散，最终连拉 4 板。

操作方法：跟踪最近几个月有代表性的龙头股，调整到位后出现首板时，打板进入。如此操作成功率很高。

操作要求：必须是首板涨停时参与进去，不能追涨，追涨风险很高。

如图 1–7 所示，豫能控股（001896）的股价调整到位后，2021 年 3 月 3 日、22 日、31 日 3 次出现首板，每次打板进入成功率都很高。这种首板，游资大佬每次基本都会冲进去，当然他们也不知道后面会不会继续涨停，但是只要再来一个涨停板，市场气氛就会高涨，第二波、第三波上涨行情就来了，大家就会争相买入，这就是人性。走在大众前面，在首板进去，可以占据优势地位。参与这类个股首板的胜率很高，即使次日不一定能够涨停，通常也会有一定的溢价，即使出现亏损，亏损幅度也很有限。

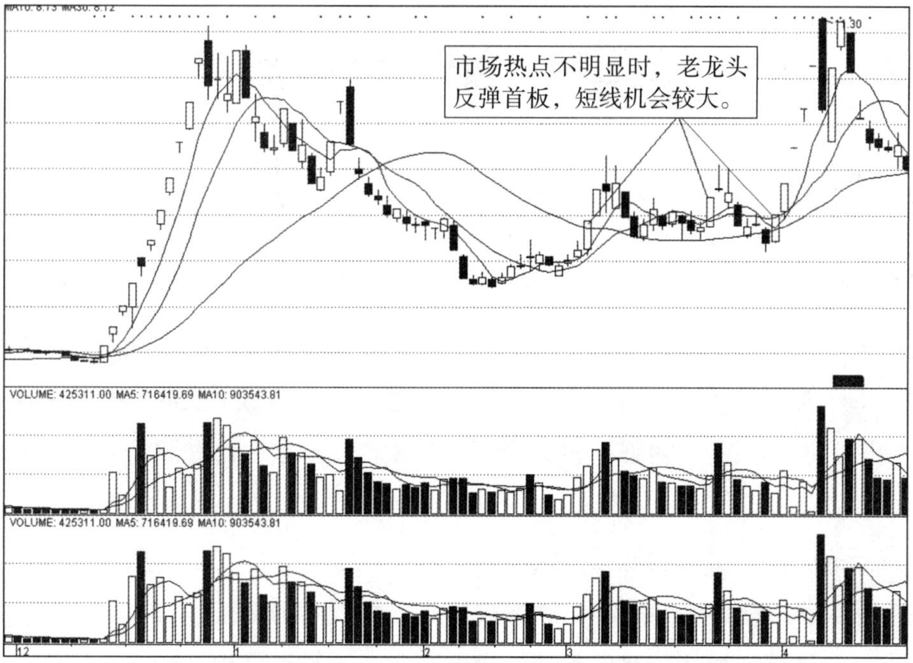

图 1–7　豫能控股（001896）日 K 线图

四、技术操作要点

（1）关键要看成交量与主力资金净流入是否同步放大。成交量大，主力净流入少，不要参与。只有成交量与主力净流入量相匹配才能做首板。

（2）挂单动作一定要快，分秒之间几万手挂单就进去了，挂单太慢可能导致无法成交。可用自动的程序化交易软件中的闪电买入，提前设定每只股票买入多少资金，不需要填写股票代码、买入数量、买入价格，只需点一下买入确认键，一键即可完成挂单，买进的成功率非常高。

（3）打板时，挂单后随时要注意买 1 档封单情况。一旦挂单出现松动，要立即撤单。比如原来有 8000 手买单，瞬间就降到 1000 多手，此时要将光标放在撤单确认键上，感觉涨停要打开马上按键撤买，等股价再次回封涨停后再挂买单。

（4）次日高开 7% 以上，在集合竞价结束前即 9:24:58 前卖出；如果高开 3% 以上，可暂时持股，观察盘面情况，如果盘中冲上涨停，就继续持股。

（5）次日开盘必须要高开，低开直接放弃。因为集合竞价能反映市场的承接能力和抛压大小。涨停的个股次日开盘高开，才代表市场承接力较强；若开盘低开，代表抛压较大，即使盘中有冲高动作，也非常容易被砸。

第五节　首板经典战法

一、上影线反包战法

1. 基本特征

低吸首板（反包长上影线）定义以及原理：上影线反包模式是 K 线的仙人指路形态，这是一种胜率一般但盈亏比较高的交易信号。主力资金前一日试盘冲高回落，次日竞价或开盘扭转预期，该弱不弱视为强，表明情绪从分歧转向一致，可在股价启动第一时间捕捉牛股。

这个首板战法是行情由弱转强、由模糊转确定的涨停操作方法。条件是前一天涨幅达到 7% 以上后回落，或者上冲涨停后最终被打开，炸板后第 2 天股价再次涨停，同时成交量出现放大。这种操作模式规避了大量的相似涨停。这种涨停出现的次数有限，这样更有利于交易者控制自己的欲望，反而能够提高胜率。

如图 1–8 所示，2021 年 3 月 19 日和 22 日，顺利办（现名 ST 顺利，000606）连续两天试图冲击首板，也就是通过首板启动上涨行情，但都没有成功。3 月 19 日一封炸板，回封也没有成功，后来收盘回落。次日（即 3 月 22 日）再次冲高回落，这样，在这两天打板或者追涨买入者就吃了“大面”，此时市场观点基本是偏空的。从短线经验看，一个涨停板炸板，次日应该低开，这是要止损的。该股 3 月 23 日的走势并没有低开太多，只是小幅低开 0.71%，而且 5 分钟之内股价就涨了 7% 多，基本上给了大家解套机会。然后，股价小幅回落进行短暂洗盘换手，10:18 强势封板，形成反包长上影线首板。成功启动首板之后，股价连板上涨。

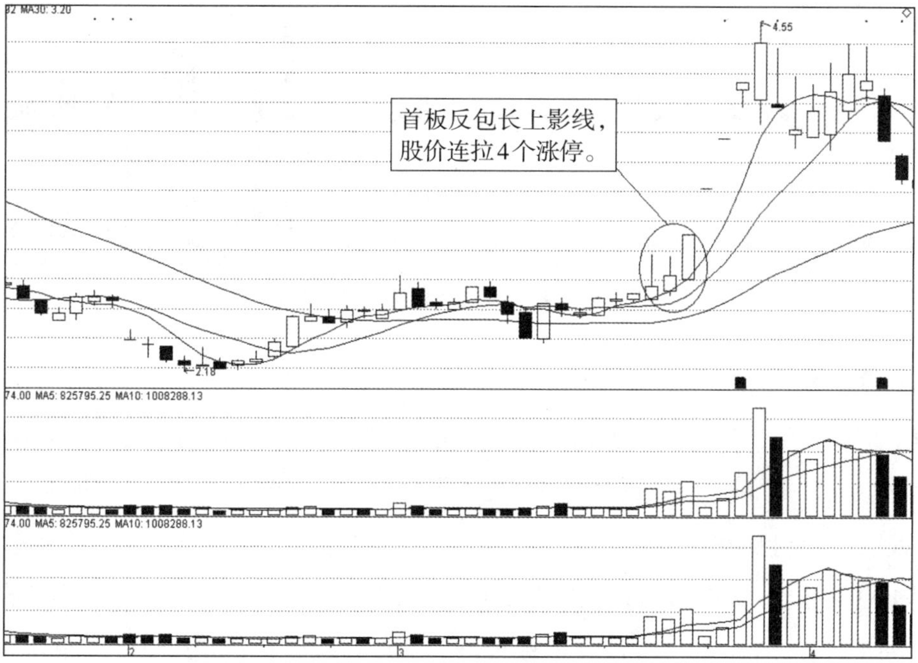

图 1-8　顺利办（现名 ST 顺利，000606）日 K 线图

如图 1-9 所示，2020 年 8 月 18 日，保力新（300116）的股价一度上冲接近触板，但是没有上板，然后回落收于 4.34%。次日竞价小幅低开 0.6%，经过一个上午的整理后，午后上攻拉板，但没有一次性封死，给前一天入场的人解套的机会。尾盘封板，出现一个拉升首板。第 2 天也是冲高回落，形成长上影线，第 3 天股价涨停，之后股价连板走强。这种操作模式一旦抓住涨停板，获利空间是比较大的，而且即使做错了，次日亏损也会很少。

这种首板，股价在前期试盘后涨停，说明资金不再犹豫，急切向上突破。经历洗盘之后，上涨更加轻松。这里强调一下，前期如果出现了烂板的情况，这时还不能确认行情走强，只有在第 2 天涨停反包上影线之后，才能确定走强。比如，2021 年 3 月 5 日的华银电力（600744）、2019 年 2 月 19 日的汇金股份（300368）、2019 年 2 月 21 日的民丰特纸（600235）等。

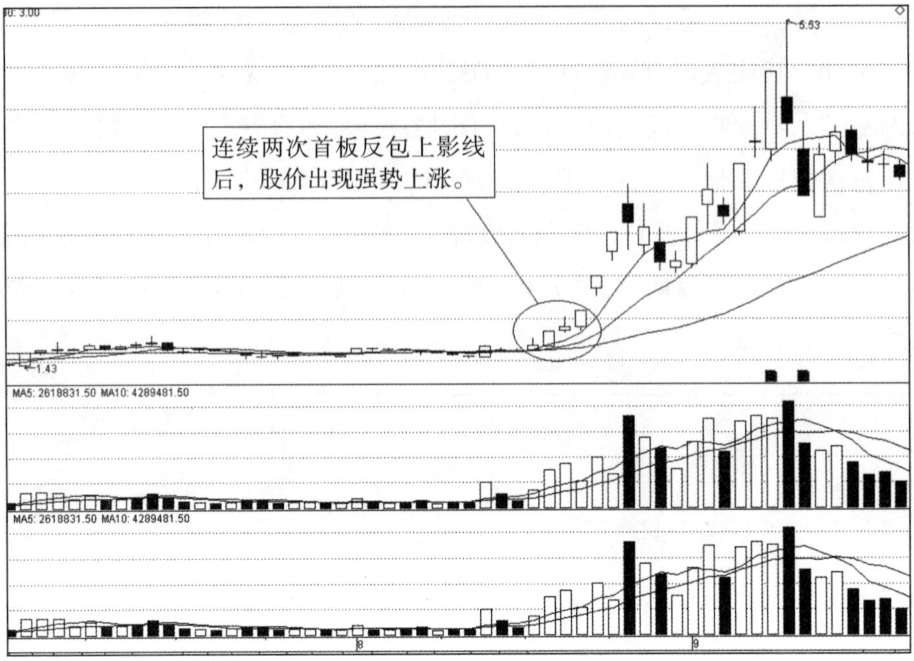

图 1-9 保力新（300116）日 K 线图

2. 上影线后的调整时间

出现上影线之后，次日可以形成反包，也可以调整蓄势几天后再反包，但调整时间不应超过 10 个交易日，时间太长了技术参考意义不大。另外，上影线也不限于单根 K 线，可以是多根上影线组合，而且两根上影线之间允许夹带一些小 K 线（这种结构，调整时间可以延长）。

如图 1-10 所示，2021 年 3 月 23 日，中岩大地（003001）的股价冲板回落收上影线。接着蓄势整理 4 个交易日，3 月 30 日首板涨停，K 线反包前面的上影线，随后开启一波拉升行情，股价出现 7 连板。

如图 1-11 所示，2021 年 1 月 21 日，包钢股份（600010）的股价冲高回落收上影线。整理 8 个交易日后，2 月 3 日再次冲高回落收上影线，之后调整 7 个交易日。2 月 22 日，股价放量拉涨停，一举突破前面两根上影线，构成买入信号，随后开启一波拉升行情。

3. 上影线反包战法的买点

在股价出现超预期走势的前提下，应考虑以下 3 个买入点。

（1）突破前面的上影线高点后回踩，低吸。

（2）突破后回踩成功，二次点火时，再次构成买点。

（3）在股价反包上影线，冲击涨停板瞬间打板买入。

这种战法的逻辑就是超预期。因为前面的上影线冲高回落，对短线操作者来说，普遍预期第 2 天低开或收低 3%～5%。一旦高于这个值就是超预期，平开或小幅高开已经超出

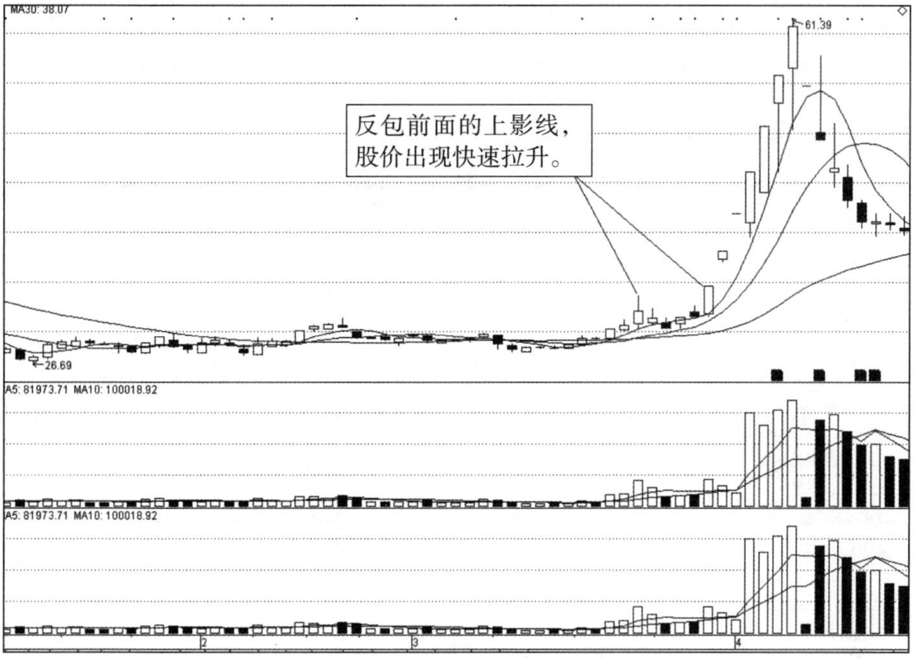

图 1-10 中岩大地（003001）日 K 线图

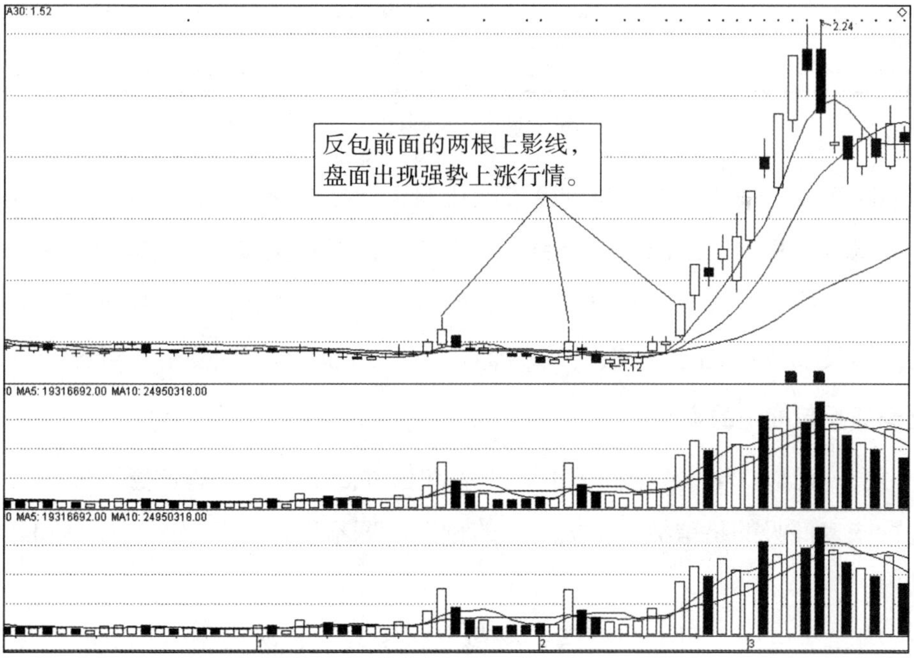

图 1-11 包钢股份（600010）日 K 线图

人们的预期，反包上影线更是远超预期。股价表现强势超预期是买入的前提，拉升超过上影线高点回踩，低吸。回踩成功二次点火时，跟进。股价强势冲板时，确定性增强，打板入场。

如图 1-12 所示，2021 年 3 月 24 日，重庆燃气（600917）的股价放量反包前面的上影线，出现 5 连板行情。买 1 在突破高点后回落的走势中，买 2 在回踩结束再次拉升的走势中，买 3 在股价拉涨停瞬间跟进抢买。封板后可能会开板，但结合 K 线结构，判断大概率能回封，也可以选择在回封涨停板时入场。

图 1–12 重庆燃气（600917）分时走势图

这种上影线反包战法追求的是利益最大化，也就是追求盈亏比最大化，并非盈利的确定性，所以，买点基本上是低吸 + 半路买入，主要是低吸买点的浮盈较大。最好不要在打板时买入，因为打板买入的获利空间不大，而且上影线反包相对于盘中低点买入，资金成本会过高。这类股票开盘时基本上不会大幅高开，因此成本均线会被压得较低。

4. 上影线反包战法的卖点

（1）第一卖点：当日冲上涨停的，一般次日冲高卖出。这里注意，低吸首板是一种套利行为，毕竟低吸的是首板，首板走妖的预期依据不足，因此最好当成套利卖点，次日冲高时卖出。

（2）第二卖点：当日冲高回落，反包上影线失败，次日集合竞价时卖出。此时在操作上要坚决止损，基本上集合竞价就是当日股价的最高点。因为主力在收复上影线时试图引导股价冲上涨停，而两次引导都失败，一鼓作气，再而衰，三而竭，股价再次走强的可能性不大。第一次试盘是在第 1 天冲涨停的时候，可以说试盘就是打掉这个位置的松动筹码，主力向散户要一些筹码。第 2 天再次引导失败的话，则说明股价该强不强，表明主力资金实力不足以把股价封上涨停。这部分操盘资金主要以短线投机为主，而短线操盘就是纪律为纲，止损要坚决。如果买入失败，就要坚决卖出，集合竞价时直接出掉。

5. 基本操作方法

操作方法：上影线反包战法要选择当天收出上影线的个股，利用交易软件“昨曾涨停”简易选股方法，将这类股票加入自选，次日观察集合竞价情况。主要操作步骤如下。

（1）个股筛选。打开自选股“我的板块”，输入昨日曾经涨停的个股（剔除 ST 股），所有个股添加到板块，建立一个追踪观察的股票池。这些个股都是冲高回落或者曾经有涨停板，但收盘并没有涨停，K 线呈长上影线状态。

（2）第 2 天集合竞价时，打开自选板块观察。如果个股集合竞价出现异常，有带量承接盘，即虽然股价稍微平开，但放量很大，砸盘虽然很多，但是有资金承接，这是一个较好的承接盘口。另外，如果集合竞价时量能虽然放得不是很大，但是属于逆反逻辑，高开甚至高开很多，或开在昨日涨停之上，这些个股更要密切关注，这种情况的个股，反包的概率是很高的，可以在竞价时买入，所以观察点在集合竞价时段。

（3）更细致筛选的话，可以看涨幅榜。所有涨幅超过 3% 的个股都看一遍，了解哪些个股昨日冲高到 7% 以上，但是收盘回落到 2%～3% 的位置。比如，日内浮盈浮亏达到 4% 以上的，都可以观察一下。添加一个股票池，以当日竞价 + 开盘 5 分钟的表现来决定是否值得买入。

在实盘操作中，上影线反包模式当前会有赚钱效应。有一些长上影线反包的个股，不仅是首板，一些走出 2 连板或 3 连板以上的个股，再次出现上影线反包模式，仍然可以积极参与低吸。这个战法如果叠加潜在热点题材，效果更佳。

当然，每个战法都不是绝对的，在不同的环境下，会造就不同的龙头：如果在强势行情下，就是逼空板；如果在转势过程中，就是转势板；如果在弱势情况下，造就的就是反包甚至超跌板。在不同的情势下，选择不同的操盘方法，切勿生搬硬套。把一套方法做到极致是智慧的表现，大家可以多观察、多学习、多总结。

二、首板叠加超跌

1. 超跌 + 首板

超跌 + 首板，性质上属于弱势反弹板，是由于股价连续超卖而产生的短期投机机会。一般情况下，纯粹技术超跌引发的反弹行情，其力度和幅度都不大。如果具备“超跌 + 题材”这个前提条件，则有可能出现报复性反弹行情。

如图 1–13 所示，大港股份（002077）短期出现超跌，技术上有反弹要求。2019 年

5月7日，受到芯片等相关消息影响，该股出现涨停，符合“超跌＋题材”概念，同时又是底部首板。该股流通市值较小，低位首板次日高开，开盘50分钟快速拉升，10:20封板，且经历了高换手。之后，随着芯片概念消息的刺激，股价连续上涨，带领整个板块走强。一旦龙头效应得到确立，投资者可以积极关注，无论从哪个时间节点介入，一般都会有非常高的溢价。

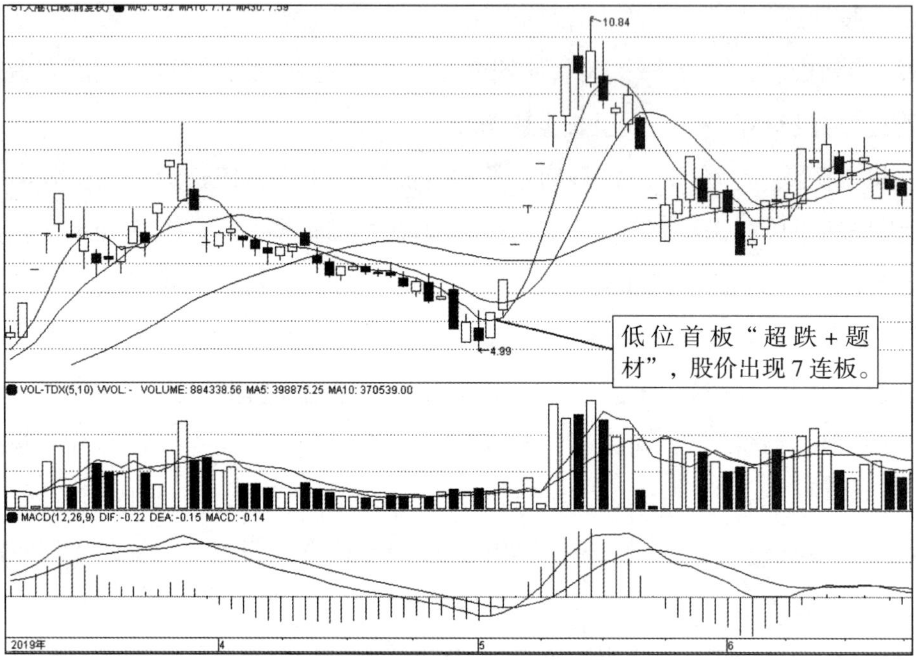

图1–13　大港股份（002077）日K线图

需要注意的是，低位首板也意味着上方压力较大，在实盘中务必记住该战法的前提条件，低位首板战法才有实际意义。在具体操作中，要结合大势灵活运用，同时配合形态、股性、量价和逻辑做出充分考量，不可盲目追涨。尤其是在市场行情不好，连板个股很少的情况下，要谨慎使用低位首板战法。当战法失灵的时候，要找到根本原因，不断总结经验教训，进一步完善该战法。

2. 超跌＋辨识度

在市场环境较好的情况下，会有资金挖掘超跌形态的首板，这类个股同时也是高辨识度的个股。

如图1–14所示，2021年4月28日，睿能科技（603933）的股价小幅高开，成交量放大，当日两波轻松拉涨停。这种情况表明上方压力不重，主力可以用大资金包揽封板，盘中辨识度高。一般超跌＋辨识度的个股，打板入场风险很小。

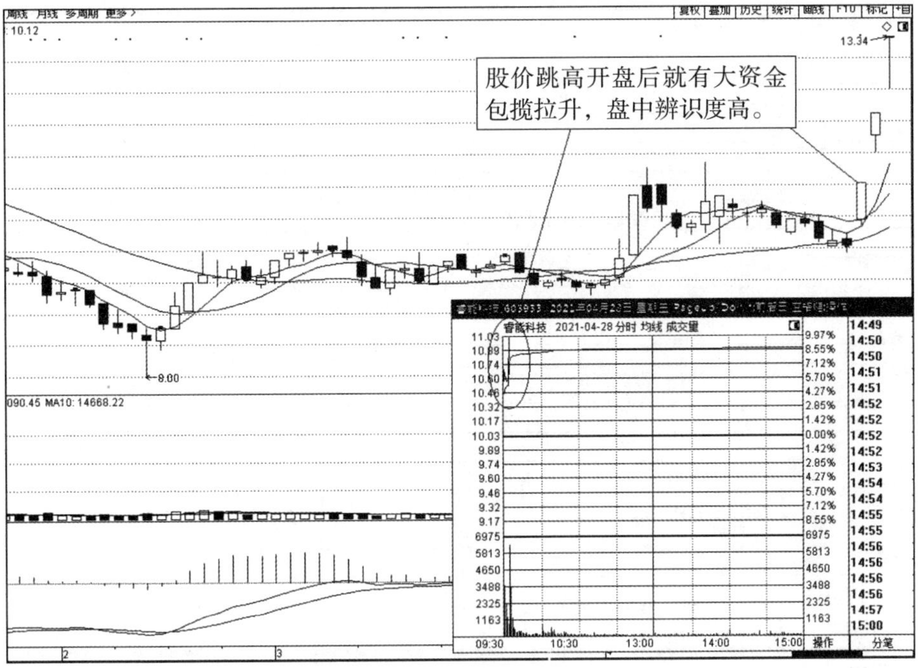

图 1–14 睿能科技（603933）日 K 线和分时走势图

当然，如果没有强逻辑支撑的话，很多高手打板会优先选择放量的个股，在盘中等到充分暴量之后再买入。成交放量，可以看到资金的动向，到底是大资金多还是小资金多，否则要谨慎对待。

如图 1–15 所示，2020 年 4 月 1 日，万通智控（300643）上午有资金尝试拉板，但是无奈摸板被砸。从成交明细来看，拉板资金是千手大单，砸盘的却是万手大单，是在涨停板位置砸盘的。之后，该股的走势就比较颓废了。尽管此时股价在低位，而且还有辨识度，但是当日及后来一段时间股价并没有涨停。

在这样的首板走势中，要注意哪些问题呢？该股在当天拉板资金介入之前，成交是比较稀疏的。在涨停之前，仅在 10:05 的时候，有过一笔 1500 手的大单。也就是说，该股主要都是一些散户在买入，至少在涨停之前没有大资金做盘。而且这笔 1500 手的大单进来之后，也没有大单跟进，这说明该股并未得到市场的认可，所以即便有资金尝试拉板，这类个股也不值得参与。

盘中这种走势的个股，当日可能会有两种结果：第一种是某个大资金全部包下来，最终封住涨停；第二种是万通智控这样的走势，被潜伏资金打爆头。

那么如何判断呢？这里可以提供一种思路供大家参考。万通智控前一天的走势也是这样的，前一天的这笔资金，其实也是被套的，最大的可能就是当天的空头。其实，即便被某个大资金全部包下来，意义也不大，因为这意味着市场本身就没有什么合力。而睿能科

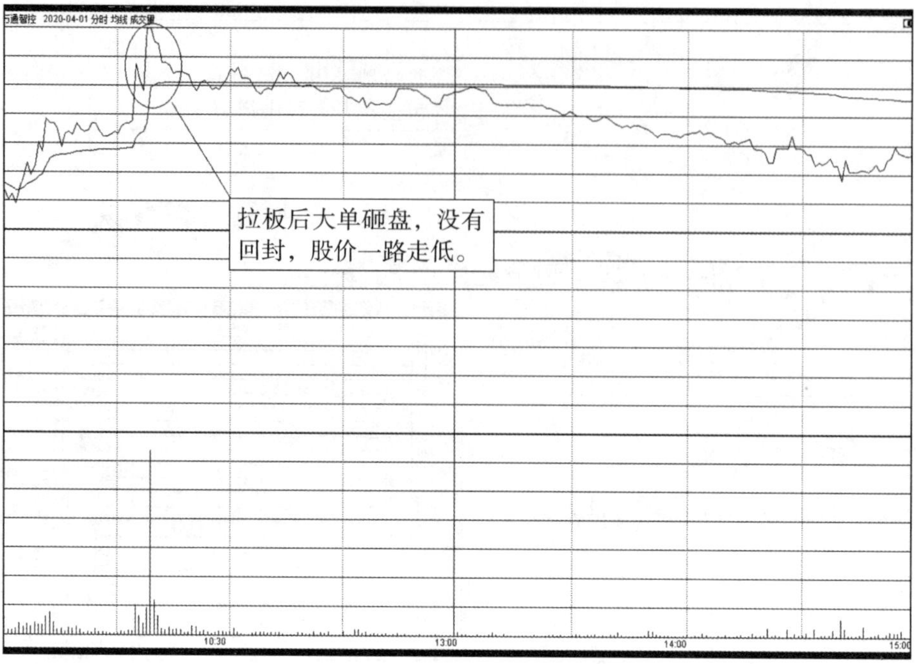

图 1–15　万通智控（300643）分时走势图（2020.4.1）

技和万通智控的走势不一样，睿能科技的股价直线稳稳上拉，这种就是大资金全部包下来拉涨停，一根直线拉上去，几乎没有阻力。有大资金在其中的个股，第 2 天不会有大资金砸盘，可能还会继续拉涨停解套。比如九鼎新材（002201）、宝鼎科技（002552）的两波拉涨停，都是这么走出来的。

为什么这样说呢？答案是看图形。大家可以观察万通智控的走势，盘中几乎没有成交量可言，也就是里面几乎没有潜伏盘，全是散户在玩。配合盘中的跟风情况，可以大概率知道不能跟风买入。其实在很多高手眼里，万通智控是不值得做的。对小资金来说，这样的股票可以考虑，尤其在市场强势的情况下。但是大资金就不会考虑了，因为他们进得去可能出不来。

三、首板 3 种情形

个股在低位出现首板涨停后，后续走势可以分为 3 种类型。

（1）当日股价勉强封板，次日大概率低开。若次日高开可以忽略，低开高走冒头放量也放弃，低开低走跌停不参与。当低开弱势振荡时，一般可在尾盘低吸。

如图 1–16 所示，2020 年 7 月 27 日，澳柯玛（600336）的股价当天早盘放出巨量，一度触板。但由于前期获利盘太多，抛压过大，出现炸板。然后，主力再次组织封板，大单封死后陆续又开板，多次打开又封上，抛压才逐渐减轻，尾盘勉强封住涨停。当天板上成交占比超过 50%，主力资金明显介入很深。

这类封板盘面，次日主力大概率会采取迂回战术，以低开低走的方式洗盘，隔日或者隔几日再进行拉升。如果次日直接高开水上放量，那么这类个股可以忽略。如果低开低走水下洗盘，尾盘可以考虑参与博弈主力资金自救行情，也就是短期反抽。一般来说，次日回调会在某一重要均线处或者近期密集成交区企稳，这一区域也是次日的重要低吸参考区域。7 月 28 日，该股回调就是以前一日的高位密集成交区和 5 日均线附近区域作为支撑，之后股价出现 4 连板行情。如果涨停次日水下回调，在尾盘时介入，后续就有 40% 以上的利润。

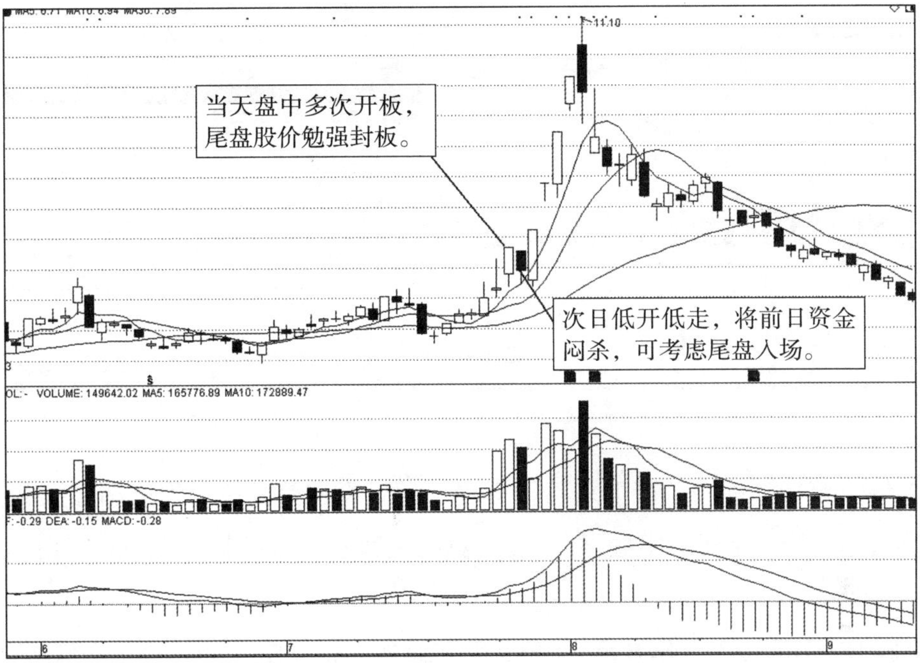

图 1-16　澳柯玛（600336）日 K 线图

这类个股的特征是当日涨停过，参与思路是次日低开闷杀封板资金，短线博弈封板资金自救。发现这类个股后，次日一般以观察为主，尾盘才可伺机而动。

（2）首板涨停后，接下来几个交易日几乎没有冒出水面放量，股价在涨停阳线内振荡，实战中可在支撑位附近尾盘入场。这类个股很多时候是由第一类走势转化而来的，其操作思路就是短线博弈被套封板资金的自救行情。一般涨停后 5 个交易日左右没有表现，就放弃观察。

如图 1-17 所示，2020 年 8 月 31 日，惠发食品（603536）的股价低位首板涨停，封板动作和封单都比较好，板上成交占比 50%，并且还突破了前期盘区的两个高点，上攻力度很强。但是，次日开盘后股价略微冲高，即反手快速下杀，水上几乎没有放量，全天呈现弱势振荡。这时可以断定封板资金被套，在尾盘就可以尝试介入。

在首板之后的 2 个交易日，股价在均线密集交叉区域企稳，只要不跌破这个支撑区域，都是可以买进的。经过 2 个交易日的洗盘整理后，主力选择在第 3 天反包上板。

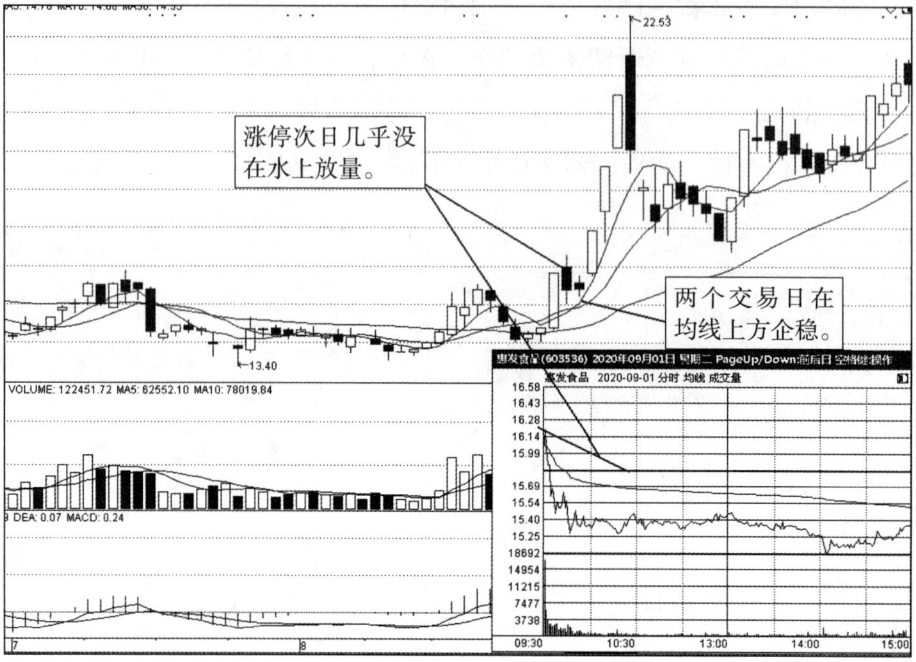

图 1-17 惠发食品（603536）日 K 线和分时走势图

（3）低位首板涨停后，接下来若干交易日，股价在首板位置附近小幅振荡，筹码进行充分换手，这可能是上行的中继平台，经短暂调整后还会继续上涨。这种盘面形态如同“飞雁开路”。

如图 1-18 所示，2020 年 8 月 11 日，朗博科技（603655）的股价出现低位首板涨停。之后 3 个交易日，股价强势站在涨停板上方，筹码换手充分，说明里面的资金对该股预期不止这个涨停板，后续经过短暂调整后，可能还会继续上行。这类个股一旦再次上行，就是短线较好的买点。8 月 17 日股价再次涨停，随后强势上涨。

这种股票和第二类股票是两种不同的操盘模式，第二类股票是首板后下行，博弈主力资金自救，而这一类股票是首板后上行换手，博弈主力第二波拉升行情。

一般来说，在首板位置调整时间越长，代表换手越充分，筹码集中度越高，后期的可参与性也会越强。

上面这 3 类个股的走势分辨方法：当日盘中勉强涨停，次日大概率低开，当作第一类股票看待；若次日水下闷杀，作为第二类股票看待；若次日水上放量，作为第三类股票看待。

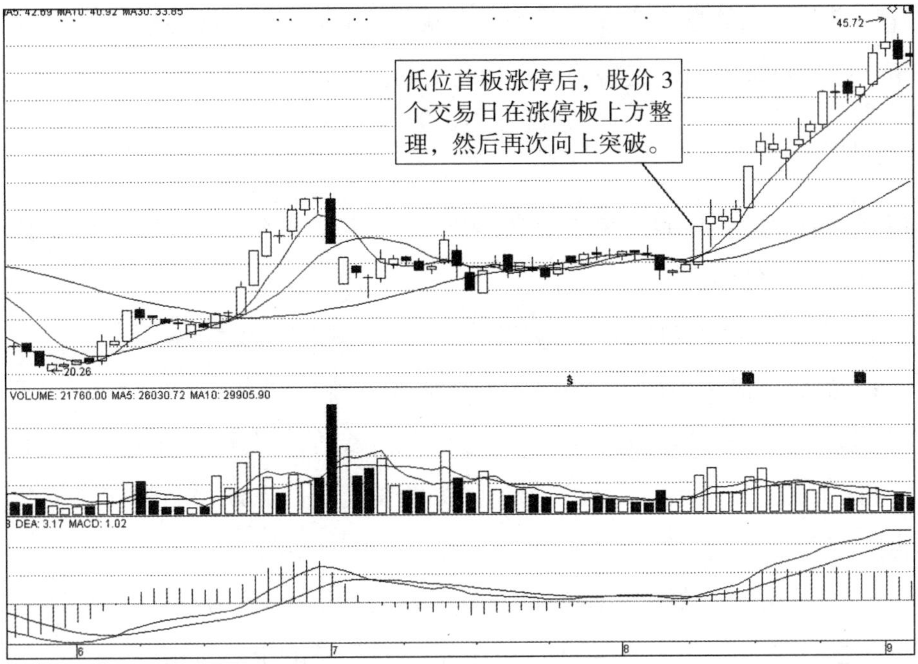

图 1-18　朗博科技（603655）日 K 线图

第六节　底部首板战法

一、操作方法

底部首板是指股价经过长期下跌之后，在阶段性低位位置，出现近期首个具有标志性的涨停。任何牛股都是从低位首板开始上涨的，但低位首板后不一定都能成为牛股。抓低位首板有可能盈利，也有可能“吃面”，所以研究底部首板对抓住强势股至关重要。比如 2021 年 1 月 6 日，宜宾纸业（600793）的股价出现低位首板，在低价超跌炒作过程中，成为市场的龙头，底部首板之后，连拉 10 个涨停。

市场机理：经过充分的调整或回调蓄势整理后，市场做多能量聚集，同时主力也完成筹码收集计划，股价开始发力向上，涨停就是主力积极举旗，开始做多的象征，预示市场进入强势上涨阶段。那么，底部首板该怎么做？

（1）2 个前提：低位和首次涨停，必须同时具备。总结当天涨停的个股，结合底部首板战法的这两个特征，精选出符合条件的个股。

（2）3 个步骤：选择出来之后，首先确定该股是否切合当前市场热点、消息或者政策。其次，看看流通市值是多少，市值越低，拉升相对就越容易。最后，分析公司基本面如何，业绩是否连续增长，估值是否合理，是否存在减持或者解禁等不利因素。将上述这 3 点综合起来分析，作为对该股后期走势的一个辅助判断。

二、买入条件

低位首板是否值得参与呢？在选股时，低位首板符合“低位 + 首板”的前提下，还必须同时具备以下 5 个条件。

（1）题材丰富。个股要切合当前的市场热点、消息或者政策等。

（2）流通盘小。盘子小，主力拉升轻松，股价上涨空间大。

（3）基本面好。公司基本面良好，业绩稳定增长，估值合理，近期不存在利空因素。

（4）价位不高。股价处于底部区域，盘面调整充分。近期没有炒作过的个股容易受到游资的青睐。

（5）盘面抛压轻。在低位启动时，距离上方压力位较远，或已突破短期压力位，或临近短期压力位，次日高开就可能突破压力位，这种形态的个股可积极关注。

如图 1–19 所示，石大胜华（603026）盘子小，流通盘只有 2.03 亿元，基本面稳定，适合主力运作。技术上，调整时间长，主力建仓充分，30 日均线渐渐走平。2020 年 6 月 30 日放量拉起，收出标志性低位首板涨停 K 线，次日强势振荡，第 2 天小幅回落洗盘，然后出现一波快速拉高行情。

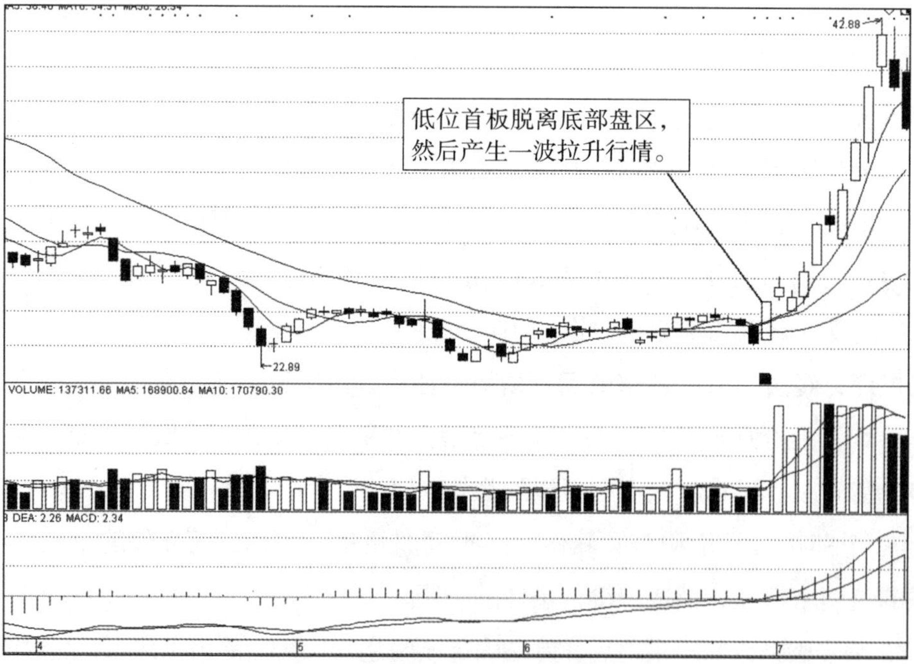

图 1–19 石大胜华（603026）日 K 线图

三、次日盘面

首板涨停出现后，次日盘面表现情况是确定能否参与的重要环节，以下 3 个前提条件必须同时具备，否则不要轻易介入。

（1）次日必须要高开，低开直接放弃。集合竞价能反映出市场的承接能力、抛压大小。涨停的个股次日高开，代表市场承接力较强。若开盘低开，则说明场内抛压较大，即使盘中冲高，也非常容易被砸。

（2）开盘半小时即 10:00 左右的价格不能低于开盘价，这是进一步体现个股承接力的表现。若低于开盘价，基本上可以判断个股承接力较弱，应果断放弃。

（3）涨停时必须充分换手。几乎所有妖股都是低位放量换手，由分歧到统一。通常低位出现一两个涨停，由于市场投资者还有些犹豫，所以涨停走势并不那么坚决，或反复开板。但后续再涨停，则由犹豫转向一致，上涨将加速。有换手的涨停才有持续性，低位未经充分换手，甚至一字板涨上去的个股，往往是一波到头的走势，要么买不进，要么买到炸板股被套。

这里需要注意的是，换手并没有严格的统一标准，可以根据个股近一段时间以来的成交量大小判定。通常小盘股换手率在 20% 以上算是高换手，大盘股则可以适当降低要求。

如图 1–20 所示，经纬辉开（300120）经过底部充分整理后，2020 年 7 月 20 日出现低位首板，股价突破底部盘区，形成标志性 K 线。次日，股价高开 6.92%，进行半个小

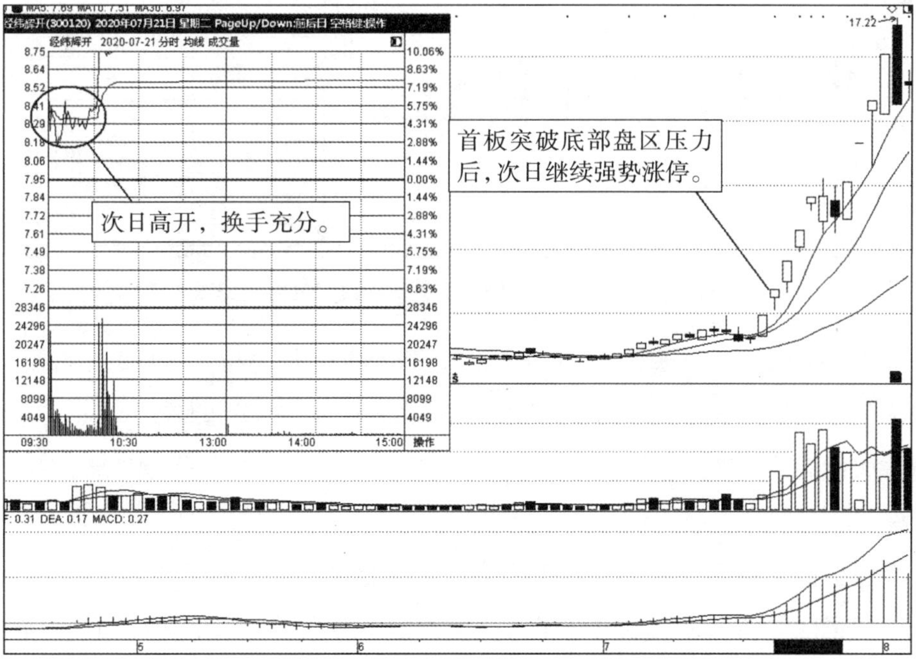

图 1–20　经纬辉开（300120）日 K 线和分时走势图

时的换手整理，10:02 开始直线拉板。该股形态上符合低位首板的特征和选股条件，为短线较好的介入品种，此后股价出现强势拉升行情。

如图 1–21 所示，2021 年 3 月 31 日，永茂泰（605208）的股价受到新能源车相关消息的影响拉出涨停，符合底部首板的特征。同时，该股流通市值较小，十大流通股东中基金的占比并不高，不用担心基金砸盘，而且又是次新股。分析了消息面和基本面，再回到实际操作中。该股次日高开，开盘半小时快速拉升，10:00 之前封板，且经历了高换手，在封板之前都是可以介入的。

在分时走势中，从开盘到涨停，无论哪个时间节点介入，次日都有非常高的溢价，安全系数很高。后期，受到新能源车消息扩散影响，股价连续上涨，带领整个板块一度走强。龙头地位一旦得到确立，投资者可以坚定持仓，享受溢价。

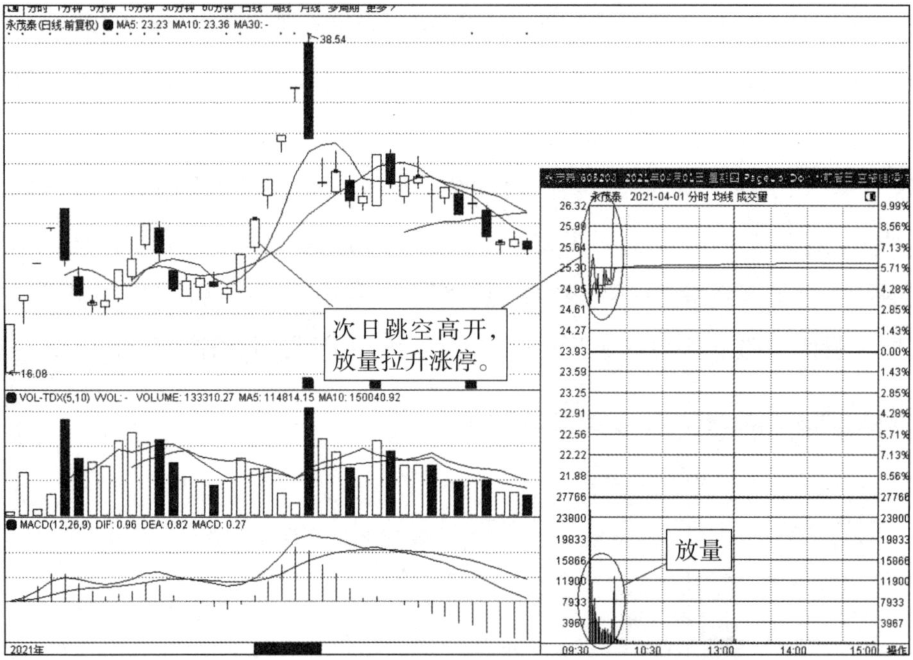

图 1–21　永茂泰（605208）日 K 线和分时走势图

如图 1–22 所示，中广天择（603721）2021 年 4 月 13 日涨停，出现底部首板，符合“底部首板战法”的定义。次日该股高开，同时也符合进一步操作的要求。

从涨停次日的分时图来看，该股次日高开之后，股价很快回落跌破分时均价线，然后放量拉涨停。

虽然该股次日开盘后出现回探，并跌破分时均价线，但该股还是可以继续操作，因为该股当天出现了巨幅放量，而且突破了关键压力位。随后股价很快出现回升，这时是可以继续操作的。

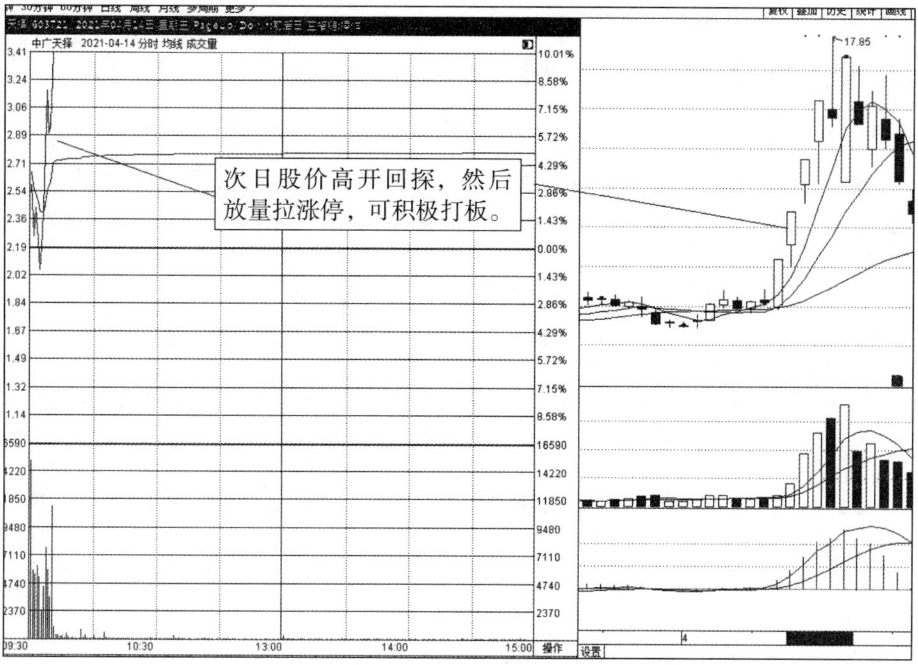

图 1-22　中广天择（603721）日 K 线和分时走势图

综合上述实例分析，在实际运用该战法过程中，务必要记住底部首板战法的前提条件，唯有次日盘面 3 个前提条件同时具备，底部首板战法的操作才具有实际意义。

最后需要注意的是，在具体操作过程中，底部首板战法需要灵活运用，切不可固执僵化。尤其在战法失灵时，要找到根本原因，不断总结经验教训，进一步完善该战法。

第七节　首板分时走势分析

一、分时走势特征

经典的首板分时走势，大多是直线流畅波，拉升气势十足。通常牛股的首板分时图有以下几个特征。

（1）首板多为换手板，一般情况下不会一字封停。一字首板要结合多方面综合分析。如 2021 年 4 月 16 日亚太股份（002284）首板分时走势的换手情况，盘中烂板换手后回封，随后股价走出 4 连板。

（2）首板多平开或略高开，一般情况下不会低开，低开宜谨慎。如 2021 年 4 月 20 日的锦泓集团（603518）首板开盘情况，秒板后在板上换手，之后股价出现飙升行情，出现 11 连板走势。

（3）首板的低点很少再次回落到昨日收盘价以下。如 2021 年 3 月 11 日的焦作万方（000612）首板分时振荡走势，开盘后维持在前一天的收盘价之上运行，之后股价再次涨停，随后出现 4 连板走势。

（4）首板走势流畅，有一个高位振荡过程。如 2021 年 4 月 9 日的大湖股份（600257）首板分时图，第一波拉升结束后，经过短暂的蓄势整理，第二波直接拉涨停，股价出现 6 连板。

（5）首板封住涨停板后，一般情况下不会再打开。如 2021 年 3 月 16 日的哈三联（002900）首板分时图，封板后一直没有开板，说明主力做多意志坚定。次日收出一字板，随后股价出现 5 连板。

当然，具备以上特征，不一定就是牛股，但牛股大多会有以上特征。可以用以上特征，检验手中的个股是不是走得比较强。

二、秒板走势

早盘直线快速拉涨停的秒板，一般而言，涨停的时间越早走势越强，溢价越高。但是也有风险，如果遇到大盘不好就容易炸板。出现秒板的原因很多，大致有利好消息刺激、板块（题材）带动、主力有意而为。

这种股票有以下几个特点。

（1）竞价带量，最好带着量能抢筹。

（2）底部形态较好，30 日均线平走或向上移动。

（3）高开幅度在 5%～7% 之间为佳。开盘幅度太低，主力拉升难度大；开盘幅度太高，盘中换手不够，存在炸板风险。

比如，2021 年 4 月 6 日，雪人股份（002639）的股价跳空高开 5.35% 后快速秒板，随后股价实现 4 连板。同样，2021 年 3 月 15 日，深物业 A（000011）的股价跳空高开 5.05% 后快速秒板，随后股价出现 3 连板。

秒板是股价强势的表现，分时图形简单、直观。但有的个股秒板后，盘中出现烂板，然后回封，而有的炸板后一路下滑走跌，开板后续走势强弱需要综合分析。

三、直线拉板

首板中经常出现盘中直线拉板现象，这种现象表明前期的蓄势整理结束，主力意在快速拉升股价脱离盘局或成本区。通常早盘 10:00 前后或者下午 14:00 前后拉板最为理想，其他时间段相对差一些。比如尾盘拉板，就存在偷袭的嫌疑，需要结合盘面综合分析。

如图 1–23 所示，2021 年 3 月 30 日，中岩大地（003001）开盘整理 20 分钟后，直线拉板，然后在板上换手，最后稳健封板，随后股价走出 7 连板。同样，2021 年 4 月 12 日，杭州解百（600814）开盘后保持弱势整理，13:51 直线拉板，收盘封板不动，随后股价走出 4 连板。

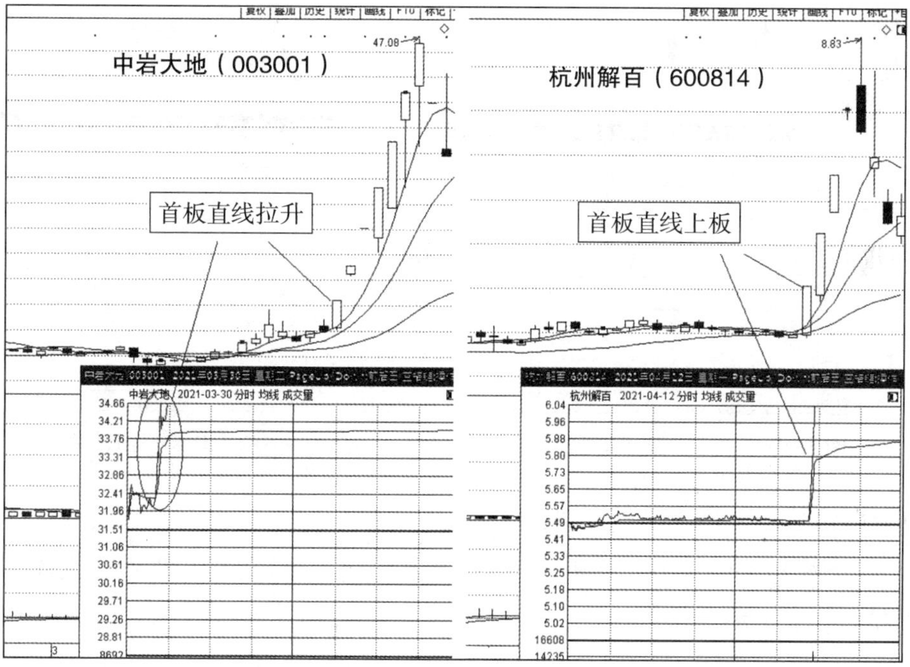

图 1–23 中岩大地（003001）和杭州解百（600814）日 K 线和分时走势图

四、机构分时盘面

机构分时盘面，就是机构席位买入股票的分时图。

如图 1–24 所示，2021 年 1 月 21 日的三全食品（002216）和 2021 年 4 月 16 日的鸿博股份（002229）就属于机构分时，次日都有溢价。可以这样理解，机构分时图涨停，参与炒作最稳健，次日大概率有溢价，随时可以买入。机构分时图涨停的个股，封板大多断断续续，因为机构当日需要大量吸筹。

五、分时模型

首板分时中有一种经典走势，当天开盘后先是维持整理（时间长短不一），然后出现一波明显的拉高动作，拉升幅度在 5% 以上为佳（根据拉升起点位置高低，弹性处理拉升幅度）。接着出现盘中换手，股价基本维持横盘整理，没有明显的回落（回撤不能超过上涨幅度的 1/3）。最后，第二波拉升放量拉至涨停，封板收盘。

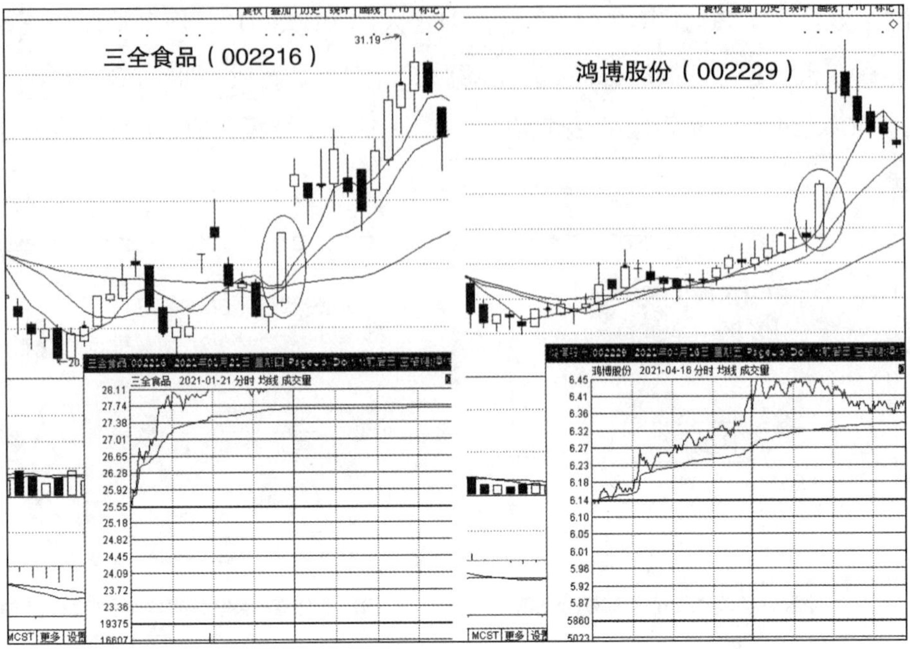

图 1-24　三全食品（002216）和鸿博股份（002229）日 K 线和分时走势图

这种分时走势必须具备以下 3 个技术要点。

（1）第一波拉高结束后，小幅回落，在分时高位横盘整理，振荡幅度不大，最好不要出现明显的尖顶走势。

（2）盘整时间在半小时左右，时间过长通常不会有第二波拉升行情。

（3）第二波放量上拉，要求必须拉板封盘。如果第二波拉升不能封盘，则当日基本可以认为无法封板了，此时切莫入场。

图 1-25 展示的是京泉华（002885）2021 年 4 月 22 日的分时走势。开盘后先是短暂的盘整，然后出现一波强势拉升。经过 30 分钟左右的横盘整理后，第二波放量拉板。该股的分时走势符合上述 3 个技术要点，投资者可以在第二波放量拉高时追进或打板买入。

图 1-26 展示的是重庆水务（601158）2021 年 3 月 30 日的分时走势。开盘后股价一直处于水下弱势盘整，临近 11:00 出现一波强势拉升。经过 30 分钟左右的横盘整理后，午后复牌时第二波放量拉板。该股的分时走势符合上述 3 个技术要点，投资者可以在第二波放量拉高时追进或打板买入。类似走势还有 2021 年 4 月 2 日的通用电梯（300931）和 2021 年 3 月 11 日的焦作万方（000612）等。

相反的实例，可以参考中化岩土（002542）2021 年 4 月 9 日的分时走势，对照上述 3 个技术要点，可以找出午后不能封板的原因。还有丽人丽妆（605136）2021 年 4 月 20 日的分时走势，大家可以自行分析总结。

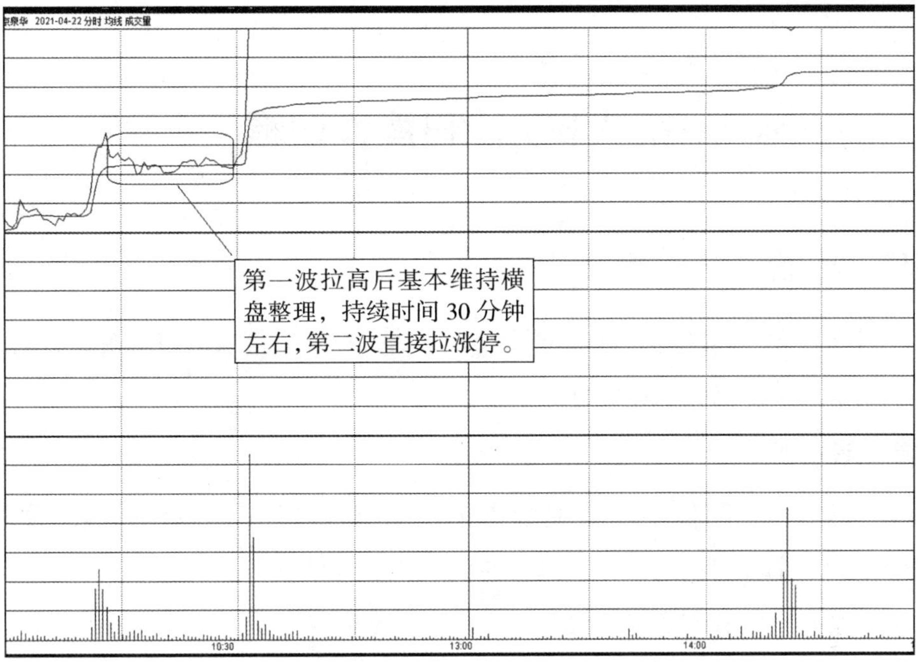

图 1-25 京泉华（002885）分时走势图（2021.4.22）

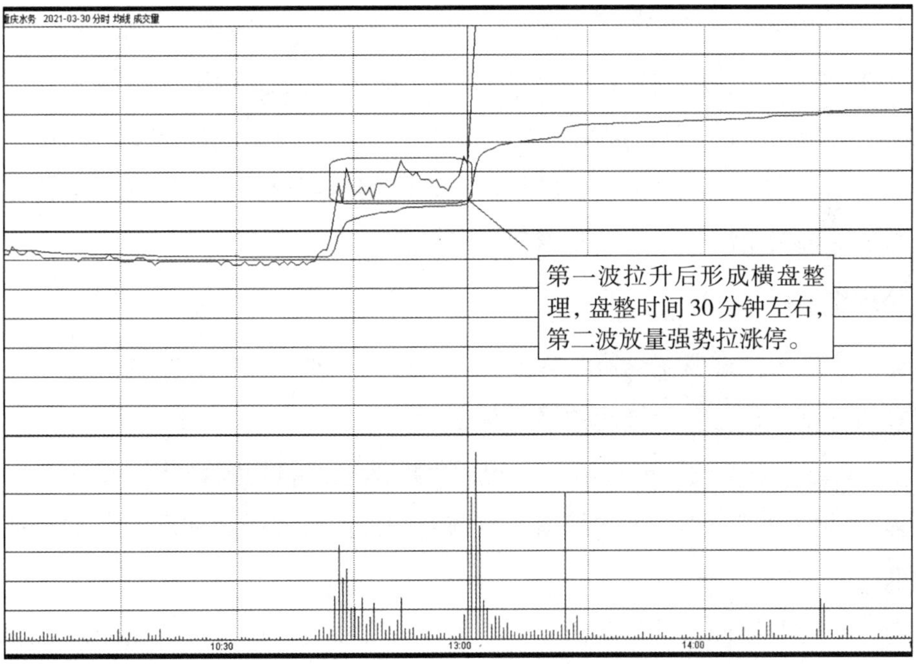

图 1-26 重庆水务（601158）分时走势图（2021.3.30）

第八节　次日操作逻辑

一、次日集合竞价

首板次日集合竞价，通常高开幅度越大，成功率越高。首板次日集合竞价时，投资者主要观察成交量、高开幅度和竞价分时。

1. 逻辑假设前提

（1）个股题材有预期。在 2 板集合竞价买进，是博弈当天连板的机会。如果题材仅有 2 个涨停空间，那没有参与价值，溢价空间不大。如果强行买进，当天不能涨停，其他人做接力 3 板或者反包板的意愿都很低，所以题材预期非常重要。

比如，2021 年 3 月的华银电力（600744）“电力 + 碳交易”概念，11 天收出 9 个涨停；2021 年 4 月的杭州解百（600814）“低位 + 医美”概念，股价收出 4 连板；2021 年 4 月的大湖股份（600257）“低价 + 婴童 + 养老”概念，股价收出 6 连板；2021 年 4 月安阳钢铁（600569）“低位 + 有色 + 涨价”概念，股价收出 5 连板。

（2）首板需要放量。首板放量，说明市场存在一定分歧，有分歧就有机会。特别是预期驱动的题材，启动时出现分歧，题材反而走得相对更远一些。相反，如果首板当天逻辑就迅速发酵，缩量暴涨，后续反而不利于接力。

2. 竞价观察指标

集合竞价主要关注成交量、高开幅度和竞价分时，观察盘中量能是否放大、分时形态以及市场承接力度。这里竞价分两种情况考虑。

（1）成交量。集合竞价成交量放大到和首板涨停暴量相同最佳，如果放大到 2/3 也可以，最差也要放量到一半，如果缩量就没有参与价值。暴量，就是看涨停瞬间分时成交量柱的高低。

这里有一个重要指标，就是昨日涨停的极限成交量。所谓极限成交量，就是昨天涨停的时候，一分钟最大成交量（通常是打板瞬间）。

（2）高开幅度。首板次日高开幅度，主要有 3%～5%、7%～9% 两个档次，均有一定价值。竞价开到 6% 左右是鸡肋，既不如高开 7%～9% 证明了强度，也不如高开 3%～5% 位置相对安全。

第一档：竞价高开 3%～5%。首板溢价高开在这个区间并不出奇，说明人气一般。成交量至少要放到首板当天涨停暴量的一半，否则没有价值，竞价承接力太低容易开板被砸。竞价分时常见两种：第一种是重心逐渐下移，预期不佳；第二种重心平稳，预期最佳。

如图 1–27 所示，2021 年 4 月 15 日，华东数控（002248）的“核电核能 + 光伏”概念，2 板竞价平稳，符合前文所说的要求。竞价成交近5000 手，近似首板暴量的一半，符合预期。

该股如果出现 2 板，预期相关概念个股会跟风，这是基于龙头的预期。开盘后资金迅速抢筹，股价快速放量涨停。

对于这种情况，操作上可以在集合竞价时打进一定仓位试多。如果能够 2 板，也可以在涨停加仓。还可以在竞价阶段涨幅 4% 左右介入，只要当天不大跌，就有反包预期，介入风险不大。

如果集合竞价大幅缩量，说明承接力较弱，题材容易出现一日游的情况，即便涨幅 4% 左右时介入，当天收阴线可能性也比较大，所以竞价放量很重要。

技术要点：竞价分时平稳最佳，竞价成交放量要在首板暴量半数以上。

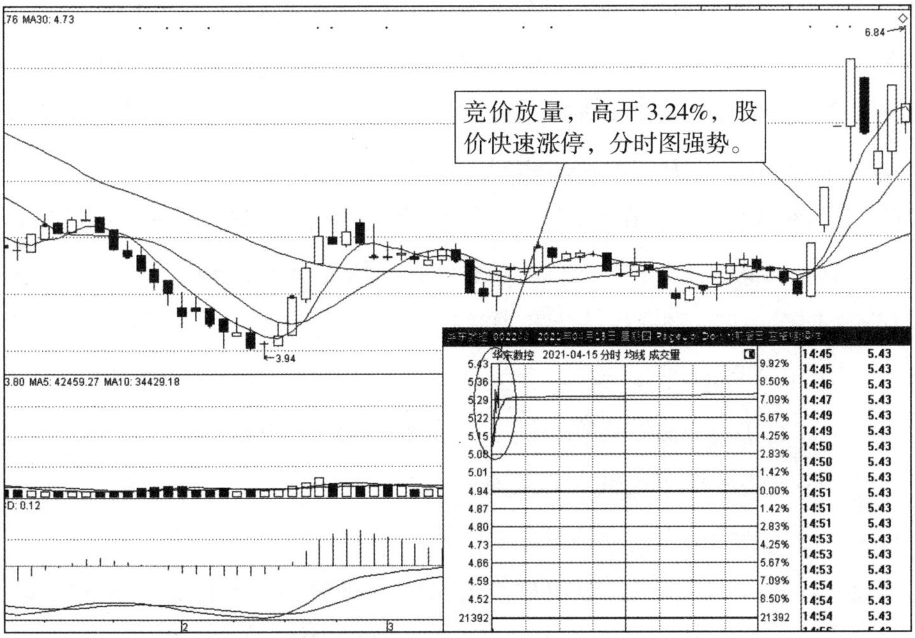

图 1–27 华东数控（002248）日 K 线和分时走势图

第二档：高开 7%～9%。高开到这个区间，说明市场承接力好，资金认可度高。这个区间的成交量，至少要放到首板当天涨停暴量的 2/3 以上，放大到一倍最好。竞价分时常见以下两种现象。

第一种，临近竞价结束，小幅下砸最佳。注意最后一秒钟下砸幅度，振幅不要超过 3%。最后一笔如果导致股价从涨停回落到 6% 以下，就不太好了。

比如美诺华（603538），属于医药概念。2021 年 4 月 23 日股价冲击 2 板时，当天竞价分时高开接近 7%，符合前文说的第一种情况。竞价最后一秒下砸，下砸幅度为 2 个点，但没有破坏分时走势。开盘后洗盘换手，最后强势涨停。

首板涨停放量，2 板当天集合成交暴量，放量一倍以上，表明市场承接力非常好。由于集合竞价已经放量，这种竞价开盘很容易上板。

技术要点：集合竞价大幅高开，竞价分时最后一秒下砸最佳，放倍量最佳。

如华西能源（002630），属于“核电核能 + 光伏”概念。2021 年 4 月 23 日，首板涨停放量，次日竞价暴量，放量一倍以上。竞价分时同样是最后一秒下砸，手法与美诺华竞价类似。竞价结束后高开接近 7%，盘中快速回落，探出下影线后，随即快速拉升到涨停。

技术要点：竞价需要大幅放量，分时形态最后一秒下砸最佳，二者缺一不可。这种走势开盘很容易秒板，打板通常来不及，可以尝试在竞价介入，仓位适当控制。

第二种，临近竞价结束，资金抢筹，偏中性。主要从市场强弱以及板块是否存在分歧判断。如果市场强势，当天很容易封涨停；如果市场偏弱，很容易被砸盘。

如果首板存在分歧，龙头股次日竞价抢筹容易将板块从分歧带到一致，这是好事。如果首板当天板块已经足够强势，说明分歧较小，那么次日最佳竞价分时应该是涨停附近开盘。如果是后者，就说明市场认可度不高了，参与价值也不大。这属于反证法。

对于临近竞价结束快速拉升的分时，需要结合市场强弱以及题材分析。强势市场，资金追高意愿强，此时竞价出现抢筹走势，开盘容易秒板。但如果市场走弱，资金忌惮高位股，如果再出现这种分时走势，很容易失败。盘面赚钱效应好，可以考虑参与；赚钱效应差，要少做多看。

比如，2021 年 5 月 10 日，铜陵有色（000630）竞价阶段出现抢筹，当日有色板块指数大涨 5.41%，有 14 只股票涨停。处于热点板块之中的铜陵有色，分时中逐波走高至涨停并非意料之外，烂板换手后成功封板至收盘。

通过上述分析，结合实例，可以概括如下。

（1）当股价高开 3%～5%，竞价成交量放大首板暴量一半以上，分时重心平稳，容易实现 2 连板，一定要选龙头操作。由于此时涨停的确定性更强，竞价时可以打入一定仓位用来观察确认，出现 2 板可以加仓，失败则放弃。

（2）当股价高开 7%～9%，如果临近竞价结束下砸，成交量放大到首板暴量一倍以上最佳，分时跳水不宜超过 3%。

（3）如果临近竞价结束资金抢筹，成交量放大到首板暴量半数以上为中性，此时还需要看市场强弱。逆情绪抢筹拉升最佳，从分歧到一致，当天封板问题不大，而从一致到一致容易炸板。

二、次日经典分时

不同的板有不同的优缺点，首板不确定性最高，2 板性价比最好，3 板靠情绪博弈，4 板、5 板才会酝酿出妖股。但妖股不是任何时候都有，市场赚钱效应差时，3 板、4 板经常就是天花板。综合考虑，2 板实盘操作灵活性最强，进可望 4 板、5 板，有获利空间，退仍有首板垫底，可以防守。2 板可以用固定的打板模式。

首板后次日 2 板有两种经典分时图：一是直线冲高型；二是振荡冲高型。

1. 直线冲高型

条件：竞价平开或小幅高开（低于 3%），开盘后迅速冲高，5～10 分钟股价上涨 7%，10:00 之前上板最佳，最好不要晚于 10:30。这种分时图整体是振荡攀升格局。

对于高开幅度，只要不特别夸张就行，高开 7% 或低开 3% 就很尴尬。任何市场都有意外，这个条件只是参考。关键还是要揣摩形态背后的情绪，找情绪切换点。

如图 1–28 所示，合兴股份（605005）2021 年 3 月 15 日的走势。市场环境：炒作主线是汽车电子，逻辑是股权集中，市场正由弱转强，赚钱效应逐渐走好。

板块表现：当时次新股表现一般，该股虽然是龙头，但盘中突然直线拉涨停，而且还是个烂板，资金并不全然看好。

走势总结：首板烂板放量，这是分歧。次日小幅高开后直线冲高，最终涨停，这是一致，整个过程情绪从分歧转为一致。

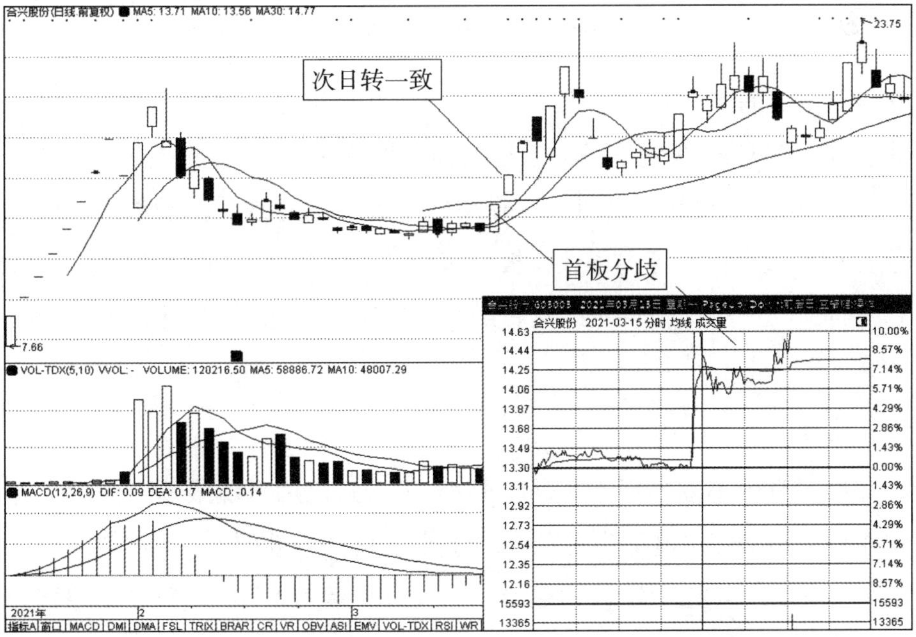

图 1–28　合兴股份（605005）日 K 线和分时走势图

如图 1–29 所示，汉钟精机（002158）2020 年 2 月 25 日首板尾盘炸板，2 板转一致，分歧暴量承接，3 板加速。

市场环境：市场正由弱转强，赚钱效应好，炒作主线是净利 2.47 亿元，真空泵业务，受益大基建。

走势总结：该股和合兴股份近似，首板炸板，分歧放量。次日小幅高开后直线冲高上板，情绪从分歧转为一致。

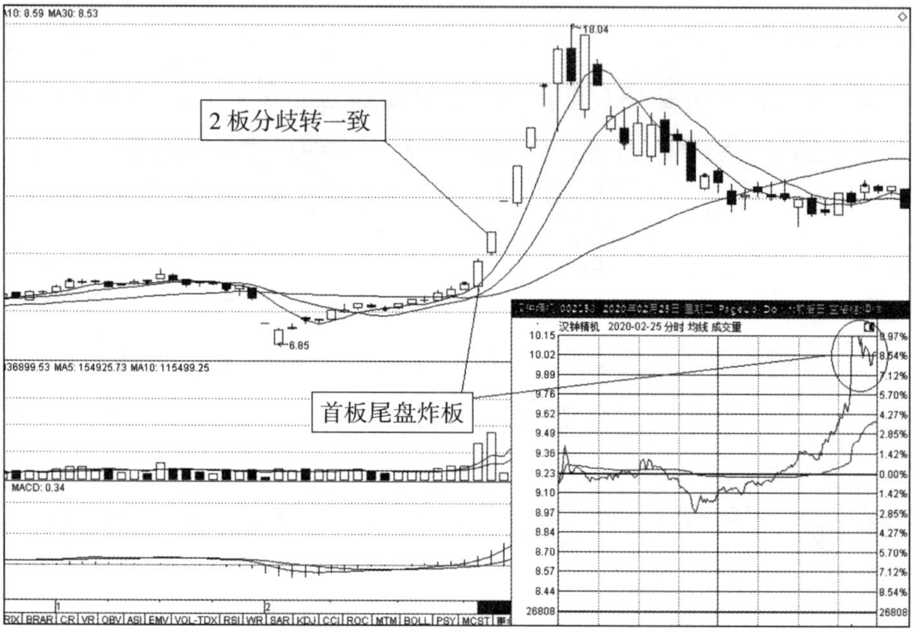

图 1–29　汉钟精机（002158）日 K 线和分时走势图

类似这种分时还有一些变体，比如首板硬板，2 板迅速冲高振荡，最终转一致涨停，过程也都很完美。核心道理差不多，都是捕捉首板到 2 板之间分歧转一致的机会。但要注意的是，首板进 2 板时不能出现“从分歧到一致再到分歧”的现象。也就是说，2 板封板后不能出现炸板，不然容易导致打板没有溢价。比如，2020 年 11 月 11 日创新医疗（002173）的股价走势，2 板快速冲板后封盘没多久就炸板，直到尾盘也没能回封，就成为一个失败案例。

2. 振荡冲高型

条件：竞价平开或小幅高开（最好低于 4%），开盘后呈现振荡运行，振荡时间 2 小时左右，调整后冲击涨停。这种分时走势，对何时涨停没有限制。

如图 1–30 所示，宝光股份（600379）2021 年 1 月 13 日的走势。小幅高开 2.71%，经过盘中振荡换手后，转为一致，午后股价直线拉涨停。

市场环境：当时市场流行炒作妖股，赚钱效应非常好。市场炒作主线是氢能源，该股适逢其时。

走势总结：首板缩量，换手欠积极，所以资金普遍不看好。2 板当天，早盘小幅高开，而后振荡，午后冲击涨停。

该股从首板到 2 板，次日换手振荡，然后拉涨停。情绪是从一致到分歧再到一致，捕捉的就是分歧到一致这个机遇。

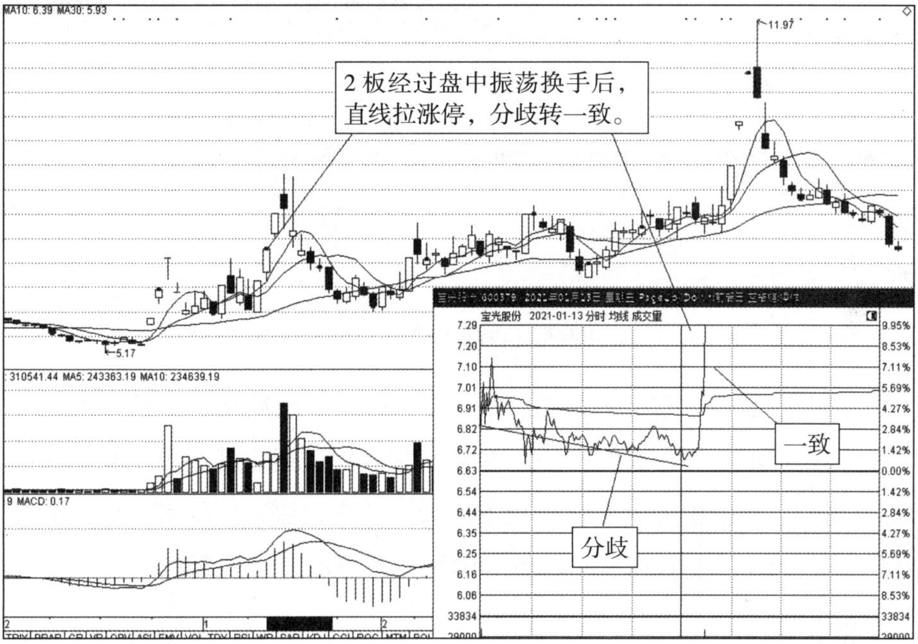

图 1–30　宝光股份（600379）日 K 线和分时走势图

如图 1–31 所示，杭州解百（600814）2021 年 4 月 13 日的走势。

市场环境：当时市场炒作主线是医美概念，该股有潜在题材。

走势总结：首板直线上板，换手不积极。由于是医美板块的跟风，2 板当天暴量，小幅低开后持续振荡。午后直线冲击涨停，盘中炸过一次板，资金认可度一般。情绪是从分歧（炸过板，偏分歧）到分歧再到一致，3 板、4 板加速。

这类个股分时也有一些变体，比如首板是烂板，这是分歧走势。2 板当天低开也符合预期，但低开后冲高振荡，临近中午或尾盘涨停。情绪是从分歧（首板）到分歧（振荡）最后到一致（2 板），如 2021 年 3 月 25 日的重庆燃气（600917）就是这种走势。或者开盘幅度较高，涨停开板或冲高振荡，位置也远高于平盘，盘面没有明显回落，但核心都是一致的。次日高开，振荡或开板，最后涨停。情绪也是一样，从首板一致，到 2 板盘中分歧，最后涨停一致，如 2020 年 12 月 15 日的豫能控股（001896）就是这种走势。

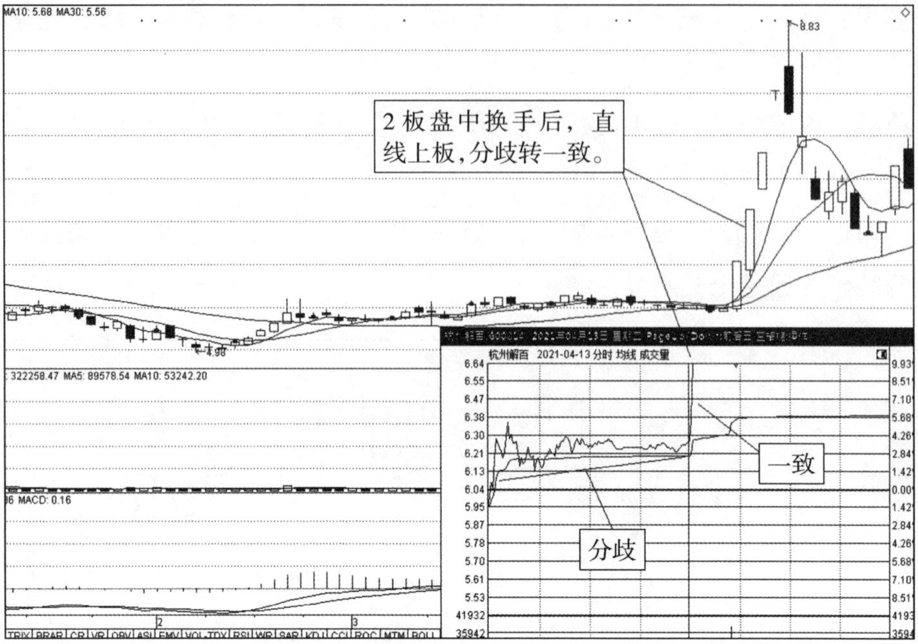

图 1-31　杭州解百（600814）日 K 线和分时走势图

当然，也有失败形态，常见的是首板放量，2 板高开或冲高，然后回落振荡，午后冲击涨停，但最终炸板不封板。失败的原因是情绪之外的，更多地是题材和个股的原因。比如题材预期不高，个股下跌幅度不足，股本偏大，价格过高，成交额过大或大盘（板块）跳水等因素，这些因素就要靠自己平时的经验积累，无法统一解释。

三、背后逻辑分析

1. 分时背后的市场意义

分时走势图背后的市场意义，代表的是市场情绪，上面这两种分时图就是市场情绪的反映。在题材演变过程中，都要靠情绪去博弈，情绪包括分歧和一致，两者之间会相互切换。题材要想走得久，不能没有情绪转换，尤其是在启动期，首板和 2 板分歧到一致的转换至关重要。

这两种分时图有个共同特点，就是首板次日集合竞价开盘都不高。2 板开盘不高，说明市场对个股题材还不完全认可，或者不够看好。

那么，什么样的首板会导致资金不看好次日机会。答案可能有 3 种：个股原因、题材原因、市场原因。

个股原因可以是涨停板质量方面的，比如烂板。题材原因可以是质地不好，比如预期低，非主线。市场原因无非就是赚钱效应差，资金不愿意接手高位板，或者指数有大跌风险。

无论是个股原因、题材原因还是市场原因，总之资金不看好次日的接力行情，这就是分歧所在。

有分歧就有机会，关键是把握市场从分歧到一致的机会。这两种分时形态代表的是市场情绪从分歧到一致的过程，这种盘面情绪从分歧到一致，也正是弱转强模式。此时的2板正好卡在情绪转折点上，一般来说次日的溢价都很不错。

2. 首板成交量的重要性

首板放量与否，直接决定这个板的情绪是分歧还是一致。这里将首板量价和情绪结合，分析一下首板成交量的重要性以及潜在的操作机会。

从情绪角度，可以把首板分成一致和分歧两类。简单地说，缩量、封硬板都算是情绪一致，放量、烂板（炸板）都算是情绪分歧。

大家要掌握以下两种盘面中的4种情形。

（1）首板一致。一字板、秒板、硬板都是这个范畴。

①首板一致，2板盘中分歧，而后涨停，情绪从一致到分歧再到一致。如2021年1月中旬的宝光股份（600379）和2021年4月初的杭州解百（600814）的走势。

②首板一致，2板继续缩量秒板，这样的股最好少碰，一致到一致，经常炸板吃“大面”。

如图1–32所示，2021年4月22日，奥拓电子（002587）的股价午后快速形成一致，直线拉至涨停。次日，股价大幅高开秒板，情绪一致，两天上板都没有充分换手。第3天，股价盘中冲高后快速回落，放量大，表明情绪出现分歧。之后几个交易日，将前面3个涨停的涨幅全部收了回去。这种盘面如果在2板位置入场，若第3天离场动作缓慢，就会吃“大面”。

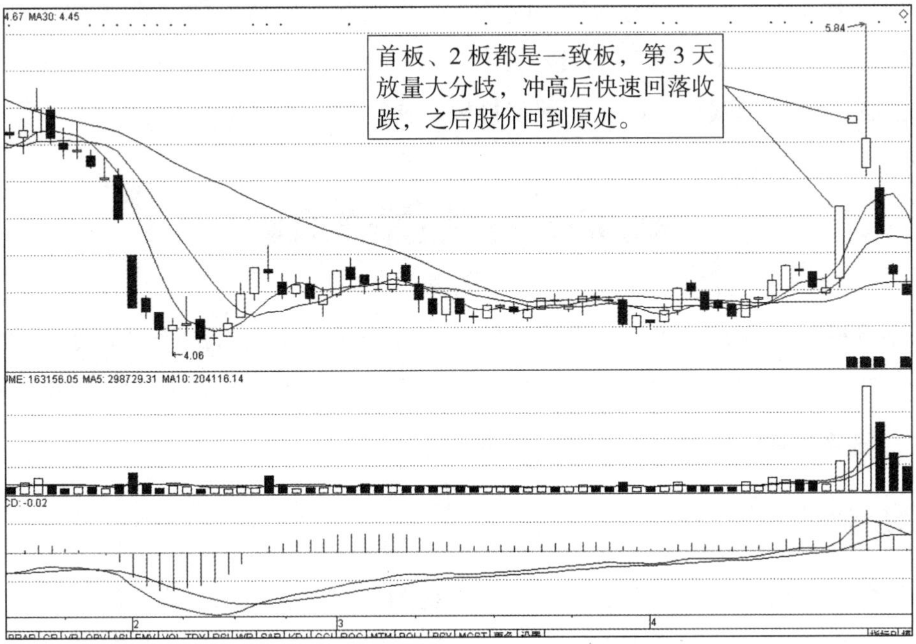

图1–32 奥拓电子（002587）日K线图

（2）首板分歧。放量板、跟风板都是这个范畴。

①首板分歧，次日开盘迅速涨停，情绪从分歧到一致。如上述实例中，合兴股份和汉钟精机就是这种走势。

②首板分歧，次日盘中振荡，而后涨停，表明情绪从分歧到分歧再到一致。

上述这 4 种情况，都是情绪分歧和一致在不同涨停板之间的体现。很容易得出结论：首板分歧，次日机会相对多一些；首板一致，次日继续一致的机会也有，但不容易捕捉，且风险较大。

3. 市场环境

市场环境是好是坏，从分时图上就能直接看出来。分析这两种分时图的目的，是寻找市场从分歧到一致背后的机会。无论市场赚钱效应好与坏，对个股的影响都不大。市场赚钱效应好，题材有溢价，这种方法有出路；市场赚钱效应差，这种分时是情绪分歧到一致，也是弱转强，买在市场转折点，就有机会。

如果遇到极端情况，市场极度悲观，出现符合这种模式的个股，可以通过仓位调节，用仓位控制风险。

总之，实盘中遇到放量烂板股不要轻易放弃。在题材演化过程中，离不开分歧和一致的情绪切换，启动初期的分歧很重要。尤其是跟风股，自带分歧属性，也要重点留意。

这两种分时图，代表性非常明显。走成这两种分时形态，可以说是情绪从分歧到一致了，再辅以个股和题材的质地，基本上就可以看出走势好与坏。而且，这个模式对市场环境要求不高，市场好坏都可以参与，极端情况下可以用仓位去调节和控制风险。

有分歧就有机会。实盘操作中，多寻找个股背后情绪从分歧到一致的弱转强切换机会。这也是做 2 板的固定模式，可以专门用来打板操作。

第九节　首板操作风险

首板创造机会的同时，也存在许多风险，毕竟能够走出连板的个股只是其中的少数。绝大多数个股首板之后就会出现调整，所以有些首板是不能盲目参与的，这里就这方面做一些分析。归结起来，下列几种首板应谨慎买入。

一、弱势反弹板

弱势首板也叫反弹涨停。在弱势盘面中出现的低位首板，只是股价超跌后的技术性修复反弹走势，只是名义上的首板而已，本质上属于短期超跌后的修复性反弹，不符合低位首板的买入条件。

如何识别弱势板？可以参考以下技术要点。

（1）30 日均线下行，不支持股价短线走强。

（2）股价运行趋势下降，盘面不具备上涨气势。

（3）缺乏题材、热点，市场人气低落。

（4）成交量不足，属于脉冲式波动。

如图 1-33 所示，九鼎新材（002201）的股价见顶后逐波下跌，形成一条明显的下降趋势线。30 日均线不断压制股价走低，盘面弱势特征明显。2020 年 2 月 11 日和 4 月 2 日两次出现“低位首板”走势，这些首板都属于超跌反弹性质，并不具备真正意义上的低位首板买入条件，所以弱势首板不能参与。

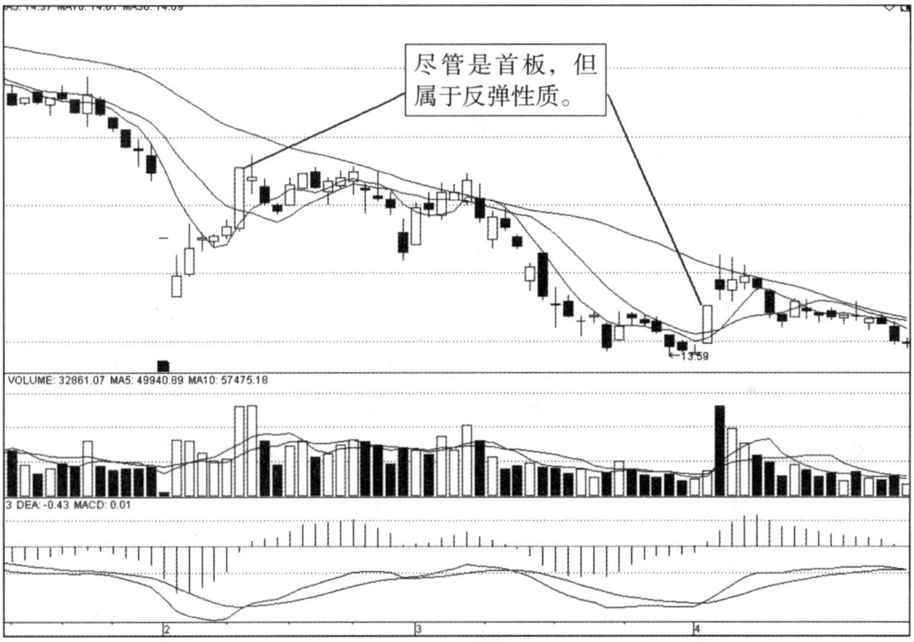

图 1-33　九鼎新材（002201）日 K 线图

二、超跌回抽板

遇到利空消息或主力减仓出货，股价短期持续下跌或跳水，在技术上产生超卖现象，此时容易出现超跌回抽首板。这种涨停板持续性往往很差，股价回抽后仍将走弱，参与价值不大。

如图 1-34 所示，仁东控股（002647）的股价经过 14 个跌停板后，2020 年 12 月 15 日出现低开高走的“地天板”。表面上看盘面强势封涨停，成交量大幅放大，似乎主力大举入场。其实，这种首板属于股价严重超跌后的回抽走势，介入面临短期调整风险。次日，股价继续一字板跌停，此后仍然大幅回落。与首板收盘价相比，股价跌幅超过 50%。

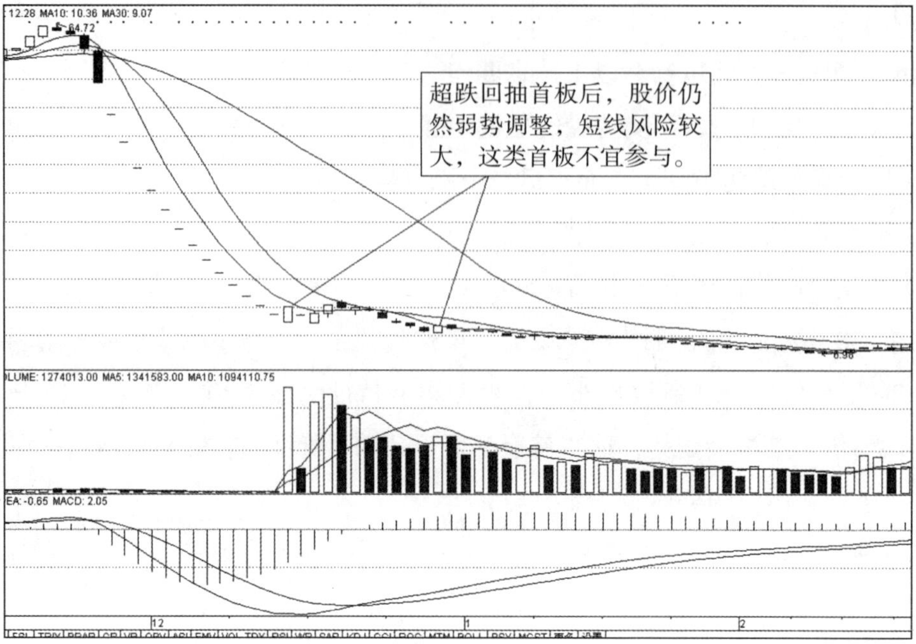

图 1-34 仁东控股（002647）日 K 线图

实盘操作中，股价向下跌破某一重要支撑位时，经常出现突破后的回抽板，这是对股价向下突破后的一种确认走势，短期股价仍将继续调整。

如图 1-35 所示，江南化工（002226）的股价经过一轮持续阴跌后，向下击穿前期低点支撑，短期股价出现超卖。2021 年 1 月 14 日，股价放量涨停，分时走势气势强盛，盘面看不出端倪。可是，从日 K 线形态中就可以看出，它属于典型的突破后回抽走势，介入回抽板风险很大。

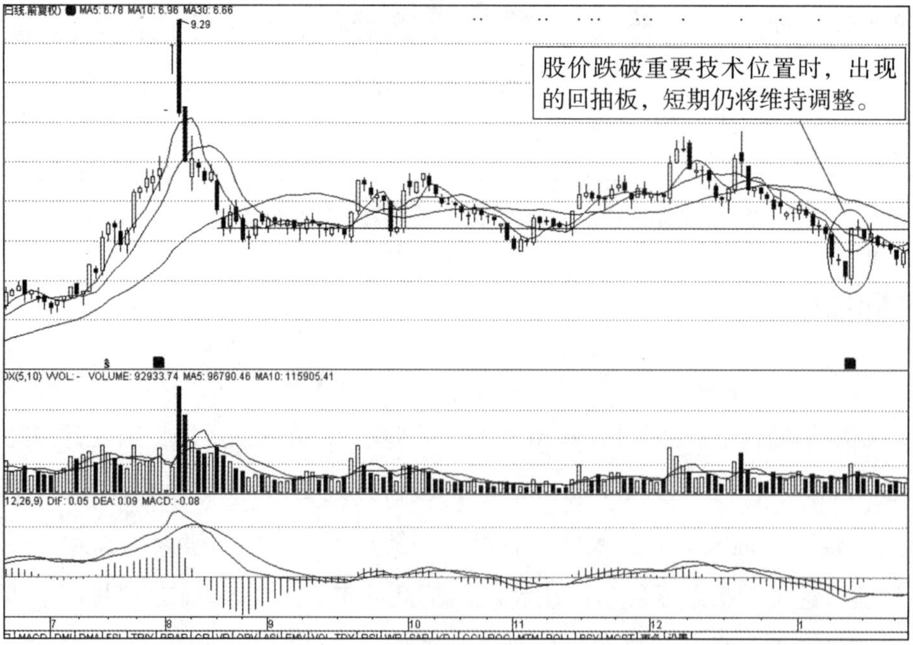

图 1-35 江南化工（002226）日 K 线图

三、下跌企稳板

股价经过长期下跌调整后，空头能量得到充分释放，市场底部基本探明，盘面有企稳要求，这时也容易出现涨停。但这种首板只是起到企稳作用，并不具备上涨条件，后续仍将以振荡整理为主，不具备参与价值。

如图 1-36 所示，瑞鹄模具（002997）上市经过第一波涨停潮后，就出现长时间的下跌调整走势，下跌幅度达到 50%，做空能量得到释放，股价基本没有再次下跌的空间。2021 年 1 月 22 日，股价放量涨停，并穿过 30 日均线，似乎出现大行情。可是，股价没有走出理想的行情，第 2 天股价略微冲高后，继续回落进行筑底整理。

其实，从技术上可以看出盘面并没有出现强势特征：首先，30 日均线仍处于下行状态，不支持股价短线走高。其次，长期弱势阴跌，上方压力重重。再次，成交量不足，底部换手不够。此外，也缺乏热点题材配合。

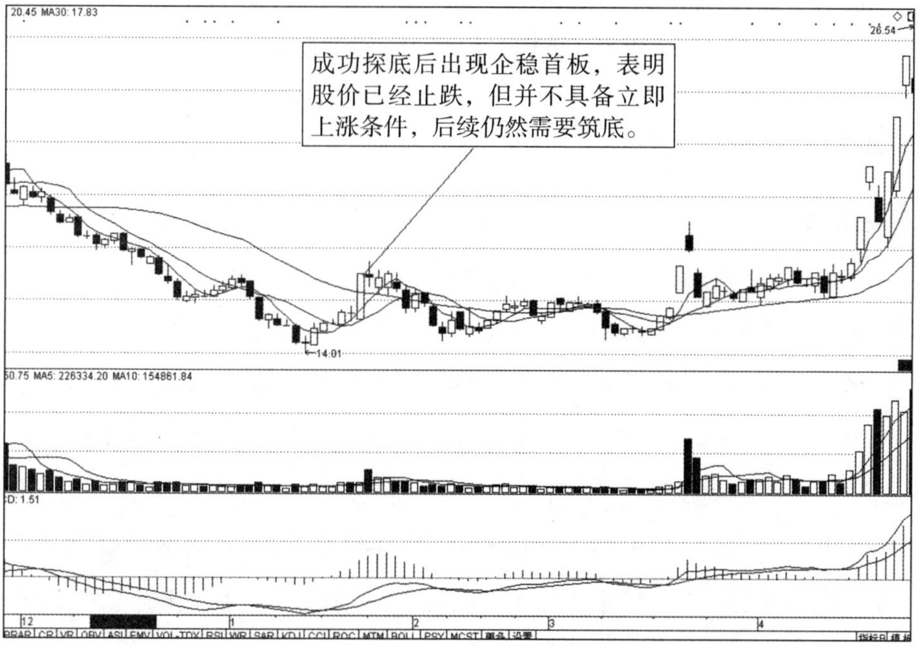

图 1-36　瑞鹄模具（002997）日 K 线图

如图 1-37 所示，中电电机（603988）的股价完成一轮盘升行情后，转入盘跌走势，成交量持续萎缩，股价逐波下跌到前低点附近，做空动能渐渐衰竭。2021 年 2 月 1 日，股价放量拉涨停，形成低位首板，但并没有由此展开强势上涨，而是继续振荡整理。这种首板只能说明底部信号出现，股价开始止跌，而不能认为是一波上涨行情启动，所以不宜打板或追涨。

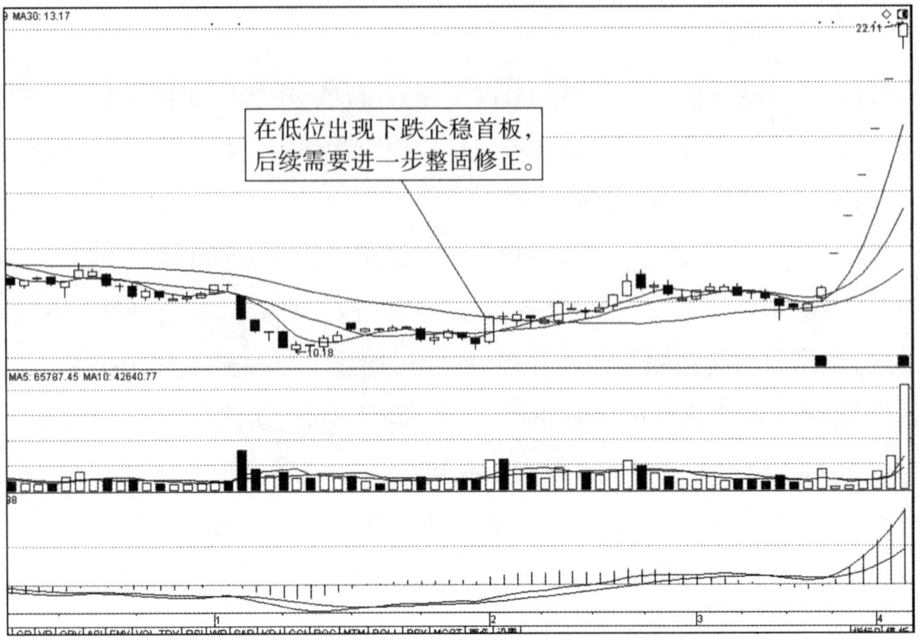

图 1-37　中电电机（603988）日 K 线图

四、盘区整理板

1. 金鸡独立板

股价长时间在一个窄幅区间运行，成交量持续萎缩，突然某一天股价拔地而起，放量拉出一个涨停。盘面特征：K 线形态呈现 90 度直角板，涨停阳线金鸡独立，成交量脉冲式放量。这种首板出现后，股价大多还会回落整理，技术含金量不高，不宜打板入场。

如图 1-38 所示，康惠制药（603139）的股价经过长时间的下跌调整后，在底部渐渐企稳盘整，形成一个窄幅整理盘区，成交量持续萎缩。2021 年 4 月 14 日，股价突然放量拉涨停。次日虽然有高开溢价机会，但开盘后股价快速回落，一般散户难以溢价出局。从盘面看，单一量柱鹤立鸡群，单根 K 线金鸡独立，呈现 90 度上涨形态。这种形态属于脉冲式走势，持续性不强，不宜打板操作。

2. 盘区振荡板

股价长时间在盘区运行，在振荡整理过程中也经常出现涨停现象，这类板持续性不够，打板入场会面临调整风险。

如图 1-39 所示，格林美（002340）的股价经过一轮盘升行情后，进入振荡整理走势，形成一个整理盘区。2021 年 3 月 9 日和 3 月 26 日，股价分别出现涨停，但之后没有出现持续性强势上涨，首板次日没有溢价。原因就是股价上涨受盘区制约，属于脉冲式涨停。

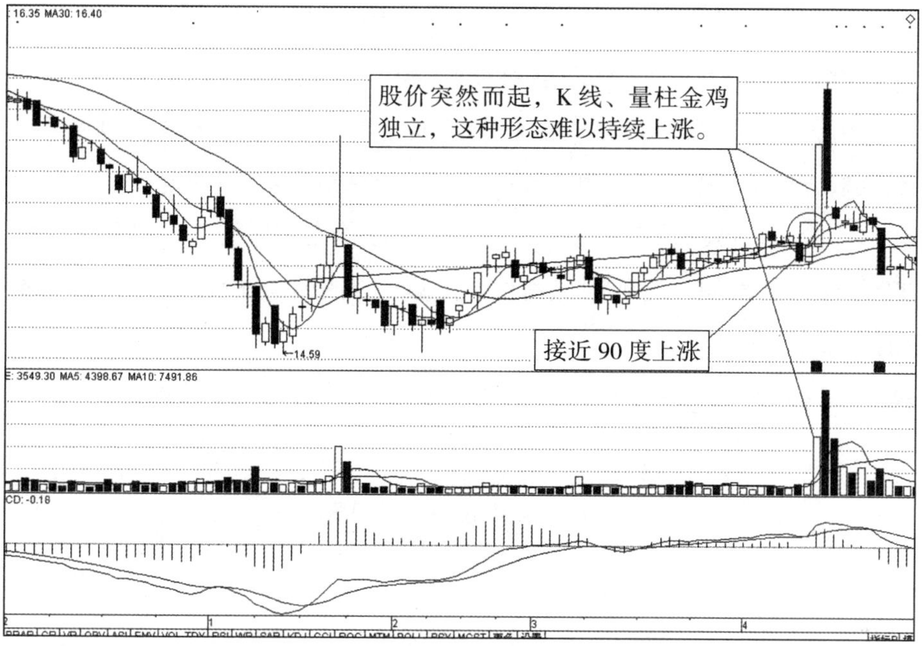

图 1-38 康惠制药（603139）日K线图

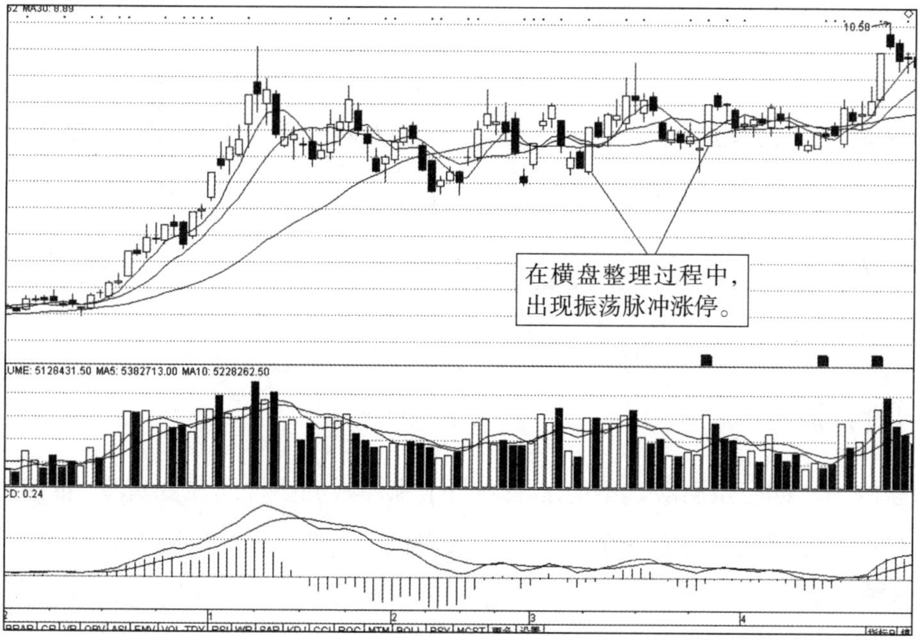

图 1-39 格林美（002340）日K线图

五、弱势跟风板

当龙头或板块走强后，自然会引起其他相关个股跟风，这是市场的普遍现象。但有时候，可能会引起并不具备上涨理由的个股跟风，弱势跟风股往往是短暂的上涨，甚至只是盘中的一个冲高动作，特别是龙头股“一日游”时，弱势跟风股就更惨了。这类个股盘面有两个特征：一是盘面处于弱势之中；二是纯粹跟风波动，内在不具备上涨因素。

如图 1–40 所示，好当家（600467）属于“农林牧渔 + 水产品”概念，2021 年 4 月 13 日，出现金鸡独立板，K 线形态前无铺垫，后无巩固，成交量形成单独量柱，盘面处于弱势状态之中。之后股价出现调整，没有溢价机会。当天股价之所以涨停，是受板块龙头大湖股份（600257）连板的影响，出现跟风首板。所以，实战中打板要打龙头股，弱势跟风板是不能盲目打板的。

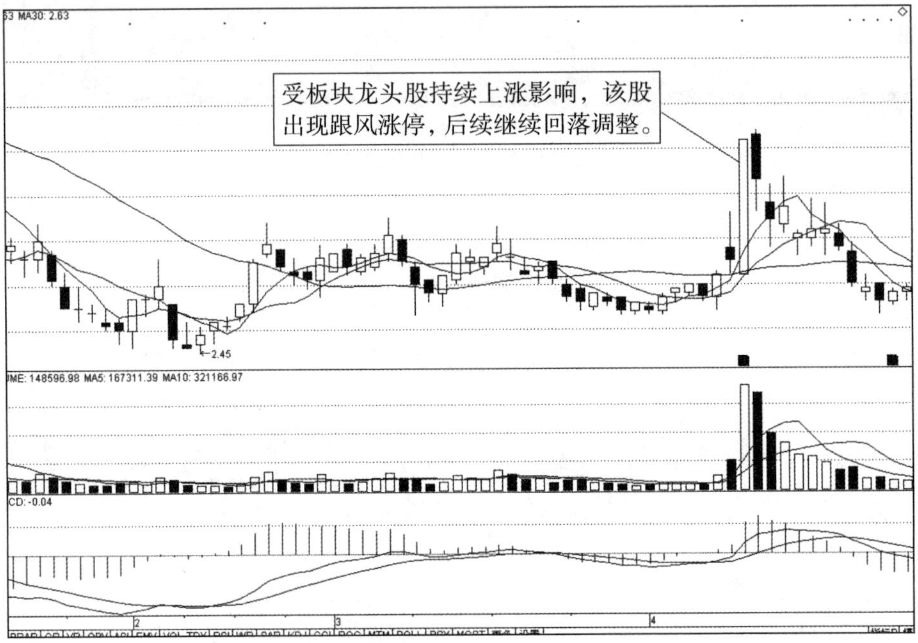

图 1–40　好当家（600467）日 K 线图

六、冷门股首板

冷门股因为长期交投清淡，不可能因为一个涨停板的出现而改变其冷门的形象。因为是冷门品种，不容易受到主力资金的关注，散户也不会选择这样的股票。没有主力资金拉抬和散户跟风，短线即使出现涨停，次日也不容易继续上涨，打板者一旦被套，就很难解套了。

以传媒娱乐板块为例，该板块因为行业和大盘的关系，从 2020 年下半年以来备受市场冷落，板块中除了少数几只股票走稳外，大部分个股都变成了冷门股。

如图 1–41 所示，慈文传媒（002343）随板块整体走势低迷，偶尔活跃一下，大部分时间维持 2% 以下的低换手。2021 年 1 月 26 日探底 5.32 元后企稳盘整，在连续缩量收小阳线之后，2 月 3 日股价小幅高开，快速冲击涨停板。这是 7 个多月以来的第一个涨停，而且成交量也没有同步放大。次日股价低开弱势振荡，之后很长一段时间维持横盘整理格局。

图 1-41　慈文传媒（002343）日 K 线图

第二章

换手板逻辑

第一节　换手板技术精要

一、换手板的本质

换手板的本质就是资金接力或弱转强，所以也叫接力板。换手就说明有分歧，有分歧才有换手。如果上板了，就是分歧转一致，这就是换手板的本质。换手的市场含义就是筹码交换。

理论上的换手板或接力板，就是热点板块中强势股一字板或连续一字板后，盘中出现振荡走势，之后股价又涨停。一字板次日开盘涨停，但盘中一度开板，一部分不看好的人卖出，一部分看好的人买入，筹码经过充分换手，成本抬高后又涨停，叫换手板（T 字板）。同理，一字板次日不以涨停价开盘，只是高开几个点，让不看好的人离场，看好的人入场，筹码充分换手，成本抬高后又涨停，可以让行情走得更远，这种涨停板叫接力板（实体板）。

所谓分歧，就是多空双方对后市股价走势所持观点不统一、有差别，双方观点比率越接近 5:5，分歧就越大，表现在盘面上就是大幅振荡或调整，成交量放大。所谓一致就是市场观点向多空某一方明显倾斜，思想认识差别缩小，趋向统一，表现在盘面上就是快速涨停或直接拉出一字板（空头市场相反），成交量缩小。

所以，分歧其实就是一种换手，通过分歧完成筹码的转移换手，其中最关键的要素是量、价、势、形。或许有的人看到的是分歧，而本质是接力。很多牛股原先分歧很大，最后变成一致，换一个角度思考就是完成接力，完成了筹码的转移。归根到底，换手就是筹码的转移，这是不变的本质。

常言道，没有换手就没有高度，缩量板是不可靠的，因为缩量板的筹码都在下方，整体持仓成本没有提高，先手入场的筹码随时可以卖出，这不利于个股打开上涨空间。只有通过不断换手，让外部增量资金入场，才能将市场整体成本提高，这样就会向上扩展空间。所以，几乎所有的妖股都是一路换手上涨的，这样才会在短期内出现数个涨停板。比如，2021 年上半年的宜宾纸业（600793）、陕西黑猫（601015）、郑州煤电（600121）、顺控发展（003039）等一批大牛股，都是这样经过大比例换手走出来的。

换手板是熊市的大忌，但在局部性牛市环境下，换手板是最暴力的走势模式。换手板需要更高的理解力，要从大方向去评估市场。宏观上需要思考市场目前的风险偏好和题材偏好。风险偏好决定接力的安全性，题材偏好决定其上涨的高度和溢价。

从盘面上看，应该注重成交量和筹码结构，以及个股市场地位，即个股是否为核心个股。风险偏好可以从大环境去判断，比如指数是长期积极向上的，还是已经处于高位，摇摇欲坠。一旦指数有积极向上的信号，就会推动市场形成对于未来的良好预期，增加短线做多的热情。题材高度又会反过来推动资金入场，使指数不断上扬。

换手板分为加速板接力和放量分歧转一致板接力两种方式。

二、加速板接力

加速板是最好掌握的模式，原理就是利用一致性进行套利。但做加速板需要勇气和胆量，高风险伴随高收益，长期做下来的盈利会相当惊人。

龙头加速板接力。某个板块刚刚启动的时候，要选择市场的核心个股。既然是核心个股，连板数量要大于 2。接力基本遵循一个原则，前一日放量，如果遇到连续缩量的个股，原则上观望为主，因为筹码已经断层，中间没有换手。

加速板接力的 K 线量能规律是“放量—缩量—放量—缩量”。每一次缩量板之后，溢价都会非常高。这种模式的战法，就是买在一致，打在缩量。这样就有了一个不错的套利空间。

还有一种加速板，叫作反包加速板，大家也经常能够看到。前一日放量分歧冲高回落，场内博弈筹码充分换手，不存在巨大的获利盘。隔日由于消息刺激，一致性变强，盘口表现为跳空高开，快速拉升涨停。这种走势属于弱转强，从分歧到一致，这种板同样存在高溢价。

做加速板接力，大致原理就是判断个股筹码是否断层。没有断层的话，找超预期的盘口介入就可以了。超预期通常表现为竞价超预期，而后市场一致性看多、秒板等。

三、分歧转一致

放量分歧转一致接力板，对于连板数量的要求比较低，选择 1 个板以上的个股都可以。

最好的接力板分时就是放量振荡到午盘，然后一条直线拉板，参与分歧转一致的接力板，安全性大大高于加速板接力。

通常游资想出货的话，一般早上就已经出了，因为早上流动性最好，所以对于早上砸不死，分时走势反而很稳定的个股，应当重点关注。

如图 2-1 所示，2021 年 4 月 30 日，珠江股份（600684）的 3 板分时走势，开盘后股价上下振荡，重心有所下沉。9:44 直线拉涨停，说明有大资金锁仓。这时有人出手拉升的话，锁仓大资金基本是不会砸盘的。对于这类振荡整理拉板，就是一个不错的放量分歧转一致板，理解力高的人可以选择在股价上穿均价线时介入，追求稳定的人可以选择打板入场。

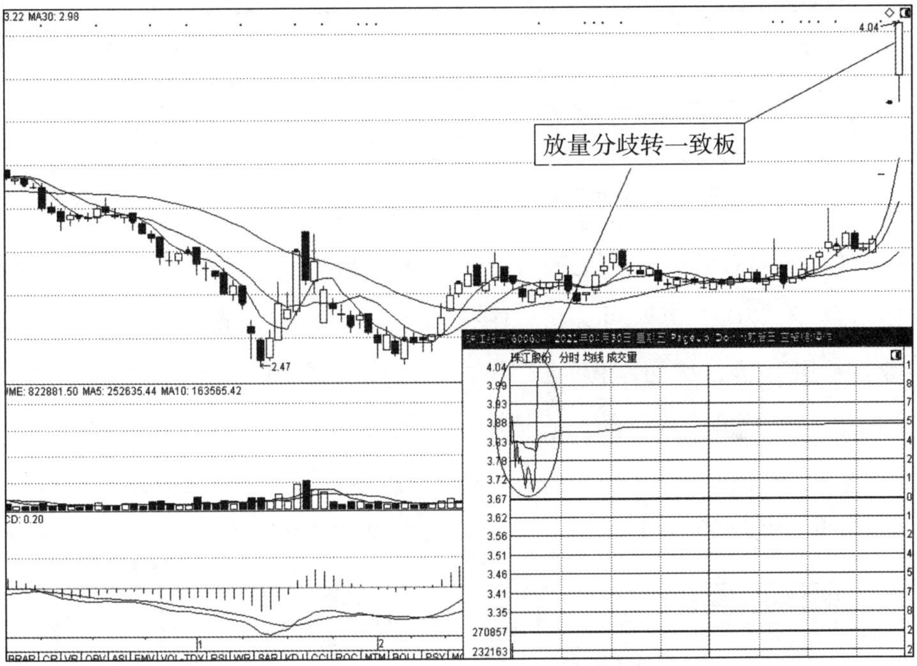

图 2-1 珠江股份（600684）日 K 线和分时走势图

如图 2-2 所示，2020 年 9 月 22 日，双良节能（600481）一字板后出现放量分歧，但是市场承接充分，分时走势一致稳定。尾盘点火拉升封板就是一个介入点，安全性很高，这就是一个放量分歧转一致板的经典模式。

次日又是一个加速秒板，安全性也很高，为什么？因为前一日已经经历了一次放量分歧。在 5 板介入的是些什么人，大多是做超短线追求暴利的，次日只要出现秒板基本不会走人。也就是说，妖股只要经历放量，次日加速，筹码都会非常稳定。所以 9 月 23 日介入的人，对市场理解力也很深，做事很有勇气。尽管次日股价没有继续涨停，但也给了足够的溢价离场机会。

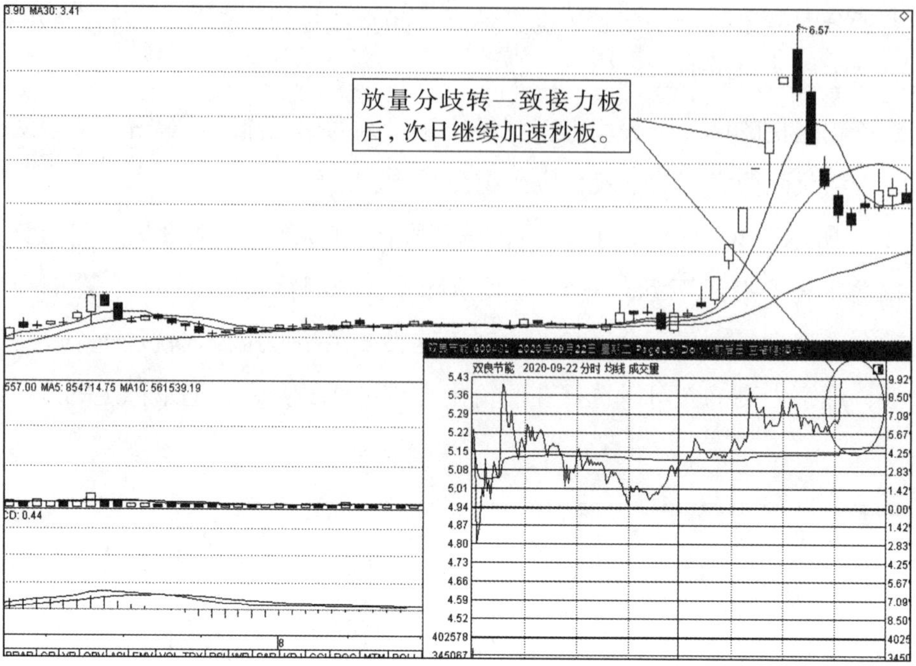

图 2-2　双良节能（600481）日 K 线和分时走势图

放量分歧转一致，特别是一字板后的放量分歧，只要筹码承接充分，次日大多会有溢价机会。

如图 2-3 所示，2021 年 4 月 2 日，中化岩土（002542）放量分歧转一致，在分时线上穿均线或打板时入场，次日涨停。又如，2020 年 7 月 31 日，经纬辉开（300120）放量分歧转一致，在涨停价介入，随后股价出现 2 连板。

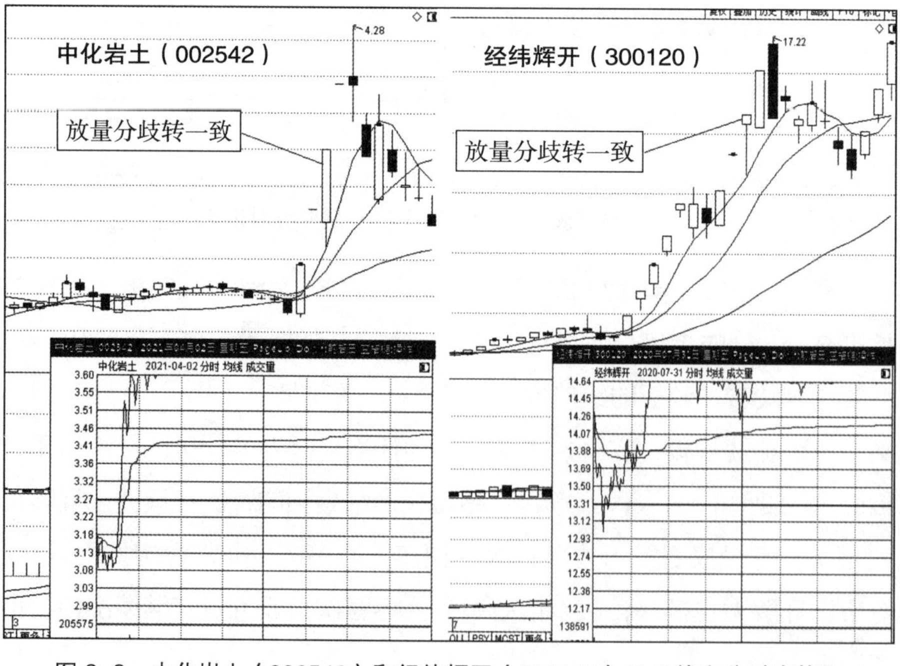

图 2-3　中化岩土（002542）和经纬辉开（300120）日 K 线和分时走势图

实盘操作中，放量分歧转一致接力板，应掌握以下技术要点。

（1）股性好的个股，上板可以不讲逻辑。但股性一般的个股，一定要有逻辑，否则不要接力。

（2）地天板在其为日内龙的时候可以打板，但其跟风打板的时候，一定不要入场。

（3）毫无热点之时，直线板可以触发做多情绪。热点太多之时，要远离直线板。

（4）只有龙头，才能无视筹码断层，享受市场给予的超额溢价。非龙头筹码断层，一定不要早上去接力。如果有放量分歧转一致板，才可以考虑接力。

（5）消息套利板，只做第一个上板的龙头，龙二、龙三一定要放弃。

第二节　换手板的形式

一、日线换手

换手接力分为两种形式，一种是日线的换手接力，一种是分时的换手接力。换手接力主要通过量、价、势、形来体现。那么，在具体的技术图表上有怎样的表现呢？

日线换手是指涨停板没有连续下去，在日 K 线上出现断板，经过短期的洗盘换手后，股价重新走强，再次涨停，开始新的上涨行情。日线换手包括两种类型：一是单日 K 线换手，二是多日 K 线换手（区域换手）。

1. 单日 K 线换手

（1）之前连续出现无量的一字板，然后开板收出放量振荡 K 线，接着出现平量的修复形态，股价再次涨停。这是日线接力的一种方式，说明有新资金进场接手筹码。

如图 2-4 所示，2021 年 3 月 10 日，顺博合金（002996）出现首板后，接着连续收出 2 个一字板，K 线形成 3 连板。3 月 15 日，股价低开振荡，成交量大幅放大，K 线收十字星线，涨停断板。在这一天的振荡整理过程中，盘中筹码得到很好的换手，看好后市的新资金入场接力。次日，股价高开 5.06% 后秒板，盘中开板完成日内换手，股价重新回封。之后股价强势上涨，连拉 6 板。

如图 2-5 所示，台海核电（002366）连拉 2 个一字板后，2021 年 3 月 10 日高开 6.89%，但随后股价一路走低，收盘下跌 8.82%，K 线出现大阴线，涨停断板。3 月 11 日，股价惯性小幅低开，进行 40 分钟的弱势整理后，10:10 股价直线拉涨停，完成弱转强的转换。这时盘面走势给出了明确的答案，前一天的大阴线就是日线换手。明白了这一点后，就可以打板进场，之后股价出现 5 连板。

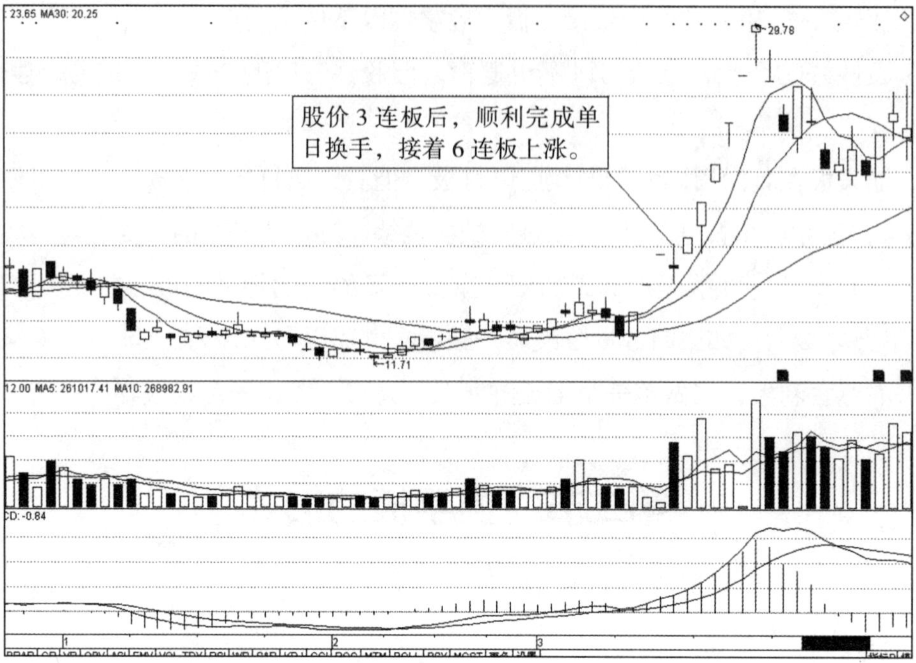

图 2-4 顺博合金（002996）日 K 线图

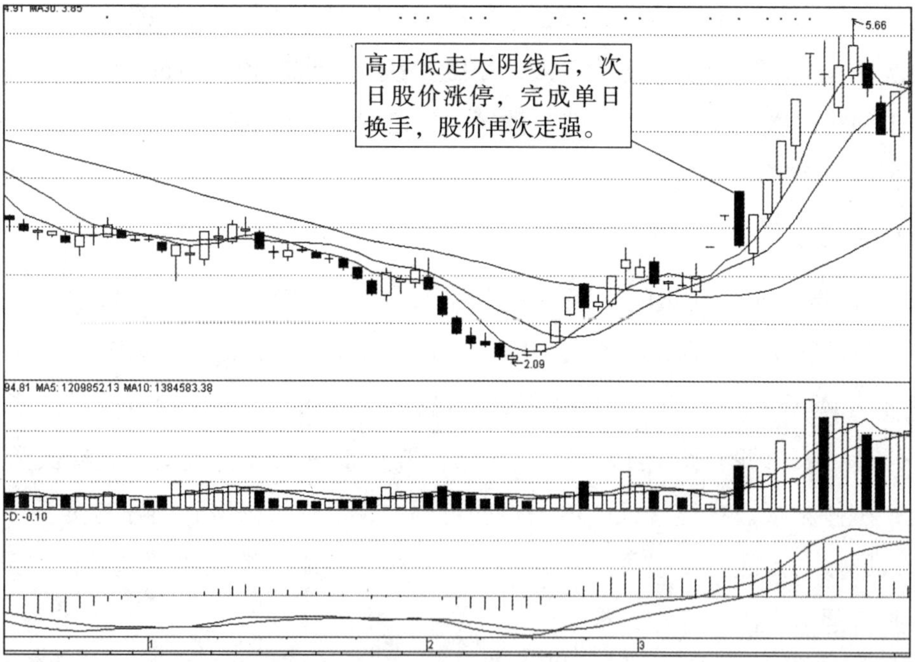

图 2-5 台海核电（002366）日 K 线图

（2）连续的实体涨停阳线后，开板振荡，成交量放大，涨停断板，经过短暂整理后，股价接力涨停，开启新的上涨攻势。

如图 2-6 所示，青青稞酒（002646）连拉 2 个实体板后，2020 年 11 月 13 日出现振荡整理，成交量放大，K 线收出调整阴线。次日，股价强势反包涨停，这时前一天的阴线性质也就成为明牌，那就是日线换手。成功完成日线换手后，股价出现 4 连板。遇到这种盘面走势，短线投资者可以大胆打板介入。

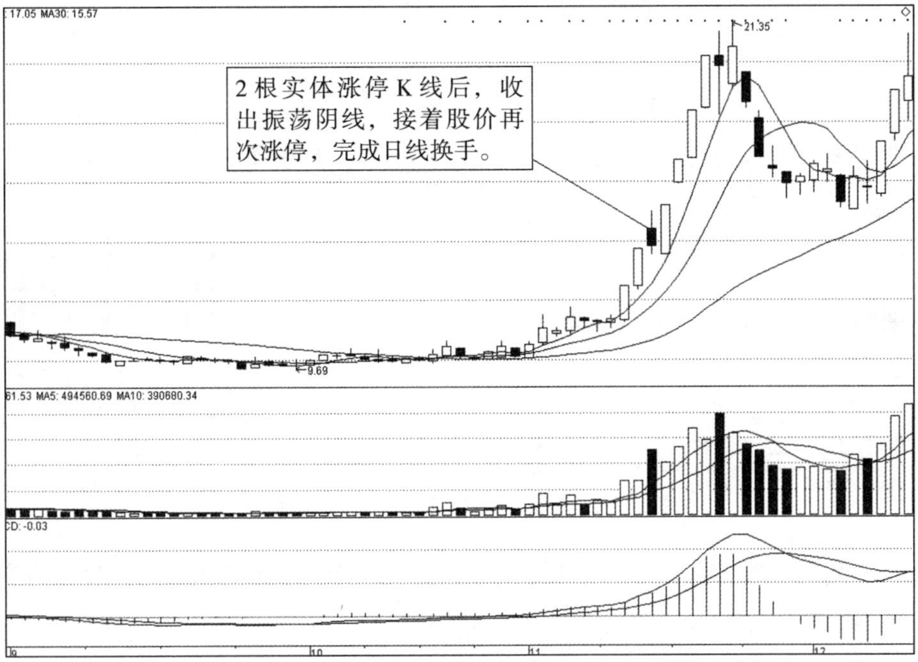

图 2-6　青青稞酒（002646）日 K 线图

实盘中，很多时候前面的连板过程表现为一种混合结构，也就是说既有一字板（或 T 字板），又有实体板。在形式上，可以先有一字板后有实体板，也可以先有实体板后有一字板，技术分析上没有本质的区别。

如图 2-7 所示，长源电力（000966）连拉 2 个实体板后，第 3 板是 T 字板。2021 年 3 月 15 日，股价出现振荡，没有连板，成为日线换手，次日强势涨停。3 月 17 日，由于外盘美股大跌，A 股大盘低开振荡，该股同样低开 3.85% 后弱势振荡，当日 K 线收阴。这时，从盘口形态看，疑似主力出货行为，有构筑短期头部迹象。但第 2 天股价大幅高开 7.28%，之后盘中秒板，弱转强超预期，这就证明前一天的低开振荡是日线换手性质。经过充分的振荡换手后，新资金接力上涨，股价连拉 5 个涨停。

2. 多日 K 线换手

多日 K 线换手（区域换手）是指股价经过首轮拉升后，进行洗盘换手，构成一个整理区域，换手成功后股价再次向上突破。区域换手时间以 10 个交易日以内为佳，最长不要超过 20 个交易日。

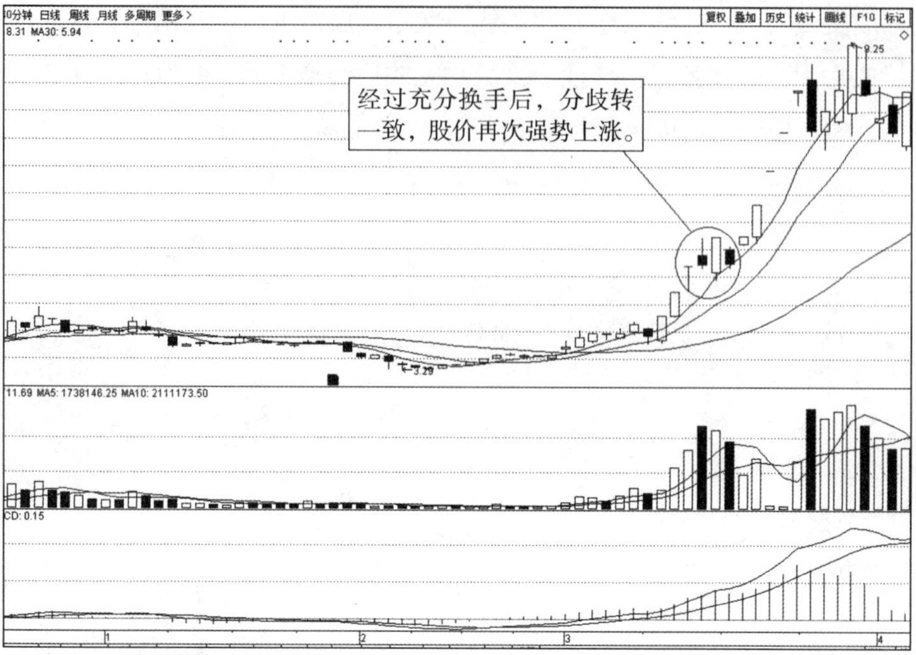

图 2-7　长源电力（000966）日 K 线图

如图 2-8 所示，2021 年 2 月 24 日，包钢股份（600010）出现振荡整理，成交量放大，此前出现 2 个实体板。经过 3 个交易日的洗盘换手后，3 月 1 日，股价强势涨停。这时前面几天的调整性质也就非常明确，那就是区域换手。3 月 2 日，又是单日换手，完成日线换手后，盘面弱转强，股价再拉 2 个涨停。

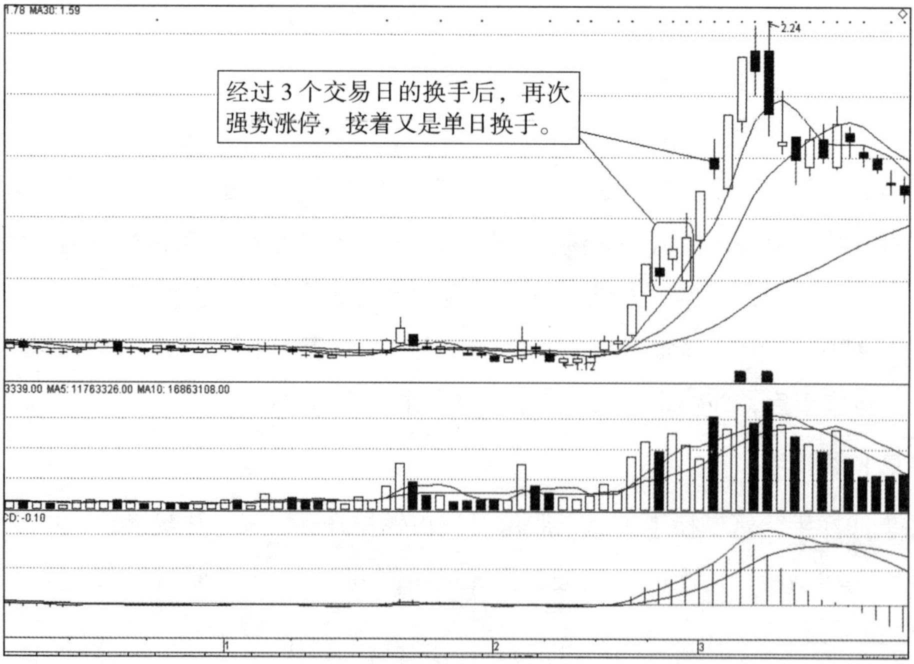

图 2-8　包钢股份（600010）日 K 线图

如图 2-9 所示，2020 年 5 月 22 日，焦作万方（000612）开始连拉 4 板后，进行洗盘换手，构成一个整理盘区，整理时间 20 个交易日。洗盘换手成功后，7 月 6 日，股价再次拉板，向上突破，连拉 4 板。

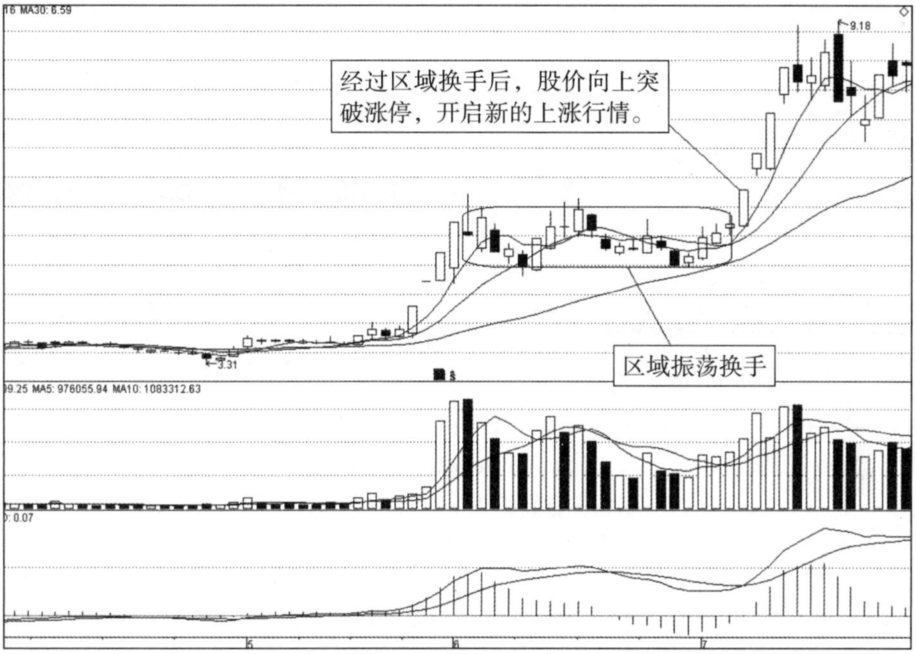

图 2-9　焦作万方（000612）日 K 线图

二、分时换手

1. 分时换手的含义

分时换手也叫日内换手，通过分时盘面振荡完成换手接力，让盘中短线筹码离场，又让场内新资金进入，当日完成换手后，当日就上板。具体地说，在分时走势中出现大幅振荡走势，但在日 K 线上依然保持连板形态。这种换手短线上攻气势比日线换手强，但没有日线换手充分。

如图 2-10 所示，2021 年 1 月 6 日，宜宾纸业（600793）收出低位首板。次日股价小幅高开后向下回落，进行弱势振荡整理。午后接近 14:00 时直线拉涨停，完成日内分时换手，当日股价 1 进 2 成功。1 月 8 日，股价加速涨停，11 日（9 日、10 日为周末）同样是日内分时换手，当日股价晋级 4 板。之后股价加速上涨，形成 10 连板行情。

实盘中有的个股既有日线换手，又有日内换手，换手形式属于混合结构。

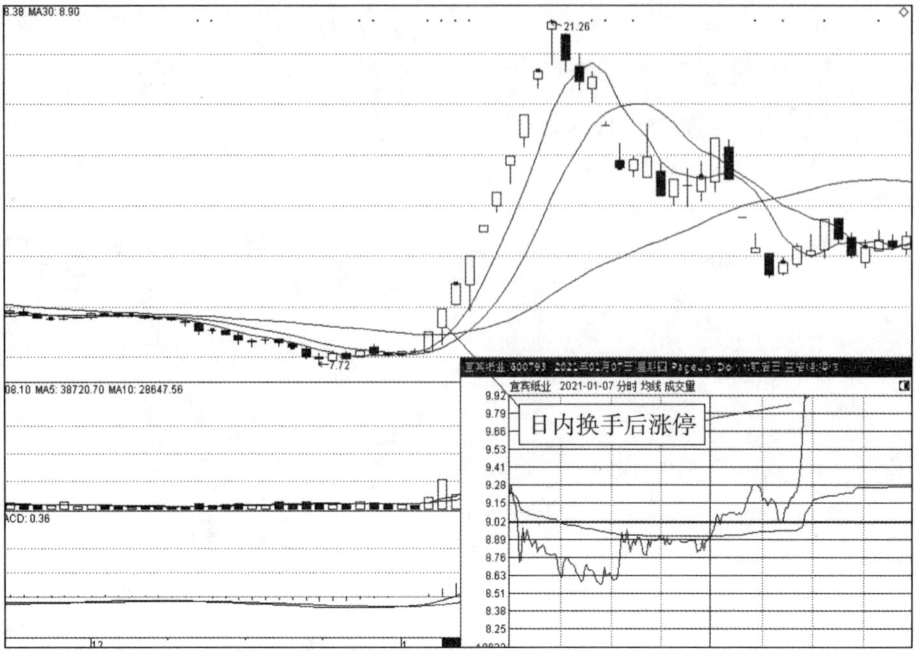

图 2-10 宜宾纸业（600793）日 K 线图

如图 2-11 所示，2021 年 3 月 15 日，菲达环保（600526）出现首板后，接着连续拉出 2 个一字板。3 月 18 日，股价出现日内分时换手涨停，K 线形成 4 连板。3 月 19 日，股价低开 5.25% 后冲高振荡，当日没有涨停，涨停断板，成为日线换手。3 月 22 日，又是分时换手，之后股价出现 3 连板。该股换手结构是：分时换手—日线换手—分时换手。

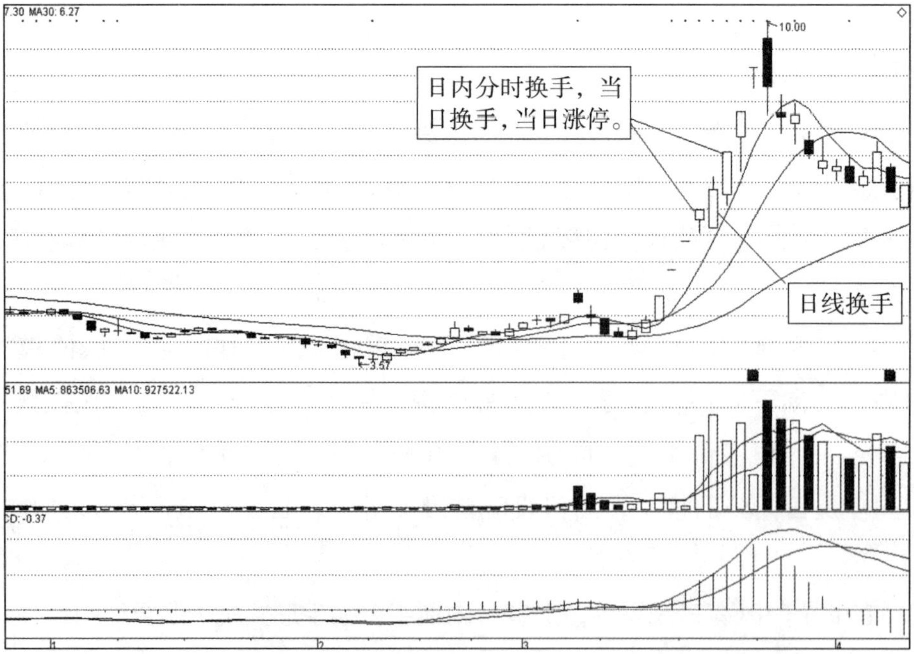

图 2-11 菲达环保（600526）日 K 线图

2. 分时换手的形式

一般情况下，分时换手分为两种形式：一是板上换手，二是振荡换手。

（1）板上换手。这种换手是指主力将股价拉升至涨停后，反复开板振荡，故意不封板，直到尾盘才封板。

如图 2–12 所示，2021 年 3 月 26 日，顺控发展（003039）开盘后股价向上拉升至涨停，然后在涨停位置多次开板振荡。盘中筹码成功换手后，股价轻松封于涨停。又如，2021 年 3 月 17 日，顺博合金（002996）开盘后先是向下打压换手，然后直线拉板，午后反复开板换手，尾盘成功封板。

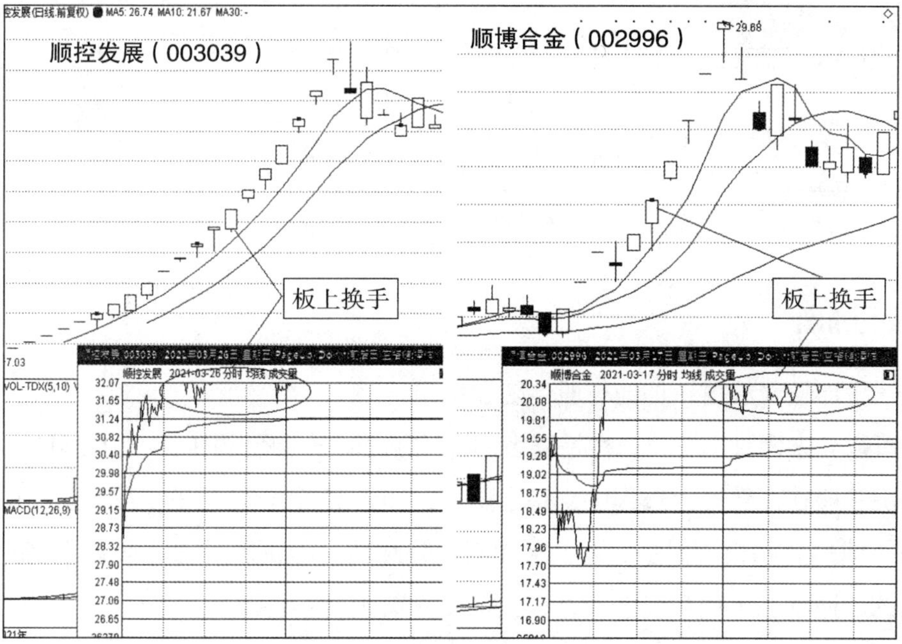

图 2–12　顺控发展（003039）和顺博合金（002996）日 K 线和分时走势图

（2）振荡换手。这种换手是指主力并没有将股价直接拉涨停，而是在盘中上下振荡，或逐波推高股价，最后将股价封于涨停状态。振荡换手又可以分为推升式换手、波段式换手、平台式换手、打压式换手等多种形式。

如图 2–13 所示，2021 年 3 月 19 日，长源电力（000966）第一波快速拉高，然后股价在 7% 左右平台振荡，成功换手后上板。又如，2021 年 1 月 11 日，宜宾纸业（600793）开盘后闪电下探，然后快速拉至 7% 附近横向振荡，午后成功封板，留下一根带长下影线的 K 线，之后股价连板上涨。振荡换手形式很多，这里不一一举例分析，投资者可以结合实盘总结。

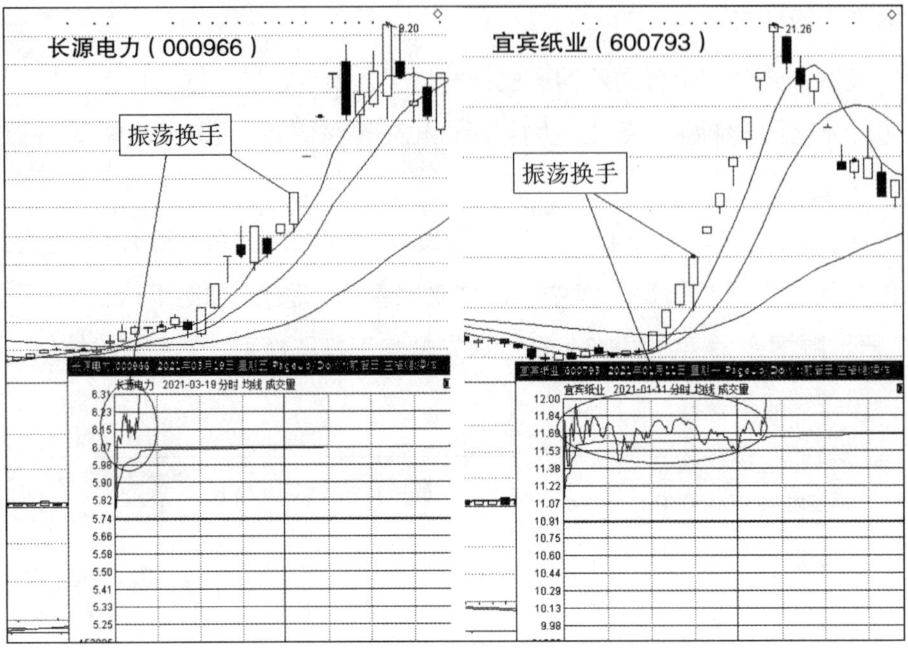

图 2-13 长源电力（000966）和宜宾纸业（600793）日 K 线和分时走势图

三、分歧与加速

分歧一般伴随着放量，加速一般伴随着缩量。

加速可以分为两种情况：一种是强者恒强的加速，一种是弱转强或分歧转一致的加速。这两种情况一般在龙头接力过程中交替出现。比如，2020 年 7 月的沈阳化工（000698），首板是一个放量分歧板，2 板是第 1 次加速，分歧转一致。2 板之后到见顶之前一直处于强者恒强的加速状态（注意量能），直到第 1 次首阴后出现调整。

除了量能外，分歧和加速直观地体现在分时走势中。一般把当日分时和前日分时进行比较，以得出力度上的转变。比如，2020 年 7 月英特集团（000411）的首板进 2 板，首板上午涨停，午后炸板，尾盘回封。但是次日并没有延续前一日的走势，次日大幅高开后秒板，全天封板，盘面更加强势。

分歧板，从接力的角度而言，分歧之前可以是分歧，也可以是加速。也就是说，可以“分歧 + 分歧（连续分歧）”，或者“加速 + 分歧（一致转分歧）”。

如图 2-14 所示，自 2020 年 12 月 14 日开始，豫能控股（001896）形成加速 3 连板。12 月 17 日接近平开后出现振荡整理走势，14:00 过后直线拉涨停。第 1 次是日内分时换手，股价成功 3 进 4。第 2 天以涨停价开盘后，盘中烂板振荡，成交量放大，股价没有连板，第 2 次是日线换手。12 月 21 日，股价大幅高开秒板，验证日线换手有效，之后股价迎来加速 6 连板行情。该股盘面属于“分歧 + 分歧”的连续分歧走势，即分时分歧 + 日线分歧形态。

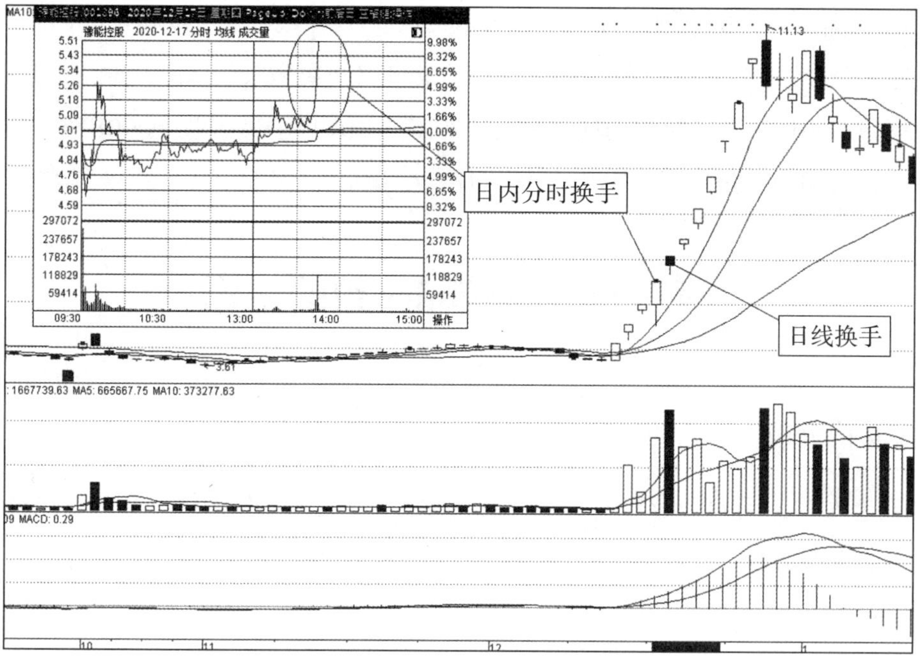

图 2-14　豫能控股（001896）日 K 线和分时走势图

龙头的第 1 次加速往往都是比较安全的，而加速再加速尤其是在叠加盘面高潮之时，就会有“大面”的危险。因为只有绝对的龙头才能无视筹码断层，才能有足够的龙头资金去承接获利盘。而分歧板则相反，低位的分歧板是龙头预判型的资金先手入场，博弈后面的超预期走势。高位的分歧板大多是博弈人气龙头再次转一致的可能。

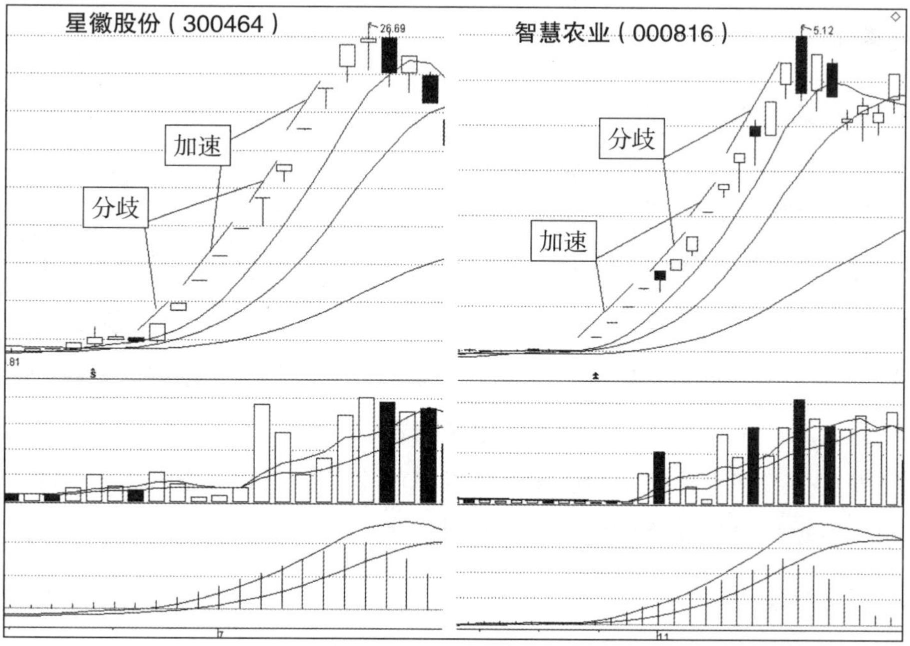

图 2-15　星徽股份（300464）和智慧农业（000816）日 K 线图

多数接力板的规律是“分歧—加速—分歧—加速”交替的模式，或者相反，属于“加速—分歧—加速—分歧”的模式。如图 2-15 所示，2020 年 7 月星徽股份（300464）的走势属于“分歧—加速—分歧—加速”交替的模式。相反，2020 年 10 月智慧农业（000816）的走势属于“加速—分歧—加速—分歧”的模式。根据规律，大家可以从不同的阶段找对应的买点介入。

第三节 分歧和一致的逻辑

一、怎样看待分歧

分歧是迷人的，因为理解了它，就意味着盈利；分歧是危险的，因为出现振荡，就意味着风险，但是理解了它，就意味着可以成功避险。分歧可以划分为两个方面，即筹码分歧和题材分歧。

1. 筹码分歧

筹码分歧主要有分时分歧与日线分歧两种，前者最好是烂板模式，后者主要有阴线、上影线等形态。造成筹码分歧的原因，主要是内部资金发生了分歧：当一只个股涨起来时，其实很多持股者是不知道股价为何上涨的，也有相当多的人不认同个股上涨会持续，这时就会有卖出动作，大量卖出的股票自然会对个股走势产生较大影响。对于买入者而言，可能因为信息上未能充分认知，造成了买入力量暂时衰弱。

2. 题材分歧

题材分歧主要是指原有的炒作方向受到了干扰，这种情况可能是大盘指数的影响，或是新题材出现后旧题材失宠，或者接力氛围很差等因素造成的。这里最关键的要点，仍然是对分歧题材的理解，判断后市的炒作是否仍然具有持续性。

题材分歧，一定要是主线、大方向的分歧，不能是分支题材的分歧，更不能是杂乱题材的分歧。一旦情形发生反复，这个原有分歧的主线就会加速向上，而前面产生分歧的个股就会出现反包或弱转强。比如，2021 年 3 月的碳交易题材，开始并没有得到大众认可，市场分歧较大，之后转向一致，股价走出靓丽的表现。

总之，龙头个股产生分歧（性价比高的跟风股也可），但只要主线炒作继续或分歧后又反复，机会就来临了，这样的分歧是迷人的。

3. 如何把握分歧

如何寻求分歧带来的机会？可以在分时分歧转一致时介入。

如图 2-16 所示，2021 年 3 月 25 日，雪迪龙（002658）出现地天板，投资者可以在开板时大胆博弈，当日股价涨停。投资者也可以参与医美概念的杭州解百（600814），博弈该股 2021 年 4 月 13 日午后的冲板机会。

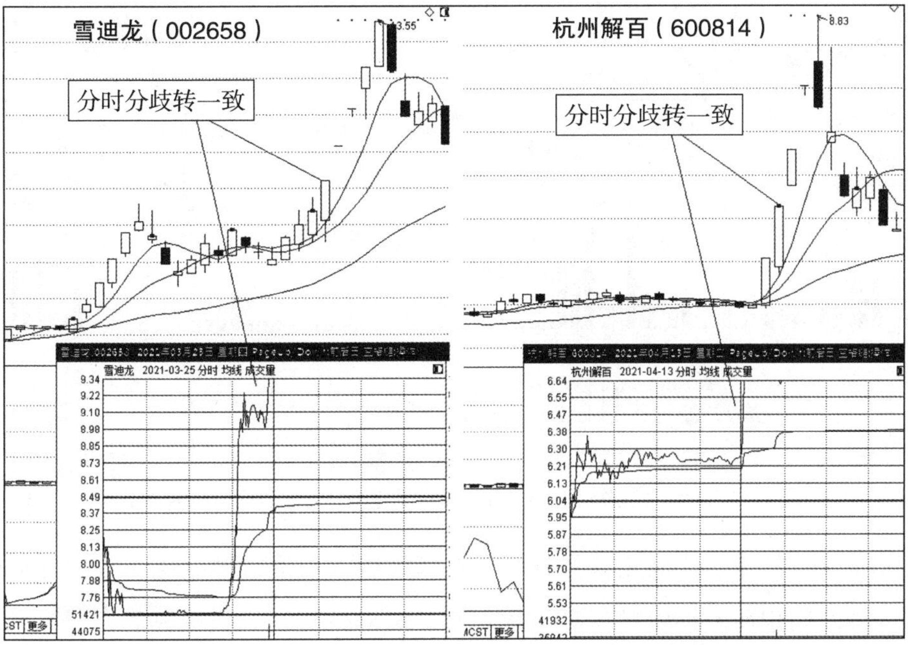

图 2-16　雪迪龙（002658）和杭州解百（600814）日 K 线和分时走势图

如何寻求确定性？可以在日线换手后打板介入。

如图 2-17 所示，合兴股份（605005）和祥龙电业（600769）分别在 2021 年 3 月 19 日和 2021 年 4 月 14 日完成日线换手后，在快速冲击涨停时跟进，都可以获得不错的短线收益。它们都是大方向认同之下，从分歧走向一致的确认点。

二、分歧和一致的转换

1. 转换的基本规律

个股的涨跌，本质上是由情绪周期作用造成的，是分歧与一致的循环运动。

一只题材强势股，一般启动时是有分歧的，常常收出放量长阳线。然后再出热门题材消息，接着盘面上大概率出现一致的情绪，之后就是接连加速缩量板。

当情绪一致持续几日后，就会出现分歧，这时获利盘需要兑现，就会出现盘中抛压砸盘，此时关键就看市场的承接能力。

分歧日表现也有两种，一种特别强势的情况是直接在竞价时或者板上完成充分换手，另一种开盘就下跌，日内分时宽幅振荡，出现放量分歧，这时就看分歧后市场怎么走了。

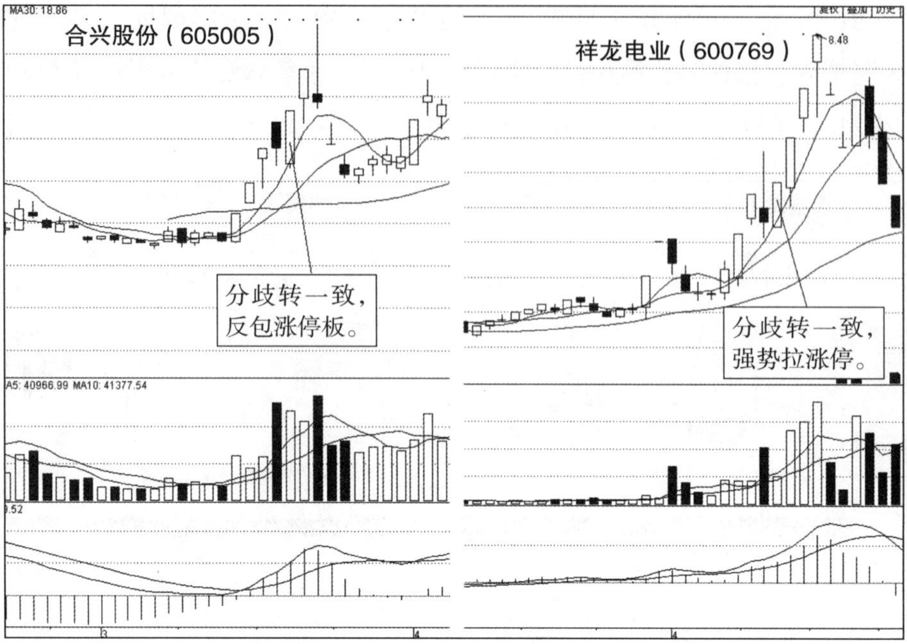

图 2-17　合兴股份（605005）和祥龙电业（600769）日 K 线图

分歧后可能还有分歧，因此有些股票会连续放量，股价宽幅振荡，收出几根带上下影线的 K 线。分歧后也可能继续转一致上攻，有些股票分歧日当天或其后完成情绪转折，分歧转一致。继续走强的逻辑表现就是弱转强，缩量加速。

这就是分歧与一致的转换逻辑，买卖点就在于“买在分歧，卖在一致”。说具体一点就是：买在分歧转一致的弱转强情绪点，卖在一致转分歧的强转弱情绪点。但是，分歧转一致后可能还有分歧，一致转分歧之后也可能日内立即转一致，因此，弱转强的情绪点是否是最佳买点，强转弱的情绪点是否是最佳卖点，这还要看大盘、板块、题材、个股等的整体氛围和环境，需要做更深入的综合分析。

所谓的分歧板，就是出现了放出巨量的行情，换手率非常大，市场多空都非常严重导致的结果。一致板则是缩量的涨停板，没有多少卖单，买方一发力就直接逼上涨停板，市场一致看好这只个股的涨停，后续也没有出现多少抛压。

从分歧板到一致板，通常后续还有短暂拉升的可能，但是后续抛压也将会加重，因为积累的获利筹码短期内会出现较大的抛售，特别是在高位，这种抛压会更加明显。

如图 2-18 所示，金发拉比（002762）就出现过 3 次类似情形，2021 年 4 月 14 日、15 日从分歧到一致板，16 日转到分歧板，之后出现振荡走势。5 月 6 日，从分歧转到一致板，次日高开低走产生分歧，其后盘面出现振荡。5 月 31 日、6 月 1 日，又从分歧板转到一致板，6 月 2 日再现分歧，之后股价持续走低。

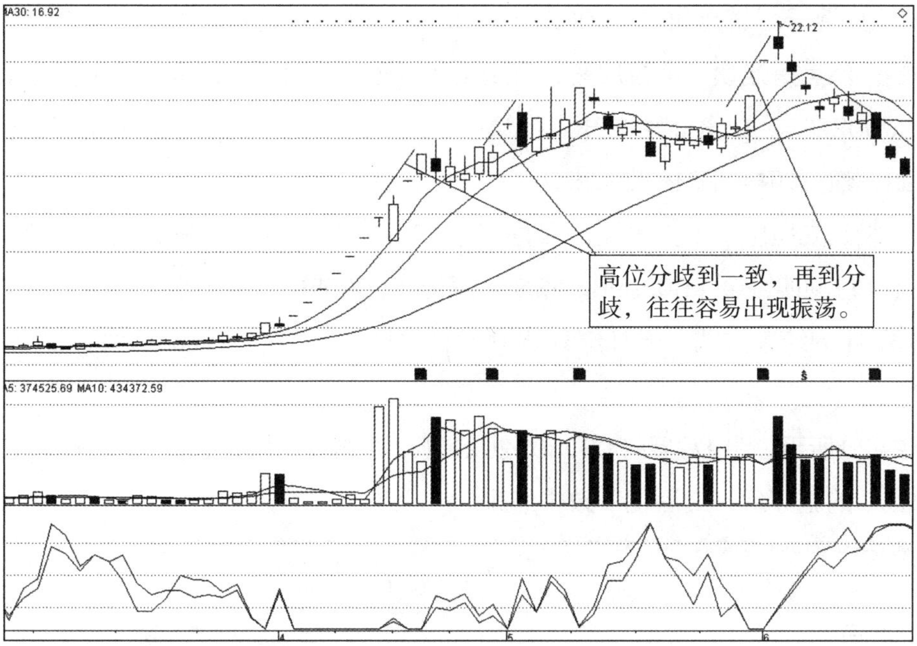

图 2-18　金发拉比（002762）日 K 线图

2. 循环的起点与归宿

（1）循环的起点方式。循环起点有两种情形：一是从实体板（换手板）分歧开始，二是从一字板（或 T 字板）一致开始。换手板与一字板的转换过程，是先拉出几个实体换手板，接着再出现几个一字加速板，或者相反，先出现 1～3 个上涨一字板，然后拉出 2～5 个换手板。

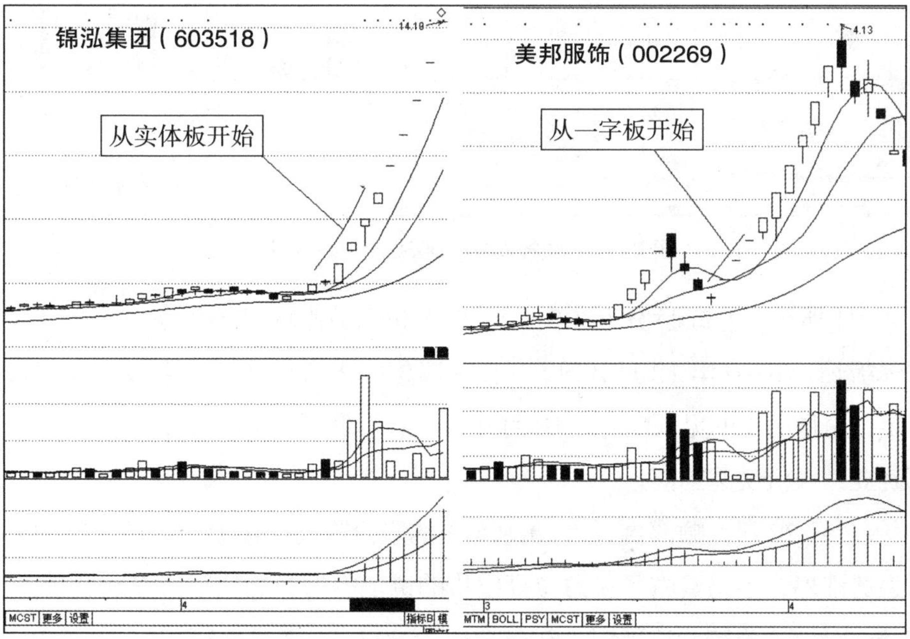

图 2-19　锦泓集团（603518）和美邦服饰（002269）日 K 线图

如图 2–19 所示，锦泓集团（603518）2021 年 4 月 20 日开始先拉出 4 个实体涨停板，从分歧开始。然后是连续一字板加速，直到第 10 板 T 字板之后，再拉一个实体板。相反，美邦服饰（002269）在第 2 轮主升浪行情中，2021 年 3 月 25 日开始连拉 3 个一字板，从一致开始，然后切换到实体板上涨。

有的个股是先拉出 1 个实体板，跟着是 1～2 个一字板或 T 字板，之后切换到实体板，如 2021 年 3 月顺博合金（002996）和新天绿能（600956）的走势。

（2）循环的结束方式。循环结束也有两种情形：一是在一致中结束，二是在分歧中结束。

如图 2–20 所示，顺控发展（003039）2021 年 3 月的行情中，经过“一致—分歧——致—分歧——致”的循环后，最后在一致中结束。

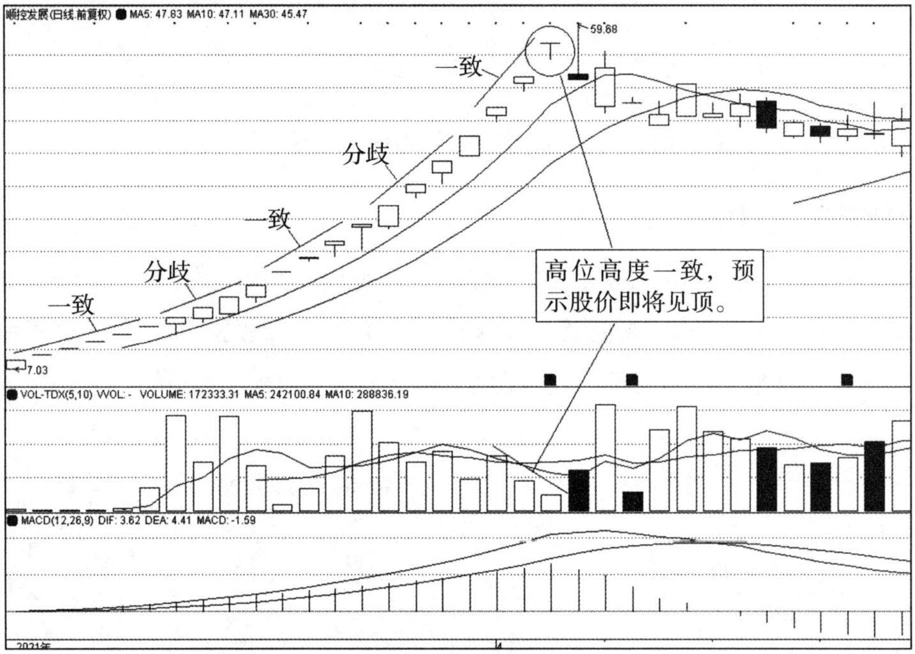

图 2–20　顺控发展（003039）日 K 线图

如图 2–21 所示，彩虹股份（600707）的股价从分歧中开始，在一致中结束。股价连拉 5 个实体板后，2020 年 12 月 2 日、3 日在高位收出 2 个加速一字板，成交量萎缩，筹码换手不足，这是潜在的见顶信号。12 月 4 日，股价低开 3.49% 后，两波打压至跌停板，短期顶部确立，股价快速回落。

2021 年 3 月 22 日，顺博合金（002996）的股价收出一字板，这是潜在的见顶信号。尽管次日强势涨停，但仍暴露了主力拉高出货的诱多行为，之后股价连跌 2 板。

2021 年 3 月 24 日的菲达环保（600526）、2021 年 3 月 17 日的台海核电（002366）等个股，K 线形态也是如此，这都意味着一字板加速有股价见顶之虞。这 3 只股票都属

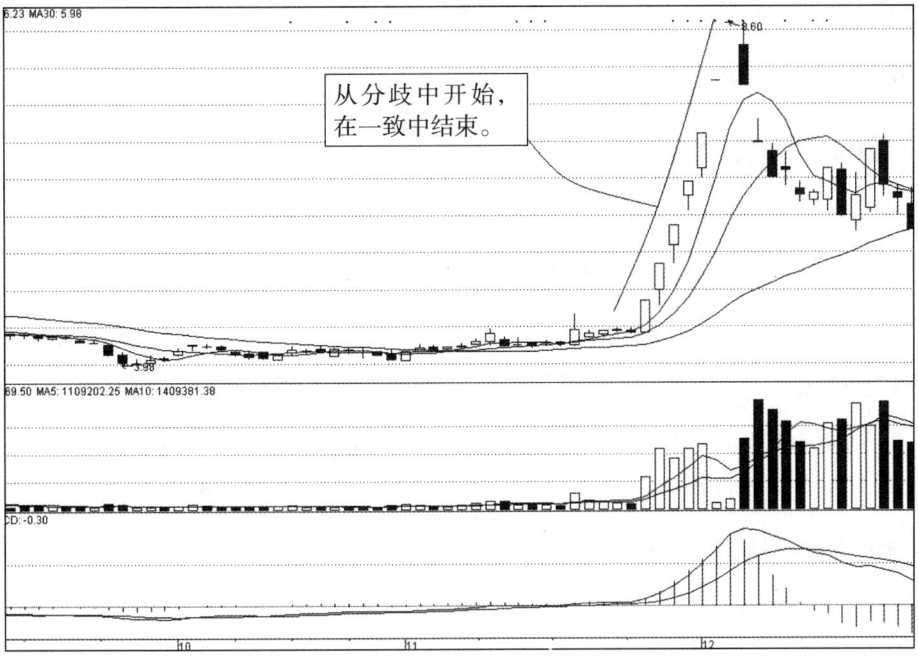

图 2-21　彩虹股份（600707）日 K 线图

于“一致—分歧——致”的转换模式。

实盘中，股价大幅上涨后，在高位出现大分歧，不能继续形成新的一致，股价上涨行情就会在分歧中结束，所以高位振荡的个股应逢高离场。

如图 2-22 所示，中岩大地（003001）的股价连拉 6 板，走出“分歧——致—分歧”

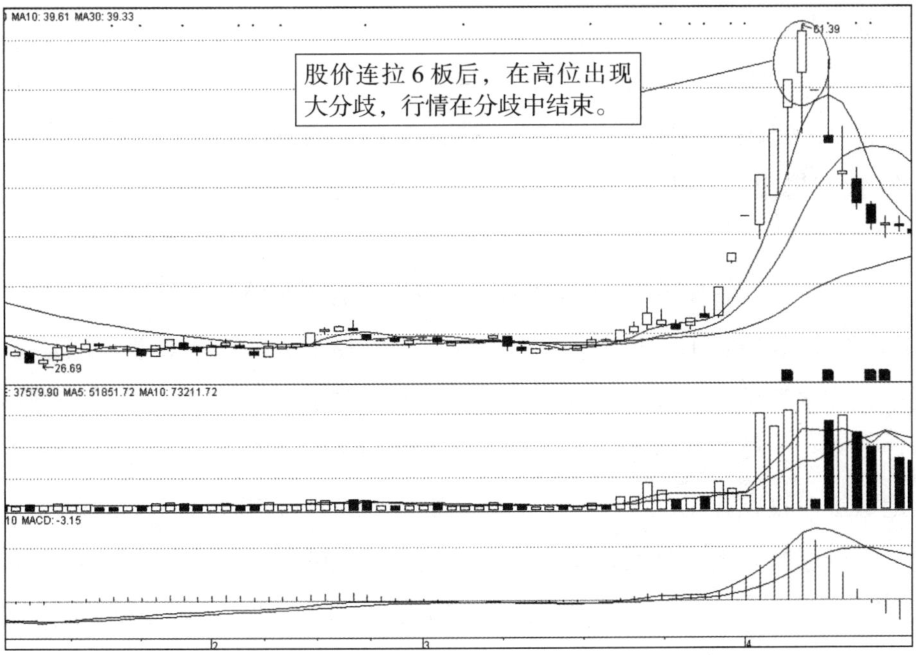

图 2-22　中岩大地（003001）日 K 线图

的模式。2021 年 4 月 8 日，在高位出现大分歧，分时出现“地天板”，尾盘炸板，次日一字板跌停，行情在分歧中结束。

三、换手板的 4 种结构

短线走势都是合力与情绪共同作用的结果，任何接力都会反映资金情绪分歧与一致的关系。这种关系在个股方面既可以体现在日 K 线上，也可以体现在分时线上。

体现在日 K 线上：K 线形态与成交量能展现从分歧到一致、一致到分歧的关系。

体现在分时线上的含义：在每天的分时走势中，都在展示分歧到一致的关系。

在 K 线和成交量上，只表现为股价连续涨停板，成交量连续放大。

由此可以归纳出个股短线连续上涨的 4 种结构形式，其中 3 种为合力，1 种为庄股。

1. 标准的高换手结构

典型的实例有 2021 年 3 月的顺控发展（003039）和 2020 年 5 月启动的王府井（600859），它们走势接力的核心特点体现在日内分时线上。这种结构有 2 个基本特征。

（1）从 K 线形态与成交量上看，这类个股的 K 线形态紧贴 5 日均线上涨，每次涨停 K 线都很充实饱满，成交量放大，换手很充足。

（2）每一板都是在当天的盘中完成“分歧——一致”或“分歧——一致—分歧——一致”的转换，最终完成封板。这种分时线上体现的分歧与一致关系，在 K 线上也能体现出来。

分歧就是多空换手，一致是多方大胜空方（涨停）。当这种高换手随着 K 线走到最后，出现缩量一字板或加速缩量板时，大家就要小心了，因为里面锁仓的筹码成本很便宜，大资金一定会伺机出货。王府井后期的上涨就是锁仓拉升的，但最后在大分歧中行情结束。

如图 2–23 所示，东方通信（600776）的股价走势。在第二波行情中，该股连拉 4 板后，2019 年 2 月 15 日收出带长上影线的 K 线，成交量很大。这个 K 线可以是主力出货，也可以是主力收集筹码，具体属于什么性质，只有参与的主力知道。但该问题可以在次日的走势中找答案，如果次日下跌就是出货，如果次日创新高涨停（昨天的筹码可以全部解放），肯定是主力收集筹码。所以，这个板基本是明牌，肯定可以追。

之后，股价连拉 6 板，成交量都很大，分歧与一致的转换基本都在盘中完成。前 5 根 K 线可以理解为上涨中的连续分歧，分歧才会有大成交量。第 6 板成交量萎缩是走向一致，出现缩量 T 字板，代表行情走到顶部。

在整个上涨过程中，可以将前面 9 板都理解为向上高换手的大分歧，而最后的 T 字板形成了一致，这个一致导致次日分歧接力的崩溃和利益兑现。

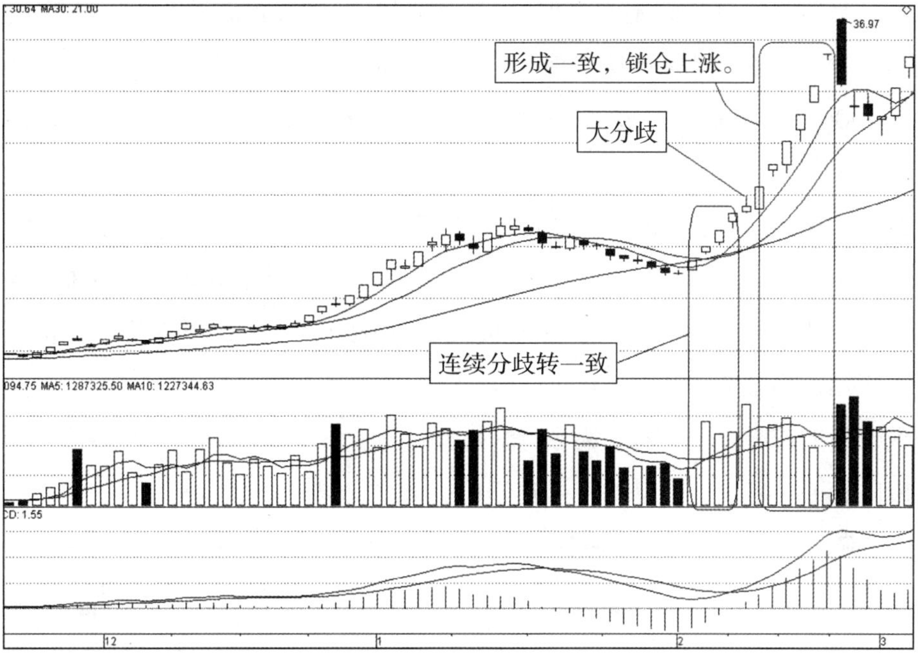

图 2-23　东方通信（600776）日 K 线图

如图 2-24 所示，智慧农业（000816）2020 年 11 月的走势与东方通信这一段的走势可以说是一样的，体现了分歧与一致的关系。

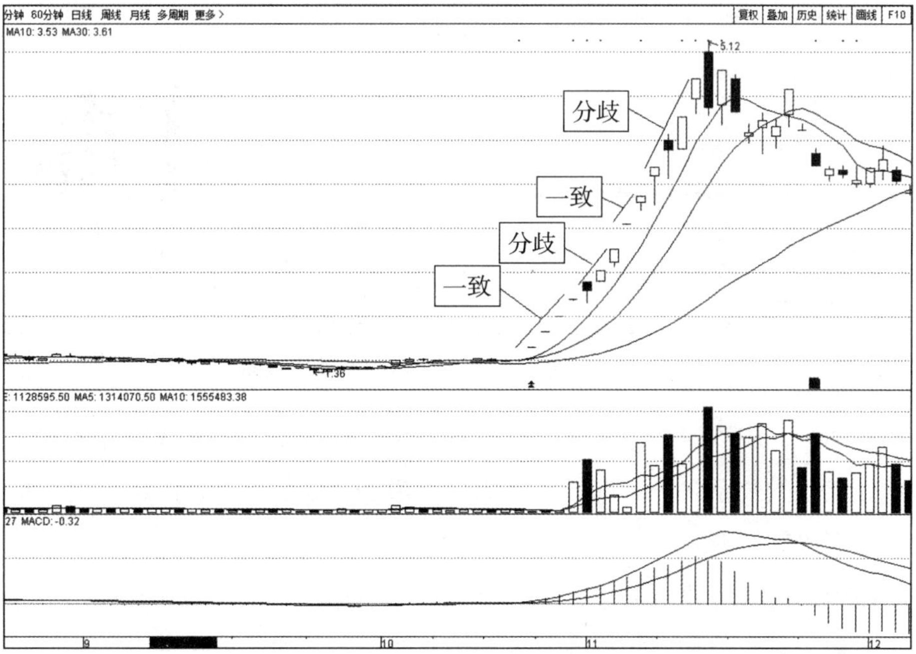

图 2-24　智慧农业（000816）日 K 线图

2. 非标准的高换手结构

前面讲过，个股（板块）通常有两种启动方式：一种是从分歧开始的，首板高换手，成交量很大，当日盘中从分歧走向一致；另一种是从一致开始启动，首板非常强势，板块中多只股票涨停，如2020年年初的新冠肺炎疫情板块。个股的启动也一样，代表实例是恒立实业（000622）和顺控发展（003039），它们走势接力的核心特点都体现在K线与成交量上。

如图2-25所示，恒立实业（000622）的首板就是极强的缩量一字涨停，直到第5板都是缩量一致板。第6、第7板出现分歧板，第8、第9板出现高度一致板，第10、第11板快速拉板也属于一致板，第12～14板又走出分歧板。最后分歧没有完成一致，成交放出天量，之后行情结束。

在一致阶段的首板是一字板，第2、第3、第4板几乎就是秒板，一致性上涨非常强势；在分歧阶段的第6、第7板，基本就是在日内完成“分歧——一致”的走势。

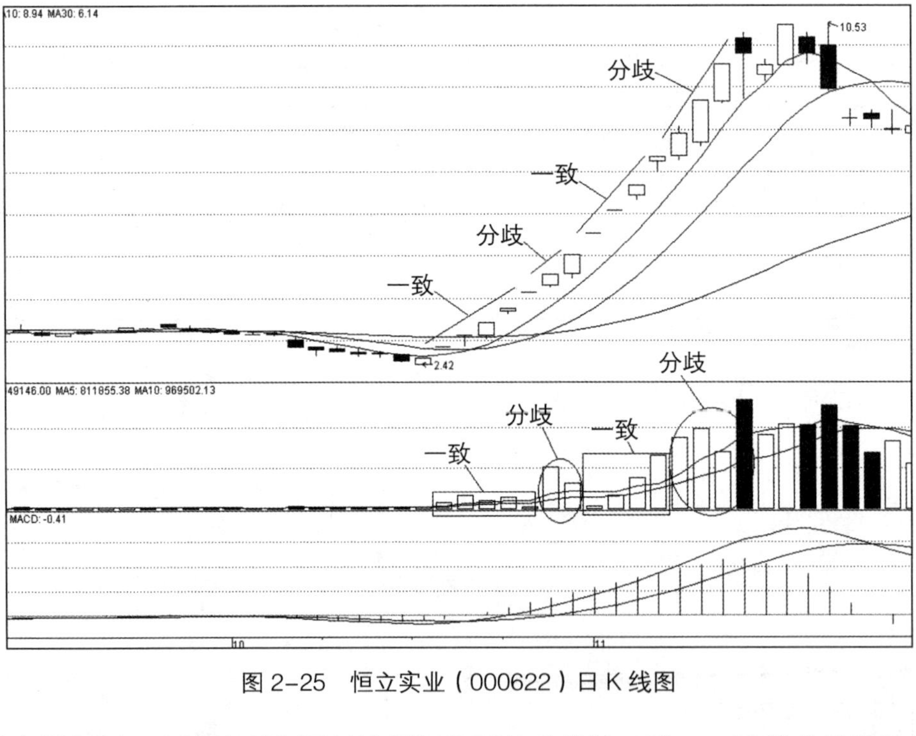

图2-25 恒立实业（000622）日K线图

通过实例剖析，应该清晰和深刻地理解盘面从分歧转一致、一致转分歧的转换关系，这是短线炒作核心的关系之一。市场交易情绪是短线交易的核心，而这种关系是市场情绪和合力变化最直接的体现。

这种高换手结构有两种结束方式：一种是经过持续拉升后，在分时盘中产生激烈争斗，成交量出现巨量，尾盘分歧又转一致。这种走势要引起关注，反映多方力量消耗过大，后面接力就会有困难。比如乾景园林（603778）2021 年 3 月 29 日的走势，顺博合金（002996）2021 年 3 月 23 日的走势等。

另一种就是高位出现大幅振荡，成交量出现巨量，尾盘不能形成一致，仍以分歧收盘，说明多方已经力不从心，短期无法接力上涨。比如菲达环保（600526）2021 年 3 月 25 日的走势，长源电力（000966）2021 年 4 月 13 日的走势等。

无论以哪种方式结束，都会体现在 K 线与成交量上。盘面特点就是巨量、带上下影线的 K 线比较多，分时走势振荡。

如图 2-26 所示，朗姿股份（002612）2020 年 11—12 月的行情中，在第一波上涨行情的高点，出现明显的“巨量 +K 线 + 振荡”现象，说明短期出现大分歧，需要进一步换手洗盘。在第二波拉升的高点，也出现行情结束的典型模式，反映多方已经无法接力上涨，此后股价回落调整。

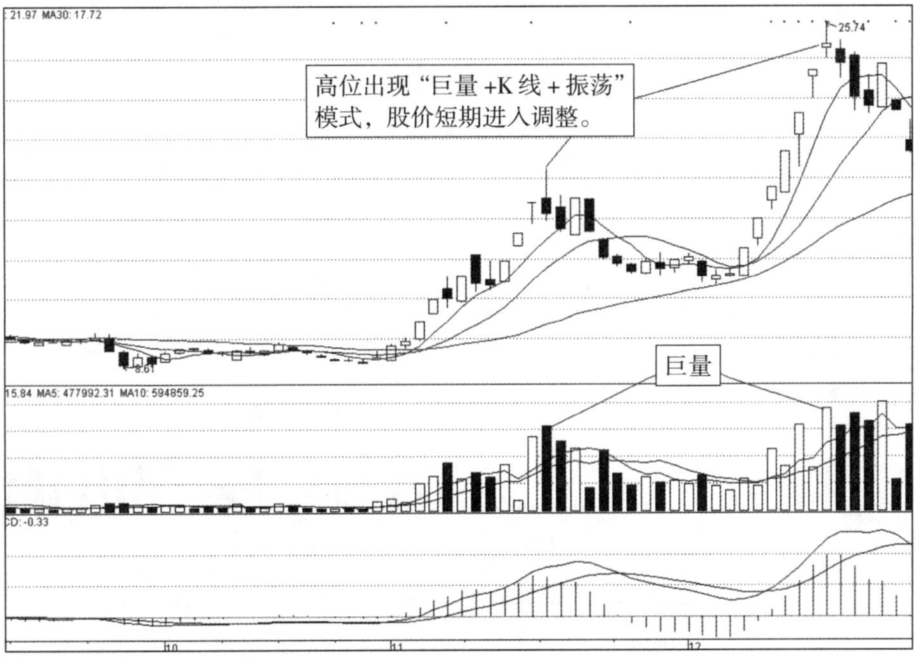

图 2-26　朗姿股份（002612）日 K 线图

3. 庄游结构

如图 2-27 所示，郑州煤电（600121）的股价刚开始上涨时由庄家带动。2020 年 11 月第一波拉升之后，因为个股的位置、价格与市值仍不高，个股题材正好碰到周期情绪与题材的风口上，游资参与进来，形成合力，股价上涨。后面的上涨可以是标准换手结构，也可以是非标准换手结构。

该股起因是资源涨价概念，明面的逻辑是有色，暗里的逻辑是替代。该股主营煤炭生产及销售，发电及输变电。股价超跌，处于历史低位，市值较小，加上刚被主力炒作过，市场人气很足。游资正好可以利用这股人气，所以主力炒过后，游资接下了筹码，直接把股价炒成了妖股。

经过第一波炒作后，股价仍然很低，市场炒作空间依然较大，游资接手后劲头十足，所以在回调到位后，又炒作了第二波行情，从分歧走向一致。

该股的炒作和东方通信有相似之处，都是游庄股，行情走出了第二春。第二波炒作，在成交量上，分歧与一致的特点也很清晰。先是分歧发酵产生 2 板，第 3 板一致性上板，随后分歧炸板，再分歧发酵往上涨，最后在高位出现大分歧，行情形成顶部。

从经验上来说，这种超跌低价、低市值，再加上筹码结构压力小的个股，只要情绪周期等时机配合，一旦炒作起来，很容易成龙成妖。前期的贵州燃气（600903）也有这方面的因素。

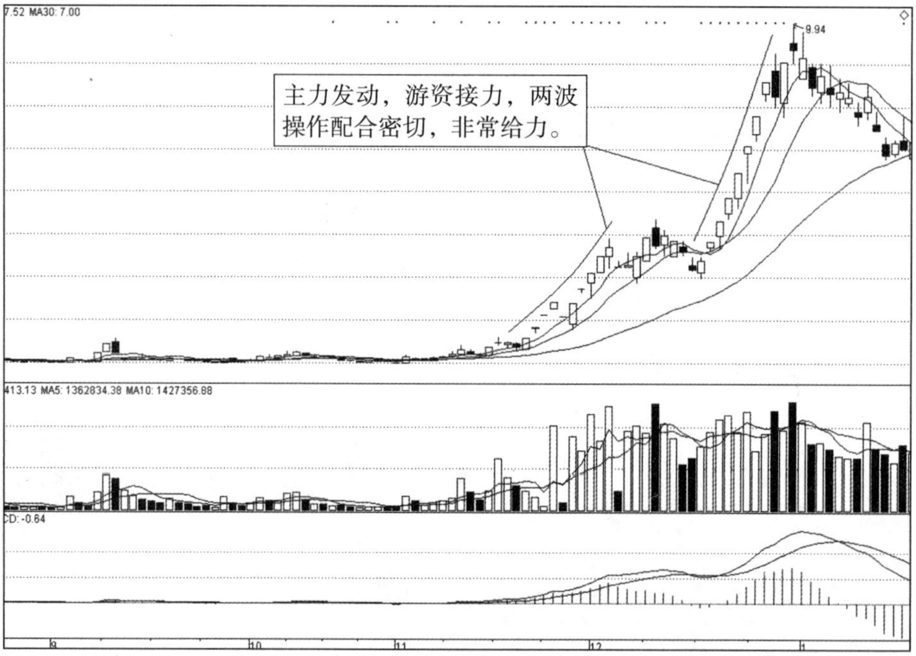

图 2–27　郑州煤电（600121）日 K 线图

4. 庄股结构

2020 年 7 月凯撒旅业（000796）的走势，一字板顶上去，不让散户接力，完全没有换手，成交量极低，典型的庄股模式。一字板打开就是股价见顶之时，盘中筹码砸盘出货，股价呈倒 V 型回落。这种位置介入赌性很重，盈亏比极差。庄股一字结构的盘面，不宜参与。又如，2021 年 3 月底至 4 月初的中电电机（603988）、2020 年 3 月的海特生物（300683）走势也都是如此。

如图 2-28 所示，掌阅科技（603533）的股价连拉 5 个一字板后，第 6 板是 T 字板，初现分歧。2020 年 11 月 13 日开始，连续 3 天高位产生大分歧，没有外部资金接力，之后股价向下走弱。这种盘面走势显然是主力独家行为，拉升过程没有让散户和游资参与，属于一步到位的操作模式。

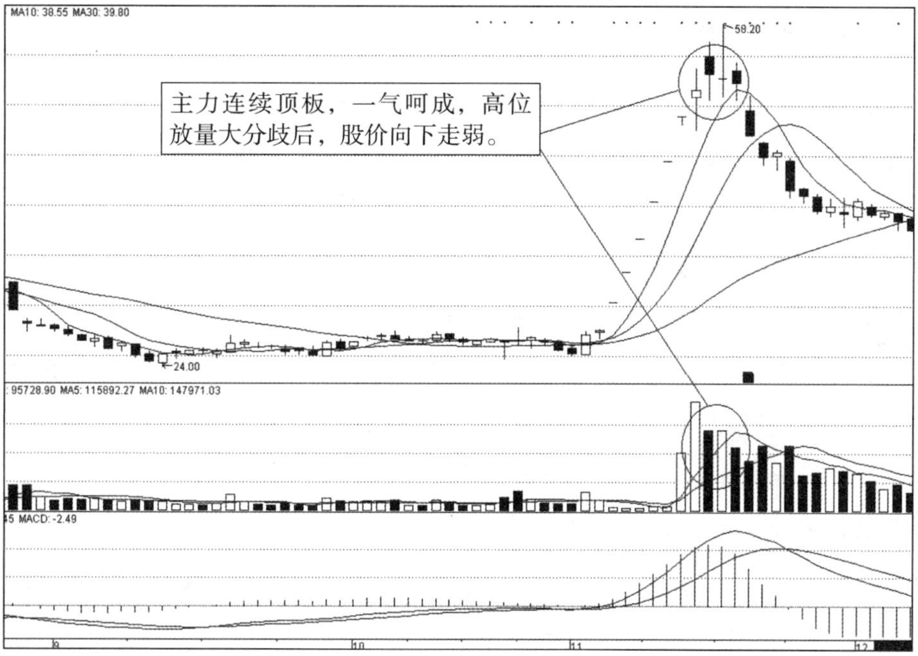

图 2-28 掌阅科技（603533）日 K 线图

纵观主力运作手法，从换手结构上分析，就是以上 4 种结构。一定要记住，一只强势上涨的游资合力股，不论是 K 线表现还是分时走势，接力中分歧与一致的转换关系是不变的。即分歧之后一定是一致，一致之后就是分歧，这个关系在短线接力中永远不变。但是转换时间、强度和形式则是多样的，并不固定，这一点要充分理解。

这个变化尤其在 K 线形态结构上表现得更加突出，分歧或一致可以是一天后出现转换，也可以是几天后才出现转换，也可能是日内分时线上就完成转换。比如，顺控发展（003039）上市后连拉 5 个一字板，2021 年 3 月 16 日开始，连续 4 个交易日出现日内分时换手分歧板，接着出现 3 个一致板，之后又是分歧板，最后形成加速一致板，将行情带到顶部，股价走出 21 连板。

可见在这个分歧和一致的转换关系中，如果分歧（利益兑现，多空激战）后转一致上涨（封涨停），那么行情会继续强化。一致再转分歧（再次利益兑现，多空激战）后，再转一致上涨（封涨停），那么行情将继续强化。这个争斗的过程呈现多样化，每一次分歧多方都要逼出获利筹码，然后再完成强势封涨停。市场就是这样反复循环，循环的强度取决于市场的强度。

在多空争斗过程中，如果分歧过大，成交量放出巨量，行情就有很大的隐患。尤其在上涨的后半段，即使多方在争斗中获胜，最后封住涨停，也会对多方筹码或力量带来很大的消耗，后面的行情就需要观察。这些逻辑都是常识，大家要多多体会。

四、量能结构与涨停暴量

每一个涨停板的换手量能和前一个板相比都不低，这代表当天的买单大部分承接了前一日的获利盘压力，场内的锁仓成本与新买单就不会偏离太大，接力资金愿意往上做。

成交量、分歧与一致的问题在个股的判断上是一个很重要的概念。对于短线合力股而言，最标准和健康的上涨表现就是成交量上的高换手。

如果一只连板股出现这种成交量结构，在有赚钱效应的行情中，是可以大胆介入的。下面看两只龙头的成交量关系。

如图 2–29 所示，2020 年 11 月，郑州煤电（600121）的股价出现第一波上涨，相对历史成交量放出非常大的量且持续出现暴量，最后在放出巨量后短期见顶。经过短期回调整理后，展开第二波拉升行情，第二波上涨的成交量继续放大。两波行情中，换手量都表现得非常漂亮，这种量能就是标准的换手量能。

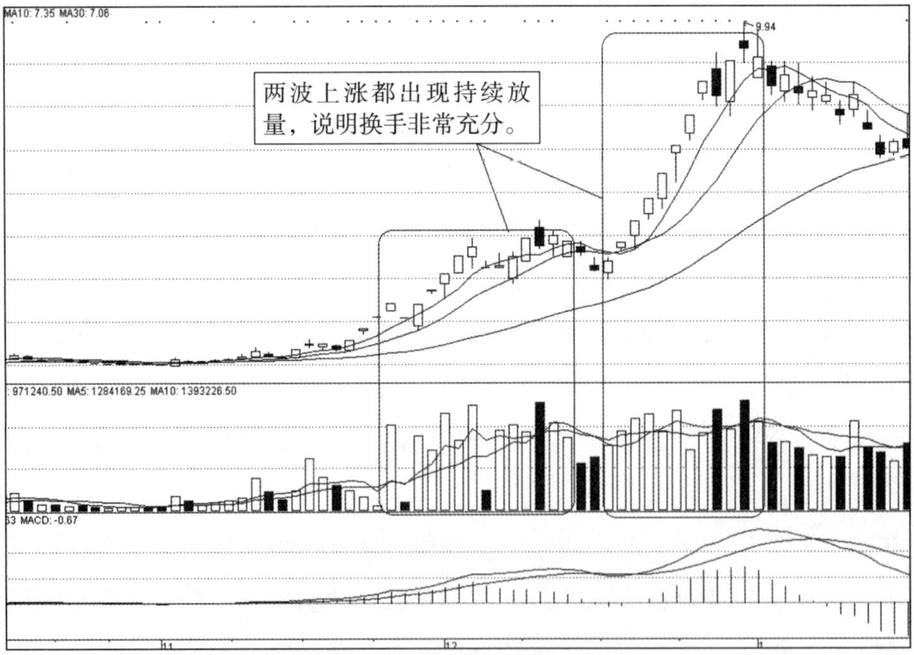

图 2–29　郑州煤电（600121）日 K 线图

如图 2–30 所示，2020 年 5 月启动上涨的王府井（600859），换手成交量也非常漂亮。短线有量就有机会，开始上涨时不怕量大，而是怕量没有持续放大。拉长时间维度看，上涨的成交量与历史成交量相比完全是暴量或巨量。

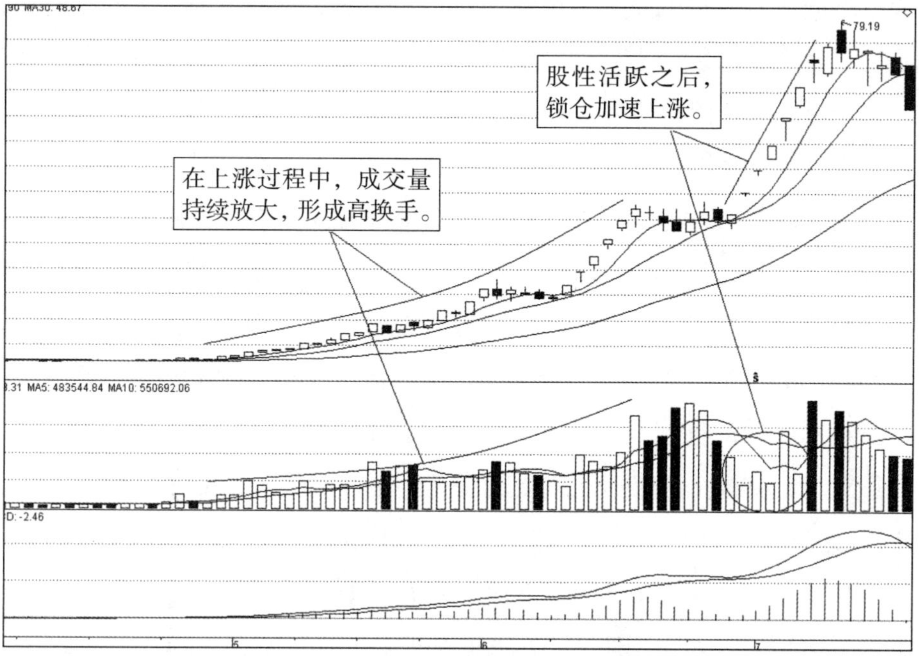

图 2–30 王府井（600859）日 K 线图

持续放量代表了强大的资金合力，这种暴量预示着行情发展空间的大小。如果只是单根量能，行情就有问题。所以股市有句俗话，不怕量大，就怕没量；不怕暴量，就怕暴量不持续。2021 年的热景生物（688068）和顺控发展（003039），以及前期的东方通信（600776）和风范股份（601700）等，这些妖股都有非常漂亮的高换手成交量，这也是健康的成交量。

对于短线打板者来说，个股是否能够封板，关键因素有成交量、市场氛围、个股地位等，其中成交量表现极其重要。

成交量也可以用换手率来表示。概括地说，首板一致，2 板分歧，3 板分歧转一致，反映出的走势就是秒板、烂板、烂板后封死，反映到成交量就是平量、放量、缩量，王府井的行情表现就是这样的。通过该股走势分析，应该能理解到成交量在打板过程中反映出来的其实就是市场情绪，从放量到缩量再到地量，反映出个股情绪就是从分歧到一致的过程。所以，什么阶段的板，对打板个股的成交量要求是不同的。

从这个角度讲，首板个股的成交量其实不重要，只要市场情绪好，符合当前的热门题材就可以。当然，如果叠加次新或者妖股属性的话，溢价会更高。所以，对于首板个股，只要个股质地合适，就可以无视成交量直接打板。

第 2 板的话，需要先选出板块龙头，因为首板强并不一定代表 2 板、3 板也强，市场龙头总是需要分歧转一致才能走出来的。如果板块很热门，可以直接打板同板块中第一只上板的个股，同样可以无视成交量。这时，还不知道它是不是主题板块的总龙头，此时一切操作只是为了套利，所以只需要追求更快更强的上板股。虽然这样说，但其实在分析中已经叠加了市场氛围和个股地位等因素了。

再说反包板，反包板的市场含义就是资金分歧转一致，所以对应的成交量是放大的。对于龙头股而言，越是股性好的个股，需要的成交量相对就越少。原因很简单，因为里面的资金更容易达成共识。比如，2021 年 4 月的哈三联（002900），股价上涨的第二波就是一致，也就是资金有共识。这里拉出一个板，就会让人联想到是不是要走第二波了，所以锁仓的资金自然会更多，抛压自然变小，量能也自然变小。对于股性不好的个股来说，因为很难达到相对一致的预期，需要的成交量也会随之增加。板上的成交量可以理解为当日多头的力量大小，如果个股优秀，需要的多头力量自然就少，反之亦然。

影响市场预期的因素还有 K 线走势中的形态和均线表现。为什么会有那么多的 10 日均线反包板呢？因为大家对 10 日均线支撑反弹有预期，这就是共识。为什么走双头的个股涨停压力大？这也是因为有预期，因为大家都怕真的形成双头。这种现象反映到资金面，就表现为成交量大小。

五、回封板的逻辑

A 股市场中，有些主力专门选择热门涨停品种作为操作目标，选择那些超短线游资介入程度不深的个股，待其涨停冲高回落，主力资金出得差不多后快速介入。这类主力也属于超短线游资，他们选择同行已炒热的个股作为攻击目标，在同行炒热冲高获利退出后进场接力，之后继续往上做。

这是一种较特别的选股思维，是实盘中行之有效的一种做盘方法。正是存在这么一些主力，所以经常看到一些短线涨停或者连续涨停个股，盘中明明大资金在砸盘出货，股价正跌得一塌糊涂无力回天时，突然又被大资金快速拉起直奔涨停。这种怪异表现一般人难以理解，但其实这并非意外，而是部分短线游资有计划的操盘模式。

市场上的热门个股一般都是有概念或利好的，这些个股大部分都是被短炒游资轮番炒作，在游资的推波助澜下出现涨停甚至连续涨停。这些游资以超短线操盘为主，往往是今天进、明天出。特别是龙头股，它们之所以能够连续上涨，大多是因为各路游资不断接力炒作所致。个股或板块被炒热后，大量游资都盯着这些股票，随时都有入场博一把的可能。

当然，这些游资都有严明的操盘纪律，无论炒作成功与否，次日都会快速出局。

热门股的短炒资金大多在次日开盘后 15 分钟内撤出，部分态度不够坚决的短炒资金，也会在 10:30 前陆续卖掉。涨停股出现砸盘时，从开盘到 10:00 之间砸得最凶狠，这段时间是超短线资金集中卖出的时段。

如图 2–31 所示，2021 年 4 月 2 日，美邦服饰（002269）几乎开盘就秒板，股价连续走出 7 个涨停。图中 A 点，获利资金出逃砸开涨停，随后股价快速下跌。B 点位置，开盘几分钟的卖量相当大，短线资金获利丰厚，争相出逃也是正常的。9:50 股价止跌，说明大部分超短线资金已经撤出。不过，被市场发掘后充分炒作的个股此时人气仍然高涨。C 点位置，一些思维独特的另类资金又快速入场，快速推高股价并封涨停，表明有新主力入场接力做高股价。

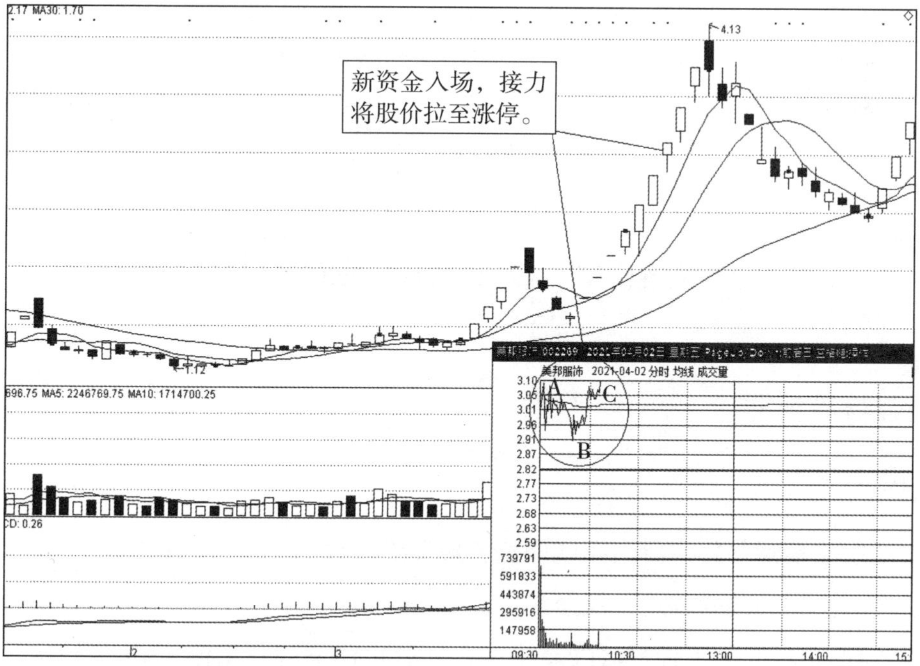

图 2–31　美邦服饰（002269）日 K 线和分时走势图

图 2–32 展示的是 2021 年 4 月 19 日的银宝山新（002786）分时走势。该股新老主力其实都是短炒资金，他们的目标都是炒一把就走，入场时机则各有各的选择。新主力是在老主力将股价炒热获利退出后进场接力。老主力获利退出的重要依据，可以通过盘面走势及一些公开数据去分析。新主力只有在他们有把握的情况下才会进场接力，这种操盘模式是一种比较特别的选股入场方式，对于新接手主力而言没有对错之分，只有操作成功与否之别。

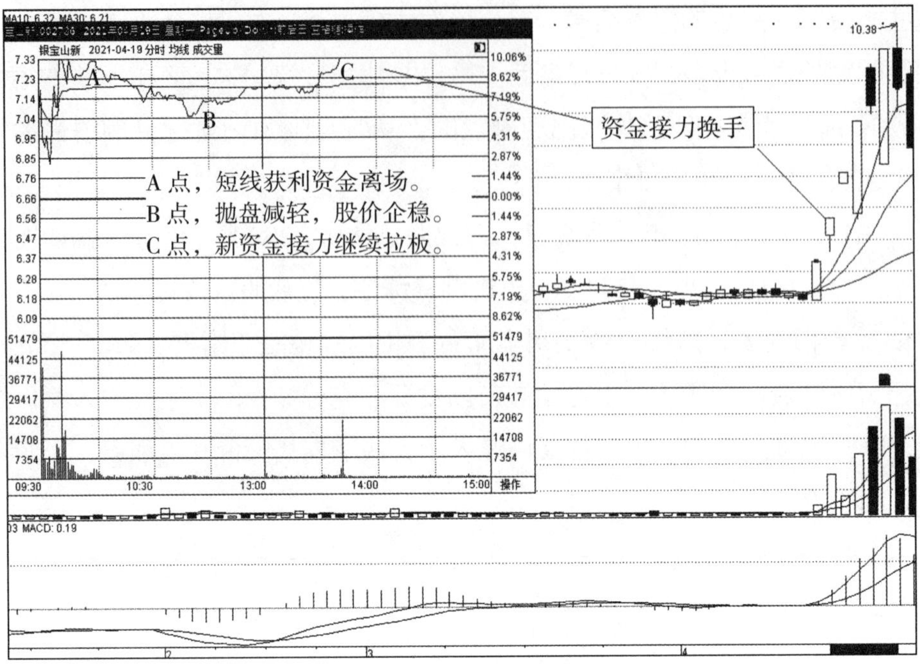

图 2-32 银宝山新（002786）日 K 线和分时走势图

第四节 分歧转一致模式

一、2 板强势股标准

1. 强势股盘面表现

（1）个股冲高回落后，日内完成调整，最后走高至涨停。

（2）个股冲高后继续高走，直至涨停。

这样，目标 2 板股的上板形式就明确了：开盘冲高 + 回落承接 + 点火上板。

实战中有两个买点：涨停打板、分时低点低吸。

2. 选股基本条件

（1）流通市值小于 100 亿元，分时走势流畅，非庄非机构控盘型个股。

（2）首板非缩量新高，非反包板。

（3）股价位于 2 板涨停价附近，非套牢区，非前高长上影线位置，非前高大阴线位置。

（4）冲击 2 板当日，个股高开冲高，涨幅要大于 4%。

（5）股性较好，次日非低开闷杀，非大阴线。

3. 2 板打板模式

（1）2 板不打 T 字板与秒板。这两类情形，对“强势行情 + 强势题材”个股才有接力价值，其他个股抵不住当日的分歧，或者次日没有资金进场接力，入场之后无溢价。

9:30—10:00 依然是重要时间段。弱势行情中更需要充分换手，可以延长至 10:30。

（2）这段时间：换手率相比昨日要高出 50%，冲板则准备打回封。换手率高出昨日 90% 以上，则可以打首封。

（3）首板过后，主流板块、分支板块、强势个股等市场都会有大致相近的看法，次日 2 板是对涨停逻辑的确认。

二、2 板上板形式

2 板涨停形式千姿百态，背后逻辑复杂，这里只介绍以下 3 种情形。

1. 高开冲高—回踩均价线—10:00 前上板

这种走势几乎不能说是分歧。昨日进场资金手握 3% 以上的利润，分时走势保持着开盘冲高的做多姿态，直至封板，多头气势强盛。

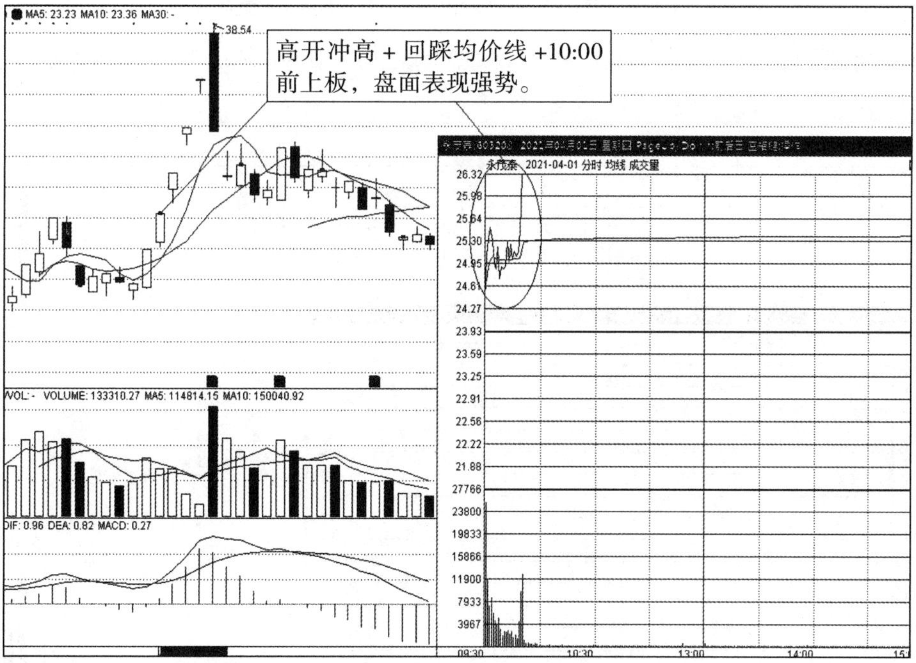

图 2–33　永茂泰（605208）日 K 线和分时走势图

如图 2–33 所示，2021 年 3 月 31 日，永茂泰（605208）首板早盘强势拉板，次日高开冲高转强，小幅回踩均价线后，放量快速上板，分时拉锯换手，可以打首封（分时第一次封板），该股后来成为新次股龙头。2 板盘面呈现 3 浪形式：浪 1 拉起，浪 2 回踩黄线，浪 3 上板，走势符合“高开冲高—回踩均价线—10:00 前上板”的要求。该股成为“新能源车 + 次新”的补涨龙头，可以打首封。

还有 2019 年 11 月 20 日的聚力文化（002247）回封打板走势。当天秒板后回落，均价线上有承接盘，然后股价快速回封。当日游戏板块走势一致，恺英网络（002517）拉出一字板，天神娱乐（002354）出现秒板。长城动漫（现名 *ST 长动，000835）大阳线直线上板，同样为烂板。

这种打板形式，特别需要排除大幅高开 + 秒板的走势，回避一字板、T 字板、秒板。一般高开 3% 左右，冲高—回踩—半小时上板，盘中封板成功。这类前排换手 2 板，争的是题材换手龙头。这种打板形式在弱势行情中比较好用，对强势行情或大题材操作上可以更激进。

2. 高开—回踩 0 轴（昨日收盘价）—10:00 前上板

高开表示做多占优，回落表示出现短暂分歧（多数个股没有回补跳空缺口就快速回升），然后市场形成合力，向上拉至涨停。

图 2–34 展示的是云南能投（002053）2021 年 4 月 8 日的 K 线和分时走势。股价高开 4.76% 后，回踩昨日收盘价，然后企稳快速回升至开盘位置附近，经短暂整理后直线拉至涨停，走势符合“高开—回踩 0 轴—10:00 前上板”的要求，当日风能板块走势很强，该股后来实现了 4 连板。

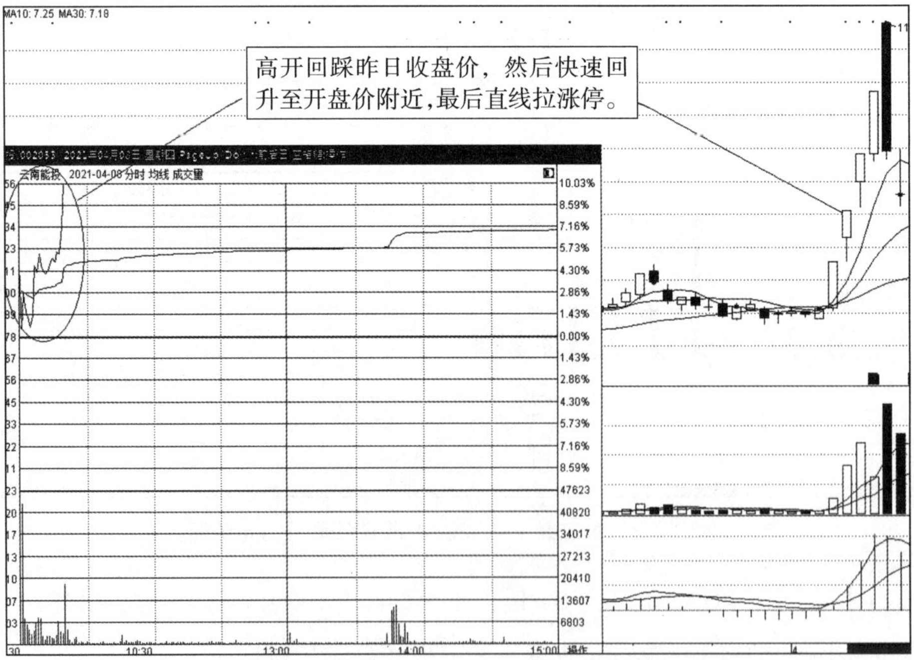

图 2–34 云南能投（002053）日 K 线和分时走势图

如图 2–35 所示，2021 年 3 月 26 日的迎丰股份（605055），走势也是这种模式。个股属于次新板块，高开 6.61% 后，回踩昨日收盘价，但没有全部回补缺口就快速拉起，直接上板，然后开板换手再回封，随后股价出现 5 连板。

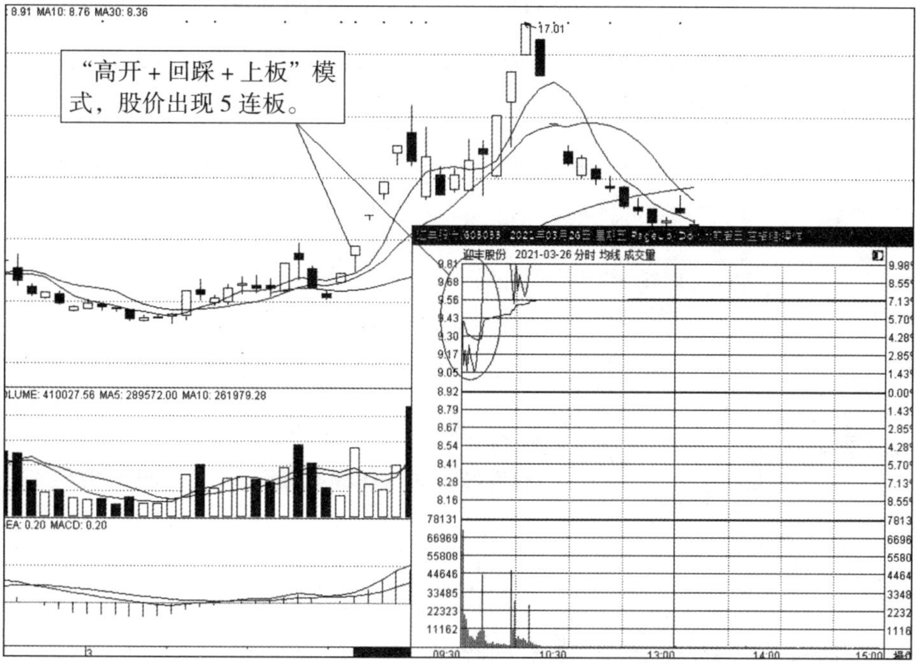

图 2–35 迎丰股份（605055）日 K 线和分时走势图

这种打板形式，因为回调破均价线，成为瑕疵，常见于跟风或者支线龙头。变形有 V 字上板、U 字上板，这里不细讲，道理相通，都是分歧转一致。

3. 开盘冲高—回落破均价线—午盘上板、回封

这种走势算是日内大振荡、大分歧，个股可能是跟风，也可能是支线独立龙头。针对前排跟风，通常是错过龙头但又看好板块行情的踏空资金。

介入点有两种：一是低吸介入，博取日内利润。风险在于日内冲高失败，尾盘杀跌，然后成为套牢盘。另外，题材个股冲板失败，反抽需要等到龙头股价回升，调整的时间相对较长。二是打板介入，博取板块发酵的隔日溢价甚至是弱转强走势。风险在于日内烂板，次日低开杀跌，无溢价机会。

这是一种低吸打板操盘模式。低吸有个重要观察点：股价不能跌破 0 轴。跌破 0 轴翻绿，走势就显得太弱了，很难从水下走成大长腿，这种个股不会成为大妖股，需要剔除。

这类冲高回落的分时走势，这里可以分享一个经验：10:00—10:30 之间通常是第一次急杀或者二次回踩的时间段，容易出现最低点或次低点。选择低吸的话，可以等到 10:30，用二次回踩来确认市场承接力度。这种操盘模式针对的是支线潜在龙头，看好题材，

认为行情还没有走完。板块中分时走得相对强势的个股，有可能走出连板。

主流介入点是打板，博明日的冲高溢价，或者等明日的弱转强 3 板。只有涨停才确认市场强势，认可题材逻辑。若对题材情绪敏感，把握性高，低吸会有更大的暴利空间。

如图 2-36 所示，深物业 A（000011）属于“粤港澳 + 房地产”概念的潜在龙头，2021 年 3 月 16 日股价冲板回落后，在当日均价线附近小幅振荡，换手蓄势。午盘回封，次日连板，带动相关概念股走强。

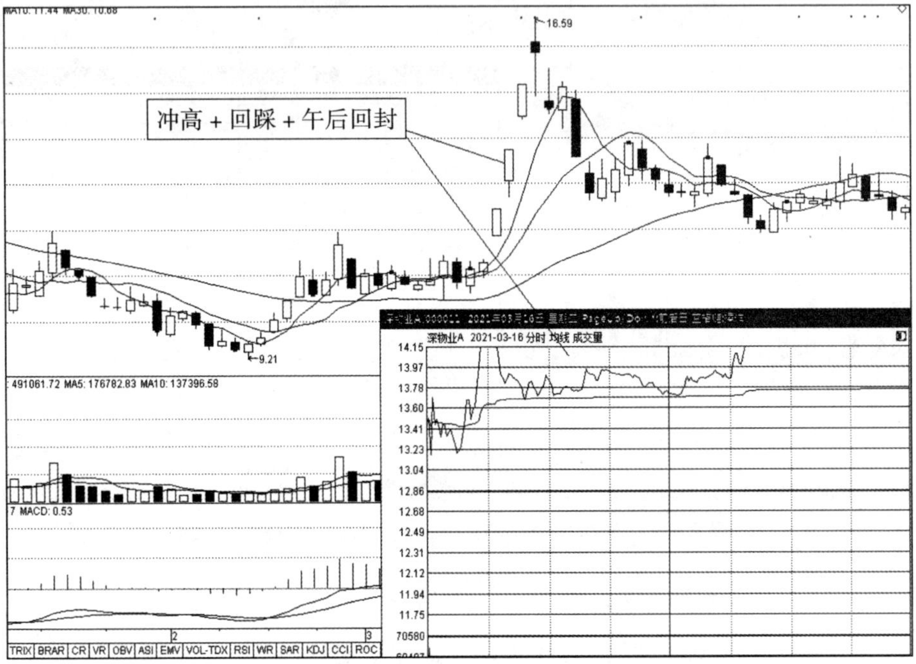

图 2-36 深物业 A（000011）日 K 线和分时走势图

这种打板形式，更需要个股具有龙头身份，而龙头只有一个，所以低吸难度很大，需要对题材及龙头有更深刻的理解。

需要说明的是：一是缩量创新高，次日不接力。遵守这条纪律，可以避开大部分炸板大坑。比如，长源电力（000966）2021 年 4 月 12 日缩量创新高，次日高位振荡后见顶。二是弱势衰退环境不做高位弱转强，因为炸板率高，即使封板也难有溢价。比如，豫能控股（001896）2021 年 1 月 4 日午后弱转强封板，但次日没有溢价机会，开盘后直线跌停。

三、3 板接力模式

市场上 3 板以上的个股相对较少，可以参与的则更少。能理解这句话，就知道稳定盈利不是随口说的。

当个股走出 3 连板，此时已经脱离股票基本面和多数技术指标的约束，是纯粹的资金博弈和市场情绪多空对决。这时，资金承接力就成了股价能否继续走高最为关键的一环，概念、题材只是炒作的一个借口而已。作为超短线投资者，找到自己的介入点是最关键的。

这个介入点需要足够安全的位置，因为一旦失手，可能面对的是一碗亏损 20% 以上的“大面”。如果介入成功，后面等着的也是足够丰厚的利润。那么，什么样的介入点是最安全的呢？对于散户来说，跟随主力资金就是最安全的。当主力资金在高位接盘，会想办法让其他人在更高的位置接他的筹码。那么买点在哪里，如何选股？

1. 日内分歧转一致

打板逻辑：符合预期，弱势转强势。主力资金要做的股票，跟随即可，逆势出妖。

盘面特征：首板、2 板都出现日内分歧转一致，3 板快速一致或日内分歧再转一致时，打板买入，溢价机会较大。

（1）3 板快速一致。经过前面 2 个板的分歧后，可以说场内换手比较充分，3 板往往出现快速一致，如秒板或 10:00 前直线上板。

如图 2-37 所示，重庆燃气（600917）首板、2 板均是分歧转一致板，浮动筹码得到很好的换手，在 2 板晋 3 板时就没必要再来大换手。若继续大换手，就表明主力有些疑虑，这就会影响跟风做多情绪。所以，2021 年 3 月 26 日高开 5.98% 后快速秒板，同时有巨量封盘。遇到这种盘面时，应根据竞价情况，以开盘价挂单买入，或快速打板跟进。

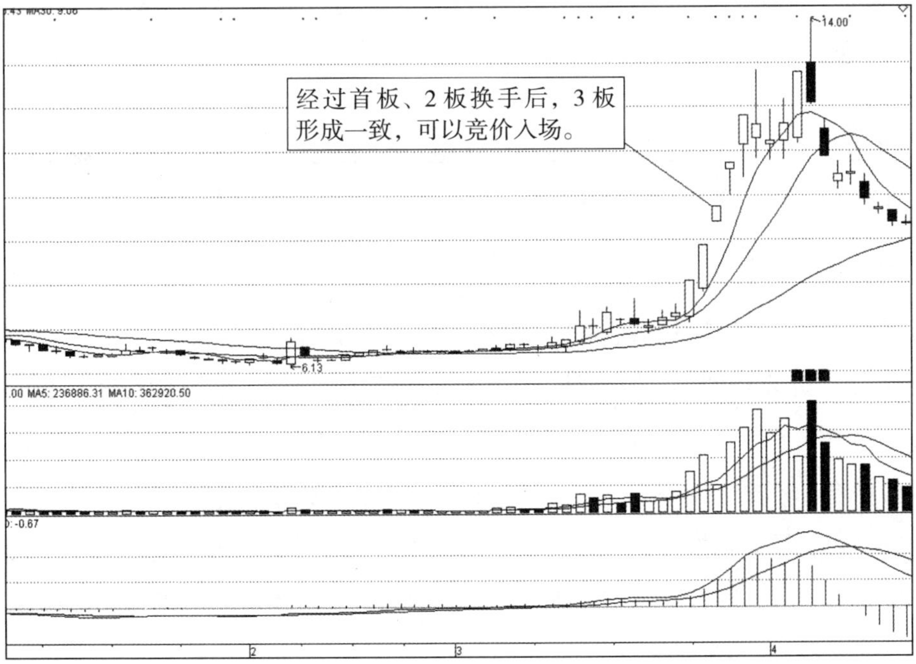

图 2-37　重庆燃气（600917）日 K 线图

（2）再从分歧转一致。有时遇到大盘或板块操盘环境较好时，市场持筹心态较稳定，首板、2 板换手不一定很充分，这样 3 板时可能先进行短暂换手，然后午盘转一致。或者 3 板时恰逢大盘或板块表现不强，主力也会借机再次进行换手，然后市场转一致，最终直线上板。

比如图 2–38 锦泓集团（603518）2021 年 4 月 22 日的走势。当时市场环境不佳，大盘运行低迷，板块热点分散。当天股价高开后冲板回落，属于预期内的走势。不过从上午分时走势中，可以看出有资金不断在维护分时走势，为下午点火做铺垫，临近上午收盘有资金点火翻红，午后股价直接上板封盘，走势堪称完美。

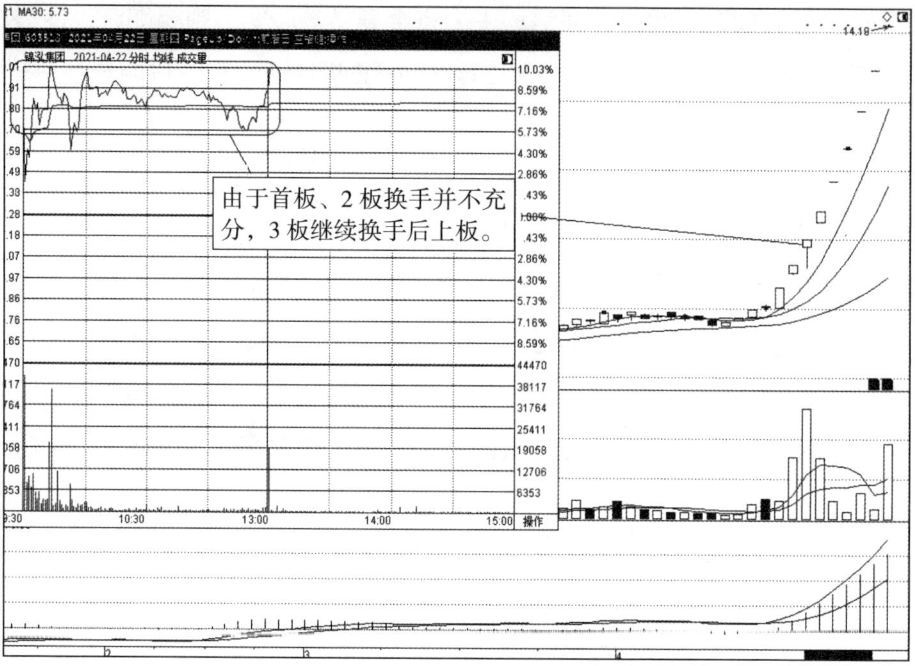

图 2–38　锦泓集团（603518）日 K 线和分时走势图

2. 日线分歧转一致

打板逻辑：3 板分歧转一致，符合情绪周期，主力做高意愿显露。

盘面特征：首板一致，2 板分歧，3 板一致。具体地说，首板分歧转一致，2 板再分歧但收盘不能转一致，3 板快速一致或日内分歧再转一致时，表明换手结束，打板买入有较大的溢价机会。形式上也有快速一致和分时分歧转一致两种情形。

如图 2–39 所示，晋控电力（000767）2020 年 12 月的日 K 线结构中，首板一致，2 板分歧，3 板又一致，从而走出二阳夹一阴的 K 线形态。遇到这种走势，可以在 3 板位置打板进场，之后股价出现 4 连板。

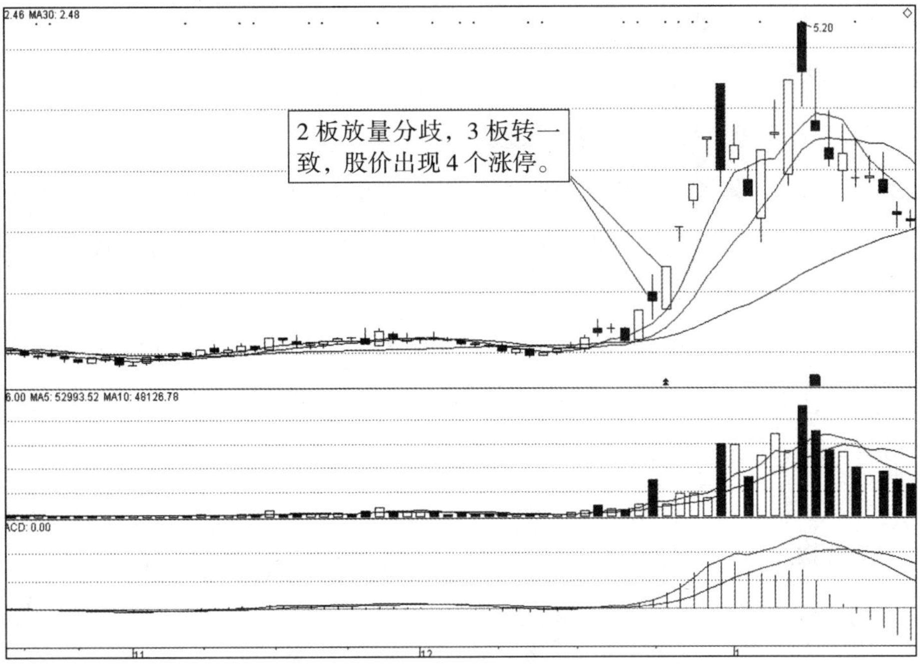

图 2-39　晋控电力（000767）日 K 线图

如图 2-40 所示，华银电力（600744）2021 年 3 月 9 日出现大分歧，盘中股价回落到前一天开盘价之下，然后强势拉起封板，次日低开高走再次一致。这种大分歧后能够封板，说明主力实力雄厚，所以在 3 板再次转一致时，可以打板买入，大多会有较高溢价。

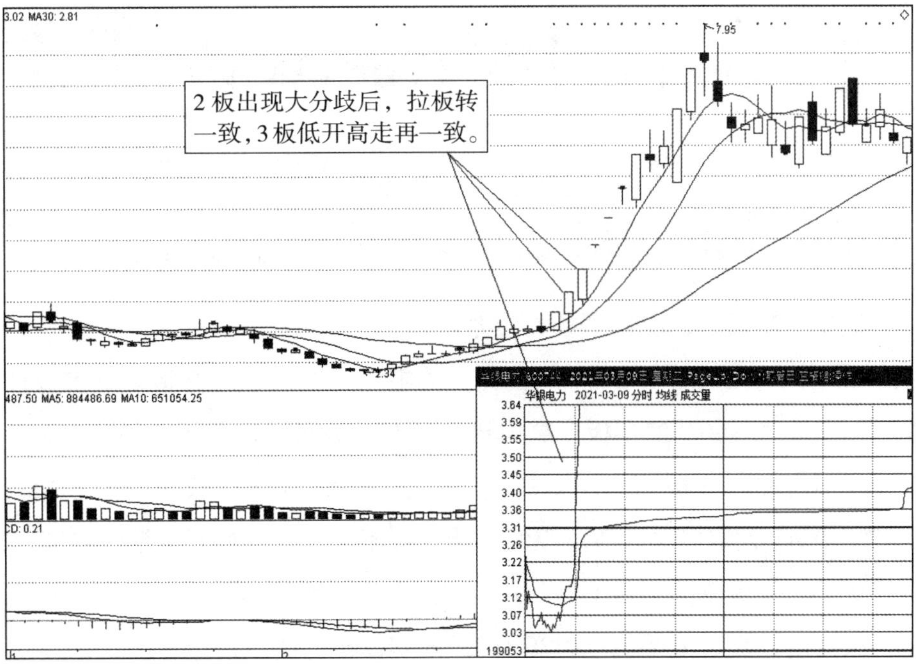

图 2-40　华银电力（600744）日 K 线和分时走势图

3. 不宜参与接力的几种情形

当然，高位不能盲目打板，有些个股同 2 板一样是要回避的。

（1）首板是一字板的，不参与 3 板接力。

如图 2–41 所示，安奈儿（002875）首板为一字板，2 板为实体板。2021 年 4 月 19 日，股价小幅高开 2.18% 后，盘中两度冲板，均未能成功封盘，尾盘回落收低。之后几日股价回落，因此 3 板位置不宜参与接力。

同样，华阳集团（002906）首板为一字板，2 板为 T 字板。2021 年 1 月 21 日小幅高开后，振荡走高至涨停，之后一段时间虽然股价没有回落，维持强势运行，但入场资金溢价不高，还是不参与接力为宜。

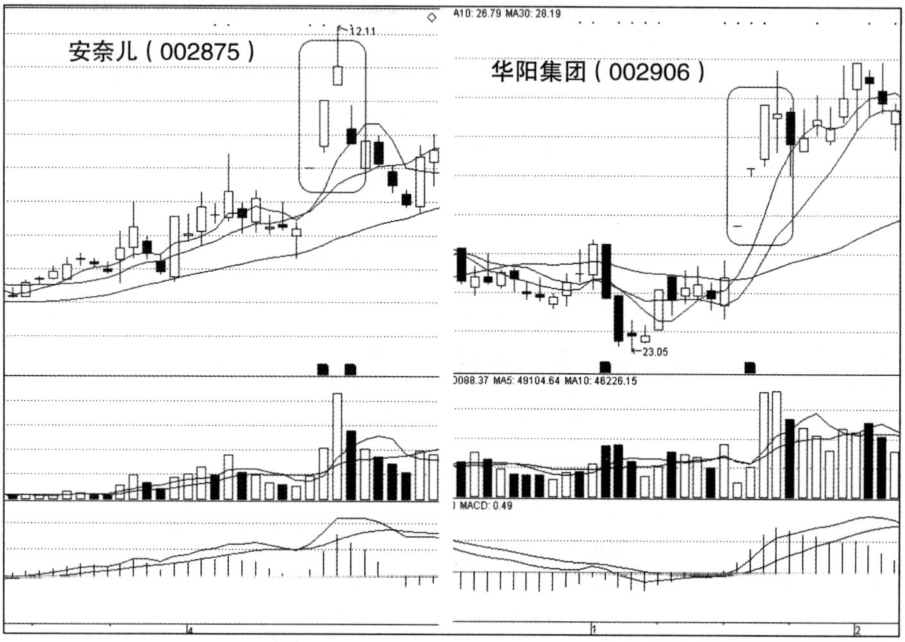

图 2–41　安奈儿（002875）和华阳集团（002906）日 K 线图

（2）2 板是一字板的，次日不参与接力。

如图 2–42 所示，2021 年 4 月 19 日，通达电气（603390）2 板从一字板开盘，随后开板振荡，午后回封，收出 T 字板。次日晋 3 板时股价却低开振荡走弱，之后几日股价大幅回落，因此不宜参与 3 板接力。同样，2021 年 4 月 20 日，诚邦股份（603316）2 板为一字板，次日股价大幅振荡，放量收低，晋 3 板不成功，此后股价振荡整理。

（3）3 板是一字板的，当日不参与接力。

如图 2–43 所示，贝肯能源（002828）首板为实体板，2 板为一字板。2021 年 3 月 31 日，3 板继续从一字板开盘，但盘中炸板后几度回封不成功，随后主力只好放弃，之后 2 个交易日股价回落到首板区间之内。如果参与 3 板接力，就会造成大亏损。同样，中油

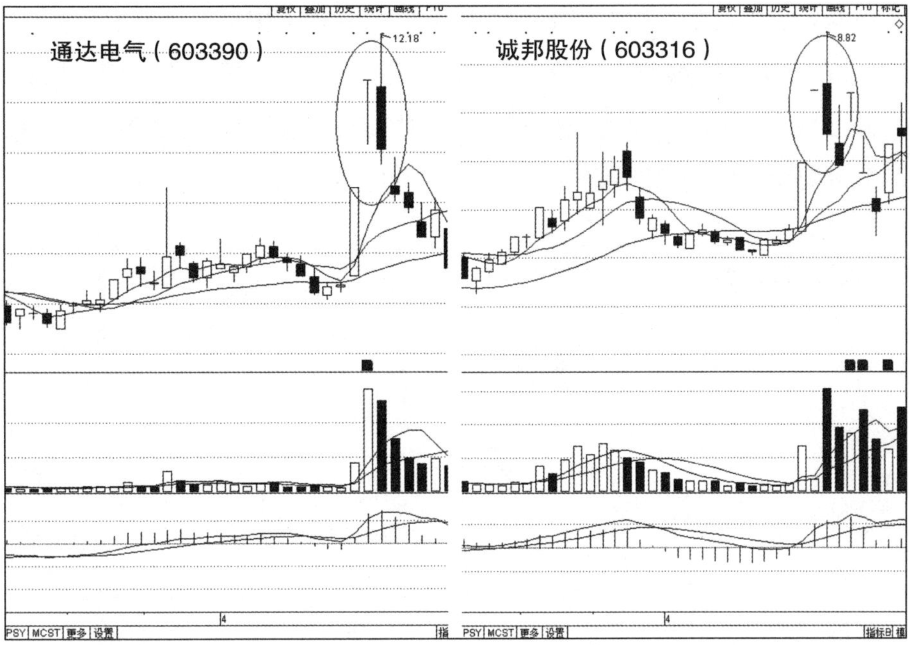

图 2-42　通达电气（603390）和诚邦股份（603316）日 K 线图

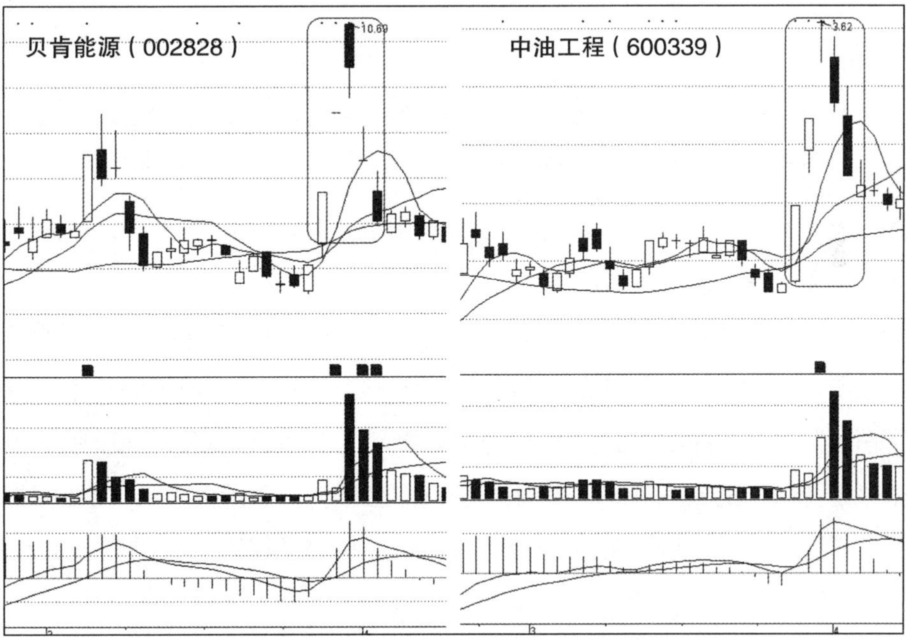

图 2-43　贝肯能源（002828）和中油工程（600339）日 K 线图

工程（600339）首板、2 板均为实体板。2021 年 3 月 31 日，股价从一字板开盘，尾盘炸板后快速回封，K 线呈 T 字板，看起来封盘健康，但次日低开走弱，之后股价渐渐走弱。

（4）跟风的卡位板，次日不接力，因为此时风险和收益不成比例，可能有利但获利空间很小，甚至有被闷杀可能。

如图 2–44 所示，2021 年 3 月的豪美新材（002988）出现 2 连板，明显是有色板块中闽发铝业（002578）的跟风股，第 3 天出现振荡回落，次日股价跌停。同样，宝明科技（002992）2021 年 4 月 2 日大幅低开后，盘中直线拉涨停，次日高开 8% 后直线回落收低，它是电子板块利好消息的跟风股，之后股价持续回落。

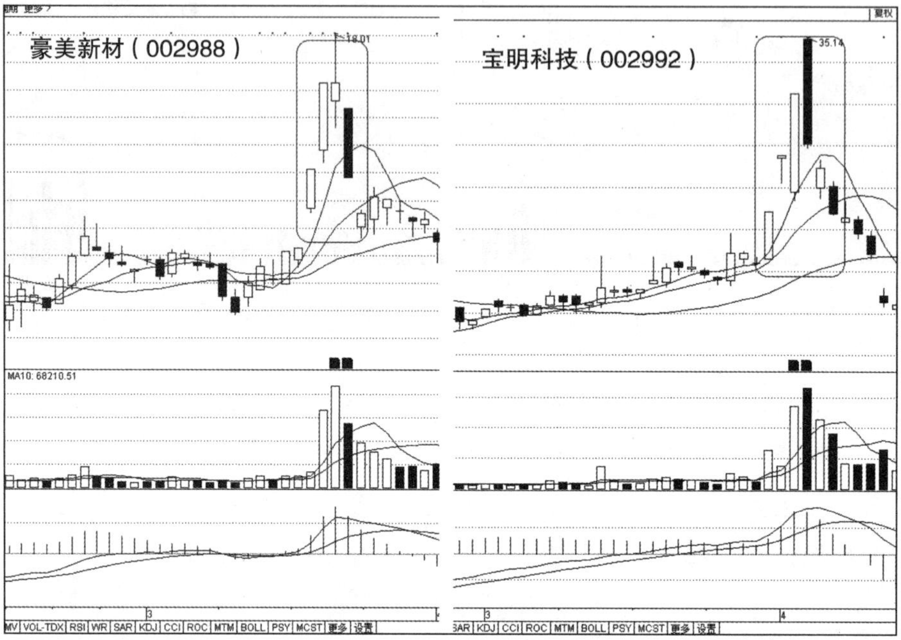

图 2–44　豪美新材（002988）和宝明科技（002992）日 K 线图

除上述几种情形外，所属板块或概念不容易出现连板的个股要避开，盘面转势时也要回避，这些是需要凭借经验来做出判断的。

高位接力的重点是需要理解 + 预判 + 执行，三者缺一不可，不要在没掌握要领的时候重仓参与接力。所谓理解，就是对盘面、大势、市场情绪、主力资金以及龙头个股有基本正确的解读。所谓预判，是指在对盘面、大势、市场情绪、主力资金以及龙头个股有了正确理解基础上对未来走势做出的预先判断。所谓执行，就是严守短线操盘纪律，只做模式内的，遇到意外情况不要乱了方寸，止盈止损也有特定的标准，只要按照交易系统的要求简单执行即可。

第五节　常见换手位置

一、重要位置换手

在股价长期运行过程中，可能会形成某些有重要意义的位置，当股价到达这些位置附近时，会遇到技术上的压力或支撑。但这些位置不可能长期存在下去，迟早有一天是要被突破的。当股价成功向上跨越或脱离这些重要位置时，说明市场出现向上突破走势，股价蓄势整理结束，后市将有可能出现一段升势或上涨行情，此时投资者可以积极做多。

突破并不是一件容易的事，在关键位置附近，主力会控盘让市场进行充分换手，然后才会形成有效的突破。比如均线、趋势线（通道）、技术整理形态、成交密集区域以及黄金分割线、整数点位和时间之窗等位置或节点，都有可能出现较大的换手。这里就主力在重要位置附近进行的换手做技术剖析。

1. 密集成交区换手

股价在某一个区域出现长期振荡或者巨大换手时，就会形成一个筹码密集成交区域。这个区域堆积的筹码越多，对后市股价上涨构成的阻力就越大。

很多情况下，筹码密集成交区域是主力长期在该位置吸货造成的，这类个股，通常需要主力要在该区域控盘做充分换手后，以涨停板的方式穿过筹码密集区，才能使后面的行情运行更加稳健。这时如果能及时介入，短线通常都有不错的收益。

如图 2–45 所示，顺博合金（002996）主力完成建仓计划后，2021 年 3 月 10 日开始连拉 3 板，股价回到前期密集成交区。这时，如果主力执意上攻，势必会威胁到后面的顺利拉升。所以，主力控盘在 3 月 15 日开展放量换手，目的是消化浮筹，沉淀资金。顺利换手后，开启 6 连板上涨行情。

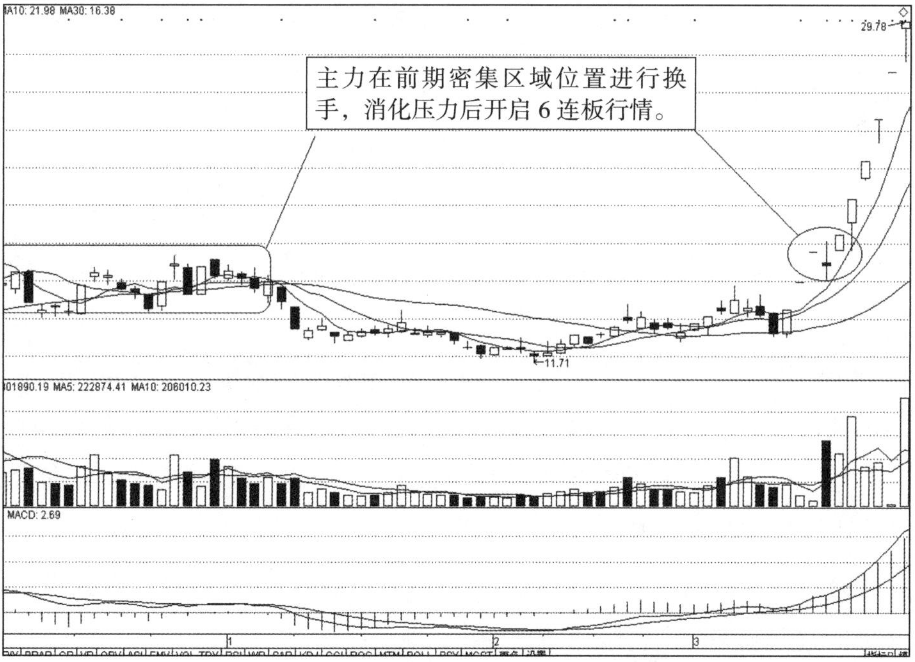

图 2–45　顺博合金（002996）日 K 线图

如图 2–46 所示，中岩大地（003001）的股价在弱势调整过程中，庄家顺利地完成了建仓任务。2021 年 3 月 30 日，该股开始以连续 3 个涨停向上脱离底部盘区，股价回升到前期密集成交区上方。但第3板是一字顶板方式突破的，当日换手并不充分，走势也不可靠。于是，主力控盘在4月2日低开振荡，进行补充换手，成交量放大。午后强势拉板，表明换手成功完成，之后股价继续连板。

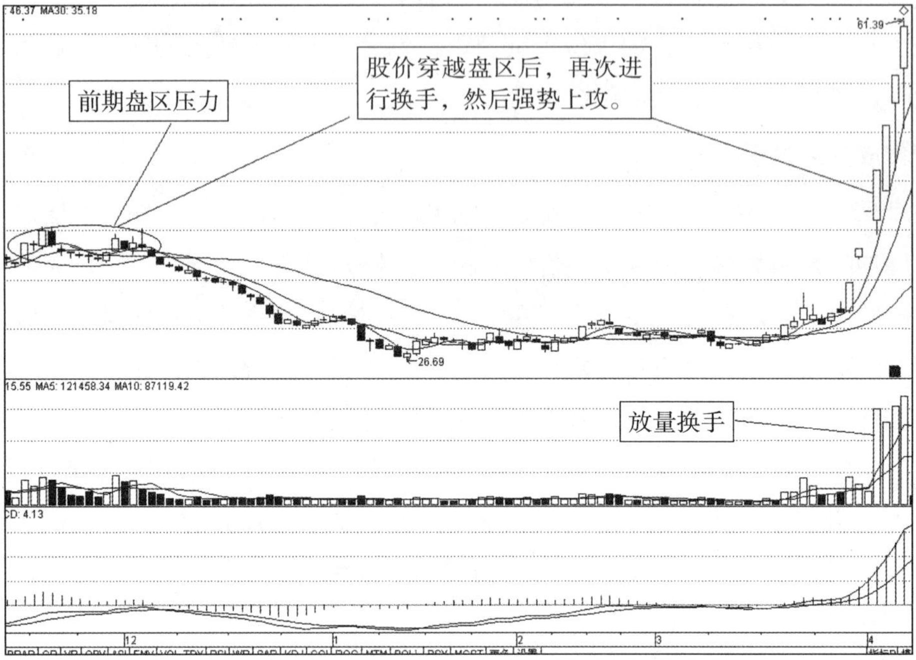

图 2-46　中岩大地（003001）日K线图

2. 遇前高压力换手

当股价形成一个明显的阶段性高点时，那么这个高点对后市走势具有一定的技术分析意义和心理作用，它往往成为后市较长一段时间内的阻力位。未来，当股价回升到这个高点位置附近（离前期高点10%以内）时，主力就会展开洗盘换手动作，以利于后市顺利拉升。

随着股价不断拉升，前期套牢盘逐步解套，该抛的会选择抛出，该留的会继续持股。当股价接近前期高点时，主力往往会选择试盘，以减少前期高点套牢盘带来的抛压。消化压力区的浮筹后，主力为了展示做多的决心，往往会以涨停突破前期高点。在大势向好的情况下，此类个股有效突破的概率比较高。

当然，也有很多攻击前期高点时假涨停假突破的情况，特别是在弱势大盘中。操作这类个股时，尽量做到顺势而为，坚决不要逆市打板。

如图2-47所示，华银电力（600744）前期盘区中的两个小高点，对后市股价上涨构成一定的压力，也是不少投资者一眼就能看明白的位置，因此该位置具有一定的技术和心理作用。经过一段时间的蓄势调整，多头信心得以恢复，股价渐渐向上回升。

2021 年 3 月 8 日开始，该股连拉 3 板，3 根涨停大阳线如同“红三兵”一样。很明显，在这个过程中，主力控盘使市场进行了很好的换手，所以从第 4 板开始出现上涨加速的情况。这里主力利用投资大众认可的阻力位进行换手，当主力达到目的后，就一鼓作气地向上拉升股价。

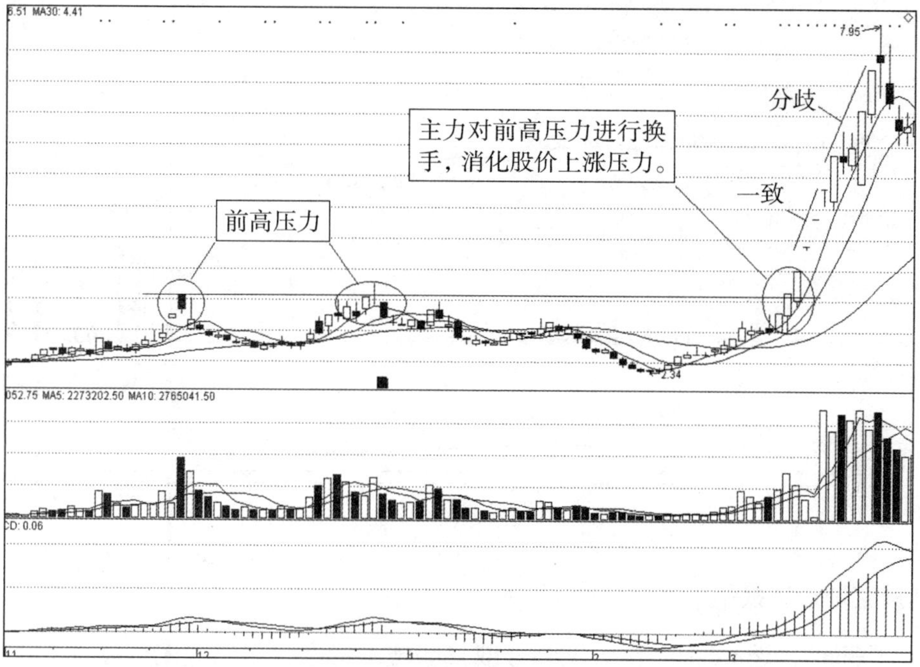

图 2-47　华银电力（600744）日 K 线图

3. 在均线附近换手

移动平均线是反映股价运行趋势的一种技术分析方法，均线有明显的压力和支撑作用，很多时候主力也会在均线附近控盘进行换手。

30 日均线是股价走势的灵魂线，不管是短线、中线还是长线投资者，都视 30 日均线为重要的均线。股价经历了一段时间的下跌之后，如果止跌并由下向上运行到 30 日均线附近，表明主力做多信心坚决，往往会选择放量涨停突破 30 日均线的压力，特别是在 30 日均线走平的情况下。但是，30 日均线是一道坎，对股价上涨具有很强的阻力，需要通过不断地洗盘换手，成交量放量，才能实现对均线的突破。

如图 2-48 所示，宜宾纸业（600793）的股价长时间在 30 日均线下方运行，均线系统呈现空头排列，不断压制股价走低。其后，股价在低位企稳整理，振荡幅度渐渐收窄。在整个调整过程中，成交量大幅萎缩，做空能量充分释放，股价基本跌无可跌。

2021 年 1 月 6 日，突然一根放量涨停大阳线拔地而起，虽然当天股价收在 30 日均线上方，但并没有形成有效突破。次日开盘后，股价重新回落到 30 日均线之下，经过盘中振荡换手后，午后直线拉板，股价有效站在 30 日均线之上，之后股价持续拉升。

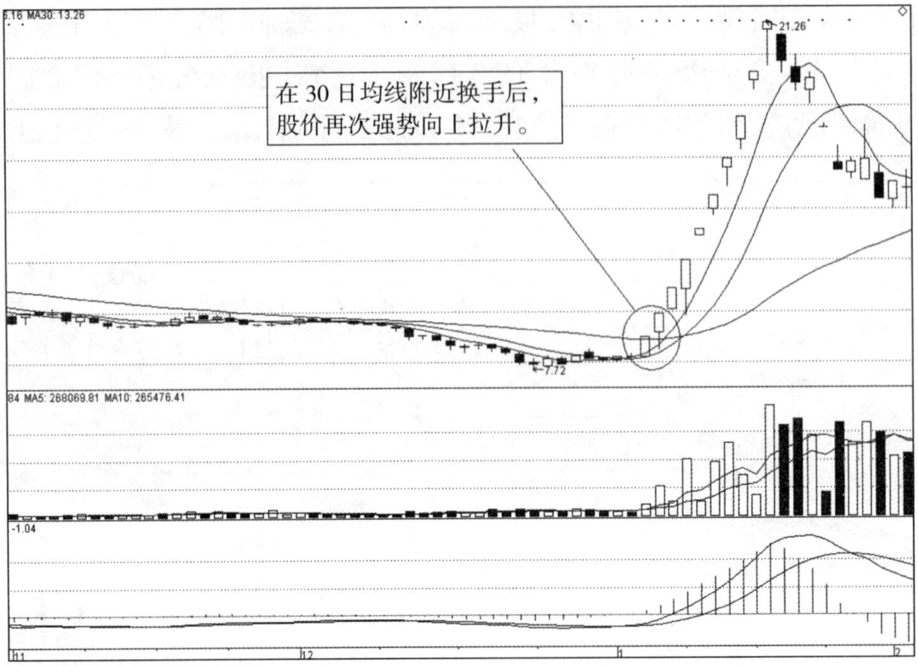

图 2-48　宜宾纸业（600793）日 K 线图

4. 利用整理形态换手

在股价长期的运行过程中，可能会形成某些技术形态，如常见的双重顶、头肩顶、圆弧顶等，都会对股价上涨构成一定的压力。主力也会在这些技术整理形态附近洗盘换手，以便为日后拉升股价创造条件。

如图 2-49 所示，国盛金控（002670）在前面的股价振荡过程中形成一个双重顶形态，该形态对后市股价上涨构成不小的压力。2020 年 11 月 26 日开始，该股出现 2 连板，股价回升到双重顶高点附近。11 月 30 日股价放量振荡，很显然这是主力借用双重顶的压力作用，主动展开洗盘换手，当日 K 线收纺缍线。次日早盘继续振荡换手，午后强势封板，此时说明换手成功结束。投资者可以当天打板跟进，后市大概率会有溢价。

除在上述重要位置换手外，实盘中，主力可能控盘换手的位置还有很多。无论在什么位置换手，当日必须要暴量换手，彻底封盘前的量能最好能高于左边平台的最大量，这是最完美的量价关系。如果是缩量上板，在板上会有抛压出现，一旦承接力不够，就会砸坏形态，这会非常伤人气，出现这种现象交易者也要谨慎对待。

二、换手时间和空间

1. 换手时间

主力换手是需要时间的，而且要恰到好处。如果换手时间太长，对主力来说可能是不

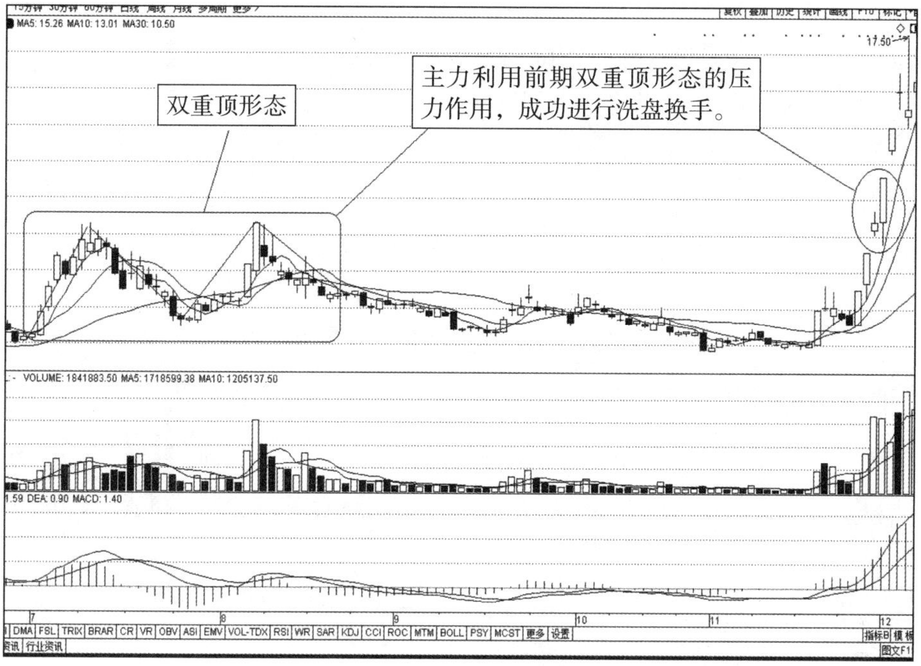

图 2-49　国盛金控（002670）日 K 线图

利的，反而构成新的障碍。如果换手时间太短促，又达不到让筹码换手的目的。根据换手方式、市场环境、题材热点、所处位置等不同情形，换手时间也长短不一。

有交易就有换手，整个交易过程其实就是一个换手过程。市场在不断地换手，只是每个时间段换手的集中程度不一样，目的和侧重点也有区别。

日内分时换手，短的几分钟就可以完成，长的则需要几个小时。同一波行情中，日线级别换手一般持续 1～3 天，很少有超过 5 天的。如果换手超过 5 天，大多是新一波行情。如果是趋势性换手，时间可能会超过 10 个交易日。

如图 2-50 所示，菲达环保（600526）的股价启动后连拉 4 板。2021 年 3 月 19 日，股价低开冲高振荡，成交量大幅放大，盘中浮动筹码得到较好的换手。次日开盘后，股价维持振荡整理一个多小时，然后直线拉涨停，随后股价持续连板上行。该股换手时间：日线一天 + 分时一个多小时，这属于换手比较顺利的走势。遇此盘面，投资者可以在换手结束后打板入场。

换手时间长短跟成交量大小、盘面强弱有关。一般来说，成交量大，盘面强势，则换手时间较短。另外，换手还跟主力的实力、仓位以及筹码分布有关系。比如，筹码已经大多掌握在主力手里，那么换手时间就可以很短。如果主力还没有收集够筹码，那么换手时间就可能很长。在拉升过程中，突然有大资金跟风，并且不是主力自己人，那么主力一定会进行长时间的洗盘换手，直到这个大资金离开再开始拉升，因为主力不愿意让别人受益。此外，换手时间长短还跟主力换手方式、股价所处位置高低有关。

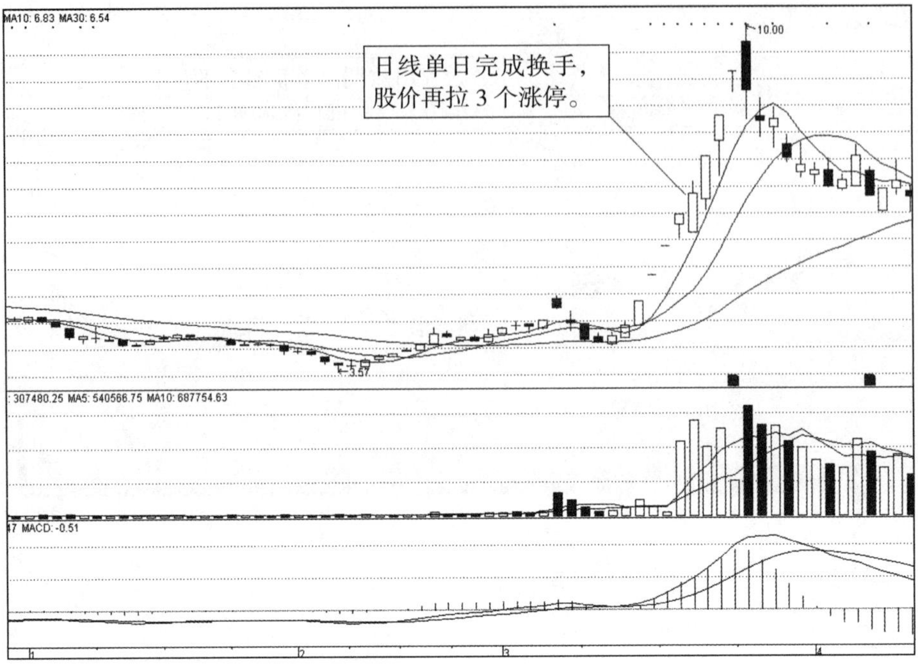

图 2-50　菲达环保（600526）日 K 线图

如图 2-51 所示，2020 年 5 月—7 月，王府井（600859）股价拉升过程中，两次明显的大换手都是以温和的方式展开，因此换手时间相对都较长。第一次大换手为 5 个交易日，第二次大换手用了 8 个交易日。第二次换手由于价位较高，外部资金入场意愿不强，所以多用了几个交易日。

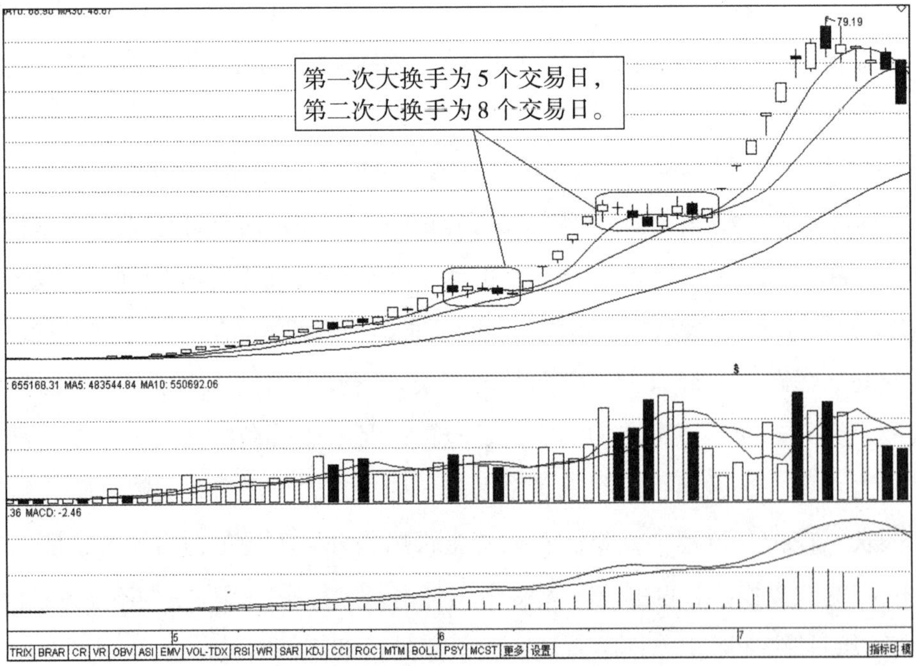

图 2-51　王府井（600859）日 K 线图

2. 换手空间

换手空间就是换手所需要的振荡幅度。主力需要在一个合理的区间内进行换手，如果这个区间太大，主力往往难以控制股价，太小又难以达到换手的目的。

日内分时换手的最大换手空间在涨跌停板范围之内，因为受涨跌停幅度限制，所以实盘中，一些手法凶猛的主力会拉出天地板或地天板。由此可以推论，日线级别的单日换手空间不会超出这个范围，这一点很好理解。

那么，日线级别的多日换手空间到底有多大？实盘中，大部分个股的换手空间在10%～20% 之间，大于 20% 的个股不多。这就说明，多数个股的换手空间并不一定比日内分时换手空间大，所以换手没有太大的区别，只是跟主力操盘手法、市场环境、仓位控制等因素有关系。

如图 2-52 所示，长源电力（000966）2021 年 3 月—4 月的行情中，日线换手空间在 20% 以内，换手时间是 8 个交易日，换手结束后展开新的拉升行情。

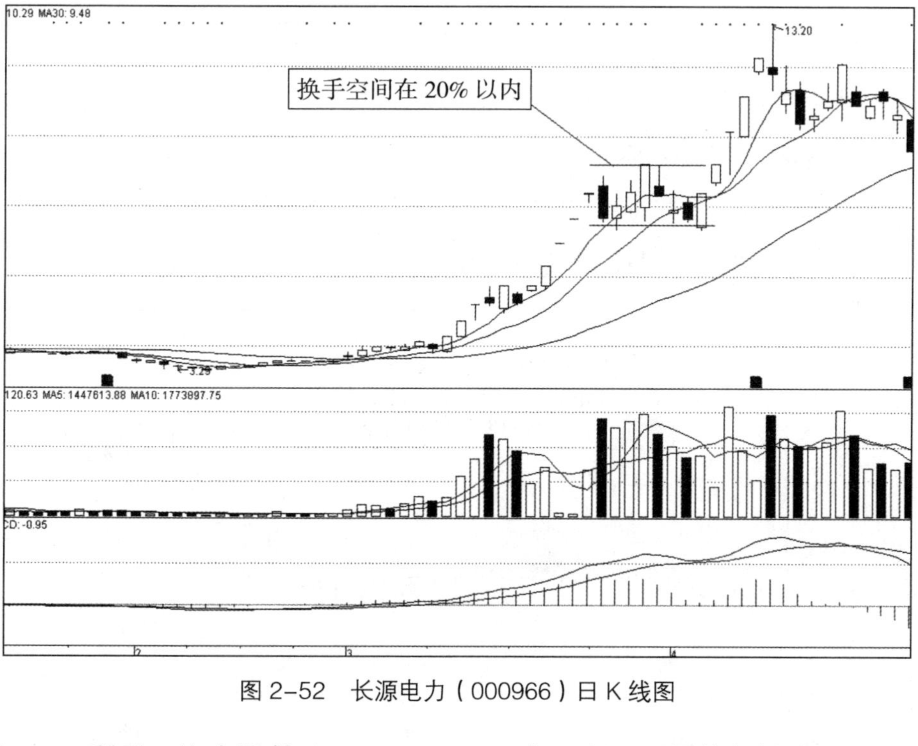

图 2-52　长源电力（000966）日 K 线图

如图 2-53 所示，迎丰股份（605055）2021 年 3 月—4 月的行情中，日线换手空间也在 20% 以内，换手时间是 6 个交易日，然后是新的 3 连板行情。

三、换手确认方法

先看一个有代表性的实例。

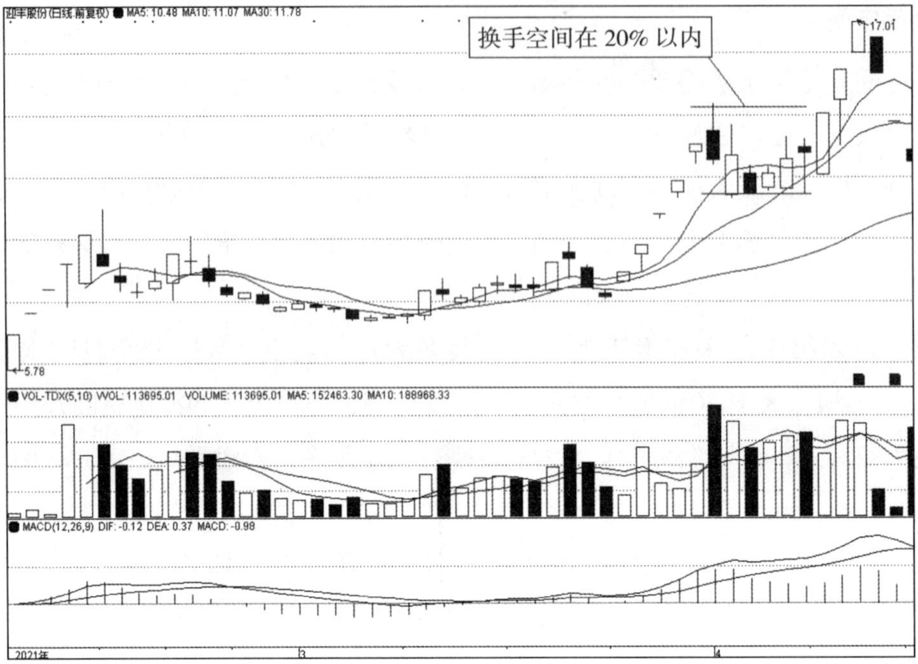

图 2-53 迎丰股份（605055）日 K 线图

如图 2-54 所示，东方通信（600776）的股价出现 4 连板后，2019 年 2 月 15 日在前期盘区高点附近炸板回落，收出带长上影线的 K 线，成交量很大。那么，对这根 K 线怎么解读呢？一定有很多种解释，比如可以看作出货，也可以看作收集筹码，或者理解为洗盘换手，而且每一种解读都有很强的背后逻辑支持。

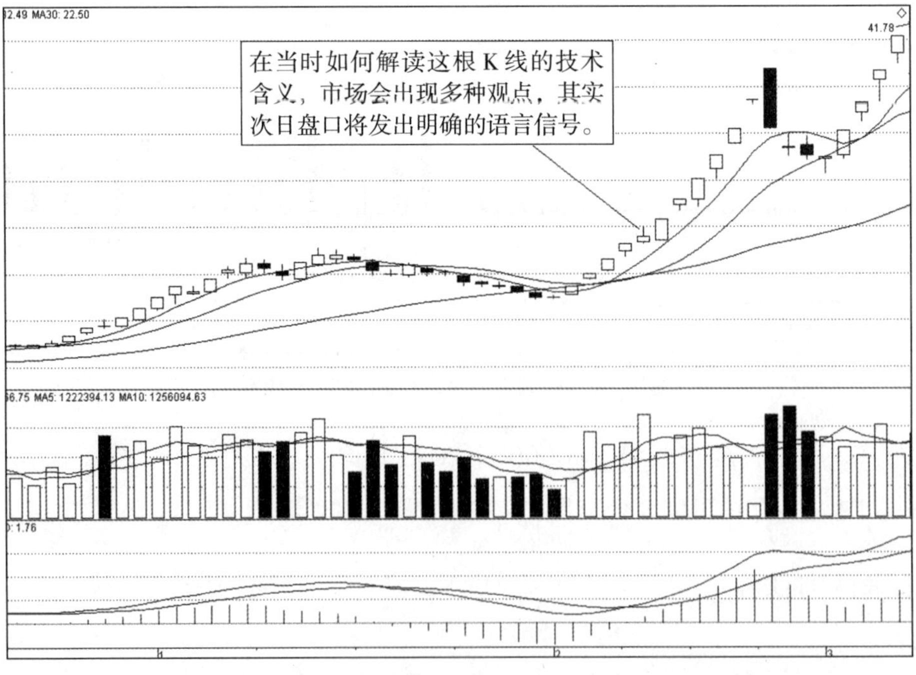

图 2-54 东方通信（600776）日 K 线图

到底这根 K 线属于什么性质，当时只有参与其中的主力知道，但市场很快会向大家发出明确的盘口语言信号，这可以在次日的走势中找出答案。如果次日下跌，就是主力出货，如果创新高涨停（昨天的筹码可以全部解放），肯定是主力收集筹码或者换手。由此可以看出，次日走势是确认当日是不是换手的关键点。

之前的 4 连板，成交量都很大，分歧与一致基本都在盘中完成，可以理解为上涨中的连续分歧，这样分歧才会有大成交量。随后的 6 板中，前几天成交量也较大，后面逐渐缩量，说明大家的看法走向一致。特别是后面的一字板极度缩量，代表行情即将到达顶部。

实盘操作中，对图中出现的一根或几根 K 线的定性，依当时的盘口特征是很难给出定论的，只有等到后面 K 线的验证确认，才能明确市场的性质。投资者可以从以下 4 个方面进行分析确认。

（1）分歧转加速。振荡中股价没有明显回落，甚至重心略有上移，然后股价放量加速涨停。这种情况大多有利好支持，股价拒绝回调，强势振荡换手后会加速上涨。

（2）反包转一致。涨停阳线反包前面的调整 K 线，包括单日和数日振荡幅度不大的 K 线。

（3）回升转一致。盘面做多气势强盛，股价放量涨停。由于前面的 K 线大于涨停板幅度导致形态上无法反包，可以确认换手成功。

（4）止跌分歧后转一致。股价很快止跌，回调幅度不大，短期出现振荡整理走势，形成一个小的盘区，然后放量强势涨停，这种现象可以确认盘区换手结束。

根据上述 4 种情形，下面举例做进一步分析。

第 1 种现象辨认并不困难，股价再次涨停就是明确信号。

如图 2–55 所示，豫能控股（001896）2020 年 12 月 18 日收出高开低走的阴线，

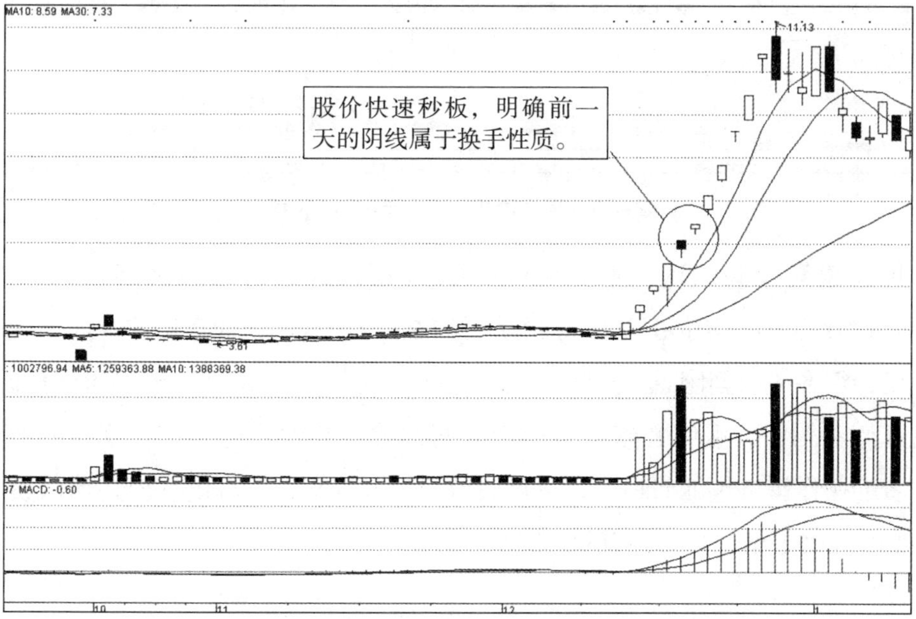

图 2–55　豫能控股（001896）日 K 线图

成交量大幅放大。在第 5 板位置出现这根阴线，到底是见顶信号还是正常换手，除主力外，市场中没有人能够看得懂（说看懂的人一定是马后炮，因为市场中没有股神）。次日，该股大幅高开后秒板，盘中烂板再次回封，这就向市场发出换手成功的验证信号。

如图 2–56 所示，青鸟消防（002960）的股价连拉 2 板后，从 2020 年 7 月 6 日开始出现调整，但股价并没有明显回落，3 个交易日都维持平台整理态势。此时，并不明确主力到底是不是在换手。7 月 9 日午后拉板，初步可以确认是市场换手，但尾盘走出烂板。如果烂板不能说明主力在换手，那么次日再次强势涨停，就明确发出信号，说明这是换手，且换手已经结束。同样的实例还可以参考潞安环能（601699）2021 年 4 月 29 日—5 月 7 日的走势。

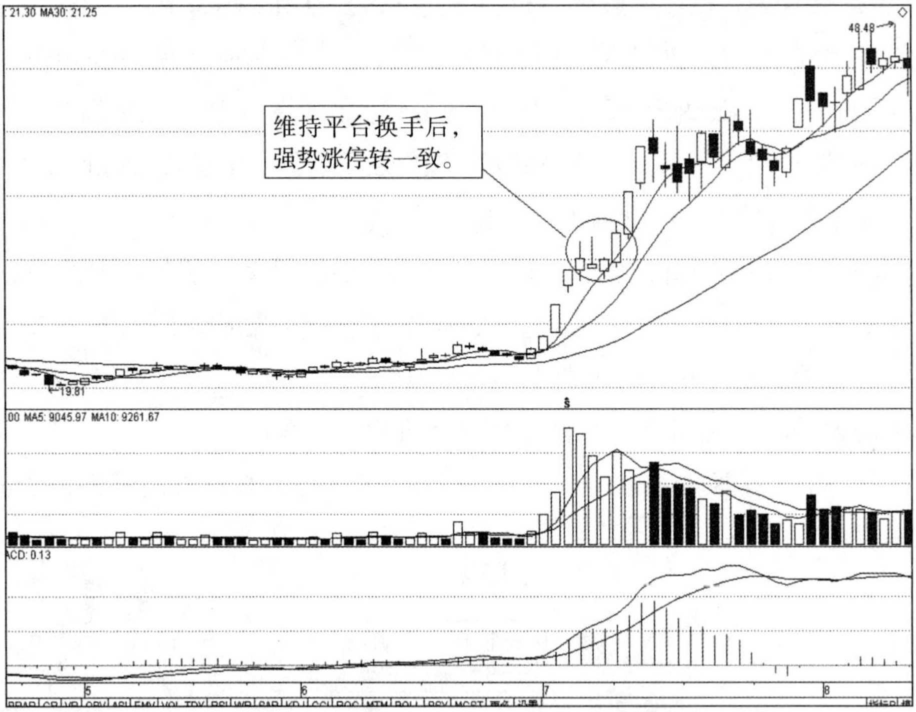

图 2–56　青鸟消防（002960）日 K 线图

第 2 种现象最容易确认，走势直观简单。如图 2–57 所示，经纬辉开（300120）2020 年 7 月 20 日开始连拉 5 板，7 月 27 日和 28 日出现两天放量调整。如何确定这两天调整的性质，很多人感到困惑。7 月 29 日开盘后，股价强势拉高，经过 40 分钟休整后，第二波拉起强势封板，涨停 K 线反包前面的两根调整 K 线，这时主力就亮出了换手的明牌，投资者的操作策略也就清晰了，之后股价再现 4 连板。同样的实例还可以参考新天绿能（600956）2021 年 3 月 26 日的走势。

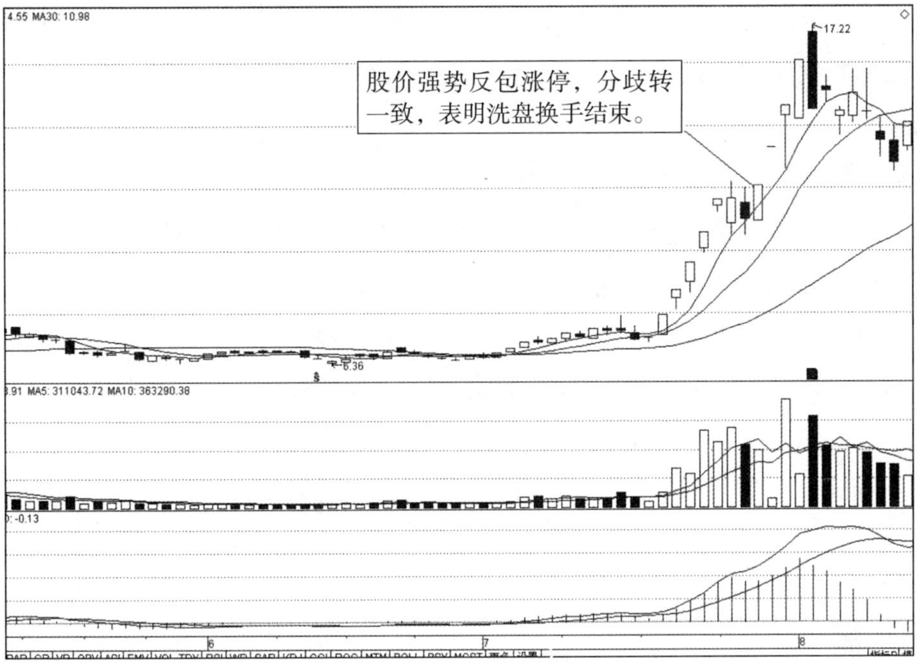

图 2-57　经纬辉开（300120）日 K 线图

第 3 种现象盘面结构也比较容易确认。

如图 2-58 所示，台海核电（002366）收出 2 个一致板后，2021 年 3 月 10 日高开 6.89%，盘中快速翻绿，然后向下盘跌，当日收跌 8.82%，K 线为一根长达 15.71% 的光头光脚大阴线。次日，低开振荡半个多小时后，股价直线拉起，强势封板。K 线虽然没有

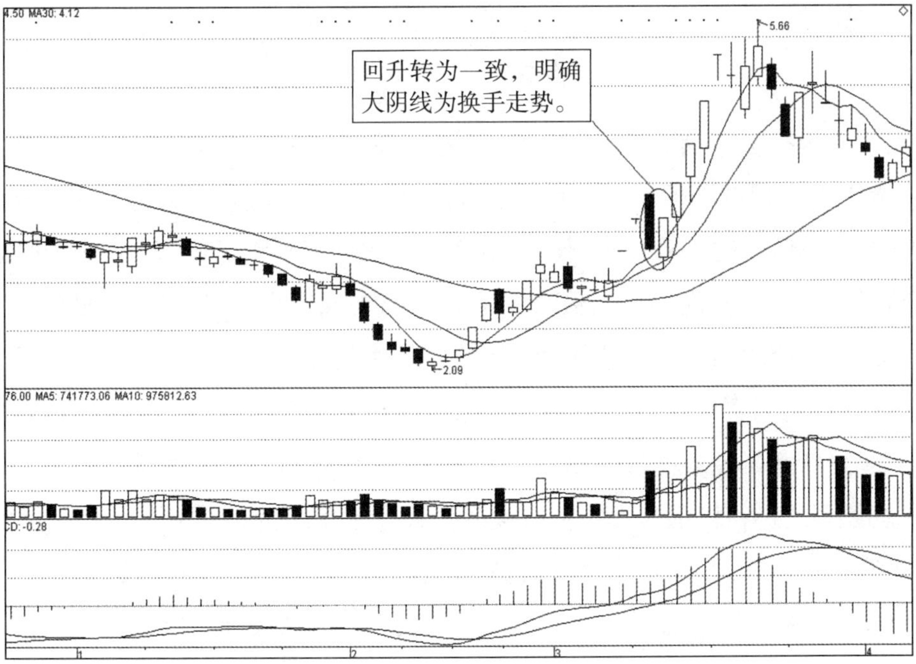

图 2-58　台海核电（002366）日 K 线图

形成反包，但可以说明前面的大阴线就是换手性质。明白了前面的K线性质后，就可以大胆入场，之后股价走出5连板。同样的实例还可以参考东安动力（600178）2020年7月29日的走势。

第4种现象相对难判断一些，也经常出现误判。

如图2-59所示，海南发展（002163）2020年7月10日开始连拉3板，然后出现调整，但股价回调幅度不大，形成一个整理盘区。7月27日，股价止跌回升，放量涨停，表明盘区换手结束。同样的实例还可以参考海利生物（603718）2020年7月21日的走势。

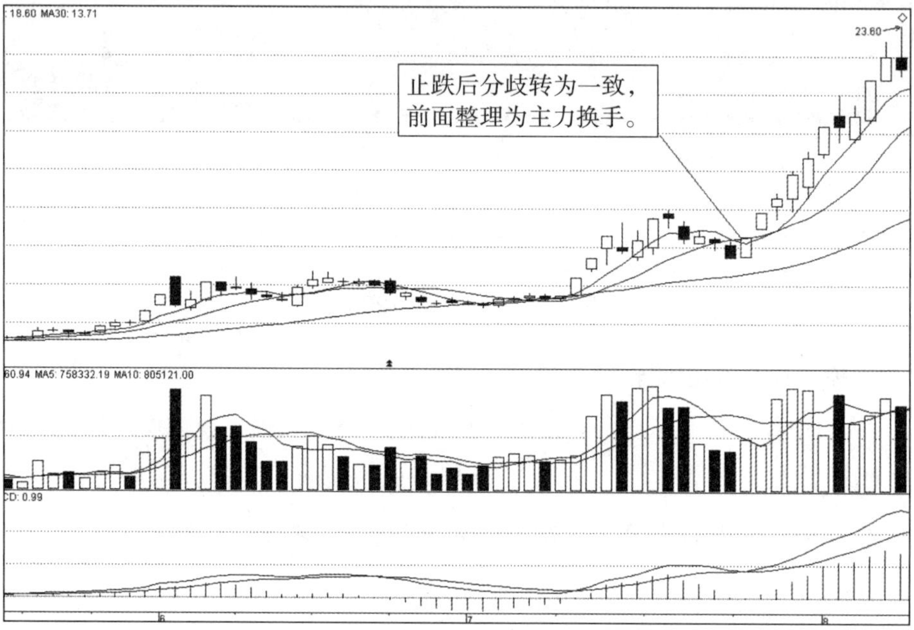

图2-59 海南发展（002163）日K线图

盘面是否属于换手，除了上面4个方面的分析之外，还可以参考以下因素。

（1）大盘强弱程度和板块联动程度。一般而言，当大盘处于调整、弱势反弹时，个股出现放量振荡，可能主力有减仓动作；当大盘处于强势或平稳运行时，个股出现放量振荡，大概率是换手走势。个股换手后上涨时，板块联动向上，则可信度较高，此时要选择量能最大、涨幅最大的个股操作，这往往就是板块中的龙头股。

（2）抛出量与入场量。如果盘中抛出量很大，说明主力在减仓。如果盘中成交量比较温和，有明显新增资金入场，就属于换手振荡，投资者可以逢低跟进。

（3）均线系统。在换手过程中，均线系统保持完好，很少让5日和10日均线形成死叉，股价下穿5日或10日均线后很快会被拉起。

（4）位置要求。股价涨幅较大，不管是否换手，无须关注。比如，股价高位盘整后向上假突破。

第六节　涨停板晋级模式

一、单边上涨中的买点

1. 开盘买入法

开盘买入法的核心：辅以集合竞价过程来判断，这个竞价趋势不是只看标的股，还要看其他龙头股及跟风股的走势，它们是不是同向或反向情形。把这一点了解清楚后，就要判断市场气氛的好坏。假设市场气氛不错，那么就要做出“点位策略”的判断。

点位策略，通常要看前一日的涨停方式和走势强度。如果前一日的涨停是在 0 轴以上不太高的位置发起冲击的，比如 3% 附近横盘后直线拉升封板，在这种相对较低的位置拉升，第 2 天有平开或稍微高开的可能性（3% 涨幅以下）。这时观察竞价的情况，如果竞价情况很好，可以考虑在集合竞价时买入。

如图 2–60 所示，2021 年 3 月 24 日重庆燃气（600917）的首板分时走势，午后直线拉板，次日小幅低开，盘中换手后股价再上板，之后形成 5 连板。同样，2021 年 3 月 26 日，新疆交建（002941）的首板分时走势，午后直线拉板，次日平开后振荡换手，尾盘再次直线拉板，之后两日出现一字板和 T 字板。

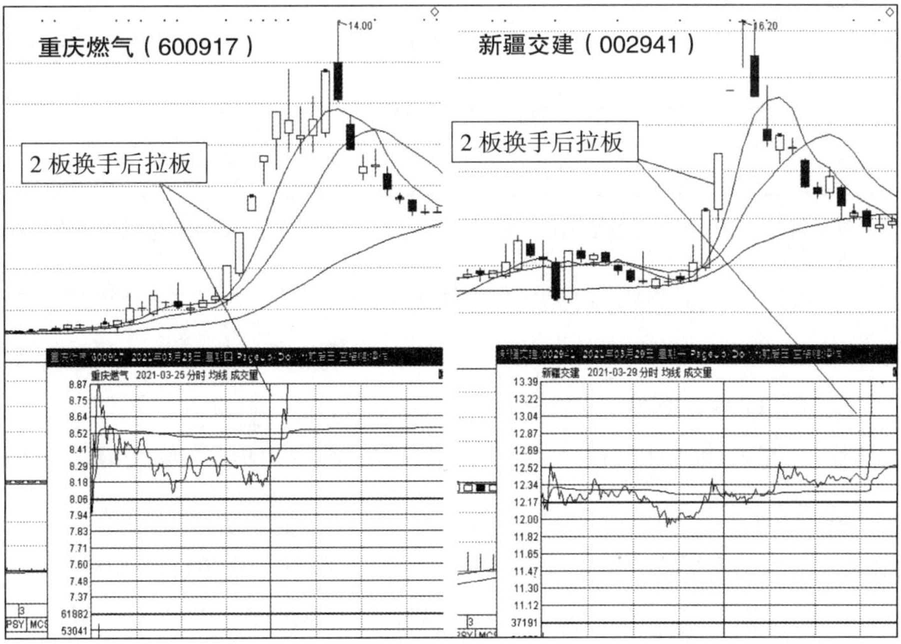

图 2–60　重庆燃气（600917）和新疆交建（002941）日 K 线和分时走势图

如果前一日是从 0 轴以下直线或持续拉升封板的，那么次日一般有低开的可能，这也是非常好的买入机会。

其中的内在逻辑是：前一天低开，但最终拉到涨停，一方面体现多头强势，值得次日买入；另一方面是前一日振幅过大，需要在次日开盘时进行消化换手，低开是较好的选择。如果看到有低开的机会，开盘 5 分钟之内可以买入。

如图 2-61 所示，2021 年 3 月 30 日，泰坦股份（003036）首板小幅低开 2.12% 后直线单波拉板，盘中开板换手后回封。次日 2 板低开 2.59% 后，对前一天直线拉板产生的浮筹进行消化，午后主力轻松封板。同样，2021 年 3 月 9 日，华银电力（600744）的 2 板分时走势中，股价小幅低开后大幅向下打压，股价从下跌 5 个点的位置一口气拉至涨停。次日 3 板低开 3.3% 后向上推高涨停，之后出现加速连板。

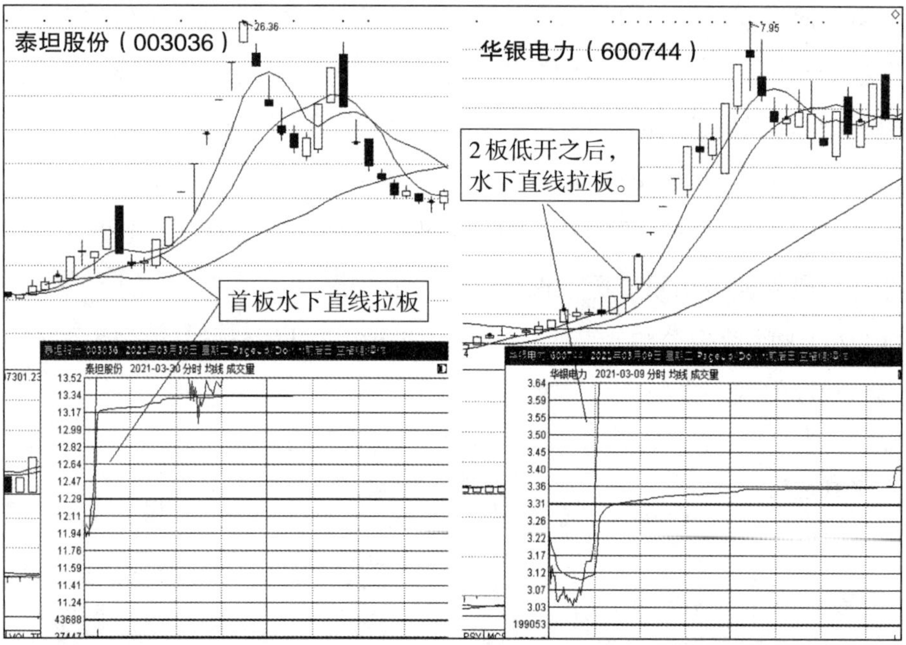

图 2-61　泰坦股份（003036）和华银电力（600744）日 K 线和分时走势图

集合竞价买入技巧：早盘集合竞价时段为 9:15—9:25，时间为 10 分钟。按照集合竞价规则，9:15—9:20 的挂单是可以撤回的，因此经常看到有些股票一开始是涨停的，但到了 9:20 就变成了绿盘，其实，这是有资金特意通过挂大单来吸引眼球。集合竞价真正有价值的时间段，是 9:20—9:25 之间，因为 9:20 之后的挂单不能撤回，这能真实反映场内外资金的博弈。

集合竞价下买单的最佳时间，应该是集合竞价结束前的最后 20 秒，即 9:24:40—9:25。不要在 9:20 后就着急下单，这近 5 分钟的时间里，要判断竞价的盘口，这个时间段是非常重要的观察时间。

9:20 后成交量缓慢放大，红柱子连续排列，最好每个红柱子之间没有空隙。9:20 前，最好临时有巨单挂过涨停板。

开盘买入法的“点位策略”：如果错过了挂单时间，或者没有信心下单，那么就在开盘以后再行决策。假如股价开盘较高，涨幅在 6%～9% 之间，不妨等着它涨停，在打板时买入，这就是下面要讲述的“涨停买入法”。

2. 涨停买入法

涨停买入法也叫打板买入法，主要分为两种情况。

一种是确认涨停的排板。当市场出现重大利好，或人气情绪极度亢奋时，同题材里多只个股同时上涨拉板，这时龙头股就会有很高的次日溢价，可以在次日早上集合竞价期间挂单排板龙头股。如果开盘放量，排板成交，无异于一次中奖。

另外一种是盘中打板。当妖股开始拉升，在第一次封涨停时，这个时候打不打板，要根据之前对该股的预判分析来做决定。如果一封时没有赶上，那么回封时就要坚决介入。

这种买入的内在逻辑是：市场很多打板者都是盲目打板，见板就打，一旦炸板，次日亏损是不可避免的。所以，一封时可否介入，完全看对该股和市场的理解力。如果认为自己的判断是正确的，那就一封时去打板，成功交易的概率较大。

如果对该股信心不足，那么就看是否有回封的机会。因为一封炸板又能回封，说明该股的强劲势头并没有削弱，所以回封时买入是最安全的介入时机。

很多新手都喜欢打一封，但一封的风险比回封要大很多。如果是超级高手，对该股的理解力很深，可以直接尝试一封时介入，或者回封时作备选。如果是新手或交易能力一般的投资者，还是选择回封时介入比较稳妥。

短线打板者的噩耗就是涨停封不住，很多时候快速回封也有被打开的。那么，如何才能增加涨停板被封死的确定性？实盘经验是横盘 30 分钟内再回封的确定性较高。

如图 2-62 所示，2021 年 3 月 26 日，迎丰股份（605055）的 2 板分时走势，开盘后先进行短暂下探整理，然后快速拉板。由于日 K 线处于前高压力位附近，所以主力封盘几分钟后开板。经过 10 多分钟的开板换手后再次回封，此时为较好的入场机会，之后股价出现连板。同样，2021 年 3 月 16 日，顺博合金（002996）快速拉板后，盘中炸板换手，然后回封，随后股价出现 6 连板。

盘中打板的时候，除了观察一封和回封的介入时机，还有一个更重要的指标，那就是当日的成交量。

为什么很多人打板会失败，就是因为忽视了即将封板时成交量放出了天量，这一般是

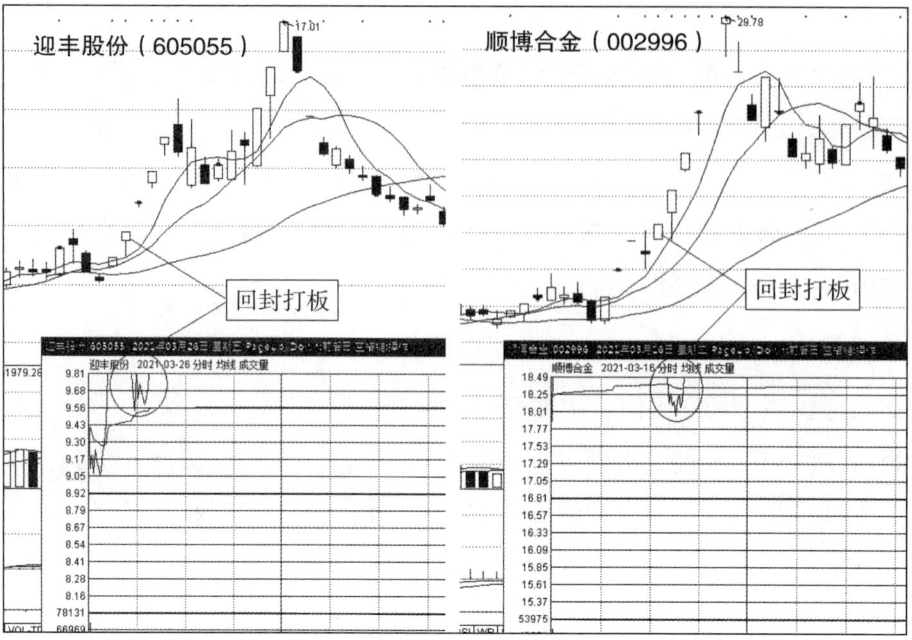

图 2-62　迎丰股份（605055）和顺博合金（002996）日 K 线和分时走势图

顶部信号。如果封板时量能超出了上一个交易日的 1.3 倍，这种板就不能追了，即使开板后回封成功，或者尾盘涨停，最好也不要介入，次日低开的概率很大。

这种操作法的内在逻辑是：无论是几连板（换手板），量能最好是逐步温和放大。个股在即将封板时放出天量，就说明盘中分歧超大。当然，要想高换手必须有分歧，很多时候有分歧是好事，但是天量就意味着分歧超大，或者大家的看法都是一致的，这就蕴含了风险。所以，在考虑打板的时候，量能是必须要观察的指标。

二、调整振荡中的买点

如果市场气氛不好，或者主力洗盘，盘中会出现短暂的振荡回调。这种情况通常有如下两个买点：

第一，股价回调，再度拉起后，打板买入。

第二，股价回调到一个止跌概率最大的相对低点位置，低吸买入。

妖股盘中调整时的介入时机只有这两点，没有“半路板”，投资者也不宜做半路板。半路板的定义是：在盘中涨幅达到 5% 以上时，入场买进的操作方法称为半路板。

这种操作法的内在逻辑是：妖股低位时（回调）或高位时（打板）都是可以参与的，唯独中间位置（半路板）不太好参与，因为这里涉及确定性是否充足的问题。对于妖股，不好判断中间位置是拉高出货，还是真的向上拉升。此时游资也处在观望态势，观察市场环境是否支持拉升，如果游资确定不接力或加仓，那么就不能在中间位置介入半路板。哪怕半路板最后成功封板，也是小概率事件。对于一个长期做妖股的投资者来说，要注意培养良好的交易习惯。

那么，如何使用这两种方法买入？下面结合实例进行剖析。

1. 反转打板法

关于第一点：股价回调，再度拉起后，打板买入。日 K 线级别调整结束，股价再次反转涨停时买入，具体方法可以参考前文普通的“涨停买入法”，策略是相同的。

如图 2-63 所示，台海核电（002366）2021 年 3 月 11 日的走势。受前一天下跌惯性的影响，股价低开弱势振荡，然后从水下直线拉板。盘中开板回封，之后走出 5 连板。同样，深圳能源（000027）第一波拉高行情后出现振荡整理，经过短暂的洗盘换手后，日 K 线级别调整结束，2021 年 3 月 22 日振荡走高，在前高附近消化套牢盘，午后封板不动，开启新的上涨行情。

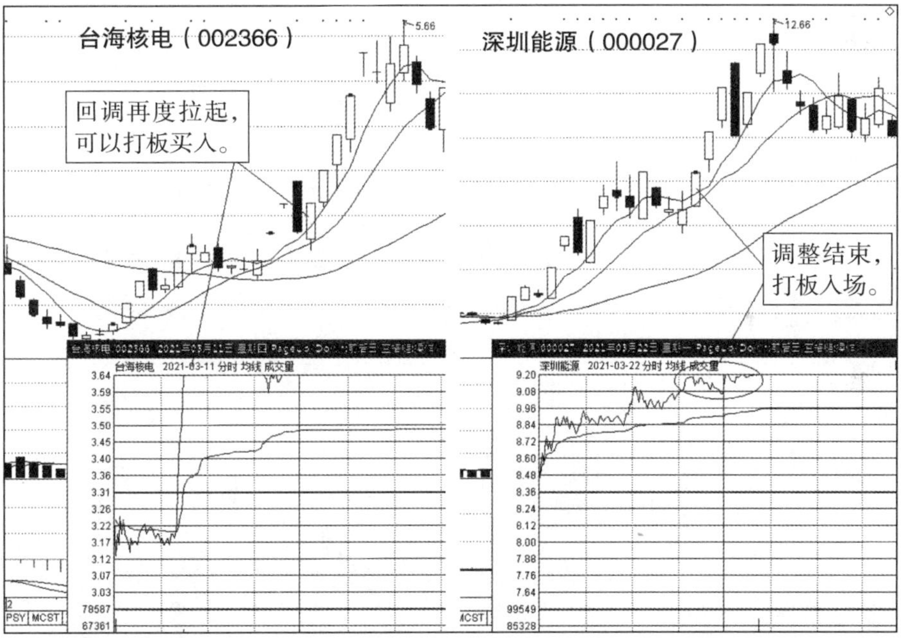

图 2-63　台海核电（002366）和深圳能源（000027）日 K 线和分时走势图

2. 回调低吸法

关于第二点：对于主力资金来说，这可能是做 T 的好机会。如果逻辑上确实是妖股，那么拉升的概率就非常大。盘中缩量下跌（低吸）和放量拉升（冲板）是两个重点要盯住的机会。

在下跌低吸过程中，基本是在 –6%～–8% 位置比较好，主要是考虑承担的风险和获得收益的性价比。但在妖股战法中，不能按照这个标准来执行，因为妖股和普通股完全是两个操作模式。

通过分析，发现很多妖股成型后，它们开盘调整的情况，多数是高开后向下回调，回调到 0 轴以下的情况并不多。如果回调的幅度太大，基本上是奔着跌停去的，那么妖股基本上可以断定废了，直接放弃。

一般情况下，妖股开盘后，有冲高回落和开盘直接下跌两种情况，这两种情况出现的概率会多一些。

第一种情况：股价开盘后，快速冲高回落，但股价还没有翻绿，此时如果要买进，那就属于“半路板”。不提倡大家半路板买进，因为不确定性太大，所以放弃。

第二种情况：股价开盘直接下跌，这时就要辨别几个是非问题。

（1）集合竞价的量能有多大？要求达到前一天的一半。

（2）在开盘以后，截至想买入的时间，这个换手和前几日相比如何？要求换手充分。

（3）开盘后的成交量，与昨日相比有没有异常放大？要求成交量放大。

（4）量比与前几个交易日相比怎么样？要求大于一半以上。

（5）成交明细的大买单和大卖单谁占上风？要求有大买单入场。

如果想清楚了这几个问题，认为风险不大时，可以在股价高开后，回调幅度在 3%（与开盘价相比）时，下单买入。

如图 2-64 所示，2021 年 1 月 19 日，陕西黑猫（601015）开盘后没有明显的冲高，而是出现 3 小波下跌。股价没有翻绿，回落幅度在 3% 左右，盘面符合上述几个买入要素，此时可以逢低进场。之后企稳回升，股价强势拉板。

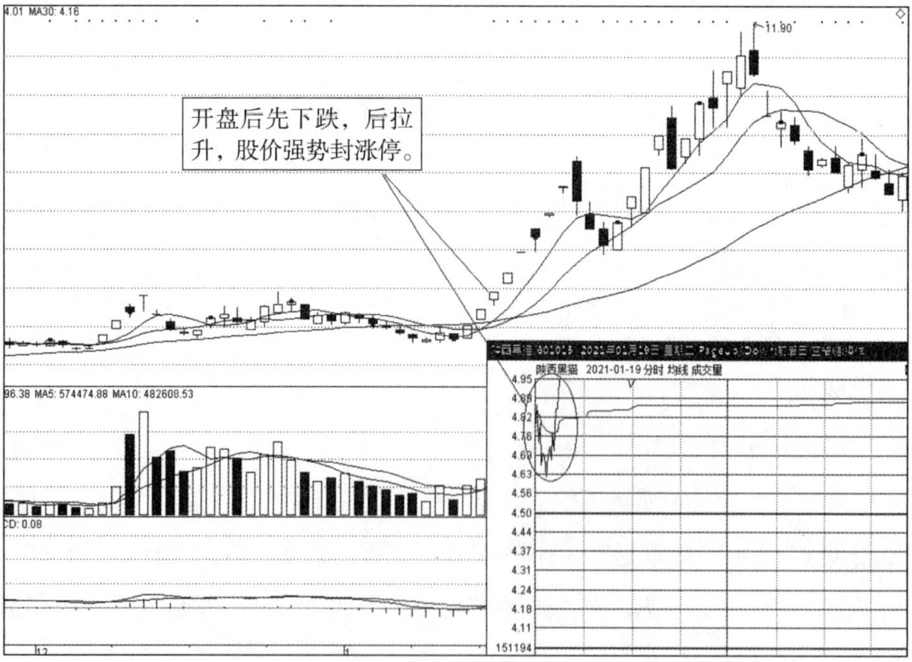

图 2-64 陕西黑猫（601015）日 K 线和分时走势图

需要注意的是：回调 3% 的买入时机，不是开盘以后股价翻绿跌幅到了 −3%。有很多妖股走到顶部时，开盘会直接下杀，可能只用几分钟时间，已经杀跌翻绿了，有的可能跌到 −5% 的幅度，振荡幅度一下子超过了 10%。一旦发生这种情况，是千万不能介入的，这样的妖股，股性已经废掉了。

现价与开盘价相比，假如有 3% 左右的回落，股价必须仍是红盘时，才是介入的机会。妖股往往给予开盘交易的时间非常短，这个回调的点位，大家要特别重视，可能一蹴而就，瞬间划过，然后快速拉起。

无论怎样，必须牢记：妖股向上，就选择打板；向下，就选择低吸。切忌不要做半路板，也就是涨幅在 5%～8% 区间不能买入，这种买入风险极大。

如果比较两种买入方法，应偏向打板妖股买入法。妖股回调低吸法，还是有赌博的成分在里面，而且对投资者的综合素质要求太高。

第七节　弱转强接力逻辑

一、弱转强的形式

妖股常以妖娆的连板走势令市场为之瞠目，每次认为上涨将要结束时，它都能够力挽狂澜，浴火重生。比如，2021 年 1 月的宜宾纸业（600793），弱转强后走出 10 连板行情；2021 年 3 月—4 月的顺控发展（003039）有了妖气后，一连拉了 21 个涨停。

什么是弱转强？一般是当日（T+1 日）和前一个交易日（T 日）走势做对比，出现超预期的强势走势。也就是说，当市场前一天股价已经走弱，后期将可能迎来大跌，然而当日走势超出市场预期，股价大幅走强，这称为弱转强。

弱转强其实是“外弱内强”，也就是说，看起来其表现是弱势，而内在很强势，这是弱转强的关键，如果一只股票内在已经转弱，一般是很难转强的。

弱转强盘面上有两个特征要素：

（1）前一个交易日（T 日）走弱，市场预期将会大跌。

（2）当日（T+1 日）弱转强，出现超预期走势。

当然，有的弱转强开启了妖股的第二个春天，有的弱转强却成了诱多的陷阱。正确预期 T 日后走势比较关键，只有预判对了，次日才有对比的价值。如果 T 日走势非常强劲，T+1 日本就应该继续强势，却判断为弱转强，从而买在加速期，运气不好时直接面临 10% 以上的“大面”。

常见的“弱势”主要体现在以下 3 点：

（1）连板过程中，T 日出现实体中大阴线（最弱，实战中较多）。

（2）连板过程中，T 日冲高回落，留下长上影线。

（3）T 日涨停板烂板或尾盘打板（实战中略少）。

有了这样的形态认知后，就可以对 T+1 日走势进行合理预期。

弱转强的核心：该弱不弱，则为强。龙头 T 日走弱后，本该在 T+1 日继续走弱，然而不仅没有走弱，反而继续上涨，则为强势。主要表现在集合竞价弱转强（高开或抢筹）、早盘弱转强。

如图 2-65 所示，2021 年 3 月 25 日，新天绿能（600956）的股价高开 3.37%，颤抖式闪高后向下逐波回落，盘中封板跌停，尾盘开板撬板，收盘下跌 4.29%。这种盘面预期次日大跌，然而次日集合竞价直接被资金抢筹，从跌停板抢至红盘，上涨到 9.60% 后秒板。走势超预期，弱转强成立。

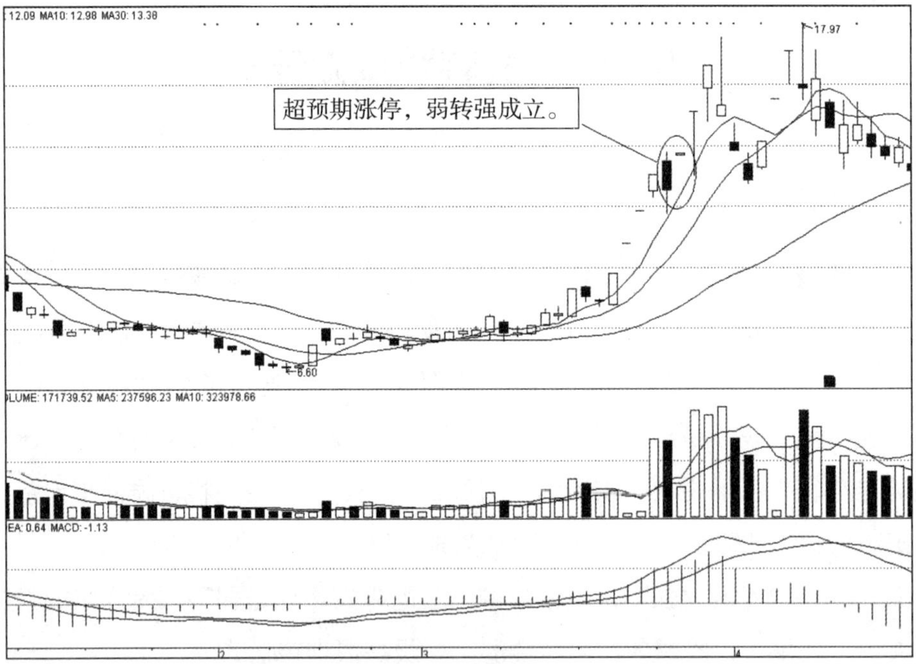

图 2-65　新天绿能（600956）日 K 线图

如图 2-66 所示，2020 年 4 月 16 日，神驰机电（603109）结束 3 连板，K 线高位收十字星，预期股价次日要调整。然而次日集合竞价高开 3.78%，直接开在十字星的高点之上，盘中振荡换手后涨停。弱转强成立，次日股价连板。

类似实例还有通光线缆（300265）。2020 年 3 月 16 日，该股股价以涨停开盘，尾盘被炸收阴，盘面显示短期有调整要求。可是次日小幅低开后迅速拉升近 7 个点，然后短暂的日内分时换手后直接上板。弱转强成立，之后股价连板。

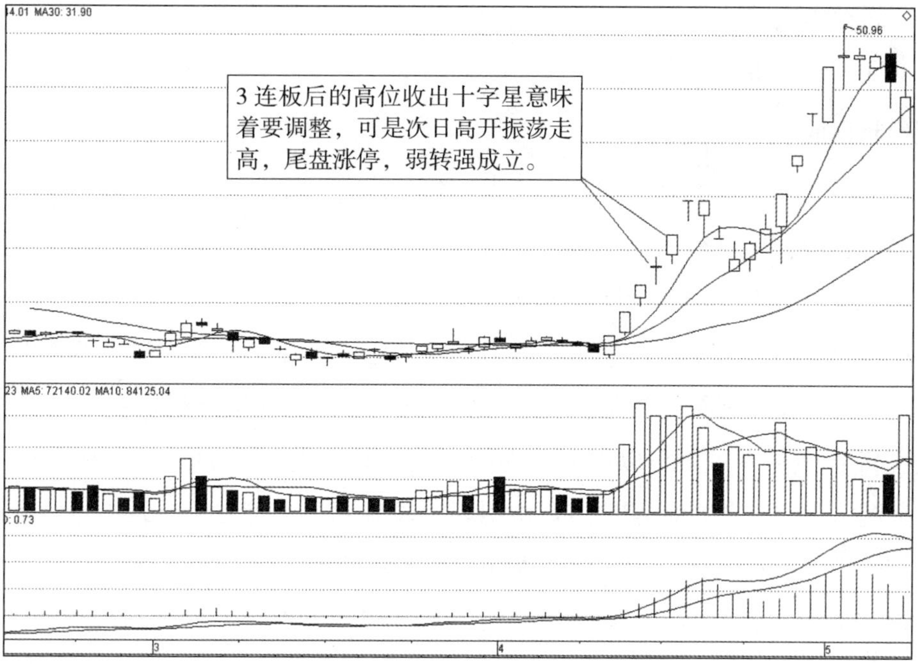

图 2-66　神驰机电（603109）日 K 线图

弱转强使用范围：强势股，最好是龙头。只有市场关注度高、具备人气、交易活跃的个股，弱转强的性价比才能最大化。真正的弱势股是很难转强的，应自动过滤放弃。

弱转强作为超短线的操作思路，一般在弱转强当日买入后，次日即可寻找卖点。快进快出是弱转强的操作要领，博弈的是情绪溢价。后期能否走出更强的连板行情，需要结合行情再行判断。

需要强调的是，弱转强无法精确地量化，属于一种思维模式。如高开多少算转强，拉升百分之几算转强，无法统一。如果一定要加上幅度，可以参考高开 3% 以上，拉升 6% 左右，这些都算是相对比较确定的弱转强。当然，如果有较大把握，也可以提前预判。在出现弱转强势头时即可介入，成功后收益会更多，但同时也增加了不确定性风险。

弱转强时的操作要因时而动。市场情绪高涨时，弱转强是快速介入龙头最好的时机，因为最强的龙头往往很难给予买入机会，弱转强模式则给了充分的准备时间。市场情绪处于退潮阶段时，弱转强反而是冲高卖出的最佳时机，龙头杀跌阶段贸然使用弱转强战法，容易跳入诱多陷阱。

二、超预期的类型

超预期，通俗地讲就是“没想到”，就是超出原先预想。这种超预期对实盘操作非常重要，它是临盘操作的依据。预期就是该加速时加速，该分歧时分歧。超预期时就是买点，不及预期时就要走人。

超预期通常有以下几种类型。

1. 竞价超预期

每天 9:25 前集合竞价时，可以看到许多个股大幅高开，这就是一种超预期。高开的类型可能各种各样，大部分对操作没有指导作用，甚至是一种陷阱，当天高开低走的个股很多。但是有些情况下，对临盘操作确是有很大的指导意义。

集合竞价是经过一个晚上市场多空双方在对消息面消化的基础上做出的选择，对于个股当天的走势具有举足轻重的作用。比如，2021 年 2 月的市场热点板块主要是有色、煤炭、钢铁、化工等，但是 3 月 1 日以碳交易为核心的中材节能（603126），在前一天涨停的基础之上大幅高开 7.27%，此前热点板块出现明显退潮，这就说明当天主力会在碳交易板块进攻，这时就应该将精力集中到碳交易板块而非其他板块。

如图 2-67 所示，华银电力（600744）2021 年 3 月 15 日的分时走势。这个换手板可参与，这类 T 字分歧换手板，可以说超预期强势，但同时也意味着高风险，因为场内资金随时可能砸盘止盈。即便是锁仓吃浮盈，那么后面谁还会心甘情愿地去抬轿呢？因此竞价一字板，炸板换手是不健康的。理论上，此股高位出现的换手板不参与为上策。

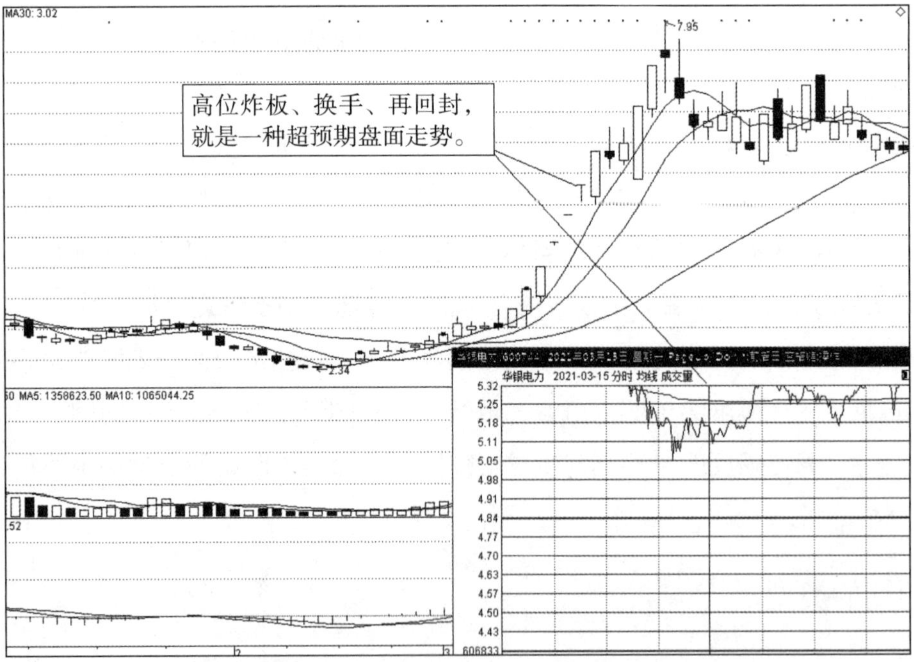

图 2-67　华银电力（600744）日 K 线和分时走势图

2. 分时超预期

如图 2-68 所示，郑州煤电（600121）2020 年 12 月 18 日这一天的分时走势。可以看到是拉板后不封板，但回落经过换手后成功封盘。第 2 天竞价高开，这就给大家发出了强烈的信号，买进。同样，东方通信（600776）2019 年 2 月 12 日这一天也是这种情况。本质上它们都是主力对前期高位盘区的筹码进行消化，然后开启第二波行情。前期的万兴科技（300624）和宏川智慧（002930）第二波行情启动初期也是如此。

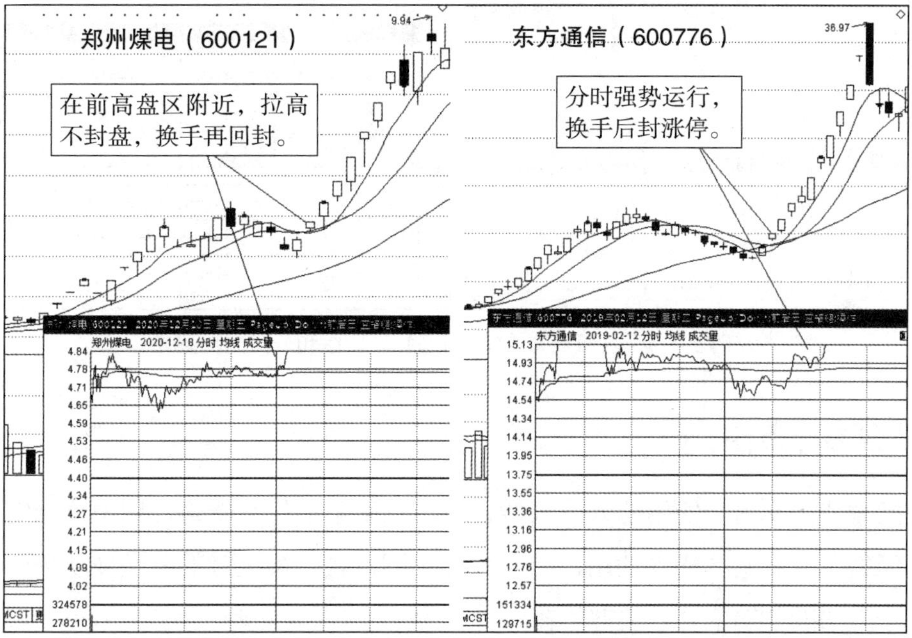

图 2-68　郑州煤电（600121）和东方通信（600776）日 K 线和分时走势图

3. 题材超预期

有时候，一个题材出来以后，人们并不知道它能走多远、走多强，这样就要第 2 天或随后几天确认。比如 2021 年 3 月的碳交易板块，当时市场中大多数人以为该板块走不远，难持续，而同期的“黑色系”是涨价大题材，后面上涨空间很大。但是当中材节能（603126）连拉 7 板后，华银电力（600744）等一批碳交易概念纷纷走强，使整个碳交易板块走向火爆，题材行情超预期。所以，短线投资者就要紧跟市场，市场热点在哪里，就第一时间跟到哪里。

如图 2-69 所示，2021 年 3 月 17 日，长源电力（000966）的股价收阴线，从 K 线结构分析，股价面临调整压力。但第 2 天出其不意大幅高开 7.28% 后秒板，带领“碳交易 + 电力 + 风能”题材板块出现超预期走势。

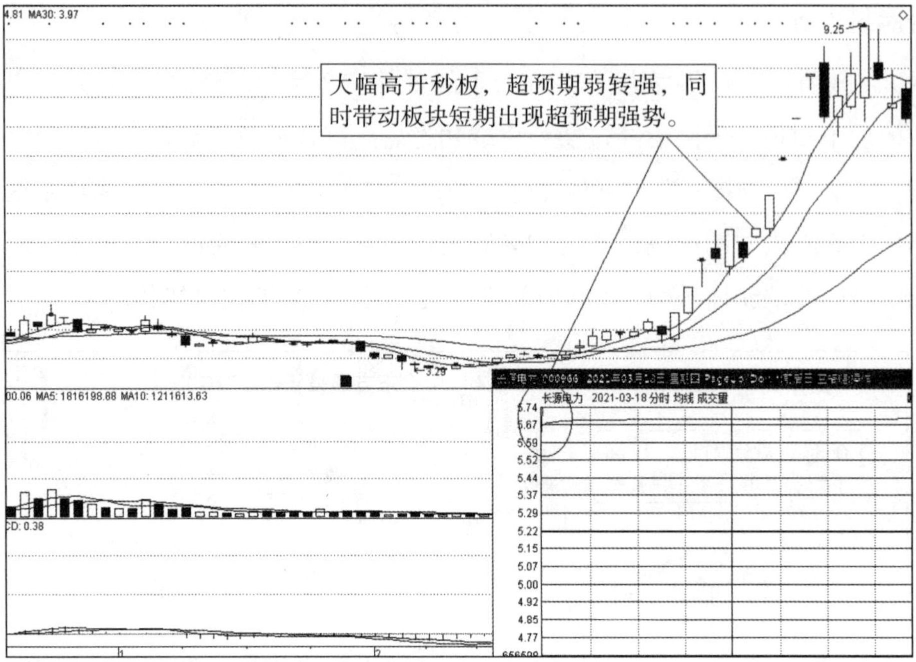

图 2-69　长源电力（000966）日 K 线和分时走势图

三、弱转强参与条件

烂板接力战法实盘中使用的人比较多，在市场里不算什么新奇，用得恰当能成为赚钱的利器。但每个战法不同的人使用，结果不尽相同，其中最关键的就是成功率。因此，如何提高一个战法的成功率才是关键所在。

何为强？何为弱？以涨停股为例，一般来说，能够在早盘半小时内快速封死涨停或者板块题材发酵前排上板的个股，封板过程中不开板，不大幅放量，即可简单理解为强。反之，冲板后反复开板，开板长时间不回封，日线放量明显，则理解为弱。

在短线市场里，烂板非常常见。烂板本身是一种弱势的表现，通常情况下，第 2 天大多走弱，能够继续走强的很少。因为涨停股反复烂板，当天买入成本基本都是在板上，而在板上买入的几乎都是短线打板者，打板者打到烂板后，大部分人的内心非常惶恐，场内筹码普遍认可其弱势地位，产生悲观或恐慌心理后，会造成第 2 天抛售。场外资金看到全天烂板，对其走势普遍不看好，使得个股再次走强的难度更大。

但是，如果烂板之后能够继续走强，就是超预期的表现，这就是该弱不弱即为强的意思。烂板之后该弱不弱，表明要么昨天介入的大量资金态度非常一致，继续看好个股后市表现，要么就是场外资金强势抢筹，进而稳定场内筹码，造成一致看多。这种表现形式就是这个战法所讲解的弱转强。

如何提高烂板接力战法的成功率？烂板弱转强的参与条件有哪些？

（1）假弱。从个股前一天的弱势中判断是真弱还是假弱。假弱一种是受到市场情绪、板块杀跌影响的烂板，另一种是个股连续加速后的放量分歧板。前一种是受到市场情绪的影响，烂板的个股中有不少是属于被错杀的。后一种是连续加速后场内资金兑现导致的大分歧，场外资金则继续看好其后市走势而买入，筹码成本上移，继续走强会形成类似空中加油的走势。

（2）行情配合。市场情绪、板块强势或由弱转强。短线接力有市场环境的配合，成功率就会提升。情绪弱势，一旦分歧加大，场内持仓的人想法再次分歧，弱转强可能再次强转弱。

（3）个股地位。当前的连板高度或者分支龙头、人气股地位高，辨识度就高，背后潜在的买盘就更多，若炸板则回封的概率就大。

（4）同身位第一个弱转强上板。这是主动性攻击力最强的表现，后面的就有模仿嫌疑，主动性肯定没有第一个强，所以同身位第二个弱转强一般不参与。

（5）竞价高开快速上板或者低开快速拉升上板，上板时对比昨日缩量。竞价高开和低开幅度都不能太大，两种上板方式都是攻击力比较强的，也容易稳定场内筹码。买点必须是打板介入，因为只有封死涨停，场内的筹码才能真正稳定。对比昨日缩量表明锁筹者多，放量过大就表明分歧还是太大，容易弱转强失败。

如图 2–70 所示，汉钟精机（002158）2020 年 2 月 28 日的走势。3 板当天烂板大分歧，这天主要是受到市场情绪影响导致烂板，当天高位股集体杀跌，高位龙头奥特佳、海陆重工、诚迈科技、北玻股份等跌停，市场跌停股数量高达 200 多只，该股当天烂板有被市场情绪拖累的成分。个股地位上，当时 3 板属于市场最高连板，该股也是 3 板，有继续竞争连板龙头的潜力。这里就满足了（1）（3）两个要点。

第 2 天，前面领跌的高位股乾照光电、诚迈科技、奥特佳等当天均开始止跌，连板股宏润建设直接大单顶一字 4 板，斯莱克、克劳斯都是高溢价开盘，当天市场情绪明显转强，该股竞价高开快速上板，这里就满足了（2）（4）（5）三个要点，那么这个弱转强的 4 板是可以参与的。

如图 2–71 所示，保变电气（600550）2020 年 3 月 4 日的走势。前期泛基建板块发酵，该股 3 板加速秒板，4 板继续顶一字板加速，5 板当天板块开始出现分歧，人气股东方电热炸板走弱，汉钟精机结束连板出现分歧。该股当天锁仓资金大幅兑现，造成暴量分歧烂板。个股地位上，该股属于新基建电网分支龙头，这里满足（1）（3）两个要点。

泛基建板块分歧后，当晚消息面有利好传闻，次日开盘板块竞价表现强势，5G、特

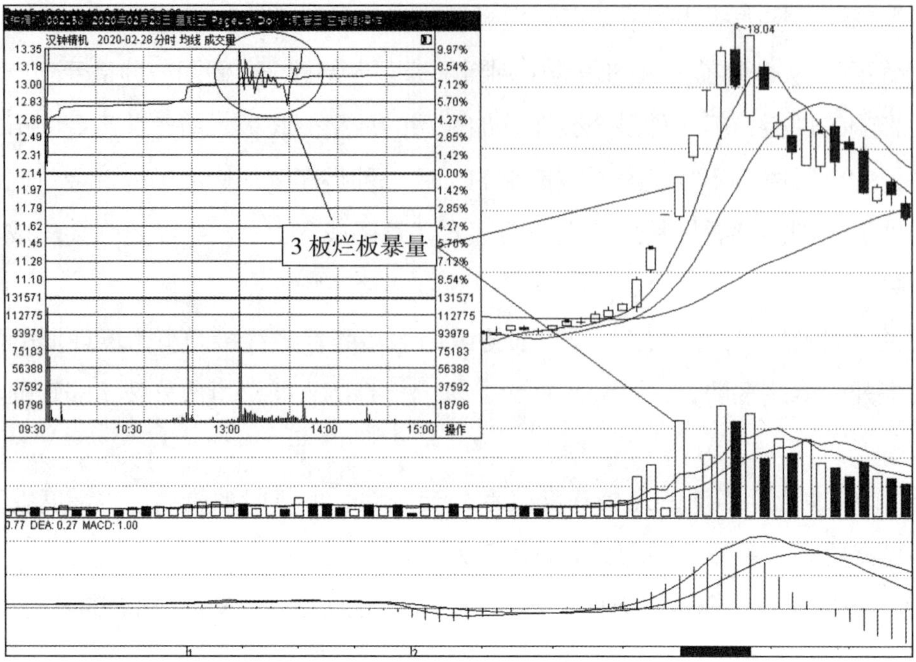

图 2-70　汉钟精机（002158）日 K 线和分时走势图

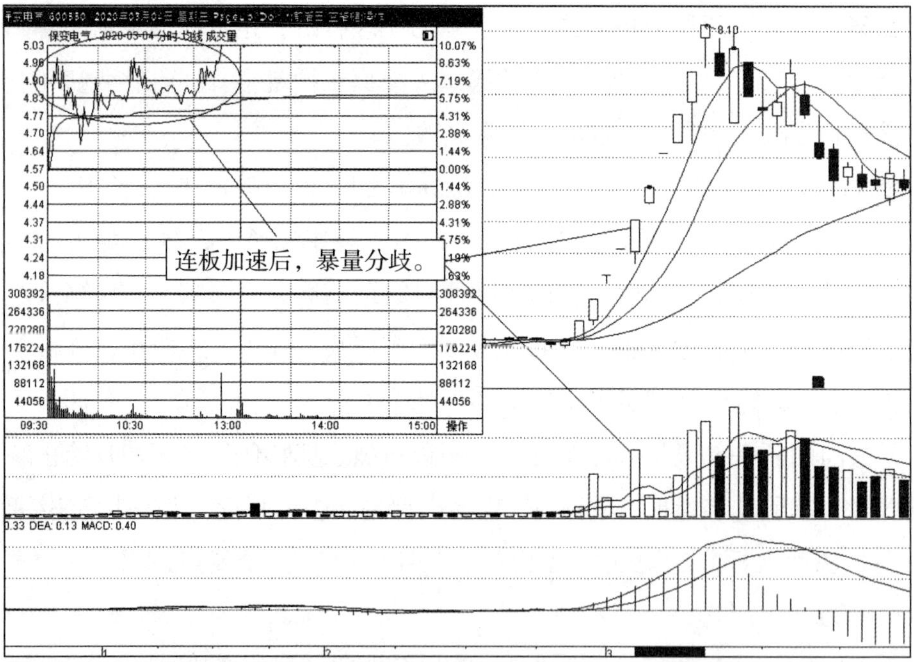

图 2-71　保变电气（600550）日 K 线和分时走势图

高压、云计算等板块个股大幅高开，该股弱转强高开。龙头宏润建设继续顶一字板，特高压板块智慧能源顶一字板，平高电气快速秒板助攻下，该股快速上板。同身位中也只有该股是 6 连板，没有竞争对手，这里就满足了（2）（4）（5）三个要点，所以早盘可以直接打板介入。

第八节 高位加速见顶板

短线投资者都知道“买在分歧，卖在一致”。那么，究竟什么样的分歧酝酿着机会？什么样的分歧会产生更大的分歧？这里讲述龙头高位分歧的 3 种分时走势形态，以及对应的背后逻辑。

一、加速一字板

（1）高位一字板（包括 T 字板）与加速板之后，都容易出现顶部。凡是出现一致性看好时，盘中筹码就会出现锁仓，个股往往出现逼空式大涨。这种大涨的极端就是一字板或加速板，只有很少筹码流出，成交量非常小。这种现象表明新买单的成本将会比盘中锁仓资金的成本高。

股价在高位出现一字板，其成本差距越大，后面接力主力资金的情绪就越低。凡是在大涨多个板之后再出现一字板的，基本可以判断行情快要见顶，只要接力一断，行情就会结束。所以，在高位出现连续一字板或加速缩量板的个股，职业炒手通常是不会去接力的，盈亏比已经不划算。

如图 2–72 所示，彩虹股份（600707）连拉 5 个实体板后，2020 年 12 月 2 日和 3 日在高位收出 2 个加速一字板，成交量萎缩，筹码换手不足，这是潜在的见顶信号。12 月 4 日低开 3.49% 后，2 波打压至跌停板，短期顶部确立，随后股价快速回落。同样，2021 年 3 月 22 日，顺博合金（002996）收出一字板，也是潜在的见顶信号。尽管次日股价强势涨停，但暴露了主力拉高出货的诱多行为，之后股价连跌 2 板。

2021 年 3 月 24 日的菲达环保（600526）、2021 年 3 月 17 日的台海核电（002366）等个股，K 线形态也是如此，都意味着一字板加速股价有见顶之虞。

（2）那么，一字板就一定会见顶吗？答案是否定的，见顶不是绝对的。

如图 2–73 所示，2021 年 4 月的金发拉比（002762）、2021 年 3 月的华银电力（600744）、2020 年 11 月的智慧农业（000816）等个股，K 线走势又是另外的类型。这充分说明一个问题，接力的形式是多样化的，不完全是标准型。标准型是最好辨识的，但不是唯一的。每一只股票面临的炒作资金性格、炒作环境都不一样，资金在里面的态度与情绪也完全不一样。

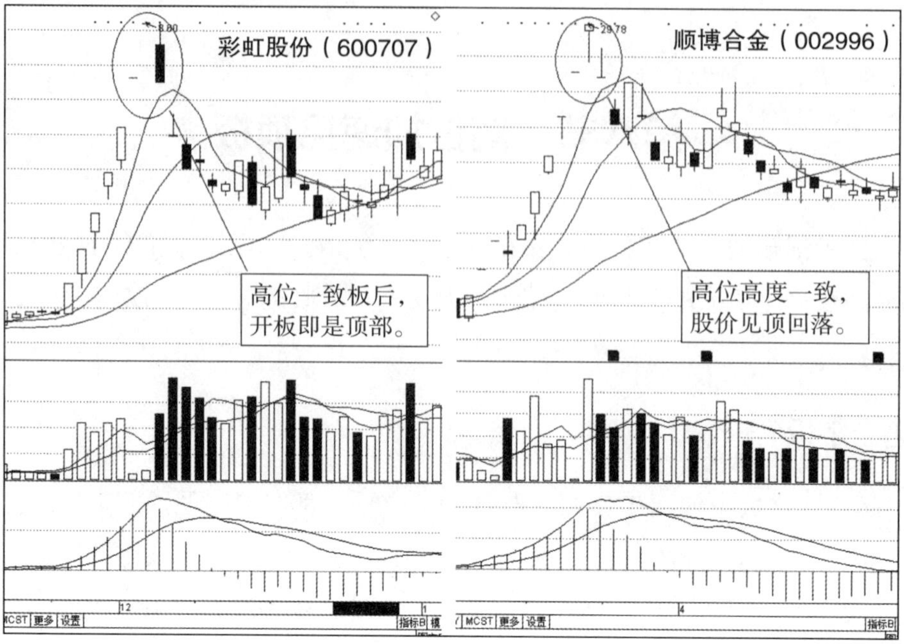

图 2-72　彩虹股份（600707）和顺博合金（002996）日 K 线图

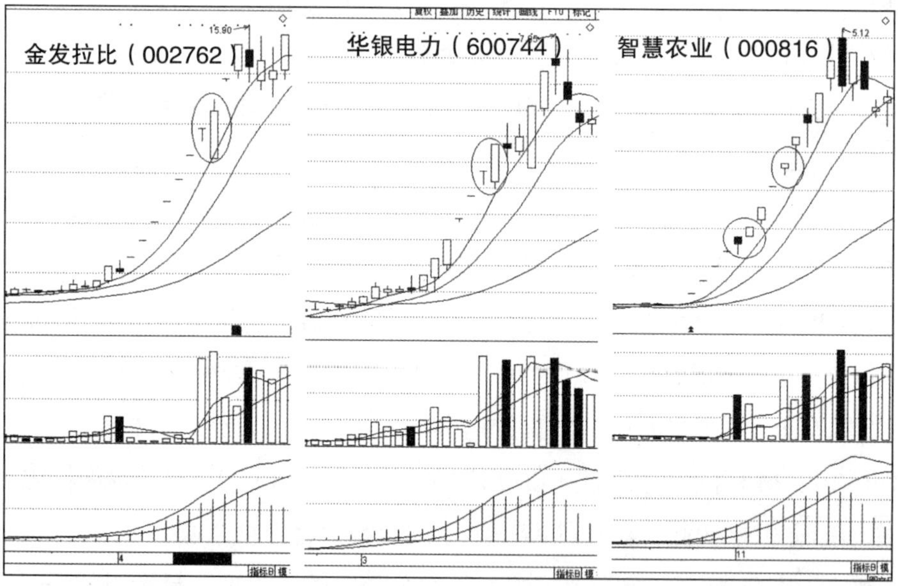

图 2-73　金发拉比（002762）、华银电力（600744）和智慧农业（000816）日 K 线图

（3）换手板与一字板的区别。股市中有的人喜欢做换手板，有的人喜欢做一字板，但是不太懂的人不知道换手板和一字板哪一种比较好，也不知道二者有何不同。

一字板能走出很多个连板的情况，背后可能有很强的逻辑。即使是持不认可的逻辑，也不能无视一字板的走势。不少个股底部直接就是 3～5 个无量的一字板，然后放量调整，之后再来 3～5 个换手板，一般高度可能会超过 8 个板。比如，2021 年 3 月底 4 月初的美邦服饰（002269）就是如此，股价一口气走出 9 连板。

换手板与一字板的区别：一字板没有技术含量，以资金取胜；换手板市场情绪热血沸腾，让人心跳加速。一字板高度要比换手板更高，但是换手板可以参与的机会比一字板多。多个一字板在调整之后，可能是很好的介入机会。然而换手板一旦高度到了 5 个板左右，想要再走第二波，可能要经过充分的调整之后才能有新的行情。

二、放量分歧板

（1）连续涨停之后，放量分歧炸板回封，是潜在的见顶形态。

如图 2-74 所示，2020 年 2 月 26 日，铜峰电子（600237）连拉 5 板后，继续一字板开盘。盘中分歧炸板回封，K 线收 T 字线，这种现象说明盘中筹码有松动迹象。次日，股价大幅低开 9.92%，股价触及跌停板后弹起，顽强拉板，K 线形成“地天板”。看似多头气势强盛，实则是内在空虚的表现，主力完全依靠盘面诱多吸引散户注意。第 2 天，股价倒 T 字跌停，盘面呈倒 V 形反转下跌。

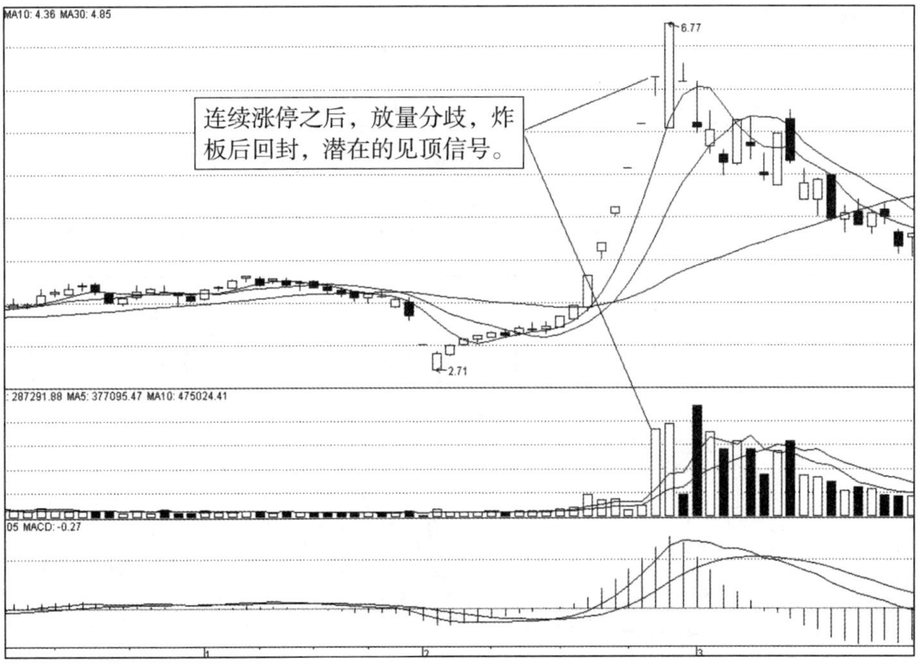

图 2-74　铜峰电子（600237）日 K 线图

如图 2-75 所示，2020 年 7 月 13 日，鼎捷软件（300378）在连续拉出 5 个一字板后，开板大幅振荡，次日强势放量拉板，盘中分歧炸板回封，分明有抛压行为，接着就是 2 个跌停板。7 月 23 日，盘面出现同样的情形，随后也是深幅回调。8 月 3 日的盘面表现也是如此。所以，遇到这种盘面情形时，短线先离场观望，至于后面股价能否重新走强，那属于另一种战法。

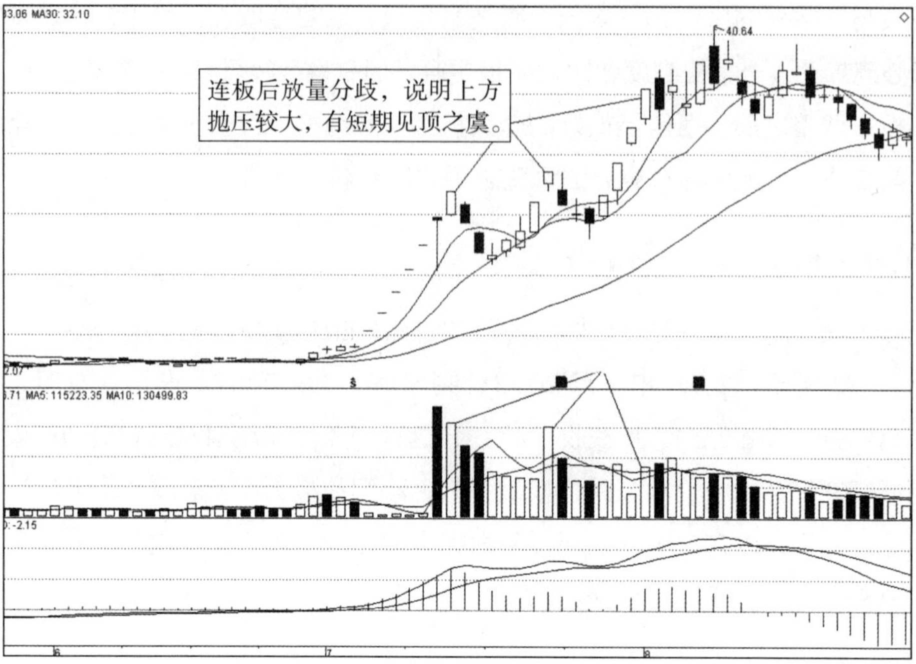

图 2-75　鼎捷软件（300378）日 K 线图

（2）放量涨停之后，分歧炸板不封，典型的见顶形态。

如图 2-76 所示，郑州煤电（600121）2020 年 12 月 31 日的走势。开盘后强势拉升，股价放量涨停。午后开板振荡走低，收盘没有回封，K 线在高位收出滞涨性的“纺缍线”，

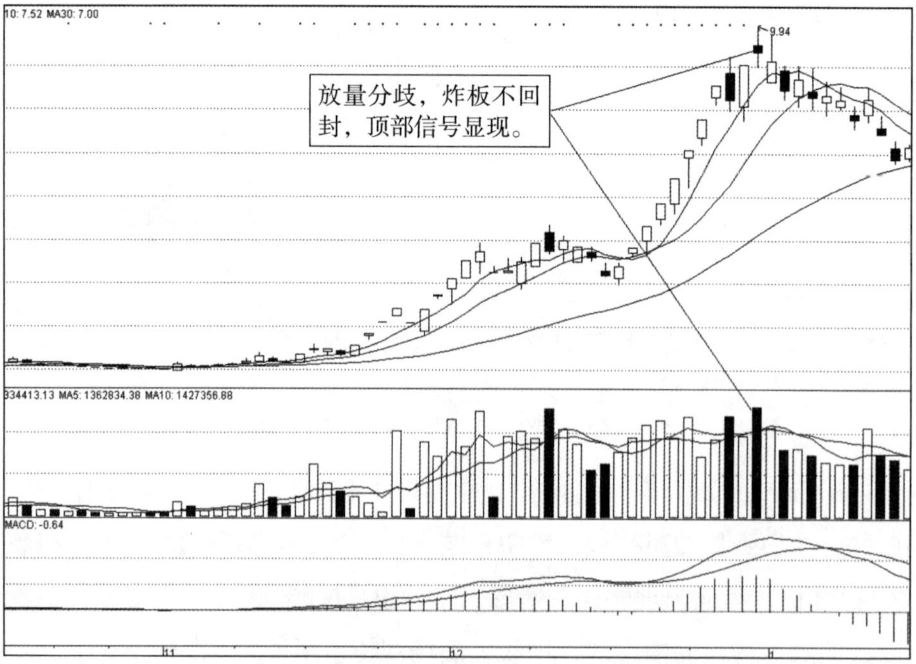

图 2-76　郑州煤电（600121）日 K 线图

见顶意味浓厚。放量上涨代表市场已经产生了分歧，说明卖压已经释放过，大部分看好资金已经买入。炸板则进一步说明抛压进一步释放，场内做多资金并不是特别坚定，这给市场产生负面的反馈。这种分时图当日很难再封住涨停，即使封住，次日也很难有溢价空间。遇到这种情形后，直接卖出即可，场外资金也没有必要买入。

如图 2-77 所示，嘉泽新能（601619）的股价 4 连板后，2021 年 1 月 29 日高开 6.92% 后秒板，封盘不到半个小时炸板回落，尾盘跌停，形成“天地板”，这是典型的短期见顶形态。遇到这种情况，股价回封无望时，应在盘中高点离场。之后，股价回落到起涨点。

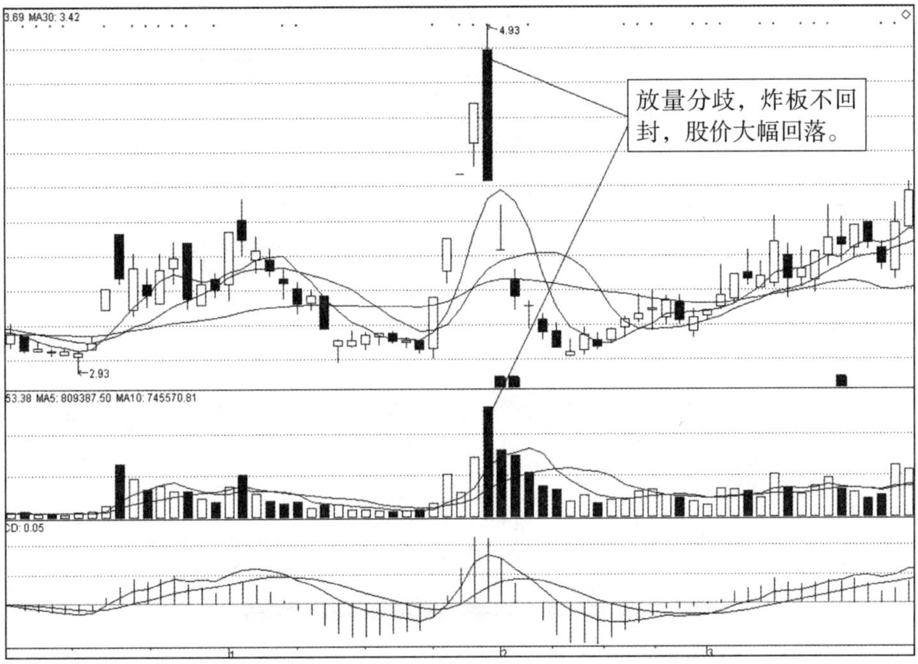

图 2-77　嘉泽新能（601619）日 K 线图

类似的，2021 年 5 月 7 日的哈三联（002900）和 2021 年 4 月 1 日的新赛股份（600540）走势也是如此，遇到这种情形投资者应回避风险，不宜参与接力。

（3）放量冲涨停，没有封板的意思，是确定性的见顶形态。

如图 2-78 所示，2021 年 3 月 25 日，菲达环保（600526）高开 6.01% 后闪拉冲板，但主力没有任何封盘意思，随后股价逐波走低，在高位收出见顶大阴线，这是确定性较强的见顶信号。

如图 2-79 所示，2021 年 3 月 23 日，合兴股份（605005）低开 5.36% 后，股价强势拉高，触板之后回落，主力显然没有封板的意思，这是明显的诱多动作。之后，股价向下逐波走低，当日收跌 7.27%，短期顶部成立。

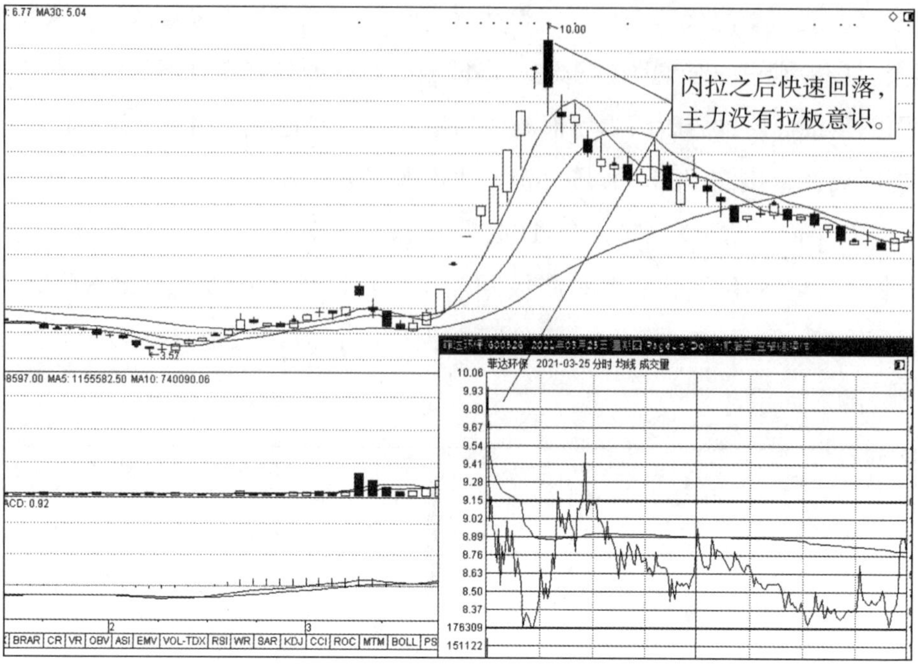

图 2-78　菲达环保（600526）日 K 线和分时走势图

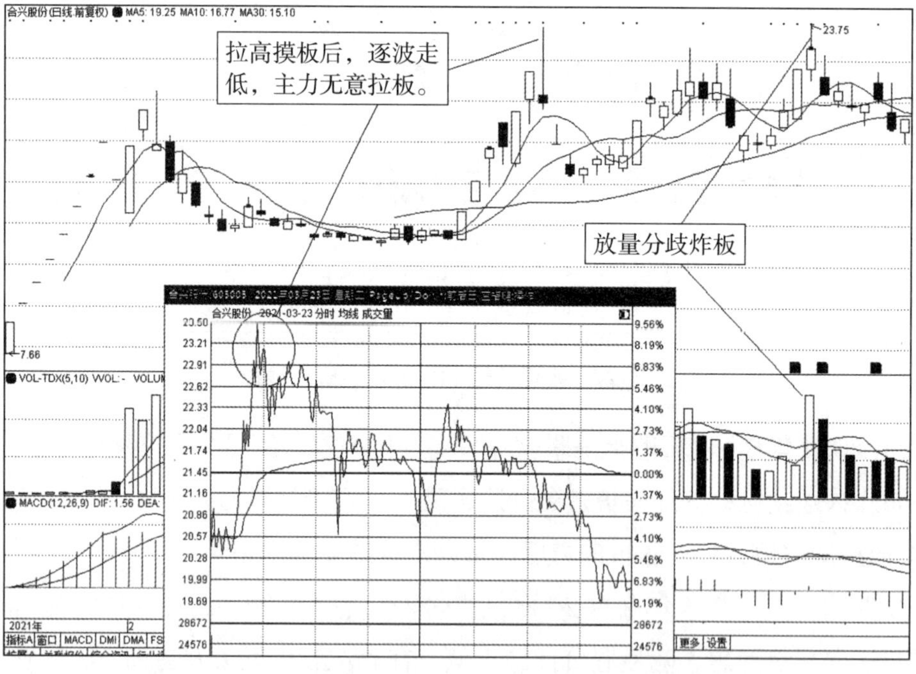

图 2-79　合兴股份（605005）日 K 线和分时走势图

类似的，2021 年 3 月 23 日的华银电力（600744）和哈三联（002900）等个股也属于这种走势，投资者见此盘面走势应有风险防范意识。

三、缩量加速板

（1）缩量涨停之后，分歧炸板不封，是一种典型的见顶形态。

如图 2-80 所示，哈三联（002900）2021 年 5 月 7 日和蓝英装备（300293）2020 年 3 月 24 日的走势，早盘缩量加速涨停，由于分歧较大，涨停炸板，收盘时未能有效回封。

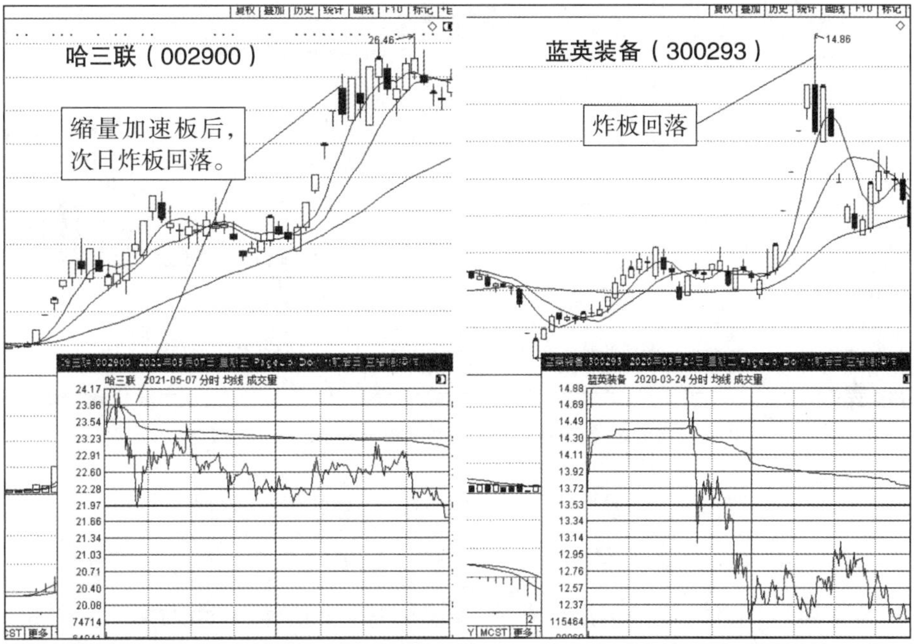

图 2-80 哈三联（002900）和蓝英装备（300293）日 K 线和分时走势图

由于涨停时为缩量上板，所以内部筹码换手比较少，相应地就是获利筹码比较多。这时候一旦内部筹码产生分歧，容易引发炸板，导致资金不计成本抢跑。因为获利丰厚，怎么卖都是盈利的，继而抛压会更大。股价快速下杀，此时会造成分时走势剧烈波动。

对于想卖出的资金，炸板后快速卖出，不要犹豫，因为缩量加速板往往分歧加大时下杀速度极快，下杀力度极大。

对于想买入的资金，如果是在情绪上升期（这是核心），高位龙头产生尖顶的概率较小，此时可以博弈龙头首阴买点或反包买点。买入方式为寻找分时图急杀点，这种方式运气好时可以取得非常丰厚的日内浮盈，比如泰坦股份（003036）2021 年 4 月 2 日的走势。

（2）缩量涨停之后，分歧炸板回封，也是一种见顶形态。

如图 2-81 所示，乾景园林（603778）收出一字板后，2021 年 3 月 29 日开盘后快速缩量上板，分歧炸板放量，尾盘再次回封。盘面看起来走势很完美，但也暴露出筹码不稳定，有主力诱多嫌疑。当天成交量大幅放大，换手率达到 29.61%，说明盘中筹码极不稳定。次日直接一字板跌停开盘，临近尾盘撬板，但最后还是被按在跌停板收盘，之后盘面走弱。

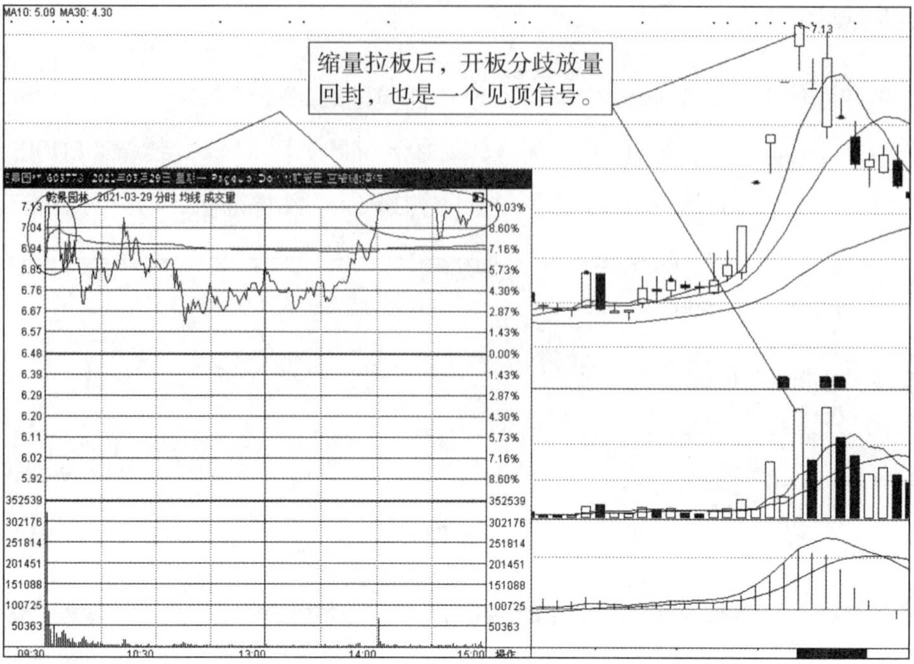

图 2-81　乾景园林（603778）日 K 线和分时走势图

有时候，缩量涨停之后，分歧炸板，换手补量，也能再次走强。

如图 2-82 所示，2020 年 4 月 17 日，国电南自（600268）缩量加速涨停，炸板补量，充分换手后再度回封。这种盘口一般发生在 4 板和 6 板的位置，因为两个关卡是很难过去

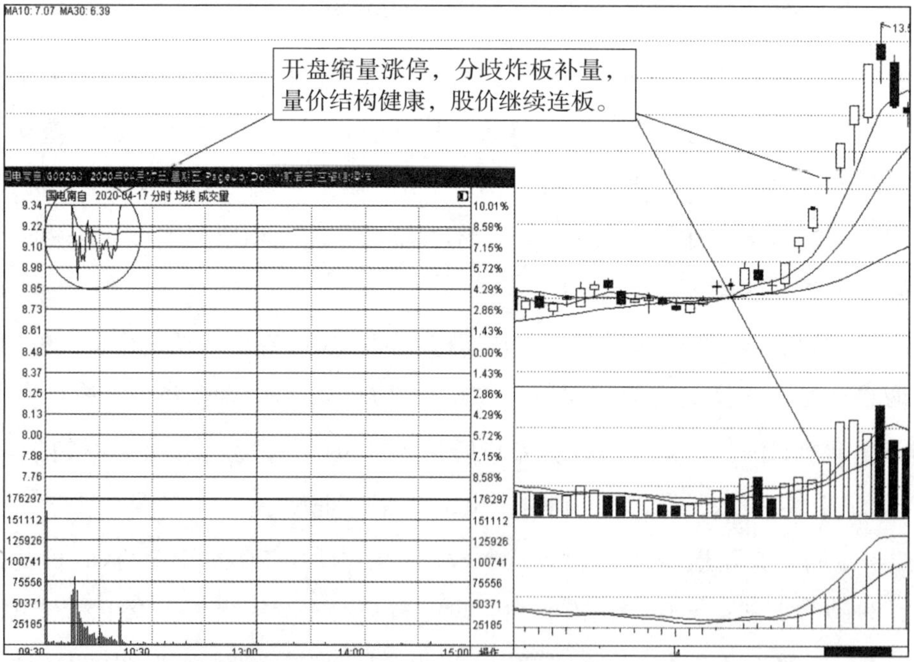

图 2-82　国电南自（600268）日 K 线和分时走势图

的，大量资金选择在这两个位置获利了结。而炸板补量后能够再度回封，且能够坚定封盘，往往代表盘面经受住了市场暴量的检验，那么后期再度走强的概率大大提高。

持有者可以在炸板时先卖出，等待回封时再打板进场。原因在于在关键位置（4 板、6 板），大部分股票是经受不住暴量考验的，先卖出是为了规避大概率的风险。补量充分后回封，代表了市场对它的认可，回封打板买入就是买在相对确定的位置。

场外资金在缩量加速上板时一定不要去买，因为 T+1 制度当日无法卖出，后期不确定性太大。理想的买入时间，同样是等待补量充分后在回封时打板买入。

（3）缩量加速涨停，高位放量分歧，见顶信号明显。

如图 2-83 所示，光启技术（002625）2020 年 7 月底 8 月初的走势。连续缩量涨停，没有充分换手。8 月 6 日、7 日和 10 日（8 日、9 日为周末）这 3 天出现高位大分歧，股价随后见顶回落。

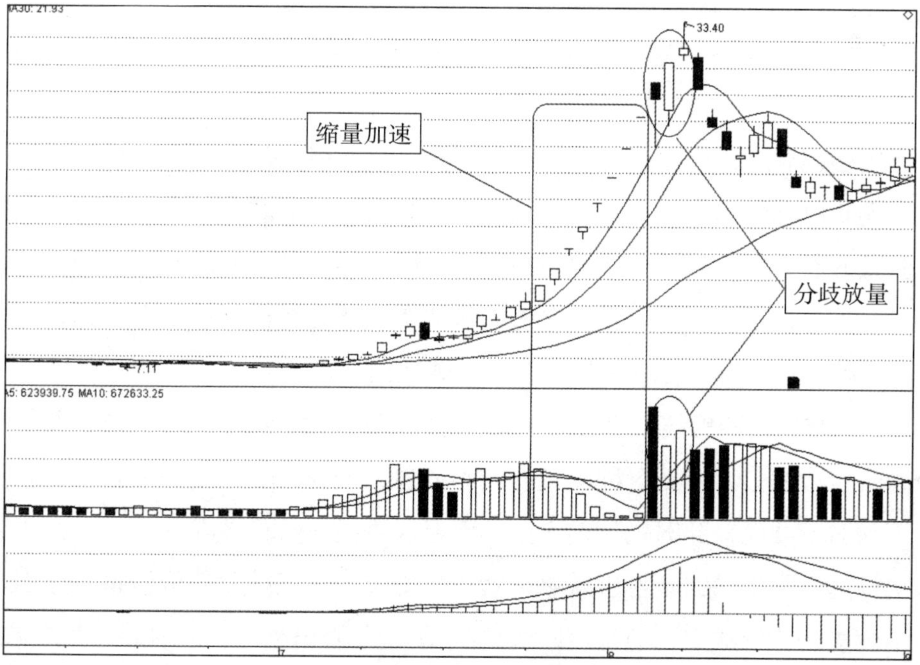

图 2-83　光启技术（002625）日 K 线图

如图 2-84 所示，东方通信（600776）在上涨末期的缩量加速板把行情带到顶部，2019 年 2 月 26 日尾盘大跳水，让当天追板的资金吃了 15% 以上的“大面”。

当市场行情和情绪氛围已经有明显的阶段性顶部特征时，一旦龙头股出现这种在高位无量一字板或缩量加速板，一定要小心。如果高位龙头盈亏比不理想，就不要追进。如果自己有筹码在里面，就要做好卖出的准备。比如东方通信（600776），通常谨慎的大资金一定不会在最后一天卖出，而是提前兑现利润，放弃头部最后的利润。小资金可以跟随

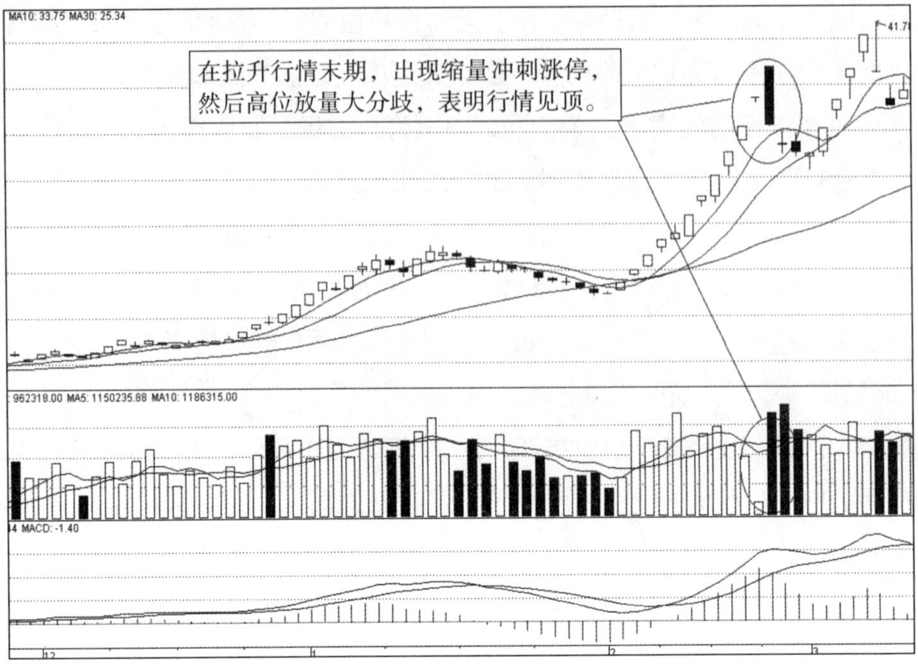

图 2–84　东方通信（600776）日 K 线图

到最后，但是必须清楚行情已经到尾端，要全天盯盘不能离开。从实盘经验来看，在尾部缩量板后，即使再出现强势一字板，也必须全天盯盘，随时准备撤出。道理很简单，盘中锁仓时间较长的大资金，一定会在散户掉以轻心时突然出货。尤其到了尾期，涨停板盘口的封单量会从几十万手降到几万手。在整体行情有见顶之势时，盘中大资金是迫切想出货的。东方通信就是一个例子，下午收盘前主力突然出货。

实际上，东方通信的短线资金当天一直利用上涨的惯性在出货，惯性封板后到了尾盘，从涨停板砸到接近跌停。遇到这种出货方式不要急，处理方法是：往下砸大单出货时，第一波直线下跌时不要慌，此时先不要卖出，而是快速把报价设置在跌停价上，当直线下跌结束后再次快速反弹上去时，打出跌停价卖出，即核按钮（报跌停价也是按盘面实际成交价成交，不会按跌停价成交，但是可以优先成交）。这样做，一是可以快速成交，二是可以抢到反弹的高位出来。切记，这种直线下跌的出货在盘中一定会有反弹，抓住这个稍纵即逝的反弹机会出来，稍有犹豫就会失去机会。这个反弹是最好的出局机会。

这种情况非常多见，如图 2–85 所示，大连电瓷（002606）2020 年 3 月 5 日开始连续拉板，在第 4 个涨停板时，一个知名游资席位大资金量买入。第 5 个板锁仓出现一字板，在第 6 板时开盘后快速冲板。这一天的走势，就应高度关注，感觉游资一定在考虑利用什么情况出货。果不其然，当天早盘强势拉板迷惑人，让很多资金从早上就开始排板想买入，涨停板一度封得很死，气势很强，所以很多人会继续挂涨停价买进，然后放松警惕去做别的事。5 分钟后，发现盘中封单量快速萎缩，瞬间大单就砸开涨停。从盘中看到，每一个直线下跌后都会有反弹，当天是散户最好的离场机会。

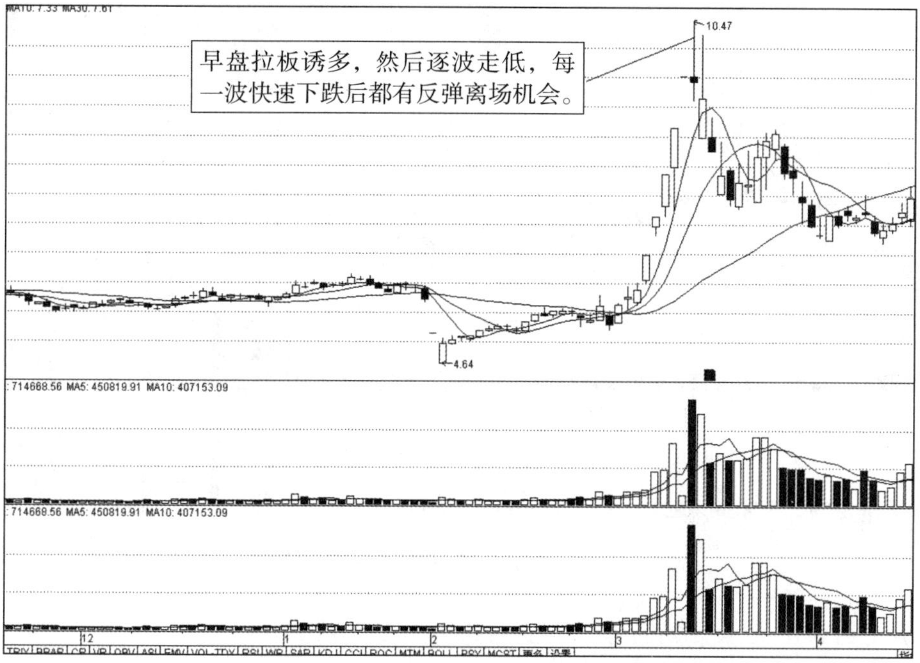

图 2-85 大连电瓷（002606）日 K 线图

通过上述实例，大家要有一个意识：当龙头股处于高位时，一定要小心缩量加速的情况。明白这是主力锁仓提高接力的成本，这时就需要具有大资金思维来思考这些问题。

四、T 字换手板

在实盘 T 字板中，很容易捕捉到短线爆发黑马。这类操作模式属于激进操作，是一种暴利方式。但 T 字板也是一种分歧表现，操作风险非常高。

如图 2-86 所示，金牛化工（600722）启动后连续高度一致板上行，2021 年 2 月 23 日涨停价开盘后快速下行，然后回封放量烂板，这是非常明显的短期股价见顶信号，显然这种 T 字板是不能参与接力的。

形成 T 字板的当天是以涨停开盘，被大卖单砸下来，然后再次封死涨停。这种涨停板前期呈现小阴小阳上涨，均线多头排列，某日受利好刺激，从涨停开盘后向下回落，然后放量拉至涨停板。或者，第 2 个或第 3 个涨停板后，从涨停向下回落，然后再次拉板。

产生 T 字板的原因，大多是在突发性利好刺激下从一字板开盘，然后主力不能容忍低位获利筹码的存在，所以打开涨停板换手，将低位筹码清洗出去，通过巨量换手来提高市场持仓成本，以便后期继续轻松拉升股价。

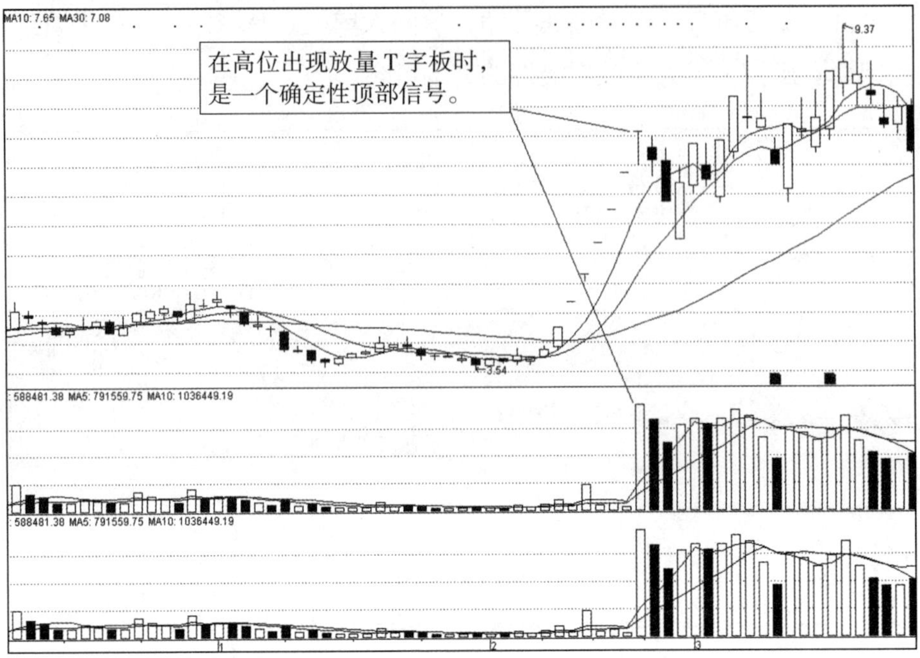

图 2-86　金牛化工（600722）日 K 线图

T 字板是否属于上涨中继信号，需要考虑以下 6 个因素。

（1）T 字板之前，有无缩量涨停。有缩量涨停比没有缩量涨停的强。

（2）T 字板之前的短期涨幅。连续出现一字板之后，股价已经翻倍的比两三个板的要差，翻倍股往往已经是一步到位。这时出现巨量 T 字板，大概率是主力出货，要谨慎介入。

（3）T 字板下影线长度。短的要比长的强，下影线长，说明盘中抛盘力量强大，想逃跑的人愿意以更低的价位出手，同时也反映出主力控盘能力不强。

（4）盘中开封板次数。盘中开板次数少的要比开板次数多的强。最好是只开板一次，开口越小越好，口子大的要看到主力明显控盘分时走势方可操作。

（5）盘中放量区。T 字板主要放量区应该出现在开板那一刻，重新封板后就没有明显的成交量放出。如果多次放量，就要怀疑主力出货。次日如果低开，早盘半小时不收复，基本上可以断定是主力出货，不可逢低介入。

（6）T 字板当天量比。量比大要比量比小的好，量比越大表明该股当日流入的资金越多，市场活跃度越高，也说明有很多人看好后市，只要次日早盘能够在红盘区振荡，就说明昨天进场的大概率是主力资金，可以积极跟进。

那么，如何操作 T 字板呢？这种形态是涨升初期出现的，就意味着还将上涨。连续大幅上涨之后出现，就意味着主力出货。所以，在上涨初期的时候应及时跟进，可以在股价涨停即将形成 T 字板，抛单没有完全封住时买入。在上涨后期可以不做或少量参与，若股价连续无量上涨，某天成交量大幅放大，应以观望为主。

第三章

空间板逻辑

第一节　空间板的概念

一、什么是空间板?

空间板是指一段时间内市场打造出来的连续涨停板数量最多的高度股。空间板是一个参照物，也可以说是市场的空间龙头股，主要指涨幅大、连板多。空间板在多个涨停之后形成，走出空间板需要由量变到质变，涉及的资金多，投资群体范围大。

对超短线而言，空间板就是有空间代表意义的涨停板，主要是指当天市场最高的连板，不包括“N+ 形式”的反包形态。当然，空间板也包括“特停”的个股。

空间板有日内的空间和波段的空间，波段一般是以中级周期来划分的。相同周期内，日内空间板和波段的最高空间板之间，有一个相互压制和参考的作用。

根据空间板的性质，可以划分为以下 3 种。

（1）有情绪刺激意义的空间板，称为主动空间板，对资金情绪有很强的调动作用。比如 2021 年年初的宜宾纸业（600793）、陕西黑猫（601015）、金牛化工（600722）、包钢股份（600010）、鄂尔多斯（600295）、中材节能（603126）等，都代表着市场情绪的开拓。

（2）没有情绪带动性的空间板，称为被动空间板。大多数都是对标补涨个股，由于行情太好，机缘巧合被动撑起来的空间板。比如 2021 年年初的华宏科技（002645）、广晟有色（600259）、五矿稀土（000831）等。

（3）在被动空间板之下的实际空间板，称为隐形空间板。也就是说，一旦被动空间板炸了，那么能上位的就是隐形空间板。比如 2021 年 4 月 6 日美邦服饰（002269）之下的中电电机（603988）等。

市场每天都会有一个空间高度最高的板，这个板就是那个中级周期空间板，同时对市场其他同周期的个股也是一种参考。但是，一旦后期这个空间板被其他个股突破，那么个股就成了新的区间空间板。这说明空间板是动态的，不是固定的，也说明是市场先走出来结果，之后作为参考的。

二、空间板的形式

空间板是个股地位的一种体现，通常有以下 3 种类型。

（1）完全不带跟风的空间板，如 2021 年 1 月的宜宾纸业（600793）。

（2）带跟风的空间板，这其实就是龙头股兼空间板，如 2021 年 3 月的华银电力（600744）。

（3）带跟风而且走成主线的，这种空间板就是所谓的市场总龙头。

个股溢价的来源有以下 3 个。

①板块效应。这里指的是跟风股的数量。

②个股筹码。一般来说，被顶一字板的数量越多，人气就越差，场外资金就越不愿意进场接力。

③个股地位。除了各种各样的分类之外，纯粹的高度本身也是市场地位的体现。

三、空间板的含义

空间板在超短线中有两个含义：一是它是板块龙头股（所以它要根据板块情况来享受溢价）；二是它是高位股（人气股），它与其他高位股之间有联动性。比如，总龙头 7 板，下面几个龙头（可能是其他题材的龙头）有 6 板、5 板、4 板等，而且早盘集合竞价的时候全部以一字板的形式开盘，那么这时就可以通过高位股套利总龙头，跟板块效应套利总龙头是一样的道理。

空间板有很多，战法也很多，重点掌握首次成为空间板的个股的战法。如何能够找到首次成为空间板的个股？首次成为空间板的个股有两种：一种是首次成为实际空间板，另一种是首次成为隐形空间板。

第二节　空间板的性质

一、新的实际空间板

1. 何为首次成为空间板？

总龙头很强势，赚钱效应很好，但是当大家知道它是总龙头的时候，往往股价已经涨到高位。这个时候，很难用定量确认到底是 4 板介入胜率高，还是 7 板介入胜率高。赵老哥有一句关于龙头股的名言：有 3 必有 5，有 5 必有 7。但是，这句话产生的背景是当年连板个股并没有那么多。换句话说，市场超短线玩法早已进化了。

在当下市场，如何定量把握切入市场总龙头的时机？到底是 4 板还是 7 板，或者是其他哪个板的胜率最高？这里为大家解开这个谜团：既不是 4 板，也不是 7 板，而是首次成为空间板的次日接力。这是龙头股接力模式战法中最高级的战法：空间板接力。

什么叫首次成为空间板？比如，今天的最高空间是 5 连板，但是明天这个 5 连板炸了，出现另一个新的 3 连板成为最高空间，那么，这个 3 连板个股就首次成为空间板。

如果第 2 天 5 连板的个股依旧连板，那么显然这个 5 连板的个股不是第一次成为空间板，这个 3 连板的个股也不是空间板。

比如，2021 年 4 月 7 日收盘，市场空间板是 9 连板的美邦服饰（002269），后面是一只 7 板的中电电机（603988），两只 6 连板的中岩大地（003001）和泰坦股份（003036）。第 2 天，美邦服饰、中电电机、中岩大地这 3 股均结束连板，而泰坦股份走出 7 连板，这就是当时市场最高的空间。也就是说，4 月 8 日出现了新的个股首次成为空间板。

2. 新空间板的买入方法

（1）如何接力？在符合基本要求后，什么情况下可以参与接力？具体就是首次成为空间板的次日参与接力。那么，如何判断次日能不能买呢？

条件一：这个方法的本质是犹豫期的穿越。既然是犹豫期的穿越，那么有非常重要的一个点，就是首次成为空间板当天，一定是要盘口暴量分歧的。不能是缩量加速，或者是其他盘口一致的形式。

条件二：这个方法做的是空间板的启动。既然做的是启动，那么这个空间板的绝对位置就不能太高，在强势市场中限定在 5 连板，在弱势市场中是 3 连板。在较高的位置，当然也是有交易机会，但属于其他方法，不在该方法讨论之内。

比如，上述讲到的泰坦股份满足第一个条件，即当天暴量分歧，但不满足第二个条件，因为它是 7 连板了，位置太高。尽管后面走出 8 连板，但也是最后一板，参与风险较大。

具体的买卖点是什么？这个模式的重点，其实不在于具体的分时买卖点，而在于发现首次成为空间板的时机。

（2）如果要说买点，既然是站在空间板的角度，那么买入的时机就是它成为空间板的时候，而不是具体打首板、打 2 板，或分歧 2 板低吸等这种具体的交易模式去限定它，当然这些可以用来确定具体的买点。那么，如何界定一只股票成为空间板？实战中并没有具体量化的标准，但是大家可以参考以下 3 个因素。

第一，空间板一定是市场中的最多连板个股（连续一字板不算）。

第二，分时出现烂板，但是筹码锁定良好（分时高位调整，但没有恐慌筹码）。

第三，市场最近一段时间出现过妖股。第一只妖股往往很难抓，但是抓住后面的模仿股就容易很多。

如果前面（1）中的2个条件都符合的话，集合竞价介入、分时低吸或者打板都可以，采用分仓的方式逐步介入。至于具体的低吸买点，竞价也好，盘中分时急杀也好，都是一些比较基础性的盘口功底。

需要说明的是，这个低吸点不一定是水下低吸，不一定是3个点以下低吸，也不一定是急杀低吸，需要灵活掌握。假如一只个股前一天是爆烂的盘口，第2天竞价弱转强开到了6个点，竞价买入也属于这个方法意义上的“低吸”。

3. 新空间板的卖出方法

关于卖点，既然买的是空间板，做的就是启动，博弈的就是后面几十个点的幅度。一般情况下，结束连板或者确认失败，反包完成或者根据市场情绪选择其他技术减亏卖点都可以，没有统一的标准。

其实，卖点的选择就是通过波段持股，去获取一个空间溢价收益，而不是单纯操作一个涨停板，第2天高开或者拉高后就出来，这一点要想明白。

（1）在第一波强势分歧的地方卖出。不知道大家有没有注意，一只股票在成为空间板之后，就开始走加速路线，因为市场对空间板是有一种共识的。买入的位置就是空间板的确认点，一般都是一个强分歧日，大概在4板附近，那么下一个分歧点通常是在8板或9板附近。

那么强势分歧怎么确认？这个很难量化，但是可以有几个参考因素，比如涨停板次日走不动，没有冲击涨停板的意思，或者连板之后炸板，并且尾盘没能回封等。也可以更简单一些，空间板的首次强势分歧，就是尾盘不封板，只是该判断方法有些滞后，因为要到尾盘才能确定。

（2）完成首次反包后的首次分歧。这个逻辑很简单，强势龙头股很难出现尖顶，总会有人在分歧时入场做反包，那么反包涨停之后，不出现连板的日子就是分歧，这个是尾盘确定的。当然也可以根据前面第一波的涨幅来判断反包的高度，配合盘中走势进行综合判断。

（3）在走完龙回头的那天卖出。龙回头战法不能打板，只能低吸博反包，那么走完龙回头的日子，就是最后一个比较有确定性的卖点。其实这个卖点没必要等待，因为在反包和龙回头之间有几天的调整时间，没必要承受这个回撤和时间成本，而且很有可能龙回头的位置高不过反包位。当然也有超过的，其实这个位置是给做 T 资金反复玩的。

当然，图形不会完全重复，但是逻辑是一样的。这 3 个位置要综合判断，最具确定性的是第二个卖点。因为第一个点和第二个点之间的时间不会很久，一般就是 1～3 天，但是强势股的反包很可能有惊喜，也就是直接走出二波行情。

具体 3 个位置，可大致参考下面的实例。图 3-1 中展示的是智慧农业（000816）2020 年 11 月的行情。卖点（1），11 月 10 日出现强势分歧时卖出；卖点（2），两天反包行情后，11 月 13 日首次反包后出现分歧时卖出；卖点（3），之后走完龙回头时卖出。

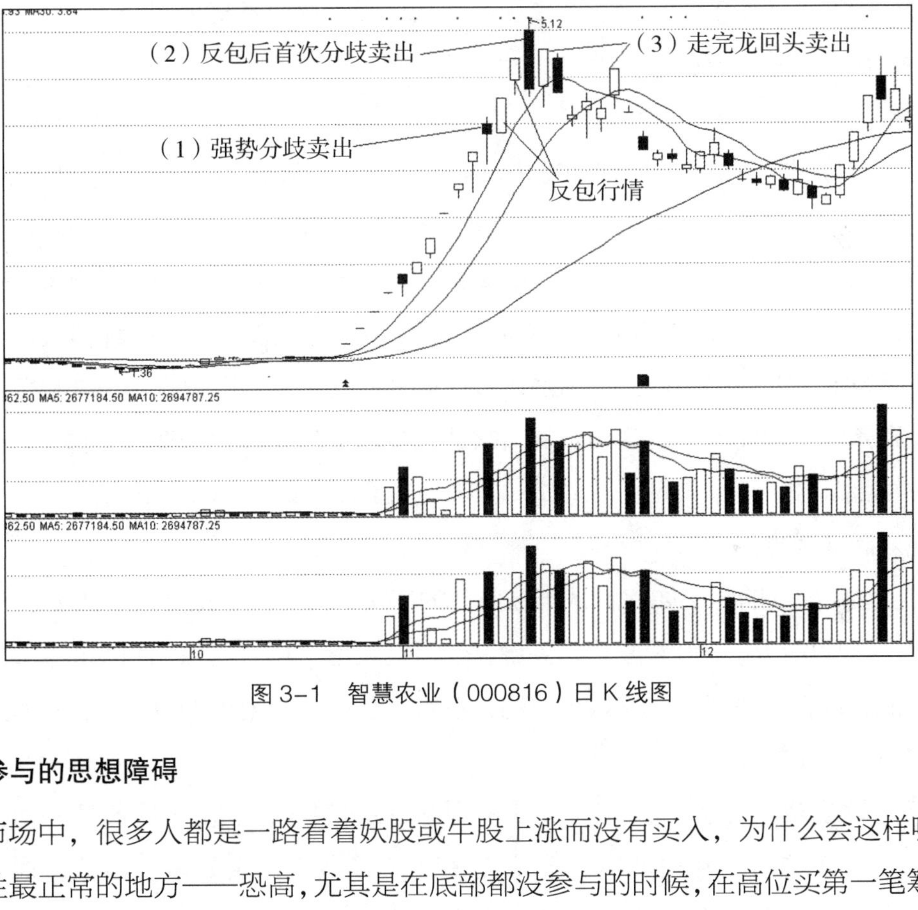

图 3-1　智慧农业（000816）日 K 线图

4. 参与的思想障碍

在市场中，很多人都是一路看着妖股或牛股上涨而没有买入，为什么会这样呢？这其实是人性最正常的地方——恐高，尤其是在底部都没参与的时候，在高位买第一笔筹码，“恐高”心理恐怕非常难以克服。

但是，对于一个非常热闹的市场，这是一块非常大的肥肉，而且相对来说风险是非常小的。之所以害怕，是直观感觉它的风险很高，高的是位置风险，但是人气风险是最低的。在市场情绪非常高涨的情况下，二者不是对冲的关系，人气风险会远远地平掉位置风险。

如何克服这种恐高心理？可以先买一点底仓，如 1/3 的仓位，哪怕是 1/5 的仓位也好，先上了这条船，之后对这条船的理解就不一样了。

5. 实际空间板的博弈

（1）2021 年 4 月 21 日，最高空间板是银宝山新（002786）和华东数控（002248）2 只并列 4 连板，后面有 4 只并列 2 连板。次日，2 只空间板都失宠倒下，而另有 2 只晋级 3 连板，分别是长江健康（002435）和锦泓集团（603518），都是首次成为空间板。入场日期在 4 月 23 日。结果，长江健康虽然没有连板，但整理 2 个交易日后再拉 2 个板。而锦泓集团再拉 6 个板，形成 11 连板。在有多只个股符合表面条件时，该怎么选择呢？这要根据具体情况判断，没有量化标准。

在同样的市场环境下，最终走出多少只成功个股，这要看具体行情。当然，如果在熊市行情中，可能龙一会给机会，龙二、龙三不一定有机会，那么选择龙一就可以。其他，也是根据市场综合情况进行评估。

（2）美邦服饰（002269），2021 年 4 月 1 日 6 连板，第一次成为空间板，也是市场唯一的空间板。第 2 天择机低吸，之后股价 3 连板，有很大的获利机会，超短线有 30% 以上的盈利空间。这其实更接近于一种筹码博弈，而不是空间板的启动。还有一个更夸张的成功实例，2019 年 2 月 1 日的银星能源（000862），后面走了 7 个涨停板。

（3）台海核电（002366），2021 年 3 月 18 日，由于当时市场整体走势不强，成为典型的失败走势。由此可以得到启示，首次成为空间板的连板数量要低一些，最好是 3 板左右，位置太高了，可能市场无法续命。当然还要结合市场总体强弱进行分析，3 板并不能作为绝对因素考虑。

那么，这个模式的胜率如何？从市场出现的情形来看，成功率大于失败率。大家知道，没有任何一个战法可以 100% 成功。关键在于长期来看，总体胜率和赔率是否值得。这个模式且不说胜率，单说赔率，一旦走成功，很容易获得几十个点的收益，可以说，这是一个胜率和赔率都非常高的方法。

一个比较成功的方法，无非是成功的更多，失败的少一些，或者是成功的时候赚得非常多，失败的时候亏得非常少。最终统计下来，还是赚得多。当然，对于失败的实例，应当分析它为什么失败，坦然接受失败走势的存在。另外，在不同的行情中，还要有不同的容错率。交易模式只是提供了一种大概率的可能性，要不要参与，还须综合判断。

在大牛市中，成功概率自然要高于弱势市场，当然也高于横盘市场。横盘市场的胜率，要高于熊市。在大行情比较好的情况下，操作可以激进一些，熊市阶段考虑其他因素要多一些。

二、新的隐形空间板

1. 隐形空间板参与方法

隐形空间板就是在被动空间板之下的实际空间板，也就是说，一旦被动空间板炸了，那么能上位的就是隐形空间板。被动空间板和隐形空间板之间至少有 2 层断档。比如，实例中的最高 6 连板和实际 3 连板之间的 4 连板和 5 连板是断档的。

（1）这与首次空间板的道理是一样的，成为隐形空间板当天，个股一定要有盘口暴量分歧。因为这个操盘方法的本质，就是穿越犹豫期。犹豫期自然就有分歧，有分歧之后才好介入。

（2）这个方法追求收益最大化，做的是确认空间板之后的启动，这个定义和首次成为空间板是一样的。也就是说，绝对位置不能太高，强势市场中限定在 5 连板，弱势市场中限定在 3 连板。

补充说明，既然是犹豫期起来的暴量个股，板块自然也是犹豫的，不能指望这个时候的板块已经爆发。因为如果板块爆发，第 2 天或许就没有买点了。正是因为板块还弱，所以个股转强可能带动板块上涨。当然，板块强也可以，个股作为板块唯一空间性的连板，也会被市场给予被动性空间溢价，比如 2021 年 4 月 9 日的安阳钢铁（600569）。

（3）还有一个问题很关键，个股最好具有非常高的辨识度，而且如果是唯一的隐形空间板，那会更好。比如庄股之类的个股最好要排除，前面连续一字涨停的公告个股也尽量排除。

同样补充一下，如果当天与这只股票一起的还有很多其他的同等空间板，而且其他的个股盘口更强势，这个时候就要斟酌了，很有可能这只股票就是本身弱势。第 2 天其他个股如果都快速连板了，就要斟酌是否参与，因为这时候再上板的空间意义可能就不是很大了。对于市场能容纳几只股票同时上位空间板，跟当时的大行情是有关系的，容纳度不一样。

（4）这个隐形空间板，要是第一次成为隐形空间板，第二次、第三次或以后的无效。

比如，2021 年 5 月 10 日，空间板是 4 连板的爱普股份（603020），隐形空间板是 3 连板的海南矿业（601969）、亚联发展（002316）、金岭矿业（000655），这 3 只股票都是首次成为隐形空间板。次日，爱普股份晋级 5 连板，其他 3 只股票晋级 4 连板，这是第二次隐形空间板了，这是给首次成为隐形空间板的个股接力或者接盘的。

具体的买卖点在哪儿？这个问题与首次成为空间板是一致的，在此不再赘述。这两种方法，究其本质，是基于日 K 线级别的预判。换句话说，就是这天可以买入。具体分时买点，跟正常的龙头股分时买点一致，比如低吸、打板、点火追高，都没有太大的差别。

2. 这个方法的难点

最难判断的是到底什么是实际空间板，以及隐形空间板成立的条件。这个需要很深的看盘功底，不可避免地带有主观成分，因为这不是非黑即白的定义。这里提供 4 个参考条件，这些条件需要同时具备。

（1）板块性已经非常弱化，当天基本上板块没什么涨停股票。

（2）最高空间板个股盘口暴量烂板，基本上是被带上空间的。

（3）隐形空间板，所在的板块当天最好有一定的联动性。

（4）更虚一点的判断，是最高空间板已经对盘面失去带动作用。如果感受到了这一条，前面的条件都可以放宽。

由于这个模式的确认要比首次成为空间板难，介入位置也相对低，所以潜在收益会更大，但是失败概率也会更大。

3. 隐形空间板的博弈

（1）这个实例就比较鲜明了，2019 年 1 月 9 日，风范股份（601700）走到高位，已经没有什么代表意义，完全是被行情或者是唯一性的辨识度带动惯性上涨。

当天的 8、7、6、5 板全部断档，这个时候下面的隐形空间板是新疆交建（002941）的 4 连板，而且是唯一一只，该股已经逼近大行情之下的 5 连板最高空间板限度。

但是该股有个隐患，就是 4 板是加速缩量板。从正常的风险回报比角度来考虑，是要战略放弃的。但是这个实例有个经典的矛盾，即几乎没有任何一个实例一切因素都符合上述标准。这两种方法都是明牌模式，在明牌之下，一定有好的因素和不好的因素，这就看如何分析了。

实盘中到底要不要买入，需要综合考虑。如果过于纠结，放弃这次机会也可以。高位龙头股接力，本来就是用 20% 以上的潜在利润，来博弈 10% 以上的亏损风险。

（2）这是失败实例，其实这个实例不是典型的失败实例，这里是要用这个实例讲讲多股同时抉择的时候该怎么思考。

第一点，最高空间板是银星能源（000862）的 6 连板，然后 4 板和 5 板断档，下面接着的是 3 连板，分别是四环生物（000518）、东方通信（600776）、佳力图（603912）和领益智造（002600）。同时，银星能源没有板块性，另外几个板块符合隐形空间板的定义。

第二点，分别观察这几只股票的盘口。领益智造缩量一字板，四环生物暴量 3 板烂板，东方通信是放量一致的盘口，佳力图是暴量烂板 3 板。符合条件的是四环生物和佳力图，但是这两只股票没有辨识度和唯一性。

这里更符合实际意义空间板的明显是领益智造的 3 连板，因为所在板块表现更强。但是该股走出的是一字板，没有好的买点。东方通信为老妖股 3 连板，也比这两只股票更有代表性，但是盘口一致，好的买点不好找。这时候要配合第 2 天的开盘走势，以及行情大小级别能同时容纳几只股票上位隐形空间板。

第 2 天开盘，领益智造直接收出一字板，东方通信高开 5%，四环生物低开 2%，佳力图低开 5%。领益智造买不到，但已经晋级为一个空间板了。东方通信前一天盘口一致，买点不好找，能否封住涨停与行情有很大关系。四环生物秒杀佳力图，佳力图还有点庄股盘口的意思。

当天低吸四环生物，最后也是赚大钱出来的。但是，该股更多地是基于隐形空间板的筹码博弈，它没有实际空间板的代表性。当天有空间板代表性的个股是柔性屏概念的领益智造。后期能不能走出来很难说，至少当天它更强。

第三节　博弈新空间板

一、压缩与拐点

1. 新空间板

市场中，老空间板有可能倒下，新空间板上位。老空间板结束有几个因素，还是从周期、板块、筹码等因素考虑，在预判它快结束的时候，去接力当前的高位股。此时，如果博弈成功，就会享有空间板的溢价。具体地说，还要考虑这个空间板会带来多少有潜在意愿接力的买盘，当下交易中的实际买盘大小，以及潜在买盘与实际卖盘的博弈情况。

那么，如何博弈新空间板？在强势市场中，如何辨别新空间板是空间压缩中继，还是空间板拐点呢？前提是基于大牛市趋势背景。

理论上，空间板就是当天的最高连板，不包含连续一字板。比如 2021 年 3 月的中电电机（603988）、2020 年 11 月的掌阅科技（603533）、2020 年 7 月的凯撒旅业（000796）等。但可以包括首板放量后走一字板的个股，比如 2021 年 4 月的锦泓集团（603518）和大湖股份（600257）、2021 年 5 月的爱普股份（603020）等，不过这类股票要谨慎看待，总之越是换手上来的越好。

什么叫空间压缩？就是在连续几个交易日内，最高空间板的高度开始向下走低的过程，如从 9 板到隔日的 6 板，从 7 板到隔日的 3 板，从 5 板到隔日的 4 板。

如果出现最高板从 9 板压到隔日的 6 板，再从 6 板压到隔日的 4 板，那么这个 6 板的股票，就是对应的空间压缩中继个股。

什么叫空间拐点？就是空间板被压缩之后，开始再次走高的那个转折日以及相应的拐点股票。如从 9 板压缩到 6 板，之后又压缩到 3 板，然后开始往上走出 4 板及以上，那么这个 3 板就是空间拐点，这个 3 板就是空间拐点股票。

根据这两个概念，重点就是在新空间板股票里，辨别空间压缩中继股票和空间拐点股票。

2. 压缩的具体形式

前面讲述了首次成为空间板的概念以及相应的交易机会。但是，首次成为空间板个股之后的走势，存在两种情况：一是空间压缩中继股票，没有接力价值；二是空间拐点股票，有接力价值。在强势市场中，如何辨别这两种股票呢？这里可以拆解一下空间压缩的具体形式。

第一个问题：空间压缩有几种形式？主要有两种，即断层压缩和连续压缩。

前空间板和新空间板之间有断层的，比如从 9 到 7，从 9 到 6，就属于断层压缩。而从 9 到 8，从 6 到 5，就不是断层，属于连续压缩。另外，平移也算在连续压缩里，比如从 5 到 5。

第二个问题：空间压缩中继股票最容易出现在什么样的空间压缩格局里？有如下两种现象。

（1）断层压缩背景下，空间板在 7 板及以上，首次压缩在跳空 2 档以内的，这种情况最好不参与接力，大概率是压缩中继走势。比如从 9 板跳到 7 板，中间只隔了一个 8 板，又如从 7 板跳到 5 板，中间只隔了一个 6 板，尽量不考虑接力。这种现象大概率可能成为空间压缩中继股票，有继续压缩之势。

比如，从 2021 年 3 月 16 日 7 板的华银电力（600744）到 3 月 17 日 5 板的台海核电（002366），不参与接力。又如，从 2021 年 5 月 6 日 10 板的锦泓集团（603518）停牌到次日 3 板的爱普股份（603020），不参与接力。

当然，也有压缩后出现强势走势的，比如从 2019 年 3 月 20 日 8 板的复旦复华（600624）到 3 月 21 日 6 板的国际实业（000159），这个虽然说介入也能获利，但是相对比较惊险。

（2）连续压缩背景下，从最高板 6 板及以下开始的连续压缩，首次空间板压缩且被压缩的新龙头只有一只，这种情况最好也不参与接力。注意这里的关键词“首次”和“只有一只”。比如，空间压缩开始首次从 6 板压到 5 板，且当天的 5 板只有一只股票。又如首次从 5 板压到 4 板，且当天的 4 板只有一只股票。又如 5 板平移到 5 板（平移算压缩），且当天的 5 板只有一只股票，这种情况尽量不考虑接力。

比如，从 2021 年 4 月 16 日 6 板的大湖股份（600257）到次日 5 板的热景生物（688068），不参与接力。如果在弱势市场背景下，这种情况可能表现更加糟糕。

当然，也有相反走势的实例。2021 年 4 月 21 日 4 板的银宝山新（002786）和亚太股份（002284）到次日 3 板的锦泓集团（603518），之后锦泓集团股价走出 11 个涨停板。再次补充说明，这里讨论的是大概率情况下会成为空间压缩中继板的情况，但是市场总有牛股顶着各种利空局势开创新局面，这时就需要其他方面的分析，比如没有受到前一只股票太大的影响，交接当天就走出了极为强势的分歧转一致。所以，空间压缩中继股票只是一种可能，而非绝对存在。

3. 接力空间拐点个股

那么，哪些情况可以考虑接力空间拐点股票？可以关注以下 3 种情况（其中，断层压缩中有两种，连续压缩中有一种）。

（1）断层压缩中有一种情况。7 板以上的首次压缩跳空 2 档及以上，压缩当天有多个并列空间板（3 只以上最佳）。比如，从 9 板压到 6 板，中间隔了 8 板和 7 板，这就可以考虑接力。或者，从 7 板压到 4 板，中间隔了 6 板和 5 板，也可以考虑接力。

至于选择谁来接力，在哪里选择买点，要具体结合当时盘面的题材结构、个股盘口和量能情况等因素综合判断。

如图 3-2 所示，2019 年 3 月 22 日 7 板的国际实业（000159）到 3 月 25 日 4 板的金鹰股份（600232）和西安旅游（000610）。之后的走势中，金鹰股份没有上涨，但西安旅游收出地天板，低吸可获大利。

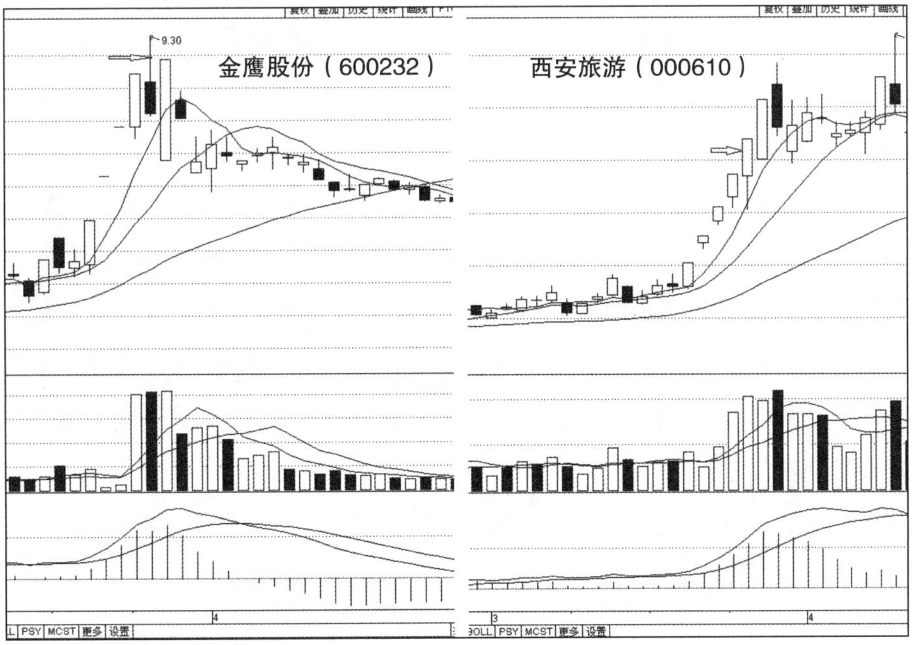

图 3-2　金鹰股份（600232）和西安旅游（000610）日 K 线图

（2）断层压缩中另一种情况。6 板及以下的任意断层压缩，压缩当天最好有多个空间板（3 只以上最佳）。比如，从 6 板压到 4 板，可以考虑接力，或者从 5 板压到 3 板，也可以考虑接力。

比如，2019 年 4 月 17 日 6 板的东风科技（600081）到次日 4 板的力帆科技（601777）、春兴精工（002547）和辽宁能源（600758）。又如，2019 年 2 月 28 日 6 板的大智慧（601519）到 3 月 1 日的 7 只 2 连板个股。

（3）连续压缩中有一种情况。从 6 板及以下开始连续压缩两次及以上（6—5—4 或 5—4—3）。也就是说，首次从 6 板压到 5 板，尽量不要接力，但接着再从 5 板压到 4 板，可以重点关注。或者，首次从 5 板压到 4 板，不建议接力，但接着再从 4 板压到 3 板，可以重点关注。

比如，2019 年 4 月 10 日 6 板的鼎捷软件（300378）到次日 5 板的辉丰股份（002496），再由 4 月 12 日 5 板的方盛制药（603998，已经处于缓和阶段，次日反包 2 连板）到次日 4 板的东风科技（600081）。又如，2019 年 3 月 27 日 6 板的西安旅游（000610）到 3 月 28 日 5 板的东方创业（600278），再到 3 月 29 日 4 板的商赢环球（600146）。

这个结构模式相对比较复杂，难点在于如何确认。到底是第 2 次就能成功，还是第 3 次能成功，或者第 4 次能成功，这里无法给出绝对答案，但是有如下 2 个决策的观察点可以考虑：

一是出现 2 次之后的压缩，就要开始重视，拐点随时有可能到来。

二是观察上一个压缩中继股票，失败之后是否出现缓和减亏，而不是继续大亏。

比如，2019 年 4 月 15 日方盛制药（603998）上位次日，上一个压缩中继股辉丰股份（002496）继续大跌，这一定程度影响了方盛制药的走势氛围。这里值得注意的是方盛制药在前任这么烂的氛围里，走出了一个十字星，并没有出现太大的亏钱效应，这说明空间板出现下跌缓和迹象。同时，次日直接平开反包，更加凸显下跌缓和迹象。所以，方盛制药的下一任，东风科技（600081）就有机会成为空间拐点个股。

同样，2019 年 4 月 1 日空间压缩中继票东方创业（600278）下跌也缓和了，所以下一个商赢环球（600146）就有机会成为空间拐点个股。当然，这个实例交易上需要反应很快，集合竞价就要做出决定。

在牛市氛围下，基于市场最高标准（空间板）辨别到底是分歧下跌中继，还是分歧止跌拐点，这是一个非常复杂的话题。实战中不可盲目使用，要更多地思考为什么。以下两个问题需要大家思考。

问题一：为什么 7 板以上高标，首次判断 2 档以内的新空间板大概率是压缩中继股票，要谨慎对待？

问题二：为什么 6 板以下高标，接连 2 次出现连续压缩之后，就要重点考虑空间拐点出现？

二、风险和属性

1. 新空间板的风险

（1）周期末期。当博弈老周期龙头炸板的时候，很多情况下往往是周期处在后分歧阶段，新空间板有多少溢价存在较大的不确定性。在博弈新空间板的时候，首先要考虑的是这个问题：如果是在周期末期，尽量不参与；如果处在老周期结束期与新周期开启阶段，可以适当加大仓位。

（2）上位失败。一是如果老空间板没倒下，那么该股就成了空间补位股，它的地位和人气会受到压制。二是它自己炸了，存在炸板风险。

比如，2021 年 3 月 16 日，4 板以上的高位股有 4 只，没有 3 板个股，其中空间板是华银电力（600744）的 7 连板。次日，盘面逻辑是早盘集合竞价及开盘 5 分钟，华银电力平开，有结束空间板迹象。在剩下的 3 只股票中，兴化股份（002109）和焦作万方（000612）分别低开 3.22% 和 2.77%，盘面较弱，观望为主；台海核电（002366）一字板开盘，明显有争夺空间板意图。盘中观察，兴化股份和焦作万方低开弱势振荡，并无竞争空间板意识。而台海核电打开一字板后强势运行，有晋级空间板的可能，那么当天只有台海核电可以参与。当然，该股第 2 天也没有给予好的溢价机会，只能平手离场，说明市场情绪非常差，周期处在严重分歧阶段。

实盘中还有一种情况，就是多个主线龙头竞争空间板，这时要考虑的因素比较多。比如市场氛围、自身题材与竞争题材，个股与竞争个股以及老周期龙头的表现（竞价与开盘），这些都会影响新空间板的上位。在复盘时要提前想到，次日竞价如果老周期与竞争龙头竞价表现不佳，那么新龙头上位的几率会大大增加。

2. 新空间板的属性

（1）空间属性。对于空间板来说，空间属性有以下 3 个因素。

①情绪。掌握一段时间内空间板赚钱效应的情况，如果近期空间板一直有亏钱效应，那么就会影响这一模式的接力。这时，最值得关注的是前一个空间板首阴之后的走势，是走修复还是继续下跌之路。如果前空间板继续亏钱效应，对于下一个空间板来说是非常好的消息；如果首阴之后情绪大幅度修复，那么对于后面做空间板的人来说相当于多了一层保险。

②位置。即指空间板的高、中、低位置情况。

③板位。具体是哪一个板，也会影响到具体某一个板的接力情况。

（2）题材属性。首先看个股背景资料，了解个股包含的题材，当然这是广义的题材，其次要符合当下市场的主流热点。

（3）周期属性。即个股属于老周期还是新周期。

通常能够看到的往往是题材属性，基本上看不到空间、周期及其他属性，这一点需要注意。在分析个股时，往往可以看到个股的题材属性，对于空间板来说，还要包括空间板自身模式的赚钱效应，具体某一个板的赚钱效应以及个股的板块效应，这是判断空间板是否值得操作的重要因素。

第四节　空间板操作逻辑

一、提前捕捉空间板

1. 基本方法

掌握了成为空间板的接力方法后，有没有一种方法可以提前参与可能成为下一只空间板的股票？想要提前抓到空间板，不同阶段有不同的方法，这里讲一个 2 进 3，或者 3 进 4 的方法。

在强势市场氛围下，2 板、3 板、4 板的个股几乎每天都有，那么哪一天的 2 板、3 板成妖的概率更高，分析重点是基于空间板的周期时点。

这里有一个重要的时间概念，首次出现新空间板这一天，可以定为 T 日。

前面说的首次成为空间板是 T+1 日的交易机会，而这里讲的是 T+2 日或 T+3 日时寻找下一个空间板的交易机会。

基本模式：T 日出现新的空间板，T+1 日新空间板成功晋级连板，T+2 日尝试参与 T 日附近出现的支线题材，也就是 T+2 日当天的 2 进 3 或者 3 进 4 的支线龙头。如果空间板高度很高，可以放宽高度限制，比如 4 进 5 等。通俗地讲，就是新空间板出现后的第 3 天，选择在新空间产生当天支线龙头股的 2 进 3 或 3 进 4 的个股。

需要强调的是，这里尽量采用支线龙头，也就是说，非空间板同一个题材的个股。这里面的龙头如果成功晋级，有可能成为下一个新的空间板。

有以下两个具体问题要注意：

（1）选择哪个支线题材，这要结合具体情况进行分析。主要是基于题材的逻辑、题材的强弱以及当天分歧的情况。

（2）这个方法的成功率，和中级行情级别是有关的。

当然，这个战法本质属于连板股接力，所以一定要在接力赚钱效应相对良好的背景下参与。如果接力通杀，再好的方法也会出现失败的。

2. 买入时点

（1）2021 年 3 月 31 日（T 日），新空间板美邦服饰（002269）、雪迪龙（002658）、新赛股份（600540）、迎丰股份（605055）并列成为空间板 4 板。4 月 1 日（T+1 日）只有美邦服饰成功连板，其余 3 股失宠，出手交易时点：4 月 2 日（T+2 日）。

观察 4 月 2 日的市场行情，当天出现 2 或 3 连板，并且是支线题材龙头的，有中电电机（603988）光伏的 5 连板，中岩大地（003001）基建的 4 连板，泰坦股份（003036）次新 + 工业机械的 4 连板，永茂泰（605208）次新 + 新能源车的 3 连板，豫能控股（001896）碳交易的 3 连板。具体盘面情况是：

中电电机：继续一字板，无法买入，放弃。

中岩大地：分时换手，V 型涨停，分歧转一致，可以低吸或打板参与，之后再拉 3 连板，共 7 连板。

泰坦股份：快速探底回升，强势拉升，分歧转一致，可以低吸或打板参与，之后再拉 4 连板，共 8 连板。

永茂泰：高开整理后，强势封板，可打板参与，之后再拉 2 个一致板，共 5 连板。

豫能控股：高度一字板，没有买点，放弃。

（2）2021 年 5 月 10 日（T 日），新空间板爱普股份（603020）首次成为空间板 4 板。5 月 11 日（T+1 日）成功连板。出手交易时点：5 月 12 日（T+2 日）。观察 5 月 12 日其他题材龙头的机会：

宜华健康（000150）：医美 3 连板，换手上板，分歧转一致，可以打板或低吸入场，之后继续连板。

德业股份（605117）：次新 + 医疗 3 连板，一字板开盘，排单买入，次日连板。

胜利精密（002426）：5G 概念 3 连板，换手上板，分歧转一致，可以打板或低吸入场，次日连板，短线有高溢价。

湖南发展（000722）：电力 3 连板，盘中放量振荡，尾盘上板，但次日封板失败。

（3）2021 年 4 月 23 日（T 日），新空间板锦泓集团（603518）首次成为空间板 4 板。4 月 26 日（T+1 日）成功连板。出手交易时点：4 月 27 日（T+2 日）。这天，其他题材龙头只有未名医药（002581），医药板块 3 连板，一字板没有买入点，放弃。

通过上述实例分析，最难的就是选股。虽然结合选股条件，可以提高胜率。但不管是对题材逻辑的判断，还是个股影响力的预判，都有主观成分在内，不确定性还是很高的。这个交易模式属于连板股接力范畴，如果连板股通杀，那么怎么做都是错的。所以，它有个重要的前提，就是大盘接力氛围相对良好，失败实例就是因为接力股通杀导致的。

这个操盘模式解决了时点的问题，也就是说什么时候应该关注什么股，但是并不能解决大盘氛围、题材强弱等具体问题，所以需要综合考虑。交易永远是综合分析的游戏，所有的交易模式，都是提示在某个时候重点关注某个机会，至于到底要不要利用这个机会，是需要综合考虑的。

从实盘来看，T+2 日当天收盘，能够成功的题材龙头就经过一轮筛选了，而 T+3 日与 T+2 日相比，虽然买入成本提高，但选股的成功率变高了。

大家知道，对于低吸而言，最重要的就是个股的人气。显然 T+3 日经过角逐的龙头，人气比 T+2 日更高，所以综合来看，T+3 日也是一个好的买点。到了 T+3 日，和首次空间板异曲同工。

一是如果当天、前一天成功的个股中有首次成为空间板的，那就直接按照首次成为空间板的方法去做。

二是如果当天、前一天成功的个股中没有首次成为空间板的，那就按照筛选后的龙头次日低吸方式去做。

二、空间板介入时机

在强势市场氛围下，综合胜率与赔率的最佳方向模式，还是基于空间板龙头的做法。针对首次成为空间板的次日模式，如果行情好，就能有大收益。比如，2019 年 6 月 10 日，欣天科技（300615）按这种模式介入，能轻松拿到将近 30% 的盈利，几乎不需要怎么等待。又如，6 月 18 日电魂网络（603258）按该模式介入，21 日板上出掉就有 43% 的收益。但为什么大多数人没有参与呢？原因就是执行上考虑太多，研究太浅，信心不足，以及对于高位板的恐惧，生怕自己成为接盘侠。当然这种心理也很正常，任何暴利模式的背后，必然有相应的代价。而首次成为空间板的次日操盘模式，付出的代价就是承受恐惧和刺激。

这里继续探讨高位空间板的介入模式，核心依然是对时机的把握。在高位空间板的做法中，传统的量价关系、技术图形、技术指标等只能简单参考，无法作为核心判断标准。空间板做法的核心，是对市场情绪的把控。

1. 2 个前提条件

前提条件一：牛市氛围下，大盘指数前一天收出大阳线。

大阳线的定义，沪指最高点在 1.2% 以上，收盘在 1% 以上，分时大多呈现单边走高态势。但是，最好是偏情绪周期启动期的大阳线，也就是前面行情相对弱势，而不是情绪周期已经到了高潮的大阳线。

前提条件二：最高连板空间在 6 板及以下。

最高连板空间是指当天的最高连板空间（剔除连续一字板的个股），不包括 N+ 板的，单纯指最高连板空间。

比如，2021 年 1 月 14 日，最高空间板是宜宾纸业（600793）的 7 连板，已经超过了 6 连板，这不符合操作的前提条件。

又如，2021 年 4 月 6 日，最高连板是中电电机（603988）的 6 连板，但该股是连续一字板上来的，没有任何一个交易日换手，这也不符合操作的前提条件。实际符合条件的个股是当天并列 5 连板的中岩大地（003001）和泰坦股份（003036）。

2. 3 个交易机会

交易机会一：最高空间 6 连板以下，且是唯一连板的个股，可直接接力。如果股价表现非常强势，可以在前一天排队竞价一字板，第 2 天直接竞价或扫板。如果第 2 天不是以涨停开盘，竞价直接接力。对于分时技术比较娴熟的投资者，可以在分时走势中低吸。

比如，2021 年 3 月 3 日，中材节能（603126）是唯一的 4 连板（T 字板），可以直接入场。又如，2021 年 3 月 11 日，华银电力（600744）是唯一的 4 连板（T 字板），也可以直接入场。

交易机会二：最高空间 6 连板以下，有多只股票并列，则要择优选股。

（1）有开一字板的，直接买一字板，买不进去就放弃。

如果有开一字板时，其他股票高开在 4% 以下的，可以在排板不进或者不参与一字板的情况下，考虑绿盘低吸其他股票。

（2）如果没有开一字板时，有开盘位置比较低的，比如在 4% 以下，可以在绿盘位置低吸。

（3）低开幅度超过 3% 的，盘面偏弱或遇到利空，可以放弃。但低开 7% 以上，反而无大碍。

这时要注意的是，一定不能买居中开盘的。比如有一字板开盘的，有低开的，不买在这两个点位之间开盘的股票。

比如，2021 年 4 月 8 日，5 只股票 3 连板，次日，其中雪人股份（002639）、长源电力（000966）开盘 4% 以下，可低吸；远望谷（002161）、新天绿能（600956）分别低开 5.72%、6.49%，低开幅度较大，放弃；舒华体育（605299）跳空高开 8.14%，可参与。

又如，2021 年 4 月 15 日，6 只 2 连板，次日，其中中矿资源（002738）接近平开，可低吸；贤丰控股（002141）接近平开，可低吸，但次日走弱；华东数控（002248）一字板，当天没有买点；法狮龙（605318）跌停价开盘，放弃；新华锦（600735）一字板开盘，可以排队，当天可以买入；王力安防（605268）低开幅度超过 3%，放弃。

再如，2021 年 5 月 7 日，空间板是爱普股份（603020）的 3 连板，当天 9 只股票 2 连板。次日，其中金一文化（002721）、陕西黑猫（601015）和河钢资源（000923）都是居中开盘，放弃，但河钢资源次日连板。海南矿业（601969）、金岭矿业（000655）和亚联发展（002316）都是一字板，当天没有买点。重庆钢铁（601005）、西藏珠峰（600338）和中广天择（603721）分别跳空高开 8.36%、8.62% 和 9.65%，盘面强势，可参与。

交易机会三：最高空间 6 连板以上，限制条件也可以做。

高开在 4%～8% 为居中，必须直接放弃，高开在 4 个点以下的，可以在急杀到绿盘的位置后考虑低吸。比如，2020 年 9 月 23 日，双良节能（600481）最高空间是 6 连板，并且第 2 天高开 8.66%，次日仍然有溢价机会。又如，2020 年 12 月 29 日，郑州煤业（600121）最高空间是 7 连板，并且第 2 天开盘在 4 个点以下，在尾盘杀跌翻绿时可以参与接力。再如，2020 年 8 月 27 日，天山生物（300313）最高空间是 6 连板，第 2 天低开 7.54%，可以在急杀时接力买入。9 月 4 日，最高空间达到 9 连板，第 2 天低开 9.50%，也可以在急跌时入场。

3. 主要参考卖点

这与首次成为空间板的逻辑大不相同，首次成为空间板做的是空间板的启动，这个做法主要做的是大行情之下辨识度最强的最高空间板的筹码博弈。

一般情况下，第 2 天选择分时高点跑路，或者参考空间板见顶的做法寻找卖点都是可以的。比如结束连板或者确认失败，反包完成或者根据市场情绪选择其他技术减亏卖点都可行，可灵活掌控。

总之，不同的行情中，有不同的容错率。目前这个做法的成功概率较大，但既然是操作模式，就没有 100% 正确的，这与大环境是息息相关的。

如图 3-3 所示，贤丰控股（002141）2021 年 4 月 15 日出现 2 连板，次日低开 0.67%，按操作模式可以在绿盘时低吸。但第 2 天低开冲高回落，造成小套。不过，这次操作风险并不大，市场很快又给了逢高离场机会。

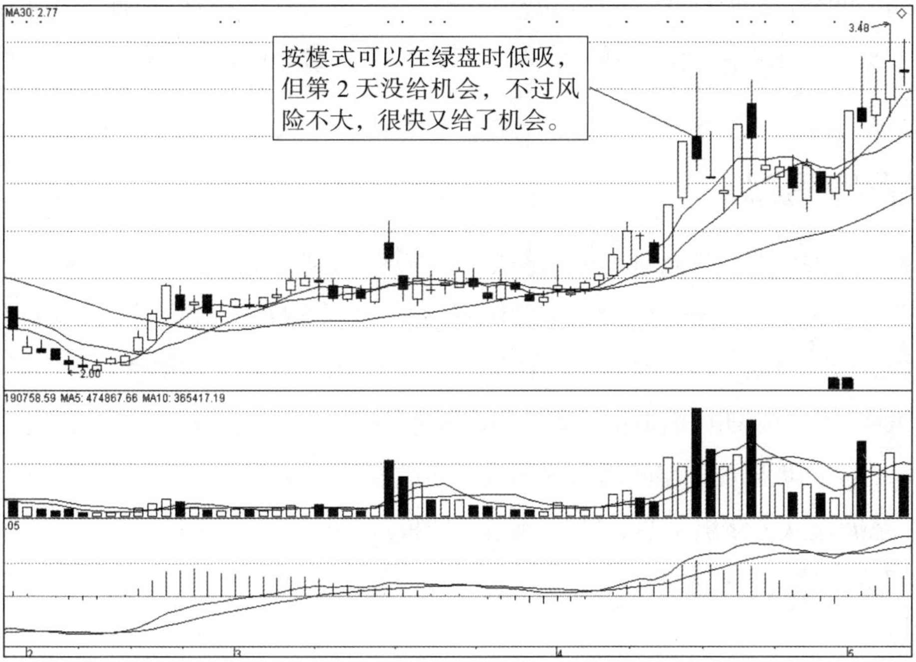

图 3–3　贤丰控股（002141）日 K 线图

第五节　空间板的暴跌

赚钱固然重要，控制风险更重要。市场中经常出现一字断魂刀，空间板动不动就几个跌停板急杀，这时整个市场似乎没有一种模式是赚钱的，这就是亏钱效应炸裂，情绪曲线急剧下跌，这与上升时的赚钱效应曲线相对。

空仓、轻仓、分仓等，都是控制风险的方式，但前提是能够预判空间板的暴跌，继而选择各种可能的方式控制风险。这就是以下要讲述的问题。

一、什么是转势阶段？

转势阶段就是亏钱效应炸裂的阶段，而且是亏钱效应持续扩散的状态，情绪曲线是直线下降的，也就是亏钱效应持续。当然，在不同的行情之下，市场的杀跌效应和亏钱持续性是不同的，这一般与赚钱效应是相对的。最典型的现象是空间始终打不开，并且持续杀空间板。

转势的基础条件：空间板的高度开始降低。比如，前一波的空间板是 9 连板，而这一波的空间板被压在7连板，或者7连板直接不给溢价，就要引起注意。一般情况下，最高空间板开始降低，并且过不去7连板，就要留意了。

需要指出的是，这是个必然条件，也就是说要进入转势阶段，必然会把空间压缩到低位。但是，空间板偶尔出现降低，并不能说明要进入转势阶段，这要结合盘面配合判断，是否会出现转势。

二、转势阶段的特点

在转势阶段会出现一些盘面现象，这些现象在这一阶段会持续出现，而且持续时间比较久。当第1次出现下列任意一种现象时就要留意，尤其是当多种情况同时出现，就要引起重视。如果这种情况持续出现，要从中级周期角度，预判出现转势阶段的可能性，继而从大的角度调整交易策略。这与前期行情级别是有关的，因此要配合下列盘面特点进行分析。

特点一：空间板出现一字断魂刀式的大阴线或直接被闷杀。

（1）空间板从一字板开盘，然后砸出天地板或者近似天地板的走势，或者是高开直接砸出超级大阴线。一般情况下，日内出现15%以上的实体大阴线，随后会扩散到整个超短线市场。

如图3-4所示，2020年12月31日的朗姿股份（002612）从涨停到跌停，形成一字断魂刀。同样，2021年4月8日的豫能控股（001896），从涨停开盘后大幅收低，出现一字断魂刀。

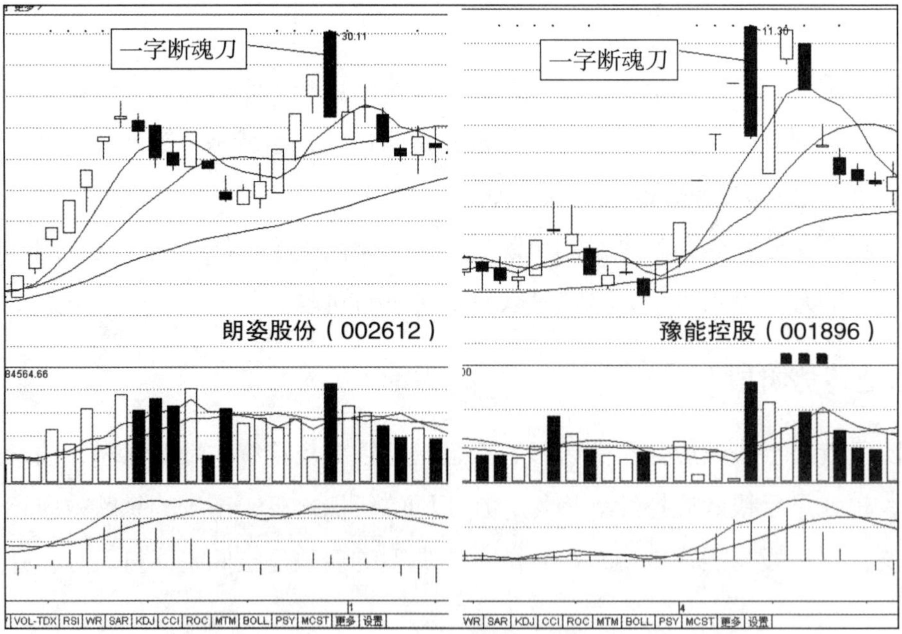

图3-4 朗姿股份（002612）和豫能控股（001896）日K线图

（2）空间板直接被闷杀，也就是第 2 天开盘没有给太多的溢价，直接快速杀跌，甚至快速跌停。或者是小幅高开，短暂拉升之后出现单边下杀或者急速杀跌等，一般都是当天低开后快速跌停。

如图 3-5 所示，2021 年 1 月 20 日的宜宾纸业（600793）低开大幅低走，直接被闷杀。同样，2021 年 4 月 12 日的泰坦股份（003036）低开放量跌停，直接被闷杀。

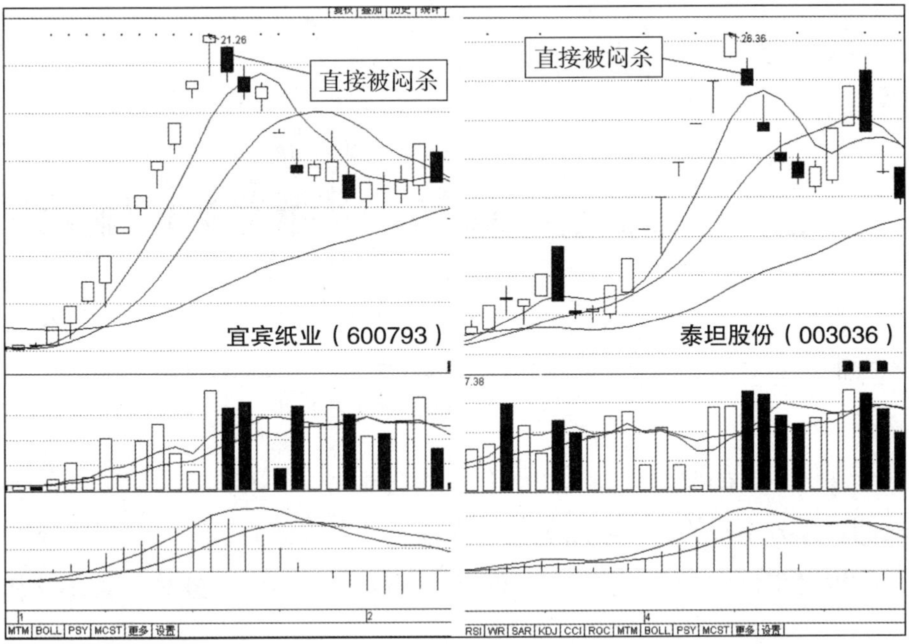

图 3-5　宜宾纸业（600793）和泰坦股份（003036）日 K 线和分时走势图

这几个实例中，空间板杀跌都是非常犀利的，不仅是空间板不给溢价，而且是一不小心接力了空间板，可能面临很大的亏损。对于超短线而言，日内 10 个点的回撤就已经很严重了。

特点二：空间板出现尖顶。

（1）不反包，炸板或阴线即是最高点。

（2）没有龙回头，连杀性的补跌。

空间板的次日或者隔日没有出现反包，而且连续调整之后，也没有出现龙回头，反而是连杀之后继续阴跌。注意，这里的反包，盘口给了拉升减亏就算是试图反包，不一定非要第 2 天涨停才算是反包。

如图 3-6 所示，2021 年 3 月 25 日的菲达环保（600526），大幅高开 6.01% 后冲高回落，盘中振荡走低，一度触及跌停板，尾盘跌幅略有收窄，收跌 4.04%。之后不反包、不反弹，也没有龙回头，股价连续下行，呈尖顶形态。

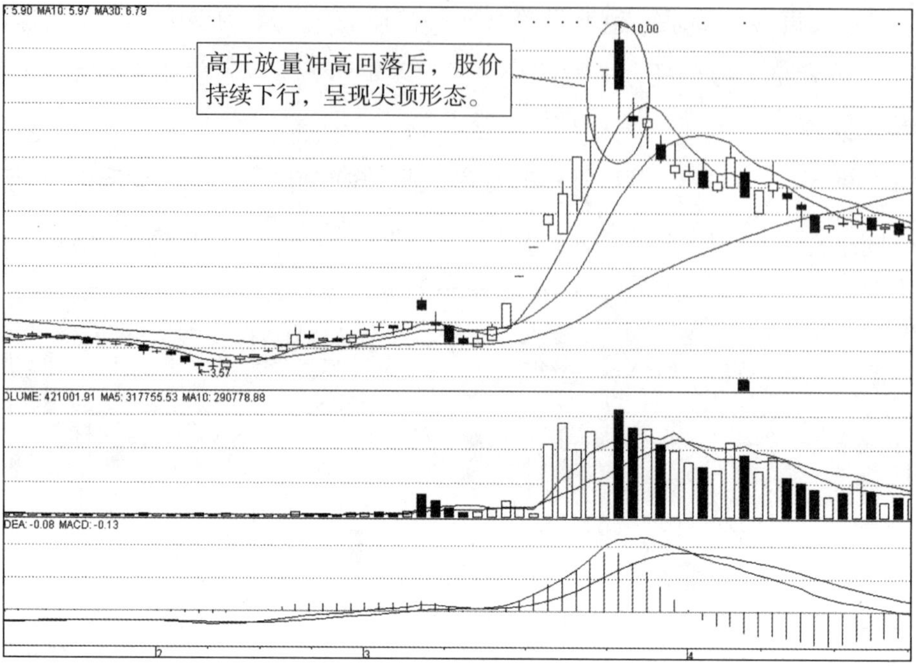

图 3-6　菲达环保（600526）日 K 线图

上面几个实例中，都没有走出反包形态，其中豫能控股试图走反包但没有成功。一般情况下，这两者是分不开的，一字断魂刀和大幅低开直接被闷杀的个股，本身也是很难走出反包的，因为套牢盘太多了，拉升阻力太重。另外，这两种走势本身也表明个股的承接力太弱。

特点三：大亏次日开始出现“核按钮”。

个股被砸或出现严重分歧的第 2 天，直接出现跌停或者低开 7% 以上，并且全天不给拉高减亏的机会。要想出局，必须在低位割肉，这样就会造成短线投资者 2 天超过 15% 的亏损，这是非常伤人气的。

比如，远达环保（600292）2020 年 12 月 28 日出现分歧，次日低开 6.5% 后，直接秒速跌停，没有任何拉高机会。而天山生物（300313）在 2020 年 8 月 27 日和 9 月 4 日出现了 2 次假的闷杀动作，不仅给了减亏机会，还能够产生盈利。所以，特点二和特点三需要配合观察。

特点四：市场开始频繁地出现顶一字板现象。

经过了一轮或者几轮大行情后，市场都知道怎么做了。所以，一旦龙头稍微有点启动的苗头，第 2 天都会直接被顶一字板。开始的时候还有场外资金愿意在开板时去接力，但是一旦承接力不够，就会出现超级“大面”，也就是前面所说的基础条件的情况。

这个特点和基础条件是相辅相成的，但是，市场并不会因为出现高位一字断魂刀而快速舍弃顶一字板，反而会顶得更加频繁，只不过空间会越来越低。直到开始盲目杀跌空间板，把空间板维持在一个较低的位置，比如 4 连板或者 3 连板等。

比如，2019 年 7 月 1 日，泰晶科技（603738）一字顶 6 板之后，到 7 月 2 日汉宇集团（300403）一字顶 2 板，到 7 月 4 日久之洋（300516）一字顶 3 板，再到 7 月 8 日华信新材（300717）一字顶 2 板，又到 7 月 9 日三超新材（300554）一字顶 2 板，等等。又如，新疆交建之后的中贝通信（603220）、雄韬股份（002733）、沈阳机床（000410）、宏达股份（600331），频繁出现顶一字板现象。这些实例中，基本就是见不到自然的换手板，一般从 2 板开始就一路顶一字板，直到出现断魂刀。这种情形表明接力高度会降低，盘中资金提前出掉的可能性变大，因此空间高度会越来越低。

综上所述，转势阶段是亏钱效应炸裂的阶段，并且会持续一段时间。但是，没有一种亏钱效应是突然之间炸裂的，都有一个缓慢到快速扩散的过程。大家不仅要规避后面的回撤，还要尽量在开始的时候就要发现这种苗头，并改变操作策略，尽可能地避开一切大风险。

首先需要关注的就是空间板是否在逐渐降低。其次，随着空间板逐渐降低，是否频繁出现顶一字板的现象。最后，龙头是否出现一字断魂刀，断魂刀之后是否会出现连续下杀，或者没有反包以及龙回头，直接走出尖顶形态，并且连杀后出现阴跌走势。

第六节　赚钱效应回暖分析

一、从转势阶段到回暖阶段

在分析个股时，不仅要看个股的题材属性，对于空间板来说，还要包括空间板自身模式的赚钱效应，甚至具体到某一个板的赚钱效应以及个股的板块效应，这是判断空间板是否值得操作的重要因素。

转势阶段是亏钱效应炸裂，回暖阶段就是赚钱效应比较不错。这两个阶段中间会有一个衔接的过程，也就是赚钱效应逐渐有起色。这与转势阶段的情况类似，在不同的行情级别之下，回暖阶段的赚钱效应强度、空间板的高度以及持续性也是不一样的。

最典型的现象就是空间板开始逐渐突破，接力开始产生溢价。

二、从转势阶段到回暖阶段的特点

从转势阶段切入到回暖阶段，也就是转势阶段的亏钱效应释放到一定程度后，实在跌不下去了，然后逐渐缓和，甚至市场开始出现一些相反的现象，比如范围稍微大一些的赚钱效应持续性。

盘面突出的现象是：转势阶段的特点逐一消失，市场出现回暖阶段的新特点。

（1）空间板开始逐渐突破之前的高点，一般是 4 个以上涨停板。

（2）空间板一字断魂刀的大阴线见顶开始减少。

（3）空间板开始尝试反包，或者出现龙回头。

（4）闷杀现象逐渐缓和，“大面”次日或可减亏。

（5）频繁的顶一字板现象开始减少，龙头出现换手。

当然，这些现象只是相互佐证，大多数只能判断小周期的行情，对于中级行情的预判是比较困难的。另外，对于小周期而言，大多是周期已经杀到一个短暂的绝望阶段，至于这个绝望的标准，并没有量化数据。

三、缓和过程的参与机会

没有人可以精准地判断出哪只股票准备进入回暖阶段，还是有独立个股在缓和情绪。因此，寻找回暖阶段的过程就是在不断地试错中完成。或者，可以选择真正突破的个股，去做其他的机会。

重要的是，在真正的大龙头出来之前，关键在于将回撤的控制放在第一位，而不是关注盈利。

缓和过程的参与机会，就是不断地参与空间股的安全位置试错。所谓的安全位置，就是在还处于杀空间板状态时，不轻易接力缩量个股，不轻易锁仓，不轻易去碰打不开高度位置的个股（相对高位股），不轻易在非周期启动日出手，不轻易去做反包，等等。

那么还有哪些试错机会呢？答案是换手 2 连板的打板。每天的新题材低位首板龙头，分歧 2 板之后的低吸等，也就是用在题材逻辑发酵之前的那些交易模式。

（1）主线题材，换手 2 板的打板。2021 年 3 月 9 日，华银电力（600744）碳交易概念，2 板换手板，连板走高。

（2）新题材的低位首板。2021 年 2 月 26 日，中材节能（603126）碳交易新题材，低位首板。

（3）分歧 2 板后的低吸。2021 年 1 月 7 日，宜宾纸业（600793）出现 2 板分歧换手板，次日涨停，接着出现 10 连板。

这里提示一个小技巧，一般情况下，赚钱效应回暖阶段都会有暖场的龙头出现，暖场股票的走势通常都不是特别顺理成章的分时走势，反而是反复大振荡的图形。也就是说，把握好的话，这种分时走势有很大的博弈空间。比如，2020 年 8 月 19 日—24 日天山生物（300313）的分时走势。

最后还是要提示，转势阶段到回暖阶段的过程中，不会出现特别明显的转折标志，只会出现很多看上去很像回暖的盘口表现，以为它是转换，其实它不是。实战中只能根据龙头个股的盘口情况判断小周期启动，没有办法预判中级周期的走势。交易机会主要存在于安全位置不断试错之时，或者是新的高度空间打开之后。一旦确认市场回暖，再采用上面所讲的各种模式参与。

第七节　新老空间板的关系

根据新老空间板盘中联系的紧密程度、涨停板形式以及走势力度等条件，可将新老空间板关系划分为 3 种，即关系疏远、关系一般、关系密切。

一、新老空间板关系疏远

这种走势最强，新空间板通常是开盘就很强势，直接秒板或一字板，或者盘中 T 字板，直到收盘确认前空间板倒了，成功加冕。

新老空间板走势联系不大，新空间板更多地是依靠题材自身晋级，且前空间板行情结束，导致其成为新空间板。威望提升会促使身价上涨。

如图 3-7 所示，2019 年 4 月 30 日，处于 4 板的科隆股份（300405），当天直接高开快速秒板。前空间板美利云（000815）低开高走，但随后炸板回落。显然，科隆股份的涨停动作，并没有影响到前空间板美利云也涨停。随后，美利云继续回落，如此一来夺回空间板地位后，科隆股份就成为了新空间板，但没见到科隆股份筹码出现松动。所以，两者之间是完全不相干的关系，前空间板无论怎么走，新空间板照样成功晋级。

又如，2019 年 7 月 12 日，处于 3 板的澄星股份（600078），当天开盘直接一字板涨停，涨停源于前一天晚上磷化工的消息刺激，板块集体大爆发，而当时空间板是 4 板的三超新材（300554）。当天，三超新材最终没有涨停，于是成就了澄星股份空间板的地位。但晋级过程中，两者走势之间没有明显的联系，你走你的空间板，我走我的晋级路，前空间板倒下，成就了新空间板。

如果要说关系，三超新材早盘那波跳水可能导致其失去空间板身份，这时身后的澄星股份越来越像新空间板了。这里提到的实例都是走势很强的，但这类股票也有尾盘走势变弱的（炸板），这就和前空间板产生了关系，这属于第三种情形。

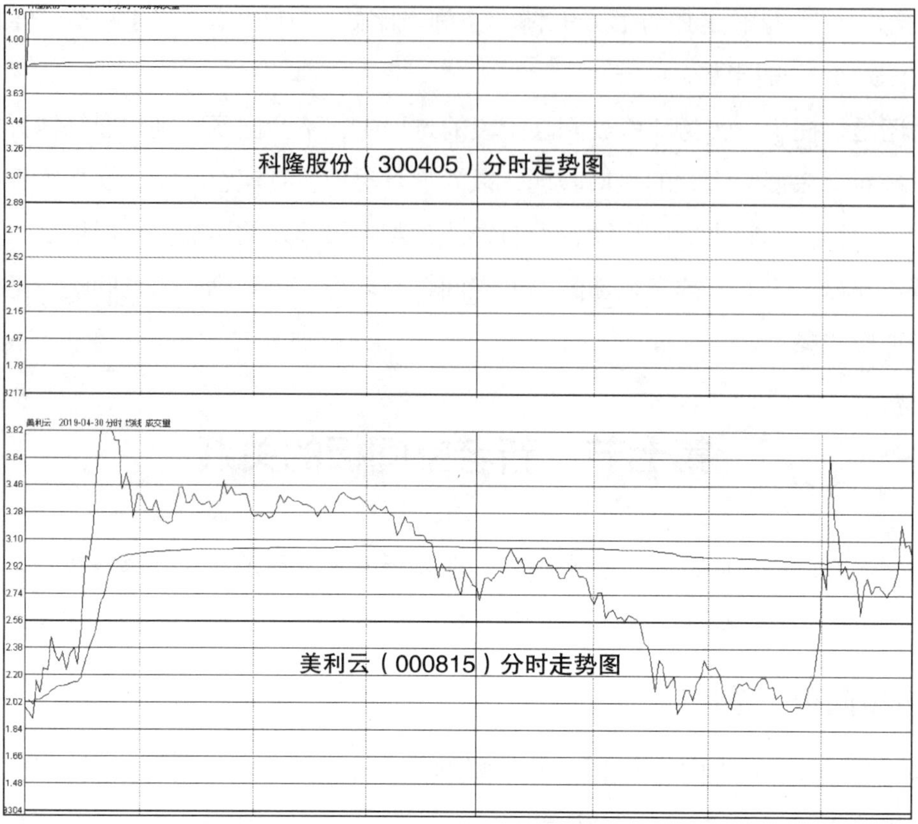

图 3-7　科隆股份（300405）和美利云（000815）分时走势图（2019.4.30）

再如，2019 年 3 月 21 日，处于 6 板的国际实业（000159）当天开盘一字板涨停，原因是前一天一带一路题材大爆发，而当时空间板是 8 板的复旦复华（600624）。当天复旦复华早盘高开后快速涨停，但尾盘炸板失去空间板地位，于是国际实业成为新空间板。但新空间板晋级过程中，两者走势之间也没有明显联系，各走各的路，互不相干。

二、新老空间板关系一般

这种走势表现适中，新老空间板按部就班涨停，表现中规中矩。新空间板盘中按照自己的节奏涨停，前空间板出现涨停、炸板、跳水对其影响不大。

这种走势中，新空间板上位的过程和前空间板是否倒下没有直接联系，有点像第一种情形，只是力度上差一些。所谓力度，主要表现在涨停板强度、速度。第一种是快速板、T 字板或一字板，而第二种就很随意，就是一些正常走势。同样，主要依赖题材晋级判断，前空间板是否涨停对它没有大的影响，是否炸板对它影响也不大，是否回落也没有影响。

比如，2019 年 3 月 25 日，处于 4 板的金鹰股份（600232）早盘平开后拉涨停，这跟前空间板没有关系，当时前空间板国际实业（000159）高位振荡。当国际实业涨停后，相当于告诉金鹰股份，你无法成为空间板了，但也没有影响金鹰股份走弱。当国际实业炸板时，告诉金鹰股份你有成为空间板的潜质，当时也未见得金鹰股份马上走强。总之，两者之间的联系不大，主力资金没考虑这些事情。

又如，2019 年 7 月 29 日，处于 3 板的宇环数控（002903）当天平开后迅速拉板，成为新的空间板，该股连板源于资金对科技股的追捧，而当时的前空间板亚威股份（002559）小幅高开后低走。两者走势相背离，一个跳水，一个拉升。

亚威股份高开低走，一波跳水振幅 6%，走成这样可以理解为再度涨停的概率降低，有结束空间板迹象，于是资金扶持新的空间板。大家也可以认为两者之间关系不大，毕竟当时亚威股份的下跌不是很凶猛。亚威股份反弹夺位的可能性也有，或者很多人没留意到这一点。无论走势怎么样，当时市场处于混沌状态，前空间板回落的瞬间，大家可以认为二者有关系，也可以认为没关系。

再如，2019 年 4 月 19 日，辽宁能源（600758）和春兴精工（002547）并列处于 5 板，当时市场前空间板是 6 板的凯龙股份（002783）。当天 6 板的凯龙股份暴量烂板，按理说次日很难继续连板。既然凯龙股份无法连板，那新出现的高度板就将是空间板。

下面具体看一下前后空间板分时走势。辽宁能源当时是秒板，说明跟凯龙股份关系不大，盘中凯龙股份炸板时，一度还把辽宁能源带炸板了。

如果说前空间板倒下，新空间板诞生，那此时的高度板辽宁能源不应该炸板，但实际走势却炸板了，这说明当时盘口两者之间是缺乏联系的。凯龙股份烂板后走弱跳水，辽宁能源炸板后回封，二者互不干扰。

当天连板的还有春兴精工，早盘两只股票同时跳水，午后春兴精工涨停。之后凯龙股份跳水后，春兴精工一度炸板。显然，如果按照前空间板倒掉，新空间板有机会成为空间板，春心精工就不会开板了，这说明两者之间联系并不大。或者，资金拉升春兴精工更多地是基于 5G 题材回暖，而不是单纯地想去博它成为空间板。

第二种情况也很普遍，前后空间板盘中有纠葛，但博弈资金更多地是基于题材角度判断，而不是空间板的“你倒下，我起来”的思想。

三、新老空间板关系密切

这种走势偏弱，盘中和前空间板处于博弈阶段，前空间板倒了，新空间板的预期会跟着变高。盘中状态是前空间板强势，新空间板萎靡不振；前空间板弱势，新空间板跃跃欲试，二者走势联系紧密。

这种走势的分歧点在午后甚至尾盘，这部分内容最重要。这种现象很大程度上会卡位，发生时间一般在午后或尾盘。由于早盘有很多不可预测情况，变量太大，没法定性，所以主要研究午后和尾盘 1 小时的个股情况。

通常，盘中前空间板流露出较明显的结束信号，此时就会有先知先觉的投机资金开始引导扶持新空间板了，此时潜力股的预期就会明显偏强。

比如，2019 年 3 月 29 日，商赢环球（600146）处于 4 板，前空间板是 5 板的东方创业（600278）。东方创业当日盘中被压跌停，很难再逆转，基本上凉了。当时空间板处于空缺状态。午后区块链整体上涨，有身位优势的商赢环球获得追捧，于是资金开始扶持拉板，正好成为新空间板。

又如，2019 年 7 月 8 日，强力新材（300429）处于 2 板，前空间板是 4 板的久之洋（300516）。久之洋当日早盘高开被砸，深度跳水，而后节节走低，一直在深水区调整。结合当时的市场氛围以及高位板出货，股价翻身无望。

当时空间板还有华信新材(300717)2 板，一字板。但是，这并不代表其他股票不可以涨，市场可以存在并列空间板。尾盘半小时，强力新材涨停，成为新空间板，次日享受溢价。

再如，2019 年 7 月 4 日，中国应急（300527）处于 3 板，当时前空间板是汉宇集团（300403）。汉宇集团临近中午炸板，午后跌到 7% 以上，难以回升。中国应急和久之洋并列 3 板，但中国应急没有久之洋走势强。中国应急尾盘回封是个参与机会，但如果是新空间板，次日参与亏钱概率较大（除非参与久之洋）。所以，明显是在新空间板当天封板时介入更加有利。

总之，这里主要归纳新空间板当天的 3 种走势，走势是依据新老空间板的联系程度展开的。前两种走势更多地是按照题材个股晋级理解，不需要考虑前空间板走势有没有结束。对于第三种情况，前空间板结束能刺激更多的资金挖掘新空间板，为次日接力打提前量，短线机会较多。

第三种情况需要考虑的变量很多，如前空间板走势怎么样了，并列空间板怎么回事，潜在空间板盘中是否有过振荡，哪些属于经典机会，哪些机会需要主动放弃，等等。

四、难点问题

新空间板当天是如何走出来的，以及哪些情况可以直接买入？新空间板能不能产生，只能在当天收盘才有定论，而盘中走势多变，需要盯着前空间板如何演变。只有前一天的高标股结束或者基本结束时，才能大体知道新空间板最终能否诞生。

所以，新空间板能不能产生，需要做一定程度的预判，就是预判当天前空间板是否结束。盘中不会给出准确的结论，只有收盘才能明确。盘中只能根据常识去判断，判断背后靠概率。

如果开盘就给出高标股结束的信号，比如高台跳水（一次性振幅达 10%），一棍子打死或低开低走跌停等情况，预示当天空间板连板概率极低，这时出来的新空间板就不容易被前空间板颠覆。

但是，盘面形势复杂，有时候老龙头倒下和新龙头崛起并不是按顺序进行的，有些新空间板开盘直接秒板或者 T 字板，此时还不确定前空间板是否倒下，这就给判断带来很大困难。

根据首次成为空间板的次日操盘模式，经过市场检验已经证明它是有赚钱效应的，既然新空间板次日能赚钱，反推就能知道新空间板当天肯定也可以赚钱，这就是大家研究该操盘模式的目的。

需要做的，就是跟踪分析新空间板当天走势，如何去抓住它们？前面总结的 3 种情况及各自重点，大家需要思考和认真斟酌。

第八节　空间板介入模式

按照新老空间板关联程度，明确了新空间板和前空间板走势有疏远、一般、密切这 3 种关系。其中，前两种关系和前空间板走势强弱联系不大，主要按照题材晋级理解，第 3 种走势中，前空间板倒下对新空间板诞生有明显的影响。由于它们的纠葛时间大多发生在尾盘，这个机会又叫空间板当天尾盘介入模式。

一、选股标准

（1）时间要求，13:30 以后直到收盘，越靠近收盘越符合要求。定义这个范围有两个意义：

其一，在此之前尤其是早盘，无法确定前空间板是否能继续封板，越到收盘越接近新老空间板交替的真相。毕竟，空间板赚钱效应已经验证过，前空间板倒下后，就会有先知先觉的资金引导扶持新空间板。越到临近收盘，前空间板翻身概率越低，新空间板预期越高。

其二，早盘空间板更多地是按照题材晋级角度理解，包括消息刺激、板块强弱等，这和前空间板是否倒下没有直接联系，这是另一套分析方法。

（2）数量要求，新空间板有且只有一只股票。在发现空间板时，是当时市场最高且唯一连板，前面没有相同高度板，对其后有没有跟风空间板涨停无要求。

（3）走势要求，尽量平稳。也就是说，新空间板走势要尽量强一些，首选强势股票尾盘炸板给的捡漏机会，而不是烂了又烂的空间板。

一般情况下，如果空间板振幅超过 10%，同时盘中又三番两次剧烈振荡，说明走势已经不够强势，这样的烂板次日即使有冲高机会，也经常会低开振荡一段时间，弄不好很容易亏钱。新空间板次日操作模式反而更有利，次日低吸说不定还能遇到大长腿。

比如，2019 年 4 月 23 日，美都能源（600175）尾盘涨停，成为空间板。如果当天介入，次日面临长达 3 个小时的振荡，很容易扛不住割肉离场。如果按照新空间板次日操作模式，就能享受大长腿提供的获利机会。

二、介入时机

介入时机是个股在尾盘炸板回封或者尾盘封板的一刹那，介入动作是打板，打炸板回封，或者打主动涨停。也就是说，符合条件的空间板涨停，是当时市场唯一的空间板，且分时没有明显剧烈振荡。无论这个空间板尾盘是炸板回封还是冲高涨停，都是入场机会。另外，该操作模式内的空间板是在前空间板倒下后出现的，同样是首次成为空间板。再者，需要主观判断一下前空间板是否会倒下（不继续连板）。总之，前空间板连板概率越低，新空间板预期就越高。

三、实例剖析

（1）如图 3-8 所示，2019 年 6 月 6 日，欣天科技（300615）处于 4 板。当时前空间板是 6 板的铭普光磁（002902），该股 6 进 7 失败，而且败得很惨，当天低开后直接闪崩跌停，振荡 2 个小时后跌停封盘。

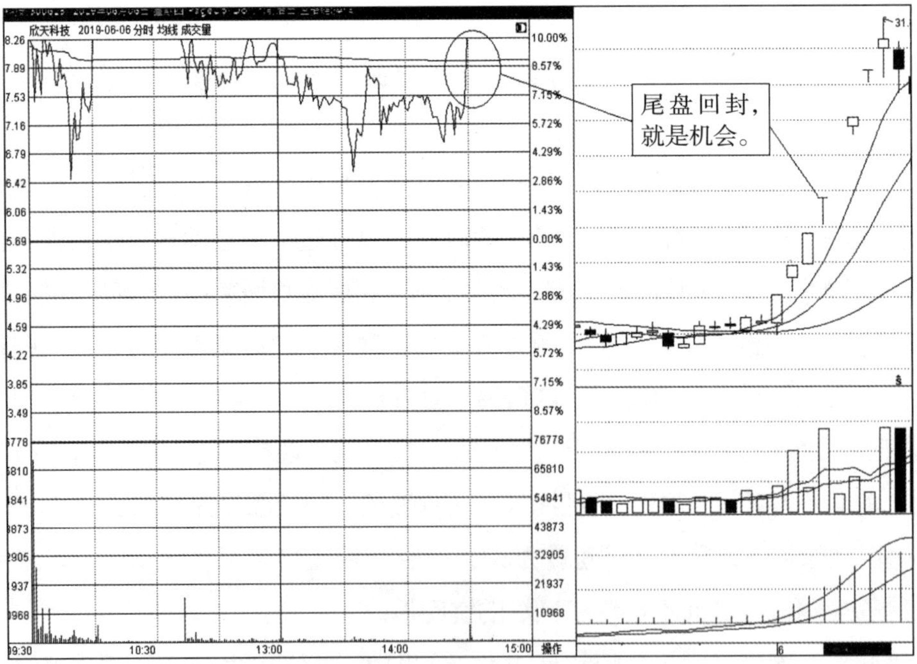

图 3-8 欣天科技（300615）日 K 线和分时走势图

根据当时的市场氛围，铭普光磁从跌停再拉到涨停保住空间板的概率相当低，此时出现新的空间板概率很高。当时最高板是 3 进 4 的欣天科技，分时走势没有强烈振荡，盘中走势平稳。尾盘有资金做回封，博弈的正好是新空间板上涨利润。

如果该股没有回封涨停，空间板就是 3 板的民德电子（300656），那么就要盯住民德电子。欣天科技不回封，则放弃参与，如果回封，就是获利机会。次日盘面情绪回暖，欣天科技竞价高开秒板，后面又上涨 30% 多。新空间板当天可以买入，次日也可以买入。

（2）如图 3–9 所示，2019 年 5 月 16 日，丰乐种业（000713）处于 4 板，当时市场前空间板是 7 板的大港股份（002077）。从当天走势分析，大港股份出现 8 板的概率较低（8 板是当时阶段连板顶），此时新的空间板容易显现。

当时作为 4 板的丰乐种业，午后有 2 次炸板秒回封动作，整体走势并不是上蹿下跳的巨幅烂板，偏重于强势股炸板捡漏机会。封住涨停后次日高开连板，也符合新空间板次日操作模式。隔日再度冲高，及时介入最高可赚 18%。

当时分时盘口显示，从撤单放量炸板再到回封涨停，前后共有 51 秒准备时间，而且后面的走势中，10 分钟又分别放量 2 次，给了足够的买入机会。

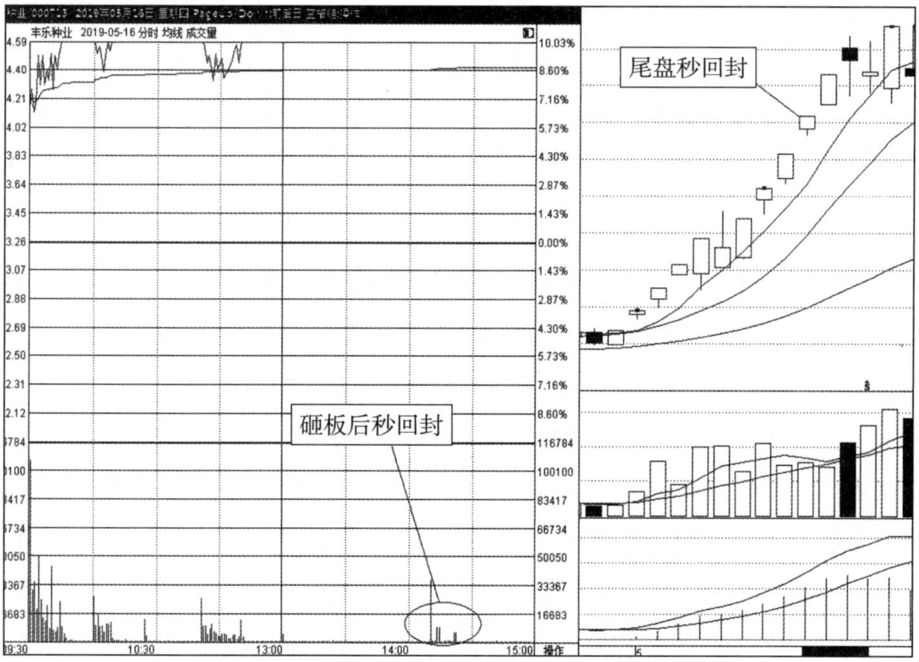

图 3–9 丰乐种业（000713）日 K 线和分时走势图

（3）如图 3–10 所示，2019 年 7 月 4 日，久之洋（300516）处于 3 板，当时的前空间板是 3 板的汉宇集团（300403）。汉宇集团临近中午炸板后快速低走，对市场氛围影响很差。

汉宇集团炸板后，3 板的久之洋（比久之洋弱一些的中国应急提前炸板）在 14:00 同样出现炸板，但炸板后直接回封。这里如果久之洋没有回封，那空间板就会落到 2 板，盯着 2 板个股捡漏即可。久之洋回封，就符合新空间板的要求。次日该股直接高开秒板，隔日再度高开，出现一波 20% 的盈利机会。

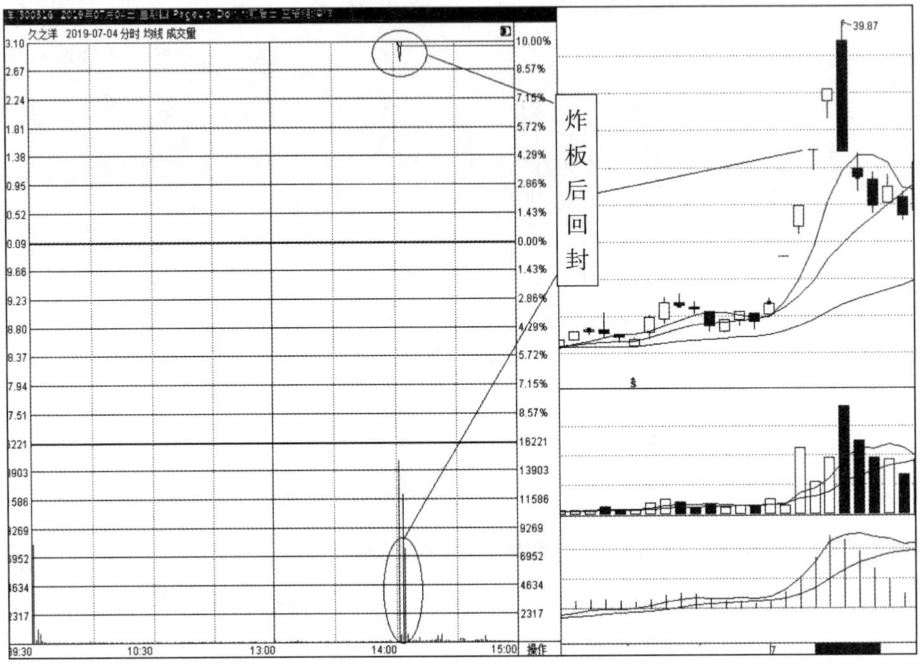

图 3-10 久之洋（300516）日 K 线和分时走势图

（4）如图 3-11 所示，2019 年 1 月 25 日，全柴动力（600218）处于 5 板，当时的前最高板是 7 板的顺灏股份（002565），但是顺灏股份连续一字上涨，缺乏代表性（剔除一字板）。其次是有代表性的芭田股份（002170），该股当天高开低走，临近尾盘跌停。或许是芭田股份当天高开低走影响了高位接力情绪，全柴动力尾盘炸板，而后又回封。但就是这样看似脆弱的回封，次日高开很舒坦地给了大家 8 个点的赚钱机会。

（5）如图 3-12 所示，2019 年 6 月 4 日，铭普光磁（002902）处于 5 板，当时的前空间板是 5 板的敦煌种业（600354）。敦煌种业当天低开跌停封盘很大，几乎宣告自己已经倒下。当时新的空间板是 5 板的铭普光磁，当天该股高开振荡涨停，封板力度一直不错，午后 14:30 炸板，稍做调整后回封。次日高开，二波涨停，妥妥有 10 个点的盈利机会。

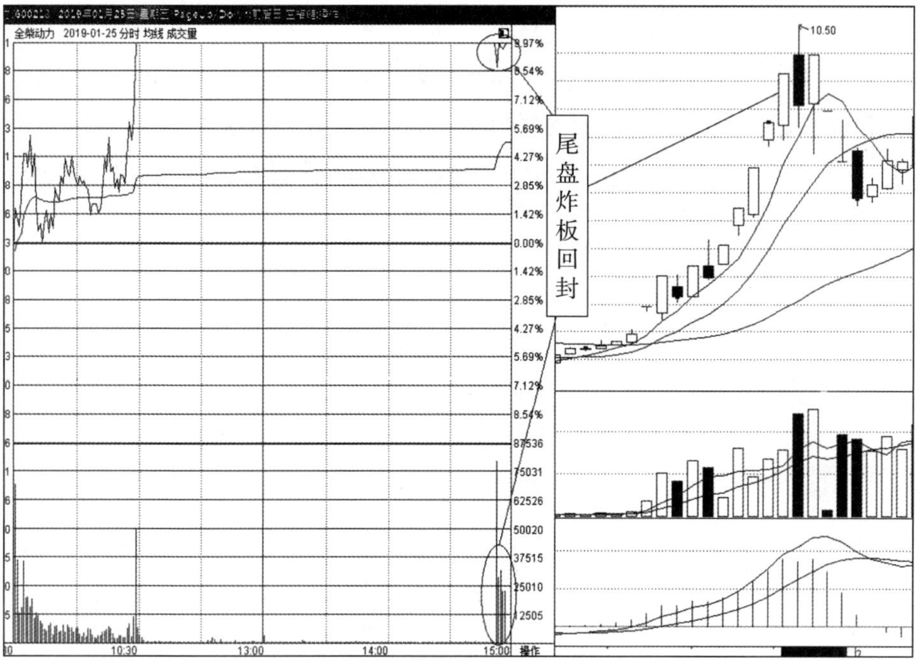

图 3-11　全柴动力（600218）日 K 线和分时走势图

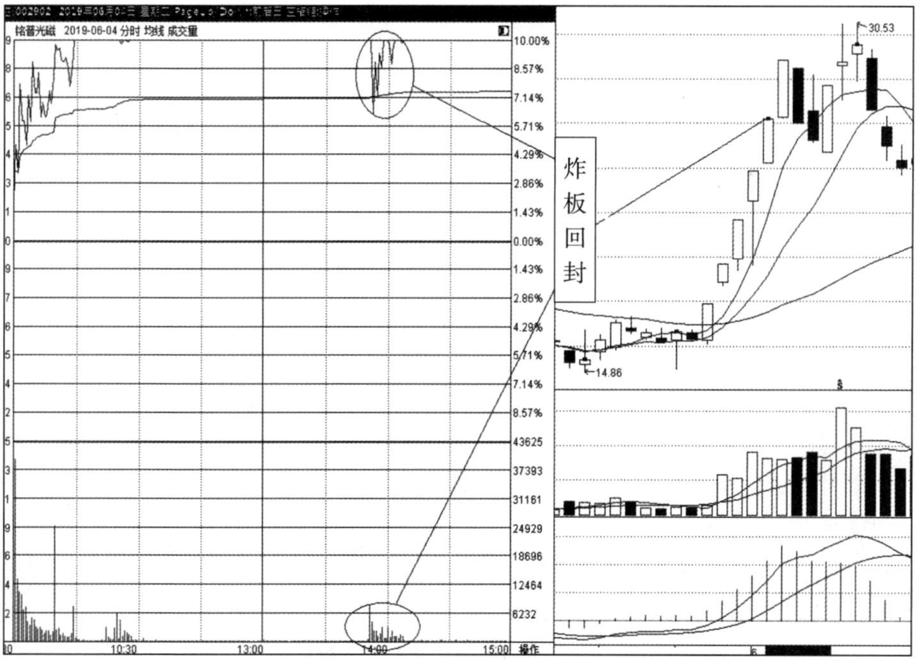

图 3-12　铭普光磁（002902）日 K 线和分时走势图

上述实例中，大多都有 10 个点以上的利润空间。在新空间板次日操作模式中，曾经提到空间压缩和拐点，出现类似条件的空间板次日不能做。这里基于新空间板当天介入，平移空间板次日大概率给溢价，实际上是可以操作的。但平移的伤害也很明显，次日持续性都不好，有的或许能拉个涨停。

这算是不同操作模式之间的互补，前面提到的分时巨幅烂板，和新空间板次日操作模式有互补，有时候新空间板次日能买到更低。而这种平移动作，当天可以买入，次日反而应谨慎买入。总之，一只股票会给很多操作模式买入机会，当然能够以更安全更低的价格买入是最好的。

第四章
卡位板逻辑

第一节　卡位板技术精要

一、市场定义

什么叫卡位板？走强的龙头股刺激同板块低位个股补涨，游资为了获取先手溢价而发动低位个股在同一天先于龙头股涨停的一种盘面表现形式。

卡位这个词来源于足球或篮球，就是通过预判提前占据有利的位置。在股市中，大家经常说的卡位就是指占据先手。在原有龙头出现被特停或涨不动时，第 2 天出现了新龙头，比如说，前一天的龙二或者龙 N，第 2 天率先涨停，成功抢占龙头股的地位，这就是卡位，成功卡位的个股称为卡位龙头。

一套等级分明的炒作制度下，某只跟风股突然盘中逆袭成为板块龙头，打破既有格局。如果龙头是王，卡位就可以理解为“篡夺王位”。一个题材在炒作过程中，对龙头和跟风的定位通常是等级分明的，龙头领涨负责开拓高度，跟风的任务是助攻，很少有逆袭行为发生。但是偶尔也会出现逆袭的情况，如某只跟风股不甘沦为小弟，某天逆袭成了板块龙头。有些人觉得逆袭“篡位”影响板块持续性，有些人觉得适当的卡位有助于行情的持续性。

比如，2021 年 2 月 19 日，3 连板后的稀土龙头盛和资源（600392）在高位出现振荡，盘中明显感到接力不足，主力拉升乏力。次日，同板块中有一只股票勇敢地冲了上去，它就是当之无愧的卡位龙头——鄂尔多斯（600295）。该股开盘后秒板，上涨气势强盛。

鄂尔多斯强势涨停，成为当之无愧的卡位龙头，在该股没有走出来之前，市场可能都知道稀土龙头是盛和资源，但是不知道鄂尔多斯，为什么会切换到该股？答案是市场选择了它作为新龙头。为什么说是市场？因为没有人知道盛和资源的行情走到什么时候，会在什么时候出现调整，又会在什么时候再次启动或者终止，但是市场已经看到盛和资源的盘面出现疲惫，资金不再进场接力。但资金不会闲着，于是在 2 板位置锁定了鄂尔多斯卡位龙头的地位。

正常的逻辑是龙头涨停后，板块开始跟风，而卡位板在当天的表现是早于龙头涨停，以取代龙头最先上板的角色。卡位板，相当于题材日内龙头，这和题材龙头互不影响，题材龙头仍然是总龙头。启动时间上，卡位板一般比龙头晚 1～2 天。

通常在新题材正式启动的涨停板中容易诞生总龙头，总龙头一般提前 1 天走出涨停板，若提前 2 天就不太好。如东方网络领先安控科技和数码科技 1 个涨停板，一直牛气到最后。

卡位有 2 种形式：一种是题材活跃持续时间比较长，这种情况下非常容易出现板块内部的卡位，因为卡位股可以重新激发板块情绪，带动题材的下一波炒作。另一种是盘面赚钱效应爆炸的时候，妖股打出上涨空间，从而导致其他妖股卡位补涨，于是空间龙头跳出来卡位了。这里也可以把高度板或者妖股理解成一个板块。

二、卡位原因

卡位的目的是什么？是为了获得高溢价。一般情况下，把同板块当天率先涨停的个股当作龙头，同一板块其他个股第 2 天想去接力，那么大部分人的选择是去接力龙头。有人愿意第 2 天去接力，这样才会产生溢价，这就是卡位的由来。

卡位板在 2019 年之后的行情中出现的频率较高。在过去的市场振荡行情中，每天动辄有 10 来只甚至几十只股票涨停，但几乎都是超短线资金的炒作，可操作性不高。

卡位板其实是一种正常的盘面现象，并不存在阴谋论，其本质是市场行情多样化。超短线资金炒作，大都有一套理念，比如“宁做龙头，不做跟风”“宁在龙头哭，不在跟风笑”。超短线资金更在乎题材的等级制度。

但是，市场资金不只有短线，也有中线和长线。中线和长线这两类资金的操盘理念与超短线资金不同，某只跟风股启动后，某天被这类中长线资金发现，觉得可以买入，就直接上车了。另外，跟风股当天的表现比龙头强势，结果就成了卡位板，当然这里面有很多偶然性。

那么，如何看待这只逆袭跟风股和板块龙头之间的关系？是跟风股彻底逆袭加冕为新龙头，还是一阵喧嚣后重新让位给老龙头，让位后跟风股的下场是什么？这种板块内部逆袭“篡位”现象对板块炒作的持续性影响如何？下面就来讲述这些问题。

三、关键问题

（1）卡位板的价值在哪里？通过前面分析，题材出现卡位板时，可参与度是很高的，往往都有不错的溢价。在对龙头持续性缺乏信心时，板块出现卡位板能带起一波新的投机浪潮，对龙头和卡位板都有激励作用。

（2）介入卡位板需要注意什么？卡位板生命周期往往很短，介入卡位板很讲究时机，最好在启动当天发现、当天介入，这样才有一定的主动性。

如果错过第一时间介入卡位板，可以留意总龙头，毕竟卡位板对龙头是有正向刺激作用的，这相当于做一次日内补涨。

（3）卡位板持续性取决于什么？卡位板、总龙头的走势有一些技术规律，是比较容易发现和总结的，真正决定市场赚钱效应的其实是题材。在一个大题材演绎过程中，题材内部的高低切换卡位现象非常明显。这种大题材板块内部的高低切换卡位，才是容易吃到大肉的地方。

第二节　卡位的运行逻辑

题材出现卡位板，以前大家经常会有个股逆袭的想法，认为卡位板就要变成新龙头。或者卡位板的出现干扰了题材运行的节奏，对行情的发展非常不利。这两种想法有对有错，主观性都非常明显。开始分析实例之前，大家应放弃先入为主的观点，从零开始去寻找卡位板背后的运行逻辑。

一、对龙头有促进作用

图 4-1 展示的是大智慧（601519）与银之杰（300085）的日 K 线和分时走势。

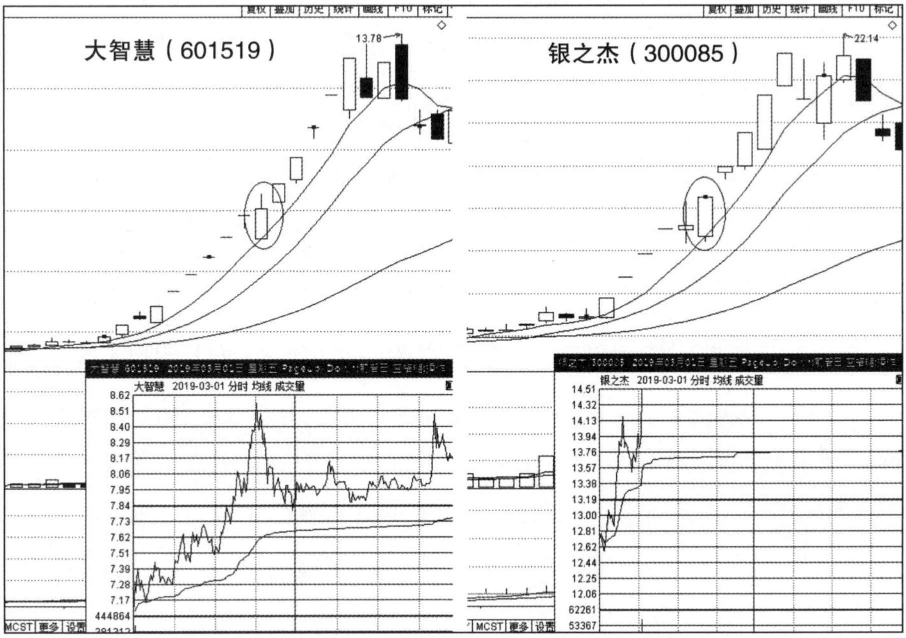

图 4-1　大智慧（601519）和银之杰（300085）日 K 线和分时走势图

2019 年 3 月 1 日，银之杰出现卡位板。大智慧启动时，领先银之杰一个涨停板。2 月 28 日大智慧打开涨停封 T 板，银之杰提前开板振荡。3 月 1 日当天银之杰反包涨停，大智慧低开高走，表明银之杰的卡位对大智慧的上涨有促进作用。

卡位板银之杰的出现，带动龙头大智慧低开高走，带来正向反馈。次日，两只股票各自高开高走，卡位龙头带动总龙头反包，后续总龙头大智慧走势强度更胜一筹。

图 4-2 展示的是厚普股份（300471）与美锦能源（000723）的日 K 线和分时走势。2019 年 4 月 3 日，厚普股份出现卡位板。美锦能源 4 月 2 日调整，次日高开振荡。当天临近午盘时，厚普股份快速 2 连板，带动氢能板块冲高，尾盘美锦能源涨停。

卡位板厚普股份的出现，再度激活氢能板块的炒作氛围，并最终带动龙头美锦能源反包涨停，为美锦能源的上涨带来正向反馈。次日，两只股票继续冲高，但后续走势中，美锦能源的走势更胜一筹。卡位板带动龙头上涨，后续焦点重新让位给总龙头。

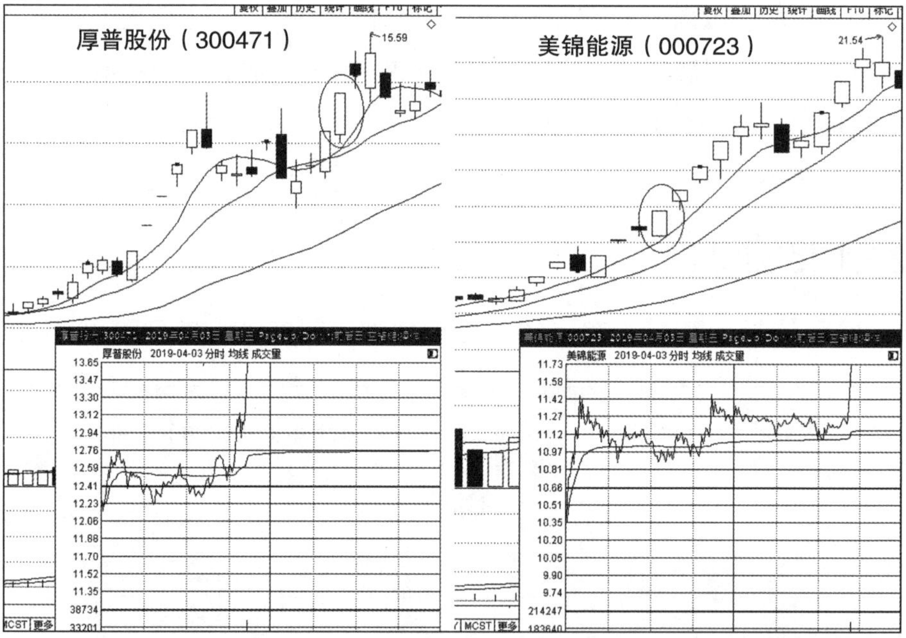

图 4-2　厚普股份（300471）和美锦能源（000723）日 K 线和分时走势图

图 4-3 展示的是西仪股份（002265）与太阳电缆（002300）的日 K 线和分时走势。2019 年 3 月 27 日，太阳电缆出现卡位板。通常来说，一字板里经常出现板块空间高度板，其市场地位要高于换手板。西仪股份走出 2 个一字板，带动板块上涨，被默认为是题材龙头。

第 3 天，西仪股份振荡调整，此时担当跟风角色的太阳电缆大长腿涨停。太阳电缆的大长腿涨停带动西仪股份盘中冲高，西仪股份反包涨停板再度抢回总龙头座位。卡位板当天逆袭成功之后，隔日直接让位总龙头。后续走势是西仪股份领涨，太阳电缆跟风，龙头是龙头，跟风依然是跟风，哪怕太阳电缆当过一次卡位板。

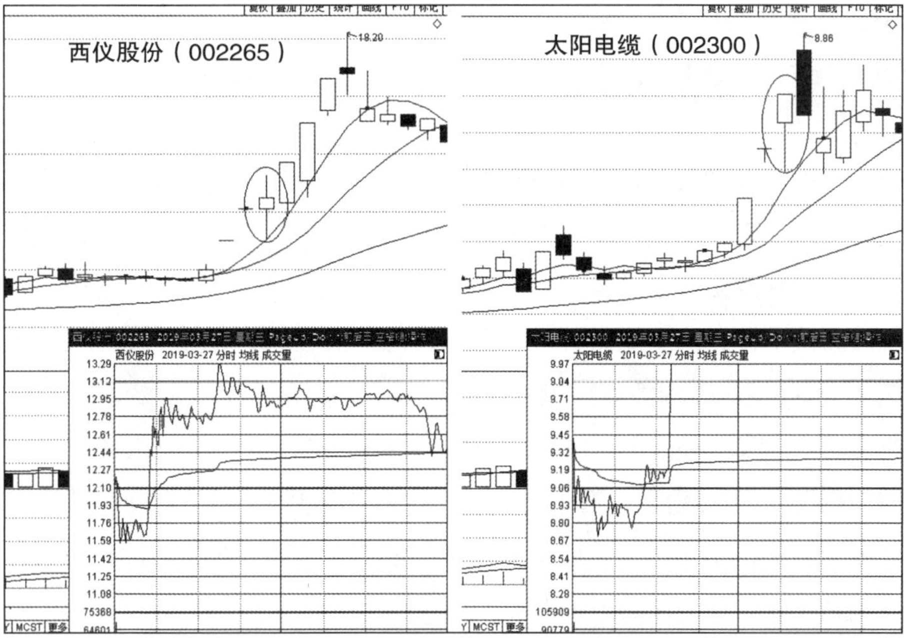

图 4-3　西仪股份（002265）和太阳电缆（002300）日 K 线和分时走势图

二、与龙头有互补性

图 4-4 展示的是国际实业（000159）与西安旅游（000610）的日 K 线和分时走势。2019 年 3 月 25 日，西安旅游出现卡位板。当天，国际实业高开振荡，临近尾盘跳水。

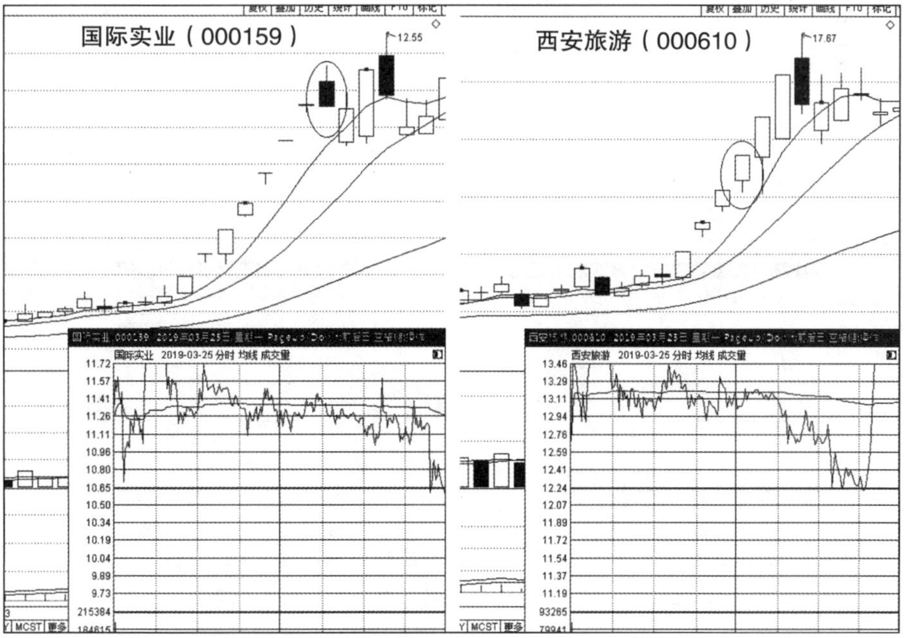

图 4-4　国际实业（000159）和西安旅游（000610）日 K 线和分时走势图

西安旅游早盘涨停炸板回落，临近尾盘 30 分钟拉升至涨停。在龙头国际实业调整时，西安旅游逆袭当了一次板块日内龙头卡位板，当时有其他股票跟风上涨，正向刺激意义还是有的。

次日，西安旅游平开低走跌停后出现地天板，带动龙头国际实业低开高走，相当于救了两次总龙头。第 3 天，西安旅游继续涨停，国际实业同样涨停，卡位板还是强于前龙头。

卡位龙连板对总龙头有带动作用，而且持续了 3 天。但过了这 3 天后的调整期间，国际实业出现过多次涨停，西安旅游并没有涨停，总龙头走势明显强于卡位板。喧嚣过后，龙头是龙头，跟风是跟风，尘归尘，土归土。

图 4-5 展示的是太平洋（601099）与中信建投（601066）的日 K 线和分时走势，两只个股同时期启动，中信建投一直担当龙头。2019 年 2 月 27 日，太平洋出现卡位板。当日板块出现强烈分化，龙头中信建投尾盘险些炸板。太平洋高开直线冲击涨停，中信建投振荡冲高，资金此时选择叠加低价属性的太平洋担当日内龙头卡位板。

当日板块氛围非常差，但总体卡位板的表现明显强于总龙头。次日总龙头中信建投被闷杀，太平洋给了前一天打板资金盈利出逃机会，卡位板隔日走势强于总龙头。

但是第 3 天，总龙头中信建投反包涨停，而卡位板太平洋则振荡冲高，失去前一天卡位板时的光彩。后续走势中，总龙头强于卡位板。

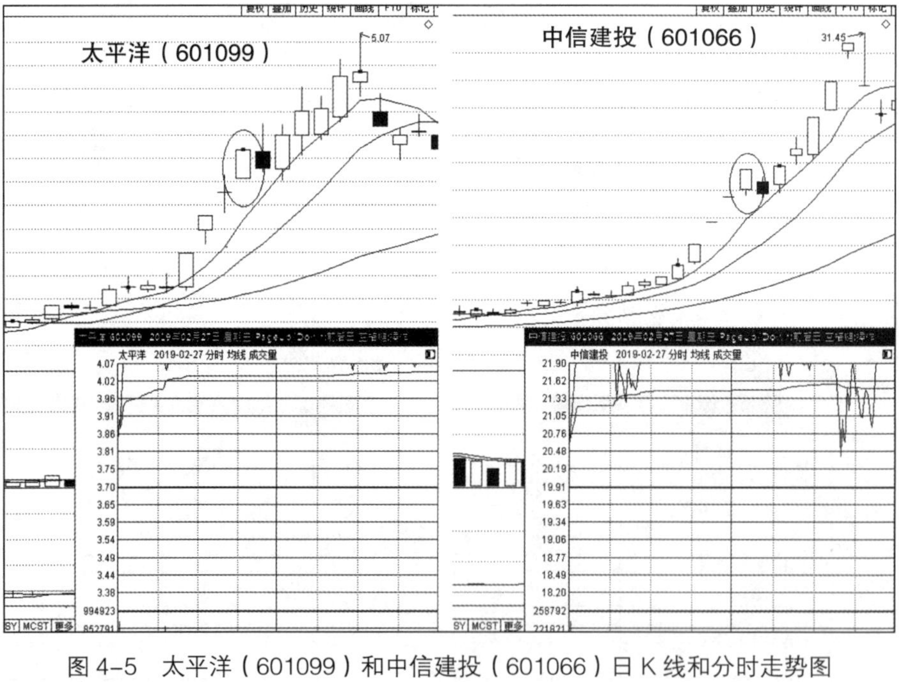

图 4-5　太平洋（601099）和中信建投（601066）日 K 线和分时走势图

图 4-6 展示的是克劳斯（600579）与和胜股份（002824）的日 K 线和分时走势。2020 年 2 月 28 日，克劳斯出现卡位板。前期，和胜股份是一路顶一字板打出高度空间板，

通过集合竞价直接示强，这也是比较极端的走势。2020 年 2 月 28 日和胜股份跌停价开盘，说明市场承接力减弱。

这一天，作为疫情板块个股的克劳斯，受境外消息驱动，从涨停价位开盘（但不是封板状态），在板上由分歧转一致。由于封板速度太快，散户很难参与。

克劳斯的涨停，也对老空间板起到带动作用，和胜股份快速回升，当天收涨 4.75%。之后，和胜股份在高位大分歧中结束行情，而克劳斯再拉 4 个涨停。

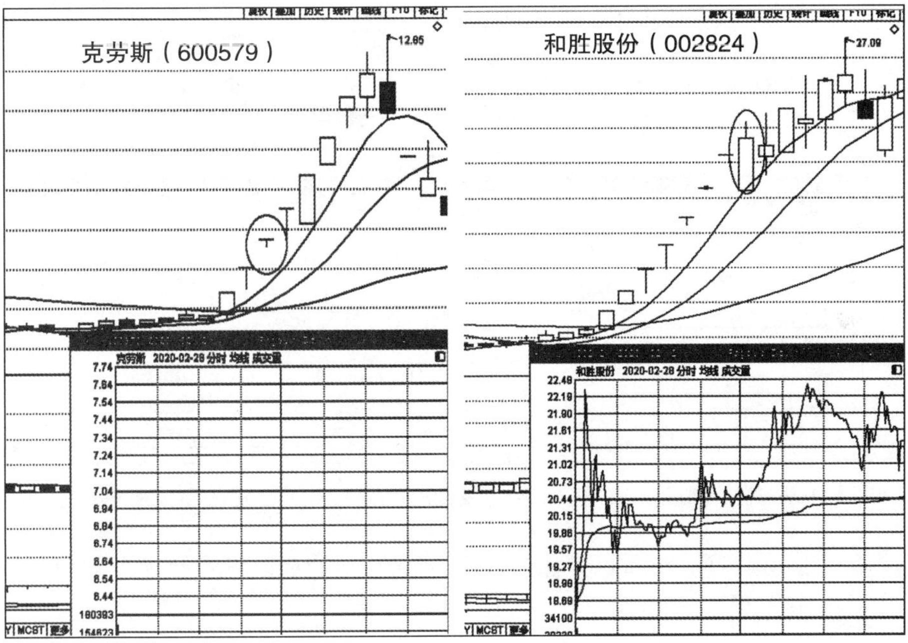

图 4-6　克劳斯（600579）与和胜股份（002824）日 K 线和分时走势图

三、逆袭后趋向独立

图 4-7 展示的是恒天海龙（000677）与金鹰股份（600232）的日 K 线和分时走势。2019 年 3 月 25 日，恒天海龙出现卡位板。两只股票启动时间相近，恒天海龙当天快速涨停，金鹰股份竞价平开后快速拉升上板。恒天海龙少于金鹰股份一个涨停板，开盘迅速拉高的表现对金鹰股份有一定的正向刺激作用。

第 2 天，卡位板恒天海龙收出一字板，而当时高度板金鹰股份振荡回落，卡位板对龙头失去带动作用。第 3 天，恒天海龙高开秒板，金鹰股份当天低开高走收出地天板，恒天海龙收出卡位板后 2 连板，对板块带动效应很强。

但是第 4 天，前龙头金鹰股份直接低开跌停，恒天海龙当天跟着低开低走，总龙头倒下，卡位板也没能独善其身。

这里需要提醒的是，除了关注卡位板对龙头的作用外，散户还要留意卡位板对板块是否有带动作用。如果卡位板对龙头没有带动作用，但对板块其他个股还有带动作用，那么后期走势就不至于太差，这种情况可能反映的是板块内部高低切换。如果卡位板对题材和龙头都没有带动作用，对溢价空间就不要抱太大期望了。

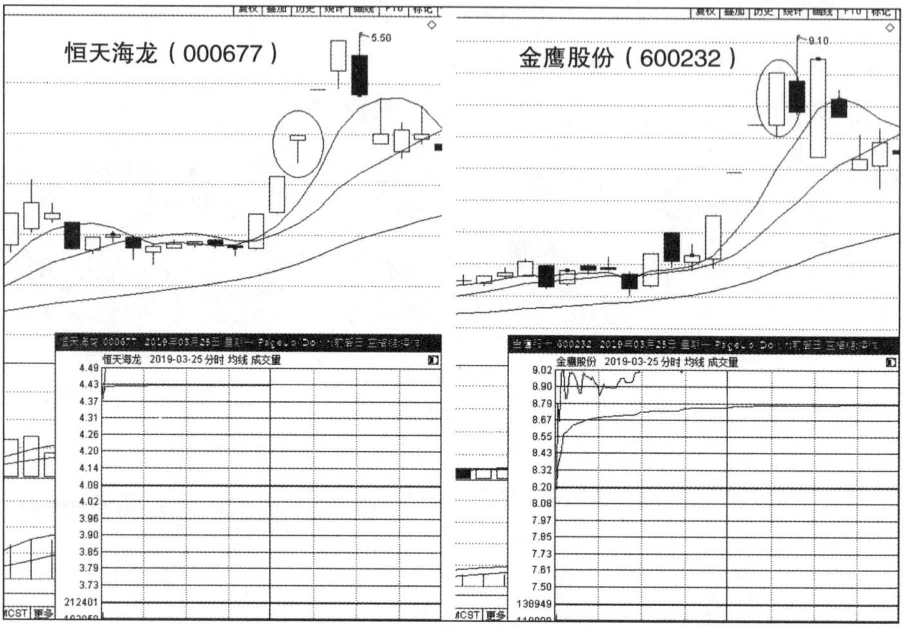

图 4-7 恒天海龙（000677）和金鹰股份（600232）日 K 线和分时走势图

图 4-8 展示的是飞马国际（现名 *ST 飞马，002210）与外高桥（600648）的日 K 线和分时走势。

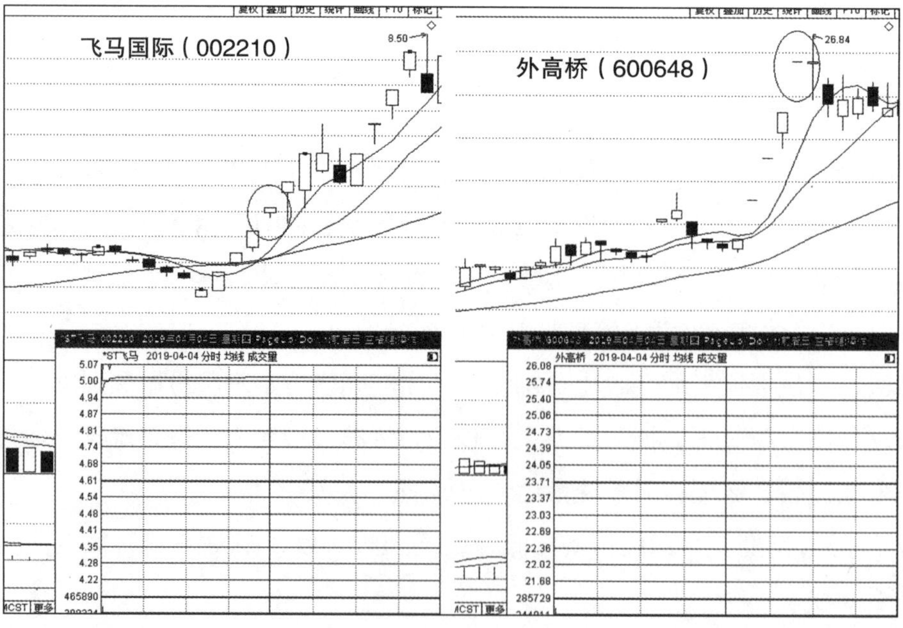

图 4-8 飞马国际（现名 *ST 飞马，002210）和外高桥（600648）日 K 线和分时走势图

2019 年 4 月 4 日，飞马国际出现卡位板。从一字板的角度理解，当时上海自由港龙头属于外高桥，外高桥前期收出 2 个一字板，第 3 天放量涨停，第 4 天直接一字板加速。

当时，飞马国际的强度弱于外高桥，第 5 天飞马国际拉过一次大长腿卡位涨停，而外高桥冲高回落。在后续走势中，上海自由港题材炒作弱化，而飞马国际从板块中走出独立行情，交易一直很活跃，走势也一直强于外高桥。

这是个跟风逆袭最终获得成功的实例，但仔细推敲一下，这两只股票都有瑕疵。外高桥前面 2 个板的炒作逻辑是外资参股券商，而飞马国际前期炒作的是庄股超跌反弹，两只股票都是在第 3 天借着上海自由港建设的消息涨停的，都属于半路出家，并非行情开始启动时的正规题材逻辑。

图 4–9 展示的是景峰医药（000908）与以岭药业（002603）的日 K 线和分时走势。2020 年 4 月 14 日，以岭药业出现卡位板。前一天，景峰医药出现大长腿，第 2 天直接躺地板不动了。当天以岭药业强势走高，烂板后回封，午后强烈刺激躺在地板上的景峰医药出现冲高走势，带来正向反馈作用。

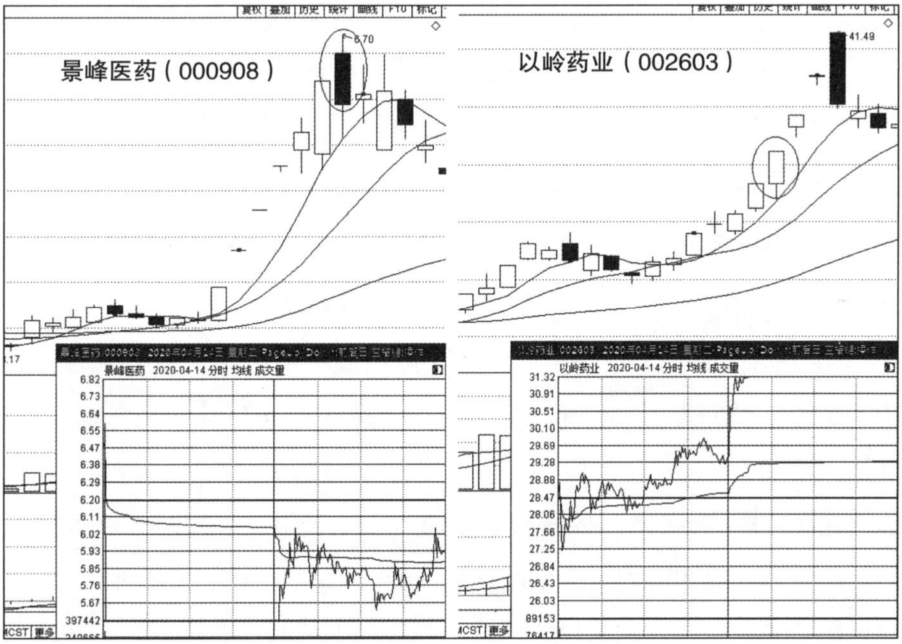

图 4–9　景峰医药（000908）和以岭药业（002603）日 K 线和分时走势图

四、抑制板块持续性

图 4–10 展示的是向日葵（300111）与嘉泽新能（601619）的日 K 线和分时走势。2019 年 1 月 14 日，嘉泽新能出现卡位板。

板块启动第 1 天，个股都是自然涨停板。板块启动第 2 天，前排强势股一字板加速，被认为是最有希望争夺总龙头地位的。板块启动第 3 天，前一天一字板的个股表现颓废，而跳出来一只换手板卡位，当天嘉泽新能走势明显强于向日葵。

不幸的是，卡位板的出现对板块带动效果一般，第 4 天前龙头向日葵长阴后跳空低开，连带把卡位板也带翻船了，最后整个板块都一起走弱。

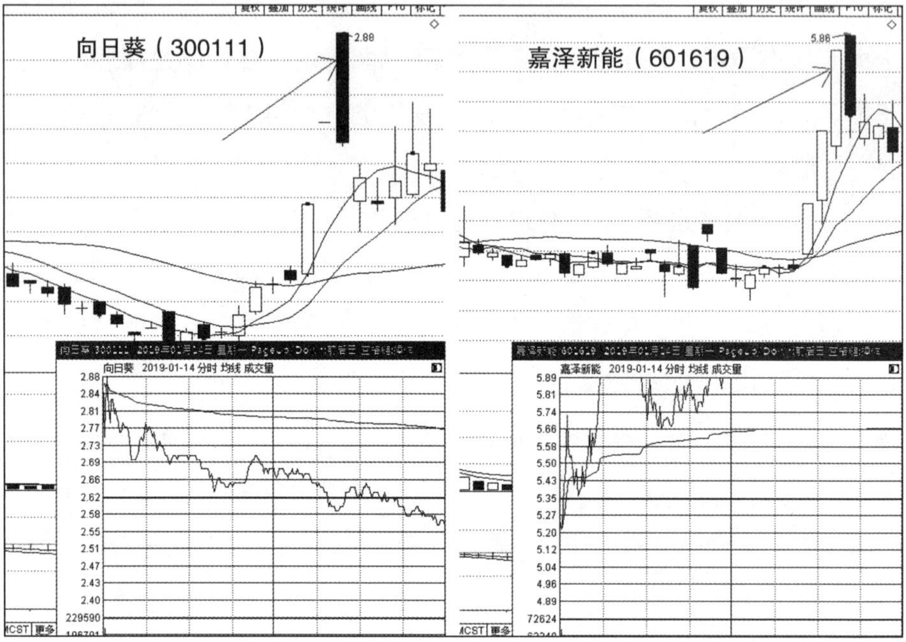

图 4-10　向日葵（300111）和嘉泽新能（601619）日 K 线和分时走势图

图 4-11 展示的是安信信托（现名 ST 安信，600816）与陕国投 A（000563）的日 K 线和分时走势。2019 年 2 月 27 日，陕国投 A 出现卡位板。两只股票同时期启动，龙头一直是安信信托，陕国投 A 比安信信托少一个涨停板。2 月 27 日安信信托振荡，陕国投 A 封 T 板。

在安信信托高位振荡的时候，陕国投 A 封住 T 板，卡位逆袭预期非常强烈。不幸的是，次日安信信托集合竞价时即被抛压资金按在跌停板，陕国投 A 也跟着跌停。

卡位板试图逆袭，但在龙头跌停的情况下也没能独善其身，跟着总龙头跌停了，逆袭之后没有成功上位。后续走势中，两只股票走势不相上下，但安信信托出现过涨停板，而陕国投 A 没有出现过，小弟和跟风的影子仍萦绕着陕国投 A。

通过上述实例剖析，可以做如下总结。

（1）卡位板对龙头和板块都有带动作用。银之杰卡位涨停带动大智慧低开高走，厚普股份卡位涨停带动美锦能源回封涨停，太阳电缆卡位涨停带动西仪股份冲高振荡，然后再反包涨停，都说明卡位板的出现对板块有正向刺激作用。

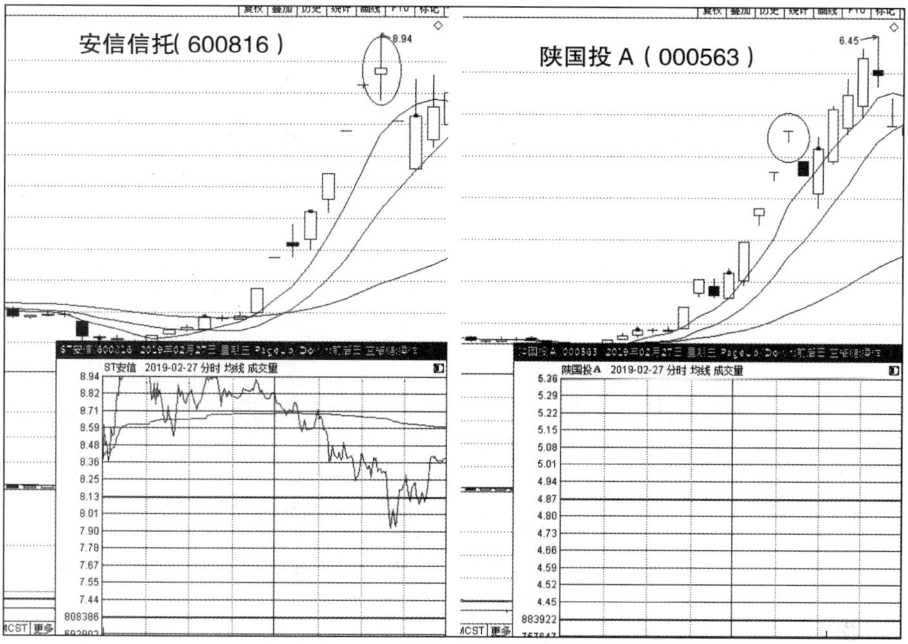

图 4-11　安信信托（现名 ST 安信，600816）和陕国投 A（000563）日 K 线和分时走势图

（2）在后续走势中，卡位板大概率会重新让位给龙头，这是市场残酷的一面。市场相信日内出现的卡位板，但不相信卡位板能够彻底逆袭，如果题材继续发展，总龙头强度还是好于卡位板。

（3）龙头股和卡位板相辅相成，同涨同跌。如果卡位板被闷杀或调整，龙头也很难单独走强。如果龙头直接被闷杀，卡位板也很难独善其身，类似安信信托和陕国投 A 的走势。

（4）启动期的肆意卡位，不利于板块炒作的持续性，这一点务必留意。在板块启动期，龙头还没有做强时，个股就开始争龙头地位，非常不利于题材持续性，容易出现夭折的情况。个股内讧，乱了规矩，导致板块集体灭火，如 2021 年 5 月的煤炭板块行情就是这种情况。

（5）卡位板逆袭后，侧重于独自炒情绪。前面的实例中，飞马国际算是反面实例，但这两只股票当时的炒作主题已经脱离板块，对隔日题材已经失去带动作用，更多地是个股的投机行为。

（6）逆向思维一下，如果某个题材的卡位板逆袭成为龙头，对题材的带动性就会降低，此时盯着卡位板做题材潜伏补涨的逻辑有效性就不高。

第三节　卡位与被动跟风

一、龙头卡位

1. 卡位成新龙头

通常板块内会有一个公认的龙头领涨，有一群小弟在跟随。当有一天龙头出现分歧或走弱，此时如果有个随从小弟逆势而上，不断走强（下跌时可能跟随龙头下跌，但上涨时先于龙头走强），而且从某个时间节点后分时走势明显强于龙头，这就是卡位了。

如图 4–12 所示，在 2020 年 12 月的白酒行情中，老白干酒（600559）是当时带领白酒板块上涨的龙头，经历几日短线加速后，12 月 17 日出现分歧走弱。白酒板块中同时启动的金种子酒（600199），在这之前地位一直略弱于老白干酒。这天早盘白酒板块出现分歧下跌，此时两股都快速跳水，分时走势差别还不明显。

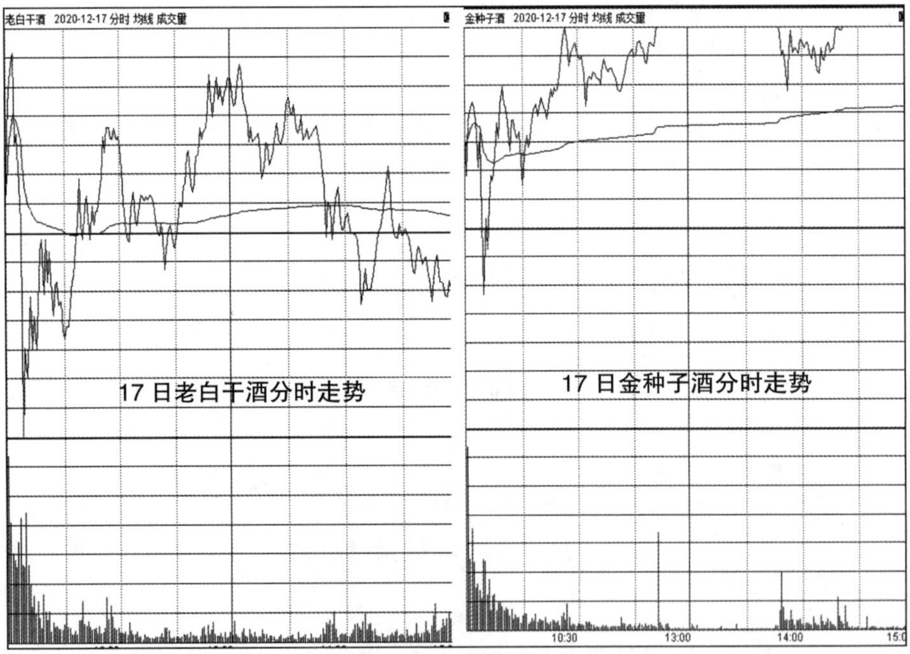

图 4–12　老白干酒（600559）和金种子酒（600199）分时走势图

但是，当分时走势止跌企稳后，金种子酒的走势明显强于老白干酒。虽然开始两者在走势上存在关联性，但 10:23 金种子酒摸板，而老白干酒涨幅才 3% 左右，一弱一强，泾渭分明。可以说，从此时开始，老白干酒已经被金种子酒卡位。11:12 金种子酒封板，此时老白干酒的涨幅还不到 5%。当天金种子酒以涨停收盘，而老白干酒收跌 2%，说明金种子酒卡位成功，成为板块龙头。

当两只股票走势出现差别后，可以不用总盯着老白干酒了，而要转为跟踪观察金种子酒的走势，因为板块龙头已经易主。次日，金种子酒涨停并继续强势上涨，老白干酒却只能跟随其上涨，涨幅远远落后金种子酒。

2. 同身位晋级赛

上例是同一板块的内部卡位，还有同身位晋级赛中的卡位。什么叫同身位晋级赛，可能很多人不太清楚。举例说明，2021 年 3 月 31 日美邦服饰（002269）、雪迪龙（002658）、新赛股份（600540）、迎丰股份（605055）4 只股票都是 5 板，属于同样的高度，这就是同身位。次日，6 板会从这些个股中涌现，那么这 4 只股票就构成一种竞争关系，有的个股可能成功晋级，也会有个股被淘汰，这就是晋级赛。

如图 4–13 所示，2021 年 4 月，长江健康（002435）和锦泓集团（603518）的晋级争夺过程是十分激烈的，4 月 21 日两股都是同身位 2 板，市场地位平分秋色。22 日，长江健康一字板开盘，全天封板不动。而锦泓集团高开 7.14% 后，整个上午都在振荡换手，尽管午后也封涨停，但气势上明显弱于长江健康，士气占据下风。

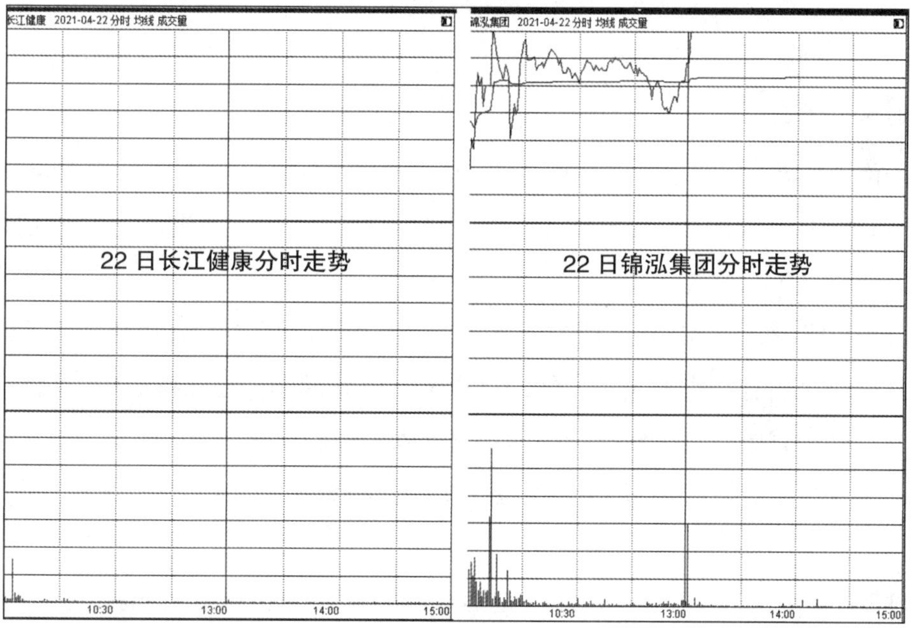

图 4–13　长江健康（002435）和锦泓集团（603518）分时走势图

那么 23 日走势怎么样呢？如图 4–14 所示，长江健康高开 4.66%，由于缺少接力资金，盘面出现分歧。而锦泓集团高开 6.12% 后秒板，封板态度坚决，气势反压长江健康。当日长江健康未能连板，退出晋级赛，而锦泓集团成为空间板，最终走出 11 连板。

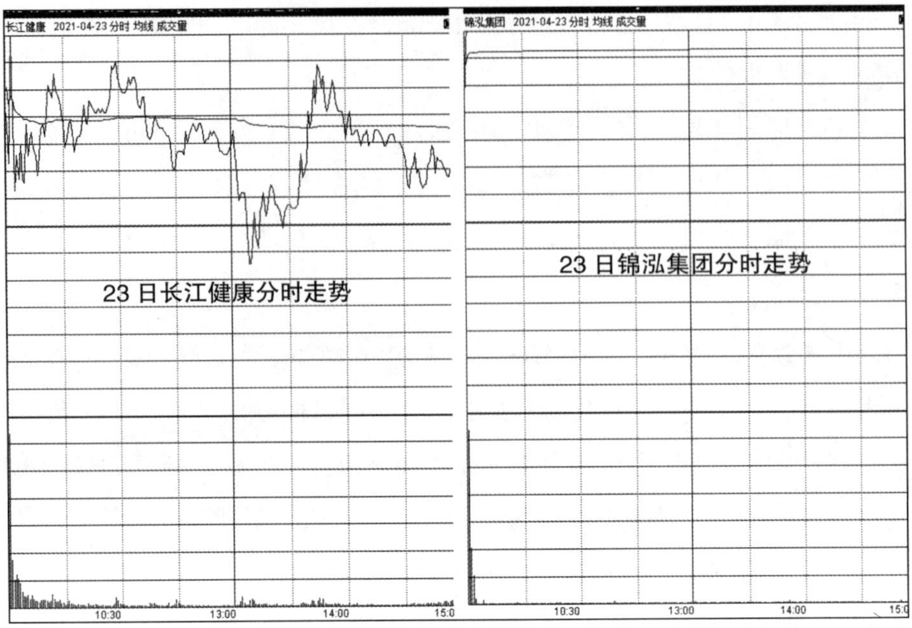

图 4–14　长江健康（002435）和锦泓集团（603518）分时走势图

同身位晋级赛如同马拉松赛跑，开始时，大家都往前冲，比如首板晋 2 板相对容易，2 板的数量也较多，看不出谁占优势。中途大家渐渐拉开距离，比如 2 板晋 3 板，有的就退出了赛程。之后距离越拉越大，比如 3 板晋 4 板或 4 板晋 5 板，能够晋级的个股越来越少，最后产生市场龙头空间板。

3. 分时卡位形式

分时卡位大致有 2 种形式：一是同相卡位，一方始终占据优势，一直压着另一方上行，另一方也没有能力超越对方；二是交叉卡位，个股之间经常弯道超车，不分胜负。

（1）同相卡位。

如图 4–15 所示，2021 年 5 月 11 日，宜华健康（000150）与胜利精密（002426）是同身位 2 板，二者存在竞争关系。晋级 3 板时，宜华健康一直保持优势，始终压着胜利精密。其实从 2 板开始，宜华健康的盘面走势就强于胜利精密。

5 月 12 日，宜华健康高开 6.09% 后，场内保持强势换手，10:30 之前上板。而同一天胜利精密的分时走势显得底气不足，虽然当天也涨停，但盘面气势不如宜华健康。5 月 13 日，宜华健康秒板，盘中烂板回封，胜利精密也封涨停，但开盘和拉升方面都不及宜华健康。次日，胜利精密出现一字断魂刀，退出晋级赛程，而宜华健康继续连板。

（2）交叉卡位。

交叉卡位有 2 种，即日线交叉卡位和分时交叉卡位。日线交叉卡位相对直观，容易辨认，

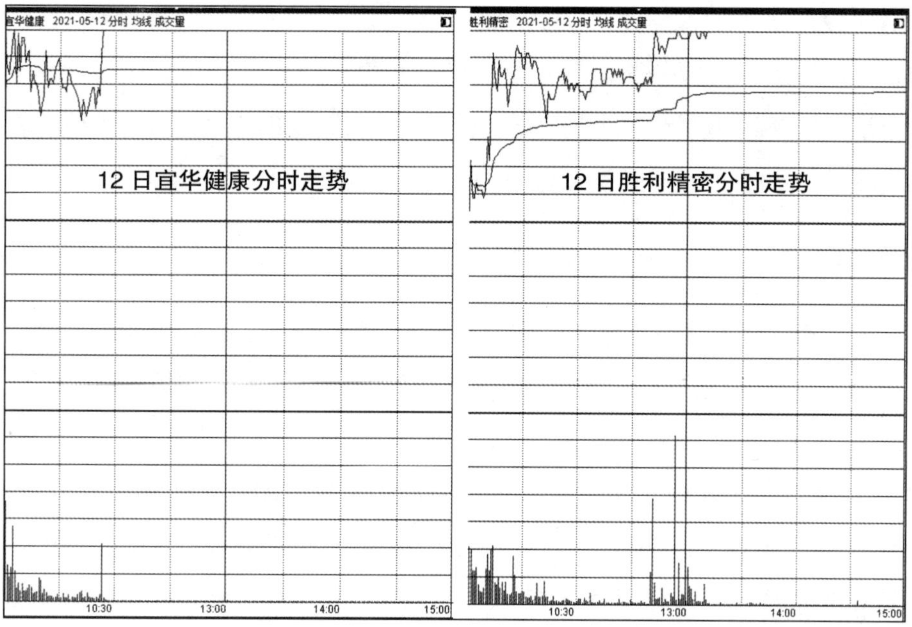

图 4-15　宜华健康（000150）和胜利精密（002426）分时走势图

如上面长江健康和锦泓集团之间的卡位走势。分时交叉卡位比较难以辨认，需要仔细观察，如上述金种子酒和老白干酒的卡位走势。

那么，如何从分时走势中寻找卡位的蛛丝马迹呢？下面以实例解析。

如图 4-16 所示，2021 年 2 月 10 日，盛和资源（600392）明显卡位北方稀土（600111）。首先，从开盘情况看，盛和资源高开 3.81%，北方稀土仅高开 0.44%。其次，在分时走势中，

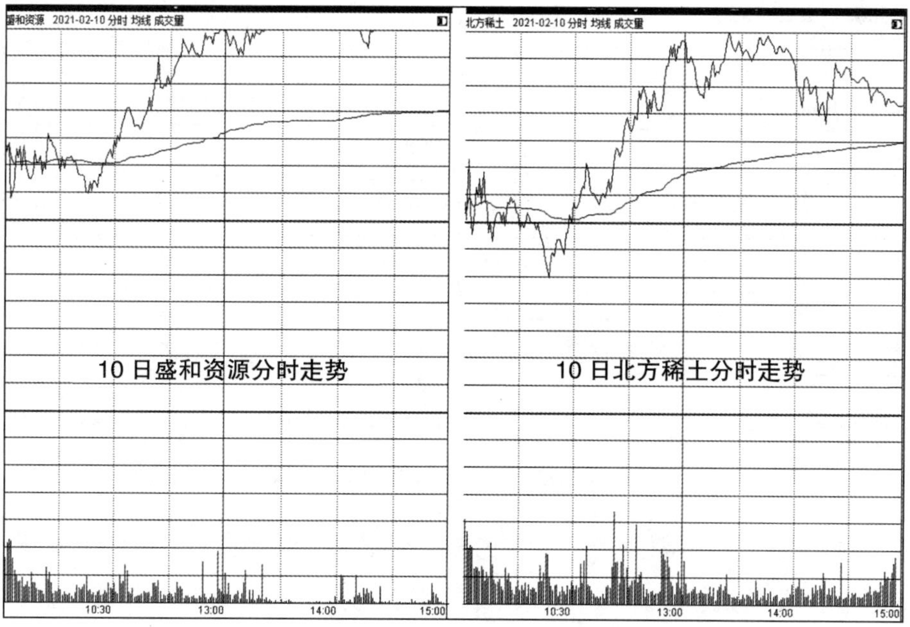

图 4-16　盛和资源（600392）和北方稀土（600111）分时走势图

前半小时两只股票走势基本一致，10:10 北方稀土出现砸盘现象，而盛和资源的股价运行基本稳定。之后，盛和资源一路振荡推高，摸至涨停板位置，午后封板。北方稀土当天盘中最高仅上涨 5.91%，明显跟不上盛和资源的上涨步伐。第三，从尾盘表现看，盛和资源烂板回封，而北方稀土向下走低，二者一强一弱，不言而喻。

二、被动跟风

大家知道，板块内有龙头股和跟风股的区别。龙头股就是板块内最强的个股，跟风股就是随从小弟，跟随龙头上涨。当龙头股强势拉升或者涨停时，跟风股会跟随上涨。由于跟风股不是主动上攻，故称之为被动跟随。

如图 4-17 所示，左图为白酒板块新龙头金种子酒（600199）2020 年 12 月 18 日的走势，右图为金徽酒（603919）2020 年 12 月 18 日的走势，从图中可见金徽酒在整个板块里仅是跟风。龙头上涨时，金徽酒跟随上涨。当龙头涨停，上涨到极致，金徽酒也创出了当天的最高点。

也就是说，龙头上涨或涨停，对于地位偏弱的跟风股来说，就是短线卖点。需要注意的是，如果同为板块内高辨识度个股，不遵守此规律。

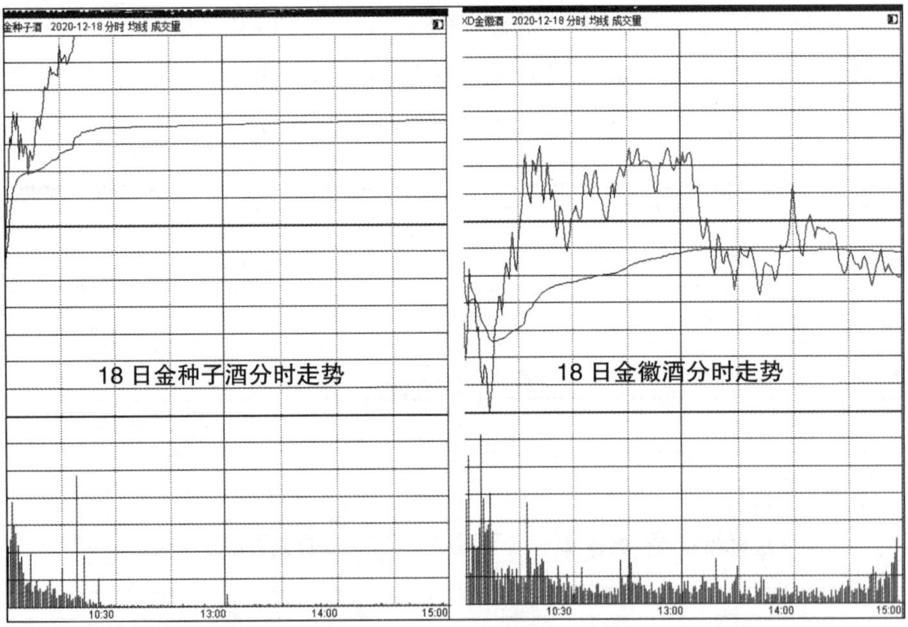

图 4-17　金种子酒（600199）和金徽酒（603919）分时走势图

同一天，板块中迎驾贡酒（603198）也是被动跟风，当板块龙头金种子酒涨停封板时，迎驾贡酒跟随上冲，创了当天第 2 个高点，此高点为分时卖点。之后的最高点，其实也是跟随板块内其他个股上攻创下的，同样是被动跟随性卖点。

第四节　卡位板分时特征

一、分时卡位逻辑

分时卡位战法，是短线高手要掌握的操作技巧。散户第一次接触该战法，相对比较难理解，这里用通俗的语言详细讲解，以便大家更好地吸收和理解。

什么叫分时卡位？在同一板块概念梯队里，后排的品种（龙三、龙四）在分时走势中竟然超越前排品种（龙一、龙二），这种走势就叫分时卡位。

通常认为，前排品种的溢价和分时走势强度肯定是强于后排品种的，这是 A 股多年来的短线走势法则，即龙头溢价高，也更容易涨停。

分时卡位更像一种博弈原则，前排的龙头品种走势往往过分明朗，溢价也会比较高，当然关注度也较高，而后排的跟风品种，往往溢价低，关注度低。

但是，市场存在盛极而衰的可能性，龙头一口气加不上来，筹码结构走差后，就容易直接走弱。但是跟风的品种由于筹码结构更好，所以存在成为后起之秀的可能性。

从资金层面也可以解析，即龙头持筹者众多且大家普遍看好，接力上涨难度大，但是跟风品种如果被主力资金运作，会故意拉出分时卡位走势，以博取场内资金眼球。当发现有资金主动拉升跟风股走势，出现分时卡位，则可以积极关注。

如图 4–18 所示，聚灿光电（300708）2020 年 9 月 9 日走势，就是卡位乾照光电（300102），大家可以观察一下两只股票走势到底有多大的差异。从图中可以清楚地看到，聚灿光电依旧高位运行，但乾照光电深幅下跌。如果掌握分时卡位技巧，就不会去低吸乾照光电，而去低吸聚灿光电，两天日内低吸都会是大赚的。

从 9 月 9 日两只股票分时卡位的分时走势图，就能清楚地看到乾照光电开盘即是巅峰，随后一路走弱，但聚灿光电低开后一路走强，分时节节创新高，表明资金在持续地流入。这里正应了“高开死，低开活”这句话。从表面来看，二者的走势是分时卡位，但这个走势现象的背后是资金的博弈，这个实例证明分时卡位的个股分时走势明显更强。

如图 4–19 所示，2020 年 4 月底，市场炒作“基因检测试剂盒”概念，当时市场龙头是明德生物（002932），后排跟风个股是昌红科技（300151）。4 月 22 日，昌红科技分时卡位前一天一字板的龙头明德生物，之后先是出现 1 个一字板，后又出现日内涨停后开板的走势。按照分时卡位的操作技巧做短线，短线可以获利 20%。

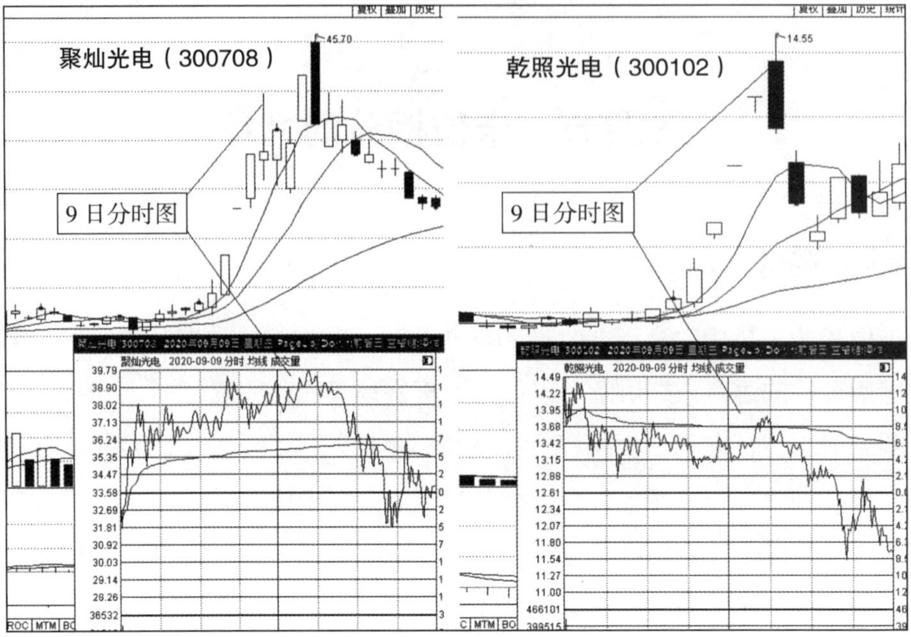

图 4-18　聚灿光电（300708）和乾照光电（300102）日 K 线和分时走势图

那么当日的具体分时走势如何呢？从图中可以看出昌红科技虽然低开，但分时走势中持续拉升，短时间内就拉至涨停板。而明德生物因为筹码结构不好等原因，场内抛压严重，最终下午才涨停，但尾盘又炸板，跟风封板未果。这就是一次短线的分时卡位，明白其中奥妙，短线获利不是难事。

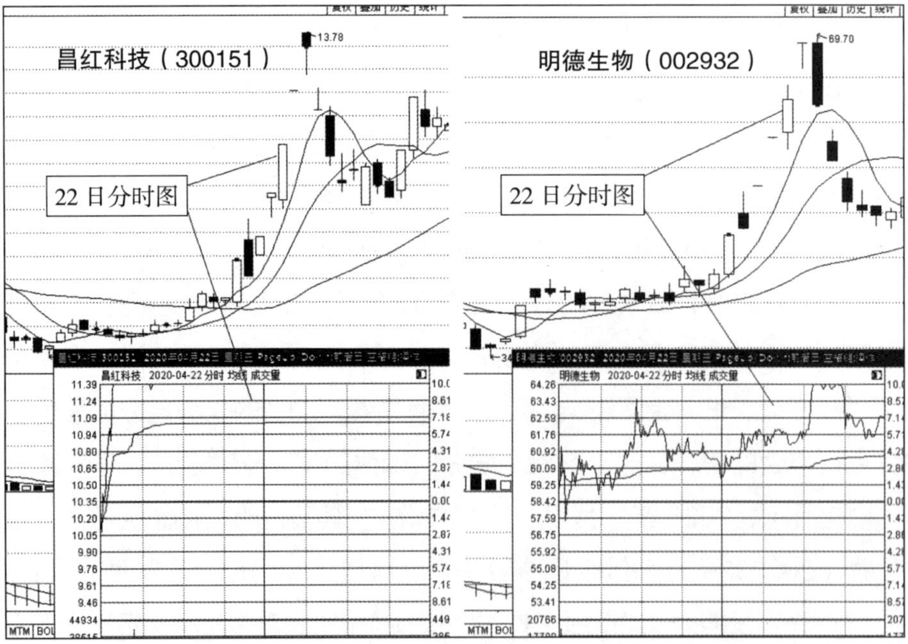

图 4-19　昌红科技（300151）和明德生物（002932）日 K 线和分时走势图

分时卡位的实例很多，比如 2019 年 8 月 22 日的深大通（000038）就卡位了换手龙头瑞凌股份（300154），后面走成换手总龙头，又实现了 60% 的涨幅。

二、卡位龙头分时特征

卡位龙头分时图有以下特征。

（1）前期龙头被下砸。

（2）新晋龙头逆袭。

（3）龙头之间分时走势差异越大，卡位龙头爆发力越强。

分时走势是一个很宽泛的话题，难点在于太常见，分析起来缺乏明确的标准。太常见不一定是好事，因为很难从众多的现象中排除表象，找到本质。太常见，有时候会成为认知的障碍。

成功的交易技术具有排他性，越是具体，越容易被颠覆。这句话大家一定要记住，在打造交易系统的时候，多想想你的系统能不能被其他人轻易模仿。如果能，赶紧扔掉；如果不能，才有价值。打造出一套高胜率的交易系统，你就已经成功了一半。

不讲分时走势的具体分析技术，但要知道分时走势背后的逻辑。在这个市场中，只有客观逻辑是不会轻易被复制的，理解了这些，就能在千变万化的分时走势中抓住核心，然后制定最优交易策略。只有看到分时走势背后的逻辑，看到多数人看不懂的东西，才能在市场中获得较好的收益。

卡位，情理之外，意料之中。价格往往走在概念炒作之前，情理之外，但又在意料之中。所有的猜测，都会在新晋龙头强势崛起之后慢慢发酵，对于那些让人眼前一亮的新晋龙头，市场从来不缺少故事。

第五节　卡位空间板逻辑

一、卡位空间板

卡位这种操盘手法从 2019 年开始流行于市场，这种现象真正开始演绎是在 2020 年之后，这也说明股票炒作手法或者技巧一直都处于进化之中。卡位应该是涨停敢死队操盘手法的升级，就像以前市场上没有涨停板，宁波那一批人发明了涨停敢死队操盘手法，利用大额封单来吸引市场关注，减少场内抛压，进而达到拉升股价、迅速集结人气的目的。

卡位空间板的技巧其实很简单，无非是利用空间板的高辨识度来吸引市场资金的注意力。目前市场上非常流行空间板，空间板就是市场最高连板股，是市场连板高度的代表，当然市场龙头不一定是市场最高空间板。这里讲一下空间板的卡位技巧。

如图 4–20 所示，2020 年 2 月 13 日，安居宝（300155）和天华超净（300390）并列 3 板。次日早盘安居宝快速拉升达到 4 连板，这就是一个卡位板。为什么这样说呢？

分析背景：2020 年 2 月 13 日秀强股份（300160）8 板，前一日世纪天鸿（300654）也是 8 板高度，说明对于 8 板位置市场比较谨慎，当时指数处于变盘的节奏点。

当日涨停队列中市场空间板的代差比较大，从 8 板降到 3 板，有 5 个板之差。安居宝和天华超净两只股票有可能有一个晋级，当然也有可能全部失败，这里需要盘中观察，包括出手点都是非常讲究的。

2 月 14 日的开盘集合竞价图中，秀强股份高开 2.29%，反映资金有些谨慎。次级连板高度的安居宝直接高开 6.7%，天华超净高开 4.36%，这两个次级连板谁强谁弱呢？肯定是安居宝强势。早盘集合竞价向市场示强，当然这时候一般是不能参与的。因为开得高，也要看分时走势中承接力度如何，如果开盘介入，有可能成为高位接盘侠，短线就要“吃大面”。

这时候机会点在涨停确认。市场上为什么很多人打板，有些打板成功率非常高呢？就是因为有些人宁愿以更高的价格在涨停板买入，也不扫板或半路入场，因为封不住涨停就面临回落风险。

开盘后安居宝秒板，涨停价格已经确认，这时候也不适合参与，因为这种秒板炸板的概率较大。这里的看盘要点是看分时的承接力，或者说能否承受住市场的检验。一般来说，烂板之后放量回封属于参与点，所以最好在有分歧放量的回封时参与。

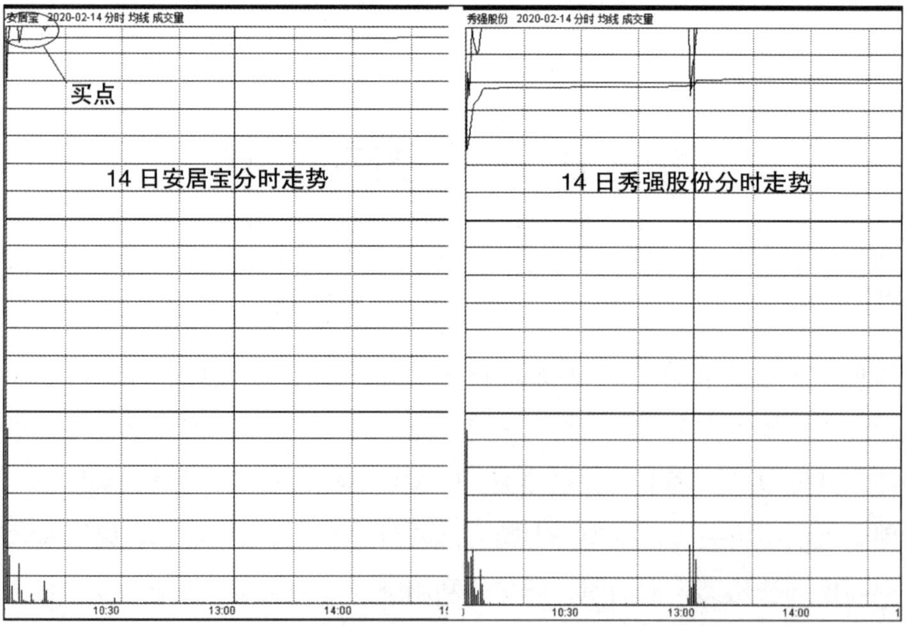

图 4–20 安居宝（300155）和秀强股份（300160）分时走势图

市场中这样的实例很多，都是这种模式的变形。当日安居宝卡位成功，但是秀强股份并没有因此倒下，而是继续连板，达到指数情绪共振级别，市场龙头被强化。当然市场分歧也会随之加剧，最后在分歧中见顶。而安居宝在高度一致下连拉 2 个一字板，然后一把断魂刀结束行情。

如图 4–21 所示，威唐工业（300707）2019 年 12 月 24 日的走势，和安居宝的模式差不多。首先看 12 月 23 日的涨停，当时万讯自控（300112）暴量 4 板（T 字板），其连板原因是当时周末传感器受到吹捧，万讯市场地位处于身位板，周一高开顶一字板，从逻辑上没有问题。但是盘中出现一个问题，那就是反复烂板，说明高位产生较大分歧。

这里就有点问题，在利好的情况下，有低位首板助攻，这个时候龙头反复被打开，说明龙头地位被市场弱化，这里是受到题材轮动或者高低切换的影响。第 2 天，万讯自控出现振荡走弱和强转弱的局面。而第 2 天的威唐工业早盘短暂振荡后上行，盘中迅速分歧转一致，完成了 3 连板。

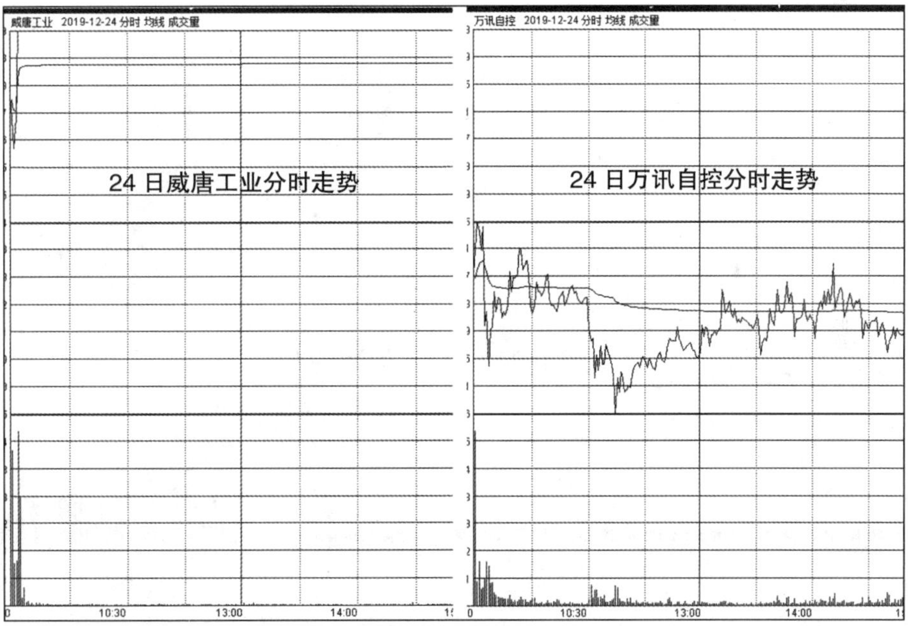

图 4–21 威唐工业（300707）和万讯自控（300112）日 K 线和分时走势图

如果空间板数量差距比较大，资金风险偏好处于低位的个股。次日资金卡位时，个股走势要具备以下特点：

（1）集合竞价必须大幅高开，高开是向市场示强的表现。

（2）分时承接力比较强，起码在分时均线上方运行。

（3）烂板抗分歧，放量回封。当日烂板一定要放量，分歧放量，分歧才能快速转一致。

二、卡位龙逻辑

这里讲述一个容易让人忽略的卡位现象，这种卡位是实实在在的短线获利机会，那就是市场大龙头被特停后，在此期间产生的新卡位龙头获利机会。市场大龙头是一段时间来人人皆知的大牛股，大龙头被特停，会引发市场情绪波动，尤其对同板块会带来负面影响，导致市场担心相关个股出现调整。其实不然，这反而是一个短线盈利机会，而且操作方法简单实用。

如图 4-22 所示，顺控发展（003039）2021 年 4 月 6 日出现 21 连板，之后被特停自查。后面跟随的是 6 板的中电电机（603988）、5 板的坦泰股份（003036）和 5 板的中岩大地（003001）。4 月 7 日中电电机和坦泰股份都收出一字板，中岩大地出现大长脚涨停，卡位顺控发展成功。由于中电电机连续一致板上涨，中途没有充分换手，次日出现一字断魂刀，而坦泰股份成功 8 连板，成为新空间板。顺控发展和坦泰发展都是近端次新股，卡位也在情理之中。

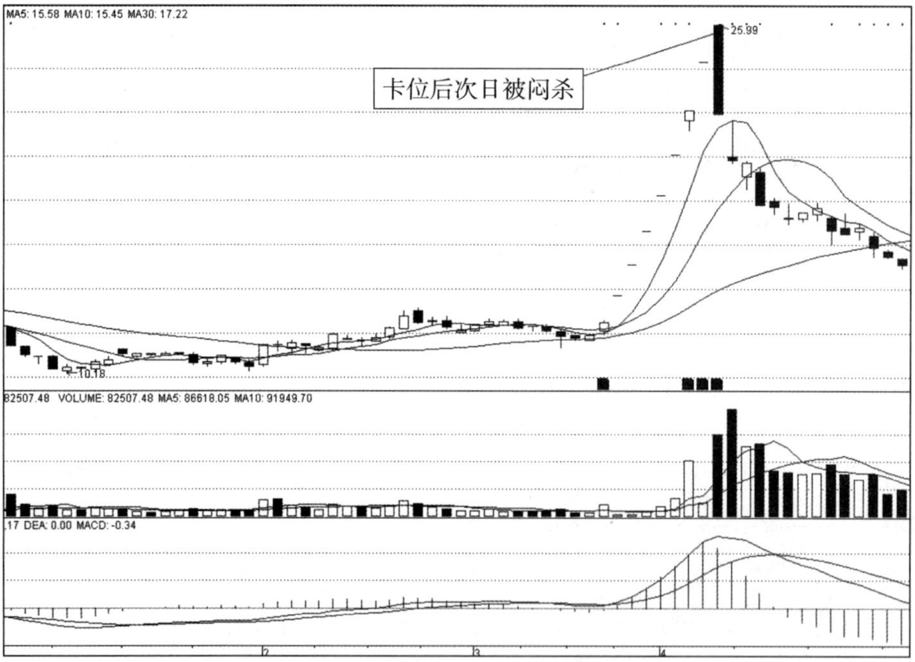

图 4-22 中电电机（603988）日 K 线图

还有一些比较经典的卡位龙头，比如贵州燃气（600903）特停，次日被金奥博（002917）卡位；中科信息（300678）特停，次日被嘉泽新能（601619）卡位；万兴科技（300624）特停，次日被淳中科技（603516）卡位。

那么，如何用这样的卡位龙头个股来获利呢？常规操作方法就是当龙头被特停后，第 2 天与这个龙头相同板块的股票在早盘快速涨停，要及时发现这个卡位龙头个股并及时扫板进场，以便享受较高的溢价。

网络传播速度快，一个模式出现不久就会被大部分人知晓。市场上交易者同质化的现象非常突出。操盘方法大家都懂，聪明资金一般会提前入场，专门收割这种同质化的交易。

比如，2021 年 4 月 7 日中电电机（603988）卡位顺控发展（003039）时，集合竞价就被顶了一字板，这就是交易同质化的表现。中电电机全天封盘表现不错，看起来很完美，但次日高开 6.87% 后快速翻绿，低走跌停，打板进场的人全部被闷杀。

由此可见，常规买法经常吃大亏。遇到这种情况，就要采用非常规手法，那就是提前进场。如预计龙头股第 2 天再涨停就会二次触发异动被特停，那么当天可在同板块中先选择一只涨停板个数比较接近的另一只股票跟涨买入，这样就有了先手。

比如，2021 年 4 月 2 日，顺控发展当天晚上没有出现特停公告，可以断定 6 日如果继续涨停，那么 7 日非特停不可。这个时候，可选后面跟随最近的中电电机、坦泰股份和中岩大地这 3 只股票买入。6 日这 3 只股票哪个跟得最紧，就提前介入哪只股票，坐等收割卡位龙头的溢价。

6 日这一天，从 3 只股票走势综合分析，中电电机由于一路顶一字板，没有充分换手，可以放弃。中岩大地开盘之后水下整理，午后虽然涨停，但略显疲惫，应谨慎。坦泰股份 T 字板，盘面走势健康，且与顺控发展同属近端次新股。相比之下，3 只股票中应该选择坦泰股份入场。

这就是提前介入法，可用来应对常规买入法的弊端。大家借鉴这种操盘经验，当市场再次出现龙头被特停的时候，历史重演的走势就能带来较好的短线获利机会。

股市中有卡位，就存在复位。复位是指龙头股镀金走出来之后，原来卡位龙头的个股自然就会被资金抛弃，龙头毕竟是龙头，自然更强势。因此，龙头出来之前，一定要做先手，卖出卡位的个股。不要幻想等龙头出来再带动跟风股上涨一段，这样的想法应改变。要知道，龙头就是龙头，小弟是很难超越老大的。应用这种卡位龙头的操盘方法时，一定要定位准确，不要认为自己买的卡位龙头股很强，能够抢位成为真龙天子，实际走势往往并非这样。

顺控发展 4 月 14 日复牌后，卡位的 3 只股票就不能再追高了，它们最多是跟随顺控发展的表现而表现，跟涨或反向走弱被资金抛弃，难以超过龙头，这些就是复位的内在原理。

同理，锦泓集团（603518）2021 年 5 月 6 日收出 10 连板，之后被特停自查，这时就存在可能卡位的情况。5 月 7 日，爱普股份（603020）一字板开盘回封，卡位锦泓集团的龙头地位，这是比较经典的小弟卡位。

5 月 12 日，特停的锦泓集团复牌后继续涨停，卡位的爱普股份这天盘中筹码出现松动是正常的，盘中跌幅超过 5%，尾盘虽然再次涨停，但次日仍然大幅振荡。当然，反过来思考，如果爱普股份继续涨停，不跌反涨，就要引起高度重视。该跌不跌，就要看涨了。

第六节　龙头卡位类型

一、3 种龙头类型

龙头股指的是某一个时期在市场炒作中对同行业板块其他个股具有影响和号召力的股票，它的涨跌往往对同行业板块其他股票的涨跌起引导和示范作用。

龙头股怎么找？通常热点板块里连板数量最高的就是龙头。首板、2 板没法判断，3 板肯定是龙头。如果板块里有相同高度的个股，就看谁先封板，先封板的个股是龙头。在多个热点的情况下，连板数最多的是市场总龙头，其他板块低于当前市场总高度的是板块龙头。

从形态上，龙头有 3 种类型，即一字龙、换手龙和身位龙。

1. 一字龙

一字龙，顾名思义，就是一字板涨上来的龙头。这种形态连板过程中几乎没有什么成交量，一般是板块或者单独个股的重大利好刺激才会出现这种情况。由于逻辑过于强硬，不给散户参与机会，缺少人气，时常会出现一步到位的情况。也有少数个股开板之后仍有资金看好，参与接力，这要看逻辑的持续性和板块热度。

如图 4–23 所示，2021 年 4 月的中电电机（603988），当时有人说这是光伏概念龙头，有人说不是龙头，那么到底是不是？看盘面走势就会找到答案。因资产重组停牌 10 多天，3 月 29 日复牌后，中电电机一路顶一字板。4 月 6 日高开秒板，仍然没有做充分换手整理，参与接力的资金很少。4 月 8 日高位一字断魂刀，次日继续大跌，说明资金不看好后市，之后该股持续下跌，呈倒 V 形回落，也就是说该股缺乏人气和号召力。有人气的地方才有赚钱的机会，形不成热点的高度板很危险。不管个股质地如何，能让大家赚钱就会受关注，不能让大家赚钱，涨得再高也不必看。

如图 4–24 所示，森特股份（603098）的股价见底后连拉 4 个一字板。2021 年 3 月 11 日在第 5 板位置破板形成 T 字板，接着 2 个交易日出现换手整理。从盘面很明显观察到资金接力积极，板块出现联动效应，股价没有深幅回落。3 月 16 日反包涨停，之后股价振荡推高。

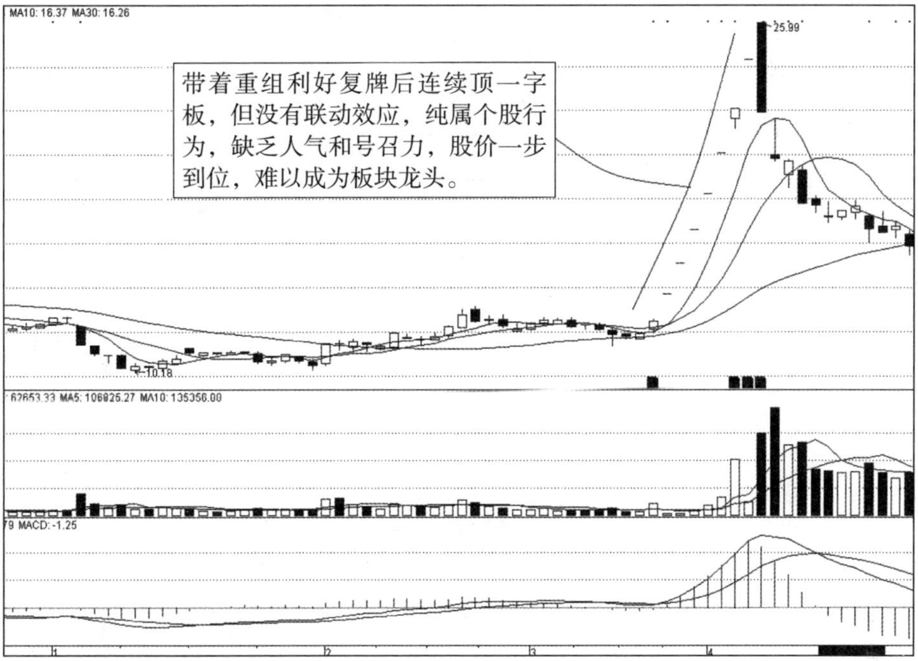

图 4-23　中电电机（603988）日 K 线图

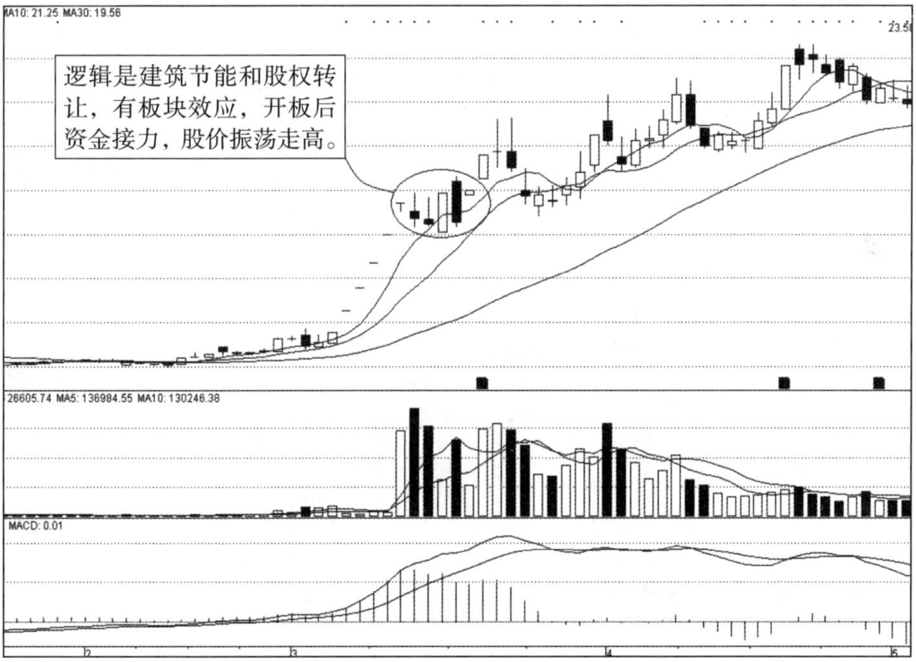

图 4-24　森特股份（603098）日 K 线图

2. 换手龙

换手龙跟一字龙的区别就在于非连续一字板上涨，中间换手充分或换手涨停（换手板），换手过程中成交量较大，但不是天量。

如图 4–25 所示，宜宾纸业（600793）2021 年 1 月的走势中，行情启动后不断进行换手，多次从分歧转一致，最终股价一连拉出 10 个板。只有让盘中的浮动筹码得到换手，让外部的新鲜血液源源不断地注入盘内，才能让龙头保持足够的生命力，这样股价才能走得高、跑得远。

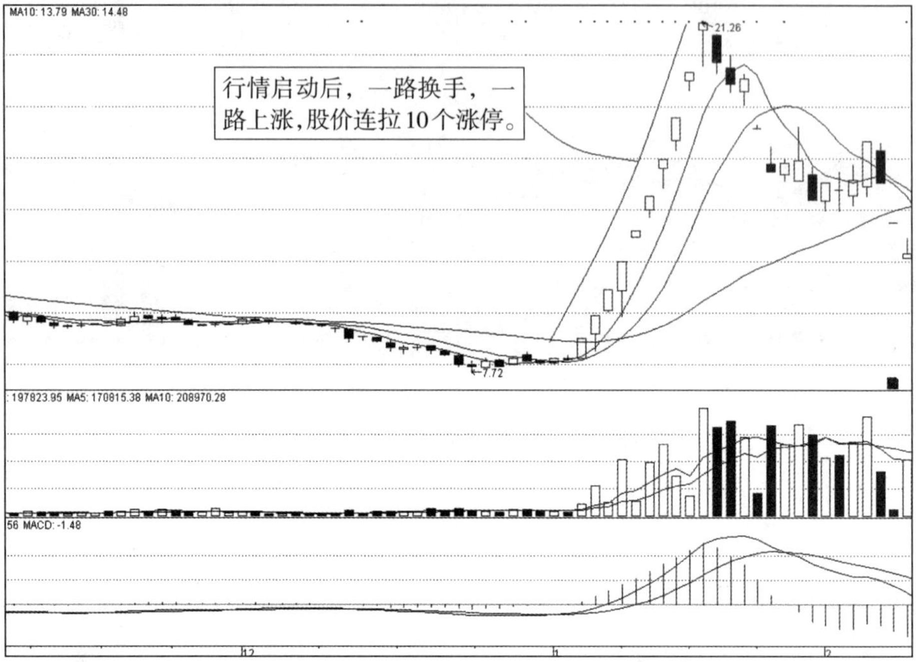

图 4–25　宜宾纸业（600793）日 K 线图

如图 4–26 所示，郑州煤电（600121）2020 年 12 月的走势中，两波行情都是保持放

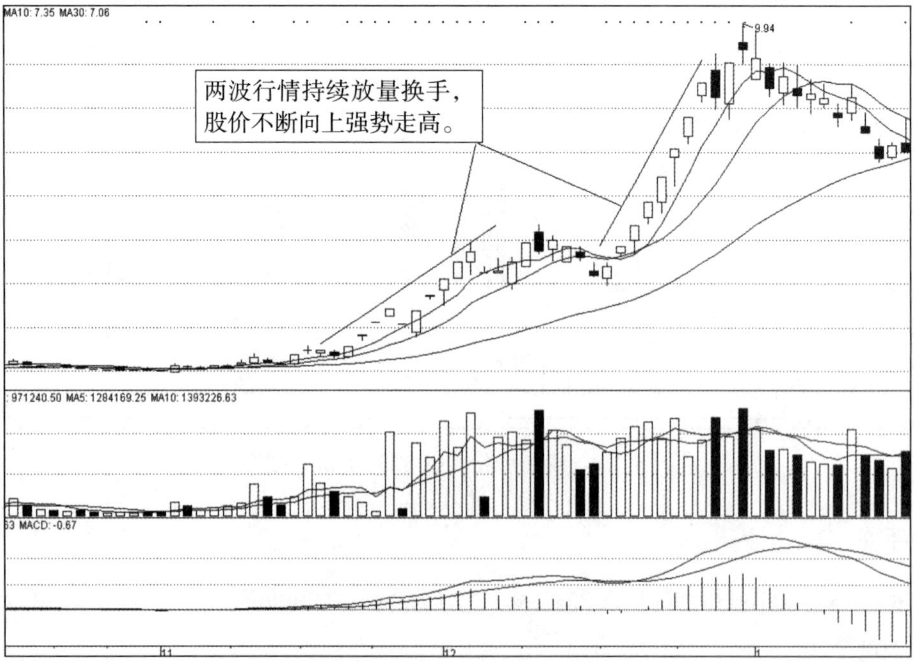

图 4–26　郑州煤电（600121）日 K 线图

量换手，外部资金不断流入，股价不断走高。想要马儿继续跑，就让马儿常吃草，否则千里马也难以跑远。

3. 身位龙

身位龙也叫先手龙，顾名思义，就是领先板块其他个股拉出一个涨停，第 2 天板块集中爆发大面积涨停，该股就有高一个板的身位优势。某一热门板块当天领涨市场，那么游资就会挖掘前一天提前涨停的具有相关属性的个股，然后参与顶到 2 板，以拓展板块市场高度，这个个股就被称为身位龙或先手龙。这种形态一般出现在多边逻辑的股票中。

身位龙因为有一个涨停板的数量优势，这时候概念是否正宗就显得不太重要。只要踏准市场节奏，预判当天热门概念板块，此时潜伏身位龙成功概率极高，前提是板块不会脉冲式熄火。但身位龙比较容易被卡位，所以操作起来难度比其他龙头要求高。

图 4–27 展示的是华为概念的身位龙实达集团（现名 *ST 实达，600734）和迪威迅（300167）的日 K 线和分时走势。2019 年 5 月 16 日，受盘前利空消息影响，华为概念股纷纷杀跌，板块当日涨停的个股唯有实达集团和公告收购刺激的迪威迅。

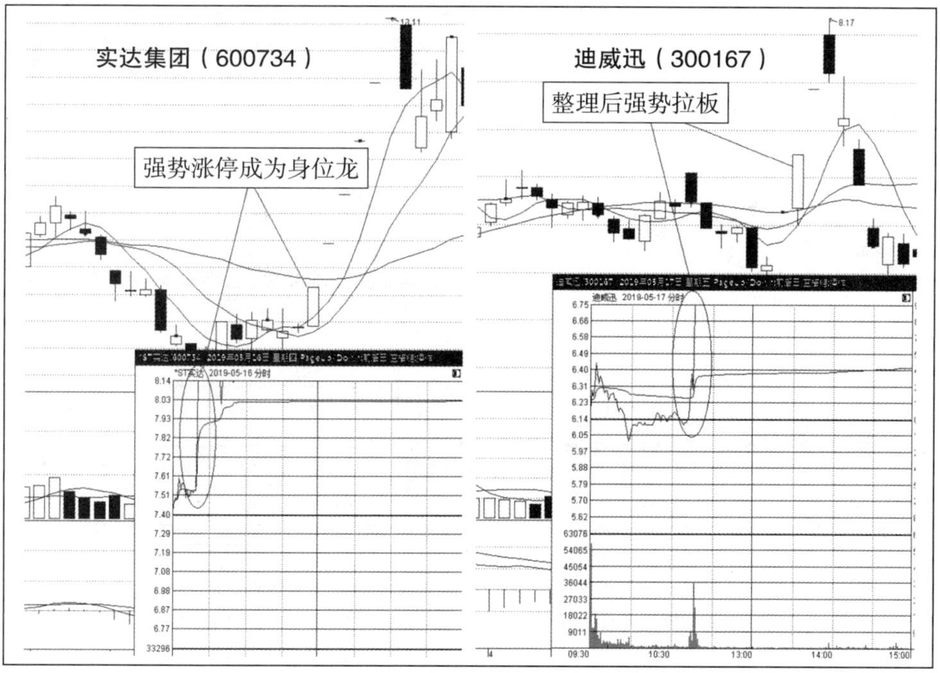

图 4–27　实达集团（现名 *ST 实达，600734）和迪威迅（300167）日 K 线和分时走势图

次日，华为概念被市场热炒，当日有 23 只华为概念股涨停，而沪深两市全天自然涨停的个股才 47 只，这一数据足以看出市场对华为概念的认可度。实达集团和迪威迅当日成为华为概念的身位龙。迪威迅竞价涨停封单不够，一路下杀到 0.65% 开盘，冲高 5% 左右回落到水下振荡。随后在 10:43 被资金点火，一波冲破均线，二波封涨停，教科书

式拉升。这里冲上均线就是最佳买点，涨停是加仓买点，预判能力强的估计竞价阶段就已经抢筹。

第 3 天，华为概念一字涨停个股有 7 只，基本都是上亿元封单，而实达集团就是资金挖掘出的身位龙。准确地说，这两只个股仅仅与华为有关联而已。前面说过，概念属性是否正宗不重要，华为概念也可以引申为其他概念。实达集团因为股性好，竞价阶段就被资金抢筹，从而打造成身位龙，封单高达 2.64 亿元。

如图 4-28 所示，人造肉身位龙金健米业（600127）2019 年 5 月 6 日受外围市场暴涨刺激，A 股人造肉概念横空出世。开盘相关概念股双塔食品（002481）、湘财股份（600095）均是百万手封单，可见资金的认可度。金健米业前一天作为业绩增长概念涨停，次日人造肉概念暴涨，金健米业因为身位领先，自然被资金挖掘。当天只要嗅觉灵敏，金健米业是有买入机会的。对比当日竞价成交量和分时成交量，9:21 之前下单均有买入机会，这个身位龙如能擒到手，轻松吃上 3 个一字板。

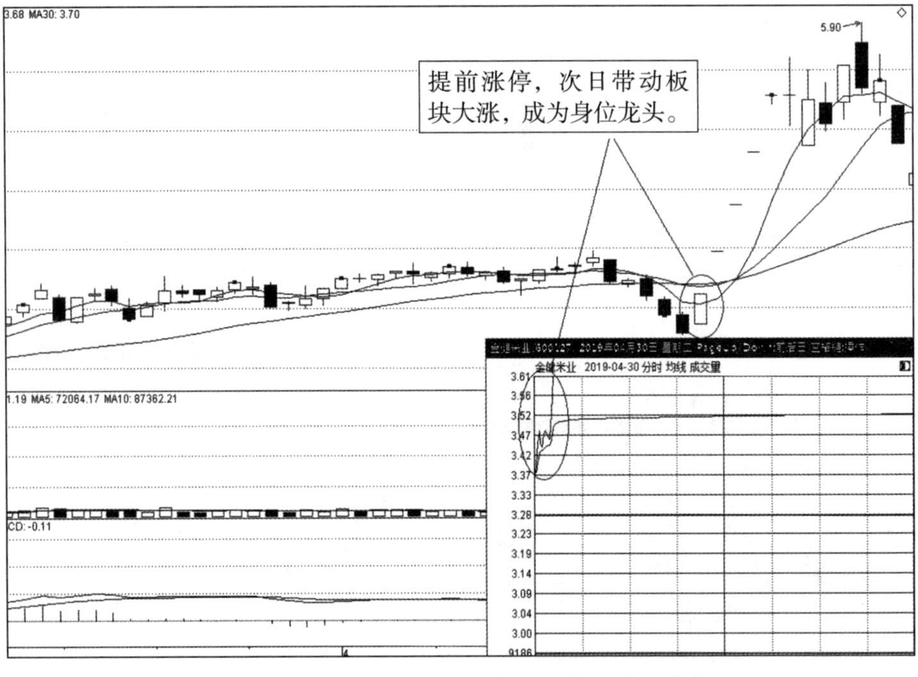

图 4-28　金健米业（600127）日 K 线和分时走势图

二、高度卡位套路

投资者应掌握超短线炒作的高度卡位套路。通常来讲，做超短线每天都要复盘，归纳出首板有哪些，2 板有哪些，3 板有哪些，4 板有哪些，等等。然后，根据涨停板的层次划分身位龙、日内龙、卡位龙以及跟风股，并据此进行超短线操作。

（1）身位龙，上面已经讲述，就是一个新题材出来的时候，超短线资金首先关注板块内已经涨停的股票，即领先一个身位的股票，该股票就称为身位龙。比如，区块链消息出来前一天，文化长城（300089）已经 2 板，在区块链板块内有最高的身位优势，属于身位龙。这样的股票只要板块强势，就会享受天然溢价。

每当新题材出来的时候，一定优选板块内已经涨停的个股参与，不要怕去给别人抬轿。如果这样的股票都涨停不了，那么板块炒作自然就没有什么力度。

（2）日内龙，就是板块内当天最先涨停的股票。

当 2 只股票竞相上涨的时候，一定要去抢最先涨停的个股。当然，因为筹码结构、盘子大小等因素影响，最先涨停的不一定能封住，因此能不能买到日内龙，既要根据临盘判断，也有一定的运气成分。一般来讲，日内龙的溢价会高于板块内同一天上板的其他个股。在题材不强的时候，个股抢先上板并且确认其不会炸板，原则上就不要去追后面的板了。

如图 4-29 所示，2021 年 5 月 12 日，南宁糖业（000911）大幅高开 9.57%，抢先秒板封盘，成为制糖业板块的日内龙。当日，场外资金就不愿去封板中粮糖业（600737）了，因为即便中粮糖业涨停，也只是为南宁糖业做嫁衣而已。

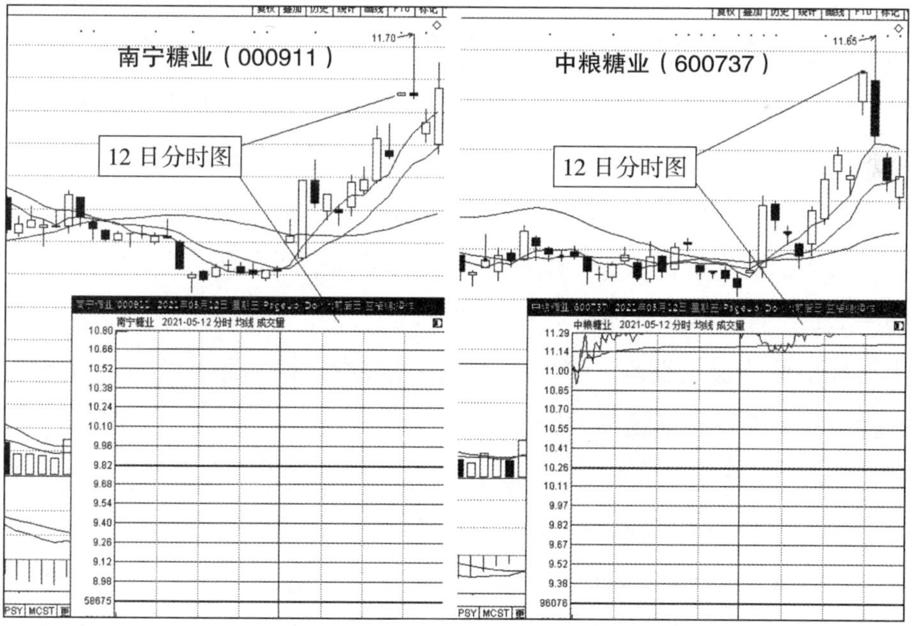

图 4-29　南宁糖业（000911）和中粮糖业（600737）日 K 线和分时走势图

（3）跟风股，就是板块内被前面的涨停股带起的个股。一般来讲，跟风股溢价不高。如上述的中粮糖业就是跟风南宁糖业上板的，次日溢价幅度不大，后市走势较弱。

（4）卡位龙，就是板块内某一高度的板，在角逐晋级赛中出现逆袭的股票。比如，a

股是日内龙，b 股是跟风股。但在角逐第 2 天的晋级赛中，b 股因为消息刺激、资金运作、人气高等因素作用，先于 a 股涨停，从而实现逆袭，b 股就成为卡位龙。正是因为有所谓的卡位龙，所以才会有超短线资金去跟风。通常来讲，跟风股要实现逆袭，必须有机构加持、股价低、位置低、盘子小、筹码结构好、封板有气势等因素发挥作用。

上面这些概念通常出现在板块内部，但有时超短线资金也会做全市场的延伸。比如板块身位龙会被超短线资金延伸为空间板。最高板的资金往往享受最多的关注和超高的溢价。

其实，无论身位龙、日内龙，还是卡位龙、跟风股，从本质上说，都代表了股票在板块内的地位。地位越高，受到的关注越多，享受的溢价也就越高。

（5）空间板虽然关注多，潜在的溢价高，但身处高位，风险也大，一旦封不了板或者被别的个股卡位，就可能发生溃败。因此，空间板的分歧通常比较大，超短线资金利用空间板套利往往放在下午，也就是等换手足够了，短线情绪起来了，预判上板后能封到尾盘，才会直线拉板。比如，2019 年 11 月 13 日下午，得利斯（002330）就是利用下午大盘走出 V 形反转走势，超短线情绪起来后拉板，打出市场最高空间，从而获取次日的超额溢价。

三、一字板卡位模式

一字板卡位抢帽子已经成为超短线抢板的新常态。以前，一字板通常只在 3 种情形下出现：一是个股出现重大利好（比如股权溢价转让、重组），引发市场集中抢筹；二是龙头股因为跟风小弟众多，享受高溢价走一字板加速；三是未开板新股在巨量封单下连续走出一字板。近年来，一字板被广泛用于另一种情形，那就是卡位抢帽子。

所谓一字板卡位抢帽子，主要是指个股为了在相同空间高度的股票中胜出，通过竞价顶一字板的手法封涨停，从而赢得市场对其地位认可。比如，某概念当天出现多只首板股，那么第 2 天上板最早的那只股票，往往被认为是该概念板块的龙头。如果该概念后市继续表现，那么就会被视为龙头享受高溢价。

溯源一字板卡位抢帽子，应该是起于 2018 年 9 月的宝德股份（300023），兴于 2018 年 10 月的同益股份（300538），疯狂于壳概念的集体一字首板。

如图 4-30 所示，2018 年 9 月 11 日，宝德股份（300023）首板虽然带了 2 个油气个股涨停，但在当日市场主炒超跌的背景下，下午涨停的宝德股份并无过人之处。但是，当晚在几个打板买入的大佬狂吹下，第 2 天竞价被 12 万手大单堵死，以至于本是炒油气的宝德股份，却因为卡位抢帽子被市场视为超跌补涨的龙头，后面走出了翻倍行情。

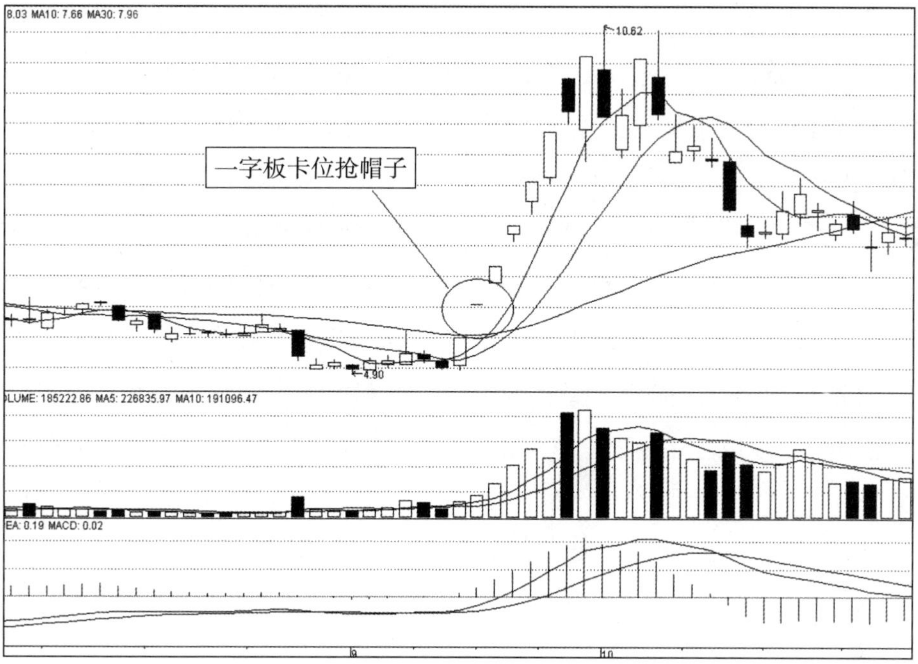

图 4-30　宝德股份（300023）日 K 线图

从此之后，一些资金不仅在 2 板抢帽子，还把抢帽子卡位的时间提到了首板。

如图 4-31 所示，2018 年 10 月 11 日晚，同益股份（300538）放出预计三季报业绩增长幅度为 1.21 倍～1.4 倍的消息。其实，对于这样一个消息，多数人都会忽略过去的，

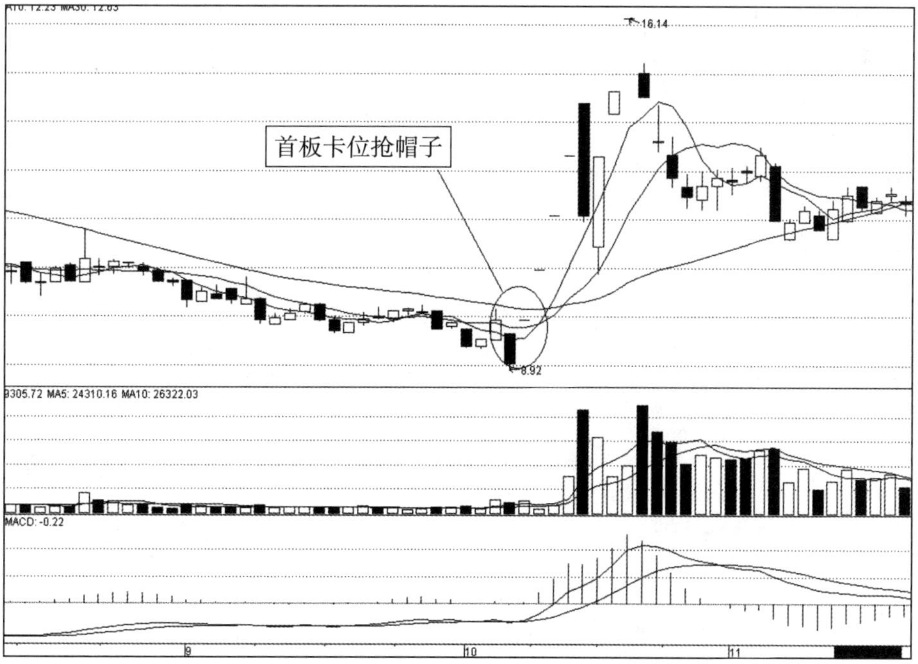

图 4-31　同益股份（300538）日 K 线图

因为该股半年报业绩同比增长 1.26 倍，三季报这个业绩算不上大幅超预期。在 10 月 12 日竞价的时候，同益股份被借势炒小盘次新填权的资金抢筹，在竞价最后 1 分钟用几千手买单顶成了一字板，于是因卡位抢帽子被市场视为小盘次新填权的补涨龙头，后面同样走出了近乎翻倍的行情。

再往后，更多的资金看出了抢帽子卡位的门道，大展抢帽子卡位的神功。2018 年 10 月 15 日，竞价出现 50 多个一字板，看得很多超短线高手头皮发麻。满屏都是抢帽子的竞价一字板，哪个才是龙头？无奈之下，大家只有按封单多少去简单排个顺序。满屏竞价一字板，如何在次日胜出？于是资金又在次日狂顶一字板卡位抢帽子。尽管抢帽子失败的个股隔日往往出现 10% 以上的亏损，但仍然阻止不了资金抢帽子的热情，盛景一直持续到了 10 月 17 日。

第五章

烂板逻辑

第一节　烂板基本概要

一、烂板的基本含义

什么叫烂板？通俗地讲，烂板就是很烂的涨停板。股价涨停封板以后经常开板，有时也是勉强封板，甚至在尾盘开板跳水而最终没有封板，这个板就很烂，因此叫烂板。

烂板通常意味着大家不看好个股后市走势，这类股票一般成交量较低，市场关注度较小，但相对近期盘面而言，一般烂板当天也带有放量现象。从基本面分析，烂板股票几乎没有投资价值，但是这种股票动用很少的资金量，就能产生较大的股价变化，所以庄家为了短期利益，比较青睐这类股票。

由于烂板的市场关注度小，只能自己显摆，很少有其他人参与。出现烂板代表市场对股价走势有分歧，如果第 2 天或随后几天市场能够很快消化烂板当天的抛盘，股价就会烂而不弱，市场人气集聚，极有可能通过不断换手接力，最后形成妖股走势。

封涨停后开板，一直到收盘都没有再封板，看起来主力做多意志并不坚决，所以烂板后第 2 天或随后几天的走势很关键，据此可以洞察主力意图。当然，这也不是绝对的，主力更多时候的洗盘、拉升、振荡及出货会顺势（大盘）而为。所以，参与烂板股票要考验大家看盘的基本功是不是扎实。烂板股票的看盘要点是观察盘口，用自己已经积累的操盘经验进行分析判断。某种分时图一走出来，盘口有什么样的挂单，对于后市走势心中就应该有数了。

二、涨停板强弱比较

按硬度级别，一字板当然是最强的，然后是 T 字板、高开秒板、实体强势板等。这很好理解，越是买不到的，当然硬度就越强。

按封板时间，肯定是越早越好。早盘板比尾盘板溢价率显然更高，因为早盘封板要承受更多的压力，理应获得更高的回报。

按分时强度，越流畅越好。一波直线封板比二波三波封板更好，封单越多越好。

按开板次数区分，不开板的肯定比开板后回封的强得多，一次开板的比多次开板的要强。

知道什么是强，那么什么是弱就非常明显了。

三、烂板的盘口特征

烂板的盘口特征：日 K 线是涨停的大阳线，但在分时走势中，封板后又破板，或反复开板，收盘前又恢复了涨停板，封盘时的封单不大。具体如下。

（1）封板很烂，但并不弱势，股价没有明显回落，依然保持强势。

股价涨停板附近反复开板封板，或者接近涨停时故意不封板，但是也不会出现大幅回落。如果开板后股价出现大幅回落，可能是真的烂板，尾盘也难以回封。

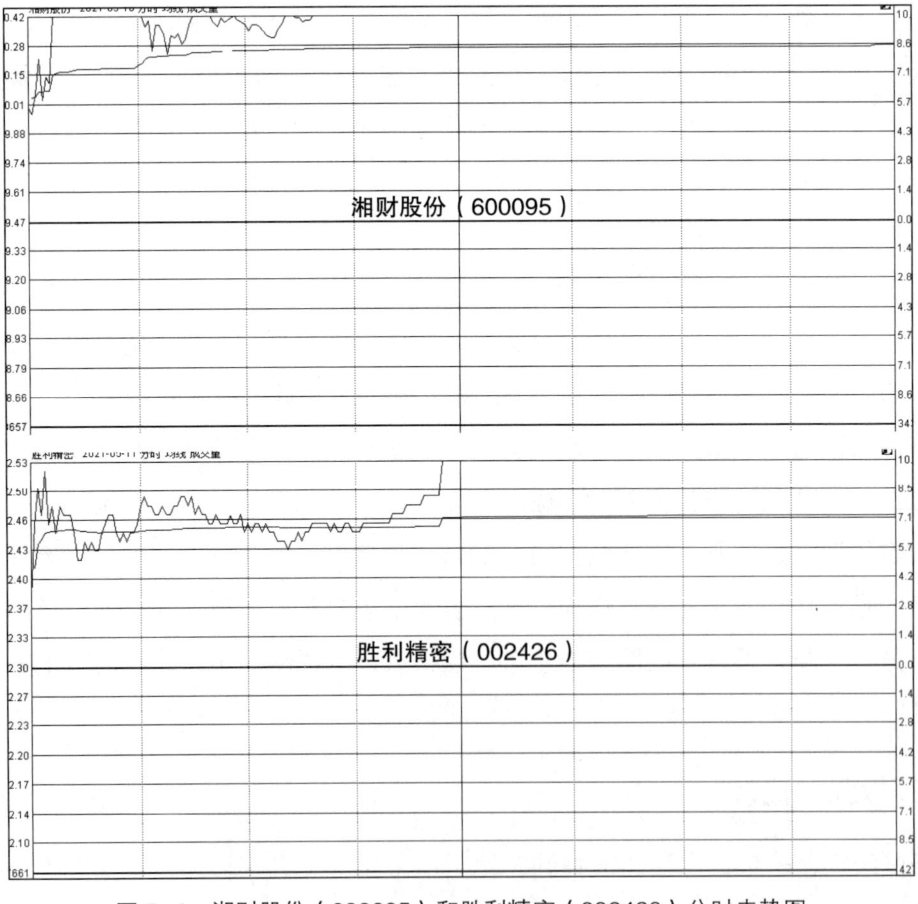

图 5-1　湘财股份（600095）和胜利精密（002426）分时走势图

如图 5-1 所示，2021 年 5 月 18 日，湘财股份（600095）在 3 板位置高开 5.6%，冲板后烂板，但烂而不弱，当日股价并没有明显回落，依然保持强势，然后成功封板。又如，2021 年 5 月 11 日，胜利精密（002426）在 2 板位置，盘中拉涨停后出现烂板。烂板是由于股价突破前高压力，主力主动进行洗盘换手所致。表面很烂，内在却强，这种烂而不弱的个股，短线冲击力非常强，之后该股出现 4 连板。

上述实例，之所以出现烂板，当然是板上资金情绪不稳，有很多资金砸盘跑路，但同时又有主力不断维护盘面，回封涨停。这样的板，往往诞生在大盘弱势环境中，或者在股价刚启动阶段，是盘面资金情绪交锋的产物。

次日的走势大多是这样的：平开或高开，直线拉升秒板，出现明显超预期走势，这是绝佳的买点。

如图 5-2 所示，大东方（600327）2021 年 5 月 19 日的走势，宜华健康（000150）2021 年 4 月 23 日的走势，都属于这种情况。这样的实例数不胜数，它们次日的走势，打板者应该如数家珍。

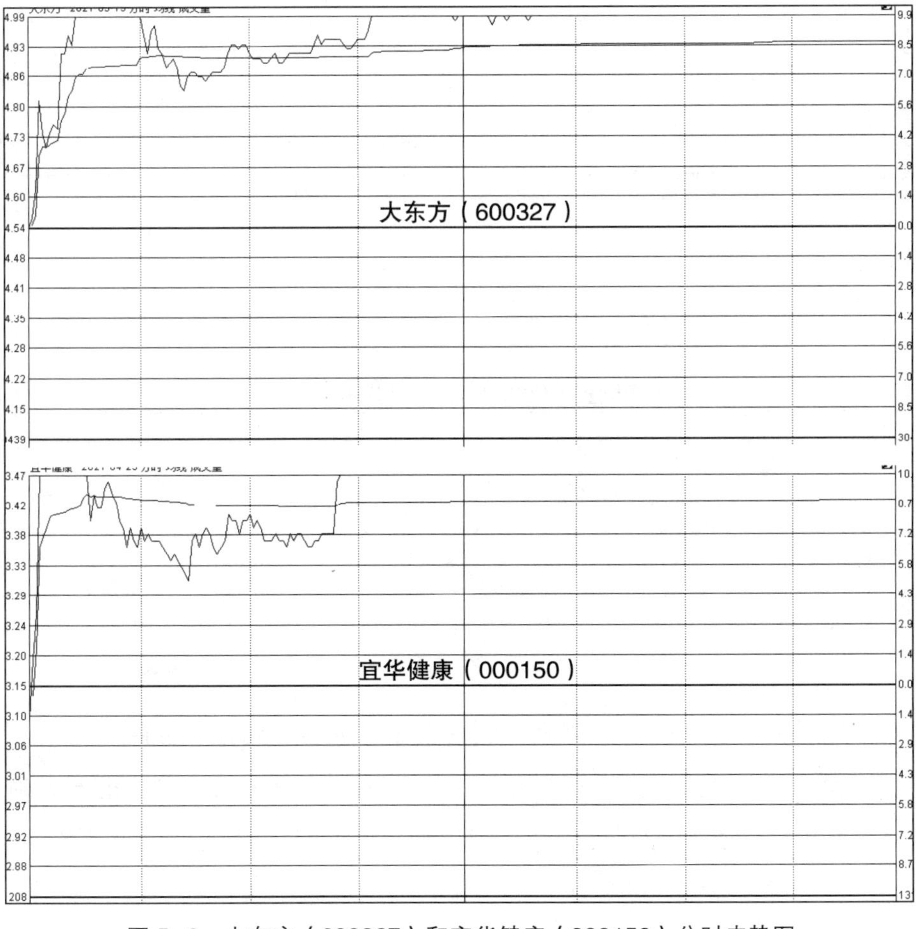

图 5-2　大东方（600327）和宜华健康（000150）分时走势图

（2）封板时间较晚，盘面波动不大，走势稳健。

如图 5-3 所示，融钰集团（002622）2021 年 5 月 14 日和 17 日连续 2 日的走势，中国国贸（600007）2021 年 4 月 30 日和 5 月 11 日的走势，都属于这种情况。

大家知道，早盘板容易成为明星，尾盘板多数都是偷袭，次日很少有人接力。假设这些实例不是盘后复盘，而是当天即时的走势，那么有谁会看好这样的个股？事实上，当天没有任何概念消息，没有任何自媒体吹捧它，股价完全是稳健向上推高。

次日，这些个股均强势走高，给了大家足够的买入机会，也能享受到丰厚的溢价，随后的行情大家一目了然，这样的例子有很多。

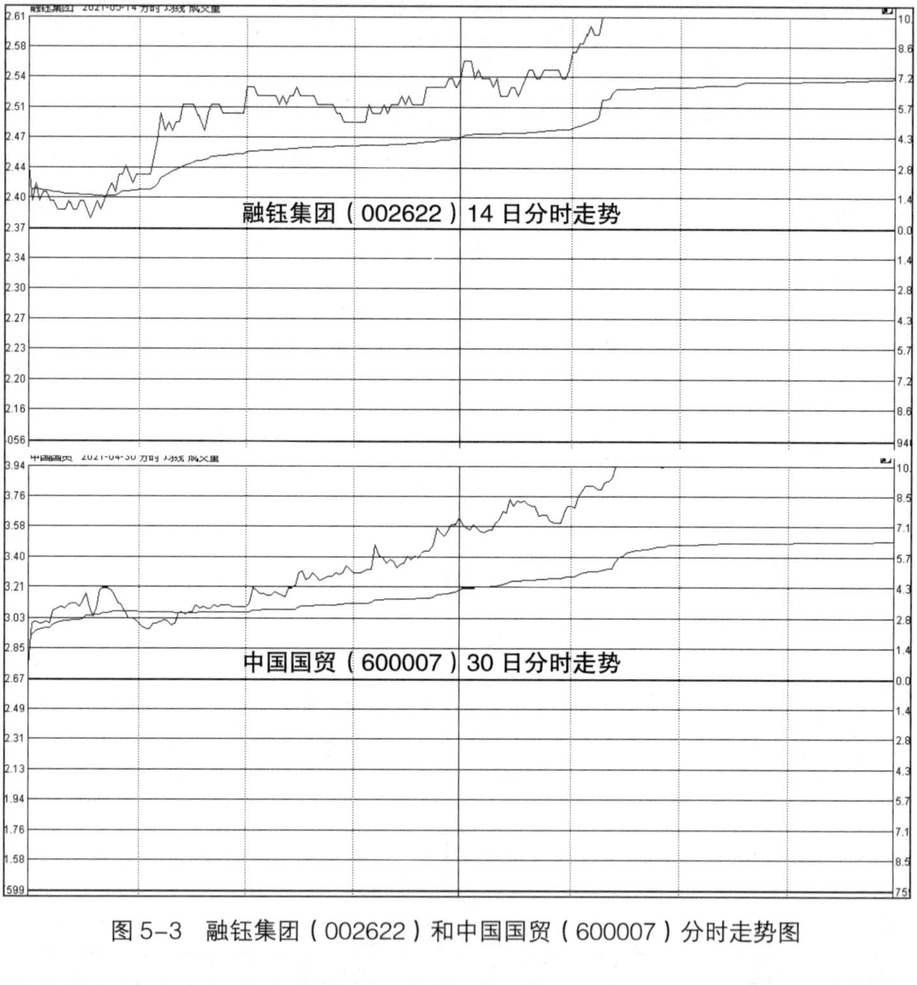

图 5-3　融钰集团（002622）和中国国贸（600007）分时走势图

这样的烂板股，含金量往往非常高。因为首板足够弱、封板足够晚、走势足够丑，这样的个股，凭什么享受高开，享受连板？那么一旦出现高开连板，会比前一天封板更早、更快，上涨空间更高，走势更强，这就是真正的烂板弱转强，属于短线的黄金买点。

事实上，不要说尾盘板，就是正常的下午板，一般来说次日预期也不高。但是，一旦出现超预期高开连板，都可以视为短线烂板弱转强，值得博弈。

第二节 参与烂板的市场原理

一、烂板的 7 个原因

涨停板最大的陷阱就是“上屋抽梯”，也就是涨停炸板封不住。为什么封不住呢？有各种各样的原因，有的是主力涨停板出货，有的是抛盘太重，有的是利好出尽，有的是受大盘跳水影响，等等。每一次出现烂板的时候，都要分析封不住板的原因，只有找到烂板原因，才能有效回避打板风险。这里总结了 7 个常见的开板原因。

（1）抛盘太重。主力没有收集到足够的筹码，盘中散户众多。特别是大盘股，一旦出现大幅拉升乃至涨停，就会遭遇到较重的抛盘压力，尤其是在面临前期高点、成交密集区时，抛压会更加明显，所以大盘股烂板概率高于中小盘股。

（2）主力出货。股价短线连续大涨之后，主力往往会选择在涨停板出货，制造涨停板陷阱。主力通过“挂单”“撤单”“再挂单”营造封单较大的良好氛围，最后来一个“撤单”+“出货”，将打板的投资者一网打尽，实现胜利大逃亡。

（3）利好出尽。“利好出尽是利空”，这一句股市名言相信大家不会陌生，大致的意思就是利好消息出完了，股价炒作缺少预期，自然就没有上涨空间，可以当作利空看待。这类个股通常会以一字板开盘，然后在盘中出现炸板振荡，当天往往放出天量。

（4）市场不认同。主力动用大资金强行拉板后，因为其他资金对该板块、题材、个股不太认同，跟风意愿不强，这样就会影响到该路资金的做多决心，盘中往往会选择撤单，造成涨停板封不住。

（5）非龙头股。板块启动之后，龙头股往往会表现强劲，率先涨停。很多短线投资者因为不愿意排队追龙头股，会选择去追跟风上涨的个股，这些个股虽然也会涨停，但因为是被动跟风涨停，市场做多意愿、上涨气势往往不强，就会造成封单较小、涨停封不住的现象。龙头股一旦调整，这种跟风的个股会加速下跌。

（6）大盘跳水。覆巢之下，焉有完卵。大盘一旦出现转折性的跳水走势，再强的主力也会怯它三分，选择主动撤退。这样一来，好不容易封死的涨停板，自然也就封不住了。

（7）主力吸货。在股价底部或中低位区域，主力为了短时间内建仓，往往会采用拉涨停板吸货的方式收集筹码。为了能吸到更多筹码，在拉升至涨停板后，往往会用大单砸开，造成恐慌气氛，让胆小的投资者慌忙出货。接着，主力再吸，并且在“买 1”挂小笔买单，比如几百手，给投资者一种涨停板封不住的感觉。然后再反复打开涨停，反复吸货。

总之，投资者打板时尽量选择龙头股（它们处于底部或中低位区域，均线系统多头排列，流通盘不大，属于当前热门题材），同时还要顺势而为。

二、经典实例剖析

1. 实例 1

如图 5-4 所示，从三星医疗（601567）的股价走势可以看出，仅仅知道该股的基本面信息远远不够，还要从盘面上寻找股价暴涨的技术原因。该股前期有过充分的建仓和洗盘，底部小三阳后加速脱离底部时出现烂板振荡，之后出现拉升行情，在大健康产业概念中独领风骚。

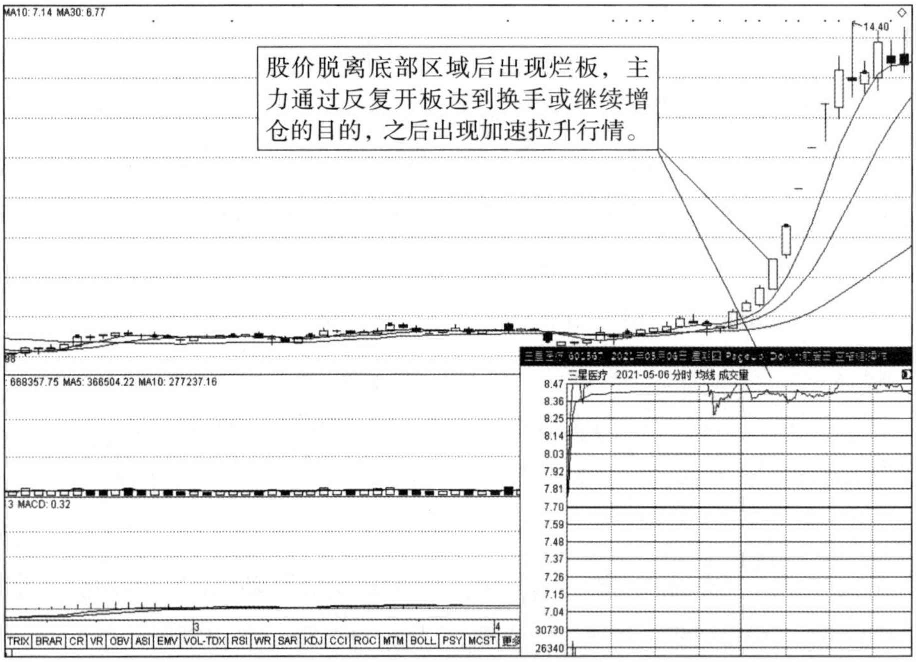

图 5-4　三星医疗（601567）日 K 线和分时走势图

从图中可以看出，该股 2021 年 5 月 6 日这一天，股价脱离底部之后出现烂板，在涨停板附近反复开板封板，或者接近涨停故意不封板，但是也不会大幅回落。从逻辑上说，不是主力资金的开板出货，就是主力资金的盘中振仓换手，二者必居其一。

在操作方法上，收盘后可以将这种当天 K 线和股价位置都特殊的品种列入跟踪目标，纳入第 2 天重点观察的品种。

第 2 天，上证指数小幅走高后上升乏力，午盘出现持续下跌。该股在前一天烂板的基础上小幅高开高走，分时逆势逐波强势拉高，这是股价强势的表现，盘中低点是最佳的买点。这种技术走势内在逻辑很简单，如果主力在前一天的烂板行情中大量出货，那么次日就不会让跟风者解套且获利。股价能高开且走强，只能说明烂板只是一个极端的振仓行为，洗盘换手之后，必然会大涨。

正是因为向上脱离底部区域之后股价出现了烂板现象，所以才造就了后期的短线飙升走势，这是技术上的主要原因。如果没有这个强烈的振仓行为，后期不管它有什么题材，股价也不会短线大涨，因为主力不敢在此时盲目拉高。

烂板之后的股价表现，以第 2 天直接跳空上涨最为强势。也有很多个股烂板之后，经过盘口测试，场内浮筹较多，主力经过几个交易日的短暂清洗之后，才会展开后面的拉升行情。后期做多的参考价格，就是这个烂板当天的涨停价格。一旦股价后面能站稳在烂板涨停价之上（分时逆势最好），就是全力做多的时候。

2. 实例 2

如图 5–5 所示，锦泓集团（603518）的盘面走势表现突出，不少投资者抓住这样的牛股，都归功于自己对于题材的挖掘。岂不知，正是该股前期持续出现的几个烂板，才造就了其烈马腾空的波段行情。

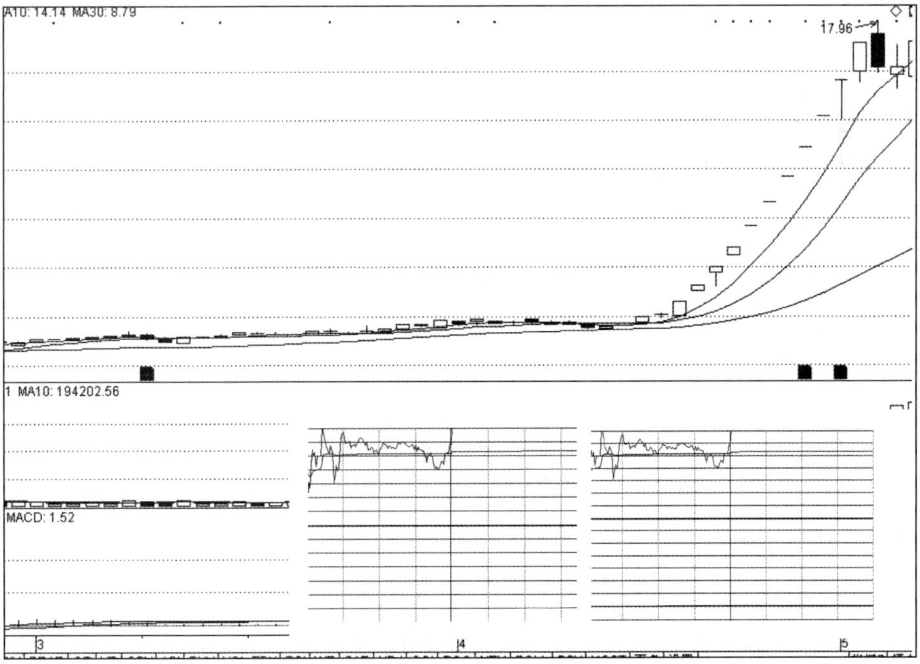

图 5–5 锦泓集团（603518）日 K 线和分时走势图

2021 年 4 月 21 日，在首板的基础上，股价跳空高开 6.5% 后秒板。这时主力并非坚定封盘，而是打开封盘形成板振，振掉了浮动筹码，以清除后市上攻的阻力。次日，股价高开 7.14%，短暂整理后向上拉板，然后以同样的手法展开板振，午后强势封板。经过这样的两天板振后，盘中筹码清洗十分彻底，为后续股价上涨扫除了障碍。4 月 23 日，股价高开后秒板，之后形成飙涨行情。

这种烂板走势，多发生在大形态突破的关键位置，有的是主力建仓的烂板，有的是短线暴涨前盘中振仓的烂板，何种因素需要具体情况具体分析。

关键是如何判断主力在洗盘呢？这里介绍一个技术绝招。出现烂板之后，无论是第 2 天还是之后几个交易日，只要股价站稳其重要位置之上且分时走势强势，即可视为有效的板振，一旦股价再次上行，可以立即做多。介入后如果短线波段暴涨，可视量价情况逢高出局；如果板振之后股价振荡向上，则中线大波段持仓，可获得丰厚的收益。

大家可以结合实盘进行研究分析，这样的实例不胜枚举。比如，深圳能源（000027）2021 年 3 月 2 日低位首板出现板振，惠博普（002554）2021 年 3 月 4 日低位首板出现板振，合兴股份（605005）2021 年 3 月 15 日向上脱离底部盘区时出现板振，首航高科（002665）2021 年 3 月 15 日调整结束后再次拉升时出现板振，顺博合金（002996）2021 年 3 月 16 日洗盘结束后出现板振，新天绿能（600956）2021 年 3 月 16 日低位首板出现板振，等等。这些个股出现板振后，短期股价都出现较大幅度的上涨。大家不妨多加研究分析，不断总结盘面经验。

3. 实例 3

股价的未来走势是不能预测的，而形态结构是可以预测的。经过主力资金长期运作后的主升浪，大幅拉升前出现烂板振仓的情况最为频繁，充分理解其市场原理，掌握娴熟的操盘技巧，即可获取妖股暴涨带来的收益。在熊市和振荡市中，这个技术现象比较少见，因为这种振仓对主力而言，洗盘的成本较高，市场环境又制约着后期涨升空间。但是，一旦出现这种盘面现象，则很可能是熊市里面的一匹烈马，持有后没有丰厚的收益不要轻易出局。因为主力敢于这样操作，客观上极大提高了自己的持仓成本，必定对股价后期的上涨空间有极大把握。

如图 5-6 所示，重庆燃气（600917）的股价成功见底后，缓缓向上爬高，2021 年 3 月 24 日和 25 日连续两天出现烂板现象，从而奠定了后面暴涨的技术基础。

其实，这种技术只不过是实盘中的经验总结，属于非常普通的烂板。还有类似“死亡之星”技术，比如郑州煤电（600121）2020 年 11 月 17 日烂板后出现“死亡之星”，捕捉这样的波段黑马是小菜一碟。该股出现烂板之后的两个交易日，分时强势缩量回档，站稳在前一天涨停价上方，也是一个买入操作点，后面一旦弱转强，就可以大胆入场。

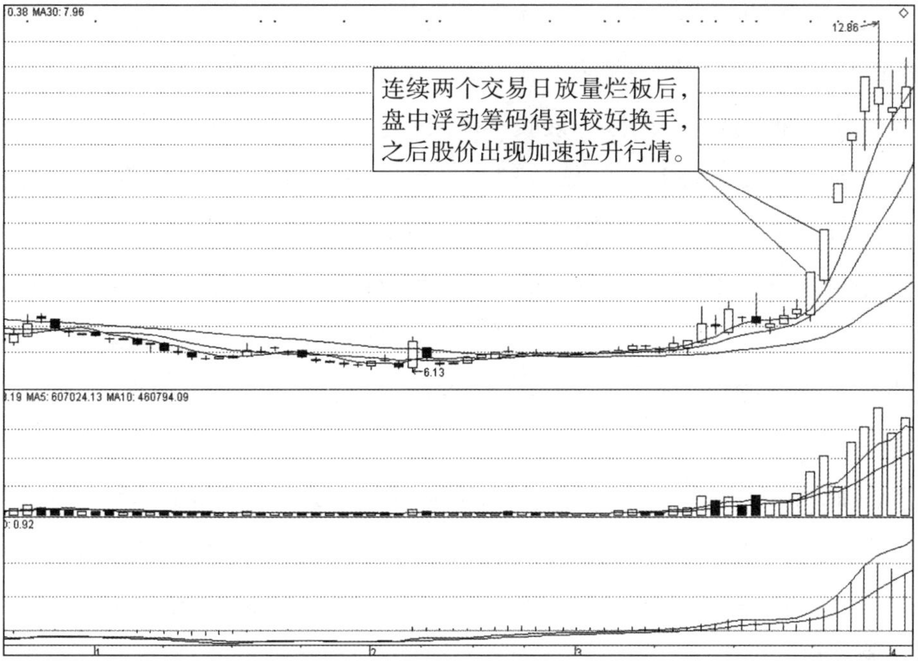

图 5-6　重庆燃气（600917）日 K 线图

4. 实例 4

如图 5-7 所示，豫能控股（001896）2020 年 12 月 15 日出现烂板，正好说明烂板振仓的市场原理。如果对该原理理解不到位的话，就会反受其害。这里说的烂板，一定是

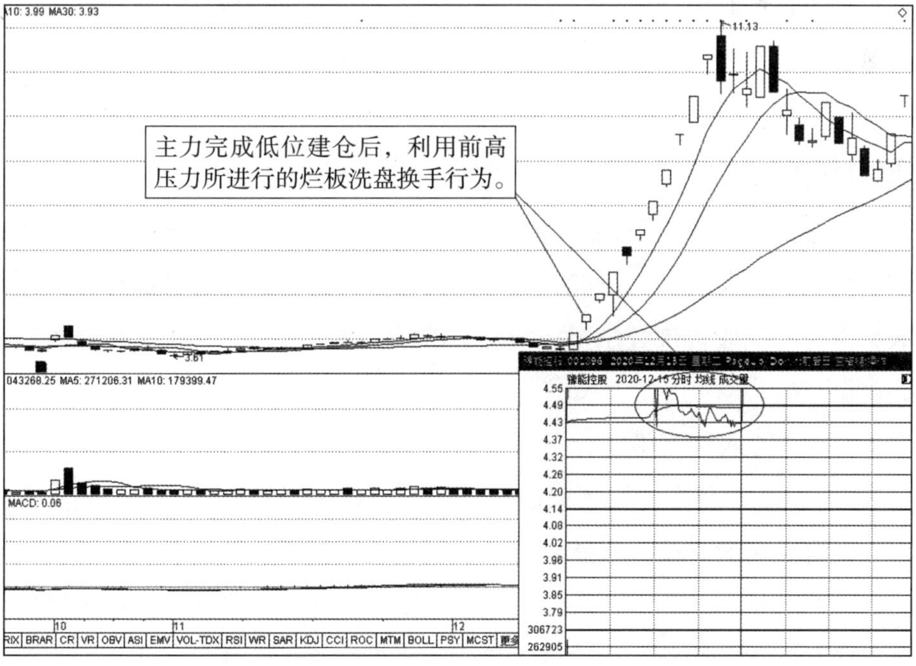

图 5-7　豫能控股（001896）日 K 线和分时走势图

股价处于成交密集区的一个振仓行为，主要目的是快速收集筹码，突破股价大形态。小荷刚刚冒头的时候，为了将短线投机者撵出去，主力会做一个盘中振仓洗盘动作，这样便于日后盘口轻盈且快速地拉升。所以，该股不是振仓意义的烂板又是什么呢？

该股主力前期完成了长时间的低位建仓过程，12 月 14 日是低位缩量首板，这个缩量板说明主力打压吸筹结束。次日拉高烂板，并不能说明主力有减持行为。盘面虽是烂板走势，但是整体分时走势远强于大势，因此暂可持仓。注意，当天成交量较大，是市场获利盘受指数大跌影响恐慌性卖出，还是主力筹码出现松动，这要观察随后几天股价是否远离烂板的振荡位置来确定。确定烂板性质之后，对自己的持仓和盈利目标就能进行修正了。

实力游资操作的品种，在拉升时，大阳线中经常出现锯齿状分时走势，这是不同营业部之间的对倒所致。在股价多头的初中期，分时走势中随时可能出现锯齿形态。但是，分钟级别的走势表现很好，分时走势也是整体稳健，高位的锯齿形态就是振幅加大的明显特征。具备主导趋势的主力资金，控盘操作有很多锁仓筹码的个股时，大阳线分时走势大多都是光滑的。

三、尾盘炸板逻辑

1. 尾盘炸板定义

尾盘炸板指的就是股价在当天大部分时间里牢牢封死涨停板，但到了收盘前半小时或者收盘前几分钟，突然出现大卖单连续砸盘。将涨停板砸开之后，分时直线向下回落，成交量大幅放大，收盘不能回封涨停板，这样就给人带来了恐慌。

2. 尾盘炸板原因

尾盘炸板的主要原因，大多是主力在尾盘出货导致。封板大多是主力或是游资行为，如果主力或游资当天准备出货，一般是不会让股价封板的，因为这样操作成本压力很大。另外，一天大部分时间股价都处于封板状态，市场多数人会认为当日以封板收盘，因而散户容易忽略市场风险。

尾盘炸板有以下 3 种可能性。

（1）一家主力或者游资看好某只股票，将它封死在涨停板。尾盘受到其他主力或者游资抛压影响，导致尾盘炸板。也就是说，收盘前盘中有两股势力在博弈。

（2）原本拉板的主力或者游资看好了这只股票，封住涨停板，但是尾盘受到整个市场跳水或者整个板块松动影响，主力或者游资不再护盘，导致涨停板开板。大市或板块走坏的情况下，如果主力盲目死扛，死守涨停板，控盘成本压力是很大的，因此只能选择撤掉涨停板的单子，从而导致尾盘炸板。

（3）主力手中筹码不足，故意制造振荡走势，通过炸板方式引发市场恐慌，让散户担心第 2 天股价出现下跌而抛售筹码，以此达到增仓的目的。这种现象一般出现在底部起涨阶段，或者洗盘整理阶段。

如图 5–8 所示，出版传媒（601999）2021 年 5 月 13 日的走势。午后涨停后封盘时间不长，尾盘炸板回落。次日低开之后逐波走高，以涨停收盘。第 3 天继续涨停，短期涨幅还是比较可观的。从这个实例可以总结出，尾盘炸板是一次短暂洗盘，因此也蕴含着机会。当然，并不是所有的尾盘炸板都是可以买入的，这需要投资者加以辨别。

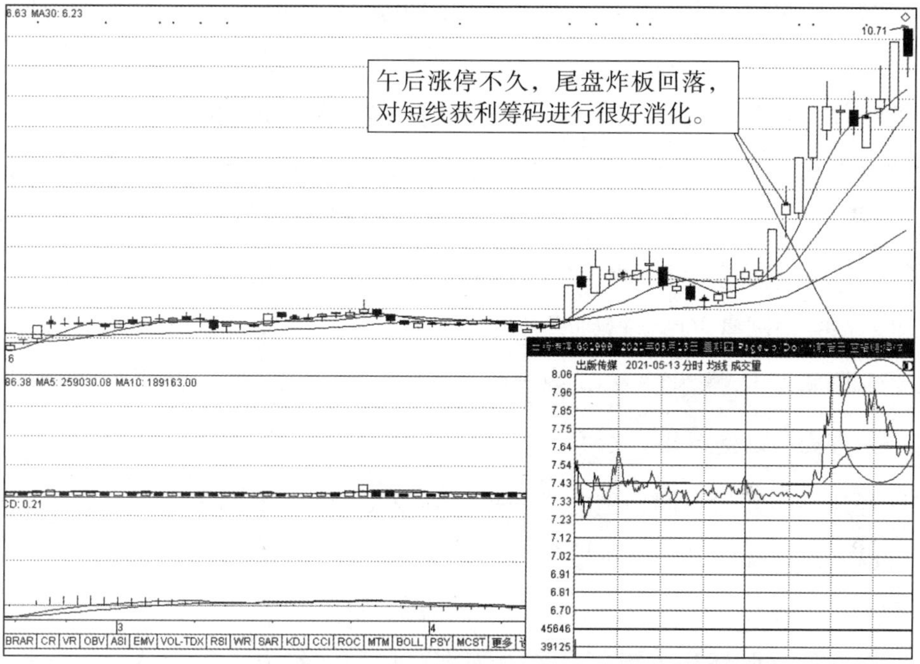

图 5–8　出版传媒（601999）日 K 线和分时走势图

总结：在分时图上，封板时间最好在 3 小时以上，封板时间越长越好，封单越大越好，而且在中途没有开板；尾盘开板时间越短越好，当天收盘涨幅在 4% 左右为佳。炸板当日成交量越小越好，允许小幅放量但不能是暴量。

股价近期涨幅越小越安全。短期均线已经或者即将形成多头排列为佳，均线系统横向运行次之，空头排列则放弃。股价比较活跃，经常出现涨停的个股可以优先选择，板块效应明显，龙头品种可优先选择。当天板块或者大盘收阴，最好是尾盘跳水，才考虑用这个战法操作。如果当日大盘强势，不用考虑此战法，这是因为参与的个股走势必须要强于大盘。在大盘强势的时候尾盘出现炸板跳水，是个股走势脆弱的体现，因此不应考虑操作。

第三节　烂板的实盘技巧

一、烂板后市走势研判

股价涨停封板后又反复开板，散户的心态会很复杂，认识烂板、理解烂板盘后意图非常重要。在实盘技术上要注意两个方面：一是量。低位放量，少则 2 倍量，大则 5～10 倍量，均属正常。二是价。涨停板附近反复开板封板，或者接近涨停时故意不封板，股价也不会回落。

烂板意味着市场对该股分歧很大，分歧之后，要么飙升，要么大跌，一切在第 2 天或随后几天就有答案。其实，烂板之后无非就是 3 种走势，即跳空高开、低开高走、低开低走。

显然，第一种方式，跳空高开高走最为强势，可以直接参与。第二种方式，低开高走，迅速拉起的，在股价翻红站稳烂板当日涨停价之后，确认升势，可以参与。第三种方式，低开低走，可能是主力试盘之后觉得抛压太大，放弃不做了，选择慢慢出货。对于这种情况，大家要么放弃跟踪，要么等待个股再洗盘一两天，待股价再次站上烂板当天涨停价之后再参与。

1. 第一种方式：跳空高开

跳空高开并保持强势盘面，主力意图是巩固第 1 天的上攻成果，目的是消除烂板盘的抛压，这种盘面最为强势，可以直接参与。

如图 5-9 所示，拉芳家化（603630）的股价挖出一个黄金坑后企稳回升，2021 年 5 月 6 日一根涨停大阳线拔地而起，第 2 天高开后逐波稳步上行至涨停。但股价在涨停价位反复开板，尾盘形成回封，当天出现烂板走势。从 K 线形态结构分析，此时股价正好遇到前期整理密集区阻力，在此位置出现振荡波动是正常的，关键在于接下来行情如何发展。

5 月 10 日，股价小幅高开，虽然盘中一度向下走弱，但午后弱转强重新拉起，最大涨幅超过 7%，尾盘略有回落。这种盘面明显有上攻动作，但主力没有贸然挺进，而是在前一天收盘价上方做强势整理，以进一步消化烂板盘的抛压，在此位置持续整理 2 个交易日。

会跌的股票不会涨，会涨的股票不会跌。股价能够在烂板价上方盘稳，说明主力做多意愿强烈，只是暂时不想立即发动行情而已，时机成熟必然上行。所以，当股价向上有效突破时，散户可以大胆参与做多，短期获利丰厚。

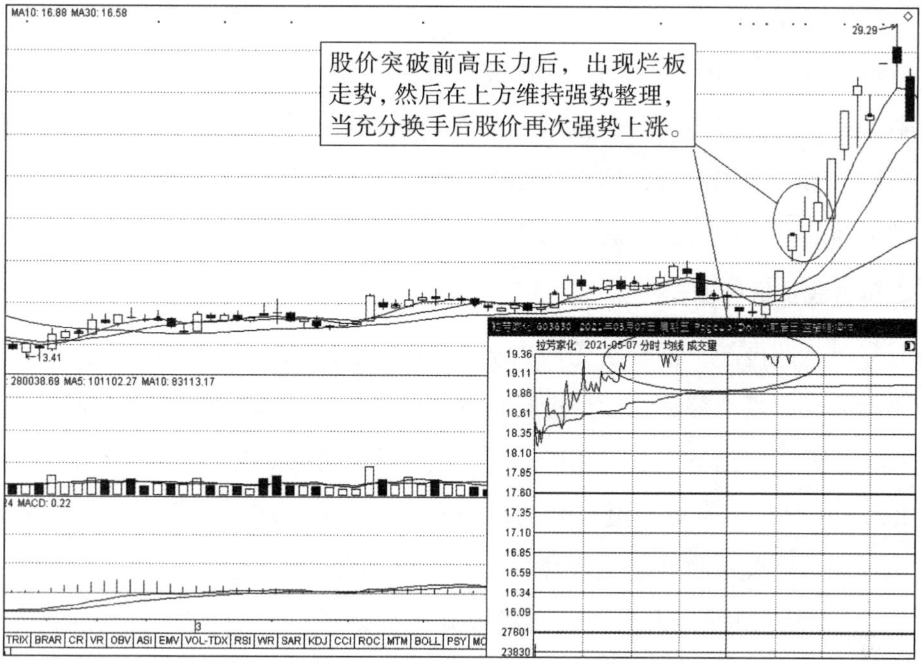

图 5-9　拉芳家化（603630）日 K 线和分时走势图

如图 5-10 所示，大东方（600327）的股价成功探明底部后渐渐向上走高。2021 年 5 月 19 日开盘后逐波稳步向上拉至涨停，封盘近 20 分钟后开板，午后趋于稳定后再次封板，全天呈现典型的烂板走势。从 K 线形态结构分析，此时股价正好遇到前期整理密集区及前面的大阴线阻力，在此位置出现振荡波动是正常的，关键在于接下来行情如何发展。

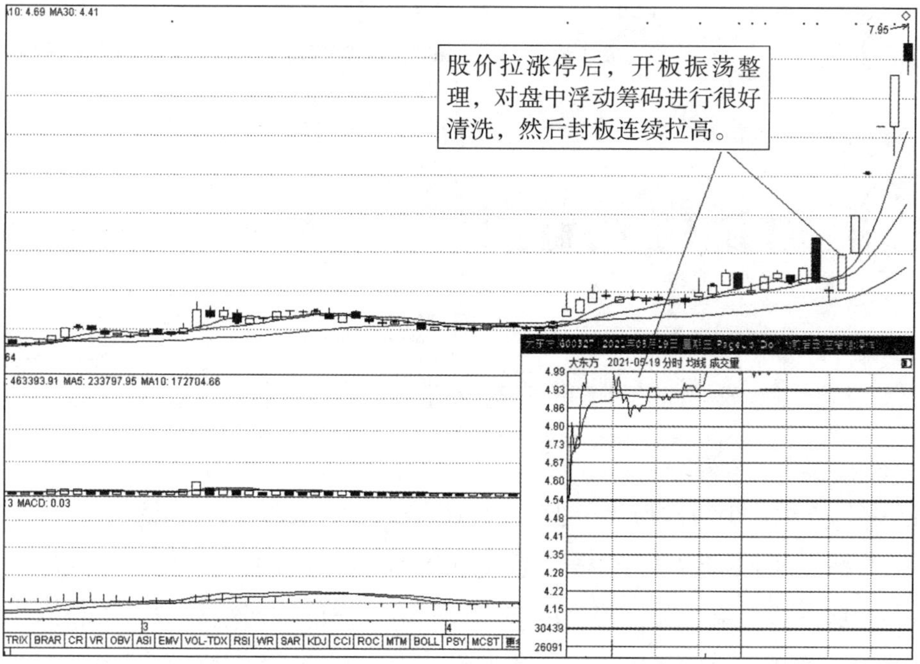

图 5-10　大东方（600327）日 K 线和分时走势图

次日，股价小幅高开后强势拉至涨停，虽然盘中有开板迹象，但明显比前一天强势。投资者可在竞价阶段入场或涨停确认时打板介入。

实盘中，一旦出现这种盘面，就是一个绝好的获利机会，前提条件就是股价处于低部区域，或者股价累计涨幅不大，这个技术信号给出的信息就是股价要启动了。如果股价处于高位，则另当别论，谨防主力诱多出货。

2. 第二种方式：低开高走

股价低开后迅速拉起，说明主力没有放弃对盘面的控制，旨在消化烂板盘的抛压，继续维持强势盘面。在股价翻红站稳烂板当日涨停价之后，确认升势，可以参与。

如图 5–11 所示，路畅科技（002813）见底后股价缓缓走高，2021 年 4 月 14 日封盘 10 分钟后炸板振荡，收盘也没有回封，形成烂板走势。次日，股价小幅低开 2.54% 后呈现振荡整理态势，股价收在烂板收盘价之上，说明盘面依然强势不改。一旦后市出现向上突破走势，就应该积极介入。当上方烂板抛压盘减轻后，4 月 16 日股价高开 5.30%，经过一个上午的换手后，午盘快速放量拉涨停，之后股价短线出现 3 连板。

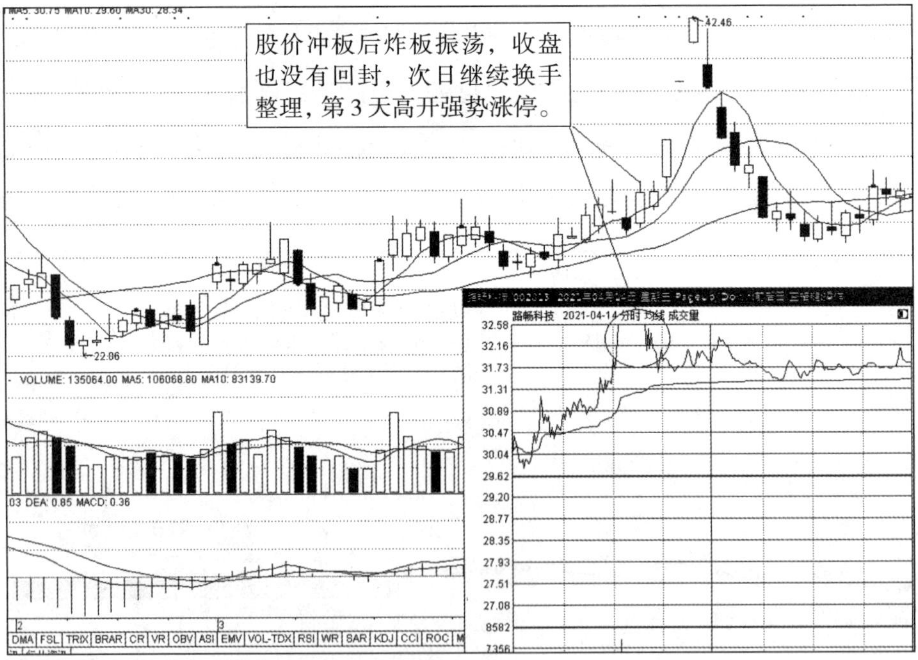

图 5–11　路畅科技（002813）日 K 线和分时走势图

如图 5–12 所示，小康股份（601127）前期属于人气股，经过充分调整后企稳，并展开新的上攻行情。2021 年 1 月 22 日，股价放量向上拉起，但主力封盘态度并不坚决，当天盘面出现烂板走势。第 2 天，股价出现小幅低开，但低开后没有持续走低，而是在烂板收盘价附近整理振荡，充分暴露出主力的做多意图。此时，投资者应密切留意盘面动向，一旦放量向上突破，即可积极跟进做多。1 月 26 日，股价大幅跳空高开，盘中回落进一步换手，午后强势拉板，之后出现 3 连板。这种盘面买点很清晰：一是高开回落低点买入；二是确认涨势后打板入场。

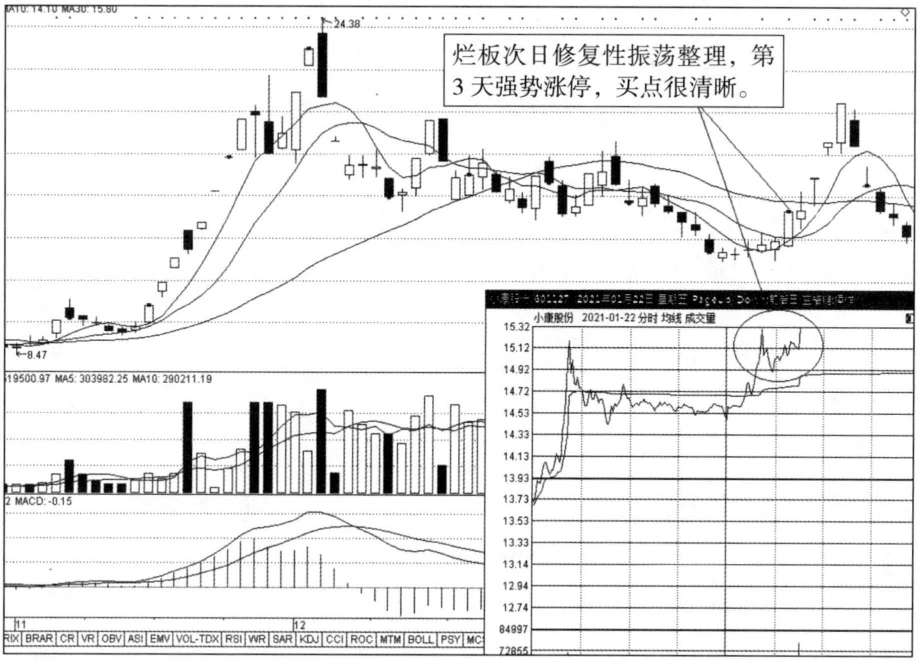

图 5-12　小康股份（601127）日 K 线和分时走势图

如果股价在底部区域出现这种盘面现象，说明有主力做多资金介入，只要股价没有大幅回落，技术形态保持强势，短期大多会有获利机会。当股价再度走强，向上突破烂板的高点时，就是一个较好的买点。最佳入场时机就是股价放量突破烂板当天的最高点。

这种盘面现象的关键点在于：如何辨别盘面强弱？根据多年实盘经验，笔者总结为以下技术要点。

（1）烂板后次日或随后几个交易日里，只要股价坚挺在烂板当天阳线的 1/2 位置之上，就可以看作强势盘面。如果在烂板阳线的 2/3 位置以上或烂板的收盘价附近盘稳则更好。

（2）要有成交量放大相配合，特别是股价再次向上突破时，必须得到成交量的支持，否则有诱多嫌疑，介入要谨慎。

（3）均线系统渐渐转向多头，5 日、10 日均线已经上行，30 日均线平走或已经上行。

3. 第三种方式：低开低走

低开低走反映主力不能抵挡烂板盘的抛压，盘面重回弱势格局。出现这种情况，可能是主力试盘之后觉得抛压很大，暂时放弃不做，或者等待整理后卷土重来，这种情况可以暂时不参与。经过短暂整理之后，如果股价再次有效站稳在烂板当天涨停价之上，可以考虑参与。

如图 5–13 所示，常山北明（000158）经过大跌后，进入长时间的筑底走势，主力吸纳了大量的低价筹码。2021 年 4 月 23 日，股价冲板回落形成烂板，次日低开 5.75% 后弱势振荡，此后几天继续弱势整理，这种盘面显然是不能参与的。

经过下探调整后，5 月 10 日股价再次涨停，但盘中仍然多次开板，同样是烂板走势。次日低开弱势整理，盘面气势不强。5 月 12 日，股价大幅跳空高开 8.46% 后秒板，封盘 20 分钟左右“开闸放水”，这是短线非常好的入场机会。次日收出一字板，短线溢价丰厚。

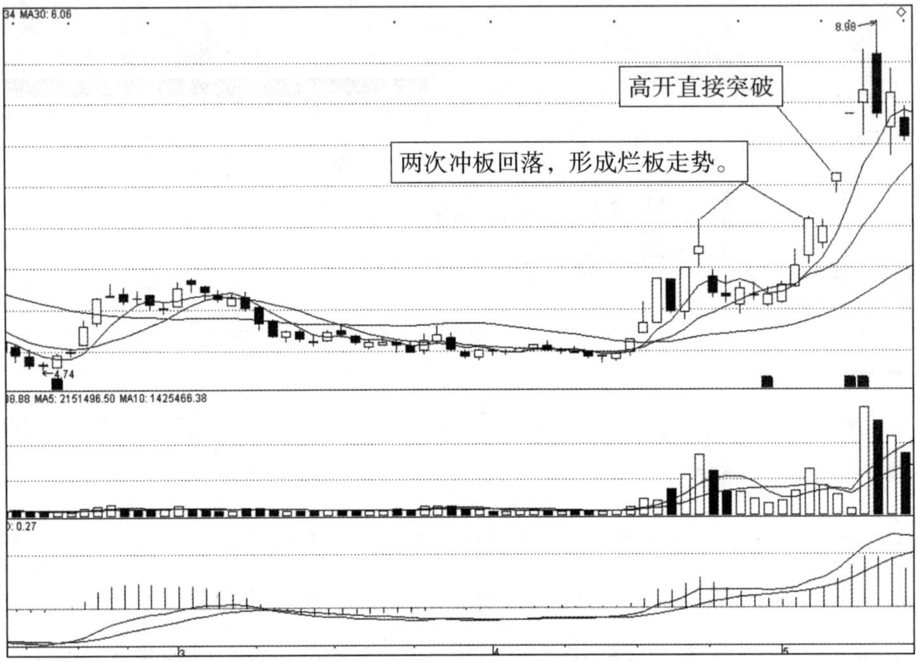

图 5–13　常山北明（000158）日 K 线图

如图 5–14 所示，郑州煤电（600121）主力在长时间的底部振荡过程中，顺利地完成了建仓计划。2020 年 11 月 17 日，股价放量向上突破，但主力封盘并不坚决，屡次开板，最终无力回封，盘面呈烂板走势。经过 2 个交易日的洗盘整理，11 月 20 日股价再次放量走高，出现弱转强走势。虽然当天没有突破烂板形成的最高点，但分时气势强盛，仍然可以考虑打板入场。如果此时仍然纠结，那么次日跳空高开就是一个确认性买点。

二、烂板强弱分析

1. 烂板与大盘走势

在低迷的市场中，烂板在所难免。正因为市场低迷，才显现出烂板的魅力之处。如果散户能在心理上克服对烂板的恐惧，相信操作技术会上升一个台阶。

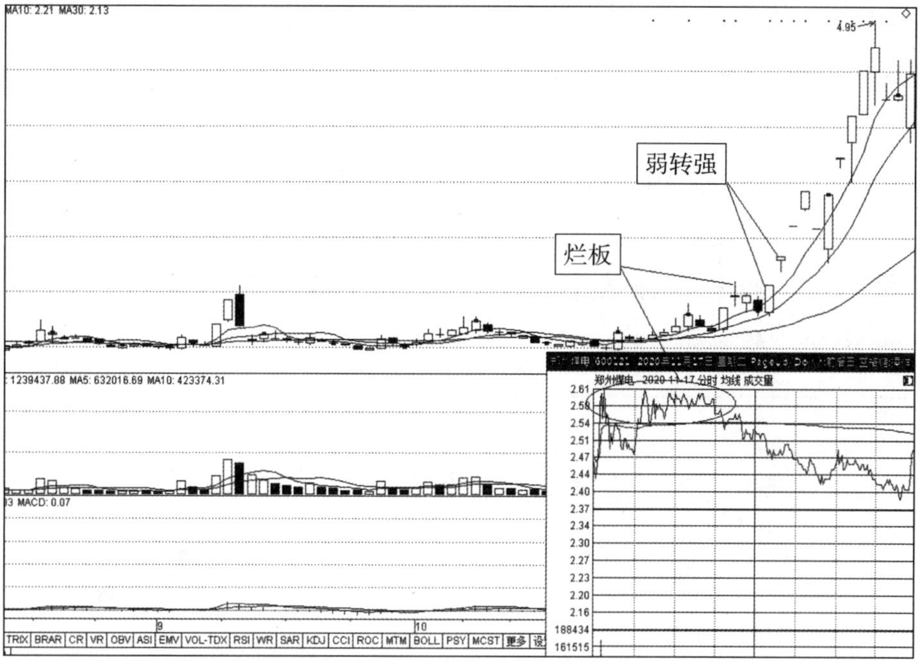

图 5–14　郑州煤电（600121）日 K 线和分时走势图

如图 5–15 所示，重庆燃气（600917）2021 年 3 月 24 日走出首个烂板。当日上证指数逐波下跌，收盘下跌 1.3%。而该股分时稳步上行，走势极其强势，明显强于大盘。午后，股价发力上板，封板近 5 分钟后出现烂板。由于大盘持续走弱，盘中多次开封，直

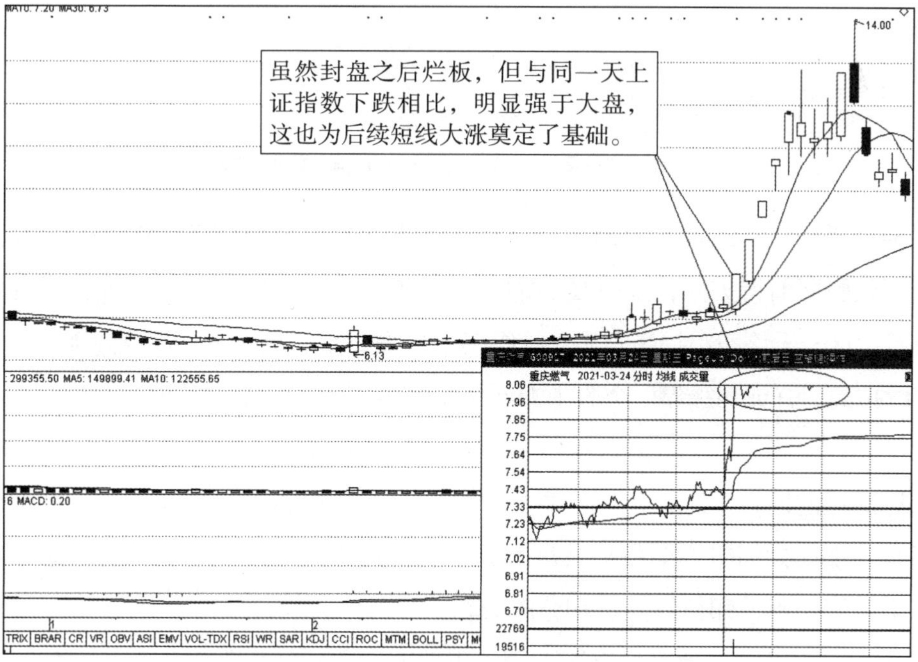

图 5–15　重庆燃气（600917）日 K 线和分时走势图

到 14:05 才稳定下来。第 2 天，股价小幅低开后强势涨停，烂板后再次成功回封。该股不管大盘走势如何低迷，分时走势依然我行我素，说明盘中筹码稳定，随后在低迷市场中走出 5 连板。

如图 5–16 所示，江苏吴中（600200）2021 年 4 月 12 日跳空高开 6.52%，盘中秒板，但封盘不到 1 分钟就开板回落，直到早市收盘前才封板。同一天，上证指数逐波下跌，盘面处于弱势之中，该股走势与大盘形成强烈的反差，这种现象应该引起关注。之后该股 3 连板，在弱势行情中非常抢眼。

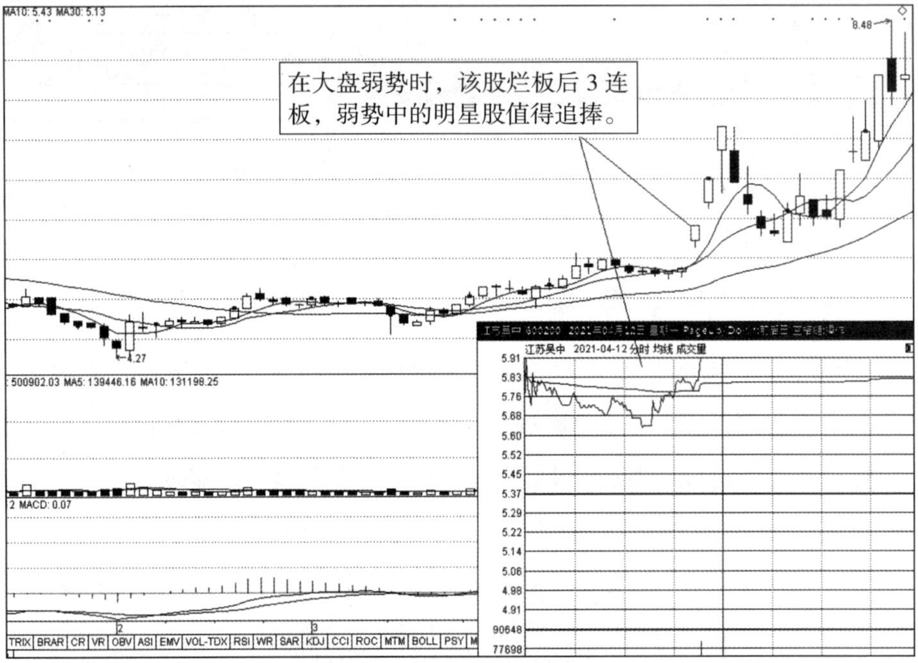

图 5–16 江苏吴中（600200）日 K 线和分时走势图

如图 5–17 所示，2021 年 5 月 6 日，上证指数冲高回落，次日大盘继续走弱，大势环境较弱。此时，有一只股票值得关注，那就是酒钢宏兴（600307），该股逆势走强，成为弱势行情中的佼佼者。这一天该股小幅高开后，缓缓向上推高，午后上板，但尾盘没能封住。次日该股高开继续拉高，并成功涨停。个股主力不畏惧大盘弱势，显示做多意愿强烈，应当引起大家的注意。

在大势低迷时期，个股"万绿丛中一点红"，方能显示主力强者本色，谁强谁弱，盘中一目了然。那么如何研判个股与大盘的关系呢？这里提供几点思路，供大家参考。大家可以从两个方面入手，即日线分析和分时分析。

（1）在日线结构上，大盘处于下跌调整走势时，个股提前企稳横盘；大盘止跌企稳时，个股提前启动上涨；大盘向上盘升时，个股出现加速拉升；大盘滞涨调整时，个股拒绝回调。

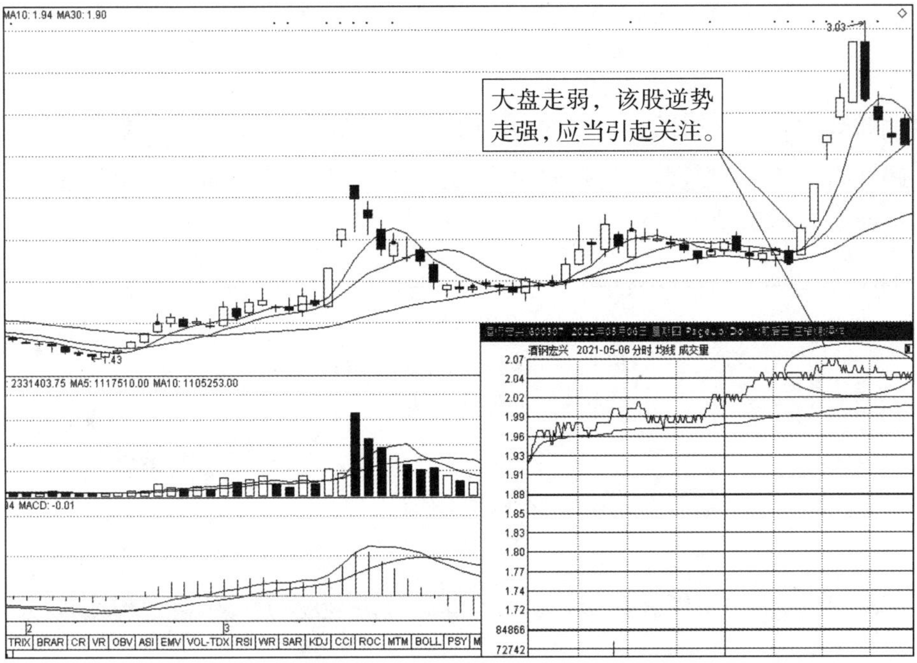

图 5-17　酒钢宏兴（600307）日 K 线和分时走势图

个股出现上述现象之一，均可以认定为有妖股潜质。当然是否成妖，还要结合其他因素进行分析。

（2）在分时走势上，大盘出现放量跳水或持续下行时，个股拒绝下跌，一旦大盘止跌企稳，股价立即出现新一波拉升。或者个股随指数跟风下跌，大盘止跌企稳时，股价很快恢复原位。这些盘面现象，表明主力护盘积极，做多意图明显。

2. 烂板与下午板

在实盘操作中，常规思维难以理解的事会经常出现，导致非一般思维的怪异交易，午后回封板就是其中的一种形式。

每天下午或尾盘的走势非常关键，它是对一天行情的总结，也关系到短期的运行方式。经常发现有的个股全天振荡盘整，盘面表现平淡，并没有引起市场的关注，然而到了尾盘却快速拉到涨停。也有的个股早盘非常强势，涨停封板不动，而下午临近收盘时开板振荡，形成烂板走势。这些盘面现象都是值得研究的，其中有反映主力意图的盘口信息。

如图 5-18 所示，北汽蓝谷（600733）2021 年 4 月 15 日的走势。该股全天大部分时间弱势整理，午后逐波走高，尾盘几度拉板、封板，最终还是没能成功封盘。

遇到这种盘面怎么操作？首先看一下大盘走势是弱是强。若大盘弱势，则该股属于强势；若大盘强势，则该股属于跟风。其次看股价位置。该股位于前期盘区附近，正常换手是免不了的。最后看次日走势。若次日强势，尾盘拉升属于真涨；若次日走弱，则尾盘上涨属于诱多。

对照上述 3 点，对该股的操作思路就清晰了。当日大盘走势并不强，该股走势强于大盘。股价遇到前期盘区的阻力，展开振荡当属正常。次日高开，显示主力做多意愿。因此，可以在次日以开盘价介入，或打板入场。

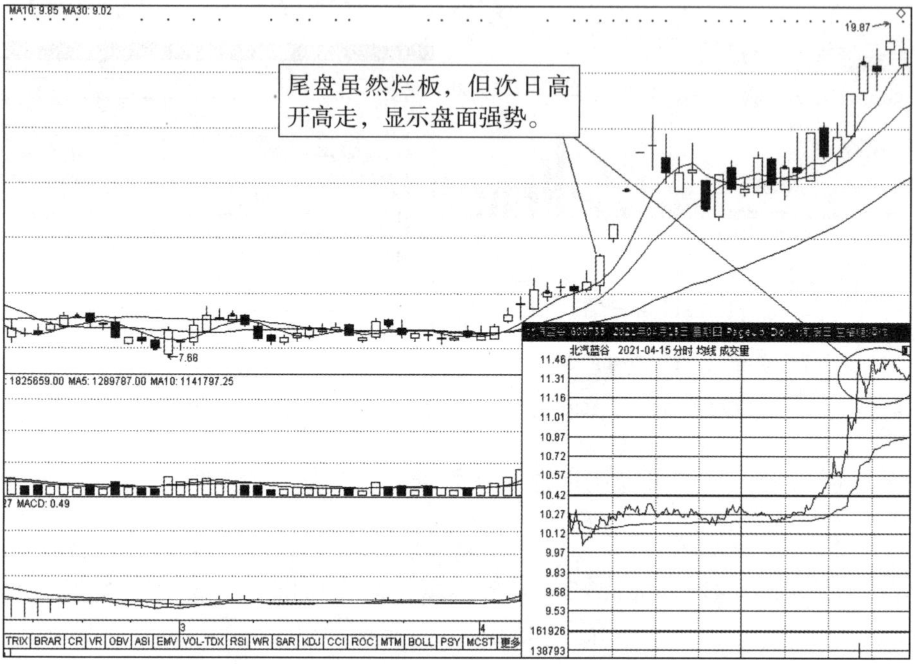

图 5-18 北汽蓝谷（600733）日 K 线和分时走势图

迷茫出真龙，烂板出妖股。在大盘低迷时期，资金往往会选择人气高涨的个股抱团，要么前期人气妖股股性逆天，要么是主流题材龙头资金接力。烂板或下午板之后的第 2 个交易日，个股最好在 10:30 前快速涨停，这就是 2 板的确定买点。

三、回封就是买点

烂板出妖股，这在实盘中案例很多，但买点把握不好不但难以赚钱，反而会遭受很大的损失，所以烂板股的入场时机非常关键。那么如何把握买点呢？下面通过实例做深入分析。

如图 5-19 所示，中岩大地（003001）的主力在个股长时间的底部弱势振荡过程中，吸纳了大量低价筹码，然后股价渐渐向上走高。2021 年 3 月 23 日，股价小幅高开后，全天大部分时间处于横盘运行，显示市场资金并无多大做多兴趣。午盘 13:52，连续几笔大单（共 4485 手），将股价从 0.98% 位置直线拉到涨停。但封盘 5 分钟后开板振荡，收盘没有封板，呈现烂板走势。

那么，该股的买点出现了吗？没有。这只能算是企稳上涨的一个疑似信号，而不是上涨的确立信号，可以将该股列入关注对象。因为此时主力需要一次试盘过程，以检验市场的跟风和抛压情况。既然主力需要试盘，那么就有很多的不确定因素，所以不是一个好买点。

那么，最佳买点在哪里？3 月 30 日才是一个非常好的买点。理由是：烂板后经过 4 个交易日的缩量整理，盘中浮动筹码得到较好的清洗，这天股价小幅高开后，经过短暂整理，主力开始发力向上拉升，突破 3 月 23 日的烂板新高，这也是反弹以来的新高，此时形成较好的买点，可以在盘中回封时入场。道理很简单，主力不是慈善家，既然下大力气投入巨量资金将 3 月 23 日烂板套牢盘全部解放出来，必然有他的用意，不拉高又是为什么呢？明白了这些道理，大家的操盘策略就明确了。再看看当天的分时走势。

从 3 月 30 日当天的分时走势可以看到，股价小幅高开后没有回落，说明股价回调空间有限。经过 20 分钟盘整后，9:50 开始放量上攻，几乎一口气单波拉至涨停，此时应不惜追高买入。股价涨停后，主力并没有一次性封板，而是进一步“开闸放水”清洗浮动筹码，目的是为了今后更好地拉升。因此，股价烂板回封时，就可以大胆介入。此后股价飙升，走出 7 连板，可见把握买点是关键。

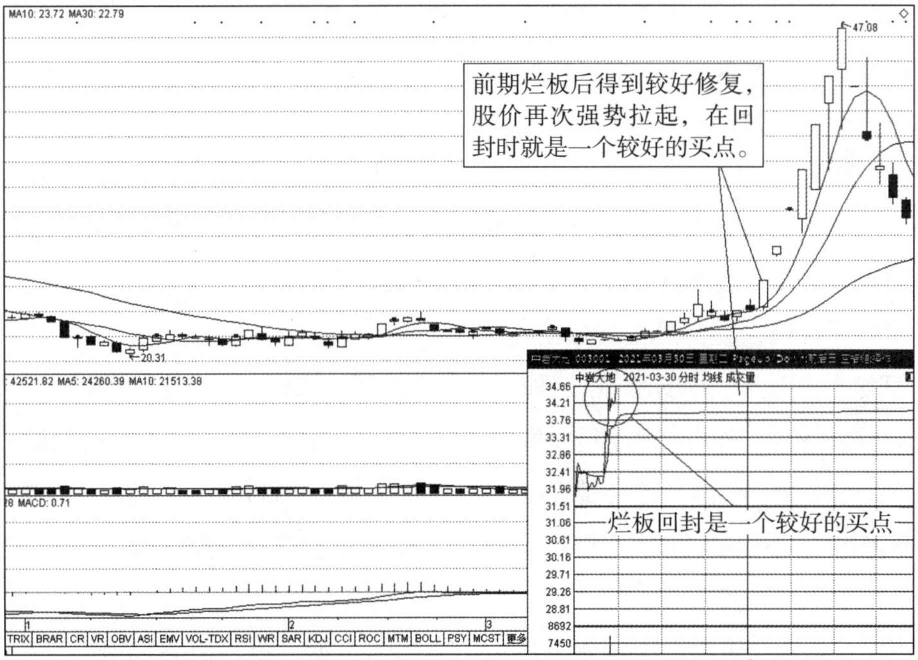

图 5-19　中岩大地（003001）日 K 线和分时走势图

通过实例分析，很多时候烂板当天并不是最佳买点，它只是一个引起大家关注的疑似技术信号，是否构成买点，关键在于烂板后的市场表现。实盘中出现烂板后，不一定马上就进入拉升，通常需要一个短暂的整理过程，整理时间大多在 10 个交易日以内，最长不要超过 20 个交易日。整理的幅度最好在烂板当天的 K 线以内，最大整理幅度最好不要低于烂板当天最低价的 10%。

一般而言，烂板买点要满足以下 4 个条件。

（1）位置：股价处于长期下跌后的底部区域，有强烈的向上突破要求。

（2）价格：股价再次创出烂板当天的高点或者涨停，上方抛压消化彻底。

（3）量能：成交量必须有效放大，增量资金介入明显。

（4）均线：均线系统已经或即将形成多头排列，支持股价走高。

四、涨停是否成功

关于涨停板，最让人担心的就是当天涨停封不住，第 2 天只能忍痛止损。那么，用什么方法来分析判断涨停板是否封得住？这主要看两个方面：一是涨停时间早晚；二是涨停的封单大小。

1. 涨停时间

涨停时间可以划分以下 5 个时间段。

（1）集合竞价涨停。一般强势个股在启动初期，3 板附近会有一字板加速的可能。这类股票是板块的绝对龙头，一般开板前没有买入的机会。如果遇到板块集体调整，或者是市场大跌，通常会有开板买入的机会。

（2）开盘 5～10 分钟之内涨停。这种情况属于强势涨停的类别。超短线投资者追求高风险高收益，通常在这个时间段介入。由于个股涨停时间很短，没有提前跟踪的话，基本都会错过。此类个股也属于龙头类，有可能是龙二，集合竞价高开后直接封板。个别情况也可能是平开拉板，甚至是低开拉板。

（3）开盘半小时到一小时涨停。这种情况属于较强势涨停。一般有利好刺激的板块个股，跟随龙头上板也是这个时间，属于行业集体利好或者是热门板块炒作的第二梯队个股。

（4）早盘收盘前涨停。这种情况属于打板之中较弱势的一种，通常出现在刚刚轮动起来的热点板块，或者短期内翻炒的板块龙头。这类个股第 2 天能否继续保持升势，实战中很难确定。

（5）下午或尾盘涨停。这种属于打板中最弱的一种，参与价值远没有其他几种情况那么大，通常可能是主力出货或者是板块龙头做掩护，其他个股流出资金的情况。当然，也不排除个股换手后有新的资金接力。第 2 天开盘如果高开，那么证明后者的可能性仍存在。这种博弈获胜概率不大，但也可以参与，看个人风险偏好。

2. 封单大小

流通股 <3000 万，封单要在 6000 手以上才算强势。

流通股 3000 万～5000 万之间，封单要在 1 万手以上才算强势。

流通股 5000 万～1 亿之间，封单要在 2 万手以上才算强势。

流通股 1 亿～2 亿之间，封单要在 4 万手以上才算强势。

流通股 2 亿～3 亿之间，封单要在 5 万手以上才算强势。

流通股 3 亿～6 亿之间，封单要在 8 万手以上才算强势。

流通股 >6 亿，封单至少要在 10 万手以上才算强势。

如图 5-20 所示，2021 年 5 月 25 日的葫芦娃（605199），开盘后不到半小时就放量强势拉涨停，流通股只有 4010 万，封单达到 27123 手，全天封盘不动，显示主力做多积极性高，次日溢价机会较大。

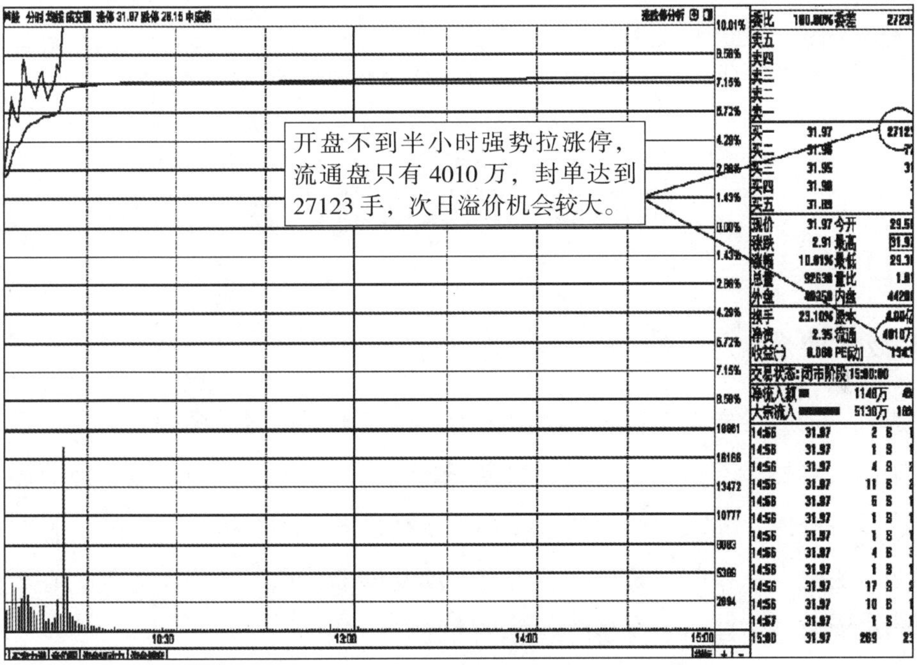

图 5-20　葫芦娃（605199）分时走势图

补充说明，强势个股的成交量和换手率在预判后市走势时是关键，上述条件是一个大概方向而不是恒定不变的指标。

如图 5-21 所示，2021 年 4 月 29 日，苏宁环球（000718）的股价向上突破创新高，当天涨停后一直处于烂板状态，尾盘封板时只有几十手的封单。这么小的封单让人产生不安全感，可是后面股价强势走高，所以封单大小不能说明一切，还要结合大势、板块、主力意图等因素综合分析。

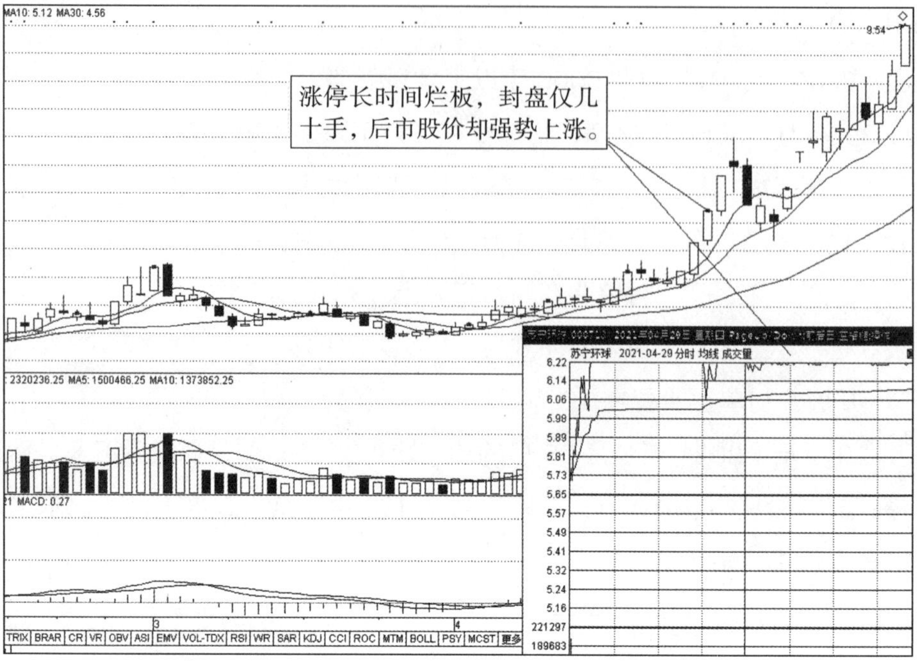

图 5-21 苏宁环球（000718）日 K 线和分时走势图

第四节 烂板低吸机会

一、低吸技术要求

一般情况下，股价涨停烂板后，次日由于止损盘涌出，这类个股大多会直接低开，盘中会大幅振荡。当然，不是所有的烂板都会一烂到底，有一些优质个股，当前热门题材板块的龙二、龙三个股，在次日杀跌的过程中，往往是低吸的好机会。有的个股次日大幅杀跌之后，第 3 天会来一个回马枪反包，直接上演涨停多方炮、两阳夹一阴的好戏。所以，不少个股烂板次日或随后几个交易日是较好的低吸机会。

1. 选股要求

（1）选择位置靠近前期高点和历史高点的个股，烂板后容易向上突破。

（2）选择当前热门大题材的龙二、龙三个股。

（3）次日股价不能跌破烂板当日的最低点。

（4）次日杀跌过程中，成交量一定要明显萎缩。

（5）上升趋势良好，均线系统呈现多头排列（5 日、10 日均线上行，30 日均线平行或已经上行），最好是多头发散过程中，股价不能有效跌破 5 日或 10 日均线。

2. 买点选择

这类个股可以选择分批低吸：次日，止损盘涌出形成第一个低点后，成交量萎缩，股价企稳，站上均价线，盘中股价不再创新低时，可以少量试探性买入。之后，如果股价再次缩量回踩 5 日或 10 日均线，再次加仓。股价放量突破烂板当日的高点时，进一步加仓，然后股价冲高后高抛，当日完成 T+0 操作。

二、经典实例剖析

2021 年 5 月，券商板块经过长时间的调整后渐渐企稳回升。如图 5-22 所示，哈投股份（600864）的 5 日、10 日均线向上移动，30 日均线渐渐走平，初步转为多头趋势。5 月 18 日，该股股价小幅高开后直线拉板，成交量逐波放大，但封盘近半小时后开板振荡，当天收出一个烂板，股价收涨 5.87%。

图 5-22　哈投股份（600864）日 K 线图

次日该股股价低开 2.95%，开盘后翻红回落，股价围绕均价线振荡，显示有资金在低吸。总体来说当日成交量是萎缩的，尾盘可以在均价线附近低吸。8 月 20 日，股价平开高走，9:36 一举突破 5 月 18 日形成的 6.00 元最高点，强势特征显现，明显有资金在拉抬股价，在回落确认时可以在均价线附近加仓。9:57 强势封板，5 分钟后烂板振荡，此时手中有筹码的，可以选择高抛做 T。经过开板换手后，11:21 回封，这时可以再次加仓。

实盘中的烂板，还要掌握烂板处在什么环境下。如果烂板出现在趋势波段中途，就没有必要担心烂板的风险，这种烂板是正常的。

如图 5-23 所示，小康股份（601127）在趋势上涨过程中多次出现过烂板。2021 年 4 月 28 日开盘后股价逐波走高，成交量大幅放大，10:30 之前就涨停。由于前一天是换手十字星，当天的涨停应该能够封板到尾盘。预料收出一个“好板”时，结果午后复牌时不到 2 分钟就被砸开，收盘也没有回封，这无疑是个烂板。这个烂板发生在当时的高位，因此在投资者心里留下一丝恐惧的阴影。

次日，股价低开 1.06% 后一直处于振荡走低状态，盘中每一次回升，由于止损盘涌出，均将股价压下来，收盘时下跌 6.26%。全天股价在前一天的阳线实体内运行，成交量保持萎缩状态。

第 3 天，股价小幅低开后逐波走高，午后强势涨停，K 线形成反包。可见，趋势行情中出现这样的烂板盘面时，只要股价没有击穿烂板当天的最低点，就可以在回调的低点入场。

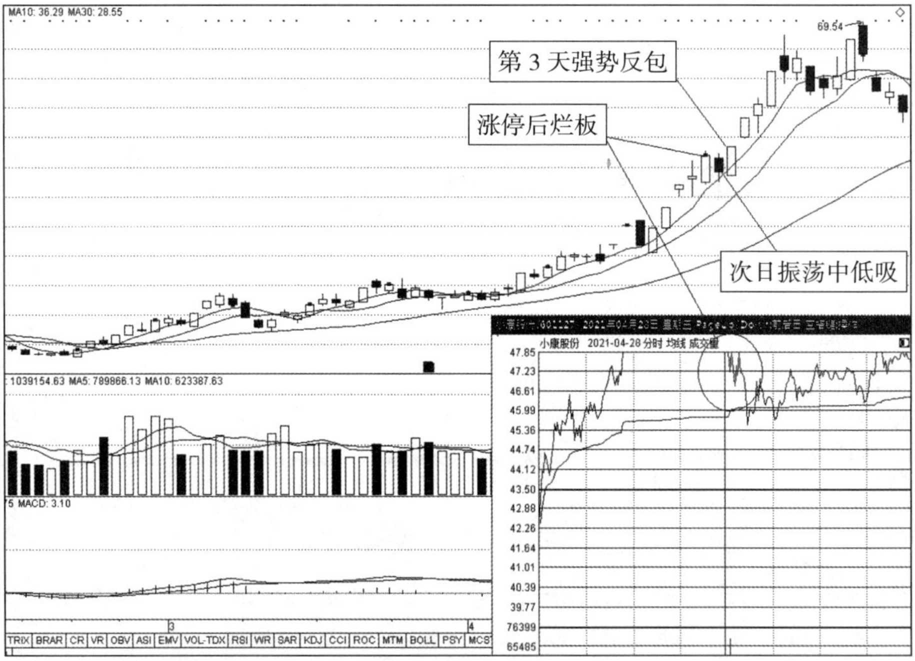

图 5-23　小康股份（601127）日 K 线和分时走势图

盘面千变万化，技术要活学活用。很多时候，烂板之后不一定第 2 天或第 3 天就反包上涨，可能需要整理几个交易日之后才能重新上涨。操作上只要股价不有效跌破烂板当天的最低价，就可以继续持有或低吸入场。

如图 5-24 所示，2021 年 4 月 29 日，德生科技（002908）开盘后略微推高，9:42 开始 1 分钟内以 2840 手的大量直线拉涨停，但很快回落呈盘整走势，当天以烂板收盘。

之后出现 5 个交易日的整理走势，在此期间可以低吸。5 月 12 日，股价再次向上试探前高压力，这时可以加仓介入。5 月 14 日强势涨停，短线随即快速上涨。

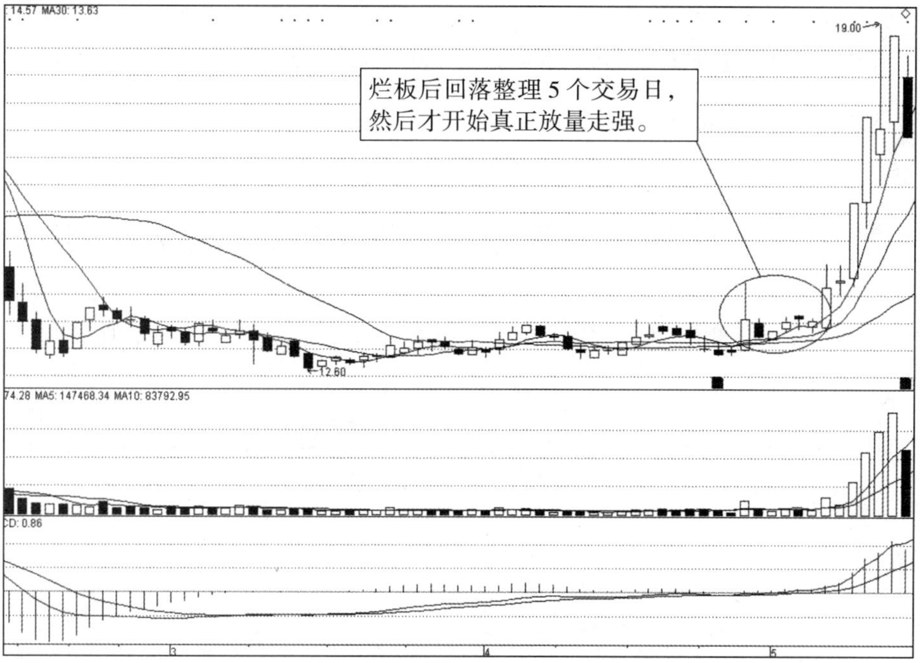

图 5-24　德生科技（002908）日 K 线图

第五节　烂板出妖股

市场中出现的大妖股，对于一般散户来说，想要从头吃到尾是不可能的，但是掐头去尾吃到大部分主升浪，是完全可以实现的。事实上，这些股票有一个共同点，启动的时候都是烂板。但烂板只是表象，更重要的是，烂板代表了分歧。

烂板出妖股，大妖股多有烂板。妖股烂板的内在逻辑是，妖股会有各路资金不断追捧介入，导致接力上涨。分歧—一致—分歧，众多资金进进出出，市场情绪亢奋，才会成为妖股。不像连续顶一字板的个股，中途没有接力换手，一家独吃，开板就面临调整风险。

烂板出妖股，关键在于弱转强。第 1 板介入之后，后面特别关注的地方是强弱转换。弱转强则强，打板时强势介入。后面走势不符合预期则弱，弱则去。强留，弱去，这是短线操作的原则。

一、妖股产生原理

实盘中没有一只妖股是没有经过烂板洗礼的，真正的妖股基本上都是从烂板中产生的。

妖股的第一感觉就是越妖越烂，越烂越妖。烂板是检验一只股票强度的重要指标，在正常的技术分析理论中，烂板之后股价应该走弱，如果烂而不弱，反而走强，说明其反常，有妖性。

烂板出妖股的理论依据：烂板换手后走出健康走势。烂板出妖股具体有 4 个条件，即烂板、暴量、抢筹、空间板。

1. 烂板

一只股票要上涨，必须有健康筹码做基础。如果是参差不齐的筹码结构，就难以形成合力。

经过充分换手，才能解放短期内的套牢筹码，或突破压力位时洗出浮筹，换入健康筹码。

健康筹码的持仓成本比较平均，没有太多获利盘兑现，这样就近乎套牢。只有持仓成本相近的筹码，才会有稳定的内在结构，稍微点火即可上涨。

2. 暴量

妖股需要合力，龙头需要暴量。没暴量的个股都不能说是龙头。既然是市场领袖，必须要有暴量，接受群众的检验。

既然是暴量，必然暴在关键位置：

一是底部首板，烂板暴量。解放底部获利或套牢筹码，烂而不暴则更强，代表筹码更干净。

二是关键位置，烂板暴量。关键位置主要是技术压力位，情绪突破位（比如市场没有 5 板股，第一个 5 板股烂板暴量，就起到了振臂一呼的作用）。

筹码健康只是走出妖股的一个必备条件，烂板也是换手健康筹码的一个手段，因此妖股分歧转一致时才是最佳买点。

3. 抢筹

妖股是市场合力作用的结果，有资金接力，才能让股价走妖。抢筹方式有竞价抢筹、拉升抢筹、开板抢筹、回封抢筹、低开抢筹等。因为有外部资金源源不断地入场抢筹，烂板才能烂而不弱，烂后走强。没有抢筹的烂板，就是真的烂板。

4. 空间板

妖股必须是市场的高标股，是市场中的一面旗帜，具有号召力和感染力。如果不是空间板，而是其他跟风板，则很难成妖。空间板请参阅前面有关章节的内容。

烂板当天是不能确定其后市能否走强的，一般在第 2 天或之后几天检验其能不能走强。

检验标准：一是竞价高开的幅度；二是涨停才能确认。烂板之后还能高开 3%～5%，甚至高开 5% 以上，则说明很强势，这时可以直接竞价试仓，之后在上板确认时加仓。

还有一些变相的烂板：分时不烂，但在涨停板上不断抛售、换筹，量能变化不大；如果是分时上出现的烂板，其特点就是抢筹回封。另外最好是空间板，并非一个普通的涨停板。

二、经典实例剖析

1. 实例 1

如图 5-25 所示，长源电力（000966）具有“碳交易 + 电力 + 风能 + 生物质能”等多重题材，流通盘为 11.1 亿股。在 2021 年 3 月—4 月的行情中涨幅超过 200%，而同期上证指数微涨 0.02%。

该股之所以成为妖股，引爆点是“碳中和”成为热点题材，在技术面上留下了明显的主力操作痕迹。

主力操作逻辑：在长时间的底部振荡过程中，主力吸纳了大量的低价筹码。在启动前的 2021 年 1 月 29 日，主力向下打压，制造出一个空头陷阱，然后股价渐渐企稳，回升到前期盘区附近。3 月 10 日和 11 日，股价连拉 2 个涨停，成功突破长达 11 个月的底部盘区，成交量放大。3 月 12 日，该股一字板开盘后，主力选择开板烂板振荡，释放盘中底部获利盘和解套盘，成交量再次放大。10:24 回封关门，封板至收盘，K 线收出 T 字线。

3 月 15 日，股价高开 3.85% 后，盘中出现 3 小波强势拉涨停走势。封盘 10 多分钟后，10:53 炸板振荡，股价逐波走低，收盘时没有回封，当日微涨 0.01 元，呈现烂板走势，K 线为带上影线的阴线。根据当日 K 线结构和分时走势，表明市场观点出现一些分歧，普遍认为次日股价有调整要求。

果然，3 月 16 日，在止损盘的抛压下，股价低开 2.12%，然后惯性下探 5% 以上。可是开盘后股价很快回升翻红，然后基本维持在均价线上方振荡整理。午盘涨停后烂板，尾盘回封，K 线反包。当日形态呈弱转强走势，从分歧转一致，短线股价可看高一线。

但是，市场总会出现太多意料之外的事，3 月 17 日股价出乎意料地低开 3.85%，全天呈现振荡偏弱走势，连翻红的机会都没有，收盘下跌 8.74%，盘面强转弱。前一天建立起的看涨信心，被这一天的弱势走势击碎。

3 月 18 日又是出乎意料的一天，当天股价大幅高开 7.28% 后秒板，之后开启 5 连板行情。

从这个实例中得到的启示是，妖股初期有烂板换手，盘中转换为健康筹码后才加速走强。该股在分时走势中连续 3 天烂板换手，在日线图上也是大幅起落，这为后面的强势上涨奠定了良好的基础。

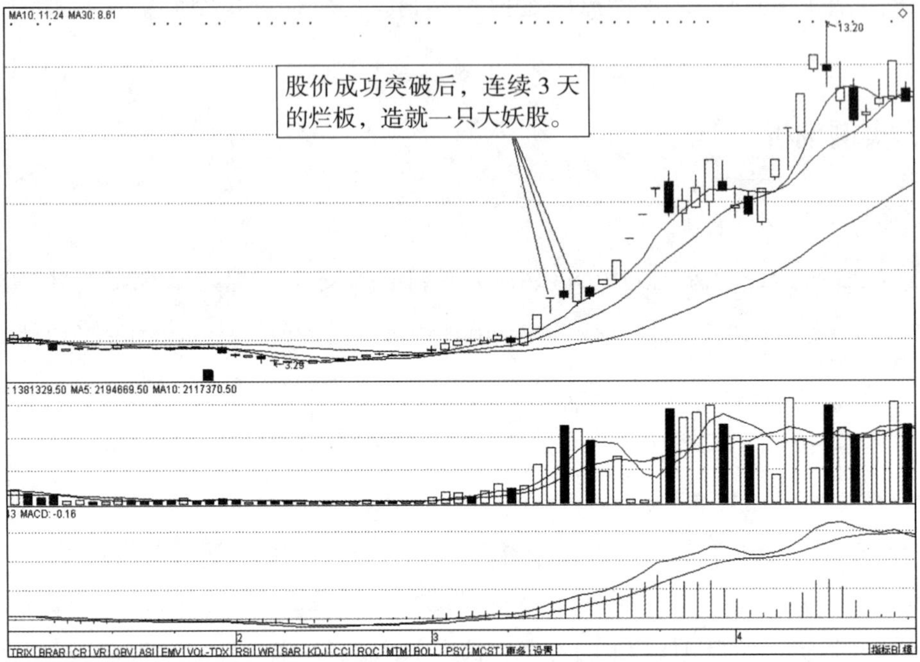

图 5-25　长源电力（000966）日 K 线图

2. 实例 2

如图 5-26 所示，锦泓集团（603518）具有“医美 + 婴童 + 老保”概念，流通盘 2.67 亿股。在 2021 年 4 月—5 月的行情中，股价涨幅超过 240%，而同期上证指数微涨 0.02%。

该股主力在低位吸纳了大量筹码后，股价缓缓向上推升，底部渐渐抬高，均线系统呈多头排列。2021 年 4 月 20 日开盘后，股价稳步向上走高，强势封涨停，形成突破走势。次日，股价高开 6.5% 后秒板。主力为了洗盘换手，封盘 5 分钟后开板烂板，盘面渐渐平静。9:58 完全封死，直到收盘。

4 月 22 日，股价跳空高开 7.14%，盘中瞬间回补跳空缺口，然后拉高强势上板，但没有一次性封板。为了进一步释放盘中浮动筹码，主力主动开板烂板，整个上午呈现振荡整理格局。午盘强势涨停，封板至收盘。

该股主力操作手法非常清晰，首板突破后，2 板、3 板连续两天烂板，第 3 天转一致，之后开启飙升行情。

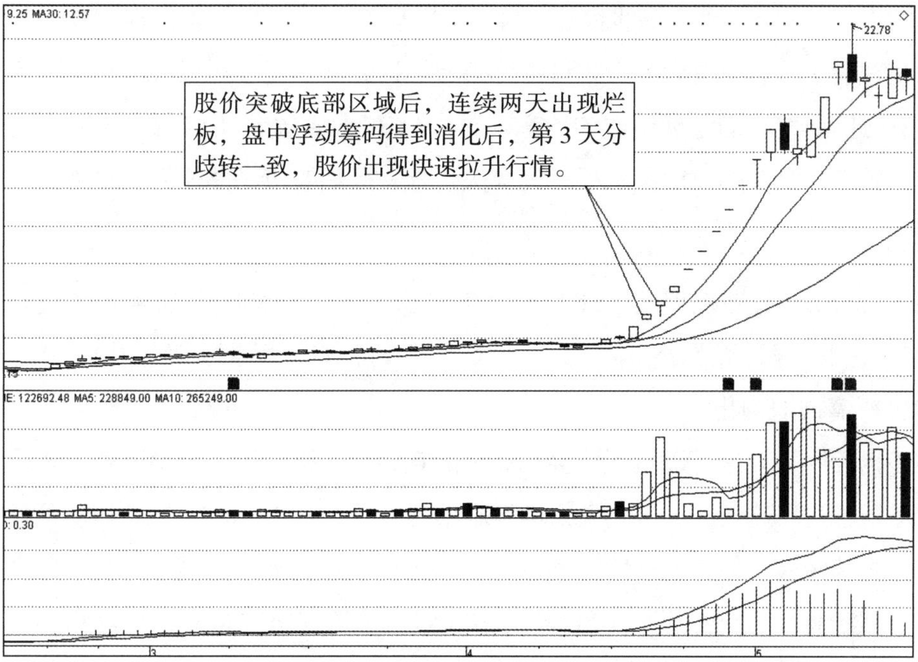

图 5-26 锦泓集团（603518）日 K 线图

3. 实例 3

如图 5-27 所示，豫能控股（001896）属于碳交易题材，同时又有“电力 + 氢能源 + 光伏”概念，流通盘 11.2 亿股。2020 年 12 月的行情中，该股 11 个交易日拉出 10 个涨停板，涨幅超过 170%，同期上证指数仅上涨 0.01%。

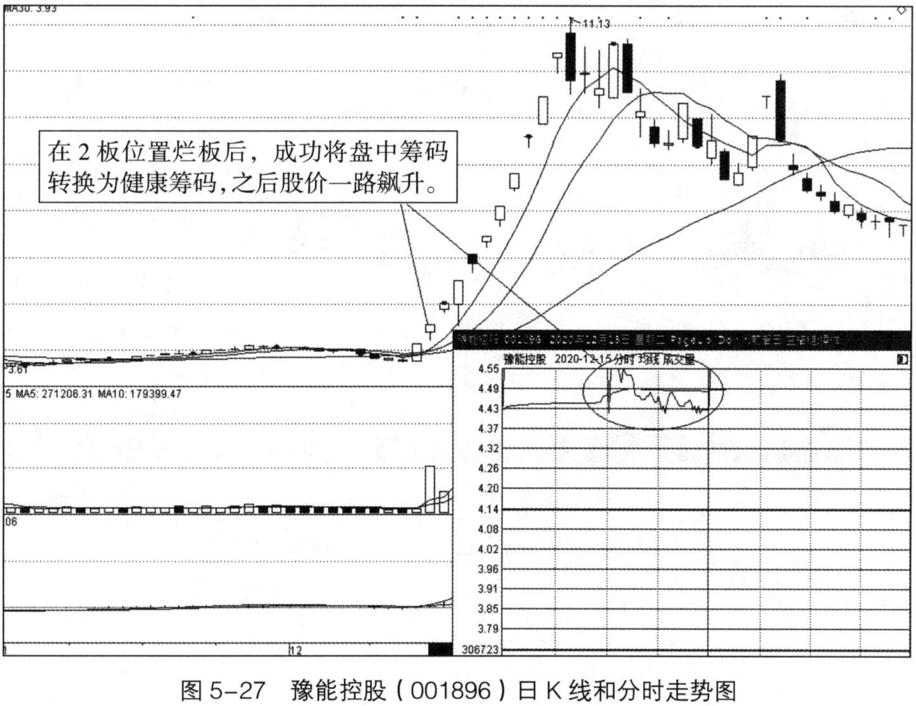

图 5-27 豫能控股（001896）日 K 线和分时走势图

12 月 14 日，首板开盘后直线秒板，封板至尾盘不动。15 日，股价高开 6.28% 后秒板，突破前期整理盘区。这时主力为了将盘中筹码转换为健康筹码，封板近 1 个小时后主动开板振荡，午盘快速回封，盘面出现明显的抢筹行为，成交量大幅放大，换手率达到 9.07%。烂板后，次日出现一致板，第 3 天收出换手板，第 4 天烂板，此后股价一路飙升，成为两市大妖股。

4. 实例 4

如图 5-28 所示，晋控煤业（601001）有“资源涨价 + 稀缺资源 + 业绩提升”概念，流通盘 16.7 亿股。虽然股价涨幅不大，但妖气十足，有大妖相，后来由于受到政策利空消息影响，行情被迫中止。

从该股盘面中，大家可以真正体会到烂板的魅力，一路烂板，一路走妖，再次证明“越烂越妖，越妖越烂”这句话。该股主力构筑底部结构后，2021 年 4 月 16 日股价跳空高开，拔地而起，强势拉板。但封板一段时间后，下午出现烂板，当天收涨 7.24%，属烂板形态。之后几日，股价保持强势振荡。4 月 26 日拉涨停后，再次出现烂板，尾盘回封，隔日后的 28 日出现同样的烂板情形。强势整理 3 个交易日后，5 月 7 日股价再次拔高，又以烂板收盘。

在整个拉升过程中，主力手法稳健，不慌不忙，走势烂而不弱，烂而有序，隐约中暴露出大妖股那种独有的风范和气势。但是非常遗憾，5 月 11 日受政策利空影响，市场情绪产生担忧，主力也不敢顶风炒作，被迫放弃操作计划，股价随后进入调整。经过回调后，股价是否再次转妖，当时难以断定，毕竟监管部门划了“红线”。

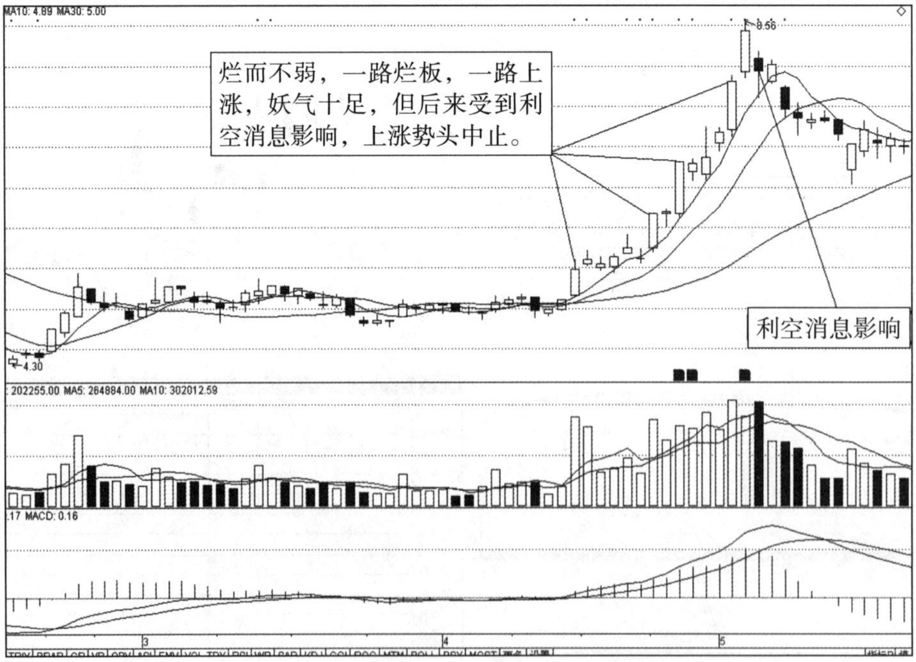

图 5-28 晋控煤业（601001）日 K 线图

5. 实例 5

如图 5–29 所示，山河药辅（300452）有“仿制药 + 壳资源”概念，流通盘为 1.41 亿股。在 2020 年 4 月—9 月的行情中，该股股价突破后稳步向上推升，累计涨幅较大。

该股主力操作逻辑非常清晰，4 月 10 日放量拉涨停，之后两个交易日出现大烂板，然后经过两个交易日的日线换手，此后股价进入强劲盘升行情。

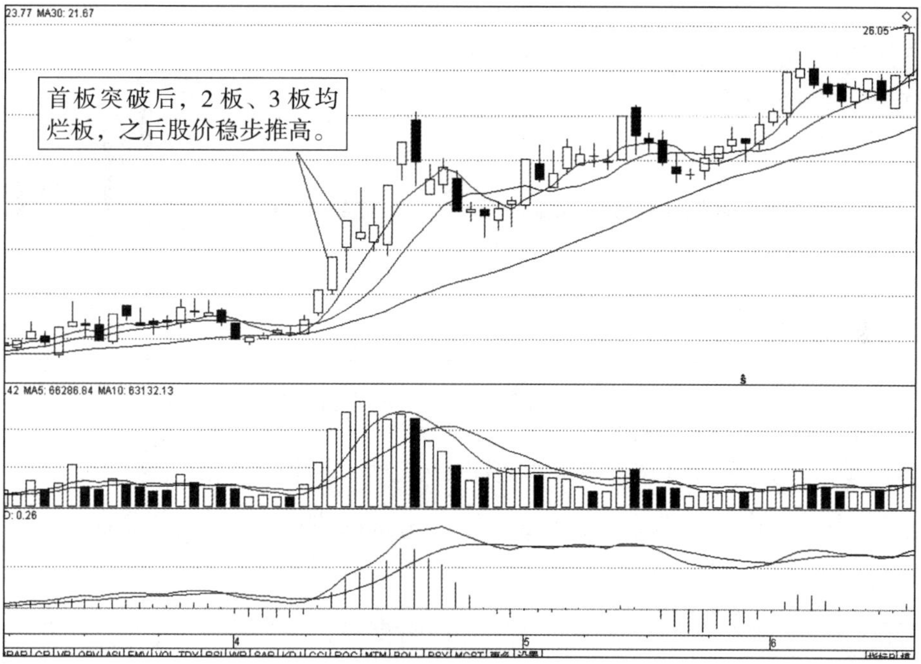

图 5–29　山河药辅（300452）日 K 线图

6. 实例 6

如图 5–30 所示，天原股份（002386）有“锂电池 + 区块链 + 磷概念 + 钛金属”概念，流通盘为 7.81 亿股。2021 年 5 月的行情中股价突破压制，出现快速拉升走势，短期涨幅较大。

该股在底部长时间的箱体运行过程中，主力吸纳了大量的低价筹码。5 月 24 日股价跳空高开，放量涨停，向上突破箱体的上边线压制。次日，股价跳空高开 4.53% 后秒板，但封盘近 35 分钟左右炸板，股价长时间在涨停板附近烂板，直到早盘接近收盘时才稳定下来，成交量暴量，换手率达到 13.23%，烂板时抢筹明显。之后，股价连续收出 3 个涨停，短期涨幅较大。

通过深入分析上述实例，对于妖股可以得出如下信息。

（1）数据。换手率的变化，10%—20%—30%（人气，有分歧才有博弈）。成交额的变化，10 亿元—20 亿元—30 亿元（符合当下市场资金的容量）。启动时流通盘一般在 10 亿股以下，加速时容易形成一致。

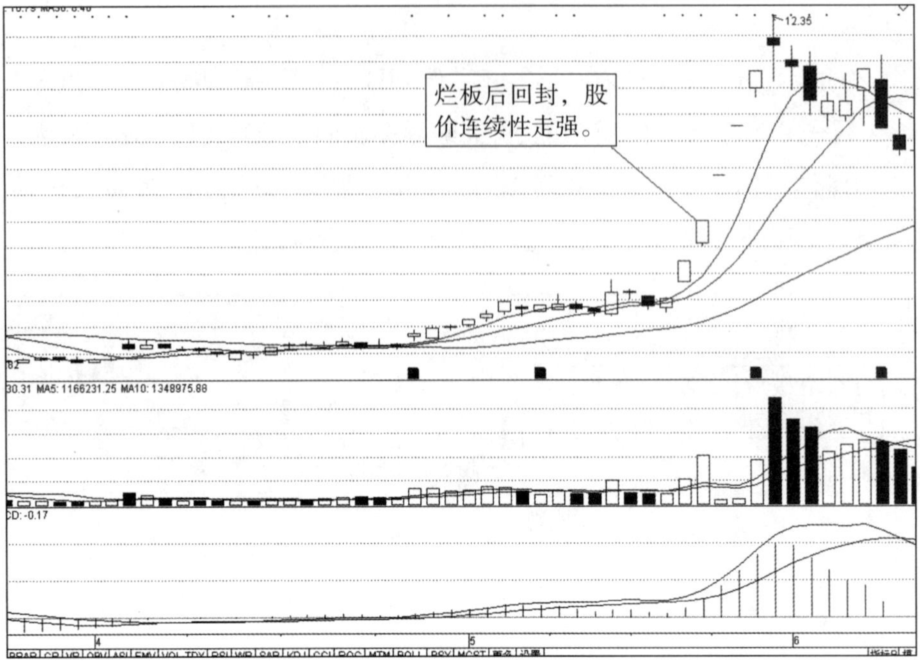

图 5-30 天原股份（002386）日 K 线图

（2）妖股，一定是有分歧，在不知不觉中启动。烂板，开始几乎是没人注意到的，不会有人刻意去做，也不会有太过一致的预期。一动就加速或者一字涨停的个股，一般都是一波到底。

（3）无论哪只牛股，背后一定会有一个强逻辑支撑，这并不是为了给一个“估值”说法，而是给市场一个炒作的理由，给资金一个参与的理由，让大家产生“共鸣”的理由，这就是人气的关键所在。“故事”一定要美丽动听。

（4）妖股的启动，一般都是在大盘下跌末期或者反弹初期，这是孕育妖股的温床，因为此时启动能和大盘短线周期相吻合。总之，盘面风雨飘摇的时候，逆势出现连板，很容易引起市场的广泛关注，这是最重要的筹码。

（5）对于个股来说，数据表明 5 板有强烈的分歧，属于出货窗口。当然，不同的行情有不同的变化。一个主升浪一般有 6 个交易日，包含反包或空中加油，不包括最后一个交易日的出货。超过 6 个交易日连续涨停的，一般是 9 个涨停，这是妖股而非常规牛股的常见走势。

（6）牛股的启动位置，一般是在个股的底部而不是相对高位，这样上涨的空间很容易被打开。但是，如果想要成为妖股，一般是在历史新高位置突破之后再次连续上涨，这样上方没有筹码压力，有些类似于炒作次新股。

（7）对于一个有预期性质的题材，市场自然会选出龙头，跟随就是最好的策略。对于没有明确预期的启动题材，启动板大多是烂板，市场分歧非常明显，个股质地很不起眼，在走出连板时要引起关注。

（8）出货那天的情况，加速次日直接被打压，小幅高开全天振荡。或者，反包次日平开再度尝试上板，但因无力拉升而回落。反包次日在阳线内波动，无论如何都是宽幅振荡。或者，加速次日无力封板而直接炸板，这些现象未必当天就暴出天量。

另外，还有一个角度来看待妖股，即股价究竟是合力拉抬上去的，是有大游资主导的，还是有资金操控。这一点剖析一下龙虎榜就知道，平时大家要多留意各路游资豪杰是如何在这个市场翻云覆雨的。

第六节　烂板股的弱与强

一、烂板弱转强

投资者遇到股票涨停是欢喜的，但封板不久就破板且反复破板的时候，就会感到恐慌和迷茫。这种情况是机会还是风险？这里就烂板形态及主力意图和烂板的背后逻辑进行解析，以便大家加深理解主力意图，规避风险，把握机会。

1. 烂板的主力意图

烂板的原理是什么呢？最简单的就是主力建仓和洗盘。很多散户担心失去已经到手的盈利，遇到烂板这种情况时，一般就会选择抛售，落袋为安。主力则求之不得，大量接纳散户抛出的筹码。

（1）出现涨停板，一定是主力行为所致。

烂板是市场资金盘中出现分歧造成的，2 板以后出现烂板，多是因为市场换手。有一部分资金在涨停位置砸盘出逃，导致破板。另有一部分资金看好后市预期，入场护盘，尾盘出现回封。

（2）增仓板振。主力为了在股价成交密集区域快速获得筹码，就在此位置展开板振，让恐慌筹码抛出，这样就奠定了后期暴力上涨的股性基因。

特别是主力吸筹不够的时候会利用涨停破板进行诱空，以达到洗盘增仓的目的。尤其是底部阶段和凹间峰附近，最容易出现这种情况。

在多头趋势中，经过一个重要敏感的位置时，主力资金会通过开板振荡的方式抖落浮筹，进行洗盘，以便日后股价上涨更加轻松。

如图 5–31 所示，亚太股份（002284）的首板就是如此。主力破板增仓吸货，振仓成功后连续收出 3 个一字板。

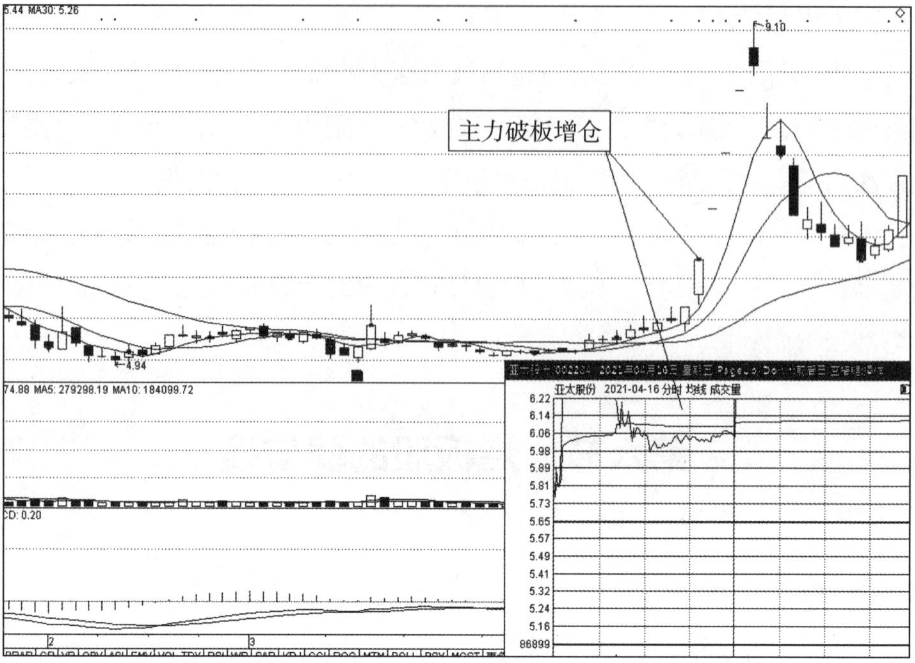

图 5-31 亚太股份（002284）日 K 线和分时走势图

（3）外围影响。主力封板时，可能会遇到突发情况，比如大盘或板块大跳水、出现利空消息等。此时，主力会放弃封板，涨停板就成为一个烂板，有时收盘也不回封。不过有些烂板是有一定炒作价值的。

（4）烂板逻辑。烂板是主力资金博弈的表现，关注主力行为就必须掌握不同的涨停形态，从中发现主力的意图，比如烂板位置是抢筹还是换手，是出货还是洗盘。只有把这些问题搞清楚了，遇到烂板时才能胸有成竹，坦然面对。

位置决定性质。如果烂板出现在首板，一般大多是吸货行为。如果烂板出现在 2 连板以上位置，需要判断烂板是否属于当下的热点板块，是否属于板块领涨龙头。如果是热点板块或龙头股，则大概率属于换手。如果不是当下热点，那么就有短线出货或减仓的嫌疑。

烂板是市场资金盘中出现分歧的表现，只是收盘前市场通常会把这个分歧消化后再封板。那么，第 2 天是否会继续出现分歧呢？这就是弱转强战法需要给出的答案。

2. 烂板弱转强的核心

烂板弱转强的核心在于超预期。这个战法主要以涨停板为重点，以烂板涨停作为确认依据。烂板虽然弱但也是涨停板，涨停的个股大多是主力行为所致。

正常预期下，烂板次日是低开低走大跌的，但如果该跌不跌，那么就值得重视了。这个超出正常预期的走势，本质就是由弱转强的标志，是主力行为的结果，也是由分歧转为一致的表现。该跌不跌必然上涨，这就是烂板弱转强战法的核心逻辑。

如图 5-32 所示，华培动力（603121）2019 年 9 月 16 日开盘后直线拉板，开板后出现典型的烂板，尾盘封板，属于弱势涨停。这种盘面次日大概率要调整，一般人对这类涨停板不屑一顾。可是第 2 天该股超预期高开 8.23% 秒板，这就是超预期走势。

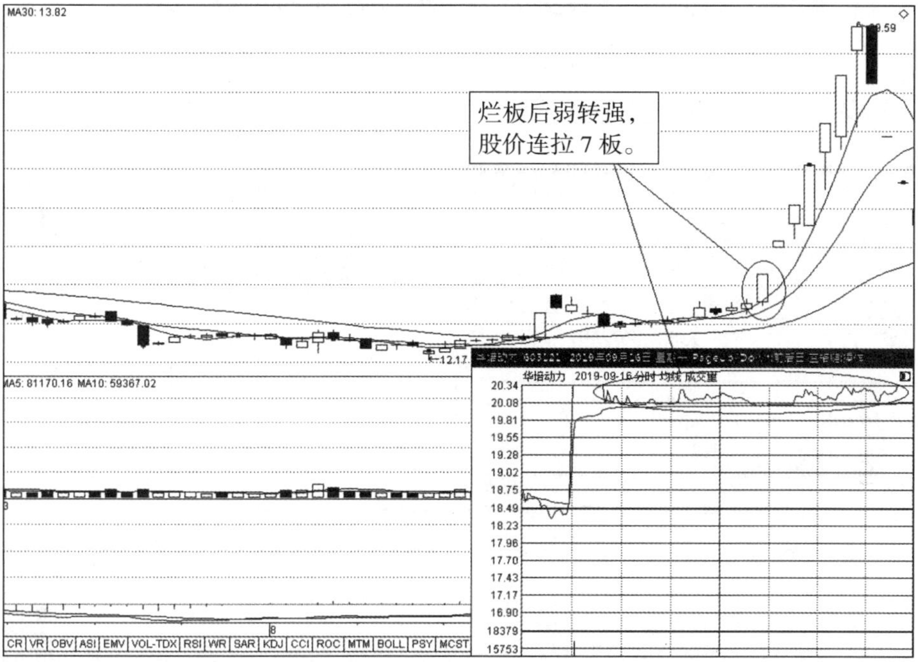

图 5-32　华培动力（603121）日 K 线和分时走势图

所谓烂板出妖股，说的就是这样的烂板：具有市场地位，属于热点龙头，尤其是相对高位分歧后回封，走出妖股的概率很大。越是位置高、人气足的弱转强，市场关注度越高。历史上的换手大妖股，都是这样形成的。

3. 烂板弱转强的买点

（1）高开。烂板后第 2 天上板才是确定性买点。有的强势股第 2 天高开，集合竞价时就可以直接追涨。高开超预期，符合弱转强的走势模式，竞价直接介入比打板更有成本优势，而且可以避免临盘打板的变数。与打板相比，如果成功，可以多出几个点的利润；如果失败，可以减少几个点的损失。把胜负交给市场，靠概率取胜，这是短线操作的理念。

（2）打板。在开盘不能确定是否足够强势的情况下，打板是追求确定性的一个好方法。比如 1 板晋级 2 板时，打板就是确定的买点。或者，弱转强一字板开盘，这时可以用力顶一字板。

（3）扫板。主要适合于小幅低开个股，这类个股看不出明显的弱转强，但盘中出现直线拉升，且拉升越猛越好，这时要敢于以市价追涨或者直接挂涨停价扫板，抢先下手。比如，1 板进 2 板，2 板进 3 板，3 板进 4 板，等等。

（4）回封。很多时候，烂板第 2 天如果没有高开，这种情况下重点就是盘中分时走强，然后回封确认，这时也可以打板入场。

如图 5-33 所示，爱普股份（603020）的主力完成底部建仓后，2021 年 4 月 30 日放量向上拉起，脱离底部盘区，当天封盘后开板振荡，形成烂板走势。但是，第 2 天股价高开 3.76% 后直接拉涨停，确定性成立。这种情形下，大家可在烂板次日开盘时入场，当天可获利 6% 以上，即使失败损失也不大。

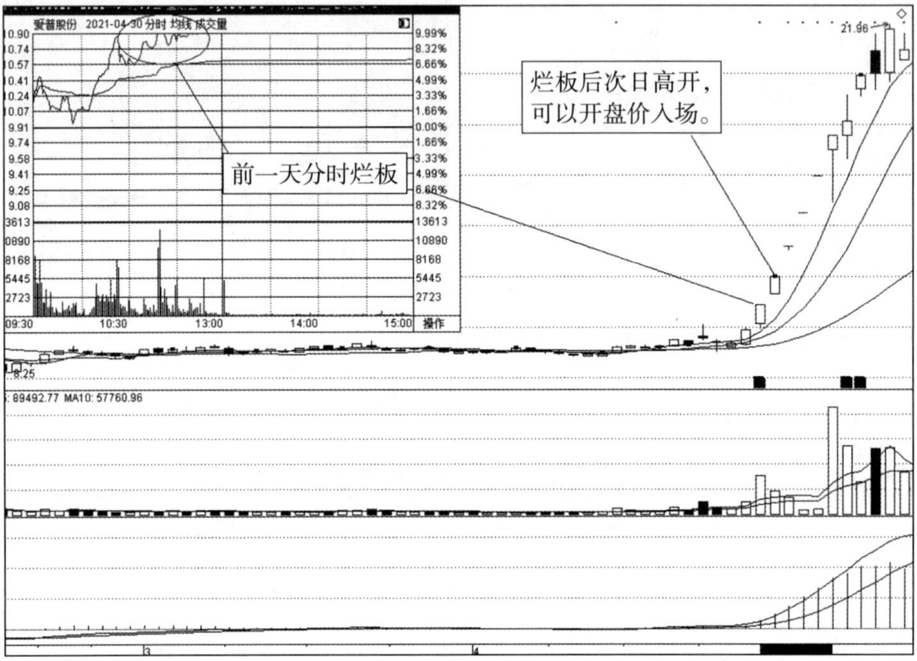

图 5-33　爱普股份（603020）日 K 线和分时走势图

如图 5-34 所示，2021 年 5 月 17 日，宇顺电子（002289）的股价在 3 板位置低开 2.28%，在水下换手 45 分钟后，直线拉起奔向涨停，形成弱转强走势。涨停后烂板振荡，最后成功回封确认，这时可以打板入场，享受短线溢价。

总结：弱转强是短线操盘的精华模式之一。烂板弱转强战法的核心是烂板后有超预期走势，在分歧中股价走强，让持筹者安心，让抢筹者疯狂，从而享受高溢价。

二、弱势涨停板

弱势涨停板是指当天股价波动较大，14:00 以后出现涨停板或者尾盘才封板。弱转强战法中出现烂板形态，就是一种弱势涨停板。那么，如何理解和应对弱势涨停呢？

1. 弱势涨停的市场原因

一般情况下，封涨停板之后又开板，基本缘于以下原因。

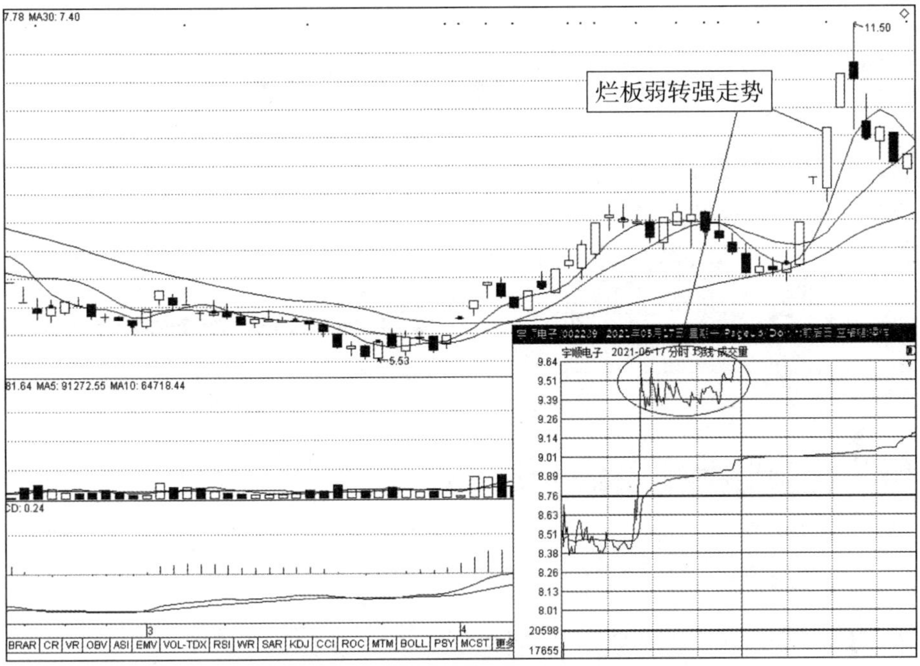

图 5–34　宇顺电子（002289）日 K 线和分时走势图

（1）主力资金借市场追涨人气实施出货。

（2）市场抛压过重，抛压可能来自散户，也可能来自隐藏在该股中的大资金，市场分歧较大，主力资金没有实力封板。

（3）主力盘中故意示弱，隐藏起真实的意图，误导散户抛出筹码，主力则吸货或者通过换手降低持仓成本。这是大家要重点关注和追踪的个股。

2. 弱势涨停的技术特征

（1）从分时图看，弱势涨停板振幅较大，当天波动可以超过 10% 以上。这种表现弱势的个股，一般会在盘中出现跳水，随后收复失地并封板。或者早盘低开幅度较大，随后逐渐走高并封板。

如图 5–35 所示，征和工业（003033）2021 年 4 月 12 日接近平开，盘中大幅跳水 8 个多点，然后企稳回升，向上逐波拉高，直至涨停，全天振荡幅度超过 18%，形成弱势涨停走势。

（2）从封板时间看，封板时间较晚，多在 14:00 之后，甚至尾盘半小时内。上午一直横盘不动，下午或尾盘突然拉起，直至涨停板，明显有主力刻意运作的嫌疑。

如图 5–36 所示，华通热力（002893）连拉 5 板后回落调整。2021 年 3 月 29 日股价低开 3.62% 后，一直处于水下振荡，午后直线拉板，属于弱势涨停板特征。次日股价大幅低开 6.94%，弱势振荡后直线拉板。

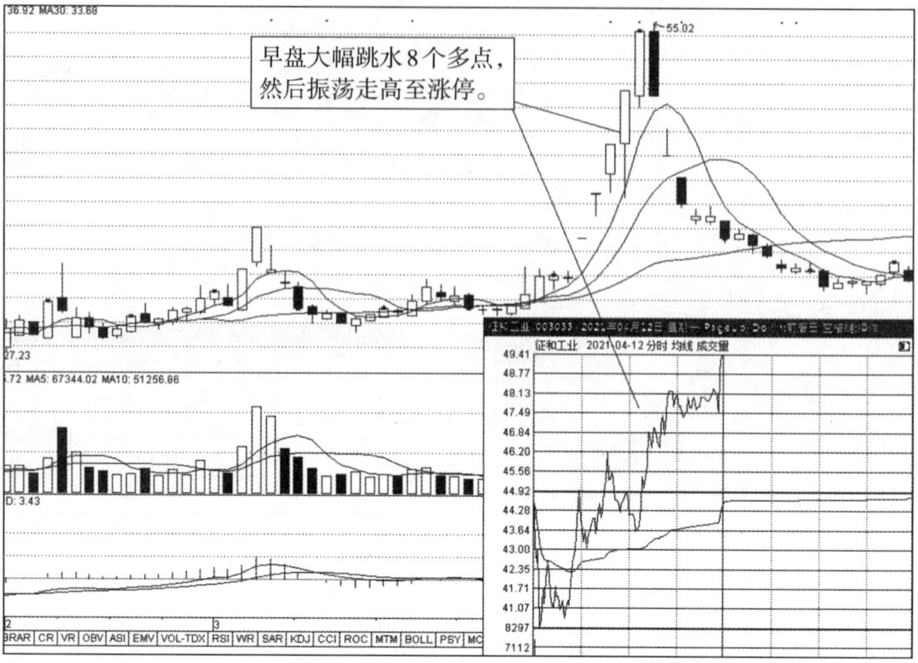

图 5-35 征和工业（003033）日 K 线和分时走势图

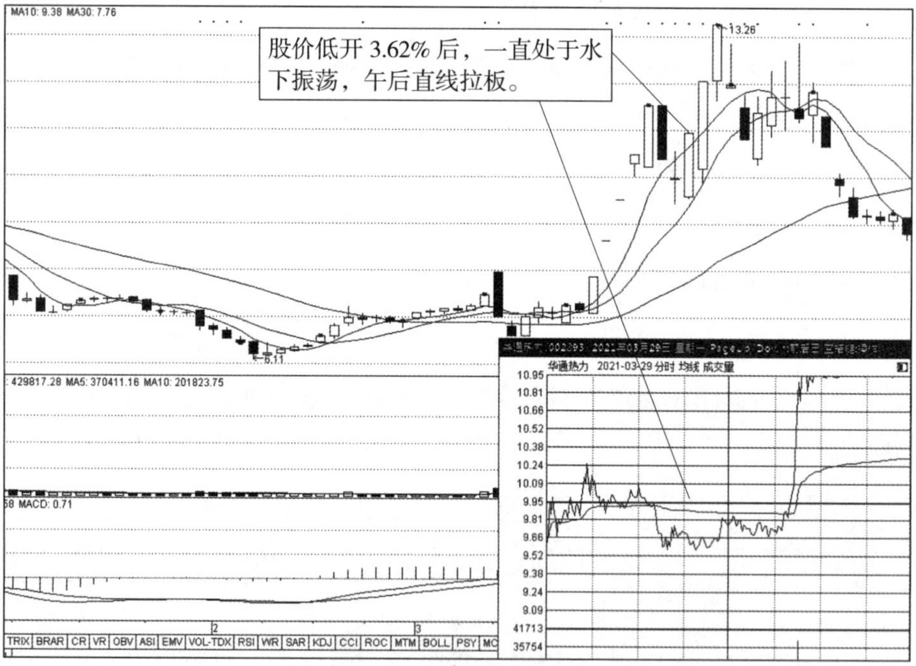

图 5-36 华通热力（002893）日 K 线和分时走势图

（3）涨停后没有牢牢封住，而是在随后较长的时间内开板，或者封板在很长时间段内反复破板再回封。

如图 5-37 所示，2021 年 3 月 2 日，北清环能（000803）分时走势形态中，早盘接近平开后二波拉涨停，看起来走势非常强势。但午后开板长时间振荡，尾盘勉强回封，形成弱势涨停，日 K 线表现很完美。这种盘面如果次日开盘后不能强势运行，那么进一步走弱的可能性大增，所以次日走势非常关键。

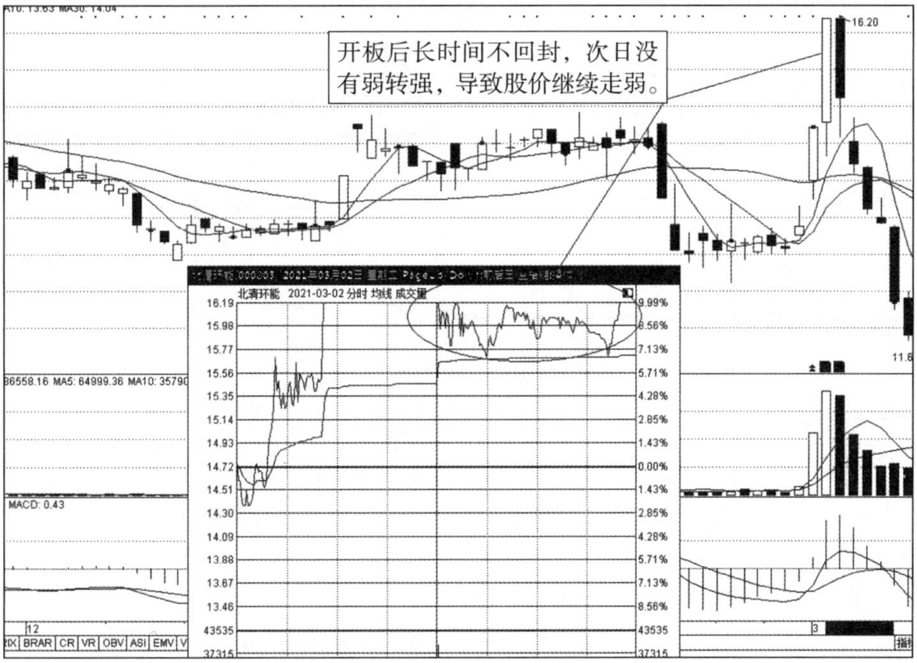

图 5-37 北清环能（000803）日 K 线和分时走势图

（4）弱势涨停板的强度。封板时间越晚，破板的时间越长，反复开板的次数越多，涨停板就越弱势，通常次日短线下跌概率也越大，比如上面北清环能（000803）的分时走势。

3. 弱势涨停板的内在逻辑

股市本身就是反人性的市场。研究弱势涨停板，就是从另一个角度发现主力操盘意图，对以欺诈手段示弱的股票进行去伪存真。弱转强战法就是一种非常态的战法。

弱势涨停虽然个股当日走势比较弱，但依旧属于涨停板，也是主力行为所至。分析这种弱势涨停的目的，就是通过研判市场，抛弃那些真正弱势的个股，追踪那些隐藏实力故意示弱的股票，反其道而行之，从中快速获取更大的溢价收益。

如图 5-38 所示，银宝山新（002786）2021 年 4 月 19 日早盘冲板后开板振荡，长时间不回封，午后封板弱转强。次日股价高开秒板，说明前日主力是故意不封盘的。

很多个股早盘装死不拉，午后偷袭拉板，给人一种很烂的感觉。其实，这些个股烂而不弱，一旦第 2 天开盘走强，极有可能成为当日龙头。

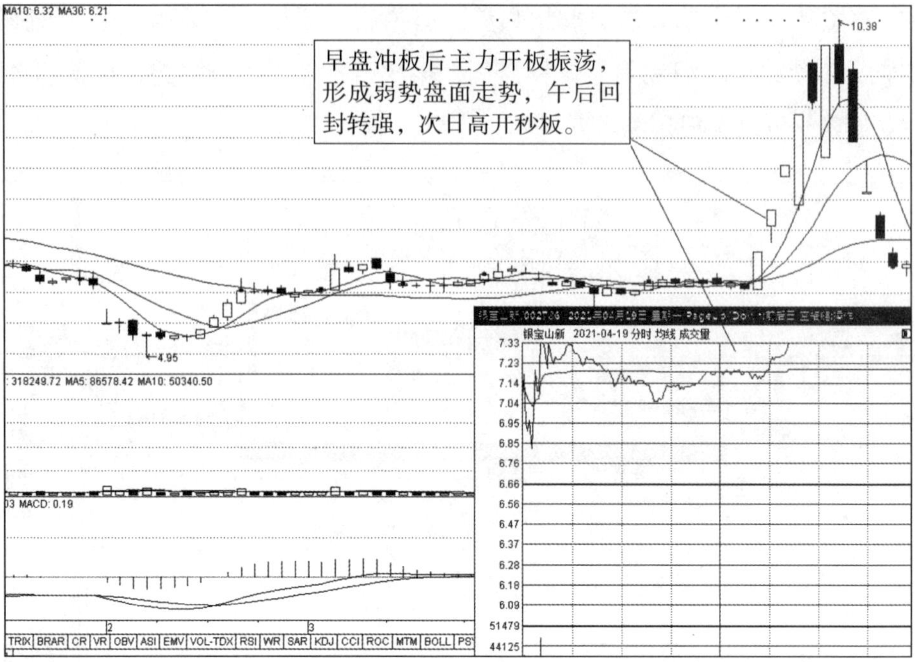

图 5-38　银宝山新（002786）日 K 线和分时走势图

如图 5-39 所示，华资实业（现名 *ST 华资，600191）连拉 4 个涨停后，在高位收出十字星，第 2 天回落调整，形成黄昏星形态。2020 年 4 月 3 日，股价低开后弱势振荡，给人的感觉就是股价将继续调整。但是午后该股向上拉板，形成弱转强，之后收出 3 连板。

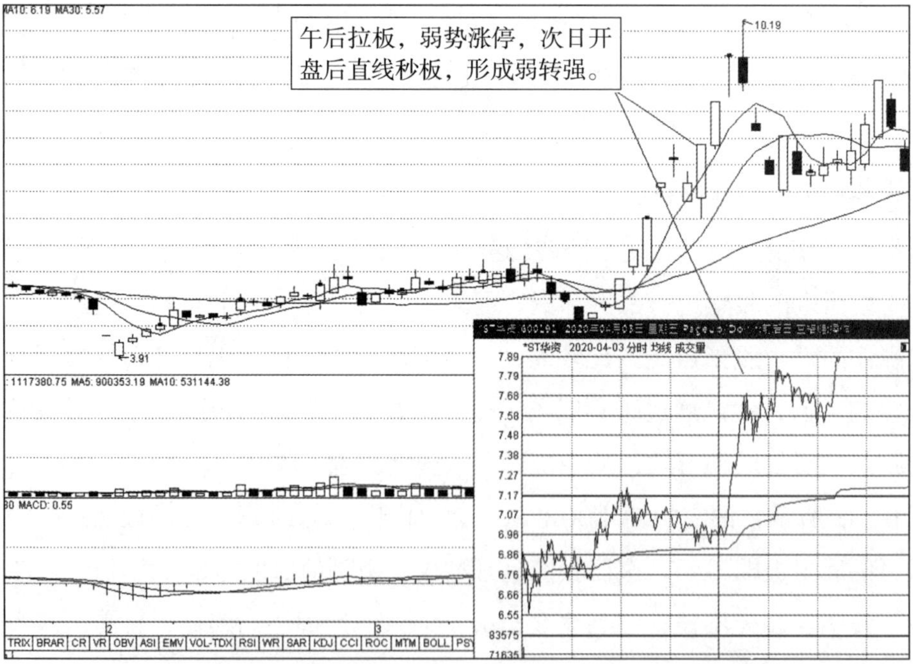

图 5-39　华资实业（现名 *ST 华资，600191）日 K 线和分时走势图

股市最大的不确定性就是市场不断变化，主力的操盘手法也不断更新和改变。要想在市场中生存，就要不断地改变观念，学会适应市场。既然传统常规的操作方式赚钱难，那么就换一个思路，尝试以非常态的手段适应市场，改变自己。

如图 5-40 所示，麒盛科技（603610）2021 年 3 月 31 日首板弱势涨停，次日竞价低开没能拉起，说明主力没有真心实意地拉升，此后股价继续调整。

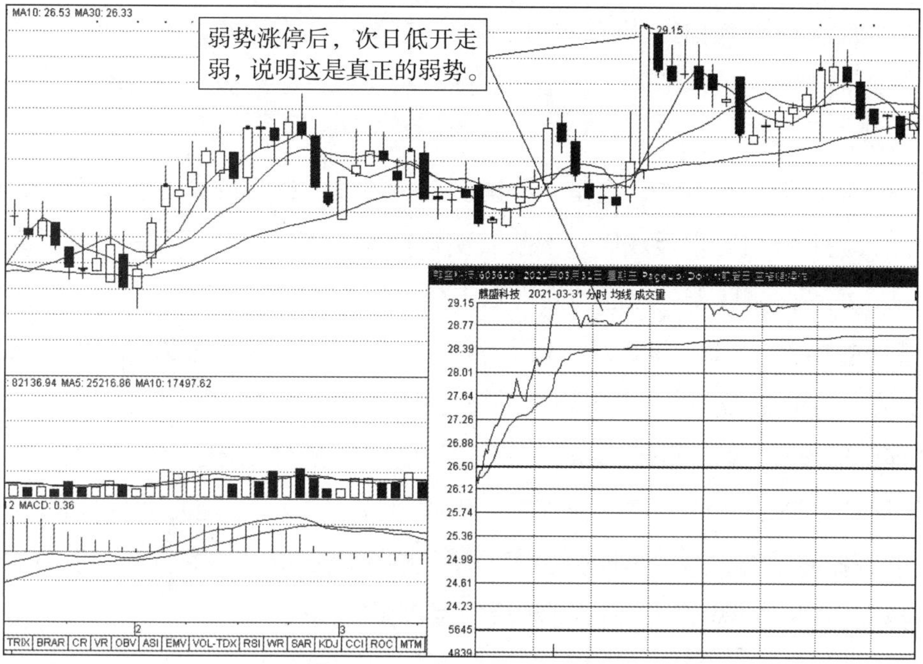

图 5-40　麒盛科技（603610）日 K 线和分时走势图

通过非常态下捕捉主力隐藏的行为，用非常态的思维方式做有别于常人的做法，从而达到盈利的目的，这是烂板弱转强战法的精髓。这个市场本身是少数人盈利的市场，弱转强战法是解决非常态下狙击强势股的盈利模式。

通常来说，集合竞价高开，是分歧转一致的表现，因此集合竞价高开且买单未匹配量大，可以直接参与集合竞价。弱势涨停次日高开，是确定性买点。这种弱转强极易出现大牛股，复盘时应该重点留意和追踪。

但是，市场是残酷的，规避风险是大家最重要的生存保障，一旦市场确认操作失误，就要果断止损。次日集合竞价低开，是分歧继续延续的弱势表现。止损的标准就是弱势涨停板 1/2 位置或涨停板实底附近。

成功的方法都是相似的，如果想在股市中生存，就要钻研技术，学会用主力的思维进行思考，改变散户心态，这是步入成功的开始。

三、烂板强转弱

底部烂板出妖股，高位烂板有风险。高位烂板是主力利用涨停板出货的一种常用手法。根据“价格一致，时间优先”的原则，主力将股价拉到涨停板后先挂出大买单，等后面散户挂买单时，就撤掉自己前面挂出的买单，将筹码抛给散户。散户喜欢追涨停板，主力恰恰反向操作，利用散户这种追涨心态借助涨停掩护出货，这是根据散户习惯心理采取的出货方式。庄家通过股价大幅上涨制造活跃盘面，把散户诱骗进来，可以让他们在高位把自己手中的筹码接走。另外，涨停个股出现在涨幅榜前列，容易被市场发现和关注，能够吸引更多的眼球。

烂板是一种洗盘换手方式，也是一种诱多出货手段。在股价高位经常出现烂板走势，如果高位烂板后不能巩固烂板成果，不能实现弱转强，接着就容易引发大幅振荡，导致盘中筹码松动，演变为强转弱，进而转为下跌走势。

如图 5-41 所示，2021 年 5 月 13 日，金发拉比（002762）开盘后股价逐波走高，封盘 20 分钟左右后开板振荡，长时间不回封，说明主力封板不坚决，直到收盘才回封，显得有些勉强。在股价大幅上涨的高位，出现这样的烂板盘面，暗示股价有见顶之虞。

次日，股价低开 2.83%，之后一直在前一天收盘价下方运行，连冲高翻红的机会也没有，说明主力并无拉高意愿。这种盘面就属于典型的烂板出货特征，主力在振荡中不断派发获利筹码，盘面出现强转弱变化，随后股价进入中期调整走势。

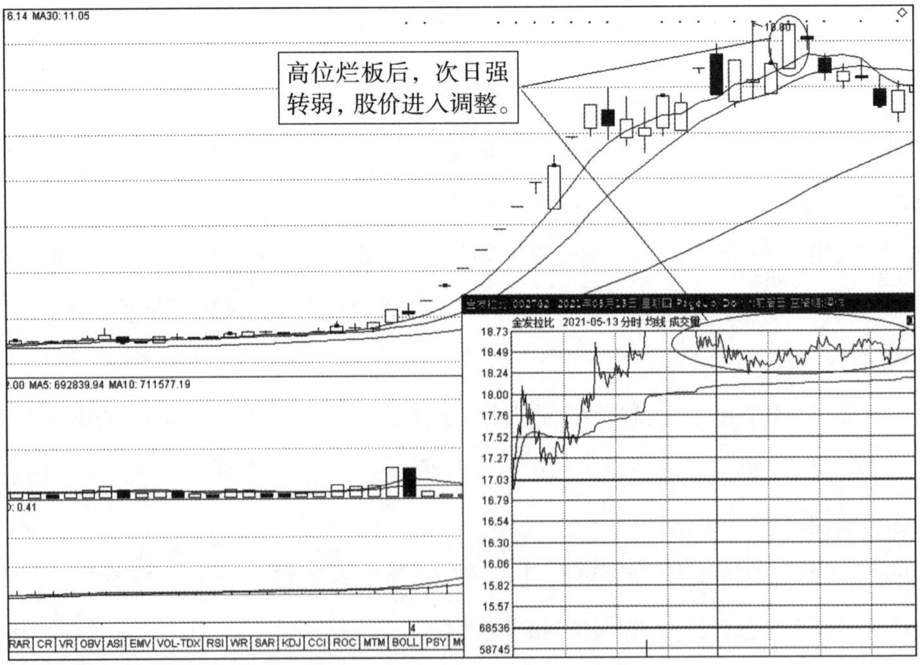

图 5-41　金发拉比（002762）日 K 线和分时走势图

如图 5-42 所示，2021 年 5 月 18 日，爱普股份（603020）在股价大幅上涨的高位出现反复开板的烂板走势，尾盘也没有成功回封。那么，这样的烂板是正常的洗盘换手，还是主力高位诱多出货？次日或随后几个交易日的走势非常关键。

第 2 天，股价大幅低开 5.52% 后冲高回落，全天呈现弱势振荡，没有承接前一个交易日的涨势，此时应引起高度警惕。第 3 天，股价继续弱势振荡，盘中没有任何反弹，直接振荡走低。这是一个强转弱的见顶信号，投资者应逢高及时了结。

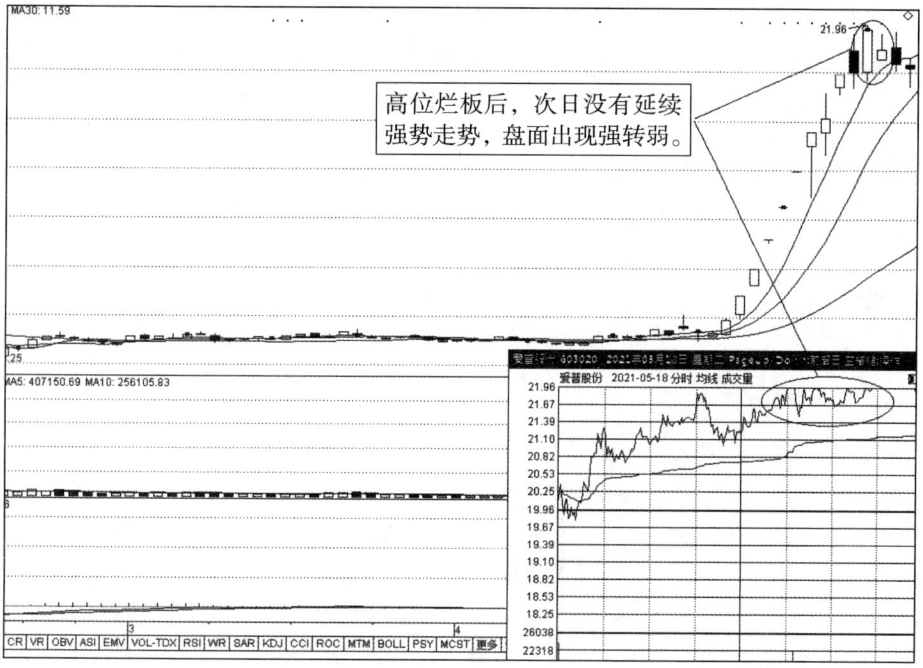

图 5-42　爱普股份（603020）日 K 线和分时走势图

投资者遇到烂板走势时，应观察第 2 天的盘面情况。如果第 2 天低开或冲高无力，就是强转弱信号，应择高出局。如果不是大牛市行情，持币者尽量不要在涨停板位置追高买入。

涨停板的操作思路：一是股价在底部，第一个放量涨停板可以追；二是股价在相对高位，第一个缩量涨停可以追，当日换手应低于 5%；三是股价在相对高位，放量涨停坚决不追，当日换手率一般为 8%～10% 甚至 10% 以上；四是涨停后放量打开，反复封板、开板，最后封上涨停。若是在底部，主力利用涨停洗盘的概率较大。若在相对高位，多数情况是出货，除非出现重大利好。

第七节　烂板股的出与留

一、哪些烂板股应卖出

烂板是机遇也是风险。哪些烂板股存在风险？笔者认为以下 5 种情形的烂板股应该卖出。

（1）缩量加速，尤其是 2 次加速开板炸板时。第一次加速有时是买点（弱转强），但 2 次加速容易炸板。

加速是指秒板、缩量板、一字板、T 字板等，2 次加速是指连续 2 次出现类似情况。

如图 5-43 所示，2021 年 4 月 8 日，豫能控股（001896）从一字板开盘后，封盘不到 10 分钟就炸板回落。午后再次上冲时，由于跟风不足无法上板，转而向下走低，大跌 9.54%。同样，2021 年 3 月 15 日，酒钢宏兴（600307）从一字板开盘后，10:54 炸板回落，盘中翻绿，尾盘再度拉起，但无力封盘，收盘前回落收阴。这类个股在当日收盘前应清仓离场。

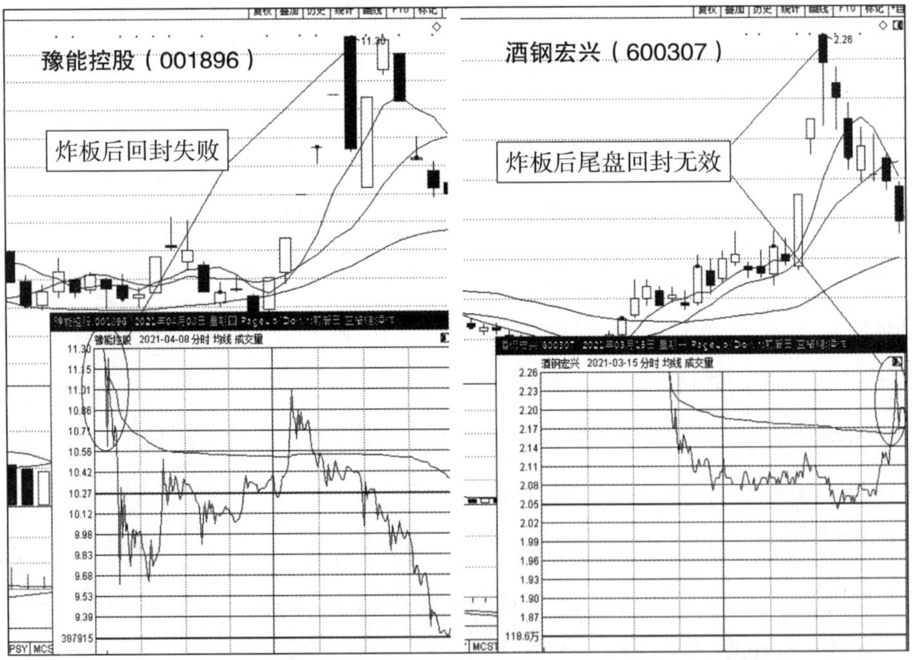

图 5-43　豫能控股（001896）和酒钢宏兴（600307）日 K 线和分时走势图

（2）没有助攻。纯连板高度，开盘一致盘口，回封后依然反复开板，且没有个股助攻，这种现象在气氛衰退到启动的迷茫期，不断试探上涨空间时非常常见。前期高度没有打出来，氛围低迷时，独立个股顶一字板。开盘烂板时，如果有预期是可以多看看的，但如果回封后没有个股助攻，继续反复开合，很可能是大坑。

如图 5-44 所示，2019 年 8 月 7 日的福蓉科技（603327）和 9 月 26 日的亚联发展（002316），从涨停价开盘后，反复开板，没有板块个股助攻，没有预期，随后分时走势逐波回落，短期股价见顶。

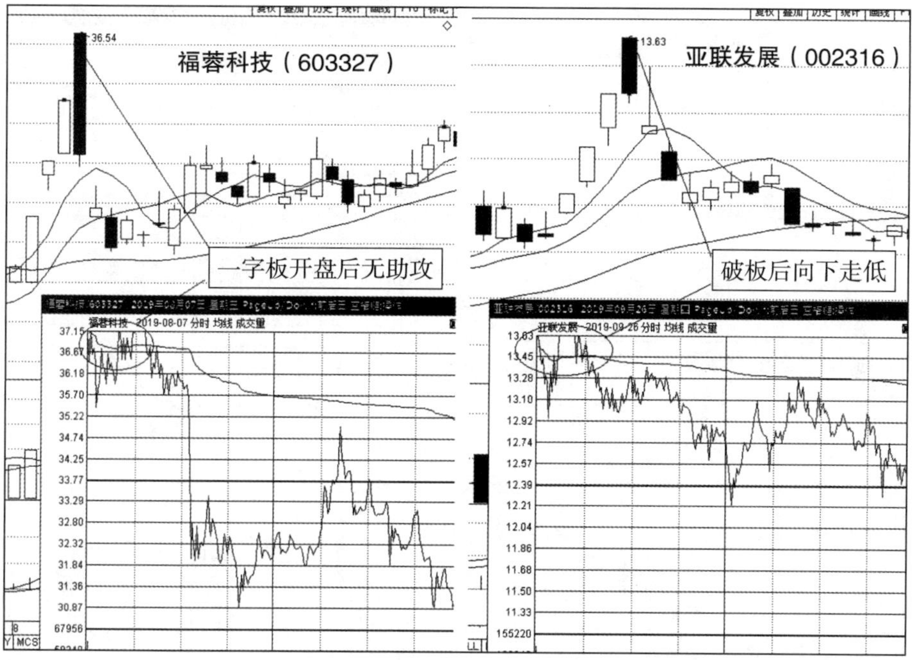

图 5-44 福蓉科技（603327）和亚联发展（002316）日 K 线和分时走势图

当然，类似的分时走势也有成功的情况，如图 5-45 所示，欣天科技（300615）2019 年 6 月 6 日的走势。这里需要注意，首先该股在此之前是有 3 板的，其次，跳水后回封时依然继续烂板。如果主力不锁仓，或许会熬不到最后上板。对于这类个股，更好的操作策略是在有可能出现大坑时先出局，在尾盘强势回封或次日有赚钱效应时再参与。

（3）个股出现硬板（上涨速度快，强度大），次日开盘低于预期，低开并且在盘中继续低走。或者个股出现硬板，次日开盘很高，高开 7% 以上，但是盘中直线杀跌，承接无力。再或者，个股出现硬板，次日盘中快速冲高，随后又快速回落。这几种情形都应及时卖掉筹码。

如图 5-46 所示，同庆楼（605108）收出 3 个硬板后，2021 年 5 月 21 日低开 1.61%，明显低于预期，盘中出现快速回落，午后一度跌停。又如，华神科技（000790）收出 2 个硬板后，2021 年 5 月 14 日高开 7.29%，但盘中逐波下跌，承接无力，K 线收出一把断

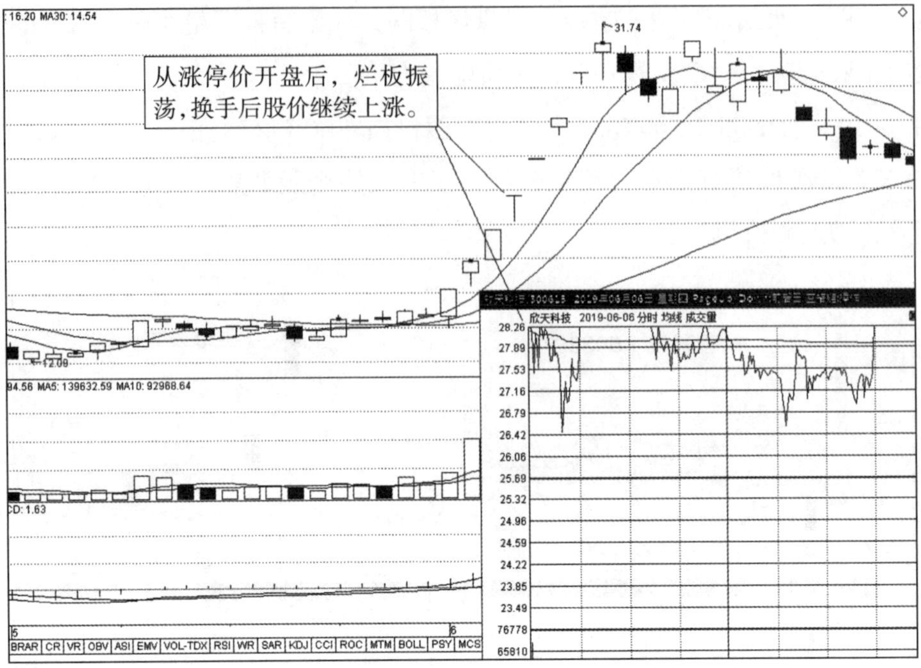

图 5-45 欣天科技（300615）日 K 线和分时走势图

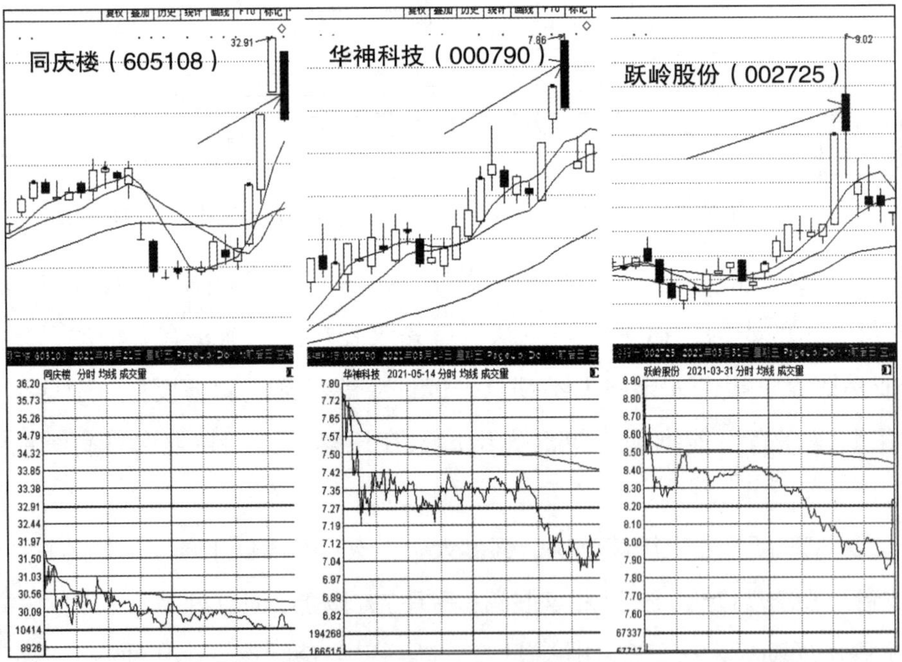

图 5-46 同庆楼（605108）、华神科技（000790）和跃岭股份（002725）日 K 线和分时走势图

魂刀。再如，2021 年 3 月 31 日，跃岭股份（002725）高开 4.02%，盘中快速冲高摸板，但没做任何封板动作，转而快速回落，盘中一度下跌近 5%。

（4）市场处于强势股补跌阶段时，个股不管是大幅高开还是不及预期，尤其是不及预期这种情况，对后市不要抱有幻想，应先出局，保护本金安全为上。

（5）一般人气个股，跟风个股，低于预期股，出现烂板要及时走人，不要恋战。一般人气股是指盘后不受市场关注的个股。

二、哪些烂板股可留仓

高位涨停炸板的时候，什么情况下还可以继续持股？首先定义一下高位板。能称为高位板，起码是走出 4 连板及以上，或是通过断板反包的形式单波高度超过 50%。决定是否持股，一定是基于某种预期的：预期能够回封，预期烂板次日还能上涨，否则就没必要留仓。

1. 烂板的持仓参考变量

（1）情绪周期：情绪主升阶段，和启动、衰退阶段，留仓效果一定是不一样的。在情绪高涨时，空间板的高度会比平时高出一两个或几个板。比如 2021 年 3 月顺控发展（003039）收出 21 板后的一段时间，新出现的次新龙头高度，就比平时两三个板的行情高。

（2）个股辨识度：一是高度，是否为空间板或具有绝对高度；二是回封后，是否为今日新龙头或隐形空间板；三是有没有同类竞争者；四是有没有支线龙头或板块活口。

（3）助攻情况：一类是同题材低位个股的助攻；另一类是盘面上其他有赚钱效应个股的助攻。

2. 哪些烂板股还可以有预期

烂板股有时就是一个短线获利机会。那么，什么样的个股即使出现烂板也可以继续持有？笔者认为，通常以下 5 种情形可以继续持仓。

（1）如果回封，则是当天的新龙。这里就要温习一下前面学过的知识。新龙即首次成为日内最高的空间板。当手里拿着的个股炸板，可以给它一个定位：如果回封，是不是当日的新龙？

锁仓，肯定也是要有预期、有理由的。这里的预期就是这个烂板回封，符合第 2 天买入的操作模式，那么就有理由锁仓等待。如果新老空间板交替成功，次日容易产生溢价。如果出现以下情况，优势更加明显。

第一，没有其他竞争者或其他竞争者明显走弱。意思就是相同高度的个股越少越好，唯一性会使得涨停个股辨识度提高。另外，当同一高度的板之间日内存在竞争关系时，如果竞争对手明显走弱（比如处在深水、出现跳水等），也会增加成功的概率。资金做回封以及次日有溢价的概率更高。反之，如果竞争对手众多，并且手上的个股明显走弱，反而可能是卖点。

如图 5-47 所示，2020 年 1 月 20 日，模塑科技（000700）当天的竞争对手只有安正时尚（603839），该股前一天也是 3 板，低开后奔跌停。同时，前一天的 5 板英维克（002837），开盘在水下振荡。这种情况基本可以判断，至少在早盘模塑科技的涨停具有唯一性，如果扛住，它就是这一天的新龙。

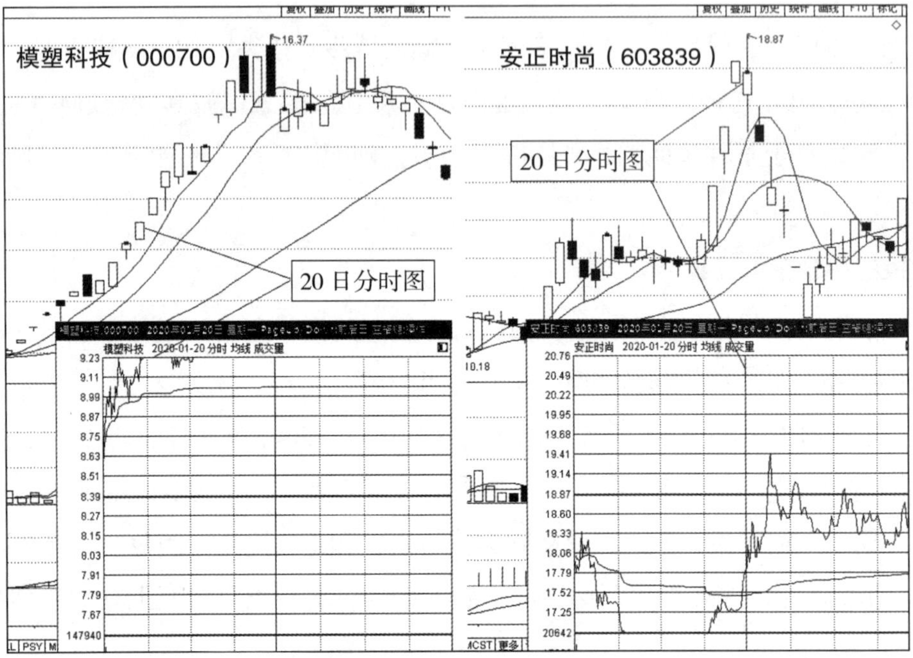

图 5-47　模塑科技（000700）和安正时尚（603839）日 K 线和分时走势图

第二，与前空间板的关系，空间板断层、分时关联小的个股最佳。在实际操作中，如果前空间板还没结束，后面的个股就不是新龙。因此，与前龙头的联系也是一个重要的参考因素。

一是与前空间板的空间差异。如果与前龙头有 2 板以上的断层是最好的，因为这样前龙终结，低位新龙接力的属性更强。

二是与前空间板的走势明显出现分时走势分化。最优情况是前龙头明显走弱，预期的新龙头我行我素，对于前龙头的调整不闻不问，或者影响偏小。

如图 5-48 所示，2019 年 5 月 16 日的大港股份（曾用名 *ST 大港，002077）和丰乐种业（000713）。大港股份前一天是 7 连板，并且开盘走弱，断定出现 8 板的几率不大。而丰乐种业当天 4 连板，符合空间断层的要求。不足之处是丰乐种业没有特别明显地与前龙头分离，算是中性强势。

（2）板块内有低位硬板助攻。顾名思义，就是说板块内低位赚钱效应很好（其表现就是板很硬，并且在龙头烂板时依然丝毫不动）。高位板烂板往往只是因为对高位恐惧和

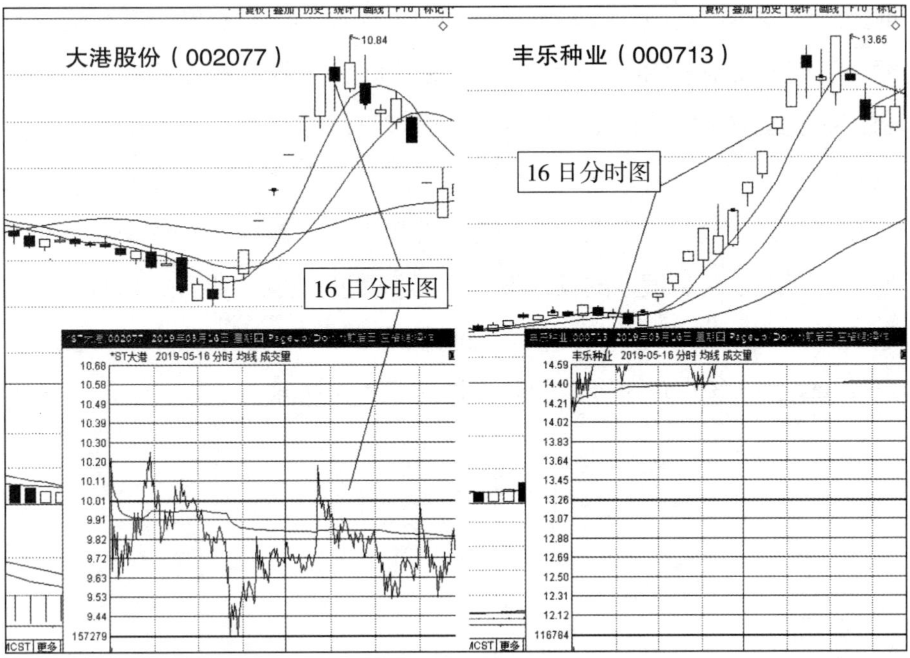

图 5-48 大港股份（曾用名 *ST 大港，002077）和丰乐种业（000713）日 K 线和分时走势图

放量反复分歧，可以多给一些耐心。

比如，2019 年 9 月 4 日的深南股份（002417），当天空间板是唯一的新龙，前一天的空间板宝塔实业（000595）在水下振荡。当天早上同板块中，有很多首板、2 板、3 板都是硬板。临近午盘，深南股份炸板，经过洗盘换手后，午后强势上板。

（3）情绪主升期绝对高位。所谓情绪主升期，不能是只有一两只股票独立走强，而是全场赚钱效应爆炸，这种情况下妖股一般会狂飙。大家或许不能很精确地量化什么才是情绪主升期，但这种情况下锁仓的成功率是最高的，去定性这样的阶段依然是有意义的。

通常，情绪主升期可无视分时波动，用日 K 线交易对待龙头是最有效的。该阶段尽量锁仓到龙头走势完全走坏，或市场明显转弱时。这个阶段，踏空的资金会被赚钱效应驱逐到有足够流动性且辨识度最高的标的上。这里的高位主要看连板高度和绝对高度（即最高连板票、二波连板高度最高）。

比如，2020 年春节过后的一波行情，场内赚钱效应爆炸，遍地一字板。作为口罩核心的奥美医疗（002950）、振德医疗（603301）、联环药业（600513），每次炸板都不是卖点。

（4）主动走出二波连板的个股。这里说的主动是指并非在前一个二波个股赚钱效应带动下跟风走出的二波，而是主动走出新高二波的连板个股。在市场低迷期，连续打不开上涨空间时，这类股票会通过二波的方式走出来。这类股票往往自身有特殊的基本面，或是有资金抱团。二波往往是股性被验证过，同时，二波的绝对高度使其有绝对的辨识度。

在这类个股第一波刚开始时，大家能够买进去。后面因为情绪高顶上来的都是一字板，就很难买进了，比如市北高新（600604）、三五互联（现名ST三五，300051）、宝鼎科技（002552）等。

（5）超级龙头人气股。超级龙头人气个股属于引领市场上涨的个股，注意一定要是人气龙头处于主升段之时。很多时候，这些不及预期的龙头，平开、大幅低开或者快速杀跌时反而是买点，该类股票的这种点位是低吸的绝佳买点，因此容易被承接起来。特别是板块龙头足够强势，市场环境不差的时候，烂板股也是个宝。

第六章

反包板逻辑

第一节　反包技术精要

一、反包特征

什么是反包？反包通常是指强势股涨停或连板后，调整一天或几天，然后再度强势涨停，收盘超过前高，包住前面调整 K 线的盘面形态。

反包的含义，就是当股价分歧调整后，能够很快出现弱转强回升，并覆盖前面的调整 K 线。前面回调 K 线称为调整线，后面回升 K 线称反包线。反包战法运用在超短线成功率极高，风险系数较小，深得超短线投资者的喜爱。

市场机理：反包的本质其实就是由弱转强，它是龙头股的快速洗盘手法，也是聚集人气最快的方法。

反包目的：阴线被阳线覆盖，目的很显然是洗掉不坚定的浮筹。从主力层面看，既然选择"解放"所有套牢盘，那么主力不会让股价简单地停留在筹码"解放区"，后面大概率会出现更高的溢价。

反包有多种形式，反包形态可以是反包一天的阴线，也可以是反包连续几天的阴线。不管是几天的 K 线，若后面要大幅上涨，基本都是覆盖近期所有实体线的高点。假如上影线较长的话，至少也要覆盖上影线的 2/3 位置。

通常反包形态结构是第 1 天涨停（或涨幅大于 7% 的大阳线），第 2 天收阴线（调整线），第 3 天反包涨停（反包线）。

强势反包形态的技术特征和要点如下。

（1）反包涨停之前有连续的涨停动作（2 连板以上），但有时候连续大阳线也可以替代。有短线资金进场，次日出现阴线被覆盖，这一部分资金在阴线这一天可能被消化掉了，也有一部分利用资金优势强行扭转势头，以涨停的方式实现自救。

（2）反包必须完全涨停，反包前一天的最高价，但有时不露的反包也非常强势，需要灵活把握。

（3）板块人气股。反包个股一定要有市场认可且以前没有炒作过的题材或热点，比如5G、芯片、区块链、数字货币、碳交易等。

（4）连续涨停后，某天放量分歧回调，但不跌破10日均线。隔日或者隔几日之后上演反包行情，也就是反包战法中的n+n模式。

（5）前面的筹码不能太集中，如果有大资金被套，谁敢去解放，谁就会被砸死。

（6）反包形态大多出现在市场不太好的时候，这样迅速拉升能够吸引市场眼球。

（7）涨停封单要比平时大，这样才能吓住抛压盘。这种走势，主力是用气吞山河的涨停气势来告诉大家：股价就要拉升了。

（8）当然，有时候市场也是喜欢炒作一种图形，反包就是其中之列。

二、反包类型

（1）依反包性质不同，可分为阳线反包和阴线反包。阳线反包大多出现在上涨过程中的回档，以大阳线反包前面的调整线；阴线反包大多出现在下跌过程中的反弹，以大阴线反包前面的反弹线。

（2）依股价是否上涨，可分为上涨反包和回调反包。上涨反包也叫停顿反包，是指前一天调整线收假阴线，而股价实际小幅上涨；回调反包也叫“N”形反包，是指前一天调整线收阴线，股价也明显下跌。

（3）依K线是否为实体线，可以分为影线反包和实线反包。影线反包是指前一天调整线为长影线，实线反包是指前一天调整线为阴阳实体K线，影线部分较短。

（4）依反包时间紧密程度，可分当日反包、次日反包和隔日反包（多日）。

（5）依K线结构不同，可分为单日反包和多日反包。单日反包是指前面一根单日K线（调整线），后面跟着一根单日反包K线。多日反包有3种情形：一是前面一根单日K线（调整线），后面有多日反包线；二是前面有多日K线（调整线），后面跟单日反包线（实盘中比较多见）；三是前面有多日K线（调整线），后面跟多日反包线。

（6）依反包力度强弱，可分为大阳反包、涨停反包、一字反包。一字反包形态包括前面的回调一字跌停板和后面的上涨一字涨停板两种情形。

（7）依股价是否连板，可分为断板反包和趋势反包。断板反包是指股价中断连板之后出现反包；趋势反包是指在涨势中非连板情形下出现反包。

三、操作策略

1. 市场因素

什么样的股票容易出现反包涨停形态，一般来说必须是当下市场热点，这是大前提。此外，还要结合下列市场因素进行分析。

（1）流通市值小，一般流通市值 50 亿元以下为佳，次新股反包现象居多，大多是高送转及题材概念股。

（2）股价处于刚刚启动阶段，K 线看起来像要涨又要跌的形态，让散户不敢买入，能起到出其不意、攻其不备的效果。

（3）开盘先跌后拉升，洗盘迹象明显，盘中有数次回拉动作。也就是说，盘中有主力在暗中吸筹，为第 2 天的反包做准备。主力手中没有筹码，第 2 天的反包就没有意义。

（4）题材足够大，能快速吸引游资和散户的眼球。一旦启动反包，有一呼百应的效果，让人感到这才是大牛股，千金难买的牛回头，大牛饮水，妖股空中加油形态，为后面继续疯炒加油。

（5）在收出阴线那天，早盘是先跌后拉升，开盘下跌起到洗盘效果。

（6）反包涨停那天，一旦涨幅拉升 5% 以上，会出现大单扫货，不给空方任何喘息之机，在许多人将信将疑之时，股价即奔向涨停位置。分时线中有时不给回调低吸机会，或直接封板。

如图 6-1 所示，正川股份（603976）的股价在上涨过程中连续拔高后，出现短暂的调整。2020 年 7 月 6 日拉起涨停大阳线，形成反包形态。该股流通市值较小，虽然前面有了一波上涨行情，但新一波行情刚刚启动，主力洗盘迹象明显。该股有新冠肺炎疫苗研发重大题材，主力扫货迹象明显，所以反包后股价连续走强，形成 5 连板行情。

2. 买入条件

反包涨停股当天买入条件如下。

（1）竞价低开，低开幅度最好不超过 3%，开盘后迅速拉升，速度越快越好，立即翻红最佳。

（2）竞价低开，开盘后回落，但是很快就被大单拉起，放量穿过开盘价。

（3）竞价高开，开盘后回落，然后再次迅速直线拉升，重新站在开盘价之上。

（4）竞价高开，开盘后拉升，股价穿过前一天的成交均价线。

（5）反包涨停当天缩量涨停，封涨停时间越短越好。

（6）反包涨停高开力度越强越好，实体越短越好，最好是一字板涨停。

需要注意的是，买入后涨停即为操作成功。如果买入后没有涨停，出现阴线形态，第

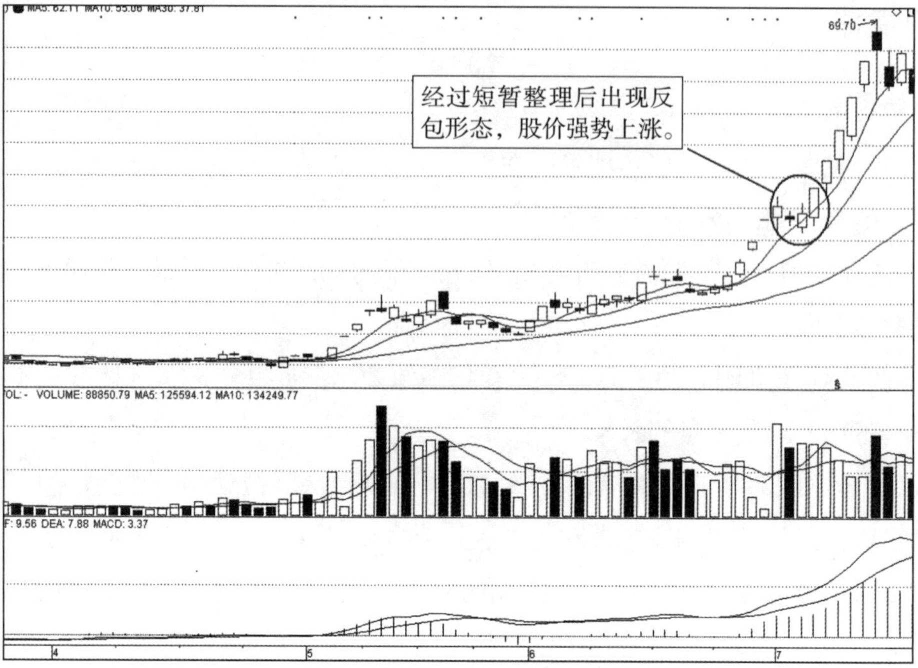

图 6-1　正川股份（603976）日 K 线图

2 天无论出现什么走势，最好先离场。买入后没有涨停，但是也有一定的拉升涨幅，当天浮盈可能超过 5% 以上，第 2 天可以观察是否再次走强。

3. 正确买点

（1）激进买点：反包拉升过程中，突破昨天最高价时入场。

（2）保守买点：反包涨停封板的时候挂单买入，确定性更高。

4. 保护价位

（1）跌破买点的保护位：亏损 8%，果断离场。

（2）跌破反包涨停最低价的保护位离场。

四、反包优选

1. 反包涨停形态结构

反包涨停的股票，没有涨停时是洗盘，表明市场情绪有分歧，而涨停是市场情绪重新一致的表现。简单地说，就是昨天有人看多，有人看空，意见不一致，而今天大多数人看多，股价出现上涨。

反包涨停的形态结构如图 6-2 所示。

涨停之后的第 2 天走势很重要，不仅体现出资金对盘面的掌控力度，更能直接反映多空的强弱。主要有以下 4 种情形。

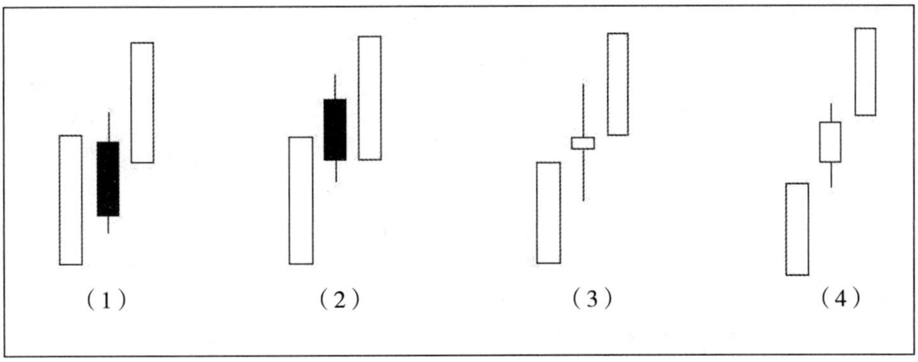

图 6-2　反包示意图

（1）涨停后，第 2 天低开振荡，大部分时间在前一天涨停价下方运行，收盘价低于前一天涨停价，之后再次涨停。

（2）涨停后，第 2 天高开低走，在前一天涨停价附近运行，收盘价低于前一天涨停价，插入涨停实体内部，后面反包涨停。

（3）涨停后，第 2 天高开振荡，收出十字星，收盘价在前面涨停价之上，之后再次涨停。

（4）涨停后，第 2 天收出小阳线，然后再次反包涨停。

这 4 种结构中，第（1）种股价低开收低，盘面最弱，大部分人看空；第（2）种分歧很大，看空的人也更多，盘面较弱；第（3）种，十字星说明资金分歧比较大，但多方占优，盘面较强；第（4）种大部分人看多，盘面最强。

由此可见，上面 4 种形态强弱程度从（1）到（4）依次递增，优选时需要考虑这些因素。当然，还要结合其他因素综合考虑，比如前面是 2 连板结构的，在同样情形下，相对于只有一个涨停来说，2 连板个股肯定是优先选择的，然后再看 4 种结构，优中选优。

2. 反包涨停实例剖析

根据上述 4 种形态结构，反包涨停的优选条件如下。

（1）个股属于市场总龙头或热点题材、板块的龙头。

（2）主力资金进场明显，或有知名游资进场。

（3）反包涨停之前，放大量且涨停或连板，也可以是连续大阳线。

（4）反包当天缩量涨停，封涨停时间越早越好。

（5）反包涨停高开力度越强越好，实体越短越好，最好是一字板涨停。

如图 6-3 所示，洲际油气（600759）2021 年 6 月 9 日涨停，第 2 天股价平开振荡走低，大部分时间在前一天涨停价下方运行，收盘价低于前一天涨停价。尽管第 3 天反包涨停，但属于最弱的盘面结构形态，之后股价出现振荡。

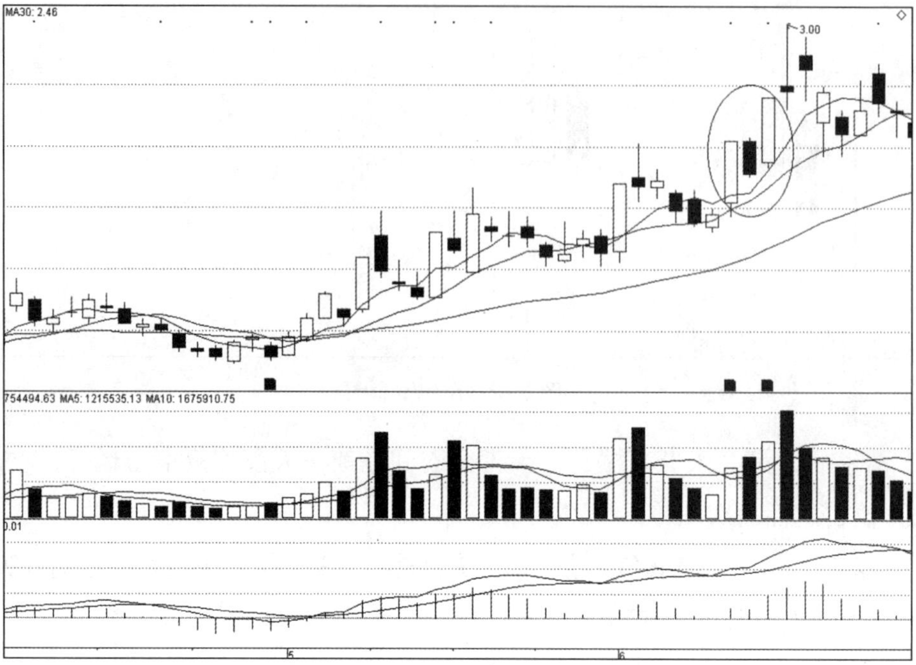

图 6-3　洲际油气（600759）日 K 线图

如图 6-4 所示，航天长峰（600855）2020 年 3 月 20 日、23 日出现 2 连板，24 日收出阴线，收盘价低于涨停价，这是第（2）种结构，盘面较弱。后面 3 月 30 日和 4 月 1 日两次反包涨停，则属于第（4）种形态，盘面气势最强，之后股价出现加速上涨。

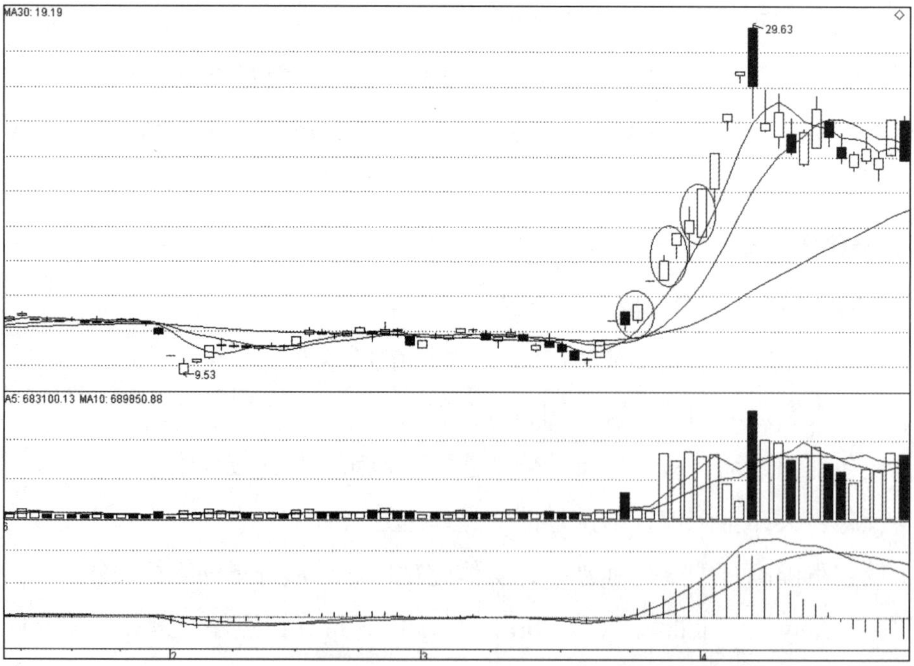

图 6-4　航天长峰（600855）日 K 线图

如图 6–5 所示，润和软件（300339）2021 年 6 月 8 日高开后出现振荡，收出十字星线，属于第（3）种结构形式，盘面气势较强。第 2 天开盘后延续整理，尾盘强势拉高反包涨停，之后出现 3 连板。

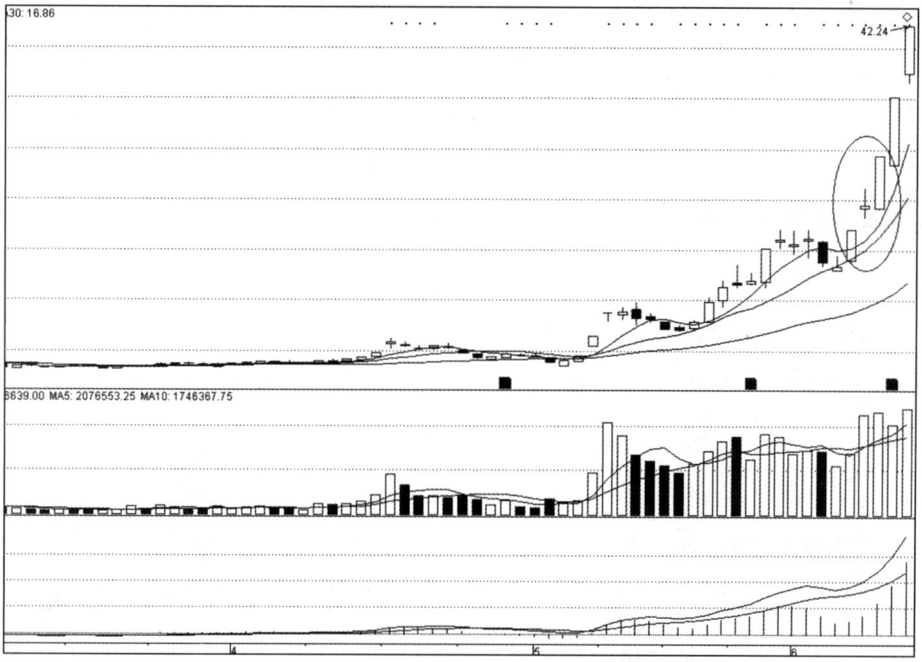

图 6–5　润和软件（300339）日 K 线图

如图 6–6 所示，鼎胜新材（603876）2021 年 5 月 31 日涨停后，第 2 天收出十字星线，

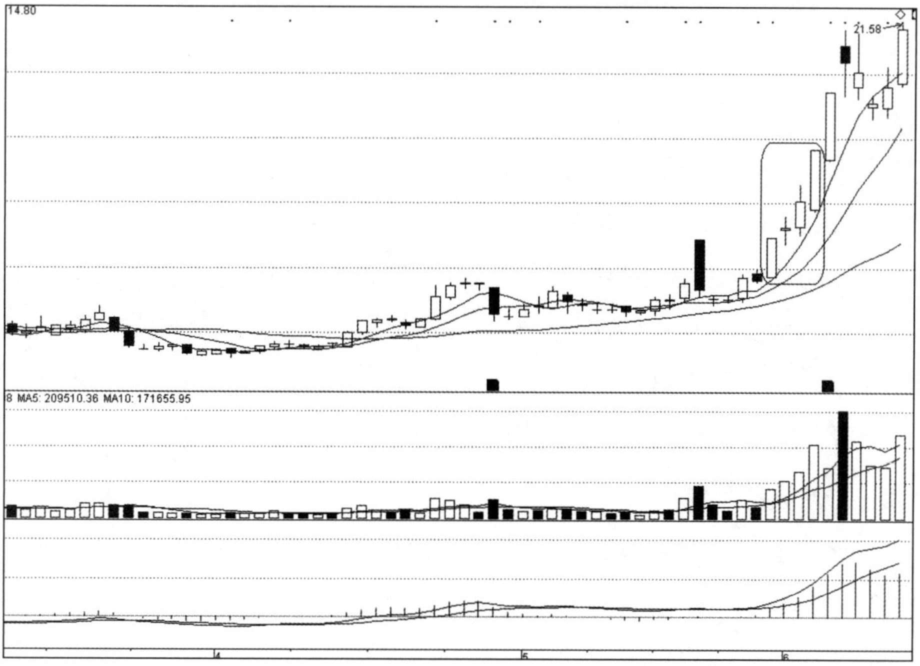

图 6–6　鼎胜新材（603876）日 K 线图

第 3 天收出上涨小阳线，然后再次反包涨停，这种盘面是最强势的。

五、情绪反包

打板者流行这样一句话：喝最烈的酒，打最硬的板，爱最美的人。实盘交易中，是否会因为最强的股票位置高而胆怯不敢买入，是否会因为低位的股票太弱而不屑一顾。

从逻辑上看，反包板主要有三大内在逻辑，即周期高低位切换时的反包、情绪主升阶段的反包（或 2 次主升）、大题材卡位后的反包。

1. 周期高低位切换时的反包

周期高低位切换时的反包是重点，了解题材股炒作规律的投资者都知道，题材炒作和指数的走势并没有必然的联系，看的是情绪周期。

情绪周期又分为上升阶段和退潮阶段，在老周期和新周期切换的关口，经常出现的盘面特征即为高低位切换，这也酝酿着反包的绝佳机会。

这时为何会出现反包的机会？老周期退潮是市场情绪逐步走低的过程，此时市场追高意愿降低，交易热情消退，伴随着亏钱效应产生，入场资金就会显得异常谨慎。

新周期往往诞生于低位，加之资金喜新厌旧，所以在老周期亏钱效应弥漫时，往往能够开辟新天地。但是，如果新周期诞生的时间正好和老周期高峰期退潮重合，这就会导致新周期的个股不太容易直接进入主升浪。

原因在于市场刚刚经历亏钱效应阶段，亏钱的资金或许还没有从沮丧情绪中恢复过来，后期继续参与就需要一个冷静的过程，这会导致过早产生的新周期个股接力资金不足，进而出现回调。但由于是新周期的个股，在新周期力量逐步走强的过程中，最先调整的新周期个股会被上升力量带动起来走出反包。

这类反包的优点：由于是新周期刚刚启动的题材，加之又经过调整，所以位置一般比较低，但是强度比较高，属于性价比非常高的低位反包模型。

如图 6-7 所示，祥龙电业（600769）2021 年 3 月 30 日、31 日连拉 2 板，股价脱离底部盘区，然后蓄势整理 5 个交易日，4 月 9 日放量向上反包，之后股价强势上涨。

这类反包要求启动时有 2～3 个涨停板（位置相对较低），调整 3～12 个交易日（调整充分），调整过程中出现向上攻击的倍量阳线。

2. 情绪主升阶段的反包

情绪主升阶段的反包或 2 次主升，这种模式主要集中在核心龙头第二波攻击。此时由于市场比较强势，资金追高意愿强烈，龙头调整后，仍然会有资金再次买入，进而造成龙头展开第二波上攻。

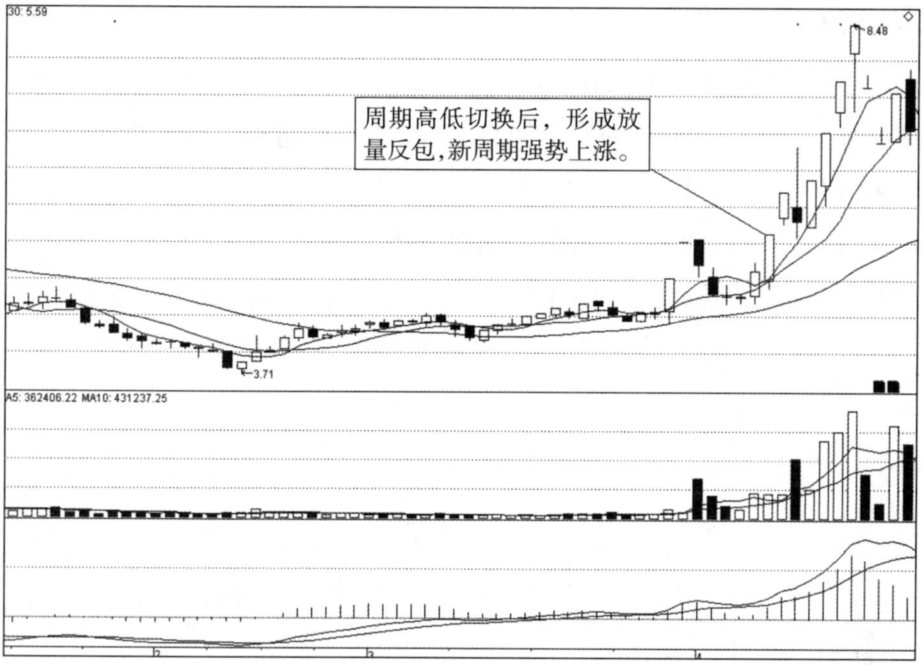

图 6-7　祥龙电业（600769）日 K 线图

如图 6-8 所示，通光线缆（300265）收出 4 连板后，2020 年 3 月 16 日调整 1 天，第 2 天强势反包涨停，走出第二波拉升行情。此时的反包模式，常常和弱转强的操作方法共同使用，其重要前提就是情绪处于上升阶段。

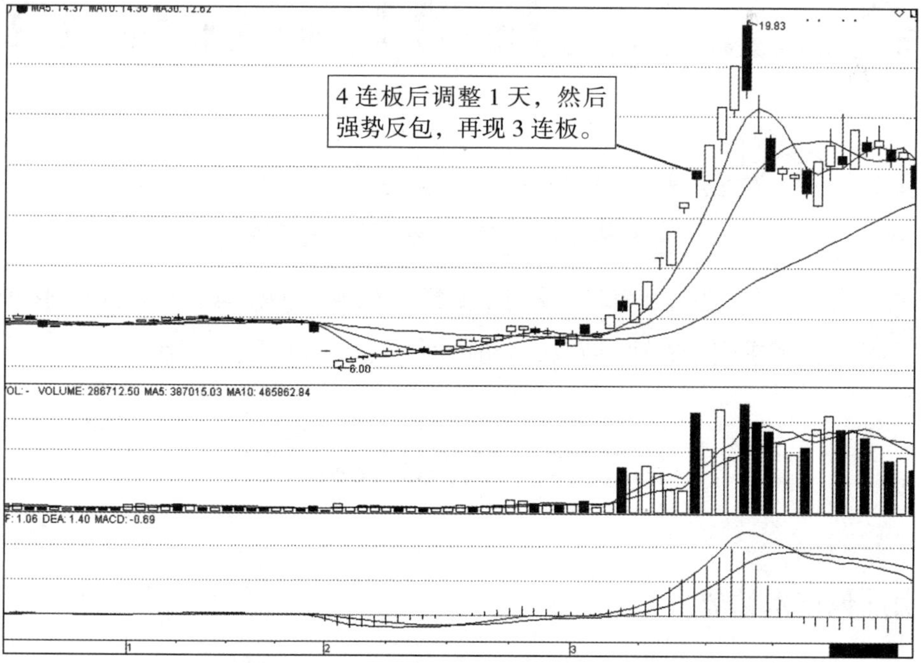

图 6-8　通光线缆（300265）日 K 线图

3. 大题材卡位后的反包

这种模式主要产生在突然爆发的热点中，比如受到消息刺激，某个板块出现涨停潮（热点诞生龙头的模式）。但是由于某种原因，次日板块中大量个股进入调整，只有很少个股走出来，前排个股则会打出市场空间。

龙头超预期走强，会给该板块提前调整的个股正向反馈。如图 6-9 所示，2020 年 4 月 7 日数字货币板块启动，当天有 24 家个股涨停，但次日大部分个股夭折，仅海联金汇（002537）大幅走强。经过几天调整后，数字货币概念股再度走强。4 月 15 日，聚龙股份（300202）反包涨停。

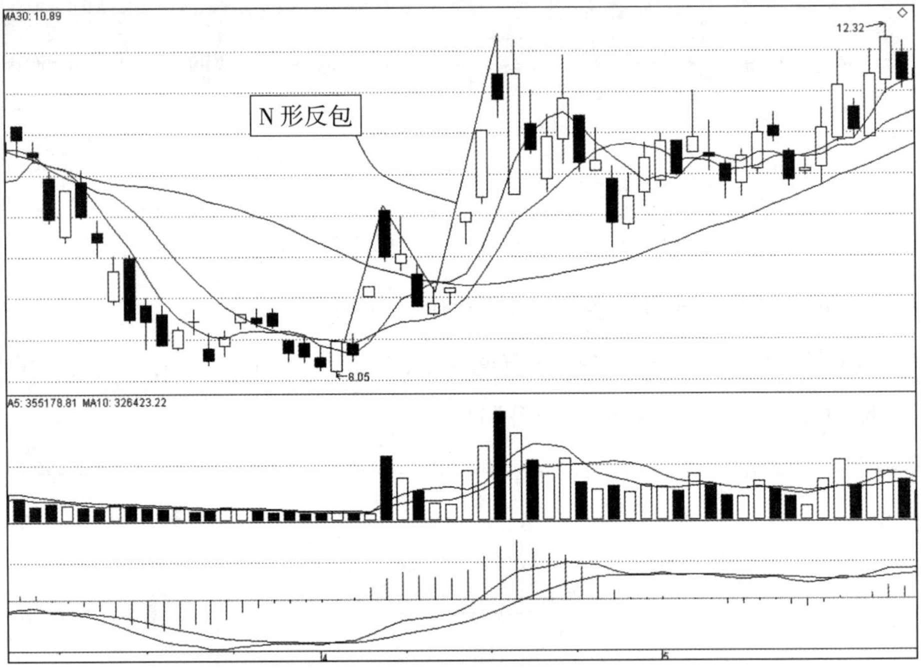

图 6-9 聚龙股份（300202）日 K 线图

这 3 种反包模式中，位置较低的反包主要集中在第 1 种和第 3 种，风险相对可控。如果既追求强势，又追求安全，可以先从这两种性价比较高的反包入手。

第二节 首阴反包战法

一、首阴反包技术精要

市场中反包个股非常多，在个股高度一直打不开的情况下，牛股都是从反包形态中走出来的。首阴反包战法的关键点如下。

（1）个股必须是近期连续上涨的龙头股或妖股，且处于主升浪阶段，5 日、10 日、30 日均线呈多头排列。个股具有较好的股性及题材，被市场资金认可。

（2）首阴出现的位置以 2～4 板最佳。2 板以下首阴，市场关注度不够，而 5 板以后首阴，受制于第一波高度太高，第二波启动点已经处于高位，很难再起主升浪。

（3）首阴当日呈缩量调整（一字板或 T 字板除外），表明资金没有出逃迹象。反包阳线放量上攻，成交量和换手率偏大，表明市场分歧大，资金接力容易拉出更高的高度。

（4）首阴的次日股价回踩 5 日或 10 日均线后，出现快速放量拉升，若缺口不补更为有效。

（5）要有一定的市场关注度和独立性。有关注就有人气，独立性代表不会受制于市场其他高度股的压制。

（6）首阴当日的筹码必须承接健康，不出现单边下跌的分时走势，分时承接有力代表有资金看好，并在持续低吸。

（7）首阴隔日的竞价必须是暴量平开或高开，暴量代表市场资金认可度高，平开或高开代表超预期。最好是开在前一天的密集成交区之上，让前一天买入的资金开盘就处于获利状态，减少恐慌抛压，将潜在的抛压直接变成筹码支撑。

（8）分时图显示成交密集放量，并快速站上均价线。分时图呈现连续 N 型上攻态势，上攻角度越陡峭，攻击力越强。

（9）反包之后的次日，要密切注意攻击强度。如果早盘继续有巨量封板则继续持有，反之，在攻击力度衰竭初期便可减仓，破位攻击结构可全部离场。

（10）最重要的一点是，核心筹码未动。严格来说，核心筹码是根据日内分时形态，结合分时量能，再根据换手率和日 K 线的压力支撑，综合分析得出来的一个筹码区间。

首阴反包必须要看大盘脸色，一旦买入理由消失，就要坚决离场。止损，换个角度看，即少亏一点也是赚，趋势是投资者最好的朋友。

如图 6–10 所示，泰达股份（000652）2020 年 1 月 22 日出现首阴，隔日高开 3.71% 后，股价快速拉至涨停，全天封板不动，形成首阴反包形态，开启主升浪行情，接着出现 6 个一字板，10 天 9 板。又如，航天长峰（600855）2020 年 3 月 24 日出现首阴，隔日反包开启主升浪，12 天 9 板。

首阴反包后走妖的个股非常多，比如模塑科技（000700）、星期六（002291）、振德医疗（603301）、省广股份（002400）等妖股，都走出过首阴反包走势。

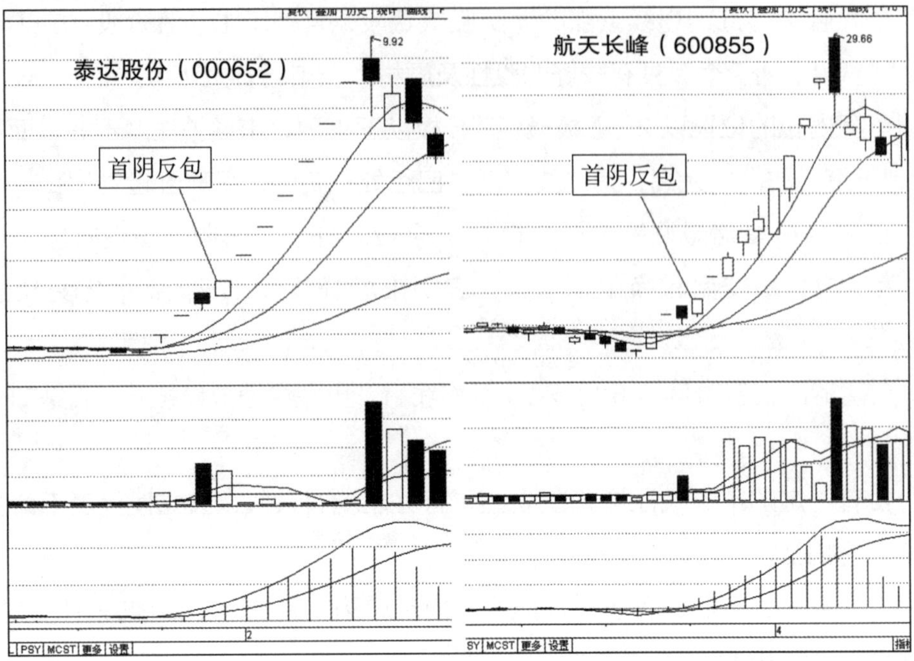

图 6-10　泰达股份（000652）和航天长峰（600855）日 K 线图

二、首阴反包套利模式

股票市场本身就是击鼓传花的游戏，赚钱氛围高涨的时候，资金喜欢接力做多。在振荡行情中，资金相对比较谨慎。题材刚出来时，个股炒作情绪一般是看好转一致顶板，一致再分歧拉出实体换手板，分歧再一致缩量加速板，再到暴量见顶。

只要把握好市场转换节奏，在合适的点位进场，首阴反包的成功率是非常高的。即使第 2 天没有封板，也会有一定的盈利空间。但是，如何套利还是需要一点技巧的，根据多年市场经验，总结以下 8 点。

（1）个股需要有一定的人气，最好是市场人气总龙头或者板块龙一地位，不是游资或者庄股纯资金炒作的个股。

（2）逻辑要足够强硬，具备多概念题材叠加，有足够的想象空间，能够吸引大资金进场炒作。

（3）已经有 2 板以上的涨幅，说明不是一日游行情，具备一定的炒作空间，被大众资金认可，容易吸引打板者进场。

（4）每天复盘时细心研究 2 板以上的个股，同板块中出现 2 只以上股票的话，只留意龙一即可。分析个股的炒作逻辑，通过基本面判断后期是否还有上涨空间，以及上涨空间有多大。

（5）首阴之后，买入时机更为重要，毕竟做的是套利，什么时候、什么点位进场非常重要。首先看下杀过程中的承接力度，如果下杀过程中都是小单子承接，大单在跑，直接砸跌停，这种情形直接放弃，即使有被翘板也是极少数；如果下杀过程中有大单承接，这个时候要继续忍住，毕竟盘中行情有不确定性。大资金是否还要往下砸，可等待收盘前最后几分钟，确定没有大资金要跑时再进场。

（6）收盘之前，股价要站在 5 日均线上方，如果跌破 5 日均线要抛弃，毕竟趋势一破，形态还是比较难看的。拉动一只股票需要资金合力，趋势破位会导致很多资金不看好甚至很多资金第 2 天开盘直接往下砸。

（7）只要当天没砸死，有资金承接，第 2 天大概率会有冲高甚至反包的机会。如果第 2 天开盘直接往下砸，表明操作失败，大资金亏钱出逃，这种情形盘中找高位直接止损出局。

（8）在一轮主升浪行情中，3 次或超过 3 次以上的反包涨停，注意短线调整压力，不应盲目打板。

如图 6-11 所示，智慧农业（000816）的股价出现 4 个一字板后，2020 年 11 月 2 日放量收出吊颈线，次日完成首阴反包涨停，股价强势上涨。11 月 10 日，高位振荡收阴，但盘中仍有资金承接。第 2 天弱转强反包上板，第 3 天继续涨停。大牛股主升浪拉升过程中，往往出现多次反包情形，且每一次反包的盈利概率都很高。实盘中，从资金安全角度考虑，3 次以上的反包应谨慎参与。11 月 13 日，该股高位收大阴线后，次日再现反包形态（严格来讲，没有收复最高点，这种高位不露头的涨停不属于反包），这已经是主升浪中的第 3 次反包，后市充满变数，所以应以观望为主。

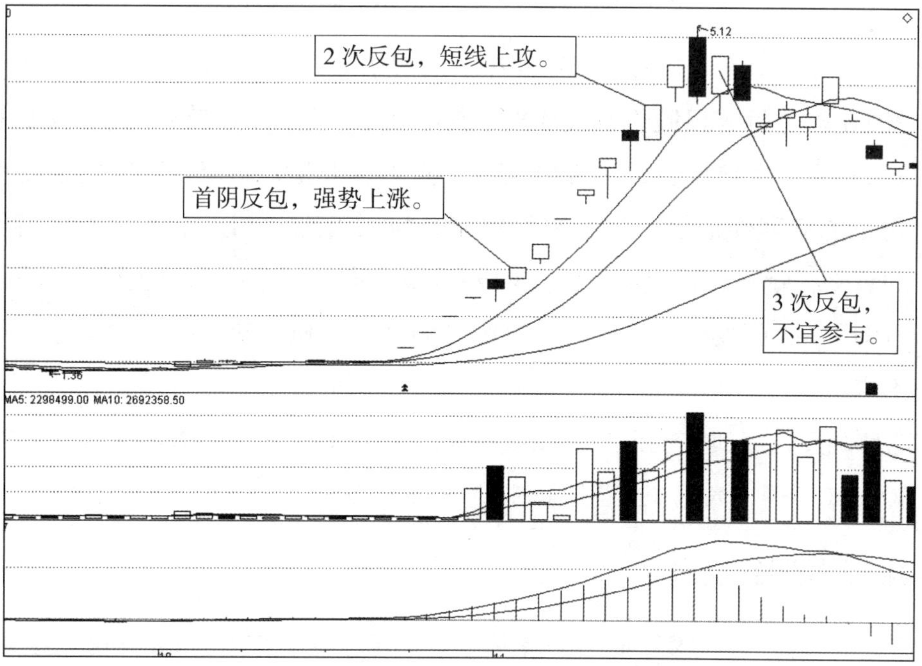

图 6-11　智慧农业（000816）日 K 线图

如图6-12所示，模塑科技（000700）出现3连板后，2020年1月10日收出放量吊颈线，次日秒板首阴反包涨停。1月14日，尾盘炸板，第2天尾盘偷袭上板，第3天弱转强直接缩量板。这两次反包时间较近且连贯，可以理解为首阴反包，之后股价走出7连板。2月4日，形成第2次反包涨停，短线仍有一定攻击力。2月10日，出现第3次反包涨停，这时就不应盲目参与了。之后股价形成顶部，出现中期调整。

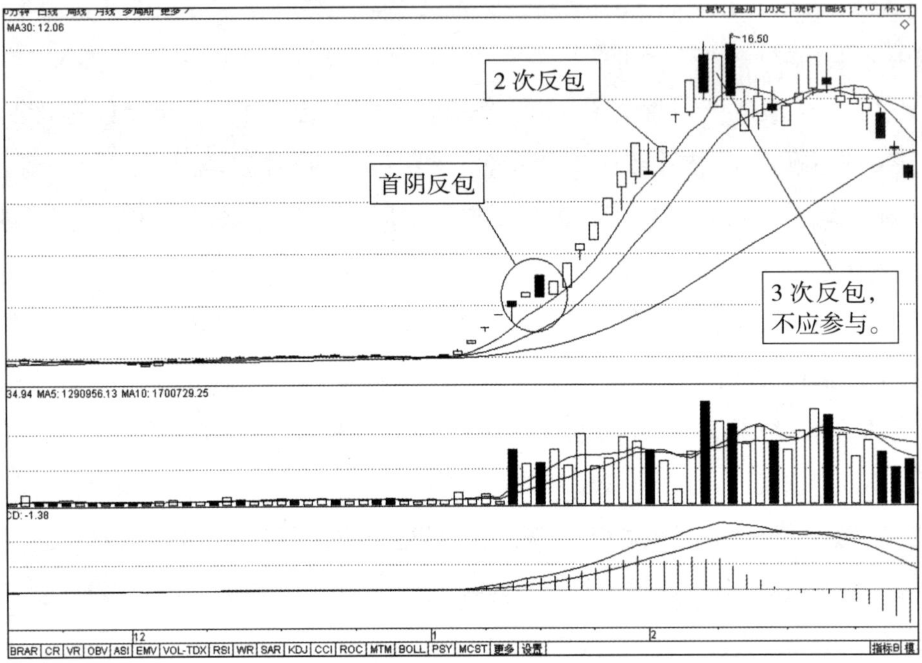

图6-12　模塑科技（000700）日K线图

如图6-13所示，省广集团（002400）的股价走势比较有代表性，连续两次走出3+3板。2020年4月8日股价突破底部连拉3板，4月14日首阴反包，3连板后的4月17日放量收阴，次日反包，之后再拉3个涨停。但是，这个现象随时会变化，再一再二不可再三的道理要记住，第二波都想着3板后首阴，却来个2板就首阴。大多数人都知道的套路，就不会再次出现，这时要转换思维方式。该股中还有一个细节就是4月23日收阴后，次日股价没有反包，这跟上面2个实例相比显得更弱一些，所以这种情形短线不应参与。

成功的首阴反包经典实例很多，比如金健米业（600127）、未名医药（002581）、华盛昌（002980）等，大家在实盘跟踪中要多总结提高。

三、一字板后的阴线反包

一字板之后容易产生振荡，因为一字板缺乏换手，盘中容易出现获利筹码套现。但后

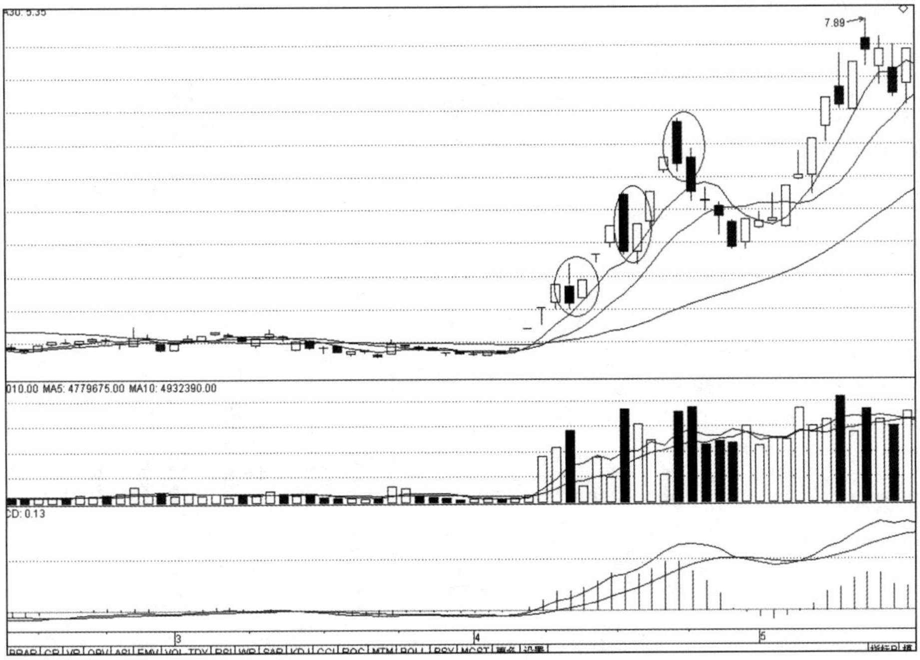

图 6-13　省广集团（002400）日 K 线图

续经过洗盘换手后，也会经常形成反包形态，这是短线打板者不可轻易错过的机会。这类反包的技术要点如下。

（1）一字板之前出现过涨停，且没有放大量，属于缩量换手板。

（2）一字板最好出现在 2 板、3 板位置，最高不要超过 5 板位置。

（3）一字板之后出现高开或冲高回落的放量阴线，由于之前没有出现放量，所以阴量也是属于第一次放量。

（4）阴线当天的缺口不回补更佳，即便回补，其跌幅也不能超过 5%。如果是 N 形反包形态，则低点在最后一个涨停板上方获得支撑。

（5）可在阴线当天尾盘买入。如果第 2 天反包不成功，可获利了结或者减仓，跌破 5 日均线止损或止盈。

如图 6-14 所示，协鑫集成（002506）2020 年 8 月 5 日涨停撞顶，次日收一字板。8 月 7 日从一字板开盘后回落振荡，收出放量高开低走的阴线，最低点打到前一天收盘价上方一分价。第 2 天高开 3.32% 后秒板，出现强势涨停反包，此后股价走出 4 连板。

如图 6-15 所示，新日股份（603787）2021 年 5 月 19 日出现缩量实体板，第 2 天收出一字板。在一字板之后，首次出现放量分歧，收出高开冲高回落的阴线。之后出现振荡整理，但在整理过程中，股价都在实体板上方获得支撑，表明主力对盘面掌控有度。5 月 31 日，开盘后股价逐波振荡走高，尾盘强势封板，构成 N 形反包形态。

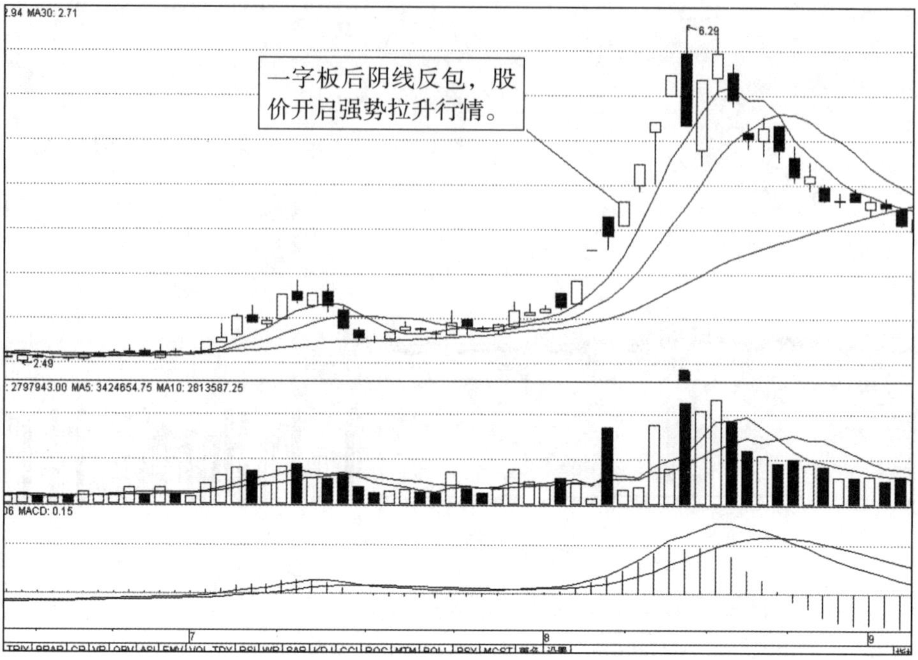

图 6-14　协鑫集成（002506）日 K 线图

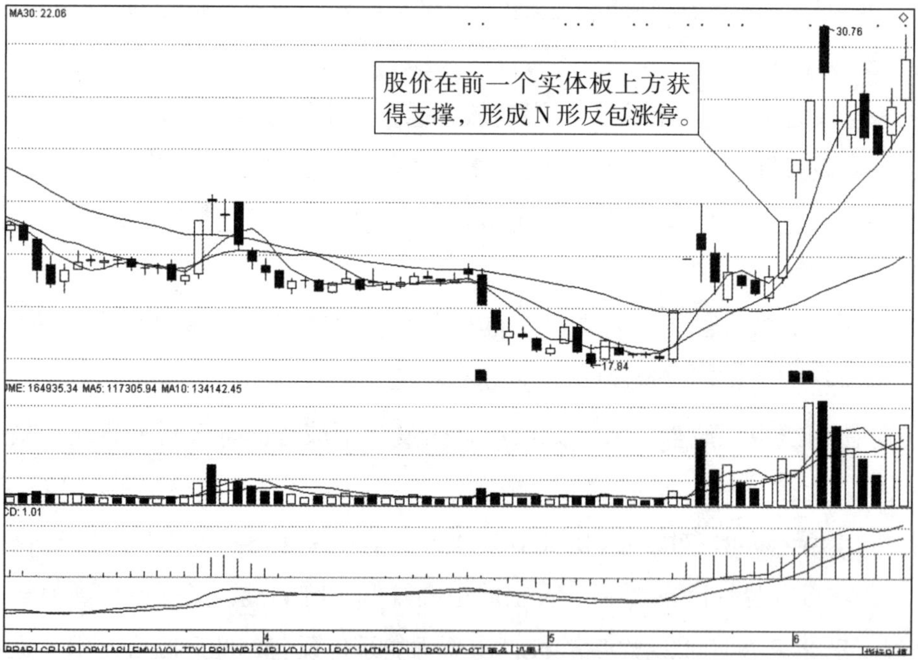

图 6-15　新日股份（603787）日 K 线图

四、龙头首阴反包要点

龙头股有一个特点，那就是换手充分。换手意味着分歧，分歧产生换手，而换手决定高度。如果买的是真龙头，即使做反包出现亏损，也不会大亏。做龙头首阴反包需要掌握以下 5 个要点。

（1）龙头连板股，人气足，市场关注度高。

（2）首阴要杀得凶，市场分歧要足够大，对反包的市场预期不能太高。

（3）巨阴杀跌过程要满足两个条件：一是换手充分，二是筹码换手要集中在杀跌当天的相对低位，否则会导致次日反包到高位时遇到套牢盘的一致性卖压。

（4）巨阴杀跌次日，出现意味着预期反转的超预期平开或者高开。

（5）首阴之日开始，调整不能超过 3 个交易日，否则人气会逐渐涣散。

如果以上 5 个条件都能满足，那么反包的成功率会高很多。具体如何买在“分歧转一致的临界点”，这里主要提示 2 个买点。

（1）巨阴当天的尾盘。这是一个左侧买点，优势在于次日可以掌握卖出的主动权，劣势在于无法获得上面第（4）点的信息。

（2）巨阴次日集合竞价买入。优势是满足以上 5 个要点时再做决策，劣势是万一反包涨停被砸，当日没有办法卖出。

如图 6-16 所示，星期六（002291）2019 年 12 月的走势。前期 5 个板基本都是平开或者略微高开，没有一天是直接高开封板的，因此充分换手，而且每天的换手基本都在 10% 以上。第 6 板缩量加速转一致，第 7 天放量分歧，第 8 天分歧转一致反包。

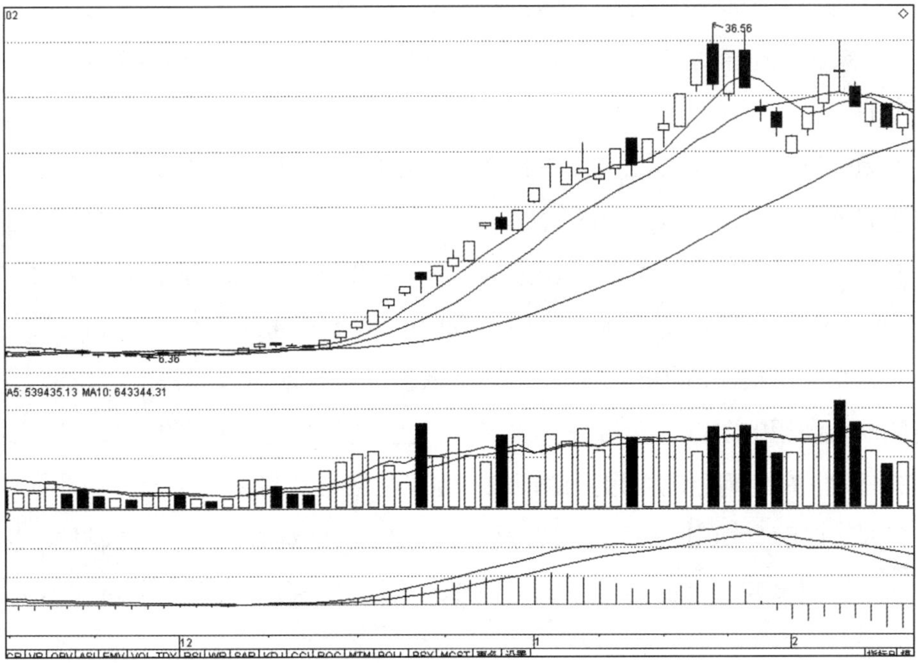

图 6-16　星期六（002291）日 K 线图

那些伪龙头，很多是直接开盘一字板，换手严重不足，直接导致严重缩量，盘中持股者锁仓不愿意卖出，而没买到的新进资金进不去，这样导致的结果就是开板即意味着拉升结束。

星期六的走势，比较形象地以换手的正反例子来给大家解释了“买在分歧，卖在一致”这句话的含义。但大家必须理解，虽然分歧产生换手，换手决定高度，但不是所有出现分歧的个股，最终都能从分歧走向一致，因此不能单纯以分歧作为买入依据。

根据自己对市场的理解，找到市场的强烈分歧点和分歧转一致的临界点，这才是“买在分歧”的核心要义。

实盘中，如何结合龙头股的首阴反包操作？一个连续涨停的个股（4 连板以上），当停止涨停的那一天，就是它的首阴，从这一天算起的 3 个交易日内，都将是它的首阴博弈阶段。如果 3 个交易日内无法实现反包，那么首阴博弈即宣告失败。

为什么必须是 4 连板以上？因为只有这样，它才能获得足够的市场关注度，才算得上是一个龙头股（这里庄股排除在外）。

龙头首阴反包博弈背后的逻辑是什么？一个连板牛股的产生，必定是经过充分换手的，而换手意味着市场分歧，有分歧也就说明很多人在这个牛股第一波的上涨中是看空的，并没有能够参与其中。第一波踏空的人想去做第二波上涨，抓个短线获利机会，这就是龙头股首阴博弈中的做多力量。

那么，在龙头首阴反包博弈中，这种看好龙头股反包的做多力量越强大越好吗？在正常理解中，答案应该是肯定的。因为看多做多的人越多，股价上涨的概率就越大。事实上，答案是否定的。

因为市场中多空双方都是随时互相转换的，它是一个动态博弈的过程。就拿龙头股首阴反包博弈的过程来讲，那些提前潜伏进去，做左侧交易低吸的人，他们并不愿意去追高，因此当股价越跌时他们越买。而当做多力量变多，股价开始向上运行时，他们就想坐等别人抬轿，不愿意再继续买入，甚至随时有可能抛出一部分获利筹码，以降低自己的持仓风险。

假设一个龙头股出现首阴的时候，市场上大量的人预期这只股票能够反包，那么持仓者就会出现锁仓观望的态度，而持币买入者又会出现哄抢买入的现象，那么向上拉升就会出现高度的一致，产生明显的缩量上涨现象。缩量上涨意味着积累了大量的锁仓获利筹码，这些筹码随时可以砸盘卖出，这是打板者最担心的事，因此难以吸引资金去封板。反推回来，愿意追高的资金也会变少，最终导致反包失败。这就是资金一致性预期在首阴反包博弈中反身性的体现。

如图 6-17 所示，仍以星期六（002291）为例做进一步解析。该股 2019 年 12 月 23

日收出第一根阴线，早盘涨停没有封住，直接炸板，从涨停直接打到了前一天的收盘，10% 就这样没有了。那么持股的人是什么心态呢？大多想着先出场观望而喜欢低吸的人觉得机会来了。当天宽幅振荡，可见市场的分歧有多大，但是尾盘又将股价拉了下来。第 2 天（12 月 24 日）略微高开后直接下砸，直接将看空的人全部驱赶出局。然后股价振荡上行，市场情绪由分歧走向一致，下午封板。

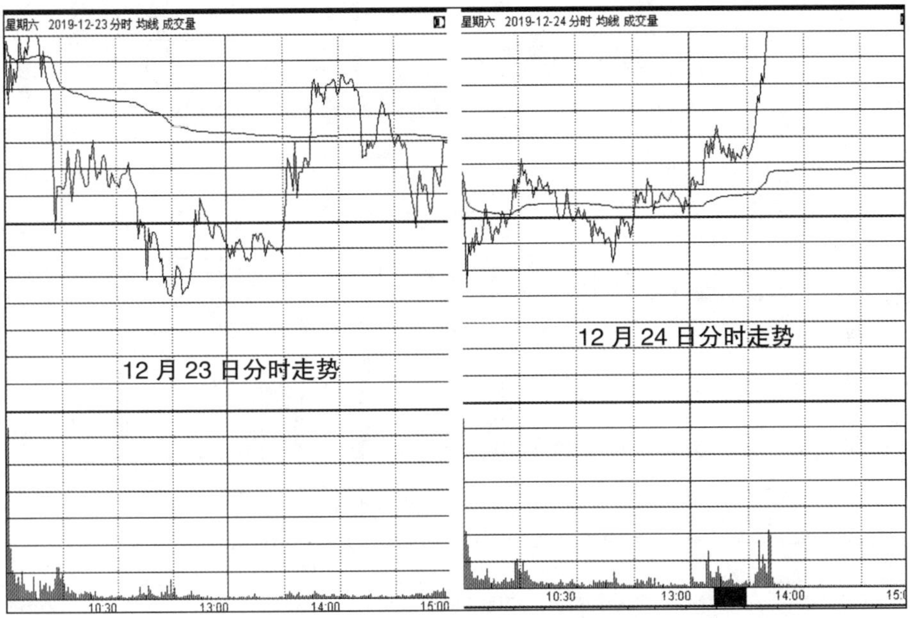

图 6-17　星期六（002291）分时走势图

第三节　反包低吸技巧

反包低吸操盘技巧是选择日线级别调整的强势股作为操作对象，以分时级别的弱转强作为买入依据的一种操盘方法，日线与分时走势结合分析，确定性更强，成功率更高。在这种操盘方法中，弱转强可以从两个方面去看，一个是日线级别，另一个是当日分时级别。

一、日线级别

强势股运行过程中，并非都是连续涨停的，其间也会出现断板调整现象。断板调整的内在原因在于，股价走势是资金的合力行为，强势股并非一路资金打造，而是多路资金合力形成的。有资金进出就会产生分歧和一致，分歧大了就会跌，一致性强了就会涨。

从另一个角度讲，弱转强的逻辑就是强势股再次上涨。很多股票的启动都是短暂、迅速的，第一波资金介入不是很深，大部分资金并不持有或只有少量筹码，没有享受到盈利机会。但由于股票本身的题材和逻辑都很硬，踏空资金往往会接力第一波赚钱抛出的筹码，然后再次发动上攻。

如图 6-18 所示，保龄宝（002286）2020 年 7 月—8 月的走势中，3 波拉升上涨，两次 N 形反包，中间有隔日反包，成交量积极配合，盘面走势非常强势。

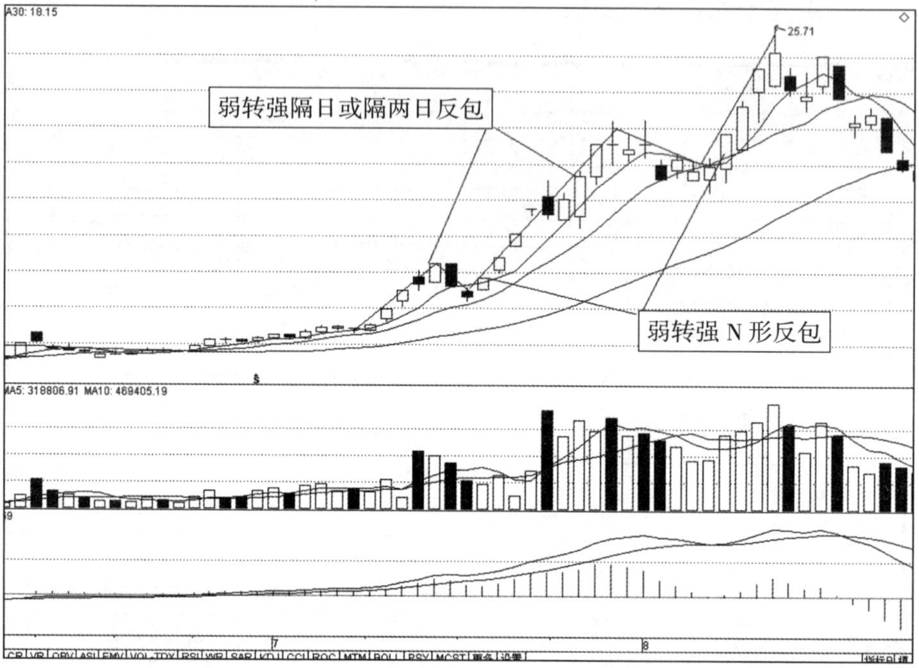

图 6-18　保龄宝（002286）日 K 线图

如图 6-19 所示，供销大集（000564）2020 年 4 月—6 月的走势中，第 1 波缩量上涨，4 个一字板 +1 个实体板。由于拉升迅速，大部分资金没有吃到筹码，当股价回落到前期高点附近时，踏空资金可以在支撑位附近低吸。由于该股具有“智能物流 + 农村电商”概念，逻辑强硬，后续资金积极接力，又走出强劲的 2 波 3 波行情，股价每一次回落到前高附近时，均是不错的低吸机会。

以上就是典型的日线级别弱转强，具体买入方式可以参考龙回头交易模式。大多数强势股走不出这么强的日线级别弱转强波段行情，所以龙回头模式大多数时候做的只是一个反弹，并不是反转行情。但既然在 2 波启动时能有效地抓住买入机会，后期是反弹还是反转，到底有多大的上升空间，这就考验对上涨逻辑的理解和短线分时盯盘技巧了。

二、分时级别

判断分时级别的弱转强是短线低吸的核心技术，也是判断短线低吸买入后当天能否涨停的重要依据。这个逻辑理解起来有点儿困难，下面举几个实例进行剖析。

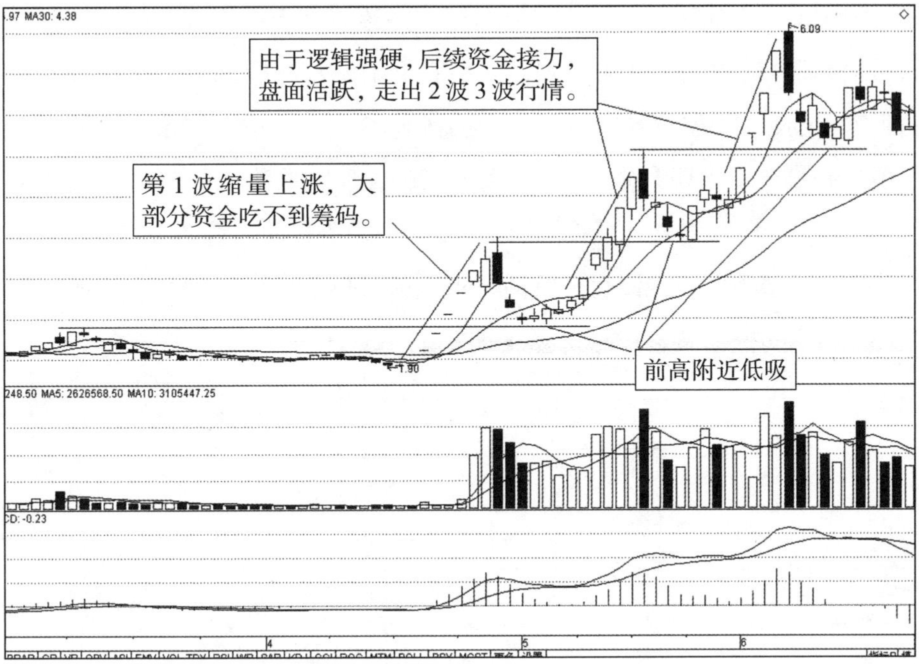

图 6–19　供销大集（000564）日 K 线图

如图 6–20 所示，宜华健康（000150）2021 年 4 月 23 日开始股价连拉 2 板，快速向上拉升以脱离底部区域，然后进行洗盘换手整理，但股价并没有出现明显回落，说明日线级别走势是强势的。5 月 7 日，该股收大阴线，股价下跌 8.21%，预期短线股价要调整，这不免让人担忧。次日，股价小幅高开 1.05% 后，略微上冲就向下回落整理，看起来盘面

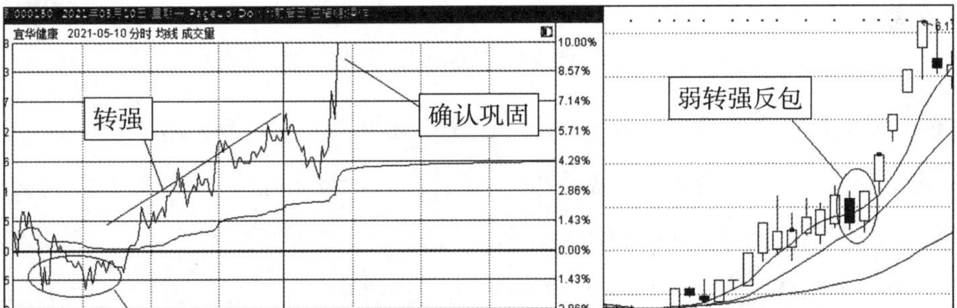

图 6–20　宜华健康（000150）日 K 线和分时走势图

仍然较弱。整理半个多小时后，股价重新翻红，并逐波向上推高，形成弱转强走势。午后强势拉板，弱转强走势得到确认和巩固，之后股价出现 5 连板行情。

如图 6-21 所示，菲达环保（600526）2021 年 3 月 15 日向上突破，股价连拉 5 板。3 月 19 日股价低开高走，出现大分歧，换手率达 25.41%，预期短线有调整要求。次日（即 3 月 22 日，20 日、21 日为周末），股价低开 1.6% 后弱势整理，整理 1 个小时左右翻红，然后弱转强直线拉板，直到收盘也没有开板，同时日线级别完美反包，随后股价走出 3 连板见顶。

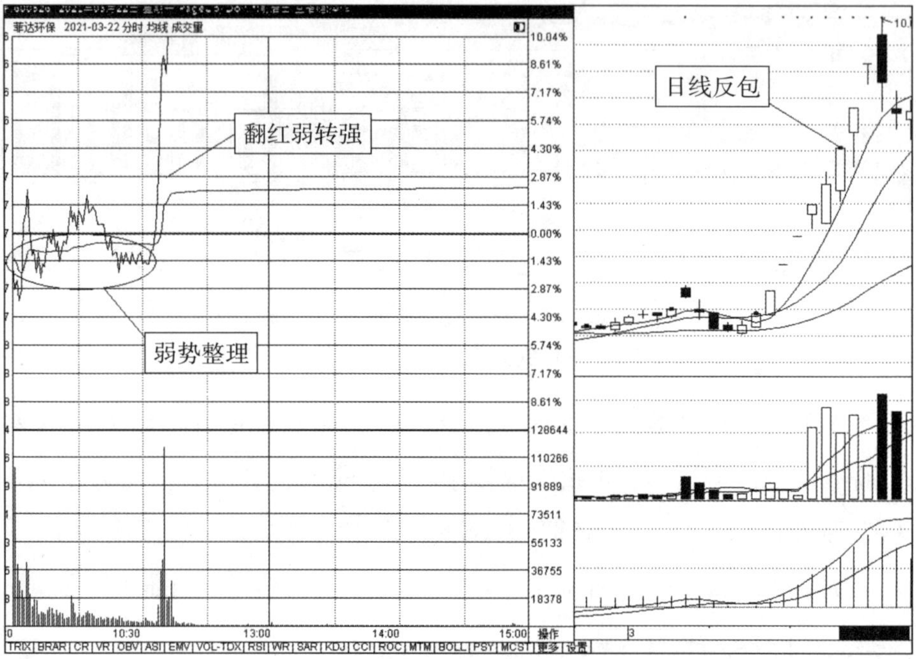

图 6-21 菲达环保（600526）日 K 线和分时走势图

如图 6-22 所示，合兴股份（605005）连拉 3 板后，2021 年 3 月 18 日股价高开低走，出现振荡整理走势，预期短线将出现整理。次日，股价惯性低开 4.15%，经过短暂的换手后弱转强翻红，在前一天高点附近稍做停顿，然后直线拉板，日线级别完成强势反包。

看了这几个走势图实例，对先砸后拉的走势就有所体悟。分时走势当中的弱转强，往往会出现大长腿走势，盘中振荡幅度较大，绿盘走弱后，拉红涨停走强。单纯的分时弱转强是没有办法完全看懂的，只能依据走势的盘中异动来决定是否买入。

三、3 种形态

分时反包弱转强有 3 种形态，即当日反包（龙头才会出现）、隔日反包、隔几日反包。

1. 当日反包

当日反包指的是当日换手，当日出现反包，K 线收出大长腿。

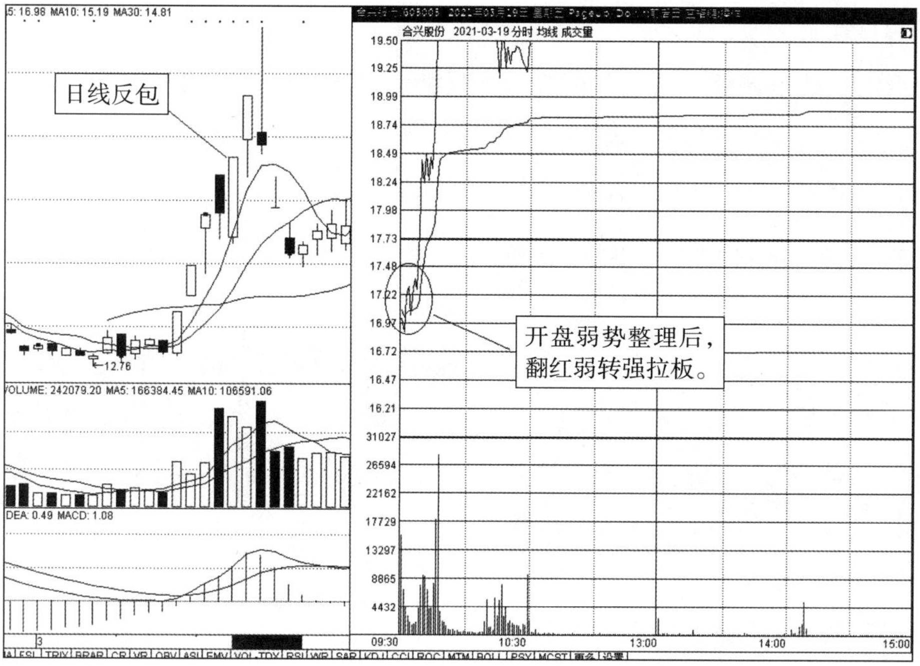

图 6-22　合兴股份（605005）日 K 线和分时走势图

如图 6-23 所示，安阳钢铁（600569）3 连板后，2021 年 4 月 12 日股价大幅低开 5.37%，当日早盘一直维持弱势整理，似乎股价没有拉升希望了。正当市场以为股价要展开长时间调整时，13:55 股价从下跌 5.37% 开始启动上涨，几笔大单就将股价直线拉至涨停，当日成功完成弱转强反包走势。

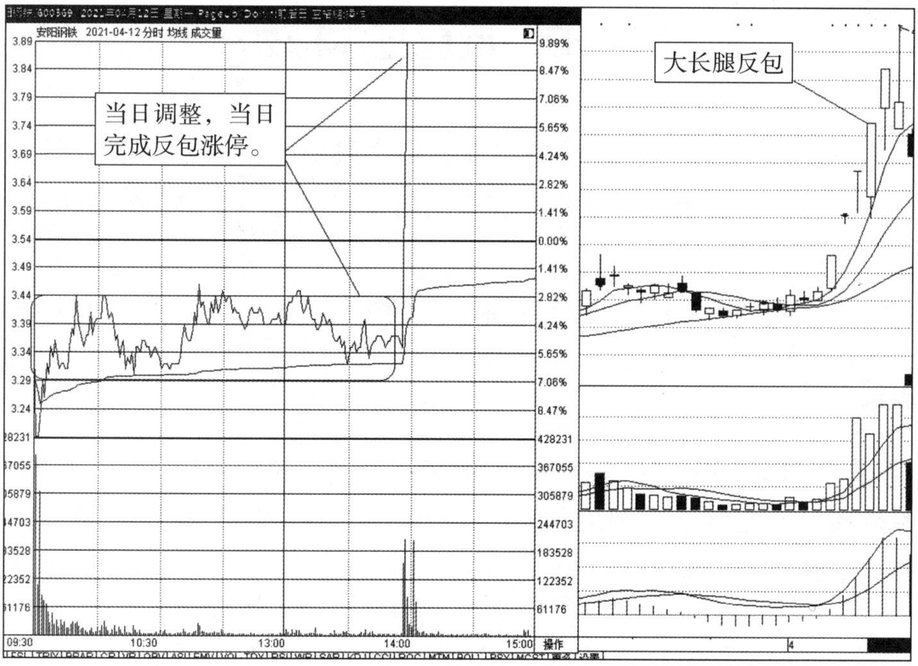

图 6-23　安阳钢铁（600569）日 K 线和分时走势图

2. 隔日反包

隔日反包指的是调整一天后，第 2 天就强势反包涨停。这一点好理解，无须再用实例讲解。

3. 隔几日反包

隔几日反包指的是调整 2 个交易日以上，然后强势反包涨停。这一点也无须用实例讲解。

这种交易模式的核心逻辑在于：该涨不涨则跌，该跌不跌则涨。强势股出现阴线回调，理应惯性下跌。但是第 2 天不但没跌，还出现转强动作，说明市场做多意愿强烈。用日线级别的阴线回调作为判断依据，从分时走势中寻找弱转强买点，这种双保险操盘方法成功概率很高，也是经常使用的当天抓涨停板的重要手段之一。

最后做如下 3 点说明。

一是最好做强势股的首阴回调低吸。

二是注意日线与分时线走势要一致。

要注意回避以下两种走势：日线级别走弱，分时级别转强；日线级别强势，分时级别弱势（如烂板、炸板）。

提高操盘胜率的方法：以日线走势为主。

三是强势股的短期生命周期为 3 天，3 天不走反包就放弃（趋势反包可延长）。

第四节　反包基本形式

牛市多反包的逻辑是什么？简单来说，就是股票在上涨途中多空产生分歧，当天 K 线断板或者收阴的情况下，第 2 天多头雄起压过空头，随后股价继续大涨，甚至涨停。

牛市多反包，这里讲 3 种典型的反包形式，即断板反包、趋势反包、N 形反包。

一、断板反包

断板是指股价连板（2 板以上）之后，出现了不能连续涨停的情况，即中断连板。断板反包就是中断连板之后，再出现反包涨停走势。这种反包需要满足以下 5 个条件。

（1）至少需要 2 连板以上，因为首板之后就出现断板，那么上涨的强度就值得怀疑了。

（2）断板 K 线以小阴小阳最好，如果是中大阴线或者乌云盖顶形态，反包的概率就会小很多。

（3）断板 K 线的量能与前几天相比不能放得过大，缩量、常量最好。如果个股地位高（总龙头或者最高人气股），条件可适当放宽。

（4）个股是龙头股、人气股或者高辨识股，这样会大大提高反包的概率。

（5）第 2 天小幅高（低）开为宜，开盘之后股价带量上攻，向市场表明当天主力做多意图。

如图 6-24 所示，光大证券（601788）2020 年 7 月引领券商板块行情走势。6 月 19 日，股价放量突破后出现 2 连板，然后进行两天的断板调整，收出两根缩量小阴线。6 月 30 日，股价再次涨停，形成断板反包，接着 5 连板飙升。7 月 7 日，股价大幅高开 9.83% 后，K 线振荡收阴。次日，股价再次强势涨停，产生断板反包，随后走出 2 连板。

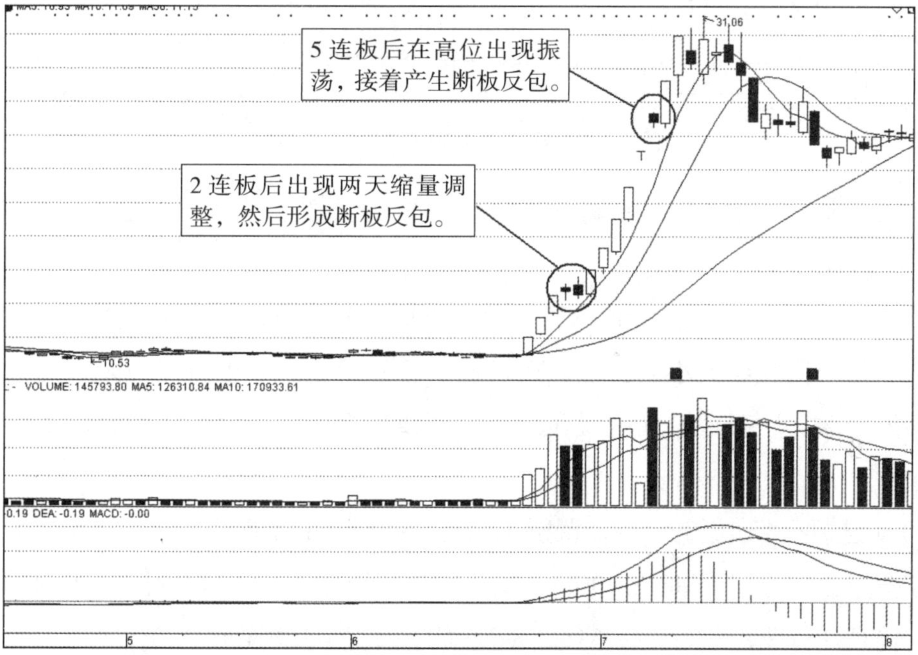

图 6-24　光大证券（601788）日 K 线图

如图 6-25 所示，银之杰（300085）是互联网金融、国产软件、区块链的龙头。2020 年 6 月 30 日，股价向上脱离底部区域，经过短暂调整后，股价出现 2 连板。7 月 7 日，股价高开 4.56% 后大幅振荡，盘中一度封涨停，尾盘开板回落，K 线收出纺锤线。次日，股价高开高走，出现缩量断板反包，接着股价强势上涨，形成 3 连板行情。

断板反包的逻辑就是因为断板日市场对于某个题材的预期不够，导致日内买盘不足。但是经过短期消化后，短线资金继续看好该题材的个股。

连板数量对反包能否成功也有一定的影响，简单总结如下。

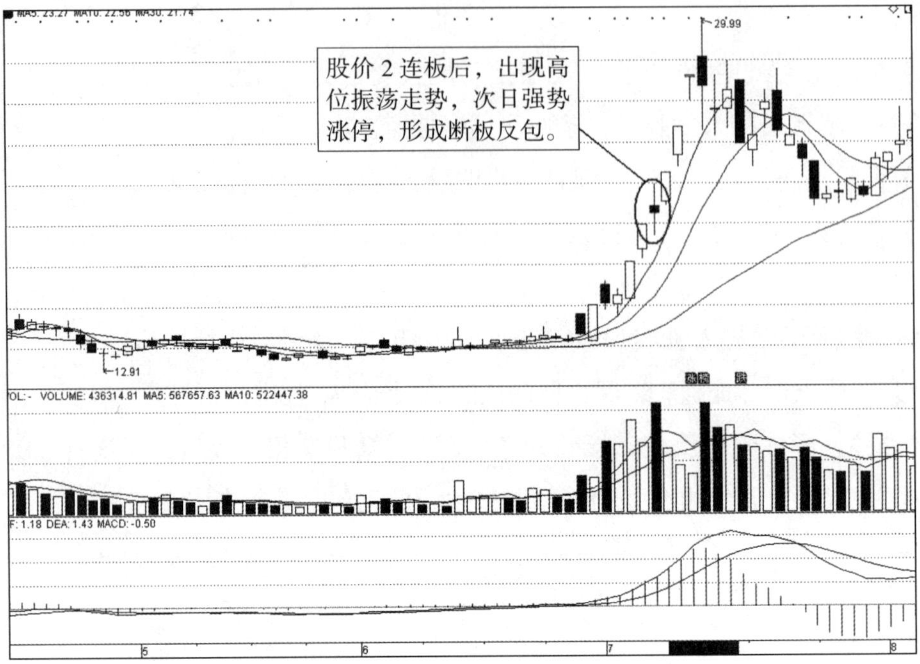

图 6-25 银之杰（300085）日 K 线图

（1）2 连板：如果选择高开调整的方式，并且调整当天上涨 5% 左右，通常较难继续上涨，所以很难形成反包。

（2）3 连板：3 连板已经证明了个股的强势，无论是调整 1 天、2 天，通常会出现反包走势。如果调整当天小幅上涨，次日通常容易反包。如果调整当天大幅上涨，在没有消息面配合时，一般很难实现反包。如果调整当天抄底博反包的资金过多，通常较难实现反包。

（3）4 连板：4 连板的个股，调整 1 天后继续反包的案例也不少，当然主要还是取决于市场环境。比如，新天绿能（600956）属于碳交易概念，2021 年 3 月 25 日股价调整 1 天，第 3 天大幅高开秒板，说明资金承接还是很强的，之后加速连板。

（4）5 连板：5 连板的个股，断板调整时间不宜超过 2 天。如果调整 1 天，随即实现反包，个股题材属性必须足够强，而且个股通常是市场唯一热点。如果调整 2 天，第 3 天早盘仍旧无法上涨，大概率反包失败。

二、趋势反包

趋势反包是指在股价上涨过程中，非连板情形下经过短暂的调整之后出现反包涨停形态，使股价维持上涨或加速上涨。这种反包需要以下 5 个条件。

（1）股价已经走出明显的上升趋势，沿 5 日或 10 日均线上行。

（2）涨停或者大阳线之后，出现小阴线或者中阴线，但股价没能有效跌破 5 日或 10 日均线。

（3）阴线的量能越小越好，如果量能放得过大，形成反包的概率将会降低。

（4）个股需要较高的市场地位，最好是板块核心个股或者板块总龙头。

（5）反包当天以高开为佳，小幅低开的，能够迅速翻红也可以。

如图 6-26 所示，东方财富（300059）是互联网券商龙头、创业板灵魂股。该股主力完成筑底走势后，股价渐渐走强，形成坚挺的上涨趋势，并且成交量温和放大，均线系统呈多头发散。2020 年 6 月 24 日开始，出现 2 天缩量调整，股价触及 5 日均线。第 3 天股价放量上涨，一根接近涨停的大阳线构成趋势反包形态，之后股价继续强势向上攀升。7 月 7 日，大阳线之后出现中阴线回调，次日放量强势涨停，再次形成趋势反包形态。

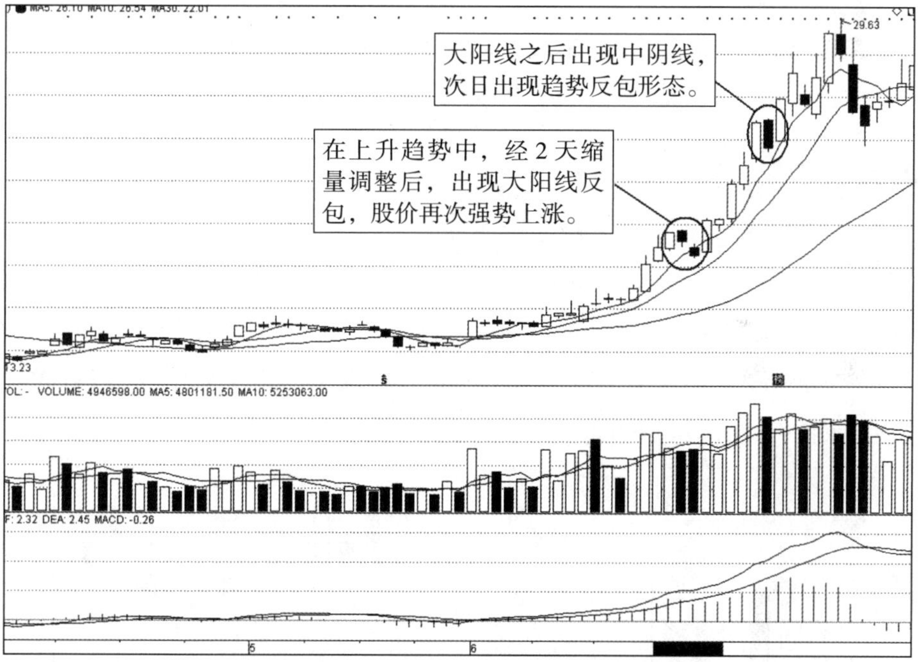

图 6-26　东方财富（300059）日 K 线图

如图 6-27 所示，长电科技（600584）是芯片封测、半导体龙头。该股洗盘整理结束后，进入新一轮上涨行情，2020 年 7 月 2 日股价放量涨停，形成“强烈撞顶”形态。7 月 3 日缩量假阴线调整，这是短期较好的买点，次日股价高开高走出现缩量反包。7 月 7 日，股价高开 6.64% 后大幅振荡，盘中一度封涨停，尾盘回落收假阴线，股价连板失败，但上涨趋势完好。第 2 天股价高开高走，再次形成大阳线趋势反包。

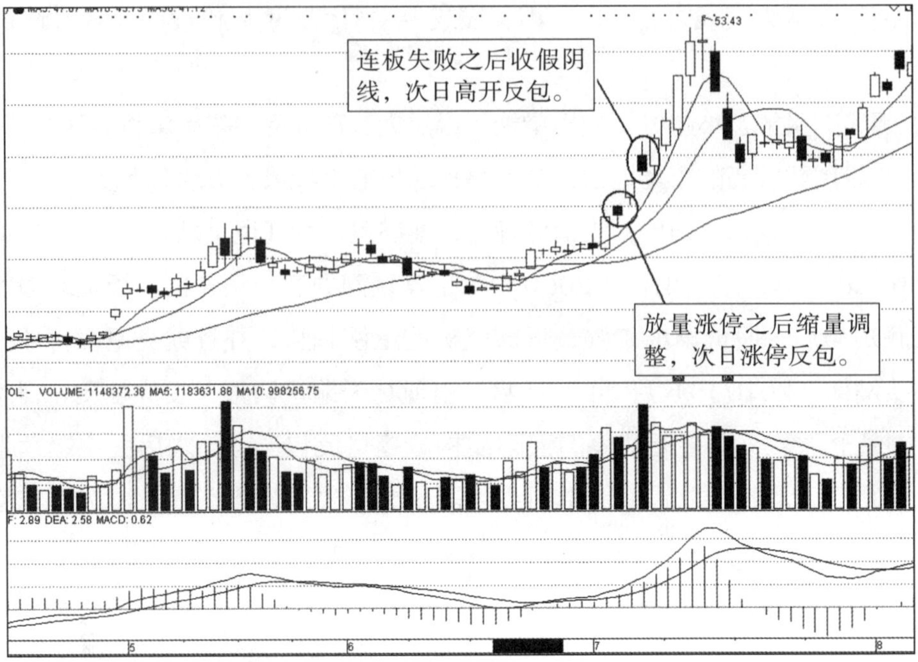

图 6-27　长电科技（600584）日 K 线图

三、N 形反包

1. 操作要点

N 形反包是指股价经过一波拉高上涨后（不一定要求涨停），短期出现回调整理，然后再次出现暴力拉涨停（必须是涨停），呈现三波段走势，这是最标准的 N 字模型。简单的过程就是：暴涨—快速回调—再度暴涨。如图 6-28 所示。

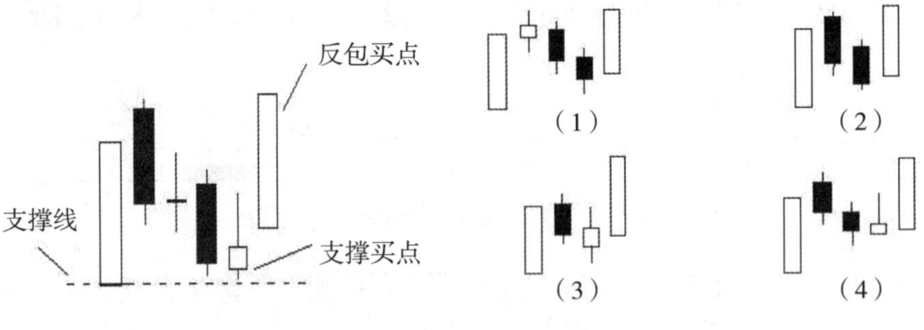

图 6-28　N 形反包示意图

技术上，股价向下回调周期 2～5 天为佳，支撑线是 10 日均线附近，标准的反包量能会逐渐缩小。当然，在反包之前是不能这样预测的，只能说市场有反包的预期。

选股必须看 K 线形态，单根 K 线是字母，组合 K 线是句子，看得懂 K 线就是语法层次了。空谈选股，只知其形却不知其神，结果当然难以赚钱。

图 6-28 中这 4 种 K 线组合，都是容易走出反包形态的组合。当碰到这几种形态时，就要认真思考它的逻辑关系，再考虑是不是要买入。

N 形反包操作要点如下。

（1）在大盘处于多头趋势或者强势振荡周期，成交量活跃，权重股无补跌风险时，依据该形态操盘成功率较高。

（2）个股属于想象力较好的热点题材，最好是板块龙头股。

（3）个股位置不宜过高，以低位平台突破为主，流通市值为中小盘。

（4）第一次上攻，成交量要放出倍量，最好是涨停阳线。在随后的缩量回调过程中，K 线可以是小阳线或十字星线。股价回调止跌的点位以不低于第一根阳线的开盘价为好。这是第一买点，左侧介入博弈反抽。

（5）股价上涨时，再次出现大阳线，甚至是涨停板，这是第二买点。个股很容易产生趋势行情，因为个股经过充分洗筹后，股价有望进一步拉升。

（6）在底部有强支撑的个股，比如均线、箱体、盘区附近，N 形反包成功的概率会更大。

2. 实例分析

如图 6-29 所示，美邦服饰（002269）属于板块龙头标的，2021 年 3 月—4 月的行情中，产生一个大的 N 形反包形态，两个买点非常清晰，随后股价连拉 9 板。

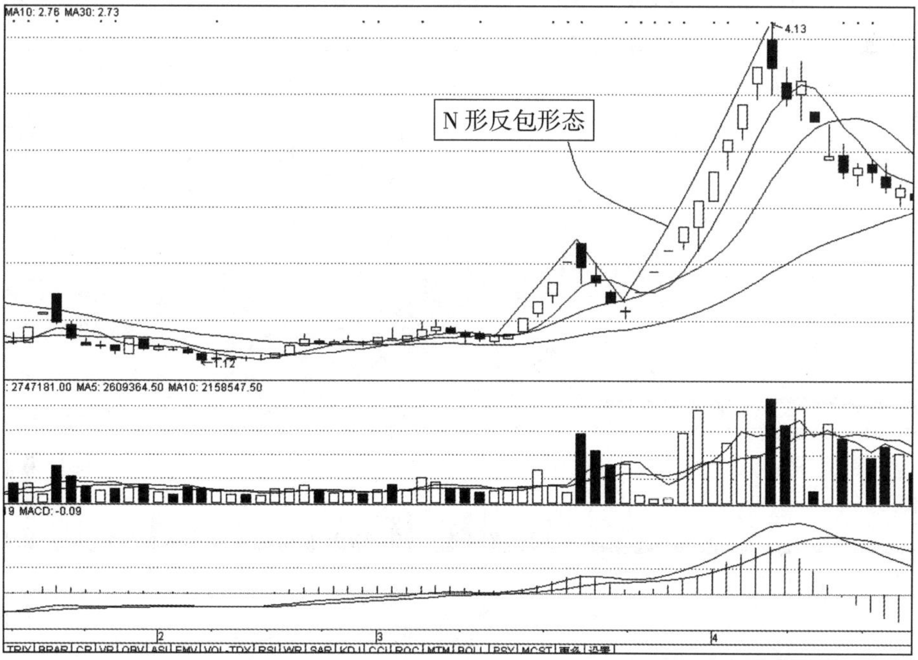

图 6-29 美邦服饰（002269）日 K 线图

如图 6-30 所示，郑州煤电（600121）属于市场灵魂标的，在 2020 年 11 月—12 月的走势中，就出现一个大的 N 形反包形态，反包后进入飙升行情。另外，在第一轮上涨行情中，包含两个小的 N 形反包形态，介入后也都有不错的短线获利机会。

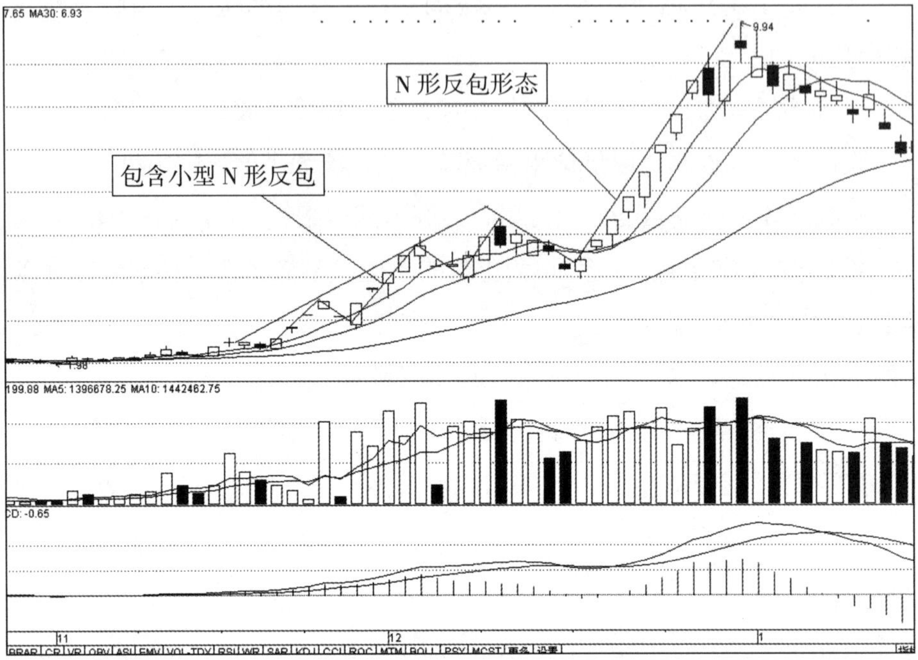

图 6-30　郑州煤电（600121）日 K 线图

如图 6-31 所示，宁波海运（600798）属于板块龙头标的，2020 年 11 月底部连续出

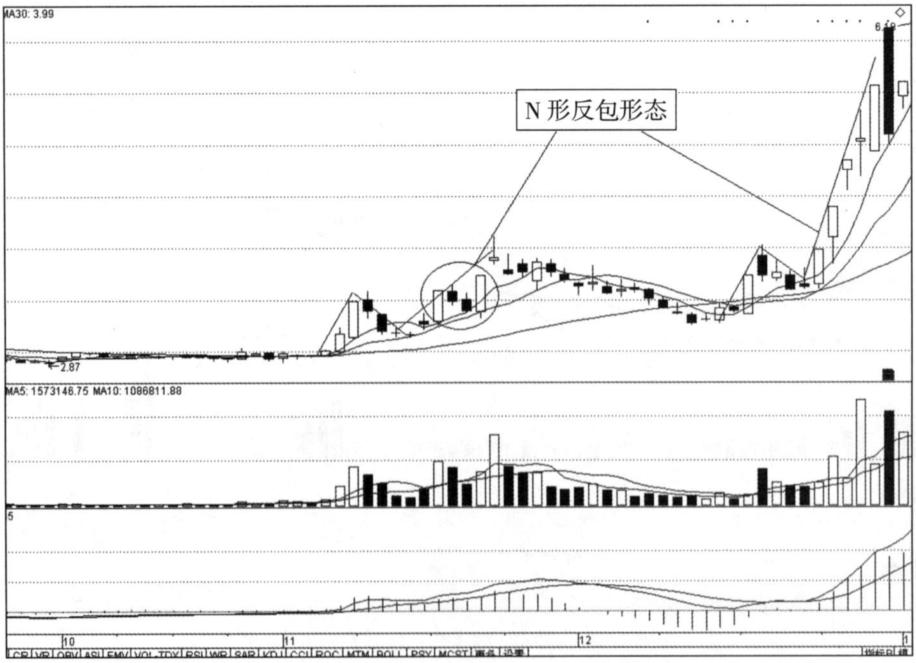

图 6-31　宁波海运（600798）日 K 线图

现两个 N 形反包，后面没有持续大涨的原因是股价刚脱离底部区域，主力需要进一步夯实底部基础。直到 12 月 24 日，股价再次形成 N 形反包后，才开启一波有力度的拉升行情，7 天收出 5 板。

实战中常用的反包操作模式是 N 形反包。选股前一定要读懂 K 线语言，选出符合形态或技术要求的个股，再思考为什么会出现这种走势，它跟其他股票之间的关系，跟板块之间的关系，跟指数之间的关系，个股的涨跌逻辑摸透了，买进后心里也就有底了。

四、操作逻辑要点

（1）闷杀类的炸板，尤其是高标股，反包比较强势。前一日高开冲板，午后或尾盘炸板，多数表现是当日最终收阴线。本来是闷杀后走弱，但第 2 天还是强势高开，或者小幅低开后快速翻红，完成低预期向高预期转换。比如星期六（002291）2019 年 12 月—2020 年 1 月的走势最为经典。

（2）不露头的反包可以走得更远。所谓不露头，即隔日反包涨停最高价没有超过前一天调整日的最高价。比如江淮汽车（600418）2020 年 5 月两次反包的持续性对比，省广集团（002400）2020 年 4 月的走势也是这个道理。

（3）买点。买点主要有两类：低吸预期跟随、确定性打板买入。这两种买点是相辅相成的。反包走势日内大概会出现以下两种情况。

第一种是开盘或开盘之后不久，出现超预期走势，比如该跌不跌甚至走高，可以在盘中低吸买入，博弈日内成本优势。

第二种是对于一些高标龙头，可能隔日开盘就直接过了前一日涨停最高价。这时候集合竞价就是一个很重要的超预期买点。这种类型的走势中，一般集合竞价时可能会出现抢筹，买不到就只能打板介入了。

（4）龙头走出来的反包走势，一般容易出现在行情主升浪阶段，就是中周期向上的情况下，小周期冰点后的向上情绪拐点。这个逻辑很重要，要反复琢磨一下。

高位经常出现分歧与修复的反复，往往伴随着较大的持续性题材，很多龙头都是出现好几波拉升走势。

炒股就是一个发现规律的过程，有的人擅长发现题材运作的规律，有的人善于发现情绪运行的规律，图形走势同理。虽然走势不是简单的重复，但一定是有迹可循的。

第五节　反包涨停出妖股

一、反包出妖股逻辑

连板反包成就妖股。涨停反包并不限于首板后出现，也有可能是妖股形成过程中的关键确认，在第 2 个、第 3 个涨停板后出现调整，然后再涨停反包，从而形成洗盘后的加速拉升。

涨停，连板，第 3 日或第 4 日盘中触及涨停甚至开盘一字板，然后炸板，最常见是尾盘炸板，炸板后次日反包，这样后市往往就不只一个涨停，很可能连板数刚刚开启，个股成妖之路刚刚形成。

1. 投资反包思维

反包走势，表面上多头做出阴线暂时退让，暗地里则汇聚做多力量，最快次日即拉出大阳甚至涨停以收复失地。大幅拉升之后，对空头先放一手，然后一举夺回失地，扩大多头战果。

骗线就是骗心。洗盘和出货，真真假假，确实不容易分清。对于反包走势，主力表面通过反包之前的停顿 K 线迷惑一下散户，之后通过涨停反包确认市场地位，确认龙头身体，确认牛股拉升持续。

涨停反包意味着情绪反转，后续还有新高或主升浪。

确认反包妖股的技术要义如下。

（1）能够成为妖股的个股流通市值往往较小，一般流通市值小于 50 亿元，低价、小市值个股占据优势。

（2）题材概念处于刚刚启动阶段，K 线看起来像要涨又像要跌，让散户不敢进入，拉升时能达到出其不意、攻其不备的效果。

（3）中间的调整线是主力刻意洗盘吸筹形成的，目的是把恐高者吓出去，在相对低位以高换手继续吸筹。涨停阳线竖起后，立即盖过大阴线，操盘手法比较极端，效果也会很好。

（4）题材足够大，能够快速集聚游资和散户目光，一旦启动反包，有一呼百应的效果。千金难买龙回头，一旦实现反包，可以为后面继续疯炒空中加油。

（5）个股形态往往以多头排列居多。初始涨停股价已经脱离底部均线，但往往并不远，涨停反包后开始加速，形成主升浪。

2. 反包出妖股实例

（1）涨停反包。

如何读懂 K 线，除了基本功，还要靠经验，要多从实例中学习，分析一些经典的涨停反包、连板反包，看看妖股是如何诞生的，妖股连板是如何成为万众瞩目的。

如图 6–32 所示，顺博合金（002996）的股价走势。在 2021 年 3 月的行情中，该股涨停反包成为引领行情上涨的龙头，10 天 9 板。盘面特点如下。

①题材是当时较热的资源涨价题材，板块内其他个股一起飙升，很多个股连板走强，板块进一步走强。

②前期股价从所有均线下方跃升到所有均线上方，形成多头发散状态。但场内筹码不稳，随后主力展开清洗，通过连续不断的反包完成洗盘，最后一个反包后终于突破加速，连板后就基本上买不到了。

③主力以 3 连板方式脱离底部，由于 2 板、3 板是缩量一字板，筹码没有换手，3 月 15 日低开放量出现大分歧。关键是次日弱转强反包，这种走势表明主力换手成功，股价反包后连板走妖。

④低价、小市值是基本要求，该股流通盘才 0.53 亿股。

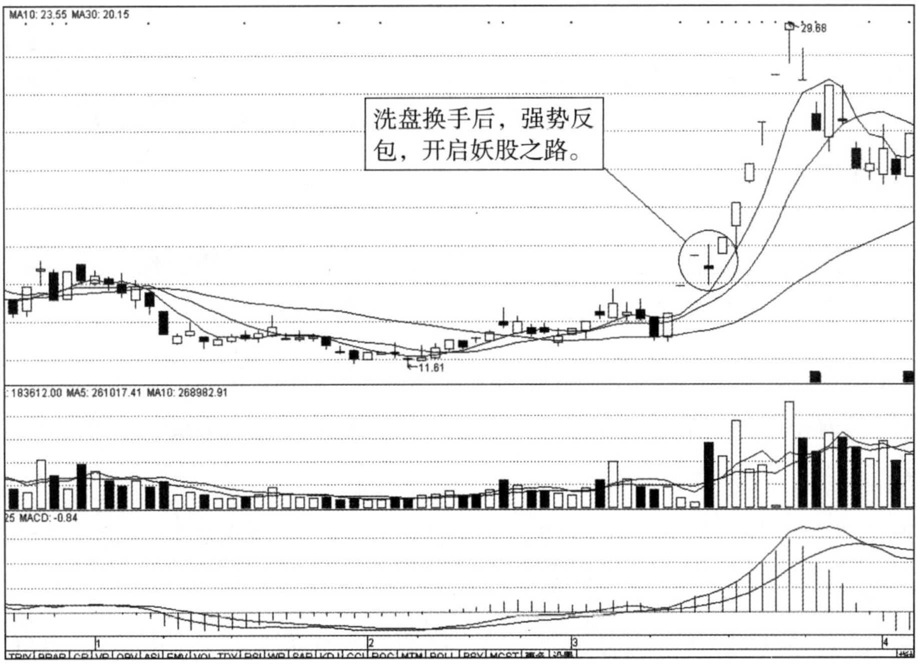

图 6–32　顺博合金（002996）日 K 线图

如图 6–33 所示，新天绿能（600956）2021 年 3 月 16 日放量涨停，之后回落调整 2 天。3 月 19 日小幅低开 1.59% 后，盘中没做任何调整，5 分钟内直线翻红拉板，分时弱转强，同时日线也形成完美的反包形态。3 月 26 日再次形成反包，铺就妖股之路，随后 8 天 7 板。盘面特点如下。

①形态：反包之前价格就已经跃居所有均线上方，均线正处在由黏合到发散的关键时间窗口。

②题材：属于当时主线题材碳交易概念，盘外消息不断，板块刺激强烈。其他个股如华银电力（600744）等强势走高，该股受牵引超预期吸引多头资金入场。

③质地：小盘低价低市值股，流通股本 1.35 亿股。

④盘口：回调时处于强势状态，股价没有下破 5 日均线，两日跌幅 5% 以内，没有完全覆盖前一天的涨停 K 线，反包当日高开明显超预期，市场由分歧转一致。

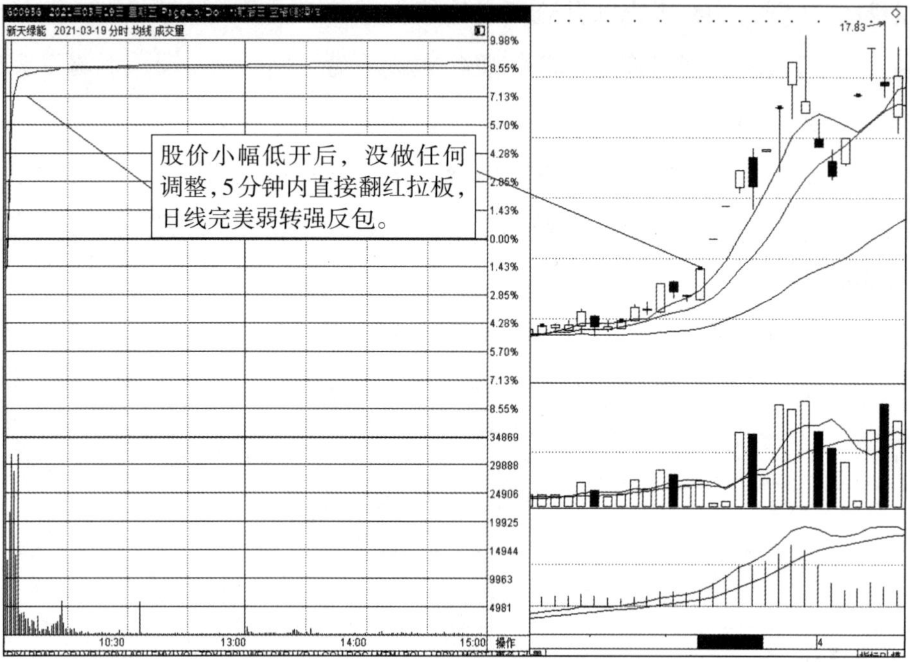

图 6-33 新天绿能（600956）日 K 线和分时走势图

（2）连板反包。

如图 6-34 所示，模塑科技（000700）2020 年 1 月—2 月的走势，连板反包成为妖王。盘面特点如下。

①前两次反包之前，该股都不是市场公认的龙头，但是具有连板气质。板块内也有其他个股竞争龙头，但该股有利好公告和低价优势。

②明修栈道，欲擒故纵，以退为进。第一次收阴是大幅高开几乎涨停，前有一字板，加速过快需要回调。调整在盘中就迅速得以完成，当日收出的下影线非常长，足以看出多头气势，次日更是大幅高开后秒板。第二次调整是炸板，并且是成为龙头之后尾盘炸板，但筹码已经形成断层。次日高开启动 7 连板，正式晋升妖王。

③每一个阴线后的次日都是高开，多头控盘一点都不低调，下探之后迅速分歧转一致。反包后都不是一个涨停，而是连板上涨，妖王之路 19 天收 15 板。

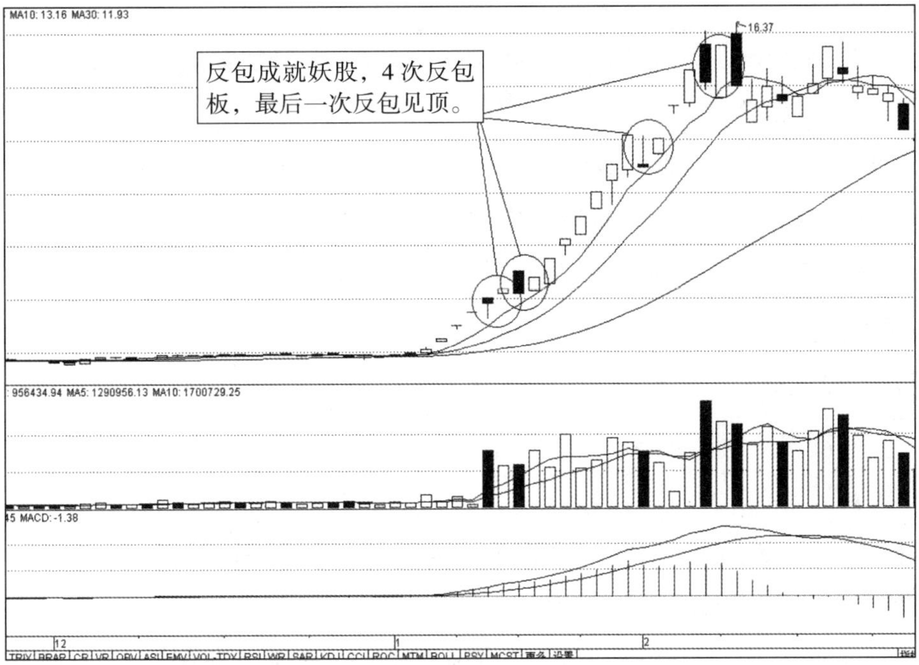

图 6-34　模塑科技（000700）日 K 线图

如图 6-35 所示，豫能控股（001896）2020 年 12 月的走势，该股属于“碳交易＋电力”概念龙头，11 天 10 板。盘面特点如下。

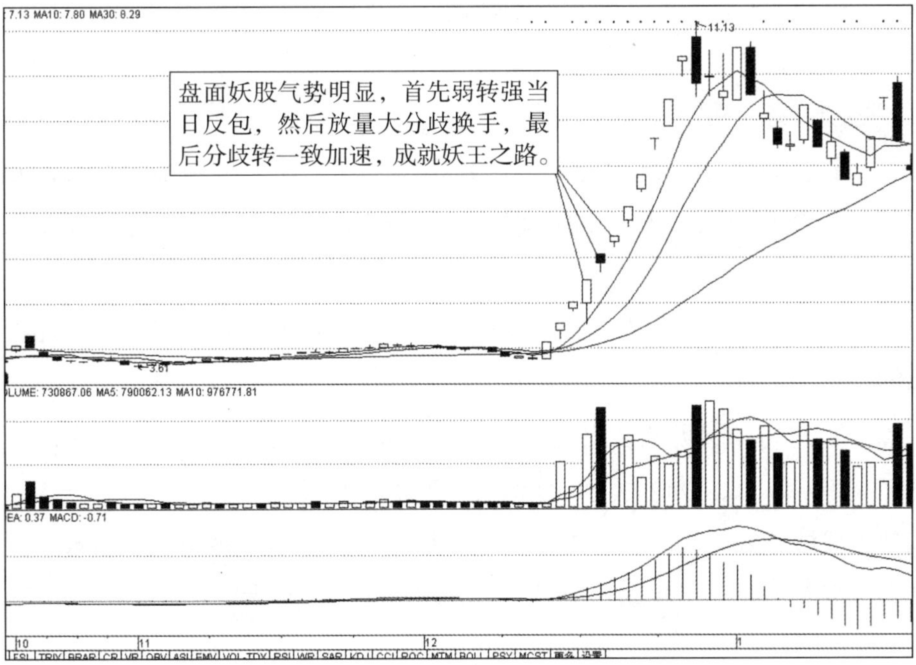

图 6-35　豫能控股（001896）日 K 线图

①炸板前一日是大长腿换手板，完成日内弱转强反包。炸板当日一字板开盘，炸板分时筹码断层，盘中承接有力。虽然当日收出阴线，但属于假阴线，当日股价仍上涨 6.35%，说明盘口强势。

②炸板次日大幅高开 8.36%，多头暗度陈仓成功，分歧快速转一致且秒板，盘中烂板后回封，之后缩量加速。

③反包形成后，加速连板，板块合力成就妖王之路。

连板反包，成就妖王之路。标杆实例有星期六（002291）、模塑科技（000700）、搜于特（002503）等，还有更多以往的实例，需要大家自己总结，也有更多新的机会等着大家去发现。

3. 反包捉妖心法

（1）涨停反包，龙头之路点石成金心法。

①形态：股价反包时多在均线上方，大多已经形成多头排列。

②题材：属于当期主流题材，这花开后那花开，一股涨停百股涨。

③质地：小盘低价低市值股占据优势。

④盘口：调整线当日有冲高动作，开盘涨停或至少高开。调整线当日不破 5 日均线，调整线跌幅 5% 以内，不全部吞噬前一天涨停 K 线。反包线当日高开明显超预期，分歧转一致，即使低开也能快速上拉。

（2）连板反包，妖王之路反包捉妖心法。

①炸板当日或前一日都有一定程度的加速，比如连板、一字板、T 字板等。

②炸板当日开盘一字板居多，炸板筹码往往断层。虽然炸板但是有一定市场地位，辨识度较高，初步具备龙头股人气。

③反包当日高开居多，即使低开也要超预期迅速上拉。反包涨停后要求连板，2 连板起步，往往形成 5 连板成为新的空间板，以此成就市场当之无愧的板块龙头或市场总龙头。

④见顶以跌停居多，收出大阴线或跌破 5 日均线。妖王往往都是从结束连板不再反包开始坠落的。

⑤每隔一段时间，市场就会出现一个新的连板反包妖王。2020 年以来，尤其流行这种明修栈道、暗度陈仓、以退为进、欲擒故纵的连板形式。

学习炒股战法就好比修炼武林绝学，往往最后几关才是关键，也是最难掌握的，需要悟性加定力，甚至还要时运相助。但是一旦突破，必定武功大成，天下无敌。

二、妖股必定有反包

市场情绪总有高潮和低谷，在行情高潮中，几乎所有的龙头股都有可能走妖。在低谷的时候，龙头股就会越来越少，但是也会有龙头股脱颖而出，在弱势行情下走出独立的妖股行情。

一个龙头股走妖，必然要经历龙头股走势，那么它就避免不了反包形态。

如图 6-36 所示，金健米业（600127）从 2020 年 3 月 23 日向上突破后，11 天 9 板，可谓是赚足了市场的眼球。细心的投资者应该会发现，该股并不是连续拉出了 9 个涨停，而是断断续续走出了妖股形态。其中最重要的 2 个涨停是 3 月 25 日和 3 月 30 日的反包涨停，正是这 2 个态度坚决的涨停，才奠定了后面气吞山河的妖股走势。

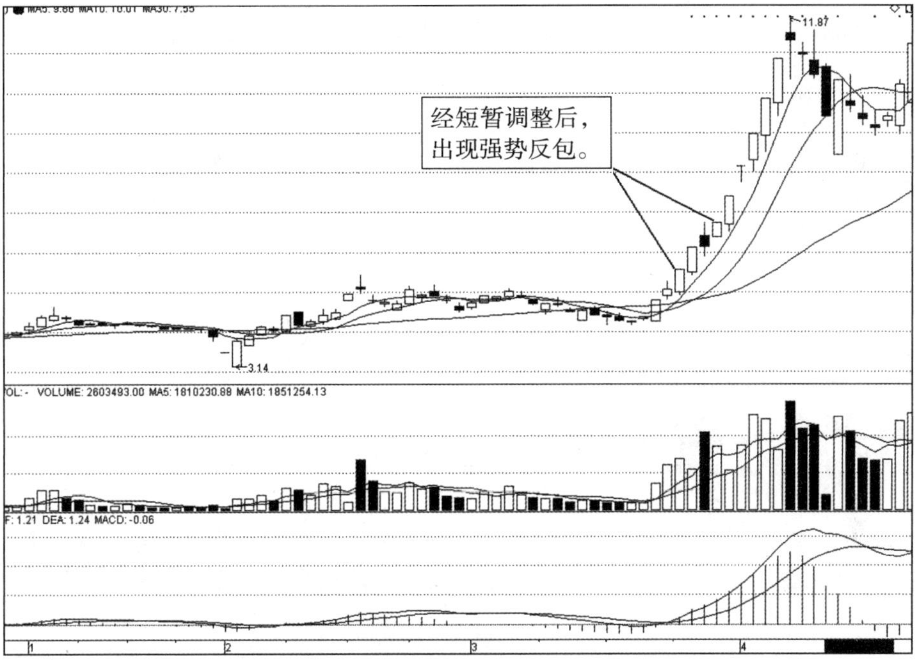

图 6-36　金健米业（600127）日 K 线图

为何反包涨停如此重要，其意义是什么？

当股价上升趋势中出现洗盘或者出货，当日可能出现不能封住涨停的走势，而且当日追高的资金也会在高位被套。第 2 天的反包涨停，可以彻底解放前一日进场的筹码。而且经历了前一日的洗盘以后再次涨停，这个时候拉升更轻松。

反包涨停还有如下两层含义。

第一层含义是当日不封涨停的走势是洗盘，体现在 K 线上是承接有力，而且基本不会下跌（收假阴线），所以第 2 天反包的预期很强，这种往往是资金意图继续做高的表现。比如金健米业 3 月 24 日的走势，虽然当日没有涨停，但是明显给人一种感觉就像股价还有可能进一步上行，所以第 2 天很容易出现反包涨停。

第二层含义是换主力，就是第一波资金拉升以后，主力已经赚得盆满钵满，这个时候就产生了出货的念头，导致当日出现高开低走的情况。而且技术走势给人的感觉也是出货。第 2 天强势反包涨停，往往是个股换了主力，做第一波行情的主力走了，做第二波行情的新主力进场了。比如常见的游资章盟主就喜欢做第二波行情，并把这类行情称为龙头股 2.0。3 月 27 日的阴线，资金出逃的迹象就很明显，但是新游资第 2 天就冲进去了。理由很简单，觉得它能成妖，想进一步做高股价。

如图 6–37 所示，典型的就是豫能控股（001896）2020 年 12 月 18 日的走势。对于当日走势，多数人解读为出货，但第 2 天股价强势反包涨停，随后走出第二波拉升行情。其实，反包涨停在这个时候很常见，但往往是最容易被忽略的涨停。在振荡行情下做反包涨停，成功的概率很高，因为既然资金敢于继续拉升做涨停，就不必害怕追高被套。

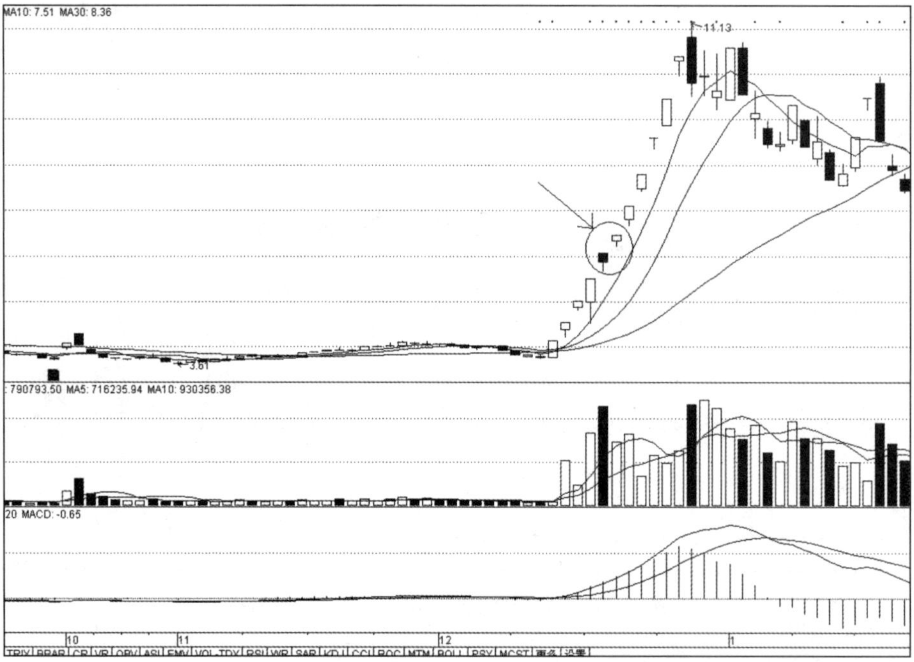

图 6–37　豫能控股（001896）日 K 线图

当然，反包涨停也要看位置，高位的反包还是要谨慎，下面是一个低位反包涨停的实例。

如图 6–38 所示，航天长峰（600855）2020 年 3 月—4 月的行情中，共出现过 3 次反包涨停，但是最值得操作的还是第一次。3 月 24 日股价高开低走收出大阴线，但第 2 天就高开强势反包。这里出现了一个非常重要的买点信号，就是 3 月 25 日涨停那天。然后是 3 月 31 日和 4 月 1 日反包涨停的机会。很多时候，只有真正理解了反包涨停的意义，才能从中悟出市场走势的道理，不然根本不知道实盘买入的成功概率有多高。

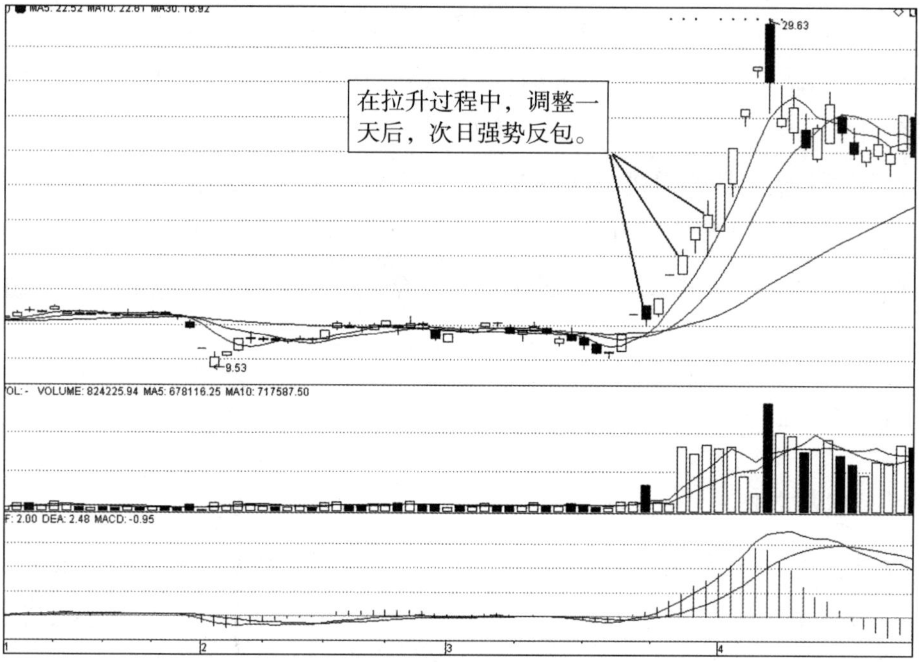

图 6–38 航天长峰（600855）日 K 线图

需要说明的是，这里说的反包涨停是一定要高于或等于前一日最高价的涨停板。如果是不完全反包，那么操盘成功的概率就会大打折扣（有一种不露头的形态除外）。

如图6–39所示，2021年6月4日，海航科技(600751)的股价冲高回落，收出长上影线。次日，主力试图拉升反包，但市场跟风不足，股价当日没有涨停，没有覆盖前一日上影线

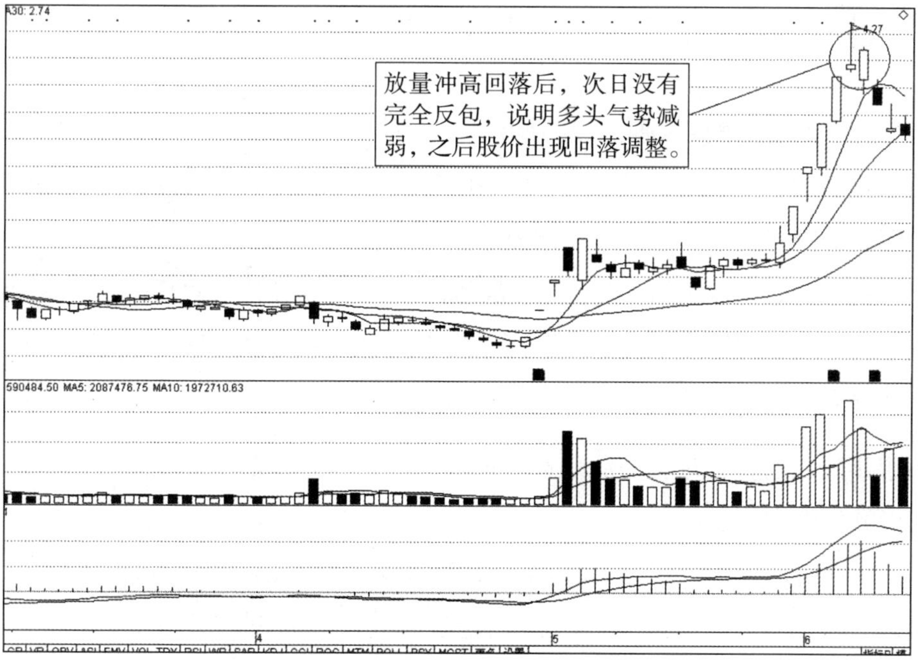

图 6–39 海航科技（600751）日 K 线图

最高价 4.27 元，这显然不是完全意义的反包，因此形态很容易失败。当然，这只股票反包失败也有自己的原因。这里想强调的是，完全反包涨停成功的概率更大，也是选择目标股的优选条件。

总之，除了龙头股战法以外，可多关注市场反包涨停的个股，尤其是在市场不景气的时候，出现涨停板往往能打出空间，成就妖股走势，当然这种跟踪需要平时多用心。很多人觉得这些妖股自己总是抓不住，缺乏抓妖股的能力，其实不然，你不试怎么知道自己不行呢？

三、龙头股反包形态

1. 龙头反包基本概述

（1）龙头首阴。严格意义上来说，龙头首次大分歧可理解为首阴，将其定义为首次断板，断板 K 线可以是阴线也可以是阳线。首阴值不值得参与，并不是首阴决定的，而是由综合题材和情绪环境决定的。

（2）龙头退潮。龙头断板后，次日不能再次涨停，即可定义为行情已经开始退潮。实盘过程中，若其后续仍能引领市场，则否定和修正前面的退潮判断。之所以说引领市场，就是因为它是市场总龙头，生命力超强所致。非总龙头，一旦退潮，基本上不会返潮。实际上，运用情绪周期和高度综合判断，提前确定退潮的概率很高。

（3）龙头反包。在涨停断板次日再次涨停统称反包，实盘过程中通常称处于退潮期的反包涨停为反包，大多发生在龙头断板后 1～3 个交易日。反包通常是龙头最后一跳，随后正式全面回落。

（4）龙头反抽。龙头退潮一段时间后，由于题材热度仍在，龙头有可能回光返照，反弹走势通常发生在 5 日、10 日、20 日均线附近。在没有新题材或新题材面临重大不确定性时，资金回流老题材避险博弈是常见的手法。

（5）龙头二波。这种战法源于龙头反包或反抽，通常是情绪亢奋、资金充沛或题材仍有挖掘潜力，新题材吸引力不足，迫使资金重回老题材博弈一波。

2. 如何做龙头反包

在下手买股之前，一定要想清楚谁是朋友，谁是敌人。朋友就是支援我们的多头，敌人则是想砸我们的空头。

如图 6-40 所示，郑州煤电（600121）2020 年 11 月 26 日一字板跌停，次日整个上午弱势整理，午后强势涨停。当天的空头就是前期抄底入场的获利资金，由于市场走出一字跌停，引发市场恐慌和抛盘出现。多头就是新的做多接力资金。

从图中可以看出，由于前一天是一字跌停，当日的套牢盘和低吸盘并不多。因为没有巨量套牢盘（这里记住第一点，没有巨量套牢），所以直到次日早盘才出现套牢盘和低吸盘入场。

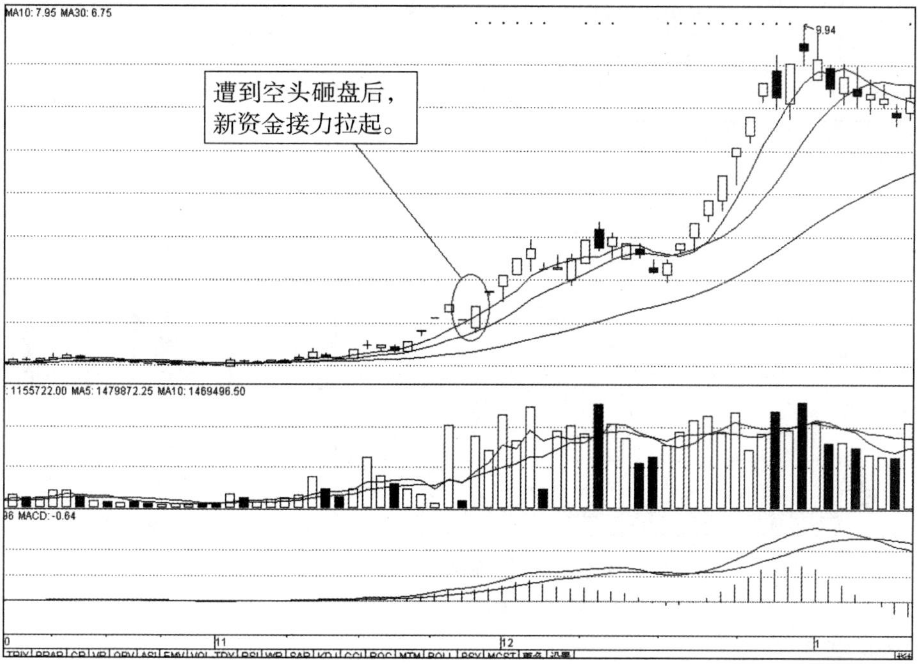

图 6-40 郑州煤电（600121）日 K 线图

这里主要分析一下龙头如何反包？

模塑科技（000700）2020 年 2 月 7 日收盘后场内有巨量套牢盘，那么这种股票的反包，很容易面临这部分筹码的砸盘。次日反包，第 3 天开盘就出现了砸盘，这里高度也就上不去了，反包行情戛然而止（如图 6-41 所示）。星期六（002291）在 2020 年 1 月 17 日也遇到这种问题，反包后无法突破前面的套牢区。

那么，如何才能让这部分筹码不砸盘呢？通常有如下两种方法。

第一种方法：首阴次日直接快速拉上去，用盘口强势的分时走势让筹码锁仓不卖。这种方法就是高开直接拉涨，走势不停顿，一气呵成，比如顺博合金（002996）2021 年 3 月 16 日的走势。

第二种方法：首阴次日，先低位整理，让套牢盘割肉，然后再拉高。比如新天绿能（600956）2021 年 3 月 17 日出现套牢盘之后，第 2 天低位整理，把套牢盘消化掉，第 3 天反包。从后续走势看，把这部分套牢盘消化之后，才开启主升浪行情。

如果个股市场地位不够强，也可能会整理几天，然后再反包突破，比如王府井（600859）2020 年 5 月—7 月的行情。

可见，人气股的筹码结构是我们的对手。那么谁是我们的朋友？下面做进一步分析。

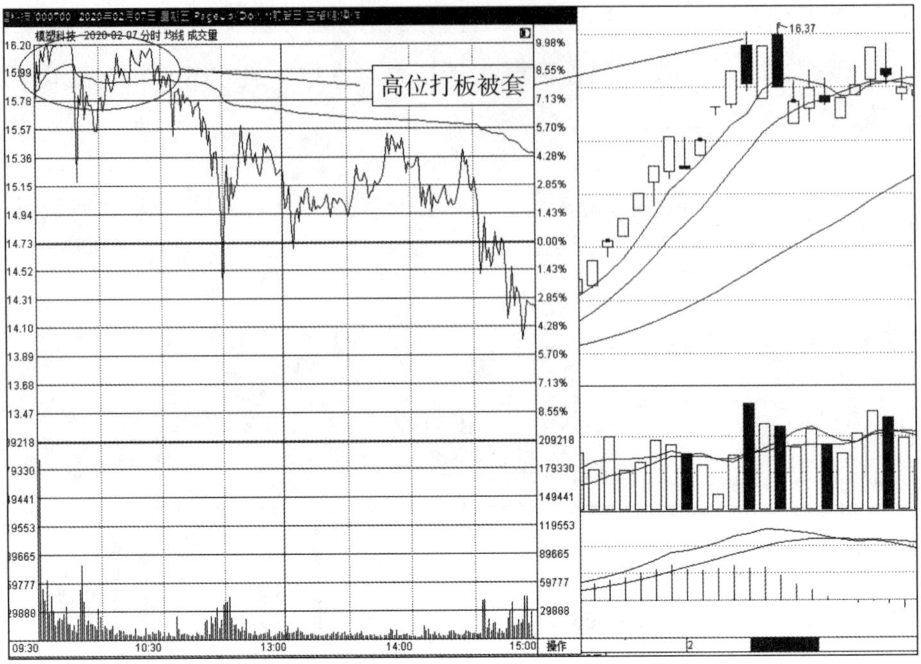

图 6-41 模塑科技（000700）日 K 线和分时走势图

3. 龙头低吸逻辑

（1）首先是情绪对龙头股走势的影响。比如，2020 年 2 月 18 日，秀强股份（300160）创出 11 连板，盘中有烂板换手，但成交量并不大，说明筹码结构完好。这时唯一要担心的就是市场中的高位股情绪杀跌。同期的奥特佳（002239）2 月 13 日反包涨停后没有连板，在高位振荡两天，从形态上看有回落的风险。但 18 日这天开盘走得不弱，一直在前一天收盘价附近有承接，没有恐慌下跌破位，也没有拖秀强股份的后腿。尾盘强势反包涨停，支援了秀强股份封板。

秀强股份和奥特佳二者在情绪上有关联，秀强股份的涨停阻止了奥特佳下跌，而奥特佳走稳促进了秀强股份烂板回封。这种关系被接力资金看穿后，奥特佳尾盘反包涨停，进入新一波拉升。当然，秀强股份和奥特佳的封板还得到其他中位强势股的支援，首先是北玻股份（002613）牢牢封住一字板，然后是北特科技（603009）高开秒板，说明当天中位股的流动性没问题，当天恐慌盘被承接住了。因此，当天理想的买入品种是换手后强势反包的奥特佳，该股最具上涨潜力，因为其他 3 只股票处于高位，场内又无换手，后续存在分歧风险。

（2）其次是踏空资金的操盘思路。踏空资金总是在确定指数没问题的时候，才会进场买入人气股或者人气板块个股。比如，2020 年 2 月 20 日，如何看出市场走势没有问题？东方财富（300059）10:00 开始放量，向市场率先表态：今天要进攻。

市场上最敏锐的资金，在东方财富股价拉起来之后，立即开始点火秀强股份。在分时图中可以看得很清楚，东方财富先动，秀强股份的做多资金立刻跟上。秀强股份成功拉到7个点附近出现换手，随后跟随深康佳A封板。这天秀强股份无论何时都是买点，追高、打板都没有问题。因为跟敏锐的游资买在同一天，第2天溢价机会较大。

大资金参与短线炒作，追求的首先是确定性，要稳。当看到这些求稳的资金都大刀阔斧地干，那做短线的散户还犹豫什么呢！

（3）一个龙头股的反包需要这样几个要素：一是个股筹码结构良好，没有涨停板砸下来的套牢盘，或者套牢盘被振荡化解。二是当天市场接力情绪正常，没有未爆的雷。上述两点是龙头低吸的思路。三是做接力一定要考虑整体市场态势如何，只要市场偏重进攻，那么就会有踏空资金进场攻击识别度最高的龙头。

四、主升浪反包形态

1. 主升浪反包要点

（1）时间上，中短期均线（10日或30日均线）处于上升趋势，斜率大于30度，中长期均线（60日或125日均线）向上，基本趋势处于加速阶段。

（2）空间上，在反包或加速之前，形成连阳上涨，有趋势做铺垫，可以参考王府井（600859）2020年5月行情的第一个启动阶段。不能是下降通道或者长期横盘的股票突然直接一阵爆拉。

（3）基本面上，最好是短线有炒作热点的股票，有基本面支撑，虽然不强调公司基本面过于优秀，但至少不能出问题，也不能有负面消息，比如被监管处罚、股东减持等。

2. 选股要求

（1）秉承一贯的思路，一定要是龙头股，有基本面支撑的独立龙头是首选，或者是板块性题材龙头，市场跟风股不在观察范围之内。

（2）个股自身有趋势属性，同时又具备超短线的性质。什么意思呢？作为超短线投资者，对股票的活跃度毫无疑问是有灵敏嗅觉的，这个活跃度最直接的指标就是振幅、成交量以及涨停板。

整个市场尚处于一个比较朦胧的转换阶段，究竟是题材还是趋势尚没有方向性选择。超短线投资者关注到一只股票，最直接的就是涨停板或波段涨幅，所以以下3个条件要满足其一。

A. 最近的一波上升趋势中出现过涨停板。

B. 至少有 2 个交易日出现过 7 个点以上的振幅。

C. 最近参考的一波连阳涨幅超过 20%。

（3）附加一个必要条件，必须是合力股票，庄股是不可以的。什么是庄股？无须太多强调，不用看图形，最简单的判断方法是找不出任何理由就莫名其妙地上涨，市场关注度又提升不上来的股票。

3. 第一次分歧

从技术上来讲，连阳上涨的股票，高位第一次出现阴线就是分歧，参与点一般就是第 2 天或者第 3 天的分歧低点。当然，连阳并不要求一定全部是阳线，连一根小阴线也不能出现，有些小阴线出现在整个趋势中也不伤大雅。

很多主升浪个股，在第 3 天或者第 4 天拉升，这个拉升可能是一个简单的反包，也可能是一个小周期趋势的开启。

如图 6-42 所示，越秀金控（000987）2020 年 7 月 7 日 4 板后出现首阴，隔日反包开启主升浪。凯撒文化（002425）2020 年 6 月 10 日 2 板后出现首阴，隔日反包开启主升浪。

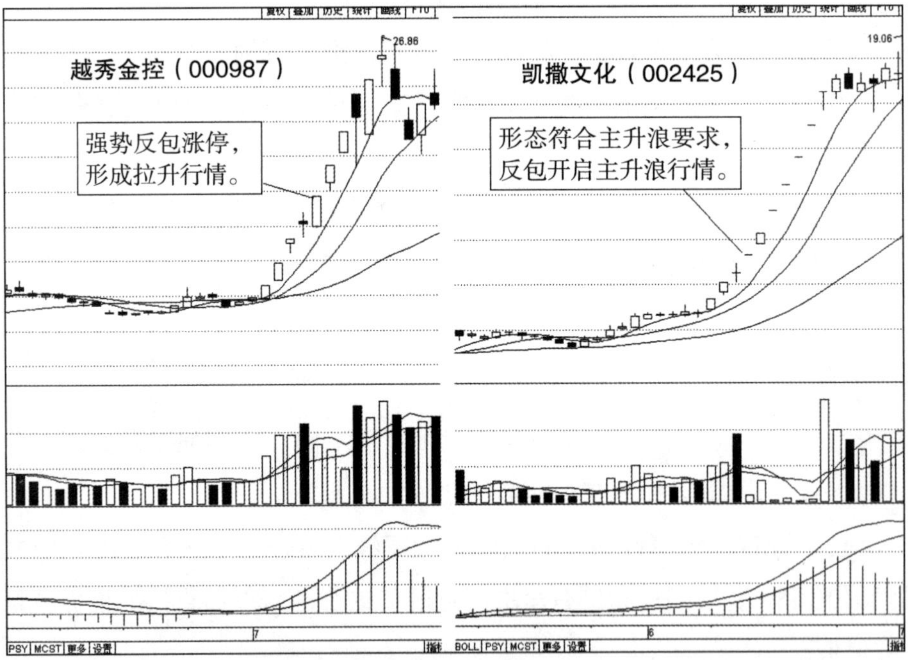

图 6-42 越秀金控（000987）和凯撒文化（002425）日 K 线图

如图 6-43 所示，宣亚国际（300612）2020 年 6 月 22 日整理 1 天，次日反包，形成主升浪行情。通光线缆（300265）2020 年 3 月 16 日首阴，多数人解读为出货，但是第 2 天强势反包涨停，走出第二波拉升行情。

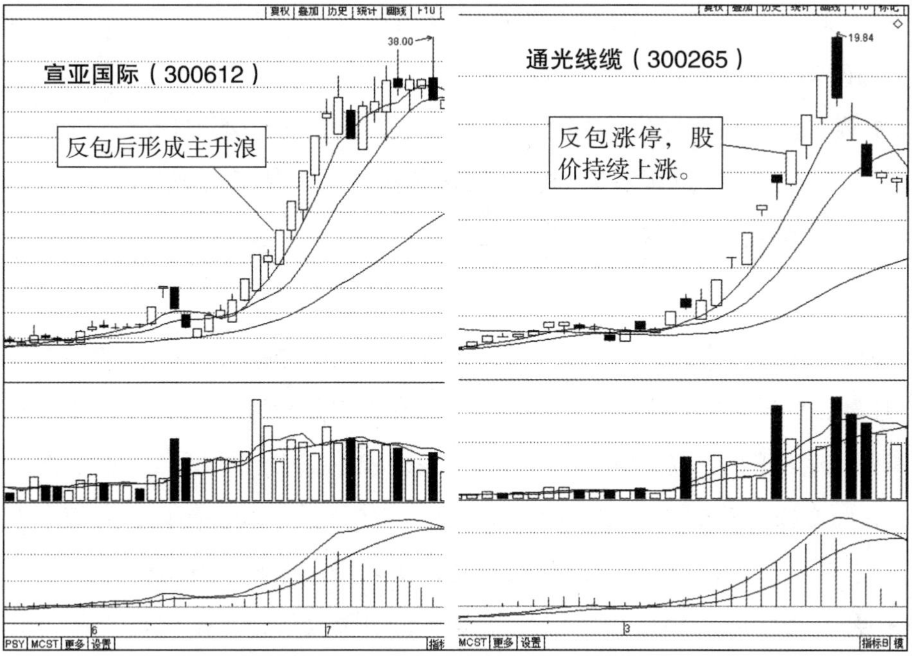

图 6-43　宣亚国际（300612）和通光线缆（300265）日 K 线图

第六节　3 天 2 板模式

一、逻辑结构

3 天 2 板模式是指首板之后，次日出现振荡整理，第 3 天反包涨停。实盘观察点是第 3 天潜在的反包涨停板，本质上博弈个股该弱不弱。个股初期该弱不弱，很可能是行情启动阶段，即趋势形成过程中。

第 1 天涨停，第 2 天调整，还伴随着成交量明显放大，形态上并不看好，且有继续调整的要求。可是第 3 天股价没有下跌，反而上涨反包，这就是该弱不弱。

1. 特征和要求

（1）第 1 天收涨停阳线，涨停阳线必须明显突破一个重要的技术位置，如均线、盘区、趋势线等。如果短期股价出现深幅下跌，可以用整个形态考虑，也就是突破信号可能发生在第 3 天。

（2）第 2 天盘中振荡幅度较大，但回调低点一般不低于前一天阳线的开盘价，K 线实体较小，形似纺缍线。

（3）第 3 天股价继续涨停，并覆盖了纺缍线的最高点，即强势反包涨停。

（4）这种形态也经常出现在拉升途中，后市一般仍有不俗表现。但如果出现高位，则要谨防主力诱多出货。

3 天 2 板模式出现频率比空中加油高，而且经常出现一些不够标准的走势，不少个股冲高回落，没有反包涨停。这里提醒选股务必严苛些，竞价、拉升、回撤每条要求都不能少，拒绝半推半就的弱势盘面，要找强势的个股。

2. 分时要求

（1）竞价开盘在 ±2% 之内。低开太多说明弱，没人关照，开盘太高容易回落。

（2）开盘 30 分钟内有明显连贯的拉升，标准走势是平开，然后盘中稳步推进。

这一点跟假阴线的空中加油形态有差别，假阴线的空中加油形态要求个股开盘 5 分钟内快速拉升，而本模式的要求是 30 分钟内走强。空中加油本就是高位，突破更需要气势，加完油赶紧起飞。而 3 天 2 板本就是分歧启动，所以开盘振荡攀升就行。

（3）拉升过程中回撤小。个股拉升过程中的回撤大小，直接决定资金的抢筹态度。比如，同样涨幅 5%，有的股票是稳步推进直线上涨，有的股票每涨 2% 回跌 0.5%，有的股票每涨 2% 回跌 1% 甚至 1.5%，哪只股票走势更强？自然是第一种，即每一步上涨都有资金愿意主动追买，这就是资金看好的直接体现。如果是进二退一的走法，证明资金分歧很大，这类股票的价格走势往往曲折，尽量避开。

（4）次日调整 K 线实体收阴为佳。收盘价低于开盘价 2% 以上更好，因为相对跌得越多，恐慌性越强，第 3 天逆转更有视觉冲击感。

原则上，摒弃调整日收十字星而且收涨的，因为这类股票的分时走势往往是开盘一波拉升失败，然后逐波回落，通常有诱多嫌疑，操作性不如收阴线。

同时，当天收盘收十字星，并且收盘价低于开盘价 2% 内，涨幅不宜超过 4%。因为调整当天收阴线，有助于形成预期差。如果当天收十字星还大涨，也就得不出次日必跌的结论。

（5）调整当天收盘为上涨，但 K 线为阴线，即假阴线。

二、实例分析

（1）这个模式原则上要求第 1 天的涨停形成突破走势，第 2 天换手洗盘，第 3 天进入加速上涨。但实盘中有时如果股价前期回调较深，突破信号可能发生在第 3 天，只要形态整体能够形成突破走势，就可以认定形态有效。

如图 6–44 所示，坚瑞沃能（现名保力新，300116）在长时间的底部振荡中，主力成功完成了建仓计划。2020 年 8 月 19 日，股价放量向上突破，拉出涨停阳线。主力为了不让散户有更多的获利空间，第 2 天立即展开振荡整理走势，股价小幅高开后冲高回落，小涨 2.70% 收盘，K 线呈现纺缍线形态，主力洗盘恰到好处。第 3 天股价放量反包涨停，表明主力整理结束。接着股价强势上涨，出现 3 连板行情。

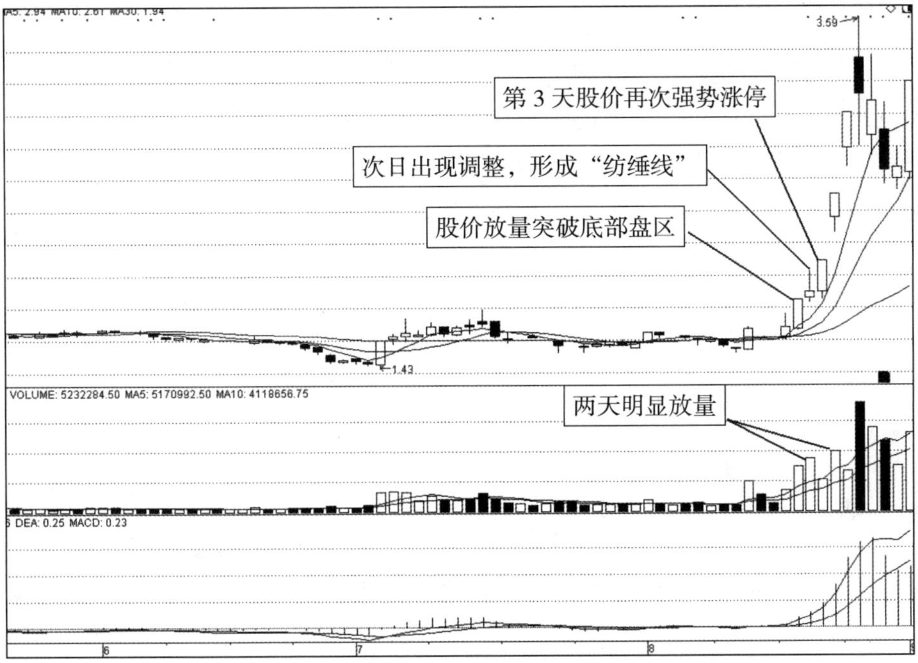

图 6-44　坚瑞沃能（现名保力新，300116）日 K 线图

如图 6-45 所示，出版传媒（601999）出现过两次 3 天 2 板反包模式。2021 年 4 月

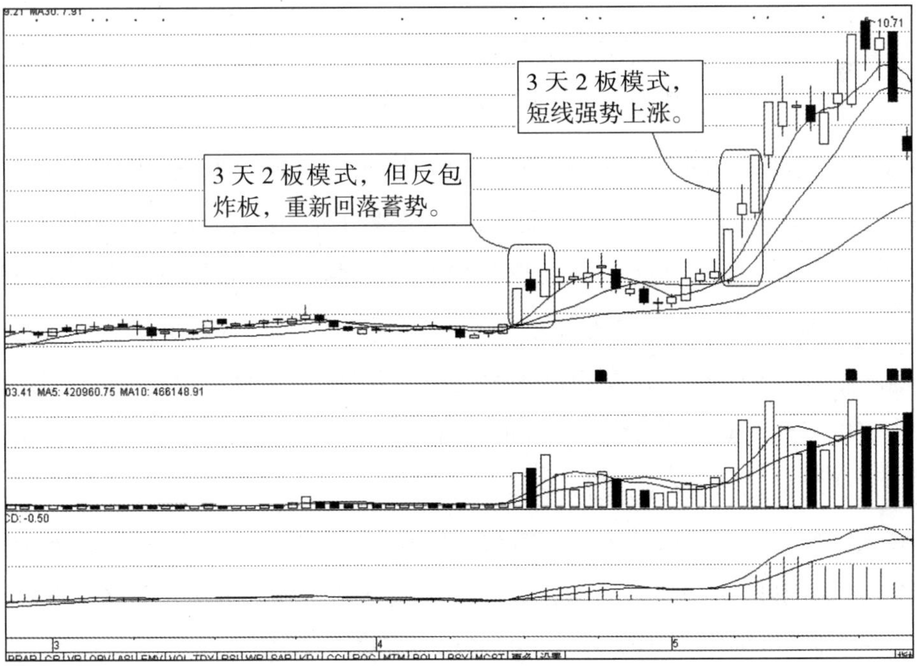

图 6-45　出版传媒（601999）日 K 线图

20 日反包上板，但尾盘炸板回落，导致形态和气势出现瑕疵，之后股价进入蓄势整理。

经过一场“预演”后，5 月 14 日的反包涨停就比较成功，构成模式内的 3 天 2 板形态，短线股价强势上攻。

如图 6-46 所示，铭谱光磁（002902）2021 年 6 月 4 日一根大阳线拔地而起，次日冲高回落，成交量放大，表明换手充分。第 3 天低开 3.18% 后振荡走高，午后强势拉板，成功反包假阴线，可按假阴线反包买入操作。

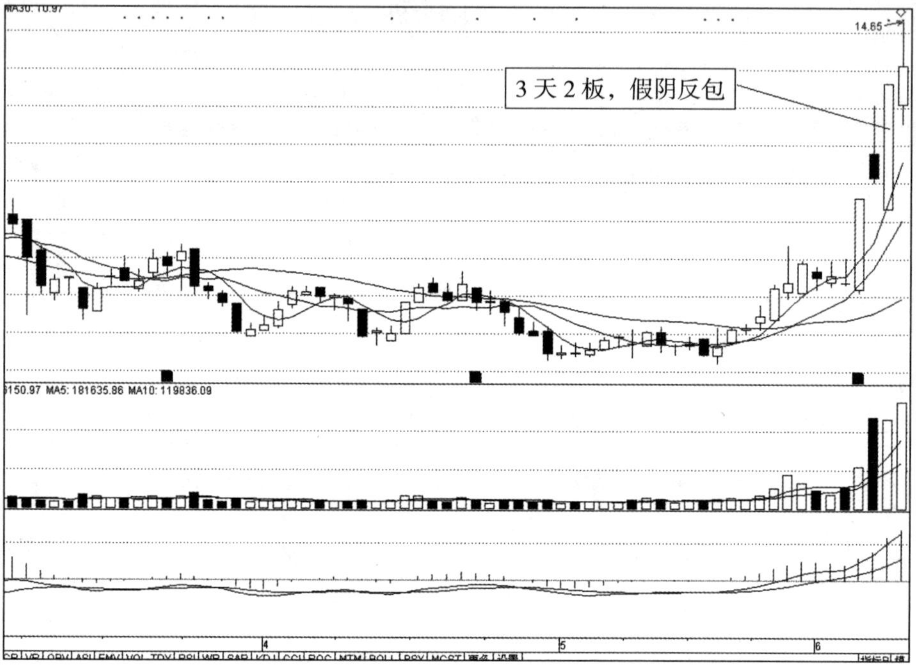

图 6-46　铭谱光磁（002902）日 K 线图

（2）3 天 2 板模式中间的 K 线并不重要，可以是小幅上涨的阳线，也可以是小幅下跌的阴线，或者是涨跌幅度不大的假阴线、假阳线，关键是第 3 天的反包 K 线，要求有力度、有气势。

如图 6-47 所示，金健米业（600127）2020 年 3 月 23 日放量向上突破 30 日均线后，出现两次 3 天 2 板形态，前一次两根涨停 K 线中间夹着一根小阳线，后一次两根涨停 K 线中间夹着一根小阴线，两个形态只是中间的小 K 线颜色有差异，其技术意义是相同的。特别是第 3 天的反包 K 线，开盘后没有回落，而是稳步向上走高或快速上板，说明前面的换手洗盘非常成功，此后股价出现强势上涨。

如图 6-48 所示，佳云科技（300242）主力向下打压后，股价企稳回升，2020 年 5 月 26 日股价放量突破 30 日均线。次日，股价小幅低开振荡，对前期盘区中的筹码进行了消化。5 月 28 日股价强势反包涨停，3 根 K 线 2 个板，第 3 天强势反包，表明主力换手整理结束。之后，出现强势拉升行情，短期股价涨幅较大。

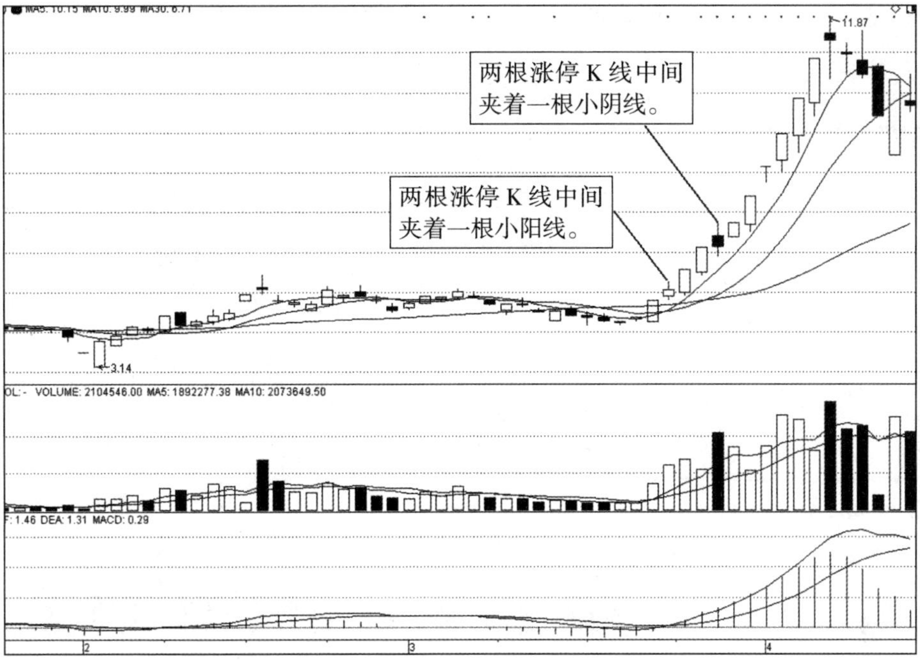

图 6-47　金健米业（600127）日 K 线图

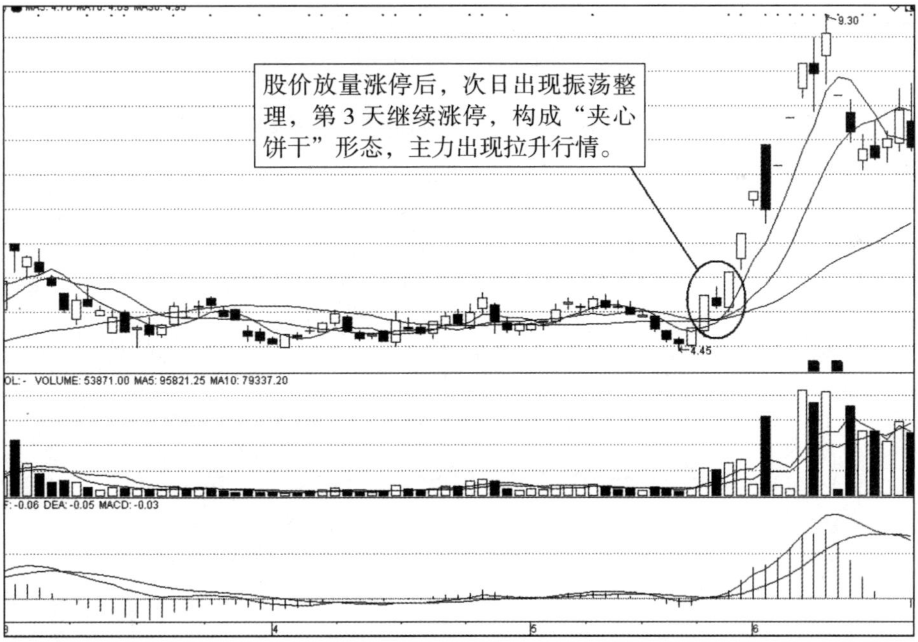

图 6-48　佳云科技（300242）日 K 线图

（3）这个模式说是 3 天 2 板，但实盘中会出现一些变体，需要灵活掌握。这就是说，形态中间的纺缍线可做弹性处理，有时可能出现若干根小 K 线，其意义也是一样的。

如图 6-49 所示，鄂武商 A（000501）成功脱离底部后进入盘升行情，2020 年 6 月

30 日开始连拉 2 个涨停，接着出现 2 个交易日的振荡整理，收出 2 根星形小 K 线，7 月 6 日再次出现突破涨停，属于变异的“3 天 2 板”形态。

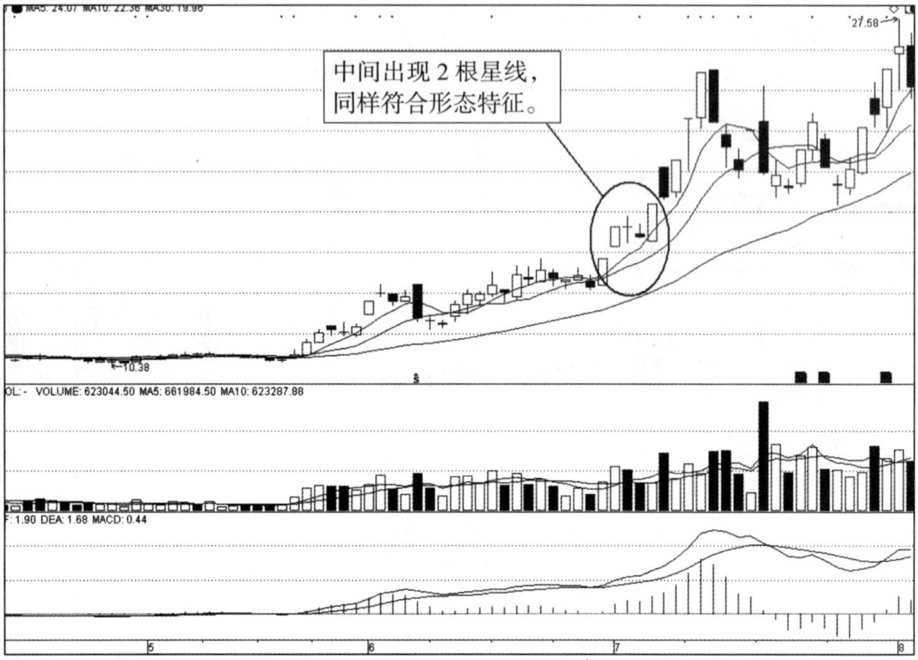

图 6-49　鄂武商 A（000501）日 K 线图

如图 6-50 所示，新力金融（600318）主力刻意打压后，股价渐渐企稳回升。2020

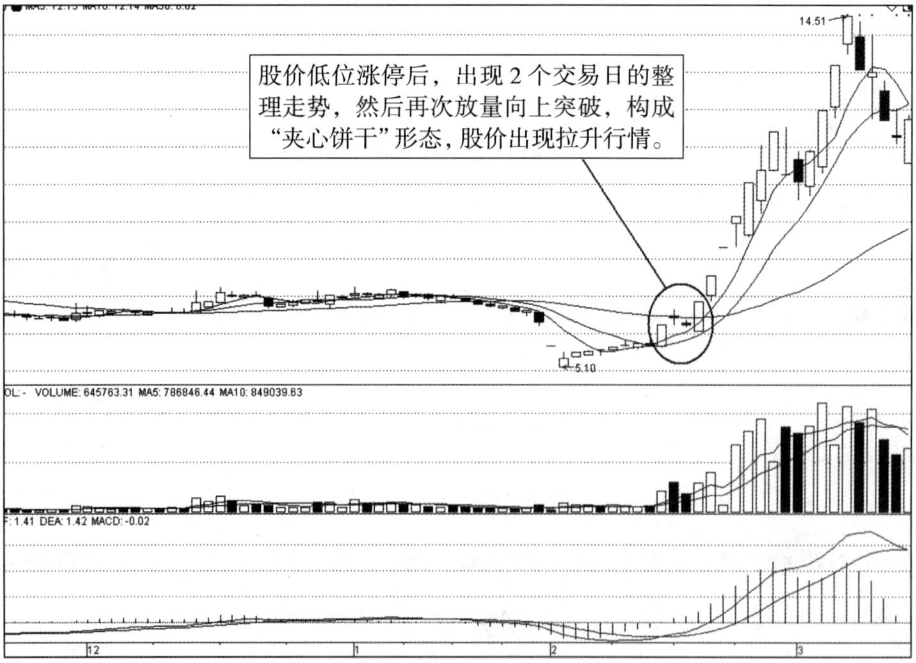

图 6-50　新力金融（600318）日 K 线图

年 2 月 14 日涨停，但此时股价并没有形成突破走势，随后展开 2 个交易日的调整，消化上方的压力。2 月 19 日股价再次涨停，成功突破了 30 日均线的压力，也符合“3 天 2 板”形态，接着股价出现拉升行情。

这类个股分时买点非常重要，拉升、振荡、再点火，各条件都应满足形态要求。当然，不同的股票有不同的发展节奏：有的股票弹性好，喜欢开盘直接上冲；有的股票弹性弱，喜欢先振荡再拉升。盘面走势千差万别，选择模式内的标准机会，那是最好的。

三、操作提示

实盘中，经常出现 3 天 2 板形态，短线参与成功率也较高。可主要参考以下 7 个买卖时机。

（1）如果中间的纺锤线高于前一天的涨停 K 线，第 3 天盘中股价突破纺锤线高点时，可以考虑买入。

（2）如果中间的纺锤线低于前一天的涨停 K 线（内困日），第 3 天盘中股价突破第 1 天涨停收盘价，也可以考虑买入。

（3）当 3 天 2 板形态出现后，可在涨停位置追板买入，或在盘中开板时入场。

（4）当 3 天 2 板形态出现后，次日不能维持强势运行时，应做减仓处理，降低风险。

（5）在股价回落到第 1 天涨停 K 线的 1/2 位置之下时，应引起警惕，如果盘中不能重新走强，则应做减仓处理。

（6）在股价回落并吞没了前一天涨停的全部涨幅时，应止损离场。

（7）该形态出现在股价涨幅较大的高位时，应谨慎参与，结合其他因素分析是否形成潜在的头部。

第七节　假阴反包模式

一、假阴技术要点

1. 博弈预期

所谓假阴线，通常指当天收盘价低于开盘价（K 线绿色），但收盘价高于前一天收盘价，也就是价涨 K 线为阴，假跌真涨，这就是连板后的假阴线反包模式。

假阴线反包模式可以当作连板后阴线调整（收盘为正）的加强版，因为收盘为正，相对来讲这类股票的机会要多一些。

假阴线模式博弈预期，是博弈连板股在高位空中加油后再度起飞，相当于买在启动点。退一步说，空中加油调整 1 天或 2 天，如果介入当天收涨，即使隔日下跌也不会有大的亏损。最差的是当天振荡收跌，一般这种情况就要小亏或者平盘出局。但当天振荡收跌的股票往往都有共性，所以只要排除这类共性特征，这个模式的成功率就能提高很多。

总之，人气股在连板后调整当天还能收涨，说明个股还是有一定的人气基础，然后判断个股是否具有反包基因，进而寻找潜在的低吸机会。

2. 选股要求

（1）出现在 2 连板后。跟其他反包一样，目的是筛选出相对更有辨识度的个股。

（2）调整当天收盘为正。当天整体收涨，相对当天收跌的股票来说，假阴线的机会多一些。

（3）收盘价低于开盘价。个股当天 K 线是阴线，最好是实体阴线，但实际上是收涨“阳线”。

这一条是刚性要求，实盘过程中也有变体出现，比如当天收阳，但收盘价和开盘价接近（幅度不超过 3%），且当天涨幅低于 4%，这类股票也可以按照这个模式来看。

（4）调整当天振幅超过 7%。振幅代表调整当天的筹码交换状态，振幅超过 7%，表明场内的浮筹消化差不多了，如果隔日上涨，拉升相对容易。

3. 买入时间

在调整第 2 天买入，连板后假阴线调整当天是第 1 天，次日是第 2 天。即连板后调整第 1 天的走势如果符合假阴线要求，那么次日可以关注低吸机会。

二、假阴买点要求

这种走势的个股普遍属于回落，失败实例居多。这里用反证法求证，具备什么样的特征才能提高当天反包的概率，重点看一条——分时重心。这个过程相当于筛选，根据多年经验，实盘中有两类股票赚钱效应最突出：第一类是开盘后 5 分钟内直线拉升的；第二类是开盘后没有直线拉升，转而观察盘后分时重心。

1. 开盘后 5 分钟内直线拉升

基本要求：无论个股高开、低开还是平开，5 分钟内直线拉升的高度要超过 4%。

这个反包模式溢价最好的个股，就是开盘直线拉升的股票，通常是开盘后直接高走，分时呈现一条直线。好股票三五分钟内就能上涨 4% 以上，用时越短，拉升越快越强。

4% 的涨幅还是个分水岭，能够过滤掉很多容易失败的股票。多数冲高回落的个股，早盘虽有直线拉升，但一般都到不了 4%，经常是上涨 3% 就遇阻回落。

买点要求：

（1）竞价开在平盘附近或以下，开盘后直线拉升到 4% 时介入。

（2）开盘开在 2% 以上，开盘后直线拉升超过 4%，拉升振幅超过 3% 时介入。但开盘如果是七八个点，就有追高的嫌疑了，此时也可以等打板找确定性机会。

如图 6-51 所示，2021 年 4 月 1 日，天富能源（600509）的股价高开振荡收阴，次日竞价低开 1.82%，开盘后迅速突破 4%，冲至 8% 以上。在回落至 5% 附近时，可以考虑入场，其实，这正好是一波拉升后的调整位置。当日股价成功反包涨停，次日收出 T 字板，短线获利丰厚。

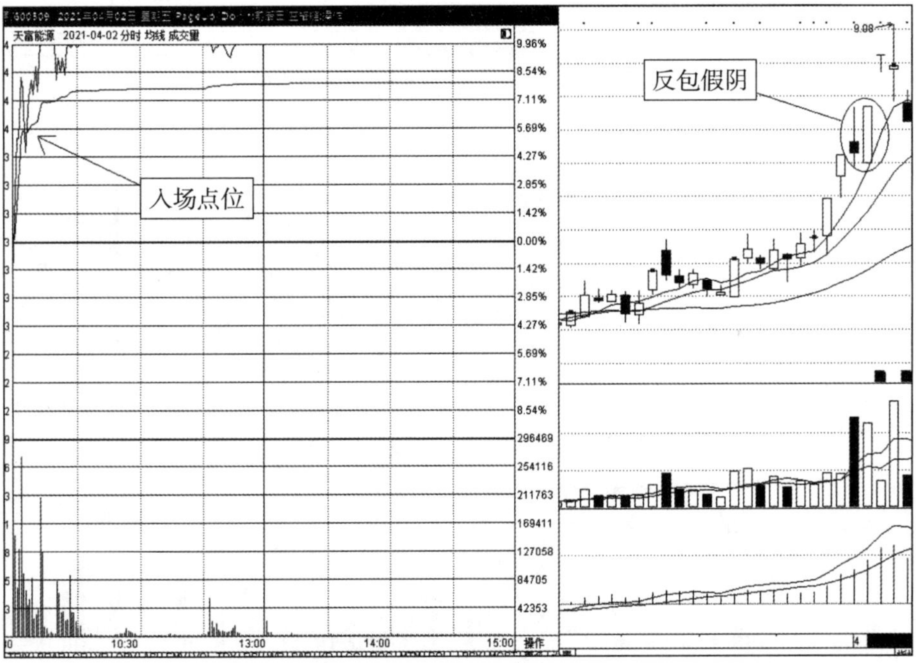

图 6-51　天富能源（600509）日 K 线和分时走势图

如图 6-52 所示，2020 年 12 月 16 日，东风汽车（600006）的股价高开 9.04%，振荡收假阴线。次日低开 1.77%，盘中 5 分钟直线拉升，然后小幅回落，形成买点。快速换手后封板，之后烂板回落至均价线附近，再次形成买点。当日反包成功，股价形成 3 连板。

如图 6-53 所示，协鑫集成（002506）的股价向上突破连拉 2 板，2020 年 8 月 7 日高开振荡走低，收出上涨假阴线，第 2 天形成强势反包板，之后股价出现 4 连板行情。

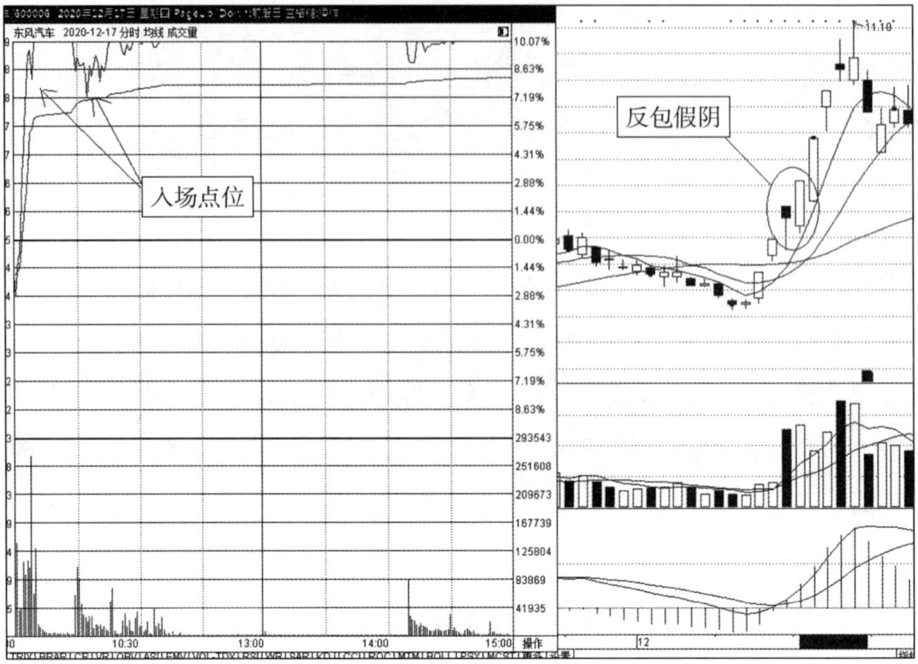

图 6-52　东风汽车（600006）日 K 线和分时走势图

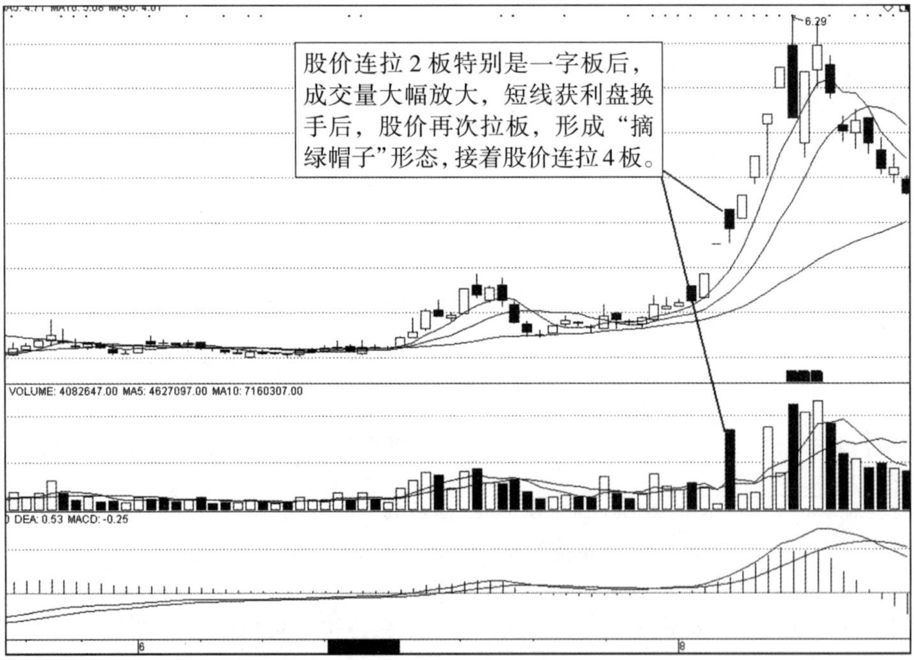

图 6-53　协鑫集成（002506）日 K 线图

从图中可见，在 8 月 7 日成交量较大，换手率达到 16.70%，为当时一段时间的最大成交量。由于前面收出 1 个实体板和 1 个一字板，盘中堆积了大量的短线获利盘，主力需要进行换手洗盘，让短期获利盘和解套盘离场，从而导致成交量骤增，换手成功后第 2 天强势反包。从这里可以看出，这个量是换手量，而不是见顶量，投资者没必要感到恐慌。

如图 6-54 所示，东方通（300379）2019 年 9 月出现 2 次反包，都符合模式内形态。前一天高开振荡收假阴线，次日竞价高开快速拉涨，成功完成反包。由于这 2 次高开幅度较大，开盘已经接近涨停，在涨停位置寻找打板获利的确定性更强。

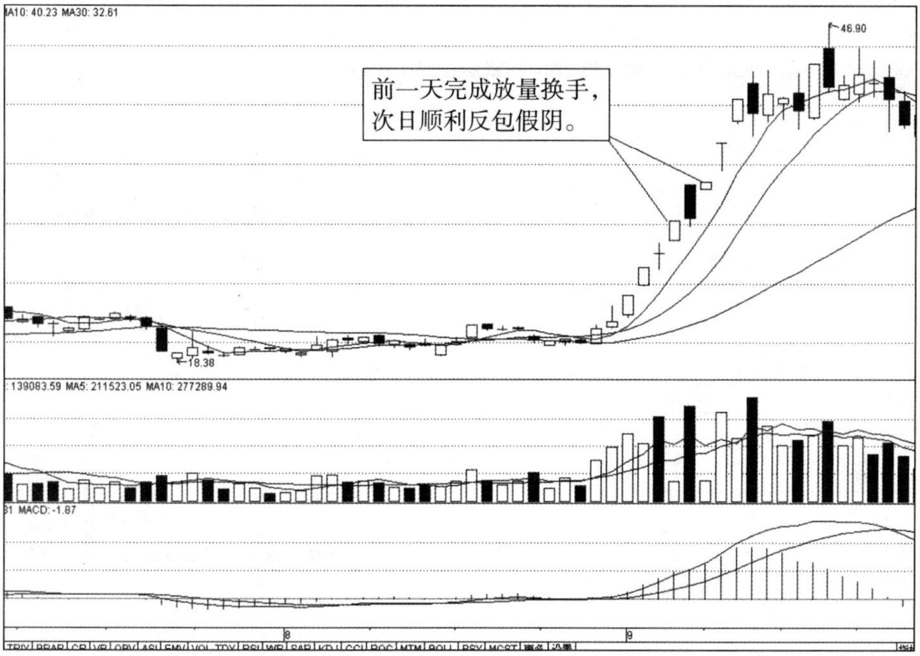

图 6-54　东方通（300379）日 K 线图

2. 开盘后没有直线拉升则观察分时重心

如果开盘后没有直线拉升，说明走势趋弱，这时不用着急买入，可以留意个股重心是走高还是走低。基本要求：

如果是开盘 10～20 分钟，重心体现形式是分时走势上或下。

如果开盘超过 30 分钟，分时体现形式是均线（黄线）上或下。

提供 2 个观察时间点，第一个是开盘 30 分钟，第二个节点是开盘 1 小时。

如果开盘 30 分钟内重心保持平稳上移，可以考虑沿着均线低吸。

如果开盘 30 分钟多空没有明显胜负，说明个股走势偏弱，不要着急介入，最好等开盘 1 小时后再看看是否符合要求。

如果这 2 个时间点内个股重心没有上移，也不是横盘，而是明显下跌，则直接放弃。

买点要求：

（1）平盘下，重心逐步上移，考虑沿着均线找回踩买点，或者翻红介入。

（2）平盘上，重心逐步上移，在 2% 以内找 2 次回踩买点。

对于回踩，如果开盘趋势很明朗，确定重心上移后的第一次回踩就是介入机会，后面可能也有回踩，但涨幅大，可能要追高了。

如图 6-55 所示，包钢股份（600010）2021 年 3 月 2 日高开振荡，收出放量假阴线。次日低开后快速翻红，股价重心走高，尾盘反包涨停。这类股票可在回踩均价线附近低吸入场，只要主力在高位能够维持，风险就不大。

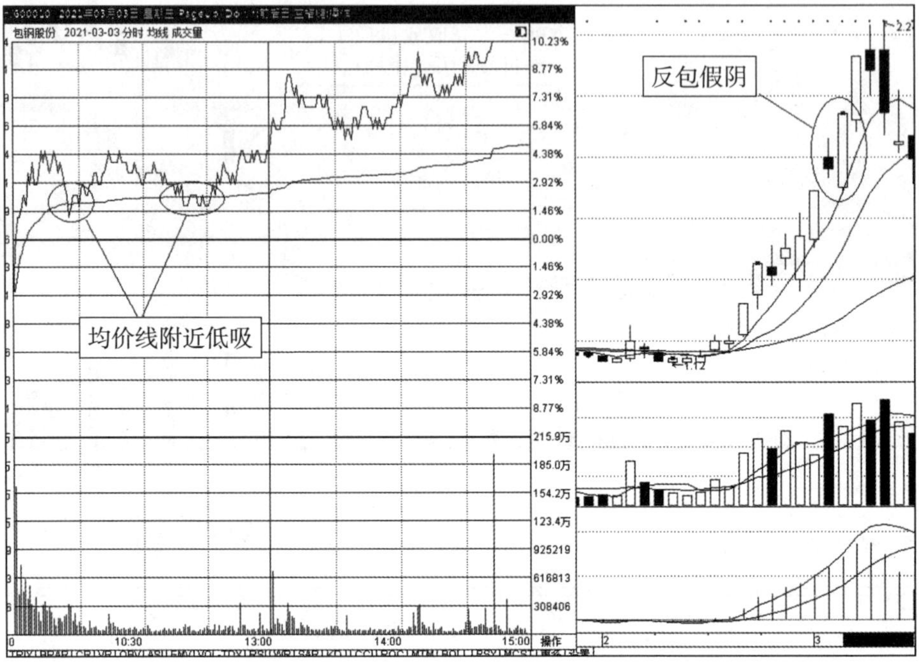

图 6-55　包钢股份（600010）日 K 线和分时走势图

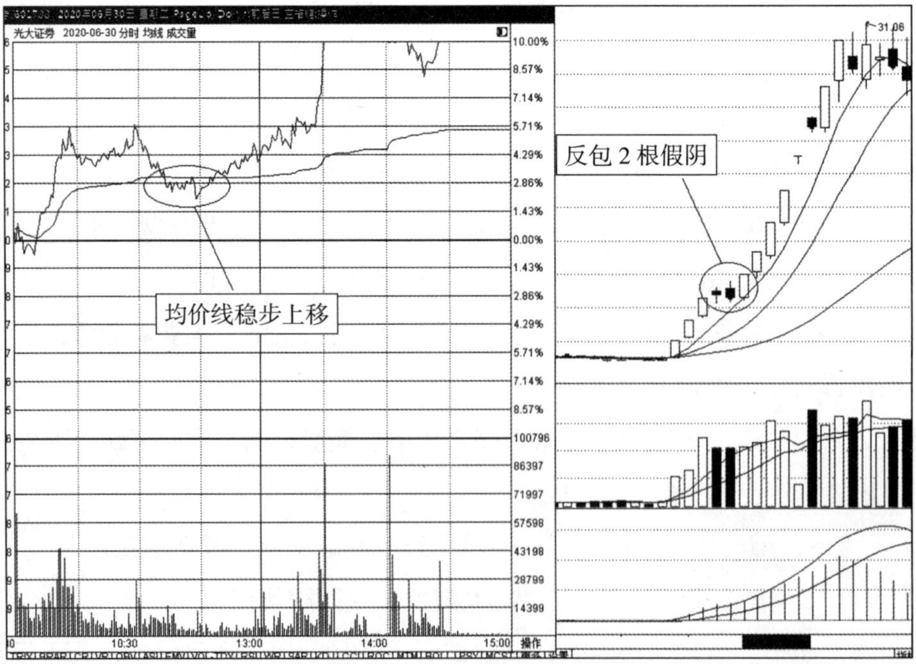

图 6-56　光大证券（601788）日 K 线和分时走势图

如图 6-56 所示，光大证券（601788）连续拉升后出现 2 天高开低走，收出假阴线。2020 年 6 月 30 日开盘后略做振荡，然后向上振荡走高，均价线平稳上移，可在股价回踩均价线附近时低吸。午后股价强势拉板，反包 2 根假阴线，开启强势拉升行情。

如图 6-57 所示，美锦能源（000723）2019 年 4 月 2 日高开振荡，K 线收假阴线。次日低开 2.81%，盘中强势拉起，尽管后面一段时间走势并不强势，但整体走势稳定。11:00 过后重心上移，午后回踩均价线，尾盘反包成功。

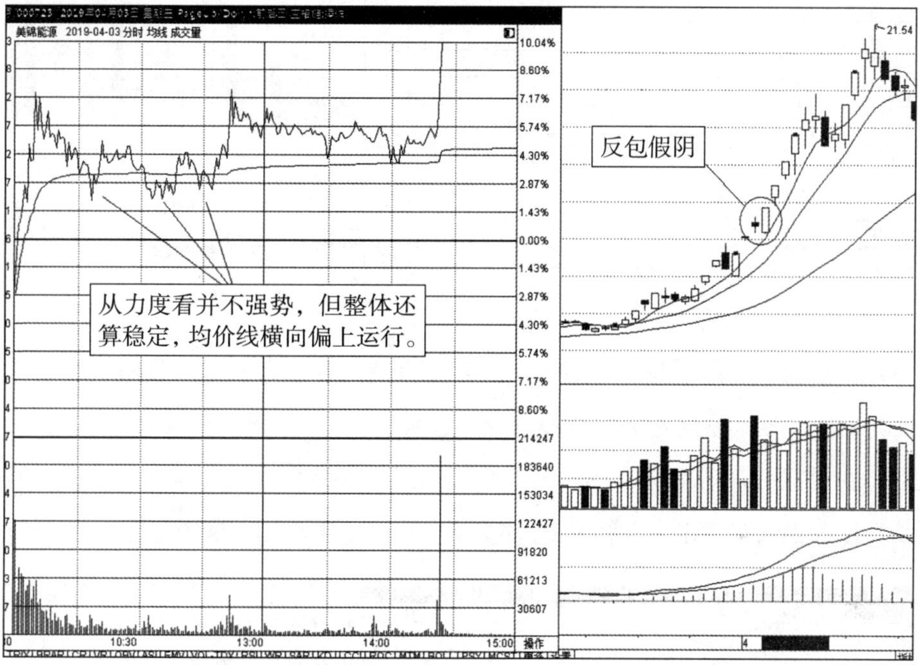

图 6-57　美锦能源（000723）日 K 线和分时走势图

如图 6-58 所示，金力永磁（300748）的股价见底企稳后向上走高，并突破 30 日均线的压制，2019 年 5 月 21 日收出 T 字板。次日，股价从涨停价位开盘后，主力封盘并不坚决，盘中反复开板振荡，当天以上涨 7.28% 收盘，K 线收假阴线。在当天振荡过程中，成交量大幅放大，换手率达到 67.00%，说明换手非常充分。5 月 23 日，股价小幅低开后强势回升，进一步换手后在 10:53 开始直线拉板，之后股价连收 7 个涨停。

三、假阴忌讳之处

（1）这个战法成功率不如前者，明显特征是分时横盘，且在高位，这类股票可做可不做，有些机会放弃也罢。

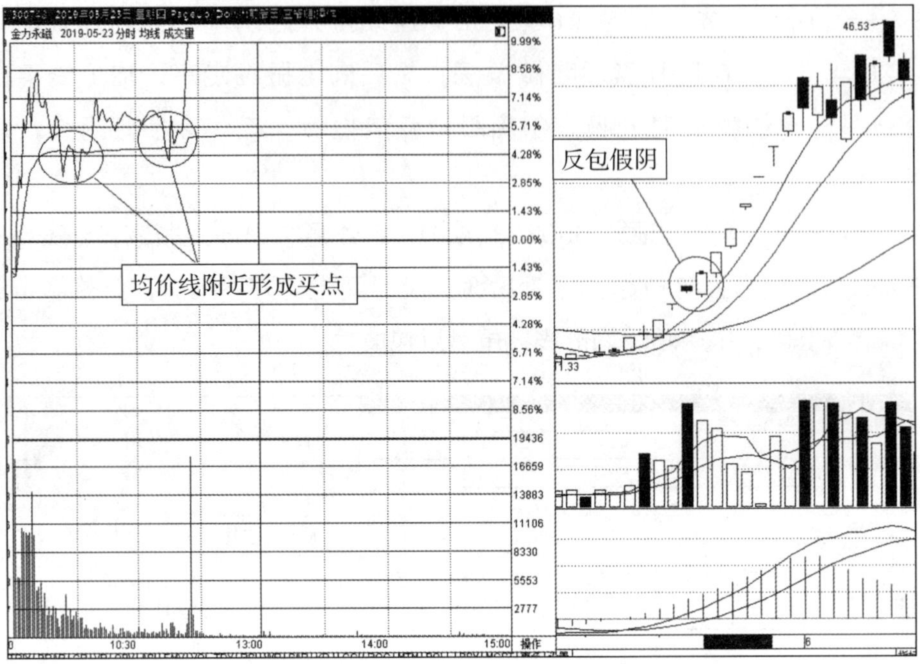

图 6-58 金力永磁（300748）日 K 线和分时走势图

如图 6-59 所示，宜宾纸业（600793）2021 年 5 月 25 日大幅振荡收假阴线，次日低开快速拉高后，分时呈现横向振荡走势，且股价涨幅远大于 2%，这就没有合适的低吸机会，也没有大长腿机会。这种盘面很难把握，尾盘一旦回落，当天就会浮亏几个点，且隔日大概率低开整理甚至下跌。该股当天虽然以大阳线方式反包，但在分时盘区入场的筹码几乎没有盈利机会。

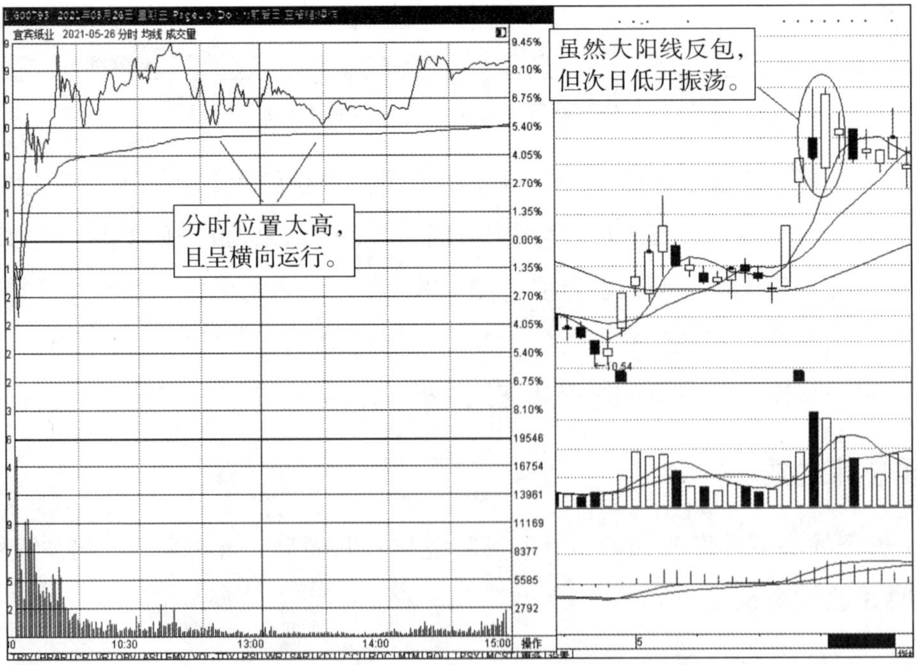

图 6-59 宜宾纸业（600793）日 K 线和分时走势图

如图 6-60 所示，中威电子（300270）2019 年 8 月 8 日开盘没有直线拉升，力度差一些。盘中重心横盘，而且位置不低，这样的机会就是可做可不做，以不入为佳。

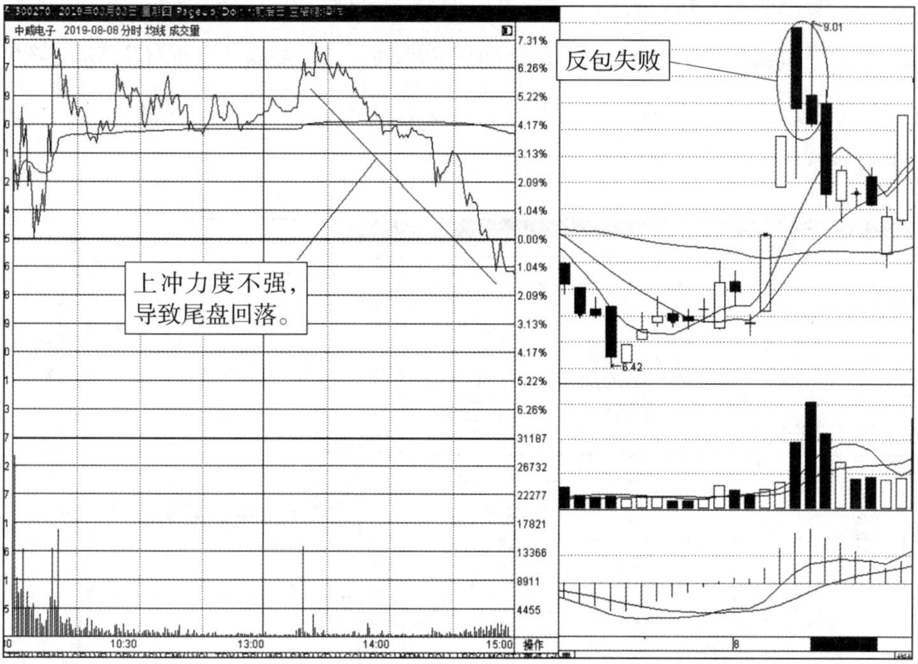

图 6-60　中威电子（300270）日 K 线和分时走势图

（2）假阴线股票最忌讳的地方是集合竞价不能买入，尤其是有些个股开盘涨幅在 1% 以内，走势看似很强，但欺骗非常多。

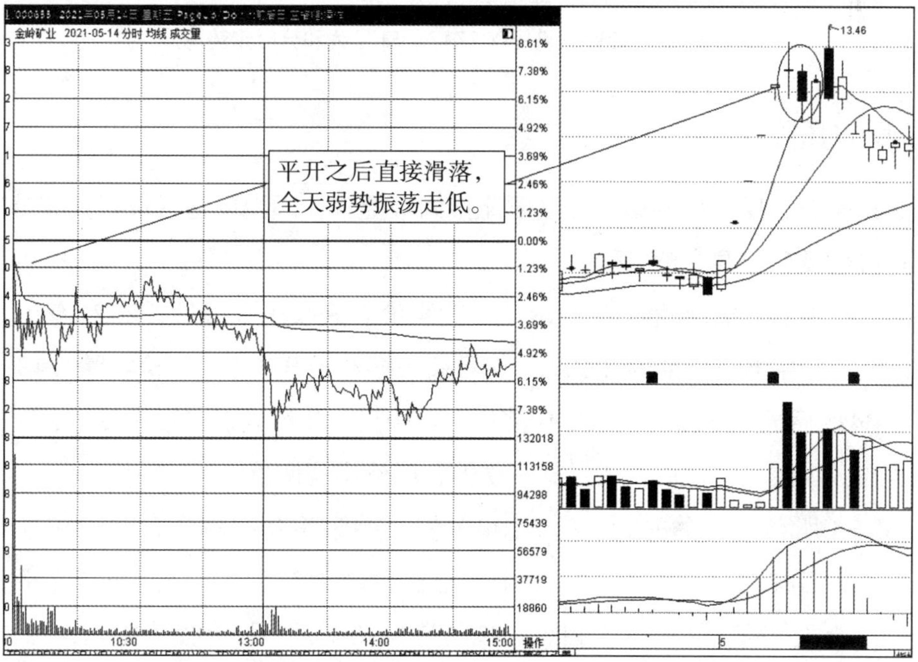

图 6-61　金岭矿业（000655）日 K 线和分时走势图

如图 6-61 所示，金岭矿业（000655）2021 年 5 月 13 日假阴线调整，次日平开，看起来拒绝调整，但盘中逐波滑落。如果集合竞价买入，显然当天被套。

如图 6-62 所示，岭南股份（002717）2021 年 5 月 26 日高开低走收假阴线，当天微涨 1.62%，次日小幅低开 0.27%，感觉盘面仍然强势。可是盘中没有任何冲高动作，直接下行将前一天入场资金套牢。这类股票次日走势没必要去赌方向，应观察盘中主力资金动向再决定是否介入。

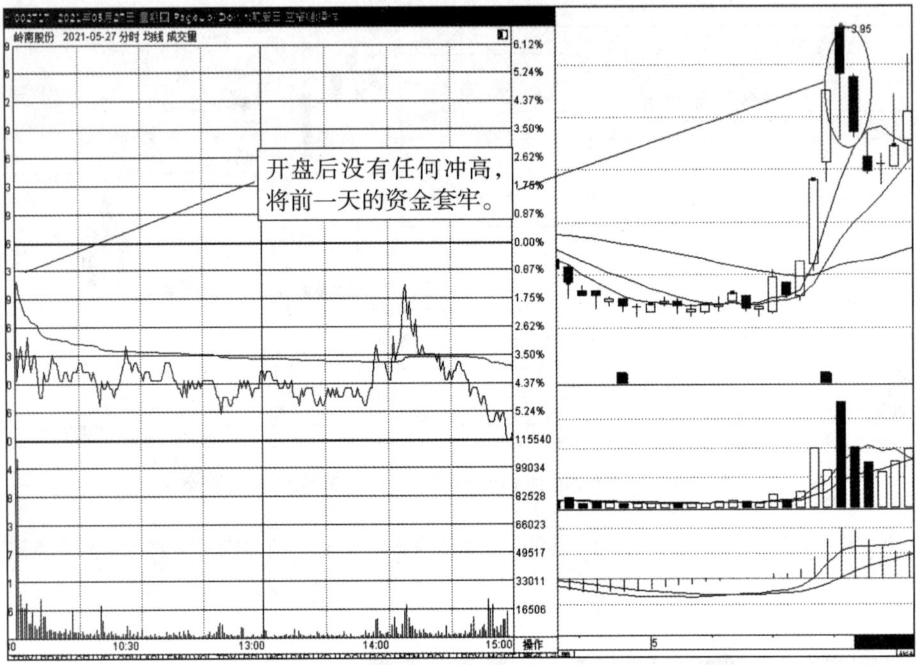

图 6-62　岭南股份（002717）日 K 线和分时走势图

四、高位反包风险

大家必须明白，反包板的参与难度要比接力板更难，因为反包的本质其实就是回抽走势，特别是高位反包更要注意风险。

如图 6-63 所示，皇台酒业（000995）的股价 6 天收出 5 板后，2021 年 6 月 8 日跳空高开 4.98%，盘中最高上冲到 8.46%，然后逐波振荡走低，当天股价收跌 2.48%。次日，股价低开 4.64% 后翻红走强，尾盘反包涨停。这个反包也给人带来很多憧憬，可是随后股价并没有走出预期的上涨行情，次日低开跌停，股价出现调整。

如图 6-64 所示，日播时尚（603196）借三胎政策利好消息，股价出现 5 连板。2021 年 6 月 7 日跳空高开 4.09%，盘中拉至涨停，但封盘 10 分钟左右炸板，股价逐波振荡走低，当天微涨 1.82%。次日，大幅低开 5.96% 后，股价强势拉高，10:02 封板，

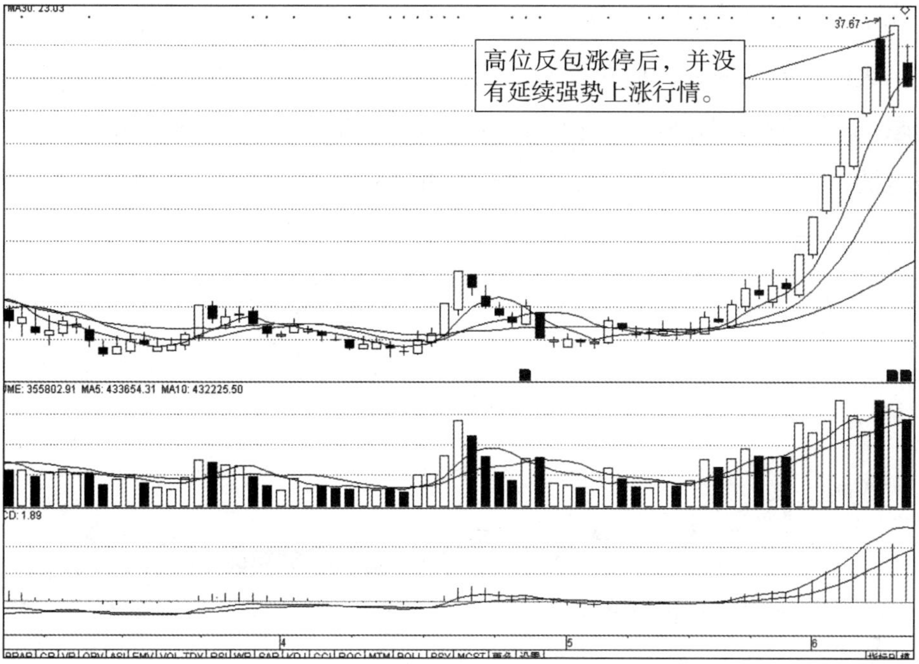

图 6-63　皇台酒业（000995）日 K 线图

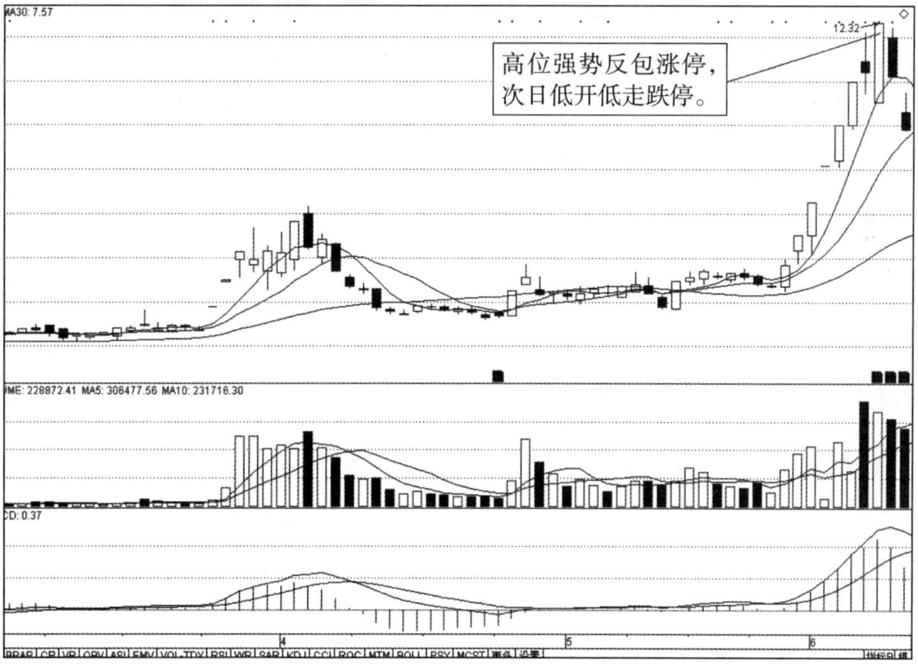

图 6-64　日播时尚（603196）日 K 线图

盘中烂板后回封。该股在形态上符合假阴反包，说明短线具备上攻能力，是超短线打板者崇尚的技术形态。可是第 2 天盘面走势大出意料，股价低开低走跌停，之后延续调整。

如图 6-65 所示，春兴精工（002547）的股价连拉 4 板后，2021 年 6 月 9 日出现放量大分歧，次日大幅低开 9.44% 后，盘中股价逐波走高，午后两波强势拉涨停，形成地天板反包形态。这种盘面短期理应看好，可是 6 月 11 日直接低开，将前一天打板者全部闷杀，然后逐波走低，午后股价跌停。所以，对于短期快速拉高或高位反包涨停，应谨慎对待。

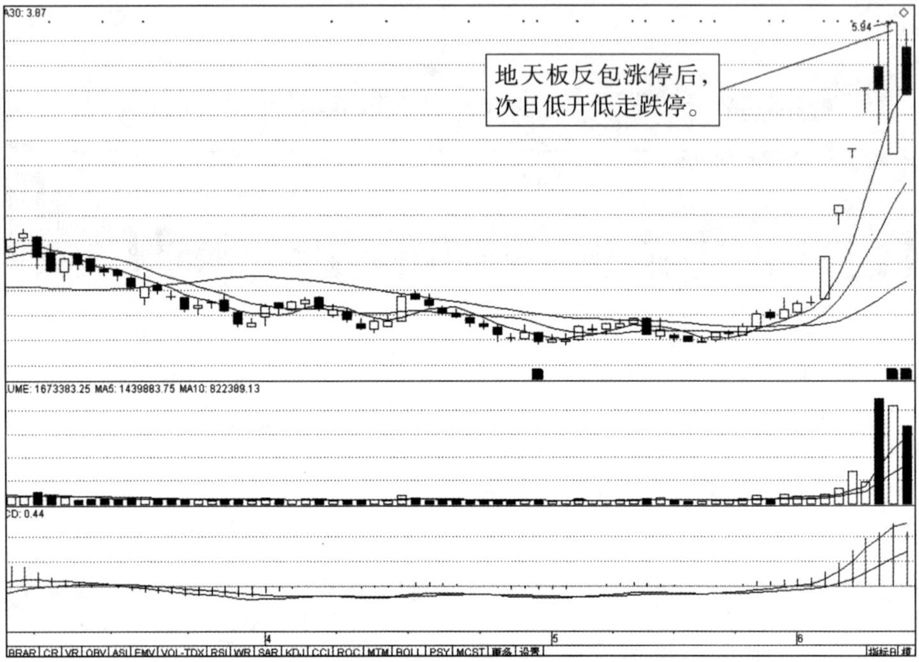

图 6-65 春兴精工（002547）日 K 线图

第七章

出货板逻辑

第一节　龙回头出货逻辑

一、龙回头特征

1. 前提、定义、性质和原因

“龙回头”的前提必须是“龙”，如果不是“龙”，何来“龙回头”之说。这个“龙”，是市场认可的“龙”，是市场选择出来的龙头股，市场地位明显。龙头股大致分为这样 6 个阶段：启动—发酵—加速—分歧—反包—龙回头。

对于龙回头，可以下一个简单的定义，龙回头是指龙头股在完成几个超短期上涨阶段之后，高位反包后回调，然后向上反抽的一个动作状态。

既然是一个向上反抽的动作状态，重要的是向上持续性的问题，这个需要参考题材、上涨逻辑，基本面是否支持继续上涨，包括当时所处的市场环境，龙头股回调时间或者调整幅度大小，以及是否缩量止跌等。有时做龙回头可能没有溢价，有时候却获利良多。

龙回头的前提、定义、性质和原因：

第一，前提——必须是市场认可的真龙。

第二，定义——市场地位明显，具有号召力，能聚集市场人气，能引领市场运行方向的股票。

第三，性质——在热点逻辑结束后，强势股有一个向上反抽的动作。

第四，原因——一是市场情绪氛围高涨，行情余波未尽；二是主力没有完成出货，借反抽高点撤退。

2. 市场特征

根据龙回头上述前提、定义、性质和原因，它有以下市场特征。

（1）一波上涨行情已经结束，热点渐退，但尚有余热。

（2）不是一波独立行情，仅是一个向上反抽的动作。但反抽力度大小不一，有时会超过前一波的高点。

（3）在重要位置获得支撑后，股价再次强势回升。通常，股价从前期高点回调一段时间后，到达前期平台成本线附近，如果有做多资金想继续拉反弹，会出现止跌回升走势。

（4）止跌 K 线出现星线、小阳线或长下影线，成交量萎缩。第 2 天平开或者高开，股价一直沿均线盘升，稳步上涨。

（5）龙回头在上午充分换手消化套牢盘后，下午涨停走势才健康，如果上午涨停，盘中容易被砸。

（6）成本线判断，从高点下跌 20%～30% 后止跌，然后关注盘面是否出现反弹。

3. 核心逻辑

在龙头股股价见顶之后，时常有资金介入程度很深，无法全身而退，或者有资金接到了最后一棒，不忍割肉离场，这时资金就会反复做 T 拉低成本，比如做一个深度回调动作，洗掉浮动筹码，然后再次拉升出货。

或者在市场无热点期间，资金比较分散，没有抱团标的进攻，资金各自为战，这时老龙头就会被挖掘出来。老龙头调整时间够久，该走的都已经走了，有一部分资金就会吸筹潜伏，伺机拉升套利。

这些都是龙回头现象，龙回头基本都是反抽而不是反转，因为本身上涨逻辑已经结束，没有新题材、新概念、新消息续命的话，高度一般只有 1～2 个涨停板。

需要特别提醒的是，龙回头是低吸，不是打板。所以，做龙回头的时候要格外小心，错过安全买点之后就不要去跟进了，因为盈亏比不划算，预期止盈应该在 10%～15% 之间。

二、龙回头买点

买点在均线附近，如果出现止跌即可关注。第 2 天平开或者小幅高开，在分时均线附近买入，买入动作最好在上午。切记，龙回头不能追涨打板。

（1）一直强调个股前期必须是龙，一定要是市场认可的龙头。龙头的买点可以参考以下 3 个标准。

①量的标准，最好是 3 板以上换手。换手板一定要关注，因为股价是市场合力拉上来的，筹码换手比较充分，题材发酵比较好，市场情绪也比较热烈。

②回调幅度，也就是刹车距离，滑行的距离。龙头分歧（局部见顶）到龙回头的前一天，

这个回跌幅度大小参考标准是：一般龙回头调整幅度在 20%～40% 之间，如果回落幅度太大，盘面气势会受到影响，不利于龙回头走势。

③回调时间不宜太久，便于保持市场温度。一般龙回头调整时间 2～6 天，如果时间太长，市场热情下降，不利于主力发动龙回头反抽。

如图 7-1 所示，模塑科技（000700）作为无人驾驶和特斯拉概念龙头，2020 年 1 月 7 日股价向上突破底部整理盘区，连拉 3 个涨停，在第 4 板和第 6 板位置进行换手。成功换手后，股价开始大幅上涨，2 月 11 日创出新高后见顶回落。当股价回落至缺口附近时，主力借助缺口支撑作用展开龙回头反抽走势，股价反抽至前高附近。该股调整 4 个交易日，回落幅度 20% 左右。主力在龙回头走势过程中，顺利实施了出货计划，之后股价进入中期调整。

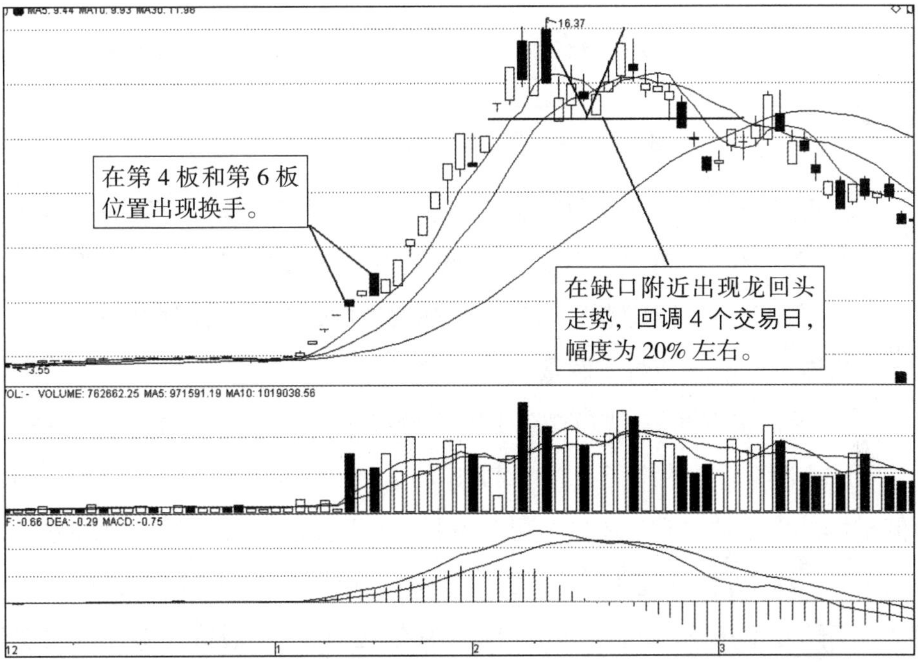

图 7-1　模塑科技（000700）日 K 线图

如图 7-2 所示，君正集团（601216）的股价在回落和拉升过程中，主力实施了减仓和出货计划，但主力手中筹码较多，难以一次性顺利撤退。随后，股价回落到前期连板后的开板位置附近。由于该位置是前期短线筹码换手的地方，因此对股价有一定的支撑作用。随后主力借题发挥，2020 年 8 月 17 日开始连拉 2 个涨停，形成龙回头走势，然后在高位继续出货。之后，股价再次回落至该位置附近时，再次出现龙回头走势，只是回升力度明显减弱，因为主力已经派发出了大量筹码。当主力完成出货计划后，股价开始向下破位。可见，龙回头走势跟主力是否完成出货有很大的关系。

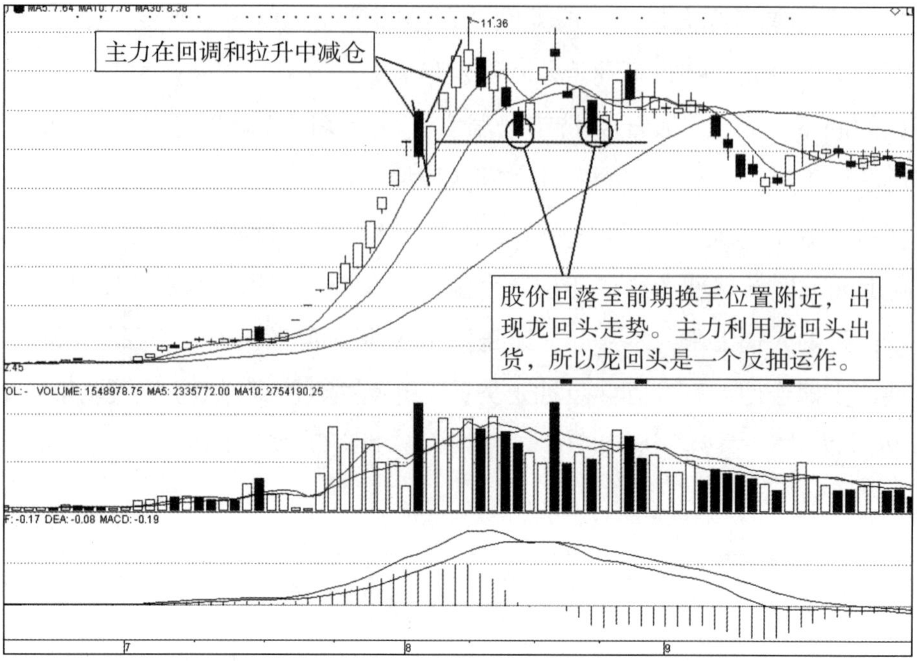

图 7-2　君正集团（601216）日 K 线图

（2）一般来说，以缩量止跌作为参考，表明下跌动能局部衰竭，容易引发反转。在 K 线结构上，有缩量止跌 K 线，或者以大阴线、小阳线结束调整，这在实盘运用中要结合起来分析。

根据经验来看，一是建议尾盘最后几分钟观察进场，二是大阴线次日或者均线下方分时急杀低点考虑进场。下面结合实例做进一步分析。

如图 7-3 所示，东方通信（600776）的股价经过一轮拉升行情后，成为家喻户晓的 5G 龙头股，引起市场资金的广泛关注。2019 年 2 月 26 日，该股形成局部顶点，股价出现回落，但市场炒作余热未退。3 月 1 日股价打压到跌幅 5% 以上时，被多方强势拉起，形成龙回头走势。这说明下方承接力很强，短期买点形成，随后收出 4 连板。

如图 7-4 所示，国风塑业（000859）2019 年 2 月 27 日股价跌停，次日虽然盘中整体是放量的，包括早盘恐慌低开，尾盘放量拉升，但当日依然是收缩量 K 线，说明筹码稳定性很强，产生龙回头买点。

（3）有无龙回头？何时出现龙回头？龙回头的强度有多大？这与市场情绪氛围和主力是否顺利出货及出货量大小有关，所以确定龙回头买入机会时，要与主力意图结合起来分析。以下 4 个主要位置容易出现龙回头走势。

①在主力出货区域低点位置。根据 K 线组合分析主力出货情况，出货不充分的，会在该位置附近产生龙回头走势。

②高位振荡盘区低点位置，也是主力出货区域中的低点位置，高位盘区振荡是主力

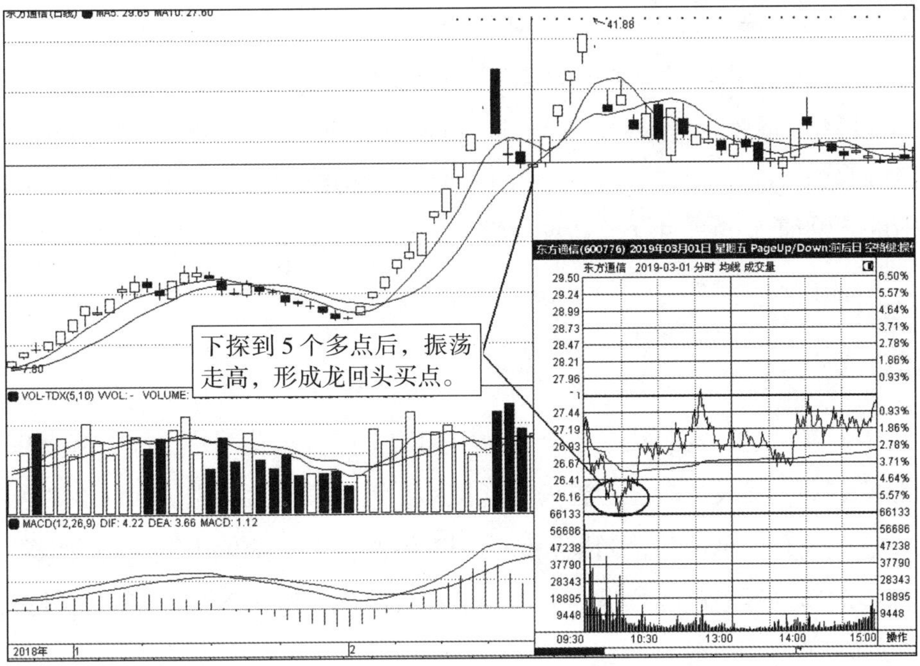

图 7-3　东方通信（600776）日 K 线和分时走势图

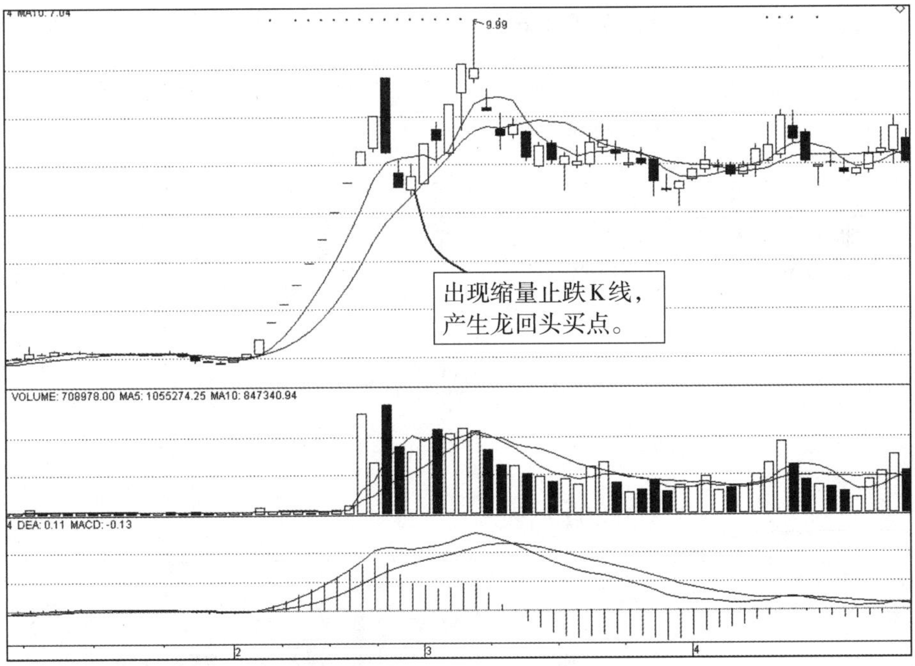

图 7-4　国风塑业（000859）日 K 线图

高位出货的一种盘面形态。如金力永磁（300748）2019 年 6 月在高位低点形成龙回头走势。

③在股价见顶之前出现短暂振荡走势的，在振荡走势位置附近容易出现反抽走势。如星徽精密（300464）2020 年 7 月在前期开板位置附近出现龙回头走势。

前期缺口附近，缺口上方和下方都有支撑作用，也是容易出现龙回头走势的区域。如模塑科技（000700）2020 年 2 月在缺口附近出现龙回头。

④首次回调，龙回头容易出现在 10 日均线附近；第二次回调，龙回头容易出现在 30 日均线附近。如江淮汽车（600418）2020 年 6 月 11 日首次回落至 10 日均线附近时出现龙回头走势，7 月初第 2 次回落时，在 30 日均线附近出现龙回头反抽。

三、龙回头卖点

从定义中大家知道，龙回头是一个向上反抽的过程，对龙回头上涨的持续性不要期望太高。一般情况下，买入成功之后当天出现涨停，第二天也会有溢价，什么时候不涨停卖出就可以。这里也有个小技巧，如果股价当天连续冲击 2 次涨停失败要坚决出局，如果没有出现冲涨停动作，尽量拿到收盘。如果股价在分时均价线之下运行半小时以上，要找机会出局。

如图 7–5 所示，大智慧（601519）是互联网金融龙头，2019 年 3 月 13 日早盘集合竞价结束就是最高价，盘中没有明显的冲高走势，开盘后股价快速回落呈弱势振荡，尾盘接近跌停。参与这种龙回头时，如果跑得慢，就容易被套。当然，该股也受到当时所处的市场情绪影响，当时出现高位股杀跌行情。

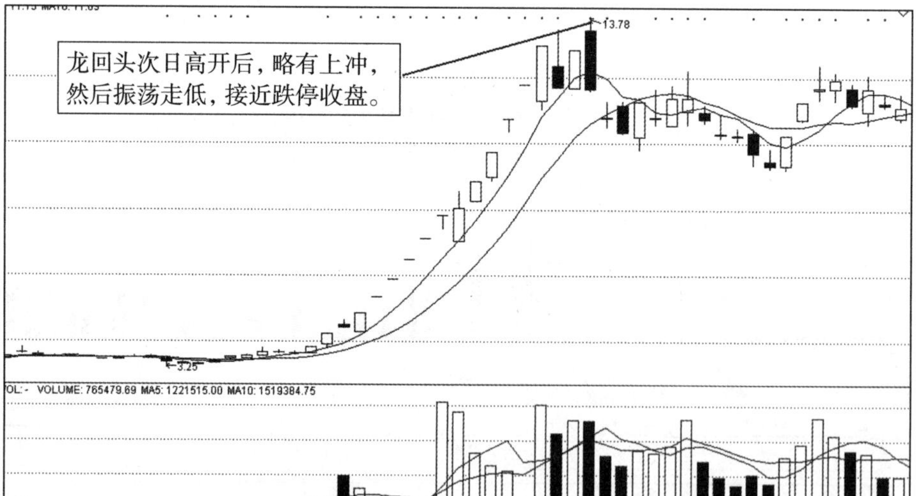

图 7–5 大智慧（601519）日 K 线图

如图 7–6 所示，中信重工（601608）属于军工概念龙头股，2019 年 3 月 12 日出现龙回头走势，次日快速冲高 5% 以上时，就结束了龙回头行情，随后股价逐波下行。在龙回头前一日打板进入的散户，早盘跑得慢的话，只有亏钱出来。

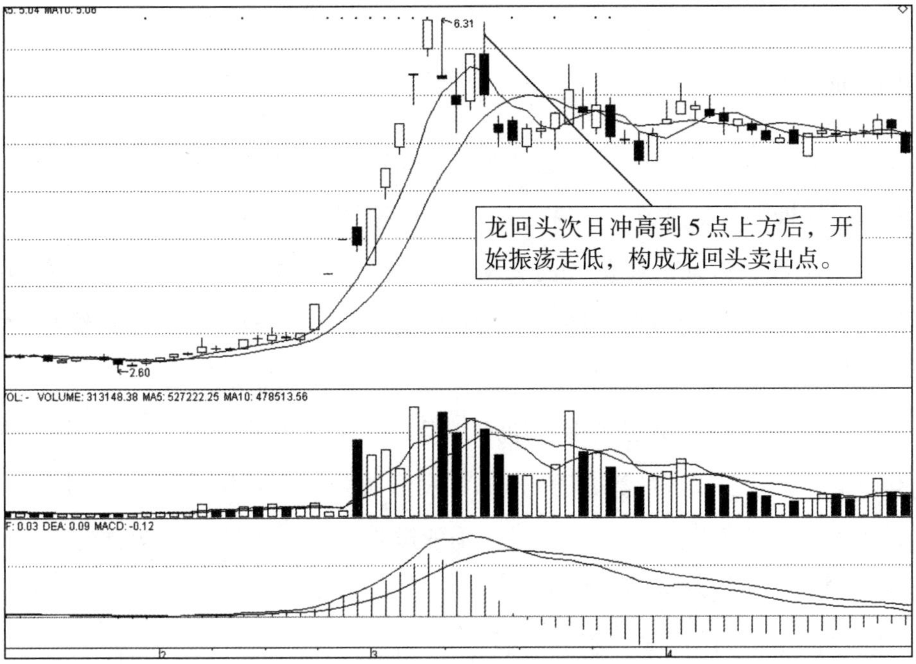

图 7–6 中信重工（601608）日 K 线图

上述 2 个实例中，第 2 天股价上涨持续性都不太好。龙回头是一个超短线玩法，犹如虎口夺食，危险系数很高，对了“吃肉”，亏了“吃面”。所以，龙回头不是用来打板的，而是以低吸为主，入场之后无论是亏损还是获利，一两天后都应快速出局。

操作龙回头走势需要注意以下 3 点。

（1）龙生九子，各有不同。龙回头只是理论上的解析，不是所有的龙都会出现回头走势。根据市场情绪氛围和主力出货程度进行分析判断，市场人气越高，回头概率越大；主力没有顺利出货，回头的力度就大。当然，也要结合市场当时的情绪周期来分析判断。

（2）龙头股识别不明显，市场代表性不强。这方面资金容易出现分歧，可能市场一部分人认为是龙头，一部分人不认可这个龙头，或只是板块内的龙头股，不是当时市场的总龙头。虽然涨停板的高度有了，但是由于一部分资金不认可，也就难以带动板块行情，回调之后几乎没有反弹高度。

（3）博弈龙回头，如果没有出现预期的龙回头走势，要及时出局。止损快，亏不了大钱，亏大钱的一般是扛单。

第二节　多头垂死挣扎

一、应用原则

垂死挣扎也叫“逃命长阳”，是指多头最后拉高形成的 K 线形态。

股价经过持续性的大幅上涨后，在高位大幅振荡过程中，主力为了诱多出货，再次拉出大阳线或涨停大阳线，但随后股价并没有持续上涨，次日往往是冲高回落，表明多头主力在做最后的努力，形成垂死挣扎走势，不久股价转为下跌，所以将这根 K 线称为多头垂死挣扎线。

市场机理：一波拉升行情已经接近尾声，盘面气势和上涨动力开始减弱，但市场余温尚在，仍有反弹能力。主力做最后的努力，将股价顽强拉高，创造更加有利于自己出货的空间，这是主力出货的前期表现手法。经过垂死挣扎后，市场进入中期调整。

垂死挣扎战法的一般应用原则如下。

（1）垂死挣扎线只作低吸，不宜追板。

（2）涨停次日高开上冲乏力，股价不能维持强势时，应及时离场。

（3）涨停次日股价低开振荡时，应果断离场，对后期走势不抱任何幻想。

（4）涨停次日股价跌停收盘时，无论何时开板，都应及时离场。

（5）当错过高位离场良机后，后市股价回升到涨停大阳线附近时，应止损离场。

二、形态特性

（1）前期股价出现的连续或快速上涨行情结束，市场进入强势振荡走势，此时盘面并没有完全走弱。

（2）成交量大幅放大。前期上涨时放大量的，垂死挣扎线本身量也大，基本与前期持平。

（3）盘面出现大幅度振荡。在垂死挣扎线出现之前几个交易日，股价出现过深幅回调或振荡整理走势。

（4）垂死挣扎线本身具有很强的攻击性，一般是涨停大阳线或光头大阳线，只是由于主力出货而未能延续这种攻击走势。

（5）在整个盘区中，垂死挣扎线都有可能出现，并且有可能多次出现。

（6）垂死挣扎线可以是单根 K 线，也可以是多根 K 线组成。

如图 7-7 所示，星期六（002291）的走势就符合上述技术特征，股价脱离底部后走出连续大涨行情，出现垂死挣扎线时成交量放大，高位盘面大幅振荡。在主力整个出货过程中，先后 3 次出现垂死挣扎走势，分别是 2020 年 2 月 4 日和 5 日、2 月 18 日以及 3 月 2 日开始的反弹走势。其中 1 次是单根 K 线，2 次是多根 K 线组成，成交量都出现同步放大现象。

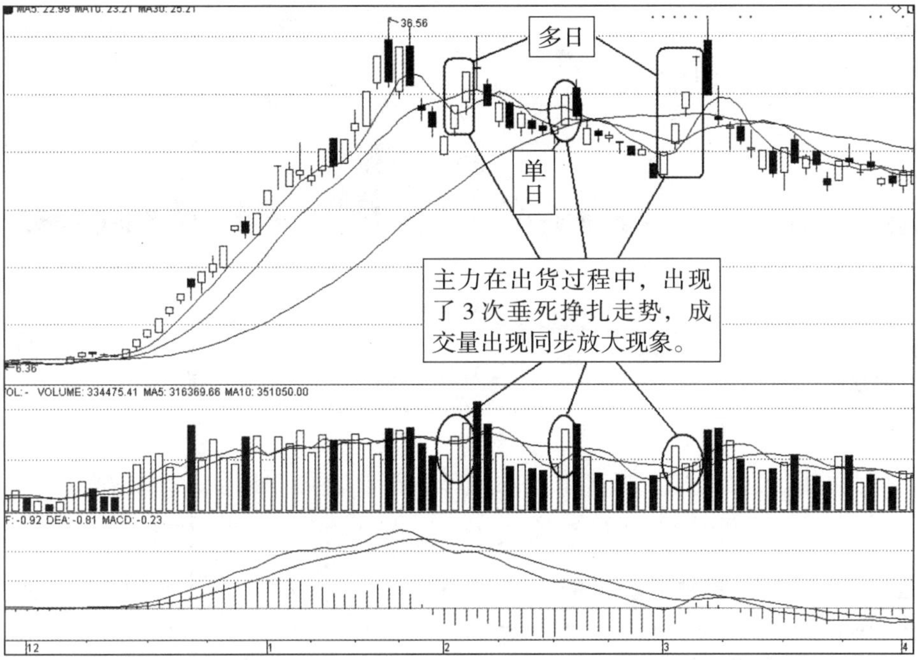

图 7-7　星期六（002291）日 K 线图

三、背后逻辑

多头垂死挣扎大多出现在大涨之后的高位振荡过程中，也就是说主升浪行情已经基本结束，垂死挣扎线是主力出货过程中的一种拉高动作。该战法主要有 2 个背后逻辑：一是前期股价出现大涨或快涨；二是上涨后出现强势振荡。

如何鉴定前期的大涨或快涨行情，可以参考以下 5 种情形。

（1）股价前期出现连续涨停（中间可以夹有小星线或小阴小阳线）。

如图 7-8 所示，戴维医疗（300314）2020 年 6 月 24 日向上脱离底部区域后，出现一波拉升行情，短期股价涨幅较大。在拉升过程中，中间夹带小星线和小阴小阳线，这些细小的 K 线并不影响整体上涨趋势。当股价短期涨幅较大后，主力在高位不断派发获利筹码，导致盘面出现振荡走势。7 月 21 日，开盘后股价逐波拉高，盘中一度上摸涨停价位，但股价没有封板。次日冲高至前高附近时回落，多头出现垂死挣扎走势，之后股价渐渐走弱。

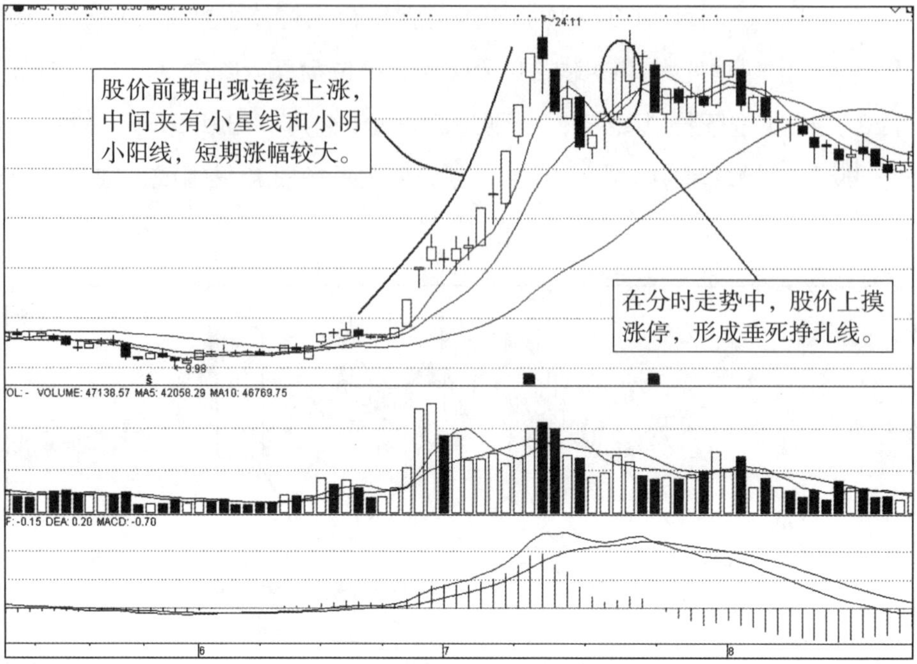

图 7-8　戴维医疗（300314）日 K 线图

（2）股价前期出现加速上涨现象（前期缓缓推升，后期出现急速上涨走势）。

如图 7-9 所示，宏达矿业（现名未来股份，600532）成功构筑底部后，股价缓缓向上走高。到了后期出现加速上涨走势，这是多头最后的冲刺动作。2020 年 7 月 6 日，在

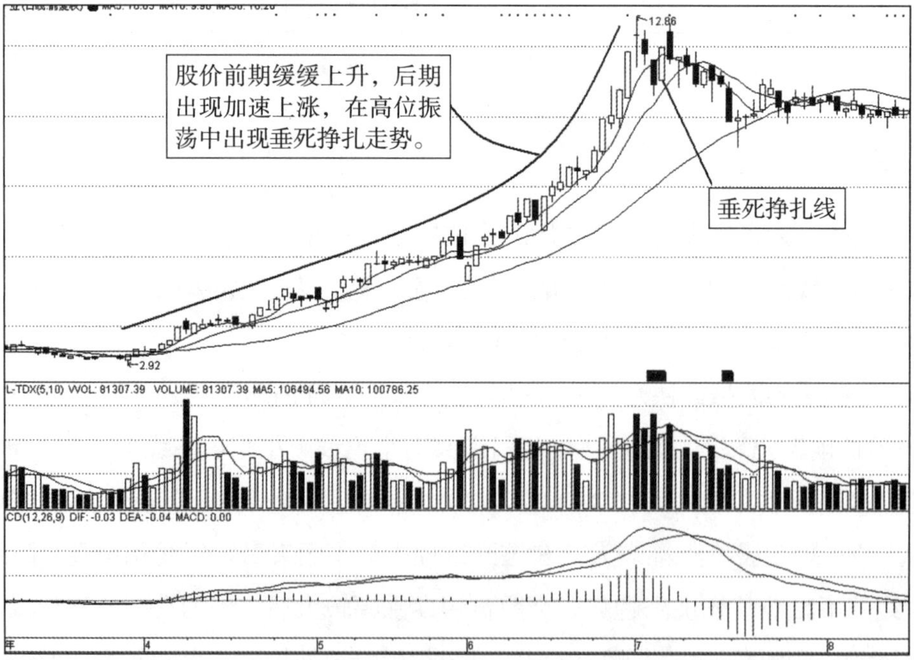

图 7-9　宏达矿业（现名未来股份，600532）日 K 线图

高位振荡中出现垂死挣扎走势，主力出货迹象明显。第 2 天股价高开低走后，市场进入调整走势。

（3）股价累计涨幅较大，主力获利丰厚，在高位出货时收出诱多涨停大阳线。累计涨幅包括拉升涨幅和盘升涨幅（主要指中长线大牛股的总涨幅）2 种情况。

如图 7–10 所示，秀强股份（300160）向上突破后出现一轮飙升行情，13 个交易日拉出 12 个涨停，短线涨幅较大，主力获利丰厚，随后股价在高位出现大幅振荡。主力为了出货需要，2020 年 3 月 4 日和 5 日连拉 2 个涨停，6 日惯性上冲至前高附近后回落收跌，2 根大阳线形成垂死挣扎线。之后股价快速下跌，形成中期头部。

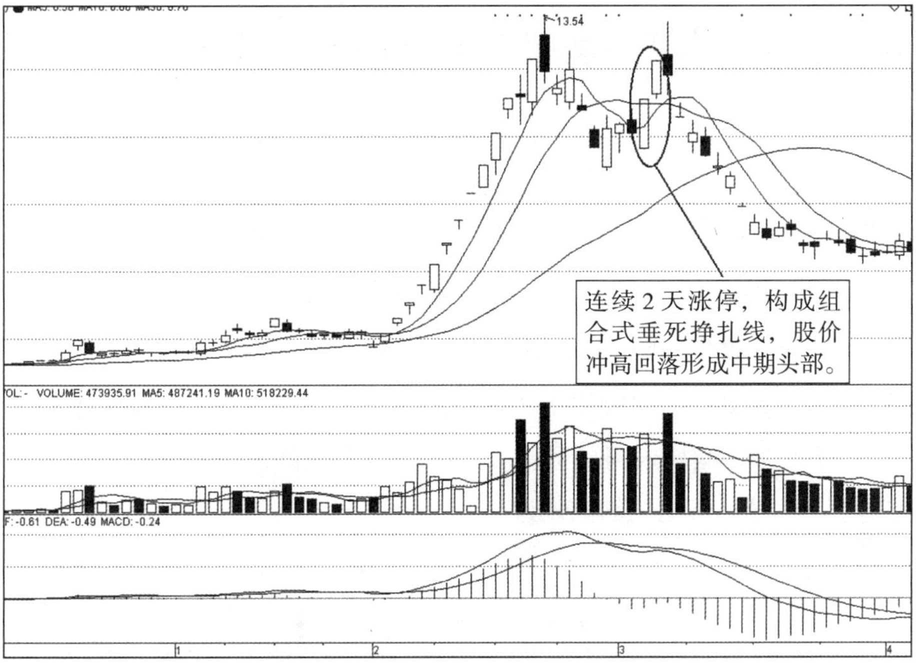

图 7–10　秀强股份（300160）日 K 线图

（4）在高位收出一字板之后。通常在 3 个涨停后出现一字板或 T 字板，然后在高位振荡中收出涨停大阳线。

如图 7–11 所示，凯撒文化（002425）连拉 2 个实体板后，出现整理星线，然后出现一字板，接着又是实体板，之后连续 4 个一字板和一个 T 字板，短期股价涨幅较大。主力在高位平台整理中出货，2020 年 7 月 6 日和 7 日在高位连拉 2 个涨停，形成强势突破之势，大有新一轮大涨行情爆发之兆，以此吸引散户入场。可是，7 月 8 日，从涨停价开盘后，股价直线下降，全天弱势振荡，当日收跌 7.66%。高位一根下跌 7.66% 的大阴线，彻底浇灭了上涨气势，从此股价进入弱势整理。

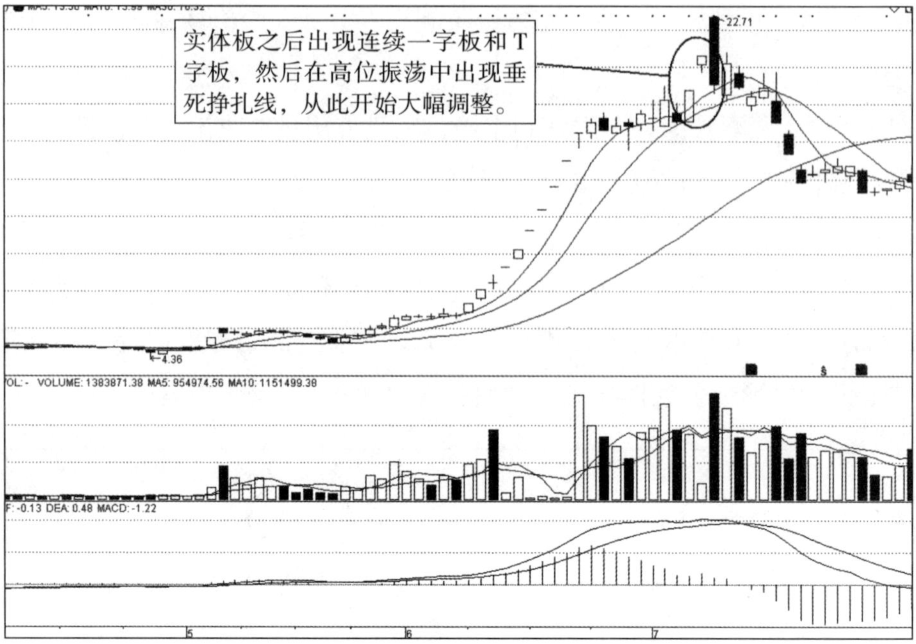

图 7-11　凯撒文化（002425）日 K 线图

（5）连续一字板或 T 字板后，在拉高振荡中收出涨停大阳线。

如图 7-12 所示，强生控股（600662）连拉 7 个一字板后，在高位出现振荡，主力在振荡中不断派发获利筹码。为了吸引市场眼球，2020 年 6 月 3 日，该股收出涨停大阳线，形成突破走势，不少散户跟风入场。可是，第 2 天股价大幅低开 4.64%，之后全天弱势走低，垂死挣扎线确立，股价从此进入调整阶段。

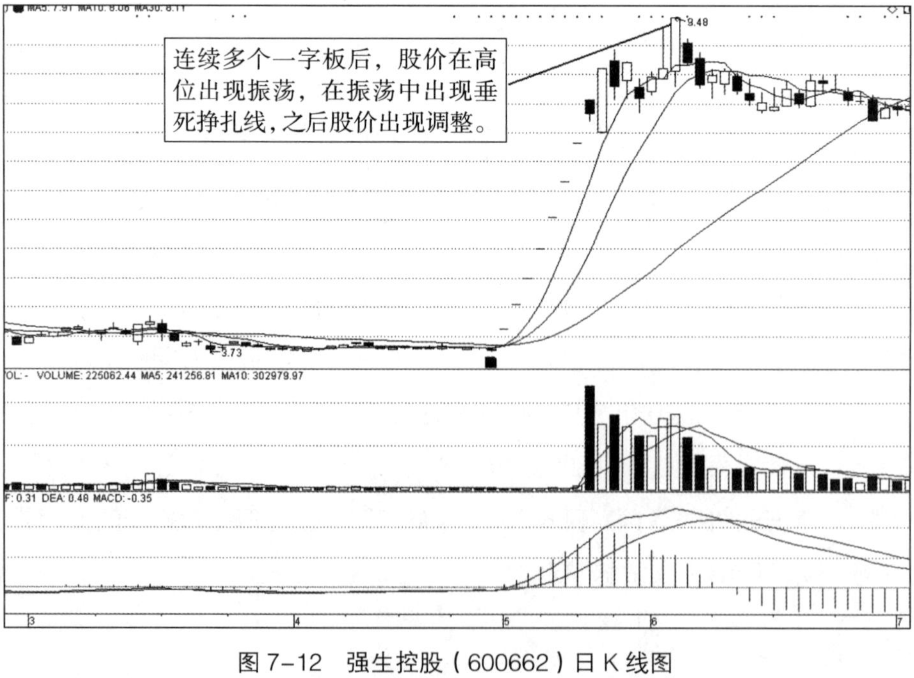

图 7-12　强生控股（600662）日 K 线图

四、技术调整

（1）调整方式。出现垂死挣扎线之前，一轮上涨行情已经结束，出现明显的调整走势。调整主要有 3 种方式：向下回落式调整、横向盘整式调整和向上倾斜式调整。调整方式对后面出现的垂死挣扎线的高度有一定影响。

向下回落式调整，这是最常见的调整方式，由于回调幅度较大（调整幅度大多在 20% 左右），因此垂死挣扎线很难超越前期上涨高点，股价涨停后次日上冲至前高附近就会出现回落走势，或次日直接低开低走收阴。

横向盘整式调整，股价完成主升浪拉升后，在高位维持平台整理，这时出现的垂死挣扎线容易创出新高，形成向上突破之势，以此吸引散户入场。这往往是假突破，次日股价冲高回落或低开低走收阴。

向上倾斜式调整，主升浪结束后，继续维持强势运行，股价重心有所上移，这时出现的垂死挣扎线大多会创出上涨新高，形成加速上涨之势，以此误导散户接单。这往往是虚涨声势，次日股价冲高回落或低开低走收阴。

（2）调整时间。调整时间是指主升浪结束后，距离垂死挣扎线出现所需要的运行时间。一般在 3～10 个交易日，多次出现垂死挣扎线的间隔时间也在这个范围，大于 10 个交易日的可能不是垂死挣扎线。

（3）调整幅度。调整幅度是指主升浪结束后股价的回调空间。垂死挣扎线的回调幅度大多在 20% 左右，个别股票调整幅度接近 30%。如果回落幅度大于 30%，则盘面弱势基本确立，这时出现涨停大阳线，性质上属于反弹涨停。

如图 7-13 所示，九鼎新材（002201）经过 2 轮大幅拉升后，主力获利丰厚，兑现手中获利筹码是当务之急。在高位出货过程中，2 次回落后再次拉起，形成垂死挣扎走势，调整幅度均在 20% 左右，调整时间都是 6 个交易日，主力派发大量筹码后股价缓缓下行。之后，在 2019 年 11 月 8 日开始出现一波回升走势，此时调整幅度已大于 30%，时间超过 10 个交易日，此时的上涨属于下跌趋势中的反弹走势。

五、信号确认

在高位振荡中出现涨停大阳线，有时可能是第二波启动信号，不一定都是垂死挣扎线，通常要有一个确认过程。垂死挣扎线有以下 6 个确认信号。

（1）涨停次日股价冲高回落，或者高开低走，有时候股价当天冲板回落。

如图 7-14 所示，君正集团（601216）大幅拉升后完成主升浪行情，股价在高位出现振荡走势。在主力出货过程中，2 次出现明显的垂死挣扎现象。股价见顶回落后，从 2020

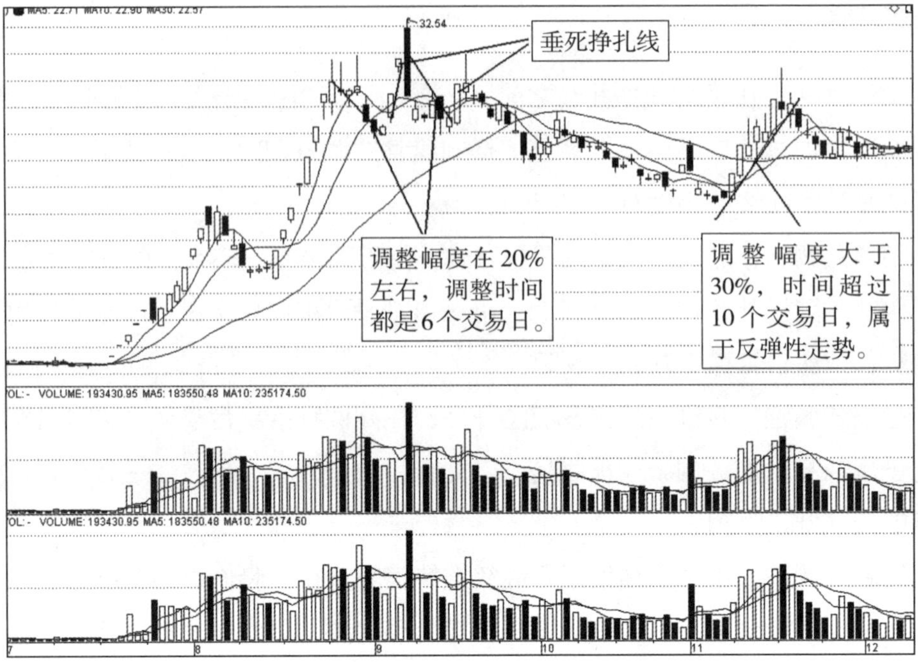

图 7-13　九鼎新材（002201）日 K 线图

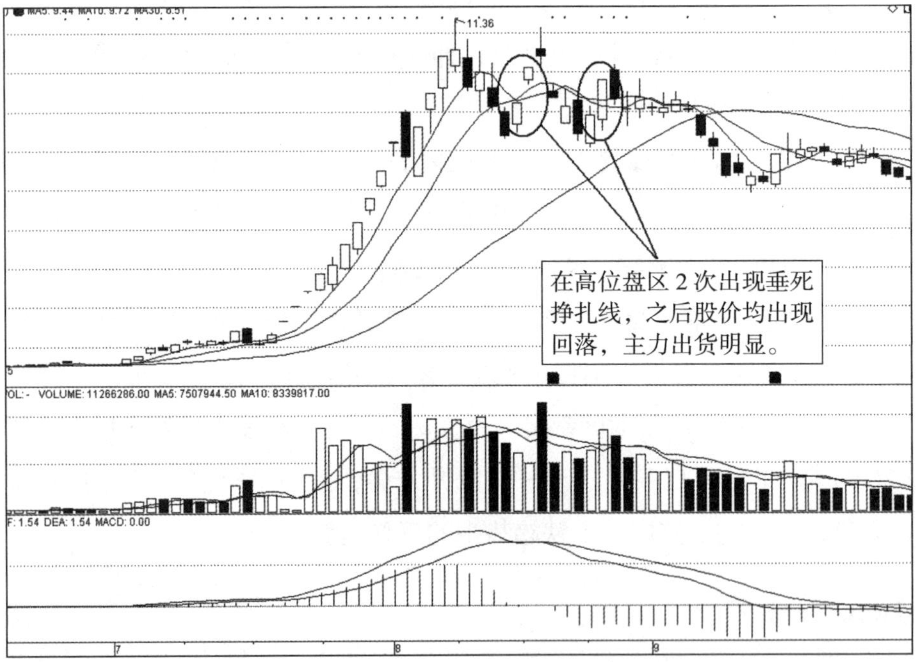

图 7-14　君正集团（601216）日 K 线图

年 8 月 17 日开始连拉 2 个涨停，8 月 19 日股价上冲至前高附近时受压回落，垂死挣扎线确立。之后几个交易日，股价继续下跌，8 月 25 日企稳回升，26 日股价再次强势涨停。27 日高开 2.55% 后几乎没有上冲动作，盘中股价振荡走跌收阴，垂死挣扎线再次确立，此后该股进入弱势调整走势。

（2）涨停次日股价直接低开，盘中弱势振荡。

如图 7–15 所示，山东墨龙（002490）完成一波拉高后，在高位出现振荡。2021 年 5 月 26 日，股价振荡走高至涨停，盘中烂板，尾盘回封。通常股价涨停后，第 2 天有高开或冲高动作。但该股涨停后不但没有延续强势上涨，次日反而直接低开 5.02%，之后直奔跌停板，随后股价持续走弱。

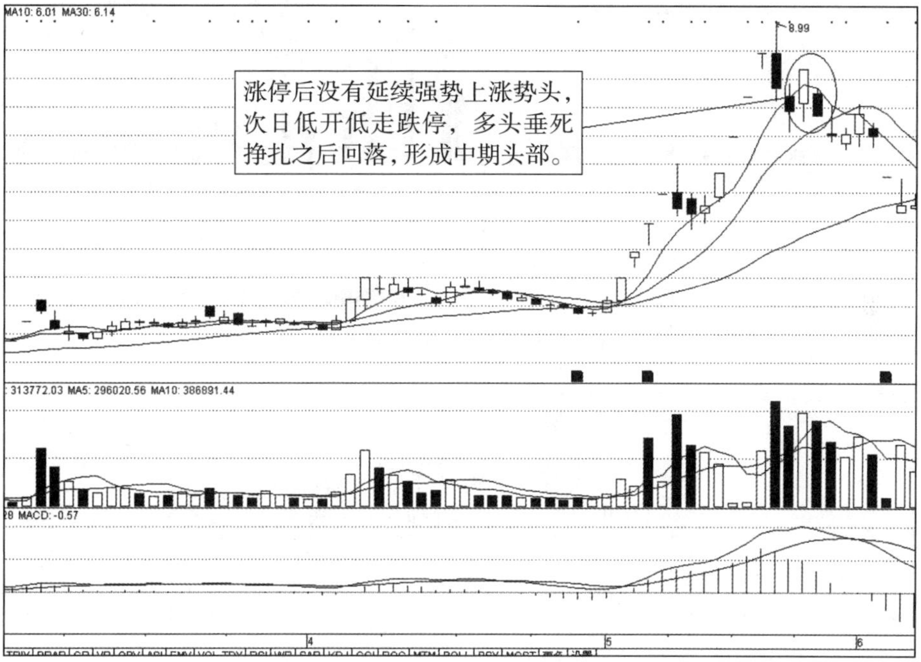

图 7–15　山东墨龙（002490）日 K 线图

（3）涨停次日盘面大幅振荡，盘中抛压较重。

如图 7–16 所示，中航沈飞（600760）连续拉高后出现振荡走势，2020 年 7 月 23 日和 8 月 6 日分别涨停，次日盘面均出现大幅振荡，股价没有延续强势上涨表现，说明盘中抛压沉重，有主力对倒出货嫌疑。

（4）涨停次日股价以跌停收盘，甚至直接一字板跌停。

如图 7–17 所示，福建金森（002679）9 天 8 板后，股价在高位出现振荡整理走势。经过 4 个交易日的调整后，2021 年 6 月 8 日放量拉涨停，盘面强攻态势明显，疑似开启第二波拉升行情，因而吸引不少散户追板入场。可是，次日直接以跌停板开盘，盘中瞬间撬板，但全天被按在跌停板位置。这说明主力出货态度坚决，多头经过垂死挣扎后，第 2 天继续下跌，股价成功脱离头部区域。

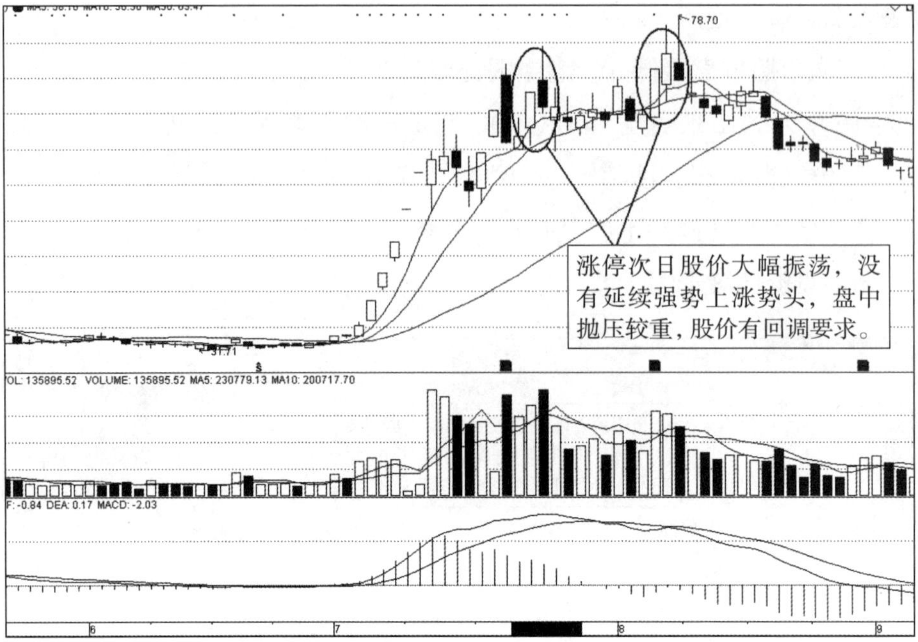

图 7-16 中航沈飞（600760）日 K 线图

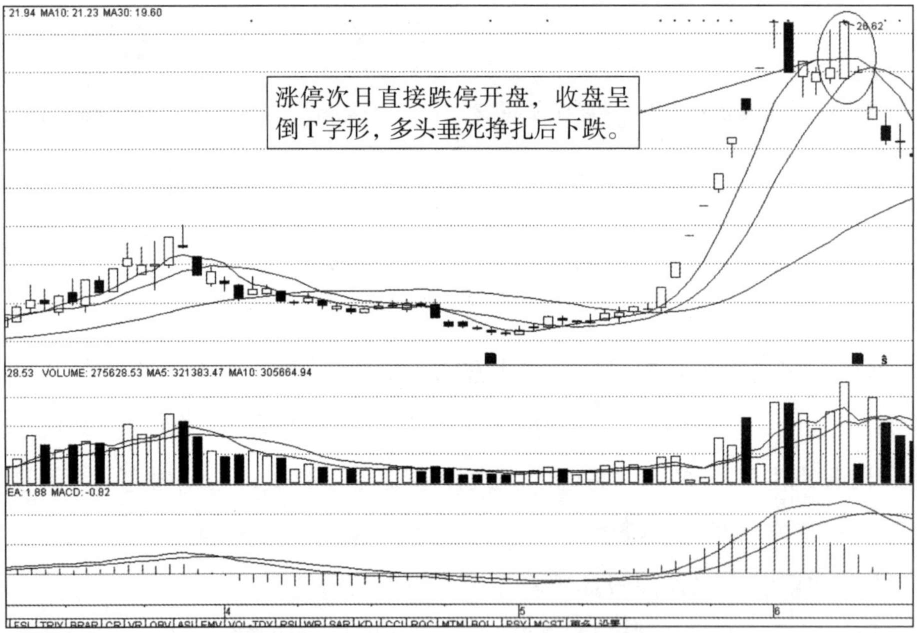

图 7-17 福建金森（002679）日 K 线图

（5）成交量放大，股价出现滞涨。

如图 7-18 所示，日丰股份（002953）在股价拉升后期，出现 2 个一字板和 1 个 T 字板，形成最后冲刺走势。经过短期调整后，2020 年 3 月 30 日股价尾盘快速涨停，次日高开振荡回落，成交量放大，股价出现滞涨，以下跌 4.72% 收盘，垂死挣扎线确立。之后几个交易日股价快速下跌，脱离头部区域，进入中期调整。

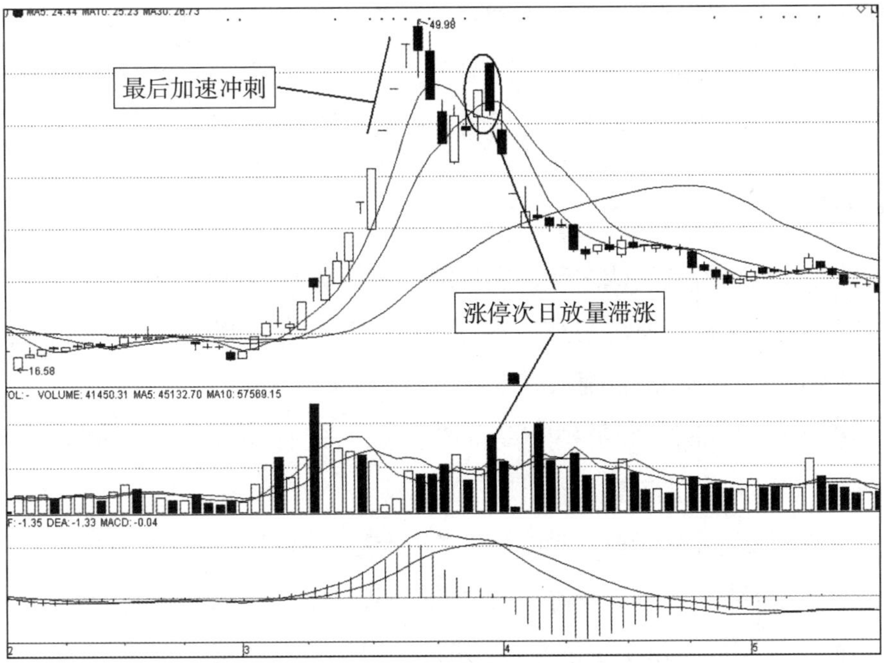

图 7-18　日丰股份（002953）日 K 线图

（6）K 线出现明显见顶形态，如射击之星、倾盆大雨、乌云盖顶、阴包容等顶部 K 线形态。

如图 7-19 所示，模塑科技（000700）向上突破后出现大幅拉升，短期涨幅超过 200%，主力获利丰厚。主升浪结束后，股价在高位出现振荡走势，主力不断在暗中派发

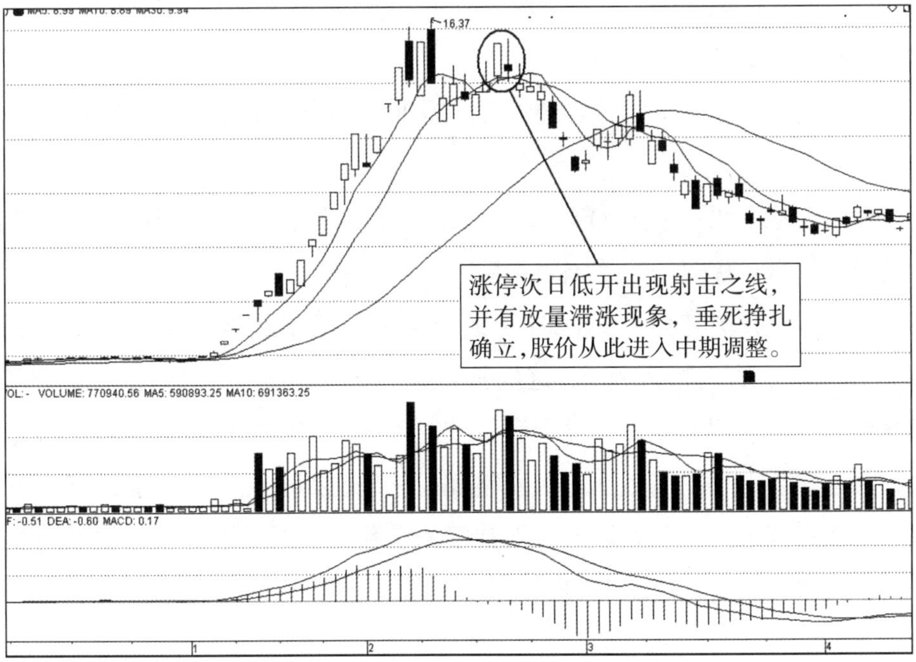

图 7-19　模塑科技（000700）日 K 线图

获利筹码。2020 年 2 月 19 日，股价放量涨停，形成强攻之势，按理说次日有拉高动作。可是，次日低开 5.17% 后冲高回落收阴，K 线形成射击之星，垂死挣扎线确立。同时市场出现放量滞涨现象，顶部信号清晰，此后股价开始走低。

六、辨认方法

在垂死挣扎线没有得到确认之前，它与第二波行情启动非常相似，有时候两者很难区分。两者相同之处都出现于一波拉升行情之后，也都发生在调整之后的再次拉高，但在细节上两者还是有明显的不同，主要从以下 8 个方面进行区分。

（1）多头垂死挣扎时，股价拉升没有持续性，一般在前高附近会回落；而第二波行情持续性较好，能顺利穿越前期高点心理压力。

（2）垂死挣扎是一波上涨行情结束的修正走势，是上涨后的脉冲式余波行情；而第二波行情出现在调整结束之后，是新一轮拉升行情的开始。

（3）当后一波的成交量小于前一波的成交量时，大多是垂死挣扎走势；主力发动第二波行情时，成交量往往大于第一波的成交量。尤其是暴量后缩量，很难走出第二波上涨行情。

（4）放量滞涨的，大多是垂死挣扎走势，一般难以产生第二波行情。

（5）从上涨幅度看，股价已经大幅上涨或出现多波上涨的，此时出现拉升大多是垂死挣扎走势，而不是新一波上涨行情。第二波行情启动时，前一波上涨幅度都不大。

（6）从上涨速度看，前期出现快速拉升或加速冲刺的，此时出现的上涨大多是垂死挣扎走势，而不是第二波启动行情。

（7）回落幅度过大，时间跨度过长，短期上涨气势减弱，一般很难发动第二波行情。

（8）还可以从其他因素进行辨认，如大盘、板块等，以及有无题材方面的配合，是否属于当前市场热点，都有一定的因果关系。

如图 7–20 所示，奥特佳（002239）大幅上涨后见顶回落，经过短期调整后企稳，2020 年 3 月 5 日股价强势涨停。那么，这是多头垂死挣扎走势还是开启新一波上涨行情呢？属于垂死挣扎走势。主要理由：一是上涨持续性不够，涨停次日滞涨振荡；二是股价前期涨幅较大，涨速较快，限制了后面的上涨空间；三是前期出现暴量上涨，新一波行情不可能大于这个能量；四是上方压力较大，阻挡股价上涨。所以，主力在此位置难以发动新一波上涨行情，投资者应及时离场观望。

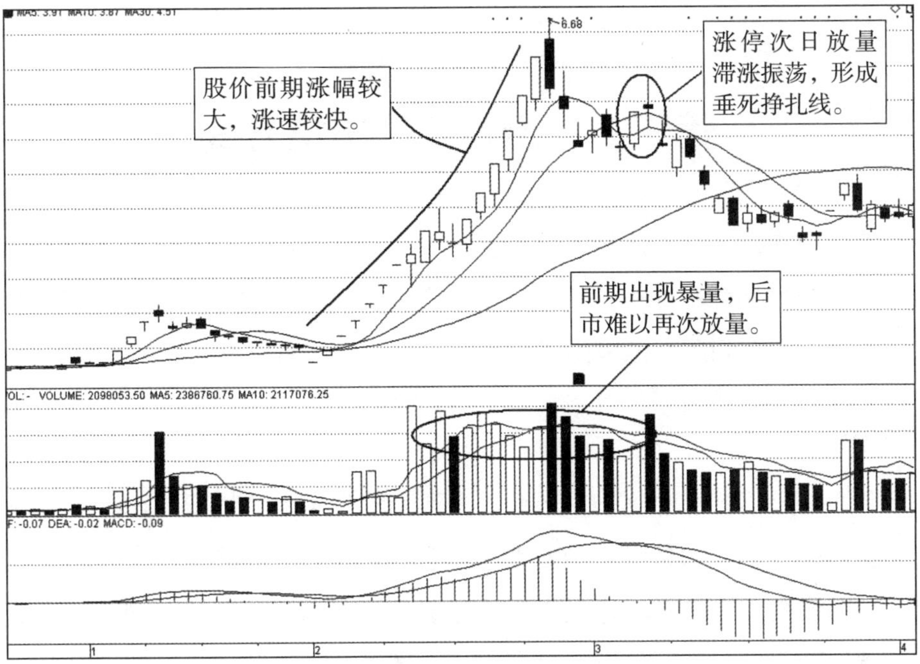

图 7–20　奥特佳（002239）日 K 线图

如图 7–21 所示，轴研科技（现名国机精工，002046）10 天 9 板，然后在高位出现放量振荡，产生明显的滞涨现象，疑似主力对倒出货。2020 年 6 月 3 日，股价低开高走，强势涨停，形成一定的攻势。可是第 2 天未能延续强势，而是低开弱势振荡，构成垂死挣扎线，随后股价出现调整走势。

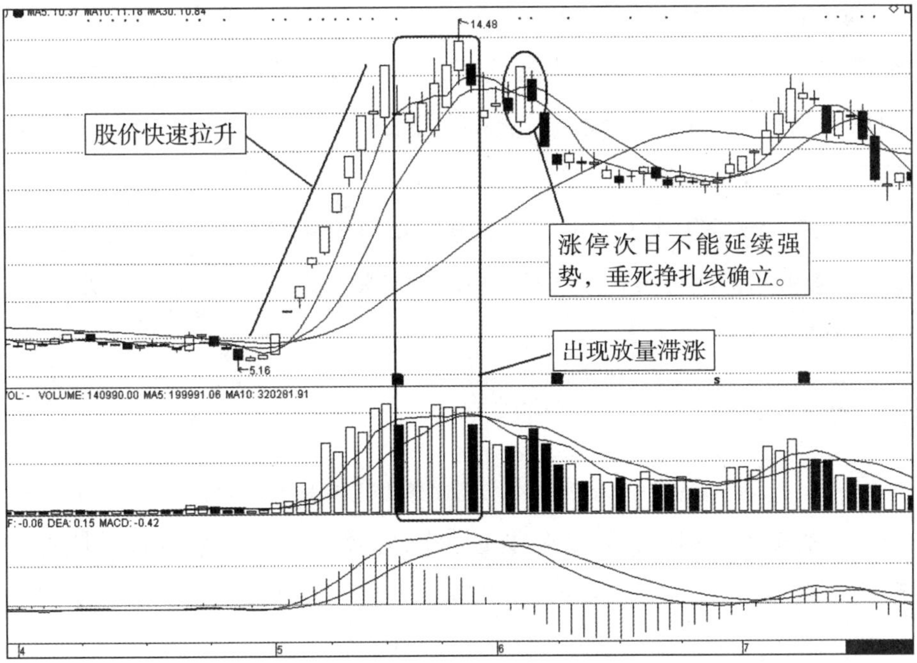

图 7–21　轴研科技（现名国机精工，002046）日 K 线图

第三节　经典涨停出货方式

利用涨停板出货，是主力比较常见的出货手法，比如借利好消息一字涨停，然后放量开板出货等。不管是哪种涨停板出货手法，投资者一旦发现主力出货的苗头，就应该果断清仓。归纳起来，主力利用涨停板出货，比较常见的手法有以下 6 种。

一、上屋抽梯

“好板”通常是不容易买到的，轻而易举买到的通常是“烂板”。涨停板最大的陷阱莫过于“上屋抽梯”。主力将股价推到涨停板时，会挂出巨大的封单，以此来吸引短线投资者跟进。当短线投资者的挂单达到一定数量后，主力撤掉之前挂出的涨停封单，将其他投资者的挂单推到前面，然后自己在后面再挂上同等数量的单子，这样既可以保证封单维持在较高水平，又可以让其他买入者的单子成交，主力挂在后面的单子往往不会成交，这样就能达到暗中出货的目的。简言之，就是原本自己排在前面的，却故意绕到后面重新排队。

按照“同价时间优先”的成交原则，在前面挂单的优先成交，这样主力就可以安心出货，先用小单抛，然后撤掉挂单直接成千上万地抛出。主力撤单就好比抽了爬楼的梯子，如果股价已经涨得很高，好不容易爬上梯子的散户会摔得很惨。

如图 7–22 所示，祥龙电业（600769）2021 年 4 月中旬的表现非常抢眼，主力资金介入迹象很明显。4 月 19 日，股价大幅高开 5.06% 后，盘中瞬间大幅砸低 5.31%，振荡幅度超过 10%，然后快速强势拉板。但涨停板并没有封死，形成大烂板，尾盘收于涨停价位，看起来还是个“好板”。

很多涨停时追入或排队买进的投资者深感庆幸。但是第 2 天风云突变，该股直接从跌停板开盘，午盘撬板后再次被按在跌停板，一般散户根本来不及止损。第 3 天再来一个跌停，投资者损失惨重。

二、先挂后撤

先挂单后撤单，这种出货手法通常用在股价短线大幅上涨之后。在股价刚刚涨停时，主力会挂上较大的单子，利用大封单造成主力实力强悍的假象。随着追涨热情高涨，大量跟风者会积极追涨停板，封单越来越大，此时主力突然快速撤单，原本封单有数万手，突然变成了一两万手，此时会连续出现千手的大卖单。

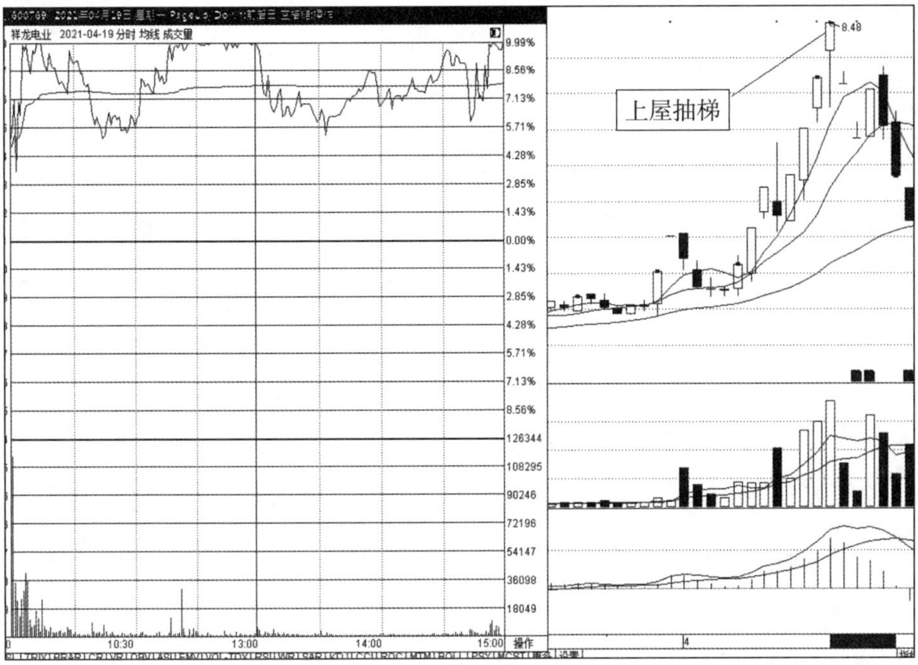

图 7-22　祥龙电业（600769）日 K 线和分时走势图

打开涨停板之后，往往会再次回封，封单再次继续增加。当达到一定的程度后，主力再度砸盘出货。当日涨停板会出现反复开板、封板情况，而且成交量往往会出现天量，这是主力出货的明显标志。

如图 7-23 所示，吉药控股（300108）2021 年 5 月 14 日高开 7.67%，经过短暂整理

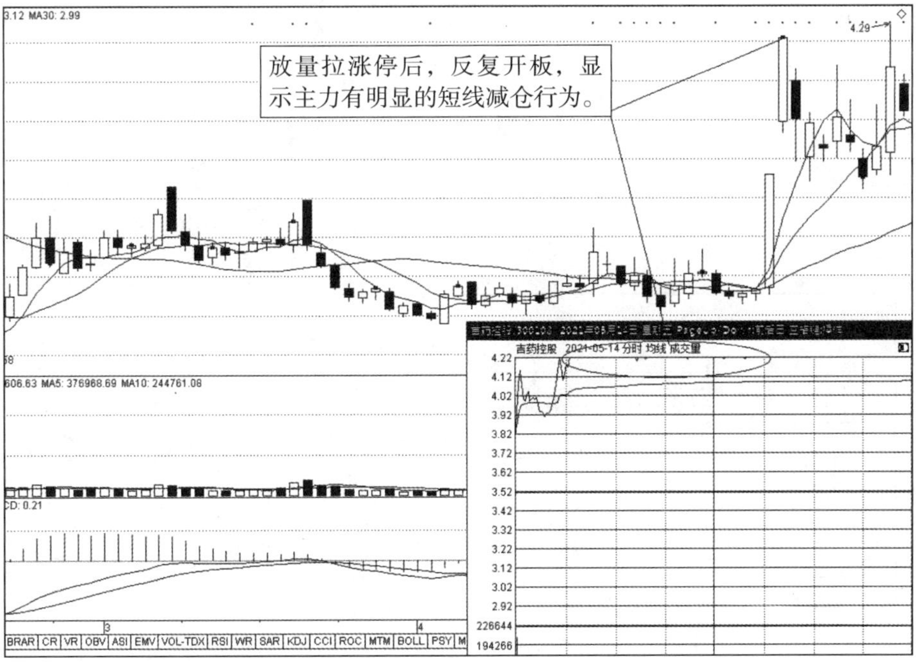

图 7-23　吉药控股（300108）日 K 线和分时走势图

后放量快速拉涨停，而且当时封单较大。但主力并无持续做多意愿，在涨停板位置反复开板，挂单后撤单，主力减仓意图非常明显。

三、借利好出货

借利好消息一字涨停开盘，但开盘后不久就被巨量打开，股价出现高开低走，这是比较经典的出货手法。正所谓“利好出尽就是利空”，如果利好消息出来了，结果主力都不敢牢牢封住涨停板，那么无疑就是出货了。

如图 7–24 所示，北清环能（000803）2021 年 2 月 26 日停牌一天，3 月 1 日复牌当日带着“关于撤销公司股票交易退市风险警示”和“关于下属公司收到政府补助”的利好消息，股价跳空高开 4.63% 后秒板。但封板半小时后就被几笔巨大的抛单砸开，之后一直维持振荡整理态势，直到尾盘重新回封。次日走势基本一致，上午两波拉涨停，下午开板振荡，尾盘再度回封。

从日 K 线看，股价走势很完美，两天都是涨停大阳线。但从分时可以看出，两个都是烂板走势。在重大利好背景下，主力却没有坚定封板，说明主力并无持续做多意愿，聪明的投资者应当感觉到主力有减仓或出货意图。第 3 天，股价平开后快速滑落，全天弱势振荡，盘中一度封在跌停板。收盘时一根大阴线吃掉了前一天大阳线的大部分涨幅，将打板者牢牢套在高位。之后股价一路下行，不断创出调整新低，投资者损失惨重。

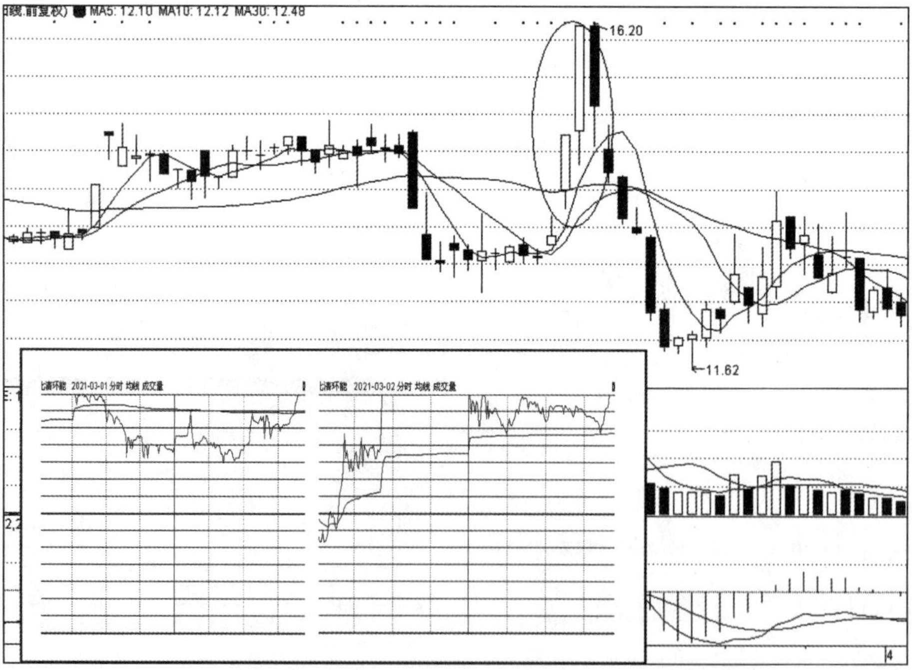

图 7–24　北清环能（000803）日 K 线和分时走势图

四、强势冲板

利用涨停的惯性冲板，尾盘对倒拉升，然后出货，这也是主力比较常用的出货手法。这种出货手法经常用在早盘和尾盘两个时段。

在早盘，前一个交易日股价涨停的情况下，股价顺势大幅高开，吸引短线打板者跟风。冲击涨停板后，开始振荡出货，或封板几分钟后打开，盘中股价逐波回落。这种盘面大多发生在开盘后 10 分钟内，因而称为“激情 10 分钟”。

在尾盘，主力利用对倒拉升股价，将股价推至涨停板之后出货。有的尾盘以涨停收盘，有的尾盘再次开板，股价应声回落，次日股价大幅低开。尾盘半小时变化很大，因而称为“黄金 30 分钟”。

面对这类出货手法，只要涨停板封得不够坚决，就要清仓或减仓。一旦股价有效跌破均价线，就要全部抛出。

如图 7–25 所示，杭州解百（600814）连拉 4 个涨停后，2021 年 4 月 16 日高开 3.49%，主力在“激情 10 分钟”里将股价快速拉涨停。但封板不到 5 分钟就被大单砸开，盘中逐波走低，当日收跌 3.24%。显然主力在利用惯性上冲出货，之后股价明显回落。

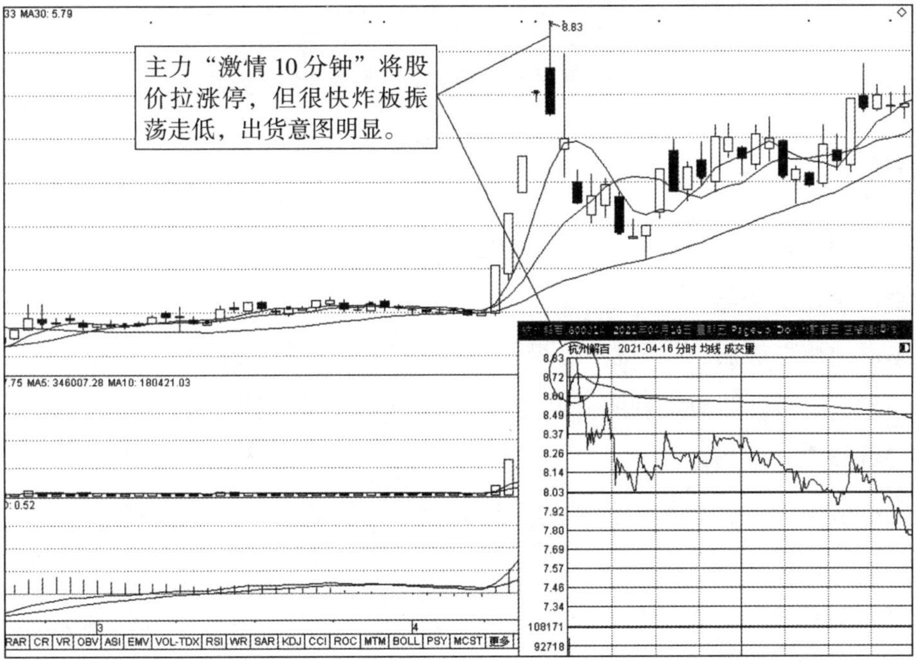

图 7–25　杭州解百（600814）日 K 线和分时走势图

如图 7–26 所示，同兴环保（003027）2 连板后，2021 年 5 月 18 日全天呈现大幅振荡走势。在尾盘“黄金 30 分钟”里冲板，但没有一次性封住，而是反复烂板，虽然最终收在涨停价，但主力出货明显。试想一下，假如主力不是出货，经过一天振荡换手后，尾盘完全可以轻松封板，没必要反复开板，由这个逻辑就可以得出启示。次日，股价小幅低开 0.4%，盘中翻红后向下振荡走低，最终以跌停板收盘，构成阴包阳形态。之后几日股价回到起涨点。

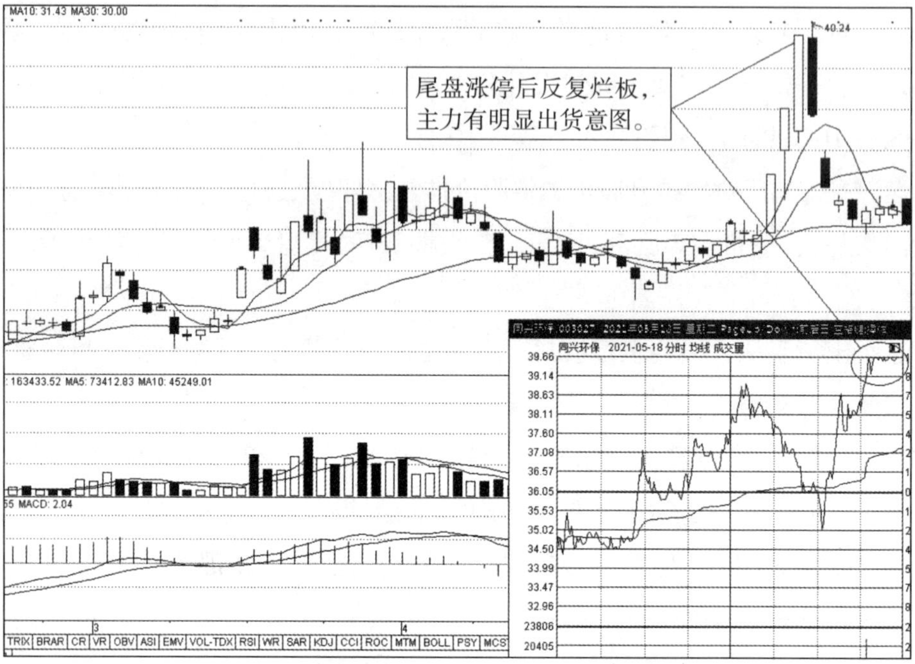

图 7-26　同兴环保（003027）日 K 线和分时走势图

五、凹板诱多

凹板又叫早晚板，就是在早盘和尾盘处于封板状态，中间开板振荡，这种走势也是一种主力借涨停出货的走势。

主力早盘封涨停板后，跟风盘不断增加，之后主力出货砸开涨停板。在盘中振荡过程中，获利盘纷纷出局，看好的投资者继续低吸。主力在尾盘又利用人气快速将股价拉升至涨停，为的是次日继续高位出货。

在主力拉板方式中，这种出货的力度相对来说是最弱的，次日通常还有高点，投资者可以积极把握高抛机会。

如图 7-27 所示，东方银星（600753）2021 年 5 月 21 日高开 5.51% 后秒板，不过没有封住，股价振荡回落。此后大部分时间，股价在均价线下方振荡，盘面显得有点弱。下午复盘不久，股价放量拉升，再度涨停。这种走势就是主力边拉边出的信号，次日可能还会有新高，但是并不太容易把握。

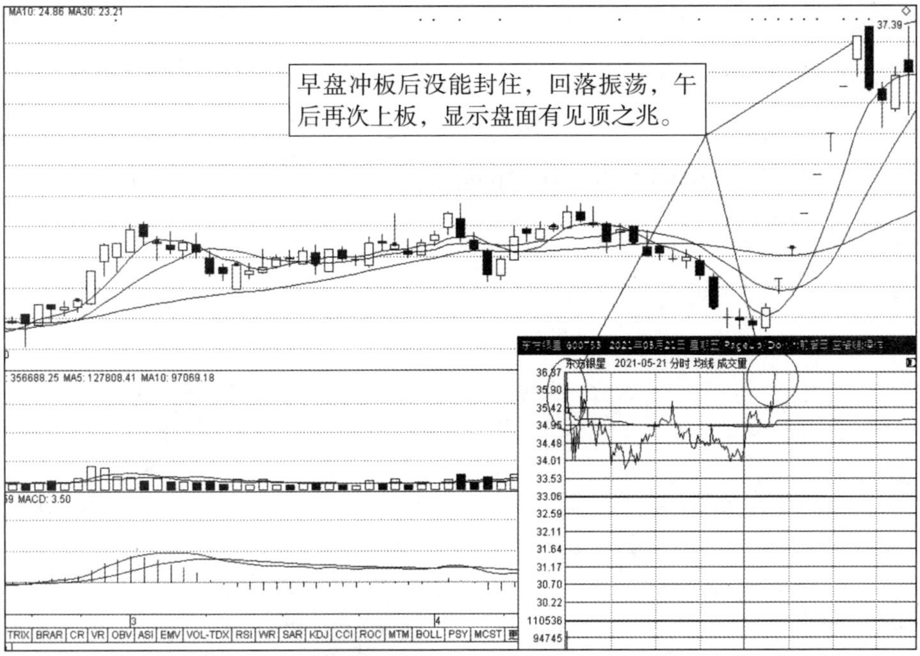

图 7–27　东方银星（600753）日 K 线和分时走势图

六、钓鱼出货

钓鱼式出货是一种比较直接的出货方式，表明主力出货态度坚决，往往出现在老庄股、短线超强势个股中。

表现在分时走势图中，就是主力利用对倒大幅拉升股价，使之涨停或接近涨停。当买盘累积到一定数量后，主力将自己的买盘挂单全部撤掉，同时不计成本地抛出股票，将下档买盘全部打掉。分时图上会出现瀑布式下跌，价差幅度极大，最恶劣时可以从涨停板直接打到跌停板。随后股价会反弹，重新吸引买盘，然后主力故伎重演，继续疯狂出货。次日，这类个股会大幅低开，将短线跟风的投资者全部套牢。

那么，如何分辨涨停板钓鱼式出货呢？

（1）看挂单。这类个股的买卖盘挂单通常会比较悬殊，表现为买 1～买 5 挂单很大（托单），卖 1～卖 5 挂单较小（抛单）。当股价上升到涨停或其他位置时，买盘挂单会突然全部撤走。

（2）看角度。股价一路缓缓上行，上行的角度一般较小，通常小于 60 度，跟架起的钓鱼竿一样。还有一种情况是股价呈脉冲式上涨。

（3）看股价。这种出货方式大多发生在 14:00 之后的一个小时里，此时段最容易出现当日的最高点。此时市场往往处于最疯狂的阶段，很多投资者已经被胜利冲昏了头脑，所以疯狂追涨，主力趁机反手做空，大肆出货。

如图 7–28 所示，路畅科技（002813）连拉 7 板后，2021 年 1 月 20 日低开 3.79%，然后股价逐波上涨，但成交量与早盘相比，出现了萎缩的情况。盘中股价最高接近上涨 9%，大有上板之势。正当投资者产生美好预期时，14:00 开始主力慢慢出货，股价应声大幅回落，出现钓鱼式下跌。尾盘加速放量，最终收跌 7.99%，一根长长的上影线结束了上涨行情，随后股价呈倒 V 形下跌。

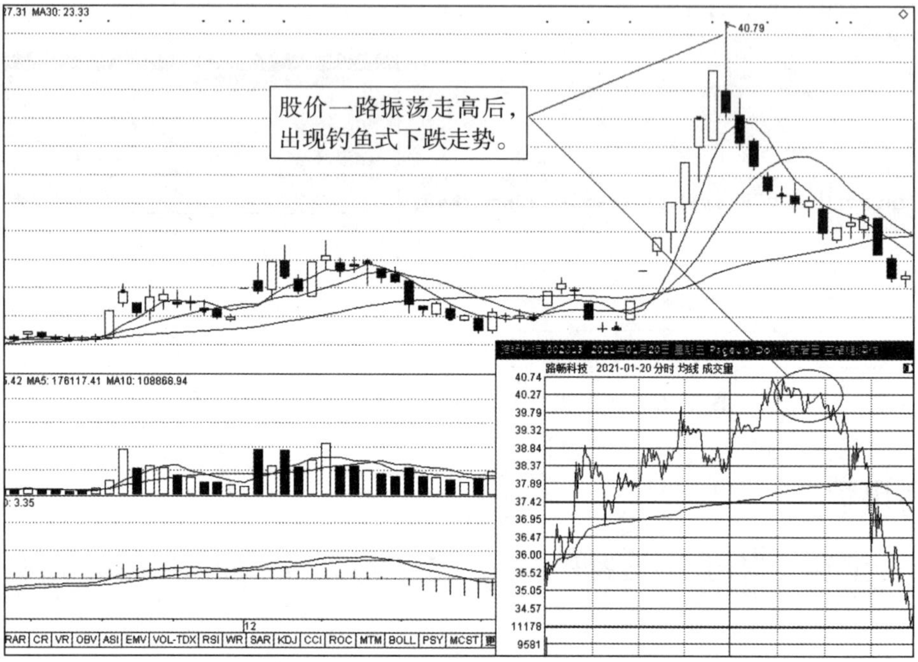

图 7–28 路畅科技（002813）日 K 线和分时走势图

第四节 常见分时出货形态

一、出货特殊形态

实盘中，经常看到有的个股火箭发射、撑杆跳高、直线拉升等，吸引散户追涨买入，结果被套牢在高位。这里结合实例解析一种主力出货分时走势。

图 7–29 展示的是电声股份（300805）连续拉高后的出货过程。2020 年 2 月 18 日是非常标准的分时出货走势，在上午的分时走势中，股价大幅振荡，频繁出现在异动榜中。因为盘口没有压单，而且在前期的拉升中也没有压单，经常是火箭发射、撑杆跳高、直线拉升，以此吸引散户追涨买入。后面一路压盘出货，压到了 –6% 时，在盘口下方垫上密密麻麻的单子（圆圈部分），大约垫了 1000 多万手的托单。市场里总有喜欢低吸的人，

看到下方托盘这么多，认为股价跌不下去，就会愿意去低吸，这时有多少买盘，主力就会给多少筹码，显然是主力在盘中出货。

在上午的分时走势中，并不能确定主力是否在出货，因为与前一天的分时走势非常相似，而且股价成功涨停，所以早盘的走势非常具有迷惑性。但是，股价以非常快的速度，从 3% 压到 0%，再压到 –5% 时，这个分时套路组合分析，就可以确定主力在分时出货。常年和庄股做斗争的投资者，大概也知道庄股的套路。一般来说，下午还会做一波诱多拉升，再套一批喜欢追高的人，主力可以多出点量。所以，早盘不确定股价未来走势或能否封住涨停时可以持仓等待，但下午诱多时应果断离场，最后收盘时股价跌停。

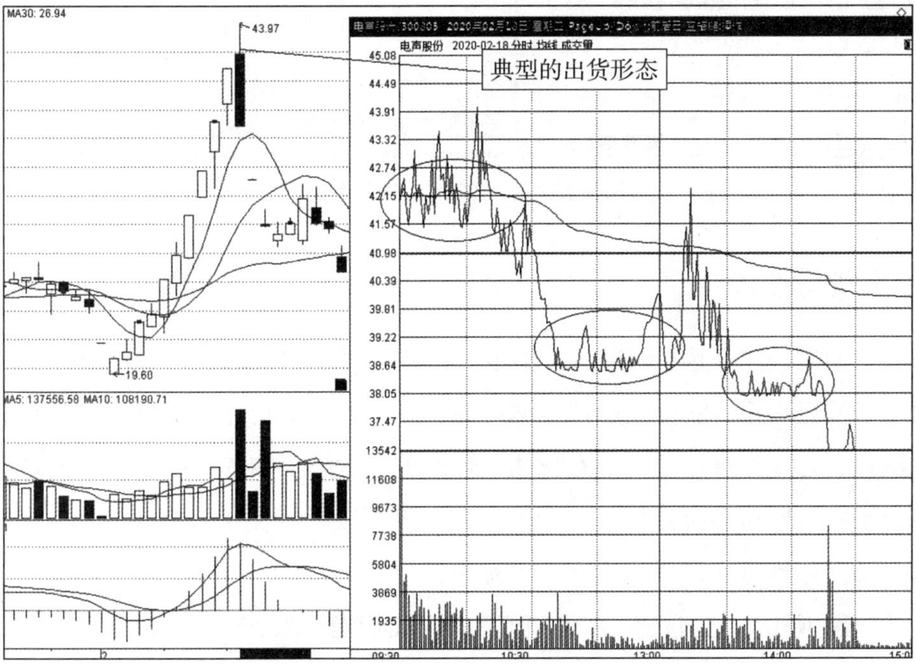

图 7–29 电声股份（300805）日 K 线和分时走势图

其实，翻看历史上几只庄股的走势后，拉升对倒出货的图形基本都差不多。如图 7–30 所示，海能实业（300787）2020 年 1 月 3 日的分时走势，几乎与电声股份一模一样。该股下午的那波诱多，当时也翻红了一下，不过停留时间太短，分时图中没有显示出来。

很多人只喜欢研究庄股拉升图形和启动图形，其实出货时的分时走势更需要警醒，因为很多庄股出完货，后面都是一路跌停的。不求从庄股赚钱，但求别去接这种庄股抛出的筹码，不要莫名其妙地亏钱。所以，炒股要以平常心对待，能吃肉就吃肉，吃不到就保本走，或者少亏点也要走。

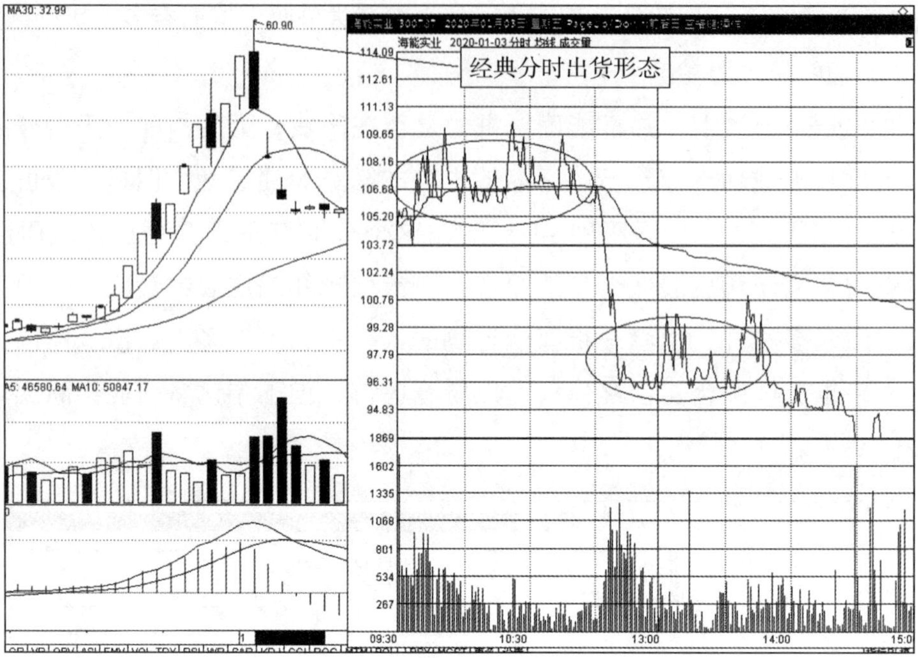

图 7–30　海能实业（300787）日 K 线和分时走势图

二、涨停出货与吸货

涨停吸货通常发生在股价底部或低位区域，是主力急于吸货的一种最有效方式。盘面上表现为涨停反复开板。股价迅速拉至涨停后，先用大买单封盘，之后用连续大卖单砸开。不坚定的持股者会以为这里主力是在出货，于是被迫卖出手中的筹码。然后主力大肆吃货，尾盘重新封涨停。通过多次开板又封板的方式，既可以吸货又可以振仓洗盘。

那么，如何分辨是涨停板吸货而不是涨停板出货呢？

（1）如果是吸货，打开涨停之后，回落的空间相当有限，一般回落 2% 以内就会止跌，反身向上，重新回封。

（2）如果是吸货，第一次开板往往出现在封盘后不久，通常经过 1～5 次开板、封板之后，涨停板会被牢牢封住。

（3）如果是吸货，次日开盘之初往往会有个打压动作，让短线跟风的投资者误以为是出货，然后快速拉升。

如图 7–31 所示，凯撒文化（002425）2020 年 6 月 8 日的走势，当日股价高开 3%，开盘后 5 分钟就上板。但该股冲上涨停后并没有封住涨停板，全天都在涨停板位置附近反复振荡，而股价没有明显下跌，直到尾盘才回封。这种走势表明涨停板打开、封住是主力有意为之，为的是主动吸货。次日股价走势也证明涨停板是主力吸货，之后开启一波拉升行情，短期股价涨幅达到 200%。

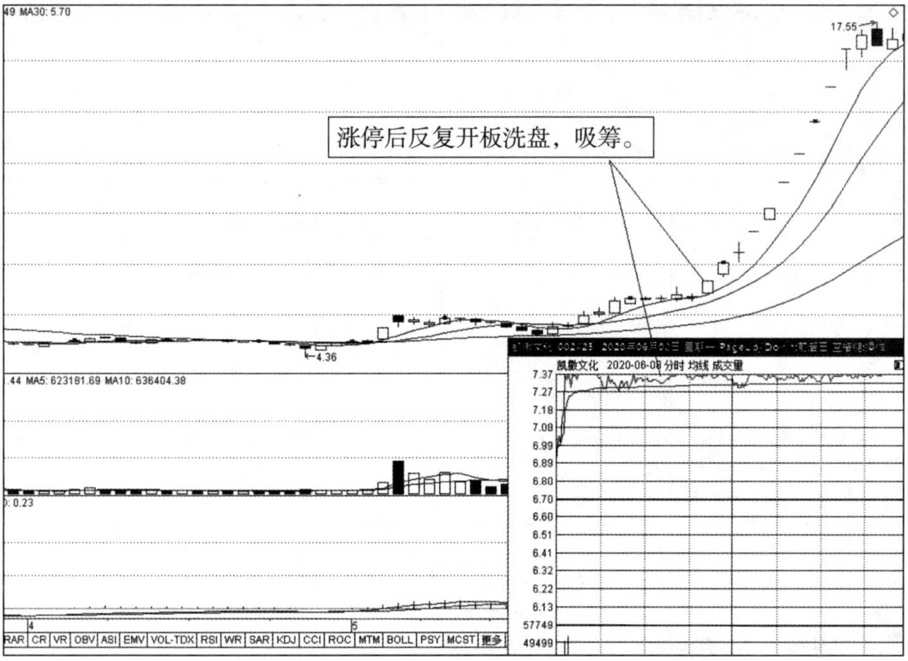

图 7–31　凯撒文化（002425）日 K 线和分时走势图

三、N 形与倒 N 形

强势股一般会在前一天的收盘价之上高开，之后形成 N 形或 W 形走势，而拉高出货的个股高开后就会快速回落，尽管有时先有一个上冲的假动作，但很快回落形成倒 N 形走势。N 形与倒 N 形均包含大型 N 波和小型 N 波 2 种形态。通常，N 形大多出现在上涨阶段，而倒 N 形大多出现在出货阶段。

1. N 形上攻走势

开盘后股价快速上冲，然后又快速回落，不久又快速拉起，分时图呈现出一个 N 形走势。这说明开盘后股价遭遇抛压，但随即又被买盘托起，显示多头实力强大，当日以看涨为主。

这种类型走势是由多头力量控盘的一种走势，开盘后的一小段时间里股价先抑后扬，其目的是高开之后迅速来一个短暂洗盘，把前一天的短线获利盘快速洗出来，所以看到在整个 N 形运行过程中，成交量呈现出一种下跌量小、上升量大的现象。

如图 7–32 所示，大东方（600327）2021 年 5 月 20 日出现大型 N 波，股价 2 波上板。又如，福建金森（002679）2021 年 5 月 21 日出现小型 N 波拉升，盘面气势强盛。

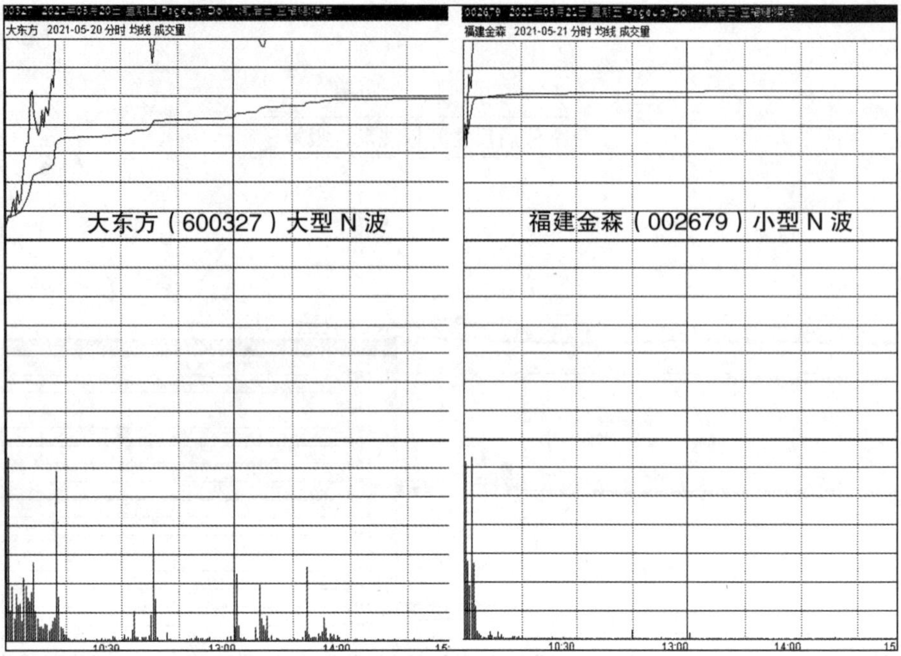

图 7–32　大东方（600327）和福建金森（002679）分时走势图

2. 倒 N 形下跌波

开盘后股价稍有上冲，就快速回落，随即又有上冲动作，但上冲的高度没有超过开盘价就出现回落，形成一个倒 N 形走势。这说明主力高开是为了吸引跟风盘进行出货，显示空头势力强大，当日以看跌为主。

一般而言，倒 N 形走势中有以下 4 个盘口特征。

（1）开盘后股价直接回落。

（2）如果有冲高，一般不会超过 1 分钟就迅速掉头向下。

（3）在向下的过程中有一次反抽，但是其反抽的高度极其有限，一般不会超过开始下跌长度的 1/2 就会迅速回落，从而形成了一个倒 N 形走势。

（4）成交量由大变小，特别是集合竞价的成交量巨大。量大又不涨，说明主力在出货，因此股价以看跌为主。

如图 7–33 所示，大东方（600327）2021 年 6 月 2 日的分时走势，属于典型的开盘呈倒 N 形下跌走势。从分时图中可以看出，股价高开后迅速回补缺口，途中反弹但非常无力，甚至没有站上红盘区就再次回落，呈现倒 N 形走势。之后又出现了出货波形中的“下水道”出货形态，收盘封于跌停板。又如，濮阳惠成（300481）2021 年 6 月 2 日的走势也是如此，高开 2.51% 后几乎没有上冲动作，就呈倒 N 形下跌波，尾盘收跌 6.72%。

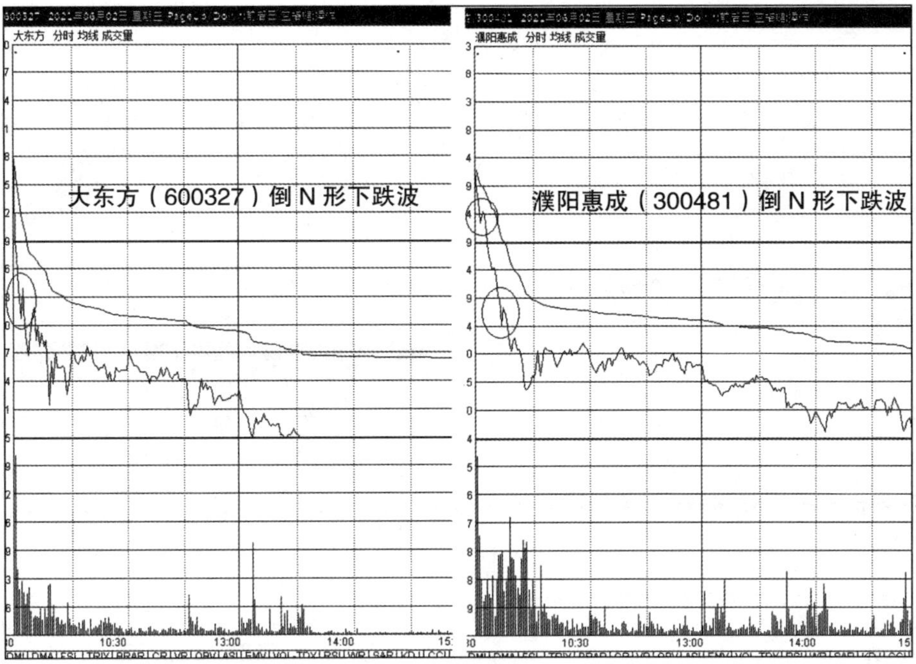

图 7-33　大东方（600327）和濮阳惠成（300481）分时走势图

最后需要提醒一下，在高开的股票中，判断股价全天看涨还是看跌，关键要看股价回探时有没有完全回补缺口。真正的强势股是不会回补当天高开缺口的，从而形成一个高于前一天收盘价的 N 形或 W 形走势。拉高出货的股票则会在高开后快速回补缺口，尽管有时会有一个上冲的假动作。所以判断高开股票是上涨还是会下跌，股价当天是否回补跳空缺口很重要。

四、地天板出货揭秘

地天板是最隐蔽的出货手法之一。之所以隐蔽，是因为很多时候会被散户误以为是强势拉升，从而中了主力的圈套，最终损失惨重。

如图 7-34 所示，铜峰电子（600237）是 2020 年年初比较火的强势股，作为超级电容的龙头，一口气拿下 7 连板。2 月 27 日，该股完美演绎了地天板的走势，很多散户惊呼新一波主升浪即将开启。然而后面并没有出现预期的拉升行情，反而是股价被狠狠按在跌停板上。很多人说，这地天板难道还是出货？没错，这一天确实走出了出货走势。

在前一天 T 字板中，出现巨大分歧量，换手率达 32.42%。如果这个量是正常换手量，那么 27 日这天应该是快速缩量上板，结束分歧走势。但实际情形完全相反，股价以近乎跌停价开盘，然后资金快速强势向上拉升，最终股价被推到涨停板。盘中分时图盘口多次出现对倒现象，换手率高达 34.66%。这时，很多人觉得盘口走势非常强势，得出这种结论只能说明你看盘经验不够丰富。

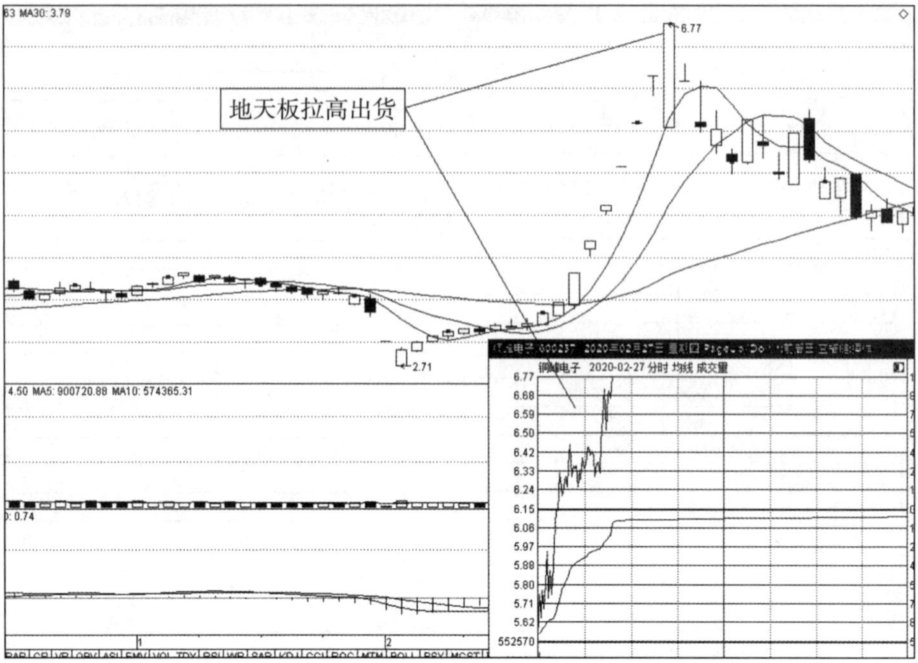

图 7–34　铜峰电子（600237）日 K 线和分时走势图

如图 7–35 所示，2021 年 1 月 15 日，航天工程（603698）从跌停价开盘后不久，股价被限制在跌停板附近。但是之后被资金强势拉升，盘中逐波振荡走高，尾盘涨停。该股的分时图走势与铜峰电子一模一样，盘中也是经过多次对倒吸引散户跟风，最终股价被推上涨停。次日，该股继续冲高诱多，午后回落，形成短期顶部。

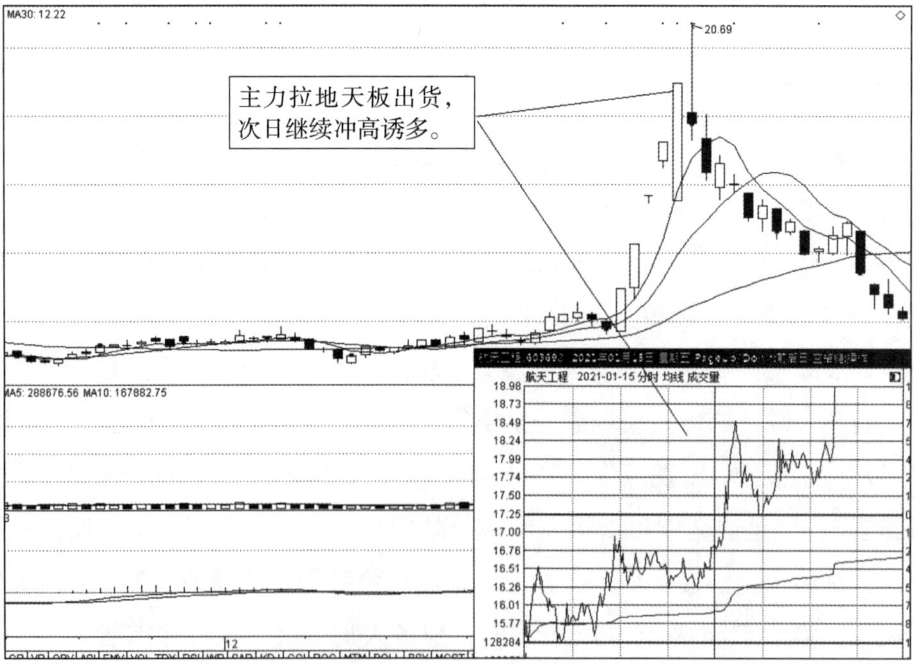

图 7–35　航天工程（603698）日 K 线和分时走势图

这种走势有以下 2 个问题需要弄明白。

第一个问题是：跌停板如何打开？比如主力的筹码卖不出去，市场承接力很弱，这时主力会用大单将股价打到跌停板。散户见此情形也会跟风挂跌停价卖出，但是散户的筹码是后挂的，排在前面的主力逐步买入自己的筹码，散户看到有大资金入场吸筹，当封单越来越小时，他们一般撤掉卖单，等着高价卖出，这样主力就能稳定盘中的持仓散户。

第二个问题是：如何拉升出货？股价打开跌停以后，盘面出现快速上涨，大资金顺势扫货。散户见此会入场博反弹，这时主力开始在下方挂大买单托住股价，并在上方不断地以小单卖出。

这时可能出现 2 种情形：一种是散户买盘踊跃，主力可以轻松出货，这个很好理解。另一种是跟风盘不够，这时怎么办？主力一般会在上方有心理压力的某个价位挂出大卖单，然后用资金吃掉卖单。散户看到有资金扫货，就会产生强烈的买入冲动。当股价涨停了，散户自然就高兴，当天浮盈超过 10% 的人很多。但是可恶的主力第 2 天没给散户好的卖出机会，大多直接以跌停板开盘，或者高开后快速滑落，散户根本跑不掉。主力即便在跌停板上出货都不亏钱，因为主力用于打开跌停板的资金买入成本很低。

为什么主力在跌停板还能出货？大家可以看看妖股北玻股份（002613）2020 年 2 月 27 日的走势。股价高开低走跌停，盘中先触及涨停，然后快速跳水封住跌停，打开后再次封住跌停，再打开、再封住。打开跌停放巨量，这是吸筹的资金吗？肯定不是。这里翘板的资金，是主力对倒制造的假象，让散户以为要打开跌停板拉升。主力反其道而行，反复在跌停板打开引诱散户跟进，在跌停板附近完成出货，然后股价就会自由落体式地下跌。

最后，再给大家总结 5 条经验。

（1）股性好的个股，上板可以不讲逻辑。但股性一般的个股，一定要有逻辑，否则不要买入。

（2）地天板为日内龙的时候可以打，但其为跟风上涨的时候，一定不要买入。

（3）毫无热点之时，直线板可以触发做多情绪。热点太多时，要远离直线板。

（4）只有龙头，才能无视筹码断层，享受市场给予的超额溢价。非龙头的筹码断层，一定不要早上去接力，待放量由分歧转一致板的时候，再考虑接力。

（5）消息套利板，只做第一个上板的龙头，龙二龙三一定要放弃。

第五节　涨停诱多出货骗术

股市中，主力想轻而易举地战胜散户绝非易事，因此主力只有使用各种办法引诱散户上当，然后才能收割散户。主力通常通过急拉急跌，诱使散户买入卖出，跟着走势患得患失，不知所措，最终达到自己的目的。

大家要坚持做模式内的交易，不符合买卖点的坚决不为所动，不被股价的暂时急跌吓倒，也不为急速的拉升所诱惑，这样主力的骗人伎俩就会落空。说到底，主力的目的就是低位骗散户的筹码，高位骗散户接盘。大家只要掌握了主力的核心骗术，就不会上当受骗。

那么主力有哪些欺骗手法呢？下面就来揭揭主力诱骗散户的核心骗术。

一、利用弱转强加速板骗散户接盘

如图 7–36 所示，正川股份（603976）第一波行情中，2020 年 7 月 10 日的烂板就是典型的弱转强加速板。7 月 13 日（11 日、12 日为周末），股价高开 7.32% 后，跟风资金纷纷进场买入，股价秒板封盘。可是主力仅仅封板 12 分钟就开始大肆出货，盘中一度触及跌停板，当天仅以上涨 2.56% 收盘，打板资金当日亏损 7% 多。下一个交易日更是低开低走，以大跌 8.63% 收盘，打板资金两日合计亏损 16%。

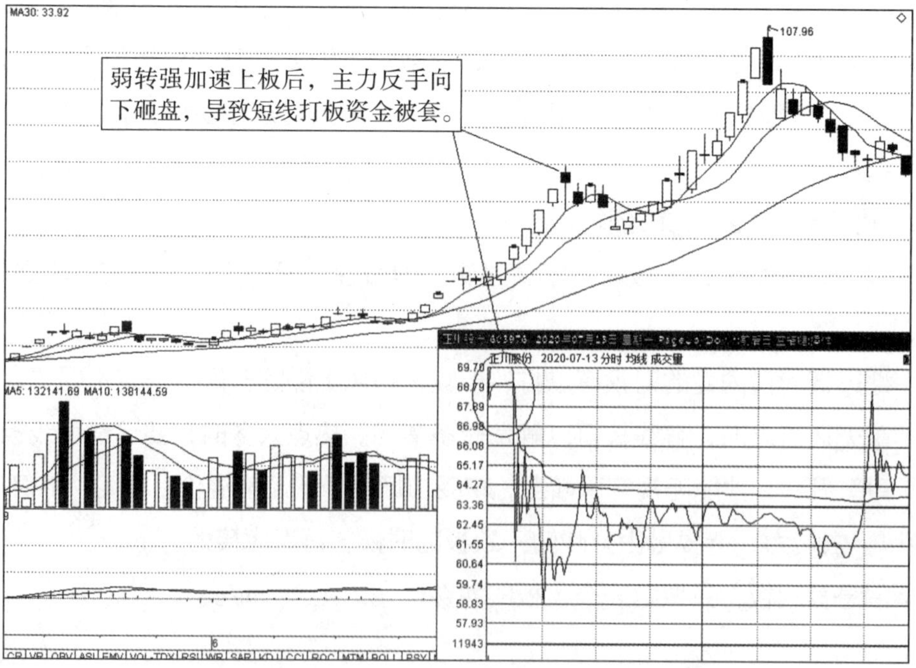

图 7–36　正川股份（603976）日 K 线和分时走势图

二、利用大单封盘吸引散户跟风后反手出货

如图 7–37 所示，2020 年 12 月 31 日，郑州煤电（600121）的主力先将股价拉到涨停板上，再在涨停价上用大单封盘，以稳定盘中持仓者。由于买单封得较大，于是各路短线跟风资金接踵而至。在散户放松警惕时，主力开始撤单出货，股价炸板回落，当天打板者悉数被套，之后股价进入中期调整。

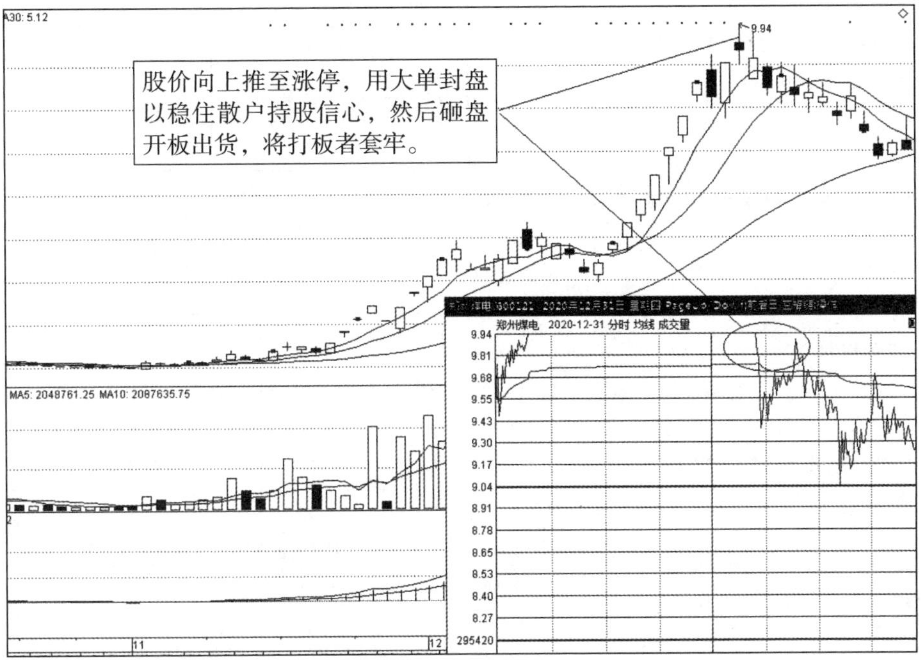

图 7–37　郑州煤电（600121）日 K 线和分时走势图

如图 7–38 所示，2021 年 5 月 13 日的金发拉比（002762），也是采用类似的骗术骗散户接盘，主力利用涨停大单封盘掩护出货，之后股价振荡调整。

三、集合顶一字板骗散户接盘反手出货

如图 7–39 所示，2021 年 6 月 1 日，在 9:15 集合竞价预备阶段，福建金森（002679）的主力通过几十万手大单顶一字板，吸引散户跟风进场，9:25 竞价结束前开始大肆出货。封盘 40 多分钟后，10:13 主力大单砸盘出货导致炸板，之后回封再通过大单砸盘出货。虽然尾盘仍然保持封板，但次日小幅低开后快速下行，直接套牢前一天的打板资金，当天股价以跌停收盘。

四、下杀打压洗盘将散户振出局

在股价拉升过程中，主力采取下杀打压的方式最容易达到洗筹目的。由于股价下跌，散户担心丢失到手的利润或者被套牢，常常会恐慌性地抛出筹码。主力就是利用散户患得

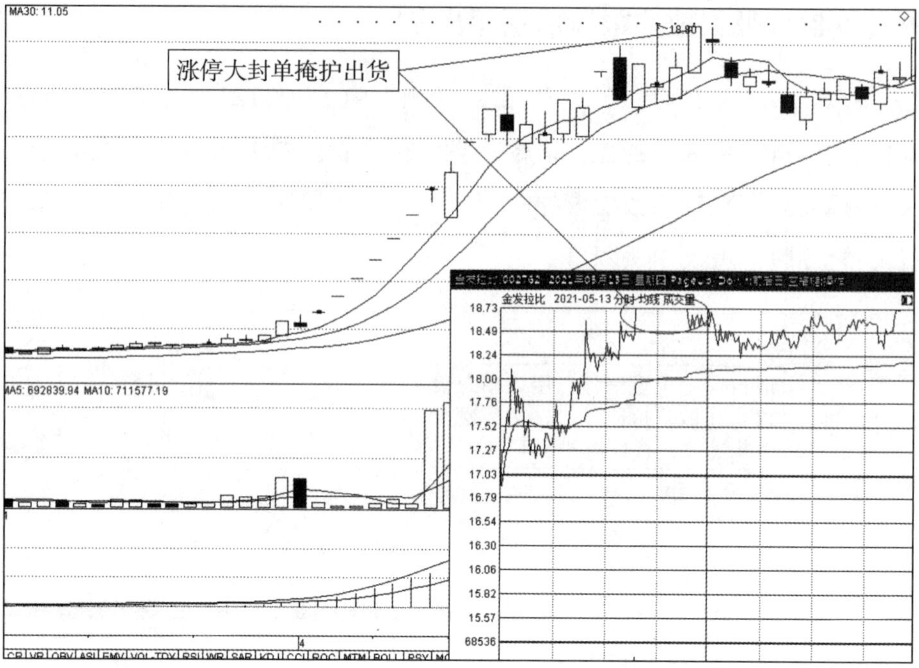

图 7-38　金发拉比（002762）日 K 线和分时走势图

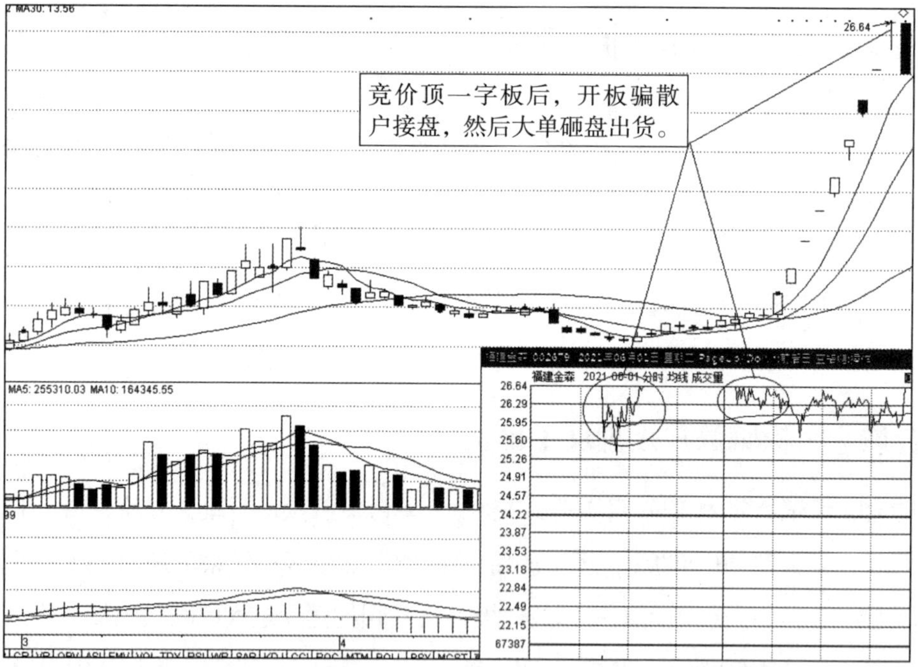

图 7-39　福建金森（002679）日 K 线和分时走势图

患失的心理，骗取散户手中的低位筹码。

如图 7-40 所示，2020 年 6 月 22 日—29 日，百联股份（600827）主力下杀洗盘，将大部分持有低位筹码的散户赶出去后，随后展开一波翻倍的主升浪行情，这样的实例有很多。

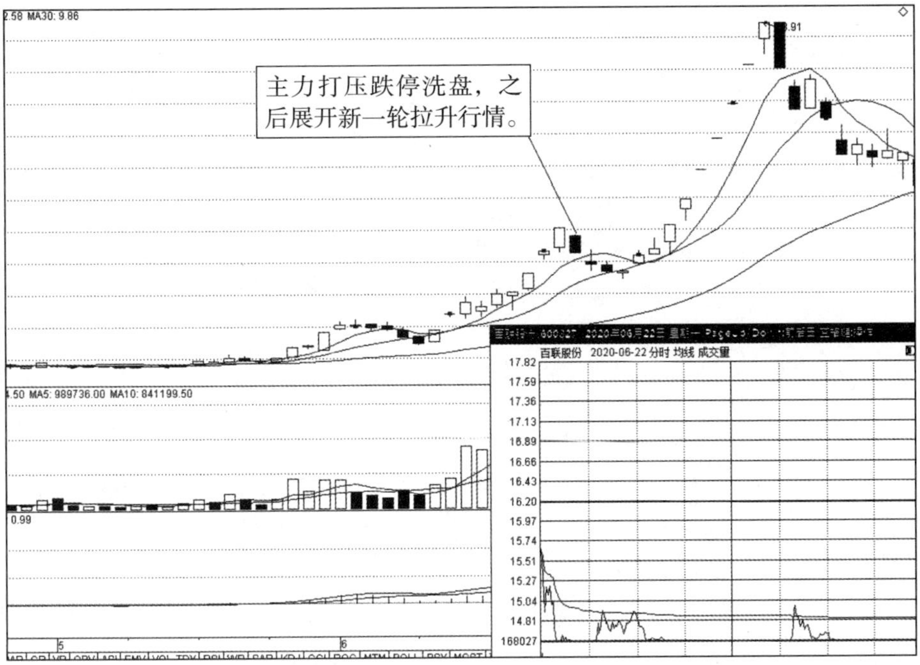

图 7-40　百联股份（600827）日 K 线和分时走势图

上面是主力的一些主要骗术，主力欺骗手法层出不穷，无法一一列举，但无非是通过盘口语言或者 K 线图形制造假象欺骗散户，或打压集合竞价，或急拉尾盘等有意做开盘价、收盘价，或者盘中急拉吸引跟风盘、做涨停假突破等。

这些都可能是主力故意让散户看到的表象，如果散户被这些表象迷惑，一味追涨杀跌，失去控制力，主力就会成为最后的胜利者。其实，主力的核心骗术也就这几招，大家只要擦亮眼睛识破它，对各种骗术加以防范，时刻保持警惕，就能取得成功。

后 记

涨停逻辑就是涨停内在的、必然的、本质的规律，它反映在股价的各种走势图中，大家只要潜心研究，就能认识它、把握它。

抓涨停是一项综合性战术，要有狙击涨停的决心，也要有狙击涨停的胆量，还要有狙击涨停的技术。大家只有具备了这3点，才能抓住涨停。

一本有关“涨停逻辑”的好书，能够提供捕捉涨停板正确的操作方法和技巧，培养看透涨停板的敏锐眼光，让交易朝着正确的方向去操作。俗话说，“授人以鱼，不如授人以渔”。一个好老师会传授给你一套好的方法，让你在浩瀚的海洋中捕获更多的鱼。

但是，股市千变万化，此一时彼一时，同样的图形不一定走出相同的结果。有时在涨停板买入股票后，可能股价会连续涨停，大家能够赚取涨停板带来的收益。有时打板入场，却落入了主力设下的圈套，买到高位出货涨停板，遭受严重亏损或被套。所以，任何技术和方法都不是绝对的，要活学活用，结合盘面即时变化，及时做出科学的决策，以便在股市中取得好的战绩。

本书在编写过程中得到社会各界人士的鼎力支持，最终得以顺利完成。在此付梓之际，首先要感谢广大读者，正是因为你们的支持，本书才有了生存的空间。其次要感谢同行们的付出，笔者在编写过程中参阅了大量有价值的资料，使本书更加贴近实际，更加实用。此外，感谢中国宇航出版社各位编辑的默默付出，感谢为本书做出一切努力的有功之士。

由于书中内容广泛，笔者虽竭尽全力，努力减少书中的错误，但百密一疏，难免有错漏之处。敬请广大读者不吝指正，多提宝贵意见，以便今后再版时改进和提高。

愿本书为广大投资者的实盘操作带来一点启示。如是，将深感欣慰。

麻道明

2021 年 10 月于中国楠溪江畔